PUBLICATIONS OF
THE ISRAEL ACADEMY
OF SCIENCES AND HUMANITIES

SECTION OF HUMANITIES

FONTES AD RES JUDAICAS SPECTANTES

Records of the Trials
of the Spanish Inquisition
in Ciudad Real

Volume Two

THE TRIALS OF 1494–1512 IN TOLEDO

Records of the Trials of the Spanish Inquisition in Ciudad Real

Edited with Introductions and Notes

by

HAIM BEINART

VOLUME TWO

The Trials of 1494–1512 in Toledo

Jerusalem 1977
The Israel Academy of Sciences and Humanities

BX
1735
.B4
v.2

Preparation and publication
of this volume
were aided by a grant from the
Memorial Foundation for Jewish Culture

© The Israel Academy of Sciences and Humanities, 1977

Printed in Israel

at the "Daf-Chen" Press Ltd., Jerusalem

Preface

Volume II of the *Records of the Trials of the Spanish Inquisition in Ciudad Real and Toledo* comprises twenty cases of Conversos from Ciudad Real who were brought before the Toledo Court of the Inquisition between 1493 and 1512. Four of these concern persons who we know were tried during the period in question, but whose own files are no longer extant.
Eighty-eight cases were brought before the Court in Ciudad Real between 1483, when the Inquisition first set up a Court in that town, and 1485, when the Ciudad Real Court was transferred to Toledo; these are found in Volume I.
Volume II, and Volume III (which will comprise sixteen cases brought before the Court between 1512–1527), are divided into two books for technical reasons only. Therefore, the List of Officials of the Court, Dates of *Autos-de-fe*, and Proceedings of the Court will be published in Volume III for the entire period 1493–1527.
The cases included in the second and third volumes of this work represent part of an ongoing project which began in 1951. I would therefore like to reiterate my thanks to all those individuals and institutions mentioned in the Preface to the first volume. I also wish to express my gratitude to those who have taken the time to send me their remarks on Volume I, especially Prof. Dr. Francisco Cantera y Burgos and Dr. Carlos Carrete Parrondo, both of the Institute Arias Montano. Their suggestions have been taken into account in the list of Addenda and Corrigenda to Volume I which is included in this volume.
I owe much to Miss Norma Schneider of the Publications Department of the Israel Academy of Sciences and Humanities for the good English styling and for the care with which she checked and rechecked the entire manuscript while preparing it for publication, as well as for seeing the work through the press.

Haim Beinart

The Hebrew University of Jerusalem, 1976

[v]

Contents

Introduction
I	The Toledo Trials	ix
II	Trial Procedures and Composition of the Files	x
III	Signs Used in the Transcription of the Files	xii
Bibliographical Abbreviations		xiii

The Trials of the Ciudad Real Conversos Held in the Years 1494–1512

89	Trial of Juan del Hoyo	1
90	The Case of Rodrigo de Villarrubia	6
91	Trial of Marina González, Wife of Francisco de Toledo	8
92	Trial of Leonor Alvarez, Wife of Juan de Haro	42
93	Trial of Inés López, Wife of Alonso de Aguilera	59
94	Trial of Juana de Chinchilla	126
95	Trial of Luis Fernández	133
96	Trial of Leonor de la Higuera, Wife of Juan Escribano	140
97	Trial of Juana de los Olivos, Wife of Antón Ramírez	147
98	Trial of Beatriz González, Wife of Juan de la Sierra, her daughter Leonor, and Isabel González, Wife of Rodrigo	
94	Trial of Juana de Chinchilla	156
99	Trial of María González, Wife of Pedro Díaz de Villarrubia	189
100	Trial of María González, Wife of Pedro de Villarreal	240
101	Trial of Leonor Alvarez, Wife of Fernando Alvarez, Spice Merchant	320
102	The Case of Juana Rodríguez, Wife of Alonso Alvarez	372
103	The Case of Gracia de Teva, Wife of Diego Alvarez	373
104	The Case of Beatriz Alonso, Wife of Fernando de Mérida	374
105	Trial of María González, Wife of Rodrigo de Chillón	375
106	Trial of María González, Wife of Alonso de Merlo	421
107	Trial of Juana Núñez, Wife of Juan de Teva	466
108	Trial of Isabel de los Olivos y López, Wife of Diego Sánchez de Madrid	539

Addenda and Corrigenda to Volume I 594

Introduction

I. *The Toledo Trials*

The transfer of the Court of the Inquisition from Ciudad Real to Toledo in mid-June 1485 would seem to indicate that the Inquisitors felt they had succeeded in extirpating the Judaizing heresies of the Conversos in Ciudad Real and the surrounding areas and could now proceed to expand their area of activity into the entire region under its jurisdiction. As this included the Archbishopric of Toledo, the Bishopric of Siguenza, as well as the La Mancha region and the Campo de Calatrava, Toledo became the centre of the Inquisition for all Castile.

For those Ciudad Real Conversos who had managed to survive the purge of 1483–1485, either by having been penanced and restored to the fold or perhaps having completely escaped trial, the transfer of the Court signalled a period of tranquility that was to last for eight years, until Juan del Hoyo [1] was summoned to appear before the Toledo Court in 1493.

It should be noted here that the hiatus in the trials of Ciudad Real Conversos did not mean that the Inquisition as a whole had slackened its pace. It began to concentrate on the Extremadura region by establishing local Courts in Guadalupe in 1485, in the Condado de Belalcazar in 1486 and perhaps also in Plasencia in 1489. In addition we must remember that the kingdom was concentrating its energies on completing the reconquest of Granada and then on expelling the Jews.

One Ciudad Real Converso was brought to trial in 1494,[2] and two were brought before the Toledo Court in 1495,[3] then there was a second lapse of eight years until 1503 [4] when four new trials opened.[5]

---

[1] See his trial, No. 89.
[2] María González, wife of Francisco de Toledo; see her trial, No. 91.
[3] Leonor Alvarez and Inés López; see their trials, No. 92 and No. 93, respectively.
[4] In 1503 the Catholic monarchs were in financial straits. They therefore allowed Conversos who had been returned to the fold to redeem their confiscated properties; see H. Beinart, *Safarad* XVII (1957), pp. 329 ff.
[5] Juana de Chinchilla (No. 94), Luis Fernández (No. 95), Leonor de Higuera (No. 96) and Juana de los Olivos (No. 97).

For several years after the Reconquest and Expulsion the united Spanish kingdom was involved in restructuring the state and society and with the pressing problems of the New World. In addition, Tomas de Torquemada, the guiding spirit of the Inquisition in Spain and its first Inquisitor General, was ill and not as active as he had been during the early years of the Inquisition.

Nevertheless, after another eight-year interval of relative peace, a new wave of persecution began. Fourteen Ciudad Real Conversos were brought to trial during the years 1511–1513; some of these trials dragged through the Court for many years.[6] Three more Conversos were brought to trial in 1521.[7]

By the time the trials of Juan de la Sierra, and of Inés and Isabel de la Higuera were concluded in 1527, we may assume that the problem of the Judaizing Conversos in Ciudad Real had been 'dealt with'.

II. *Trial Procedures and Composition of the Files*

Several of the changes introduced into the judicial system of the Toledo Court were occasioned by the fact that many of the Conversos who were brought before the Court did not live in Toledo. Other changes were brought about because the evidence on which a particular Converso was brought to trial had sometimes been taken down many years before and was copied from an old Book of Testimonies.

Inspectors were sent to Ciudad Real periodically to seek out signs of Judaizing, to take evidence from witnesses who had gratuitously denounced a heretic Converso or to seek information witnesses who would confirm testimonies they had given years before when the Court of the Inquisition sat in Ciudad Real. In the latter case, if the witness had died or could not be located, a marginal note to this effect was written into the file by the notary since the original denunciation was copied anew from the Book of Testimonies.

Once the necessary evidence had been collected or confirmed, it was brought before the Court by the prosecutor and an Order of Arrest was issued by the judges of the Toledo Court. The accused

---

[6] The trial of Mayor González (No. 116) ended in 1520; that of Juan Ramírez (No. 109) did not end until 1522; and that of Juan de la Sierra (No. 118) was not concluded until 1527.

[7] Ines de la Higuera (No. 119), Isabel de la Higuera (No. 120) and Leonor de la Oliva (No. 123).

Converso was then taken from his home in Ciudad Real to the Toledo prison of the Inquisition. Once there he was admonished to make a full confession, and he was then arraigned, whether or not he confessed.

The trial proceeded with an examination of the accused in which he was asked whether he had confessed during the Period of Grace in Ciudad Real and had been returned to the fold without a trial or whether he had been brought to trial before. From about the beginning of the sixteenth century a detailed genealogy was taken down which comprised the names and places of residence of both sides of the family of the accused, including uncles and aunts, for three generations back. Of course, if anyone in the family had been tried by the Inquisition, the defendant would find himself under increased suspicion.

The fact that the genealogies went back three generations allowed the Court to establish whether the Jewish tradition had been adhered to in the giving of names, i.e. if someone two generations before had the same given or family name (or both) as the accused Converso, the entire family was suspect. The Toledo Court also sent out inspectors and notaries to other regional Courts and had extended correspondence with these Courts in an effort to check on the family members in those localities. This information was often entered into the file as prosecution evidence.

When the Court lacked sufficient evidence against an accused Converso, or suspected that he had not confessed fully and denounced all those he knew to be Judaizers, it used torture in an effort to extract this information. Such instances became much more common in Toledo than they had been in Ciudad Real, although torture was not administered until after the defendant had been admonished three times. The defendant had to confirm any admissions of guilt made in the torture chamber in a separate session of the Court, as confessions given under torture were not considered admissable evidence.

As the period of operation of the Inquisition entered the third and fourth decades, and much of the information included in the files was not current, we find many more marginal notes detailing the circumstances under which evidence was introduced. Thus, many of the files of the later period are quite lengthy.

Over the years Defence procedures became more bold as the *procuradores* and *letrados* became more experienced in the *modus operandi* of the Courts of the Inquisition. They not only introduced many more *tachas* against possible witnesses, but also protested against several of the basic principles of the Inquisition such as the secrecy under which the witnesses testified, testimonies which were based on hearsay and local gossip, and on trials based on a single denunciation.

The families of the accused also became more involved in the later trials, as they sought new ways in which to free their relatives. Nonetheless, most of those accused did not succeed in escaping the full wrath of the Inquisition.

III. Signs Used in the Transcription of the Files

[ ]	reconstruction (or illegible)
( )	delete
⟨ ⟩	addition of editor
{ }	crossed out or erased by scribe
⌈ ⌉	written in the margin
⌐ ¬	written between the lines
∣ ∣	blank space

Bibliographical Abbreviations

ACA = Archivo General de la Corona de Aragón
AHN = Archivo Histórico Nacional
BAE = Biblioteca de Autores Españoles
Baer = Y. F. Baer, *Die Juden im christlichen Spanien*, I–II, Berlin 1929–1936
Beinart (*Anusim*) = H. Beinart, *Anusim be-Din ha-Inquisizia* (Conversos on Trial by the Inquisition), Tel Aviv 1965
BN = Biblioteca Nacional, Madrid
Delgado Merchán = L. Delgado Merchán, *Historia Documentada de Ciudad Real* [2], Ciudad Real 1907
Fita = F. Fita, *Boletín de la Real Academia de la Historia*, XX (1892)
IT = Inquisición Toledo
Lea = H. C. Lea, *A History of The Inquisition of Spain*, I—IV, New York 1904–1907
Leg. = Legajo
REJ = *Revue des Études Juives*

89 Trial of Juan del Hoyo
1493–1494

Source: AHN IT, Legajo 157, No. 425, foll. 1r–3r; new number: Leg. 157, No. 8.

Juan del Hoyo, son of Ferrando del Hoyo, was an orphan. His father died in 1473, and his mother soon after. From 1473–1493 he was cared for by members of the Converso community in Ciudad Real, among them: Gonzalo Coronel, Fernando de Chinchilla, Tomás Sánchez, Cristóbal Treviño and Antón Martínez, the cripple (el manco).
It was his early contact with the Converso community which brought the Inquisition to the conclusion that, having lived among Conversos, Juan must have been influenced by their conception of Christianity. And, although he never confessed to Judaizing, nor were there any witnesses who could point to clear instances of his keeping Jewish practices, he was charged with not believing in the Catholic faith.
His trial opened 12 December 1493, commencing with his examination by the Court. The arraignment stated in very general terms that Juan believed in the Law of Moses. It is interesting to note that when he was warned that he might be burnt if he did not confess, Juan replied that he could not care less.[1]
While the sentence in his file states that Juan del Hoyo was condemned to life imprisonment and re-education in Christian ways,[2] *Fita*[3] *lists him as having been handed over to the Secular Arm to be burnt on 30 June 1494. We find no material in the file to substantiate this, and assume that Fita's source was erroneous.*

Bibliography: Fita, p. 474, No. 156.

---

[1] See fol. 2r: 'Que se le da que le da, que lo quemen, teniendo por bueno moryr hereje.'
[2] Fol. 2v.
[3] See Bibliography.

[1]

1r

Leg. 24 No. 3
Juan del Hoyo veçino de
Çibdad Real
no dixo de nadie
En este proçeso no esta la
sentençia como se acostumbra
Carçel

1v [Requerimiento]

12 Dec. En la muy noble çibdad de Toledo, dose dias del mes de disienbre,
1493 año del Nasçimiento del Nuestro Saluador Ihesu Christo de mil e quatroçientos e noventa e tres años, este dicho dia, estando el reverendo señor Ferrand Rodrigues del Varco, canonigo de Granada, jues ynquisydor de la heretica prauidad en la dicha çibdad e en todo su arçobispado, en el carçel de la dicha Santa Ynquisiçion en su avdiençia publica, segund que lo tenia de vso e de costunbre, en presençia de mi, Diego de Sant Martin, escriuano publico de Toledo e notario del dicho Santo Ofiçio, mando traer e paresçer en la dicha adviençia ante sy a Juan del Hoyo, veçino de Çibdad Real, que esta preso en la dicha carçel; e asy paresçido, su reuerençia le amonesto e requerio e pregunto que diga sy es cristiano. Dixo que no lo sabe çierto. Preguntado sy cree que Ihesu Christo fue encarnado en el vientre virginal de Nuestra Señora por Spiritu Santo, e que pario quedando virgen, dixo que sy cree, pero que se le muestra que Su Pasyon esta por pasar, e que non ha padeçido Muerte e Pasyon. Preguntado sy cree que Ihesu Christo murio e reçuçito a terçero dia e subio a los Çielos e verna a jusgar a los biuos e a los muertos, dixo que non lo cree, saluo que se le muestra que lo que canta la yglesia de la Pasyon de Ihesu Christo, que se le muestra que esta por pasar. Preguntado sy cree que en el Sacramento del Altar esta ⟨el⟩ Cuerpo Verdadero de Ihesu Christo, dixo que non cree syno que esta alli su semejança, pero que Dios no, que asy se le figura. Preguntado cuyo hijo es, dixo que es fijo de Fernando del Hoyo, veçino que fue de Çibdad Real, defunto. Preguntado que tienpo ha que murio, dixo que puede aver veynte años, e que el quedo con su madre. Preguntado con quien ha biuido despues, [Dixo que biuio con Anton Martines, el manco, texedor, veçino de Villa Real, despues del con los del ⟨torn part⟩ado

Trial of Juan del Hoyo

e con Tome Sanches, medidor, e despues del con Gonçalo Coronel, e despues del con Ferrando de Chinchilla e con Christoval de Treuiño y con otros algunos, e agora que biuia con vna dueña, biuda.]

Arraignment

9 Jan. 1494 E despues de lo susodicho, en nueue dias del mes de enero del año del Nasçimiento del Nuestro Saluador Ihesu Christo de mil e quatroçientos e noventa e quatro años, estando en la dicha su avdiençia el dicho señor Ferrand Rodrigues e el liçençiado Ferrando de Maçuecos, jueses ynquisidores de la heretica prauedad en la dicha çibdad e en todo su arçobispado por la actoridad apostolica e ordinaria, paresçio ende presente el dicho honrado bachiller Diego Martines de Ortega, promutor fiscal del dicho Ofiçio, e dixo que por quanto el entendia poner e promouer acusaçion sobre el crimen de la heregia e apostasya contra el dicho Juan del Hoyo, que pedia e pidio a sus reuerençias lo mandasen traer e paresçer en la dicha avdiençia.

Luego los dichos señores ynquisidores dixeron e mandaron a Pedro Gonçales, el romo, carçelero en el dicho Ofiçio, que presente estaua, que traxese e paresçiese en la dicha avdiençia al dicho Juan del Hoyo, el qual lo traxo e paresçio en la dicha avdiençia; e asy paresçido, luego el dicho promutor fiscal presento vn escripto de acusaçion contra el dicho Juan del Hoyo, el qual es este que se sygue:

2r En IX de enero de I V IIII°XCIIII° años.

9 Jan. 1494 Muy Reuerendos Señores:

Yo, el bachiller Diego Martines ⟨de⟩ Hortega, promutor fiscal de la Santa Ynquisiçion en la muy noble çibdad de Toledo e en todo su arçobispado, paresco ante Vuestras Reuerençias, ante las quales e en su juyzio propongo acusaçion e acuso a Juan del Hoyo, vesino de Çibdad Real, el qual, auiendo resçibido el Santo Sacramento del Bautismo e biuiendo en nombre e posysyon ⟨*sic*⟩ de christiano e asi se llamando, e gozando de los priuillejos e libertades que los christianos gozan, en menospreçio de la Madre Santa Yglesia e vilipendio de la Religion Christiana, en grande ofensa de Nuestro Redentor Ihesu Christo e condepnaçion de su alma, heretico e apostoto de nuestra Santa Fee Catolica, siguiendo e guardando la Ley de Moysen e sus ritos e çeremonias, e otros casos e espeçies de heregia, conuiene a saber:

En que muchas e diversas vezes desia e afyrmaua que el non cree que el Santo Sacramento del Altar es Dios Verdadero, syno su semejança.

E asymesmo dezia e afyrmaua ante muchas personas que Ihesu Christo no a padeçido Muerte y Pasyon, e que El e Santa Maria, Su Madre, estan entre el çielo e la tierra. E asymesmo dizo ⟨sic⟩ e afirmo que ay Padre y Fijo, que Dios es el Padre e Ihesu Christo el Hijo. E que el Antichristo a de venir, e que aquel es el verdadero Dios y que en el cree, e que el le a de saluar; e que por que creyan en la Fee de Ihesu Christo, que no es nada. E de que le dezian que le quemaran por hereje, dezia que que se le da que le quemen, teniendo por bueno moryr hereje.

Heretyco e apostoto en otros casos e cosas, ritos e çeremonias, que, veniendo a mi notyçia, protesto declarar en el progreso deste sumario proçeso; e por quales abtos e dichos heretycos el dicho Juan del Hoyo cometio e perpetro crimen e delito de heregia, e fue e es hereje ⟨e⟩ apostota, e yncurrio en sentençia ⟨de⟩ excomunion mayor e en confiscaçion de sus bienes e en las otras penas de los derechos contra semejantes herejes ynstytuydas. Por que vos pido e requiero, Muy Reuerendos Señores, que pronunçie⟨i⟩s e declareis al dicho Juan del Hoyo por tal hereje ⟨e⟩ apostota, e aver yncurrido en las dichas sentençias ⟨de⟩ excomunion e en confiscaçion e perdimiento de todos sus bienes e en las otras penas de los derechos, relaxandole a la justiçia e braço seglar, e sobre todo pido conplimiento de justiçia, e en lo neçesario el noble ofiçio de Vuestras Reuerençias ynploro. E juro a Dios e a Santa Maria e a la señal de la Crus +, que esta acusaçion no la pongo maliçiosamente, saluo porque asy soy ynformado e me es denunçiado, la qual pongo en la mejor vya e forma que puedo e de derecho devo, con protestaçion de la amendar e ynterpretar cada que nesçesario sea e si ⟨a⟩ otra solepnidad della soy obligado, estoy presto de la haser, e pidolo por testimonio.[4] |

2v E asy presentado el dicho escripto e leydo por mi, el dicho notario.

Luego el dicho Juan del Hoyo, respondyendo a la dicha acusaçion, dixo que desde el año de las aguas grandes, que podia aver syete años, esta en lo que dicho tyene, e que non creya que en el Sacramento del Altar estaua ⟨el⟩ Cuerpo de Dios Verdadero, saluo su semejança.

---

[4] At the end of the folio: *Juan del Hoyo*.

Trial of Juan del Hoyo

Sentence

30 Jan. 1494 En Toledo, postrimero dia de junio de mil quatroçientos noventa y quatro años, los señores ynquisydores dieron sentençia en este proçeso contra el dicho Juan del Hoyo, en que le condenaron a carçel perpetuo por todos los dias desta vida; e adjuro las cosas que confeso e todo pecado de herejia, etç., estando en la plaça de Çocodober de la dicha çibdad, ençima de vn cadahalso de madera.

Testigos: Juan Desp⟨lugues⟩, canonigo de Toledo e doctor en santa theologia, e mi, Alonso Rodrigues, contador mayor e canonigo de Toledo, e otros muchos.

1 July 1494 [Sentençia]
E despues de lo qual, primero dia de julio del dicho año, los dichos señores mandaron al dicho Juan del Hoyo que tenga la carçeleria donde el ministro de la Trinidad desta çibdad le mandare, para que le ynforme en la Fe; e consintiolo, etç. |

3r *Blank page*

The Composition of the Court

Judges:	Fernán Rodríguez del Barco
	Fernando de Mazuecos
Prosecutor:	Diego Martíncz de Ortega
Notary:	Diego de San Martin
Gaoler:	Pedro González, *el romo*

Synopsis of Trial

1493

12 Dec.   The trial opens with the examination of the accused.

1494

9 Jan.   The arraignment is handed in by the prosecutor.
Date unknown   *Consulta-de-fe*
30 June   The sentence is handed down: Life imprisonment and re-education in Christianity.
1 July   Sentence is carried out as the condemned enters the house of the Minister of the Trinity Church in Toledo.

[5]

90 The Case of Rodrigo de Villarrubia

Source: AHN IT, Legajo 154, No. 383, fol. 13r.

Very little is known about the Jewish practices of Rodrigo de Villarrubia, except that he allegedly expressed the opinion that Jesus and Mary were Jews, Jesus being a circumcised Jew until his death.

Rodrigo was married to Isabel González, whose sister Beatriz González denounced him when she confessed during the 1483 Period of Grace in Ciudad Real.[1] If he was brought before the Court at that time he must have been reconciled, since he was accepted as a prosecution witness to testify that Sancho de Ciudad and María Díaz had fled Ciudad Real because they feared the arrival of the Inquisitors.[2]

Rodrigo was denounced a second time by Cristobal de Avila, a prosecution witness at the trial of María González.[3] On 6 September 1484 he was summoned to appear in Court along with Fernán Falcón as heirs of Juan Díaz, alias Juan Dinela.[4] His wife Isabel also testified for the prosecution in the trial of Juan Díaz Doncel.[5]

It is not clear when Rodrigo was arrested and tried; however he was burnt at the stake on 14 November 1496.[6]

Bibliography: Fita, p. 477, No. 219.

[1] See her trial, No. 98, fol. 7r.
[2] See Vol. I, Trial No. 1, fol. 2r.
[3] See her trial, No. 99, fol. 13v, 30 November. This testimony may be found on the following page.
[4] See the trial of Juan González Escogido, Vol. I, No. 80, fol. 2r; cf. the trial of Juan Martínez de los Olivos, Vol. I, No. 81, fol. 3r.
[5] See the trial of Juan Díaz Doncel, Vol. I, No. 16, fol. 5v.
[6] See Fita, p. 477, No. 219.

Case of Rodrigo de Villarrubia

Testimony on Rodrigo de Villarrubia Taken from the Trial of María González, Wife of Pedro Díaz de Villarrubia [7]

13v [Libro I de Alcaçar, CXXV]

30 Nov. } En Çibdad Real, XXX dias de nouienbre de mil quatroçiento
1493 noventa y tres

Christoual de Au⟨ila⟩ de Miguelturra, testigo jurado, etç., dixo que biuiendo en esta çibdad, puede aver seys años, poco mas o menos, con Rodrigo de Villarrubia e con su muger, e una noche, ablando de los santos y santas, no se recuerda sobre que platica, dixo el dicho Rodrigo de Villarruvia que Santa Maria auia seydo tan judia como las judias, e que Ihesu Christo, que avia seydo retajado, tan retajado como los retajados e judios, hasta que resçibio Muerte e Pasion. E por tienpo de quatro meses que con el biuio nunca vido que hechasen toçino en la olla que comian, saluo que algunas vezes lo conprauan e lo dauan a este testigo para que lo comiese. E este testigo lo asava e lo comia, pero el dicho Rodrigo ni su muger nunca lo gelo vido comer, asado ni cozido, en todo el dicho tienpo. } {Nichil contra ella Maria Gonçales.}

---

[7] See Trial No. 99, where this testimony was struck out by the notary. See also the trial of Beatriz González, No. 98, fol. 7r.

91 Trial of Marina González, Wife of Francisco de Toledo 1494

Source: AHN IT, Legajo 155, No. 338, foll. 1r–18v; new number: Leg. 155, No. 4.

The trial of Marina González began on 9 January 1494 and ended on 30 June of the same year when she was sentenced to be burnt at the stake. The records of her trial and of her behaviour in prison shed much light on the life of this extraordinary woman.

Marina González was a cousin of Fernán and Diego Falcón, the sons of Juan Falcón, the elder.[1] *She confessed in Almagro, where the family lived, on 15 January 1484, and she was reconciled to the Church at that time.*

The prosecutor at her trial used this ten-year-old confession[2] *as the basis for trying her as a relapsed heretic after she had been accused of wearing a red skirt, which was prohibited to reconciled Conversos.*[3] *Also held against her was that she had been educated in Córdoba, a city whose Conversos were known for their loyalty to Judaism.*[4]

The Court appointed Diego Téllez as counsel for the defence[5] *and Gutiérrez de Palma as* letrado; *however, it was her husband Francisco who brought* tachas *against the prosecution witnesses and even succeeded in having some of them rejected. After bravely withstanding the water torture ordered by the Court, Marina González still refused to confess or to name eight compurgatory witnesses* (testigos purgatores o compurgatores), *although by so*

---

[1] See his trial, Vol. I, No. 84.
[2] The confession was copied from the Book of Confessions kept in the Court.
[3] See on this point the pleading of the *procurador*, fol. 4r. It is likely that this prohibition was not observed strictly.
[4] See H. Beinart, 'The Records of the Inquisition, A Source of Jewish and Converso History', *Proceedings of the Israel Academy of Sciences and Humanities*, II, 1967, p. 219. See also the testimony of Bartolomé de Badajoz, below, fol. 8r, who was summoned as a witness for the defence but became a prosecution witness after he was questioned.
[5] See on him Beinart, p. 136, and Biographical Notes.

[8]

doing she might have saved herself. When she tried to commit suicide by starving herself, the Court decided to hand her over to the Secular Arm.

Bibliography: Beinart, pp. 136 ff. and index.

quemada Leg. 35 No. 19
[   ]

1r Marina Gonsales muger de Françisco de Toledo
espeçiero
vesino de Çibdad Real

18 f.

[ ] condenada declaretur

presentado en XXVI de febrero de XCIIII

1v En la muy noble çibdad de Toledo, nueve dias de enero, año del
9 Jan. Nasçimiento de Nuestro Saluador Ihesu Christo de mil y quatro-
1494 çientos e noventa e quatro años, este dicho dia, estando los
reverendos señores el liçençiado Fernando de Maçuecos e Fernand
Rodrigues del Varco,[6] canonigo de Granada, jueses ynquisidores
de la heretica prauedad en la dicha çibdad e en todo su arçobispado
por auctoridad apostolica e ordinaria, en su abdiençia publica,
segund que lo han de uso e de costumbre, en la carçel de la Santa
Inquisyçion, en presençia de my, Diego de Sant Martin, escriuano
publico de Toledo e notario en el dicho Ofiçio, e de los testigos
de yuso escriptos, paresçio onde presente el honrado bachiller
Diego Martines de Ortega, promotor fiscal en el dicho Ofiçio, e
dixo que por quanto el entendia poner e provar acusaçion sobre
el crimen de la heregia e apostasia contra Marina Gonsales, muger
de Françisco de Toledo, espeçiero, vesino de Çibdad Real, que esta
presa en el dicho carçel, por ende, que pedia e pidio a sus reverençias
que lu manden traer e paresçer en la dicha abdiençia.

---

[6] See Biographical Notes on both of them.

Luego los dichos señores ynquisydores dixeron e mandaron a Pedro Gonsales, el romo, carçelero del dicho Ofiçio, que presente estaua, que traxese e hisiese paresçer en la dicha abdiençia a la dicha Marina Gonsales. El qual luego la traxo e paresçio en la dicha audiençia ante sus reverençias; e asi paresçida, luego el dicho promotor fiscal presento e leer hiso por my, el dicho notario, vn escripto de acusaçion, el qual es que se sygue: |

Confession

2r Muy Reverendos e Devotos Padres:
Yo, Marina Gonsales, muger que soy de Françisco de Toledo, espeçiero, vesino desta villa de Almagro, paresco e [ ] presento ante Vuestras Reverençias [ ] disiendo manyfestar mys culpas e pecados que he hecho e cometido en ofensa de Nuestro Redentor et Maestro Ihesu Christo en contra nuestra Santa Fee Catolica, los quales e de todos de los que en mi memoria al presente ocurre e se me acuerda, con verguença grande dellos e con contriçion e arrepentimiento de mi coraçon e proposito de conplir la penitençia que por vuestras reverençias me sea ympuesta [ ] satisfacçion de aquellos digo my culpa!

Primeramente, Reverendos Padres, digo que peque en guardar los sabados e algunas pascuas de la qual a mi memoria venian, e vesti ropas linpias por çerimonia, e guise de viernes para el sabado e comi dello, et ençendi candil en viernes en la noche por çeremonia.

Peque en que ayune algunas veçes, espeçial el Ayuno Mayor, [ ] por çerimonia, et pedi perdon a otros y otros a my.

Peque que hize pan çençeño algunas veçes e lo comy.

Peque en que comy carne degollada con çerimonia e quite el sebo de la carne por çerimonia.

Peque en oyr leer oraçiones, yendo a las oyr adonde [ ] se desian, espeçialmente me acuerda de averlas oydo algunas veses en casa de Alvar Lopes de Cordoba, vesino de Çibdad Real.

Peque que me apartaua de comer toçino a carne ahogada et cosas que a my me [ ] venia que eran defendidas.

Peque en que algunos dias de fiestas mandados guardar por la Madre Santa Yglesia, que los quebrante, no guardandolos como era obligada.

Peque que en algunos dias vedados por la Madre Santa Yglesia comi algunas cosas defendidas por ella.

Peque que desque paria, a la setina noche venyan algunas personas a my casa et comyan e folgauan et desian que era noche de hadas.

Trial of Marina González

Peque que me vi en mortorio et comy en mesa baxa manjares de pescado.

Digo, Reverendos Padres, que de todas estas cosas por my de suso dichas fui en ellas puesta por dos cuñados myos casados con mys hermanas, los quales se llaman el vno Garçia Mollina et el otro Lope Rodrigues, vesinos de Çibdad Real, syendo donçella, porque me desian que por esto me salvaria.

Diego ⟨sic⟩, Reuerendos Padres, que vna ves en vyernes me acaesçio ynoçentemente, syn pensar que era vyernes mande a vna moça mya poner vn pedaço de carne a coser, que avia quedado de otro dia; et estando asy puesta my marido enbio de comer cosas de pescado et me lo mando guysar para comer; et yo le dixe que en dia de carne que menester hera comer pescado. Et aquel me respondio: ¿Como desis en dia de carne syendo vyernes? Et desque vido la olla al fuego la tomo con lo que en ella estava et la quito, mostrando grand sentimiento dello. Et yo le dixe my ynoçençia con que lo avia fecho, syn pensar el dia que era. Manyfiesto a Vuestras Reverençias et pidiendo penytençia, que ofendi a Nuestro Redentor et Maestro Ihesu Christo yendo contra nuestra Santa Fe Catolica en çiertas cosas devydas, las quales por agora no son en my memoria, protesto de las declarar venidas a ella, et de oy mas [   ] de biuir e morir e acabar en la Santa Fe Catolica, con la qual me abraço en su defendimiento [   ] por todos los dias de my vyda. Et de todas estas cosas por my confesadas pydo perdon ⟨et⟩ redenption de Nuestro ⟨Señor⟩ Ihesu Christo, et a Vuestras Reverençias me deys penitençia dellos saludable a mi anima a la qual estoy presta de conplir. |

2v
15 Jan.
1484
En XV de enero de ochenta y quatro ante my, el notario Juan de Segouia,[7] de la Santa Inquisiçion, la dicha Marina Gonsales fiso esta su confesyon, estando de lycto en la cama en su casa. La qual la juro ser verdad lo que en ella se contyene; e dixo que queria haser esta çerimonya desde que se acuerda hasta agora es a ser de XXXII años, las quales le enseñaron dos cuñados suyos, el vno Garçia Mollyna, y Lope Rodrigues, vesinos de Çibdad Real. |

---

[7] This notary served the Court for many years; see Biographical Notes on him.

Arraignment

3r En XV de enero I V IIII°XCIIII° años.
15 Jan. Muy Reverendos Señores:
1494 Yo, el bachiller Diego Martines Hortega, promotor fiscal de la Santa Inquisiçion en la muy noble çibdad de Toledo e todo su arçobispado, paresco ante Vuestras Reverençias, ante las quales e en su juyzio propongo acusaçion et acuso a Marina Gonsales, muger de Françisco de Toledo, espeçiero, de Çibdad Real, la qual, auiendo resçebido el Santo Sacramento del Bautismo et biviendo en nonbre e posysyon de christiana e asi se llamando, et gozando de los previllejos e libertades que los christianos gozan, en menospreçio de la Madre Santa Yglesia, en vilipendio de la religion christiana ⟨e⟩ en grande ofensa de Nuestro Redentor Ihesu Christo e condepnaçion de su alma, heretyco e apostato de nuestra Santa Fee Catolica, syguiendo et guardando la Ley de Moysen et sus ritos e çerimonyas e otros casos espeçiales de heregia, de los quales algunos fictamente confeso ante Vuestras Reverençias e de aquellas fue resçebyda a reconçiliaçion, e abjuro publicamente los dichos herrores e heregia, espeçial de guardar la Ley de Muysen, e pospuesto el themor de Dios, en condepnaçion de su alma, torno como el can al gomito a cometer e perpetrar los dichos herrores que abjuro en las cosas e casos syguientes:

E que despues de reconçiliada holgava e holgo los sabados y en ellos no hasia las obras e lavores seruiles como en los otros dias de entre semana hazia.

E purgava la carne que avya de comer por conplir e guardar la çeremonia judayca; et asymesmo no comia toçino ni cosas de puerco ni queria comer a la mesa donde se ponia toçino, e quando algunas personas comian toçino no queria ella bever con la taça que el bevia por aver comido el toçino; e no comia perdises ni aves hogadas por ser defendido a los judios que fasen su ley.

Et por mostrar mejor su heregia no tenia en su casa ymagen ni figura de santo ni de santa alguna, ni la señal de la Cruz, ni otra señal de christiano, porque no se tenia por tal.

Et es ynpenitente que no a conplido la penitençia que por Vuestras Reverençias la fue ynpuesta, e a vsado e traydo las cosas que le fueron proybidos al tienpo que se reconçilio, no teniendo ni creyendo los mandamientos de la Yglesia obligarla a pecado.

E heretico e apostato (e apostato) en otros casos e cosas, ritos e çerimonias que protesto declarar en este proçeso: e asi la dicha

Trial of Marina González

Marina Gonsales fue e es hereje, apostota, relabsa e ynpenitente, e yncurrio en sentençia de excomunion mayor e confiscaçion e perdimiento de todos sus bienes e en las otras penas de los derechos contra los semejantes herejes relabsos ynstituydos. Por que vos pido e requiero, muy Reverendos Señores, que pronunçieis e declareis a la dicha Marina Gonsales [Marina Gonsales, muger de
3v Françisco de Toledo, espeçiero] por tal | hereje, apostota, relabsa, ynpenitente, e aver yncurrido en las dichas sentençias ⟨de⟩ excomunion mayor e en las otras penas et confiscaçion e perdimiento de todos sus bienes e en las otras penas de los derechos, denegandola toda abdiençia e relaxandola a la justiçia e braço seglar. E sobre todo pido cumplimiento de justiçia, e en lo neçesario vuestro noble ofiçio ynploro. E juro a Dios e a Santa Maria e a la señal de la Cruz que esta acusaçion no la pongo maliçiosamente, saluo porque asy soy ynformado e me es denunçiado. La qual pongo en la mejor via e forma que puedo e de derecho deuo, con protestaçion de la añadir e declarar cada que neçesario sea; e sy ⟨a⟩ otra solepnidad della soy obligado, estoy presto a la haser sy e en quanto bien me estoviere, e pidolo por testymonyo.

The Defendant Denies the Charges

E asi presentado el dicho escripto e leydo por mi, el dicho escriuano, luego la dicha Marina Gonsales, respondiendo a la dicha acusaçion, dixo que no hiso cosa ninguna de lo en la acusaçion contenido, e pidio traslado de la dicha acusaçion e denunçia para responder a ella.

[Termino]
Sus reverençias se lo mandaron dar termino de tres dias para que venga respondiendo e concluyendo.

Defence

[Poder]
Luego la dicha Marina Gonsales dio poder conplido para proseguir esta cabsa ante sus reverençias a Diego Telles, notario, vesino de Toledo, etç.
Testigos: Pedro Gonsales, el romo, e Juan de Castro.

17 Jun. E despues de lo suso dicho, en dies e syete dias del dicho mes de
1494 enero del sobredicho año de mil e quatroçientos e noventa e quatro años, paresçio ante los dichos señores ynquisidores el dicho Diego

Telles en el dicho nonbre e presento vn escripto de respuesta, su thenor del qual es este que se sygue: |

4r En XVII dias de enero I V IIII°XCIIII°
+

17 Jan. Muy Reverendos Señores:
1494 Yo, Diego Telles, en nonbre e como procurador que soy de Marina Gonsales, muger de Françisco de Toledo, espeçiero, vesino de Çibdad Real, respondiendo a vna acusaçion contra mi parte propuesta por el venerable bachiller Diego Martines de Ortega, promotor de la Santa Ynquisiçion, en que en efecto dize que despues de reconçiliada holgava los sabados; e que purgava la carne que tenia de comer; e que non comya toçino ni cosa de puerco, ni queria comer a la mesa donde se ponia toçino, ni queria beuer con la taça del qual auia comido; e que no comia perdizes ni aves ahogadas; e que non tenia en su casa ymagen de santo ni de santa ni señal de Cruz nin otra señal de christiana; e que era ynpenitente; e que tenia las cosas que le fueron proibidas en su reconçiliaçion, segund que mas largamente en su acusaçion se contiene, cuyo tenor aviendo aqui por repetido, digo:

Que la dicha mi parte non seria ni es rea nin culpada de cosa alguna de lo contenido en la dicha su acusaçion por lo syguiente: Lo vno, por quanto non seria yntentado en tienpo ni en forma devidos, e que no contiene lugar nin tienpo sobre ello poder deliberarme e responder; e niegola por la via e forma que en ella se contiene. E respondiendo a cada vna cosa dello digo:

Por quanto a lo primero, digo que mi parte, despues de reconçiliada, nunca holgava los sabados, antes afanava en ellos tanto o mas que los otros dias de la semana, sy non fuese por fiesta de la Yglesia y non por honra de sabado, antes guisava e lavava e amasava los dichos sabados e fiestas todos las noches como christiana.

A lo otro de purgaçion de la carne, nunca tal fizo, antes comia la olla con toçino e aues ahogadas e perdizes e toda caça quando lo tenia; nin menos dexo de beuer con la taça que otro comia comiendo toçino, pues que ella comia, e todas las otras viandas de christiana syn distinçion alguna, e si dexo de comer alguna vez toçino seria con muchas dolençias que tenia del coraçon e otros males de dar fijos que pario.

A lo otro de las ymagenes no las dexaua de tener, antes las tenya, en una sarga puestas frontero del palaçio, de Santa Catalina e la Cruz de Sant Anton que tenya de moça, donde rezaua, e en la

Trial of Marina González

yglesia mucho mas. Y ella cumplio su penitençia, e despues de reconçiliada bivio e uso e converso como buena christiana, oyendo misas e confesando e comulgando e ayunando los ayunos de la Yglesia, como buena penitente; nunca ella traxo cosas que le fuesen vedadas en su reconçiliaçion, e aunque traya como trae vna puerta ⟨sic⟩ colorada e vnas faldrillas de paño colorado deziocheno, non era defendido en Almagro por Vuestras Reverençias, saluo que no fuese grana. Por ende vos digo, Señores, que dando por nynguna la dicha su acusaçion, absuelvan e den por libre e quita a my parte, mandandola desenbargar sus bienes, mandandola soltar deste carçel. Para lo qual todo ⟨e⟩ en lo neçesario vuestro noble ofiçio ynploro e ynovaçion çesante, alsando lo perjudiçial, concluyo.

(—) Gutierres de Palma. |

[Conclusyon]

4v E asy presentado el dicho escripto ante los dichos señores inquisidores, luego el dicho Diego Telles en el dicho nonbre dixo que concluya e concluyo.

Luego el dicho promotor fiscal dixo que el asymismo con lo que dicho e pedido tyene concluya e concluyo, etç., pidiendo sentençia.

[Sentençia]

Luego los dichos señores inquisidores dixeron que pues las partes avian concluydo e non querian mas desyr ni alegar, que ellos concluyan con ellos e avyan e oyeron este pleito por concluso e çerrado, e asygnaron termino pa dar en el sentençia para luego, lo qual dieron, en que dixeron que vystos los actos e minutos del dicho proçeso e la conclusyon fecha, en que hallavan que devyan resçebir e resçibieron a amas las dichas partes juntamente a la prueva de lo que provado les podia aprovechas, saluo jure inpertinentium, etç.; para la qual prueva haser les dieron e asygnaron termyno de nueve dias primeros syguintes que non sean feriados, etç.

Questionnaire for Defense Witnesses

1 Feb. E despues de lo susodicho, en primero dia del mes de febrero del 1494 sobredicho año, pareçio el dicho Diego Telles en el dicho nonbre e presento vn escripto de preguntas por donde dixo que sean preguntados los testigos que por el en esta causa seran presentados. El qual es este que se sygue: |

5r Çibdad Real
En primero de febrero de I V IIII°XCIIII° años.

Muy Reverendos Señores:
Yo, Diego Telles, en nonbre de Marina Gonsales, muger de Françisco de Toledo, espeçiero, veçino de Çibdad Real, vos pido que a los testigos que por mi parte son o seran presentados para su defensa e abono, so cargo de juramento, sean preguntados por las preguntas syguientes:
I Primeramente, sean preguntados sy conoçen a la dicha Marina Gonsales, muger de Françisco de Toledo, espeçiero, vezino de Çibdad Real, e quanto tienpo ha.
II Yten, sy saben, veen, vieron, oyeron desyr que la dicha Marina Gonsales se reconçilio de su espontanea voluntad en tienpo de la graçia e reçibio e cunplio su penitençia.
III Yten, sy saben, etç., que despues de reconçiliada, la dicha Marina Gonsales biuio, uso e converso como buena christiana, oyendo Misas e Sermones, guardando los domingos e fiestas de la Yglesia, e confesando e comulgando con mucha deuoçion e fasyendo todas obras de christiana.
IIII° Yten, sy saben, etç., que la dicha Marina Gonsales, despues de reconçiliada, afanava los sabados filando e cosyendo o lauando tanto e mas que los otros dias de la semana sy no fuese fiesta de la Yglesia aquel dia o estando mal doliente que non pudiese afanar.
V Yten, sy saben, etç., que despues de reconçiliada, la dicha Marina Gonsales nunca purgo la carne, e echaua toçino en la olla y perdizes e palomas e liebres e conejos e todas viandas de christiana, sy alguna vez dexo de comer toçino seria porque estuvo muy mala doliente, pero syenpre comia de la carne guisada con ello con toda su dolençia.
VI Yten, sy saben, etç., que la dicha Marina Gonsales, despues de reconçiliada, rezaua a la Cruz de Sant Anton y a las ymagenes de Santa Catalina e otros santos que tenia con mucha devoçion.
VII Yten, sy saben, etç., que la dicha Marina Gonsales nunca truxo cosas vedadas ni de grana, salvo vna faldrilla que era colorada de veyntyquatren, porque en Çibdad Real e Almagro non les era defendido saluo la grana, y non otro paño colorado.
VIII° Yten, sy saben, etç., que despues de reconçiliada, la dicha Marina Gonsales nunca fizo ni dixo cosa alguna contra nuestra Santa Fe, e segund la mucha conversaçion que los dichos testigos con ella tovyeran, sy lo fiziera lo vieran e supieran, e nunca lo vieron ny supieron, saluo bevyr e usar como buena christiana.
Yten, sy saben que de lo susodicho e de cada vna cosa dello sea e es publica boz e fama. |

Trial of Marina González

5v *Blank page*

6r Marina Gonsales, muger de Françisco de Toledo
6 Feb. En VI dias de hebrero I V IIII°XCIIII° años.
1494 Alfonso de Çarça,[8] veçino de Çibdad Real, testigo presentado e jurado en forma etç., preguntado por la primera pregunta del dicho ynterrogatorio.
A la primera pregunta dixo que conoçe a la dicha Marina Gonsales de dos años a esta parte, poco mas o menos, de vysta, pero que no touo otro conosçimiento con ella.
II A la II pregunta dixo que oyo desyr que era reconçiliada, c lo demas dixo que no lo que sabe.
III A la III pregunta dixo que non sabe della cosa mas [ ] la vydo algunas veses en Misas.
IIII°, V, VI, VII A las IIII°, V, VI, VII dixo que non las sabe salvo aver la faldrilla de paño colorado, pero que non sabe en que año hera.
VIII° A la VIII dixo que non la sabe.
A las otras preguntas al caso pertenesçientes dixo que dise lo que ha dicho e en ello se afirma.

Marina Ruys, muger de Bartolome de Badajos,[9] vesina de Çibdad Real, testigo jurado e presentado, etç., preguntada por las preguntas del dicho ynterrogatorio.
I A la primera pregunta dixo que conosçe a la dicha Maryna Gonsales de vista e habla e amistad, porque bivia frente deste testigo, desde dos años e mas a esta parte.
II A la II pregunta dixo que non la sabe.
III A la III pregunta dixo que la vido yr a Misa en domingos e la oyo desir que avia confesado e comulgado la Quaresma pasada. E lo demas dixo que no lo sabe.
IIII° A la IIII pregunta dixo que en los sabados mucho continuo la veya haser su hasienda c trabajar como en los otros dias de la semana [afanar continuo].
V A la V pregunta dixo que non sabe della otra cosa saluo que veya traer perdises a su casa, c lo demas dixo que non lo sabe.
VI A la VI pregunta dixo que non la sabe, saluo que vido en su casa vnas ymagenes, cruses e ⟨la⟩ Crus de Sant Anton [imagenes e cruses].

[8] He was a member of the Town Council; see Biographical Notes.
[9] On the Badajoz family, see Biographical Notes.

VII   A la VII pregunta dixo que non sabe esta cosa saluo vestirse la dicha faldrilla colorada, e lo demas dixo que non lo sabe. |

6v VIII   A la VIII° pregunta dixo que non le vio haser ni desir cosa contra la Fe Catolica, pero que si ella lo quisiera haser o desir bien podiera haserlo sin que este testigo lo viera.

A las otras preguntas al caso pertenesientes dixo que dise lo que ha dicho e en ello se afirma.

Maria Sanches,[10] ama de Bartolome de Badajos, vesino de Çibdad Real, testigo jurado e presentado, etç., preguntada por las preguntas del dicho ynterrogatorio.

A la primera pregunta dixo que conosçe a la dicha Marina Gonsales desde año e medio a esta parte porque biue junto pared a medio de su casa.

A la II pregunta dixo que no lo sabe.

A la III pregunta dixo que la vido yr a Misa, e lo demas dixo que no lo sabe, saluo que oyo desir que avia confesado e la vido en la Yglesia de Santo Domingo, desia que para comulgar.

A la IIII° pregunta dixo que en el sabado algunas veses la veya hilar e haser sus hasiendas, asi en su casa como en casa deste testigo, aunque eran pocas. [filar].

A la V pregunta dixo que non la sabe.

A la VI pregunta dixo que non la sabe.

A la VII pregunta dixo que non la sabe.

A la VIII° pregunta dixo que non la vido haser ni desir cosa contra nuestra Santa Fe Catolica, porque si ella quisiera bien lo pudiera haser que este testigo no lo viera.

A las otras preguntas al caso pertenesçientes dixo que dise lo que ha dicho e en ello se afirma.

Leonor Fernandes, muger que fue de Lope de Villarreal, vesino de Çibdad Real, testigo jurado e presentado, etç., preguntada por las preguntas del dicho ynterrogatorio.

A la primera pregunta dixo que conosçe a la dicha Marina Gonsales desde XXX años e mas tienpo, porque es su prima deste testigo, que los padres eran hijos de Fernandes.

---

[10]   A certain María Sánchez served as housekeeper to Briolangel de Padilla, wife of Fernán Falcón. She was a prosecution witness in the trial of Catalina de Zamora, Vol. I, No. 74, fol. 15v.

A la II pregunta dixo que non lo sabe, saluo que oyo desir que era reconçiliada.

A la III pregunta dixo que la vido en Misa e Sermones e la vido guardar domingos e fiestas de la Yglesia, e lo demas dixo que non lo sabe.

A la IIII° pregunta dixo que la vido en el sabado haser su hasienda como en los otros dias de la semana, espeçial desde San Juan a Carnestolendas, que bivieron en su vesindad de⟨l⟩ año pasado [afanar]. |

7r A la V pregunta dixo que non la vido purgar la carne e le vido comer de las viandas contenidas en la dicha pregunta, espeçialmente liebre e conejo que non se la vido comer, e algunas veses desia a este testigo que non comia toçino porque le hasia mal e otras veses le comia.

A la VI pregunta dixo que la beya resar en la Yglesia pero no sabado que resaua, e lo demas dixo que non lo sabe.

A la VII pregunta dixo que non le vido vestir cosa vedada, eçebto que la vido la dicha faldrilla.

A la VIII° pregunta dixo que non la vido faser ni desir cosa contra la Fe Catolica, pero que si ella quisiera faserlo que bien podiera que este testigo no lo viere.

A las otras preguntas al caso pertenesçientes dixo que lo que ha dicho e en ello se afirma.

} Fernando de Madrid, veçino de Çibdad Real, testigo jurado e preguntado etç., por las preguntas del ynterrogatorio. }

7 Feb. En Çibdad Real VII de hebrero I V IIII°XCIIII° años.
1494 Catalina Lopez, muger de Diego de la Membrilla, vesino de Çibdad Real, testigo jurado e presentado, etç., ⟨preguntado⟩ por las preguntas del dicho ynterrogatorio.

A la primera pregunta dixo que conosçe a la dicha Marina Gonsales desde vno o dos años que ha que vinieron a beuir de Almagro e biuio pared o medio deste testigo, e entraua e salia en casa deste testigo e este testigo en la suya, espeçial en los dias de fiesta.

A la II pregunta dixo que non lo sabe.

A la III pregunta dixo que la tenia por christiana porque la vido yr a Misa e la vido holgar domingos e fiestas de la Yglesia, e la vido la Quaresma pasada andar a buscar confesor disiendo que para su hija, que ella avia confesado, e lo demas dixo que no lo sabe.

[19]

A la IIII° pregunta dixo que algunos sabados la vido rebuelta hasiendo su hazienda como en los otros dias de la semana.
A la V pregunta dixo que non lo sabe.
A la VI pregunta dixo que non lo sabe.
A la VII pregunta dixo que le vido la dicha faldrilla contenida en la dicha pregunta, e lo demas contenido en la dicha pregunta dixo que non lo sabe. |

7v A la VIII° pregunta dixo que nunca le vido haser ni desir cosa contra nuestra Santa Fe Catolica, porque si lo quisiera haser que bien podiera syn que este testigo lo viera.
A las otras preguntas al caso pertenesçientes dixo que dise lo que ha dicho e en ello se afirma, etç.

Bartolome de Badajos, vezino de Çibdad Real, testigo jurado e preguntado por las preguntas del dicho ynterrogatorio.

A la primera pregunta dixo que conosçe a la dicha Marina Gonsales desde poco mas de vn año a esta parte de vista e habla e porque eran vesinos e algunas veses entraua en su casa e ella muchas veses en la deste testigo.
A la II pregunta dixo que non la sabe.
A la III pregunta dixo que este testigo por christiana vieja la tenia, e la vido en Misa algunas veses; e lo demas dixo que non lo sabe.
A la IIII° pregunta dixo que non lo sabe.
A la V pregunta dixo que no lo sabe, saluo que oyo desir que no comia toçino ni pulpo ni conejo, e cree que oyo a ella misma de que no comia conejo.
A la VI pregunta dixo que non lo sabe.
A la VII pregunta dixo que le vido en faldrilla colorada e que este testigo gelo toco, e lo demas dixo que no se la vido ni lo sabe.
A la VIII° pregunta dixo que no le vydo haser ni desir cosa de Fe, e que porque bien lo podiera haser que este testigo no lo viera.

Preguntado por parte del promotor fiscal, dixo que este testigo non la tenia por christiana. Preguntado por que, dixo que porque se crio entre los conversos en Cordoba e le paresçio que tenia las muestras de no buena christiana. |

8r *Blank page*

Trial of Marina González

Witnesses for the Prosecution

8v Prueba del fiscal

8 Jan. 1494 E despues de lo susodicho, en ocho dias del mes de enero [11] del sobredicho año del Señor de mil e quatroçientos e noventa e quatro años, el dicho promotor fiscal presento por testigos para en prueva
5 Feb. 1494 de su yntençion, a Pedro de Teba, vezino de Almagro, et en çinco dias del dicho mes de febrero del dicho año, presento a Fernand Falcon, vezino de la dicha çibdad, y en ocho dias del dicho mes
8 Feb. 1494 de febrero del dicho año presento a Juana de Cadena, muger de Diego Falcon, vezino de Caracuel, y en honçe dias del mes de febrero del dicho año presento a Graçia, fija de Juan de Espina, vezino de Almagro, los quales todos juraron en forma devida de derecho, etç.

A la examinaçion de los quales fueron presentes por personas onestas religiosas fray Pedro de Toledo e fray Fernando de Suaso, de la Orden de los Predicadores, e Pedro Pablo del Varco,[12] clerigo, e Juan de Castro.

[Testigo]

El dicho Pedro de Teva,[13] vezino de Almagro, testigo jurado, etç., dixo que so cargo del juramento que hizo, que en el año pasado de noventa e dos, biuiendo en Çibdad Real, tenia mucha amistad e conoçimiento con Françisco de Toledo, espeçiero, veçino de la dicha çibdad, e comia e almorsaua muchas veses con el en su casa cosas de puerco e perdises ahogadas e otras cosas, e su muger Marina no comia de cosa dello; y vn dia, comiendo con su marido de vn pedaço de puerco javali, y este testigo le dixo: Señora, ¿pues no venis a comer? Y ella dixo: No puedo comer agora. Y el marido le dixo: Yo juro a Dios, muger, que buscaes lo que os verna. Y ella le dixo: Dexaldes, duelos les vengan. Y en este tienpo este testigo lo myro de aviso e lo vido muchas veses, et nunca comia puerco ny perdises ahogadas. E si comia⟨n⟩ toçino no comia a la mesa, ni donde trayese toçino no comia cosa que con ello se guisase, et si comya toçino su marido, no queria bever con la taça que su

---

[11] If there is no error in the date, they testified before the trial opened officially; see Synopsis of Trial, p. 40.
[12] In 1497 he confirmed the testimony of Catalina Díaz in the trial of Catalina López, Leg. 160, No. 474, fol. 7r.
[13] He testified against Juan Ramírez in 1490; see No. 109, fol. 20v, and Biographical Notes on him.

[21]

marido beuia. Y en los sabados la miro muchas veses de aviso e nunca hilaua, aunque hasya por casa cosas liuianas en su presençia deste testigo era como a fingedo que hasya algo. Y este testigo le desya: ¡Ea, prima! por aquello, y ella desya: ¡Ea, primo! E que a su ver deste testigo es judia aunque no pudiera desir della mas que sospecha de lo susodicho. E ha oydo desir que en el año pasado ella e la Flor Gonsales,[14] muger de Aluaro de Madrid,[15] hisyeron pan çençeño. Et oyo desir a Graçia del Espina que le avia visto quitar el sebo a la carne.

[Testigo]
El dicho Françisco de Toledo, espeçiero, vezino de Çibdad Real, testigo jurado, dixo, so cargo del juramento que hiso, que despues de la reconçiliaçion de Marina Gonsales su muger, algunas veses, quando tenian | toçino para comer, lo rehusa⟨ba⟩ de comer e non lo comia, e porque este testigo gele reprehendia, desya que çiertamente ella no lo dexaua de comer saluo por el daño de su salud e non por otra çeremonia, e que comia todo lo que alla se guisaua e aun lo comia algunas veses. Iten dixo que asymismo algunos sabados ella salia de su casa a haser algund negoçio, y este testigo le desia e reprehendia dello, disyendole que non se lo avya de dar cuenta a Dios, pero avn al mundo. Preguntado que pues salia a sus negoçios por que la reprehendia, dixo que porque avia dado puñadas a Dios e al mundo, y porque en aquel dia avya de haser todo lo que devyese porque non tovyese⟨n⟩ que desyr della.

9r

[Testigo]
El dicho Ferrand Falcon,[16] vezino de Çibdad Real, testigo jurado e preguntado, etç., dixo, so cargo del dicho juramento, que este testigo estuuo en casa de Françisco de Toledo, espeçiero, vezino de la dicha çibdad, quando prendieron a su muger al tienpo de haser del secresto, y entrando en su casa non vido ni se fallo ymagen de santo ni de santa ni Crus ni señal de christiano. Iten dixo, añadiendo en su dicho, y dixo que vido algunos dias de sabado a Marina, muger de Françisco de Toledo, espeçiero, que esta presa, e la vido por la çibdad ataviada de buen atavio, e a su persona

[14] See the trial of Juan González Escogido, Vol. I, No. 80, fol. 2r; see also Biographical Notes on her.
[15] His bones were exhumed and burnt on 15 March 1485.
[16] See on him Vol. I, p. xvii; see also Biographical Notes.

Trial of Marina González

como atavio de fiesta. Iten dixo que oyo desir al dicho Françisco de Toledo, hablando sobre la prisyon de su muger, que non queria comer toçino ni que la echase en la olla. Et que renya con ella porque no saliese en el sabado de su casa, et que ella, de que avia fecho por su casa algo, se yva fuera de su casa. Item dixo, añadiendo en su dicho, que puede aver quinse dias, poco mas o menos, estando en Caracuel en casa de Diego Falcon, su hermano, entre otras hablas vinieron a fablar que avian prendido a la muger de Françisco de Toledo, espeçiero, vezino de Çibdad Real. Y entonçes Juana de la Cadena, muger del dicho Diego Falcon, dixo: ¿Es çierto que prendieron a la muger del dicho Françisco de Toledo, espeçiero? Y este testigo dixo: Si. Y ella torno a desir: Asy aya buen syglo el anima de mi padre, que es judia, y vos dire lo que le he visto biuiendo en Almagro poco tienpo antes que se fuese a biuir a la çibdad, estando en su casa yo y Diego Falcon que auiamos ydo a negoçiar sobre vna parra y posauamos en casa del dicho Françisco, espeçiero, y estando alli vyno vn sabado y vy como se leuanto aquel sabado y holgo todo el dia y despues de comer tomo su manto y se fue a andar fuera de casa e non vyno fasta la noche. Y luego el domingo syguiente la vido asedar lino en su casa, y la dixo: ¿Esto, prima? Y ella dixo: No tengo remedio de mi marido saluo de darle de comer a el e a su mula. Y en aquella semana vyno vn dia de Dysanto de guardar y le vido faser fasiendo e hilar todo el dia. Preguntado que quanto tienpo que se vynieron el dicho Françisco, espeçiero, e la dicha su muger a bevir a la çibdad, dixo que puede aver veynte meses, poco mas o menos. |

9v [Testigo]

La dicha Juana de la Cadena, muger de Diego Falcon,[17] vezino de Caracuel, testigo jurado e preguntado, etç., dixo, so cargo del dicho juramento, que puede auer dos años, poco mas o menos tienpo, que este testigo e el dicho su marido fueron a la villa de Almagro e fueronse a posar a casa de Françisco de Toledo, espeçiero, que agora bive en Villa Real. Y estando alli este testigo vydo como vn viernes, en la dicha villa de Almagro, el dicho Françisco de Toledo, espeçiero, e la dicha su muger que lauo vnos paños de lino e los puso a secar, et alinpio vn mantillo e vn brial. Y luego otro dia syguiente sabado vystio e tomo su manto e fuese fuera

---

[17] He served as a prosecution witness in many trials; see Biographical Notes.

de casa despues de comer; e antes de comer non la vydo faser nada saluo andar por su casa. Y luego, el domingo syguiente, este testigo, desque ovo dormido la syesta, leuantandose fallo a la dicha Marina a se dando lino, y mirola e callo vn poco. Y despues dixole: Señora ¿eso en tal dia? Y ella dixo: Ay, señora prima, que sy no fuese por mi trabajo, segund Françisco es floxo y no sabe ganar, no me podra valer ni tenia para casar mi hija. Y estando alli vino otro dia de fyesta de guardar, que cree era apostol, que non se recuerda bien, despues de comer la hallo asymysmo asedando lino, y gele reprehendio y ella le dixo: Sy no fysiese esto non tenya esto. E fue mostrole vn monton de pieças de lienzo que tenya dentro de vn arca. Preguntada sy aquel dia sabado sy holgo, dixo que sy, que no le vido faser nada, porque en los tienpos pasados vido a otras conversas para holgar el sabado andar asy raleando para guardar el sabado, e por esta sospecha lo miro e vido, segund dicho es.

La dicha Graçia, fija de Juan de Espina, testigo jurado e presentado, etç., dixo, so cargo del dicho juramento, que biviendo en esta villa [   ] de Almagro puede aver tres años por Marina, muger de Françisco de Toledo, que agora bivia en Çibdad Real, que vn dia de Carnestolendas tenia hechas fojuelas con manteado puerco et non quiso comer dellas ni menos queria comer toçino, antes lo daua a este testigo, ny lo guisaua en la olla que tenya de comer. E vn dia estando en su casa truxieronle carne e tomo e escuso deste testigo e myrandola a verle sy la miraua e quitaua de vn

10r pedaço | de carne que tenia, despistandolo, por no saber que la quitaua, saluo que vna gallina comia lo que quito. |

Publication of Testimonies

10v [Publicaçion]

26 Feb. Et despues de lo susodicho, a veynte e seys dias del dicho mes 1494 de febrero del sobredicho año del Señor de mil e quatrosçientos e noventa e quatro años, estando el reuerendo señor Fernand Rodrigues del Varco, inquisidor, en la dicha su avdiençia, paresçieron el dicho promotor fiscal e el dicho Diego Telles e pidieron publicaçion de la prouança por ellos fecha en este proçeso. Su reverençia mando faser e fiso la dicha publicaçion de los dichos de los testigos en este proçeso presentados por cada vna de las partes, e mando dar dellos copia e treslado a las partes con termyno de nueue dias para que vengan respondiendo, etç.

Trial of Marina González

Pleading of the Defence

[Respuesta]

5 March 1494 ·Et despues de los susodicho, en quinse dias del mes de março de sobredicho año, paresçio ante el dicho señor jues el dicho Diego Telles en el dicho nonbre e presento vn escripto de respuesta e contradicçion, el qual es este que se sygue: |

11r Muy Reuerendos Señores:

Los testigos de quien yo, Françisco de Toledo, tengo sospecha que pudieron desir de Marina Gonsales, mi muger, con odio y malquerençia y enemistad son los syguientes, los quales yo he e tengo por sospechosos e odiosos:

El primero testigo de quien yo tengo sospecha es Juana de la Cadena,[18] muger de Diego Falcon [dixo], la qual, Señores, es persona herrada antes que casarse con el dicho Diego Falcon, la qual tenya grande enemistand con la dicha mi muger de causa que vna ves vino a posar en mi casa en Almagro ella y su marido, que es primo de la dicha mi muger, y la dicha mi muger le dixo: ¡Enhorabuena, primo, consyntaes tal cosa! Que me desian que vuestra muger se echaua con quantos escuderos pasan en vuestra casa, y sy tal cosa es, pareçe feo a Dios y al mundo. El qual dixo que non era verdad y se lo dixo a la dicha su muger, de la qual causa a ella le quedo grande enemistad con la dicha mi muger, por donde, Señores, podria ser que por se vengar della le leuantaria algun falso testimonyo, lo qual todo como (como) de suso se contyene sabe el dicho Diego Falcon.

[No dixeron]

} Asymismo,[19] Señores, pongo sospecha en Juana, hija de Carrillo, pregonero de Almagro, muger de Martin, carniçero, que fue mi criada y la tenia por ocho años y le avia dado dineros adelantados y se me fue syn me seruir el dicho tiempo a causa de muchas heridas que mi muger le daua; por lo qual y porque yo le ahincava despues por los dineros le guardo tan grande enemystad con la dicha mi muger e conmigo que dixo publicamente que ella haria que la dicha mi muger non boluiese de Toledo e moriria en la demanda, lo

---

[18] She had already testified; see above, fol. 9v.
[19] Most of the file from this point until the end of fol. 12v records the efforts made by the husband of the accused to nullify the testimony of certain people whom he presumed to be prosecution witnesses. This was crossed out by the scribe because the people named did not testify.

[25]

qual saben la mançeba de don Enrique, otra su hermana que biue en Almagro e la hija de Gonsalo de Chinchilla y otras personas; la qual sobredicha Juana es vesina de Almagro y es puta y borracha y alcahueta y le toma el mal de huera los mas dias; y por alcahueta publica la açotaron en Almagro poco tienpo ha por los de pregonaron y por la plaça y calles de Almagro. Son testigos desto Aluaro de Ouiedo e su muger y su suegra e Sancho de Aluares e su muger y su cuñada Beatris. |

11v Asymismo, Señores, pongo sospecha en Mayor, hija de Marina la [   ], esposa de Juan de Villarreal, cardador, que bivia en Villa Real, q⟨u⟩e fue mi criada, la qual mi muger tacho y con [   ] non se acordo a desir lo çierto, la qual Mayor mi criada hallaran Vuestras Reverençias por verdad que, estando en mi casa, mi muger tomo tan grandes çelos della que pensaua que yo adulteraua con ella, y en esta causa ella le quitaua de tan mala suerte y con tanta reguridad que hasta tanto que la hecho de su casa arrastrando de los cabellos y disyendole que era vna puta publica y mançeba de su marido e despues de toda la villa. Y la dicha Mayor se fue muy apartada, amenasando a la dicha my muger, disyendo della que era vna puta judia y que ella la haria quemar, y esto comunico con muchas personas, las quales de oydas desto podran deponer algunas cosas contra la dicha mi muger. Y esto saben Garçia de Aluares, su muger y Garçia Rodrigues, hijo de Bartolome Rodrigues, e Pero Dias, hijo de Mençia Rodrigues, e Aluaro de Ouyedo, vesinos de Almagro.

[No dixeron]
Asymesmo, Señores, pongo sospecha en Catalina, muger deste Bartolome, vesina de la Çibdad Real, que es muger muy pobre y de poca verguença y muger synple que no tiene seso natural, la qual muchas veses entraua en mi casa so color de servir en algo y mi muger, con buen coraçon, le daua de las cosas de su casa, la qual ponyendola en aquel estilo cada dia queria mas, por manera que desqe no se hiso lo que ella queria salio blasfemando que mi muger era ereja judia y que juraua que ella se lo pagaria bien pagado, por donde esta tal pudo desir con odio algunas cosas ynçiertas.

Asymesmo, Señores, pongo sospecha en Mençia Sanches, muger de Nuño Sanches, vesino de Almagro, que biuio con la del bachiller Abudara, la qual puede desir de la mi muger algo ynçierto a causa que algunas veses y muchas mi muger desia a su ama que por que

Trial of Marina González

no la castigauan, que era vna floxa y peresosa y que no venia tal moça avnque de balde le syrvyese la dicha Mençia Sanches a esta causa desia que andando el por ella que lo pagaria. Testigo desto: la dicha muger del bachiller Abudara.

Asymesmo, Señores, pongo sospecha en la muger de Juan de Estribera, vesino de Almagro, que pudo desir de la dicha mi muger a causa que la dicha muger de Estribera tenia sospecha a la dicha mi muger que avia dicho muchos males della en vna parida, y por esto la tenia malamente amenasada.

Asymesmo, Señores, pongo sospecha en Mari Ruys, hija de Miguel Ruys, capellan, vesina de Almagro, que pudo desir de la dicha mi muger a causa que quando nos fuymos, a morar a [ ] dexamos nuestra casa çerrada y que era a par de la suya, la qual hiso un portyllo que pasase a la dicha my casa y por alli se aprouechaua de las cosas que quedaron en mi casa, y quando boluimos a Almagro mi muger reño con ella malamente, en que la sobredicha amenasaua a my muger. Son testigos desto Hernando, platero y su muger.

12r Asymesmo, Señores, pongo sospecha en la muger de Luys Vaca, vesino de Almagro, que pudo desir de mi muger a causa que eramos vesinos y ella mandaua echar la vasura de un trascarral suyo a la puerta de mi casa, e syenpre a esta causa ella y la dicha mi muger se desonrauan y non se hablauan muchas veses, saluo quando reñian, y mas que esta sobredicha tenia sospecha de mi muger que le sonsacaua vna moça suya, y por esto y por lo de suso la amenaso malamente.

Asymesmo, Señores, pongo sospecha en la muger de Hernando de Segovia, vezino de Almagro, que pudo desir de mi muger a causa que la dicha mi muger desia della en algunas partes que era confesa, de lo qual ella se sentia mucho porque no esta en su posysyon, y amenaso a la dicha my muger, disiendo que ella dira della otra cosa con que mas le pesase.

Asymesmo, Señores, pongo sospecha en Catalina la Toledana, muger deste Domingo cardador, que pudo desir de mi muger a causa que ella fue muger herrada y la dicha mi muger dixo de ella que avnque era casada, todavia perseueraua en su mal biuir; ella, con mucha yra, desque lo supo dixo que mas çierto era que ella perseveraua en erejia y aun que ella veria de que non avia dicho lo tal.

Asymesmo, Señores, pongo sospecha en la muger de Alonso de Esteban, cardador, vezino de Almagro, que pudo desir de mi muger a causa que fue nuestra vesina y sienpre ella y mi muger non se lleuauan bien, por manera que ella queria mal a la dicha mi muger y no la hablaua todas veses, antes desia que la tenia por muy enemiga.

Asymesmo, Señores, pongo sospecha en Graçia de Espina [20] [dixo; no es sufiçiente] que pudo desir de mi muger a causa que es su parienta y la castigaua que non fuese mala muger, porque es muger errada, que lo saben su madre y sus hermanos.

Asymesmo, Señores, pongo sospecha en la muger de Pedro Mexia, vezino de Çibdad Real, que pudo desir de mi muger a causa que eramos vesinos y tenia por costunbre de reçibir por muchas cosas a mi casa, ⟨e⟩ desque no se las dauan amenasaua a la dicha mi muger disiendole palabras feas y aunque era vesina, que gelas quisiera verdad.

Asymesmo, Señores, pongo sospecha en la muger de Andres, criada de Bartolome de Badajos, que pudo desir de mi muger a causa que tenia en vesina y por sentir neçesitada y floxa y mi muger la reprehendia algunas cosas y ella perseueraua que la robo [   ] con su marido, en aun mi muger pensaua que sonsacava vna moça nuestra, y a esta causa se querian muy mal y la tenya por grande enemiga. |

12v Asymesmo, Señores, pongo sospecha en Juana la Cuchilla, vesina de Almagro, que pudo desir de mi muger a causa que era muger neçesitada y entraua en mi casa a pedir algunas cosas, y desque non se las dauan todas veses amenasaua a mi muger hasta tanto que la dicha mi muger le defendio que non vyniese en su casa, por esto le tenya mucha enemistad. } |

13r En XV de março de I V IIII°XCIIII° años.
15 March Muy Reverendos Señores:
1494 Yo, Diego Telles, en nonbre de la dicha Marina Gonsales, muger de Françisco de Toledo, espeçiero, vezino de Villa Real, digo que por Vuestras Reuerençias bien vistos los dichos e deposyçiones de los testigos de su abono, fallareys prueua de la entençyon de mi parte muy conplidamente, conviene a saber: Despues que se reconçilio, syenpre bivio, uso e converso como buena e fiel christiana, oyendo Misa los domingos e fiestas de la Yglesia e confesando e

---

[20] She had already testified; see above, fol. 9v. The defence did not succeed in repudiating her testimony.

[28]

comulgando; e de afanando de continuo los sabados, trabajando en ellos como en los otros dias de la semana; teniendo en su casa por devoçion ymagenes e la Cruz de Sant Anton; et asimesmo filando el sabado; e comiendo toçino saluo quando estaua mal que por su dolençia lo dexaria de comer, nunca fizo nin dixo cosa alguna contra nuestra Santa Fe.

A lo qual non embargo la aserta provaçion que el venerable promotor contra ella quiso faser, lo vno, por quanto los dichos sus testigos serian e son varios e sy se los deponen de oydas e de vanas e con çiertas non dan causas ni rasones, sus [   ] dichos contradizense los vnos a los otros e ellos a si mismos, no pruevan aquello a que fueron traydos; lo otro, por quanto non testiguaron ny ratificaron sus dichos en el termino de la prouaçion, e dirian e dixeron falso testimonio con mucho hodio e liuiandad e enemistad capital. Ca el primer testigo, que quiso desyr que non en su casa ymagen de santo nin de santa, nin otra señal de christianos, manifiestamente dixo falso testimonio el dicho testigo, e por consyguiente todos los otros, porque esta provado muy claro que ella tenia ymagenes de santos e la Cruz de Sant Anton, asy que el dicho testigo que afirmo lo negatiuo estando preguntado lo contrario es manifiesto falso y en todo non vale; nin menos en desyr que guardar los sabados porque salio de casa ataviada, porque saliendo de casa no auya de yr rebuelta como en casa en qualquier dia que fuese, y su ropa non era mucho festiual, nunca ella trae ropa festiual syno vna faldrilla colorada con que esta en este carçel, la qual color non era defendida en Villa Real por los reuerendos padres saluo grana; nuevamente, que este dicho primer testigo non dize que holgaua en los sabados, mas que lo oyo desyr a vna persona, e asy, de abditu abditus, non le enpeço; ni le enpeçe el otro testigo que dize que salia de su casa muchos sabados e que la renya su marido, la qual riña pareçe porque le defendia el andar e salir fuera, pareçe como çelos y non por ser sabado, que non es defendido andar en sabado mas que en los otros dias; nin menos le enpeçen los otros testigos, pues que se prueua afanar los sabados de continuo. Y el otro testigo, que dixo que fingia faser en ella algunas cosas, pareçe testiguar con odio e deponer mas del coraçon e entençion que Dios solo sabe, que non con sentido corporal, por do su dicho non vale; e a lo que dize que non queria comer toçino, este por razon que estaua enferma e por enfermedad lo dexaua, pues que otras vezes se prueua comerlo. Nin menos le enpeçe el otro postrimer testigo que dize que miro de camyso, y que non la paresçe

13v buena | { christiana [21] porque dize que se tovo entre conversos, e que non eran buenos christianos e que tenya los maestros que otros tenian; esta rason non es convenyente de nesçesario, antes manifestar el odio e torpeza suya que tenia contra la naçion de la dicha mi parte e contra con quien se crio, paresçe manifiesto ser odioso e avn liviano e non vale su dicho. Mas es de creer a los testigos de mi parte de su abono que non a tales testigos falsos, que testiguaron con odio y enemi⟨stad⟩, tengo sospecha dellos por las sospechas que ella tiene, que son de los que ha memoria e ella tiene sospecha que son los syguientes:

Primeramente, tengo sospecha de Torres, marido de Mari Godias, porque vendiendo el vino, seyendo el mi vezino, yo eche a vender vino, por esto tomo tan grande yra me enbio amenasar que si no lo dexauamos de vender que nos costaria caro. Testigos: Las de Badajos e otros que daua el dicho Françisco de Toledo.

Yten, tengo sospecha de la muger del dicho Torres, que sobre vnas tiras que my fija le labraua non se las quiso vender reñimos e sobre vn taba[ ] que no le quyse dar, asy que otra vez sobre çierto pan que no la quyse prestar; todas estas vezes reñymos e se ençendio contra mi diziendo: Para esta Cruz, tras este tiempo otro vendra, — dando a entender que me tenya de mal sygno como lo fizo, Testigos: La del [ ] e la de Bartolome de Badajos e otros del barrio.

Yten, pongo sospecha en vn hermano deste Torres por vn quystion que tovo con my fijo Diego sobra vn cabeçon que vendio mi marido Françisco de Toledo; sobre ello quedo tan se ⟨sic⟩ indignado contra mi e mi fijo que diria falso testimonio. Testigos: Diego, sedero, e otros que los vieron reñir.

Iten, pongo sospecha sobre la de Taraçena e sus fijas porque me truxeron vna tela e fizieron vna falsedad en ella, en que me furtaron della fasta syete o ocho varas de mi filado delgado e me echaua⟨n⟩ otro grueso e quitado que lo enbie a desir con su fijo me enbio amenasar. Testigo: La de Anton Bodesque.

Iten, tengo sospecha de Mayor, mi criada, la qual tiene por esposa Juan de Villa Real, cardador, porque vino a mi vna vez e me dixo, que audaua tras ella: ¿Que diriedes de mi a los padres?, muy afincadamente. Y yo no le respondi, saluo que fuese, sy algo de mi sabia que lo dixese, conosçiendo yo que no avya fecho cosa

14r ninguna que ella pudiese desyr. E asymismo | porque antes desto,

---

[21] Most of the file from this point until the end of fol. 14r was crossed out by the scribe; see above, n. 19.

[30]

Trial of Marina González

estando en mi casa, yo la veya como andaua perdida con algunos e la castigaua, fasta que la ove de echar de mi casa; e asy, quedo con mucho odio, e con qualquier que la ynduxo dixo falso testimonio por ser livyana e de malas costumbres. Testigos: Juan Rodrigues, fijo de Benyto Rodrigues, e su fijo de Men Rodrigues, que tuvo vn fijo con ella. }

Iten, tengo sospecha de Fernando Falcon [22] [dixo; no esta sufiçiente] por vn cardado que no la quyso prestar my fijo le amenazo en su tienda, y lo vido Diego, sedero, y le dixo: Por esta Cruz que mas vos si[ ] de diez cardados morando en Villa Real.

{ Iten, tengo sospecha en su fija de Payo Gomes, donzella, porque avia criada mia me reboluyo con ella diziendo que yo auya çelos della, Testigo: La del cardero, su vezina, y dixo que caro me costaria.

Iten, tengo sospecha de vna criada de mi padre [ ] sobre vna toca que le avia dado e non se la di, e reñi muchas vezes con ella vna moça que tenia en mi casa que la sonsacaua que fuese e dixese de mi mal porque la castigaua; y esta vezina, que se dize Mari Gomez, era la que me la sonsacaua. Testigos desto y de su liviandad y de como era borracha: La de Bartolome de Badajos.

Por las quales tachas e otras que remito a vuestra diligente estimaçion, pues que yo no puedo saberlas nin adevinar, vos pido que, dando la entençion por mi parte por bien prouada e la del venerable promotor por non prouada, la asuela e de por libre e quito de lo contenido en la dicha acusaçion, mandandola soltar deste dicho carçel e desenbargar sus bienes. Para qual todo en lo nesçesario vuestro noble ofiçio ynploro. }

(—) Gutierrez
de Palma |

14v Et asy presentado el dicho escripto ante el dicho señor ynquisidor, el dicho Diego Telles, en el dicho nombre, dixo que concluya e concluyo, etç.

[Conclusyon]

Luego el dicho promotor fiscal dixo que su reuerençia hallara su yntinçion bien e conplidamente prouada por testigos fidedignos mayores de toda eçebçion e tales que fasen fe, e las tachas dichas e alegadas por la dicha Marina Gonsales non son tales que de

---

[22] See his testimony above, fol. 9r.

[31]

derecho deuan ser admitidas, porque non son de aquellas que el derecho manda admitir, et porque los testigos que nombra en las pruevas non son fidedygnos e parientes suyos e yntimos amigos o afines e resçebidos e hijos o nietos de condenados, et tales que a sus dichos e depusyçiones non se deuia ni deue dar fe; por ende, que pedia e pidio a sus reuerençias que non les admitan, ante los espelan, et que sy asy lo hisyeren que faran lo que fuere justiçia. Et en otra manera, dixo que presentaba e presento [   ] que para ante quien e como deua, e pid⟨i⟩olo por testimonio, etç.

Luego, el dicho Ferrand Rodrigues, inquisidor, dixo que pues las partes avyan concluydo et non querian mas desyr ni alegar, que el asymismo concluyo con las dichas partes, et dixo que avya e ovo este pleito por concluso ⟨e⟩ çerrado, e asygno termino para dar en el sentençia para cada dia que tovyeren determinado, etç. |

Consulta-de-fe

15r En Toledo XVIII dias del mes de abril de I V IIII°XCIIII° años
18 April se voto este proçeso:
1494 El bachiller Juan Aluares Guerrero,[23] alcalde mayor de Toledo, voto que se declare por relapsa, e porque es sospecha que sabe de otros, que le den tormento ut de acqua de [   ].
El prior de Sant Pedro Martir, fray Juan de Aça, ydem.
el maestro fray Fernand de Espina del Cordoua, de Sant Françisco, ydem.
el maestro fray Juan del Puerto, ministro de la Trinidad de Toledo, ydem.
el liçençiado Fernando de Maçuecos, inquisidor, voto que se ⟨de⟩ tormento; sy no confesaua, que se prueue con ocho testigos.
Fernan Rodrigues del Varco, ynquisidor, ydem. |

Torture of the Defendant

15v Et despues de lo susodicho, XXIX dias del mes de abril del dicho
29 April año, estando los dichos señores inquisidores en su audiençia acos-
1494 tunbrada, mandaron traer e pareçer ante si a la dicha Marina Gonsales, et asy paresçida, la requerian e amonestaron que dixese e confesase la verdad sy fizo o dixo o cometio las cosas en su confesion contenidas o algunas dellas o otro crimen de heregia, que lo dixese e confesase, e que sus reuerençias la reçibi⟨ri⟩an con toda misericordia, etç.

[23] He participated in many *consultas-de-fe;* see Biographical Notes.

Trial of Marina González

E la dicha Marina Gonsales dixo que despues que se confeso ante sus reverençias nunca fiso ny cometio grande heregia alguna, etç., ny guardo los sabados ny hizo otras cosas algunas, eçebto quel toçino algunas vezes lo comia o otras vezes no, etç.

Sus reverençias dixeron que vistos los autos e minutas de lo proçesado, que fallauan e fallaron que devian poner a question de tormento, e mandaron que le fuese dado el tormento del agua; e por su sentençia asy lo pronunçiaron, declararon e mandaron, etç. Luego fue lleuada a la casa del tormento, e en ella sus reuerençias ⟨la⟩ requirieron e amonestaron que dixese la verdad, e que sy en el tormento algund mal o daño o lision o muerte en su persona le viniese, que fuese a su culpa della e non a la de sus reverençias, e asy lo pidieron por testimonio, etç.

La qual fue desnudada en sus faldetas viejas e puesta en la escalera, e con los cordiles atados braços e piernas e apretados, e por la cabeça puesto vn cordel e apretado, e puesta vna toca delante la cara, e ⟨con⟩ vn jarron que cabia tres quartillos, poco mas o menos, le començaron a dar agua. E aviendole dado fasta vn quartillo, el señor liçençiado le pregunto si fizo alguna cosa; la qual dixo que no. Continuaronle a dar mas agua e dixo que ella diria la verdad; la qual no dixo cosa alguna. Tornaronle a dar mas agua e dixo que ella diria la verdad e que no le diesen mas; la qual no dixo cosa alguna. Su reuerençia mandola dar mas agua fasta que se acabo el dicho jarron de tres quartillos, e nunca dixo cosa alguna; e dixo que la quitasen el cordel de la cabeça e diria la verdad, el qual le fue quitado e no dixo cosa alguna. Tornaron en la atar e començaron a dar mas agua con el dicho jarron, que tornaron a enchir; e dixo que le alçase⟨n⟩ la cabeça que diria la verdad, la qual le alçaron e non dixo cosa alguna. Tornaron en la a abaxar, que dixo que ella alçase, e que para Santa Maria todo lo diria, lo de los castellanos e de todo; e dieronle mas agua e dixo que ella lo diria todo, por Santa Maria, e dixo que vna vezina suya ayunava vnos ayunos porque era su vesina. Dixo que la quitasen de alli e que ella lo diria e que le alçasen la cabeça e diria la verdad; la qual le fue alçada e non quiso dezir cosa alguna. Tornaronla a poner el dicho cordel en la cabeça, bien apretado, e dixo que ella lo diria todo; e dieronle mas agua fasta que se acabo el dicho jarron e nunca dixo cosa alguna. Sus reuerençias mandaronla quitar del tormento non la aviendo por atormentada, etç.

Et quitada del tormento dixo que su vezina, la muger de Gomes de Chinchilla, vesina de Çibdad Real, ella, que ayunaua. Preguntada que ayunos, de judios o de christianos, dixo que ella de judios. Preguntada por que lo cree, dixo que porque yva a sabadear. Testigo: Pedro Pucheron. Preguntada sy la dixo ella algo, dixo que no. Preguntada que tienpo ha de esto, dixo que poco, que puede aver vn año, poco mas o menos, e de la de los castellanos que los tiene blancos quanto presa vesina de Brihuega e que es diez o doze. |

Interim Verdict

16r Et despues de lo susodicho, V dias del mes de mayo del dicho año,
5 May seando ⟨sic⟩ los dichos señores inquisidores en su audiençia acos-
1494 tunbrada, en presençia de la dicha Marina Gonsales, dieron e pronunçiaron esta sentençia que se sygue:

Visto e con deligençia esaminado este proçeso e pleito que ante nos ha pendido e pende entre el dicho promotor fiscal, avctor acusante, e la dicha Marina Gonsales, reconçiliada, fallamos que deuemos pronunçiar e declarar, e pronunçiamos e declaramos que el dicho promotor fiscal non aver prouado complidamente su entençion; mas por quanto de la prouança fecha por el dicho promotor fiscal resulta vna vehemente sospecha contra la dicha Marina Gonsales, fallamos que la devemos injustar e injustimos purgaçion canonica, e mandamos que se prueve canonicamente con numero de ocho testigos que sean fidedignos en fide y zelatores, la qual dicha purgaçion mandamos desde oy dia fasta nueve dias primeros syguientes, etç. E pronunçiamos nuestra sentençia e asy lo pronunçiamos, declaramos e mandamos, etç.

Testigos: Pedro Gonsales el romo e Juan de Castro, notario.

Summons of Accused to Name Compurgatory Witnesses

22 May Et despues de lo susodicho, en XXII dias de mayo de dicho año,
1494 estando dichos señores en la dicha su abdiençia, fue trayda la dicha Marina Gonsales, a la qual sus reuerençias dixeron que sy tenia acordado quien queria que fuesen sus testigos conpurgadores, que los nonbrase. La qual, seyendole leydo vn memorial que traya fecha del carçel, dixo que nombrava e nombro por su testigo e guardador a Bartolome de Badajos,[24] vezino de Çibdad Real, e asymesmo a nombrado fijo de Antonio de Caracuel, vezino de Almagro. Seyendole leydos los otros que traya en el dicho memorial, dixo que non heran nada, que no los quiera nonbrar ny otros en su lugar.

[24] See above, Introduction to this trial, n. 4.

Trial of Marina González

Luego sus reuerençias le mandaron que desde oy fasta quinse dias primeros syguientes trayga e exsiban e fagan por falsos dicha prueva si non que por sus reverençias le fue mandado e ynpuesta con aquel termino de tres que en la dicha su sentençia se queda, e que sy lo hizieron, que estavan prestos para reçebir la dicha purgaçion, en otra manera, el dicho termyno pasado de entonçes para agora e de agora pa entonçes, han a la dicha Marina Gonsales por desfalleçida en la dicha su sentençia el qual denunçio por pena, etç.
Testigos: Pedro, el romo, e Juan de Barrio, nuevo guardador. |

Pleading of the Prosecutor

16v
30 May
1494

Et despues desto susodicho, en XXX dias del dicho mes de mayo del sobre dicho año de I V IIII°XCIIII° años, pareçio ante sus reuerençias el dicho promotor fiscal e dixo que, por quanto la dicha Marina Gonsales, muger del dicho Françisco de Toledo, conoçiendose culpada del delito de que esta acusada, no ha querido ni quiere açebtar la conpurgaçion canonica que por sus reuerençias le fue mandado, e que asy deve ser avida por desfalleçente en ella, e asymesmo desespera de la vida e se mata, non queriendo comer por se matar, syn tener causa de enfermedad verdadera, saluo voluntariosamente, por se dexar morir por no resçebir la pena de ereje que mereçe; ansy, segund dicho, es avida por convicta en el dicho delito. Por ende, pido e requiero a sus reuerençias que, avida su ynformaçion, que la pronunçien e declaren por tal ereje e la relaxen a la justiçia e brazo seglar, e pido complimiento de justiçia e ynploro el noble ofiçio de sus reuerençias e pidolo por testimonio. Sus reuerençias dixeron que presente la ynformaçion, e que son prestos de faser lo que fuese justiçia.

Testimony that the Defendant Refuses to Eat

Et luego el dicho promotor fiscal presento por testigo a Pedro Gonsales, el romo, carçelero de la carçel de sus reuerençias, del qual sus reuerençias resibieron juramento en forma sobre senal de la Crus e palabras de los Santo Euangelios, etç., so cargo del qual fue preguntado si conoçe a Maryna Gonsales, muger de Françisco, espeçiero, vezino de Çibdad Real. Dixo que sy conoçe desde que la truxeron a la dicha carçel. Preguntado sy la ha vysto desyr e faser alguna cosa despues que era presa en la dicha carçel que sea contra Nuestra Santa Fe Catolica, dixo que lo que sabe es que la ha visto despues que esta presa e le fue puesta la acusaçion, que no quiere comer syn estar enferma, porque este testigo, por mandado de sus reuerençias, le truxo vn fisyco para ver sy estaua enferma, el qual la vido e tomando el pulso e le dixo que non tenia enfermedad nynguna, e le mando traer agua de torongil para que le pusyese gana de comer. Preguntado por que rason dexaua de comer, dixo que desia ella que pues la avian de matar que para que avia de comer. E que sabe este testigo que ha dexado de comer de manera que por pura fuerça la hasiese que coma, e en aquello que lo hasen comer, que lo come contra toda su voluntad. Otrosy, dixo que esto ha fecho despues mas afincadamente, despues ante que se le yngansio ⟨sic⟩ la purgaçion. Otrosy dixo que de dos dias otros a esta parte, fablando con la dicha Maryna Gonsales este testigo, le pregunto si queria confesar, porque le [   ] a este testigo que lo avya menester segond que estaua debilitada de no querer comer e flaca, a tal, que le paresçia a este testigo que se yua a la

17r muerte. E ella respondio que non queria confesar. | Preguntado sy despues que esta en la carçel se ha confesado, dixo este testigo que non; et que este testigo le pregunto entre otras cosas, desque vido que non queria confesar, sy era christiana, e ella le dixo que no; e este testigo le pregunto asymismo si creia lo que tyene e cree la Santa Madre Yglesia, e ella le respondio e dixo: 'Sy yo lo creyera non estoviera aqui', o 'no viniera', e que no se acuerda qual destas dos cosas dixo; e que esto dixo primeramente delante de seys o syete mugeres de las presas e delante de Rodrigo de Valdelecha, criado deste testigo.

30 May 1494 Este dicho dia, treinta dias del dicho mes de mayo de IVIIII°XCIIII°, presento el dicho promotor fiscal por testigo a Rodrigo de Valdelecha, carçelero, criado del dicho Pedro Gonsales, el romo, del qual sus reverençias reçebieron juramento en forma, etç., so virtud del qual fue preguntado sy conoçe a Marina Gonsales, muger de Françisco, espeçiero, vezino de Çibdad Real. Dixo que sy conoçe de tres meses a esta parte, poco mas o menos. Preguntado sy ha dexado de comer despues que esta presa, dixo que de dies o dose dias a esta parte le ha visto este testigo que non quiere comer, sy no que le fasen por fuerça, y que diçe que no quiere comer pues que este testigo la ha de despedaçar, y que ruega a este testigo que la mate y la despedaçe, y que lo dicho le ruega la susodicha de veras y no burlando, asi paresçia deste testigo. Et que este testigo le ha dicho que se confese e que le trayen vn confesor, e que la susodicha le dise que non quiere confesarse, saluo que haga⟨n⟩ lo que han de haser. Y que este testigo le pregunto sy queria creer en Dios, o sy creia en Dios y en lo que manda la Santa Madre

Trial of Marina González

Yglesia, y ella respondio que sy lo creyera, que no estouiera alli. Preguntado sy la tiene por christiana, dixo que segund lo que le ha vysto haser e desyr que no la tiene por christiana. E que esto es lo que sabe para el juramento que fiso, etç.

9 June 1494 Et despues de lo susodicho, en IX dias del mes de junio del dicho año de I V IIII°XCIIII° años, el reuerendo señor Ferrand Rodrigues del Varco, inquisidor, resçibio juramento en forma, etç., de Mayor del Castillo, muger de Juan Mendes, que esta presa en la cerçel de la Santa Inquisiçion, por virtud de la qual le preguntaron dixese que es lo que sabe de Marina Gonsales, muger de Françisco de Toledo, espeçiero, vesina de Çibdad Real, que asymismo es presa en la dicha carçel, por que no quiere comer. Dixo que la ha oydo muchas veses

17v desyr que pues | la han de matar e haser pedaços que no quiere comer. E que la ha vysto algunas veses comer, e que esta buena; et que otras veses le ha oydo desir que pues la han de hacer pedaços que non quiere comer. Et que ha oydo algunas veses a otras personas de las que estan presas en la dicha carçel que le disen e aconsejan que se encomiende a Dios e a Su Bendita Madre, e que calla e non les responde cosa alguna. Et que cree este testigo e a todo su pareçer que adrede se dexa moryr, que non quiere comer syn tener calentura. Preguntada sy la ha vysto con buen tyno, dixo que algunas la ha vysto con buen tyno en su seso e otras veses no. Preguntada sy quando dexo de comer estaua buena e syn calentura, dixo que sy, que buena estaua, saluo que desya que tenya grande pensamiento de como la avyan atestiguado, e que desde entonçes dexo de comer, e que a la sason non tenya calentura ni otro mal. E que esto es lo que sabe e ha vysto e oydo despues que esta presa para el juramento que fiso. |

Sentence

18r Por nos, los inquisidores de la heretica prauedad et apostasia en la muy noble çibdad de Toledo e en todo su arçobispado por actoridad apostolica e ordinaria, visto vn proçeso de acusaçion e denunçiaçion que ante nos ha pendido y pende entre partes, conviene a saber, de vna actor acusante el honrado bachiller Diego Martines Ortega, promotor fiscal de la dicha Santa Ynquisiçion, et de la otra rea acusada Marina Gonsales, muger de Françisco de Toledo, espeçiero, vesina de Çibdad Real, de e sobre rason que el dicho promotor fiscal dixo e denunçio que aviendo resçebido el Santo Sacramento de Bautismo et biuiendo en nombre e posesion de christiana et asy se llamando, e gosando de los dichos privillejos e libertades que los christianos gosan, en menospreçio de la nuestra Santa Madre Yglesia e vilipendio de la religion christiana, en grande ofensa de Nuestro Redentor Ihesu Christo ⟨e⟩ en condenaçion de su anyma, heretico e apostato de nuestra Santa Fee Catholica, seguiendo e guardando la Ley de Moysen e sus rictos e çerimonias e otros casos e espeçies de eregia, de los quales algunos fictamente confeso ante nosotros et de aquellos fue resçebida e reconçiliada, e abjuro publicamente los dichos herrores de eregia, especial de guardar la Ley de Moysen, et pospuesto el themor de Dios, en condenaçion de su anyma, torno como el can al gomito a cometer e perpetrar en los dicho errores que abjuro en las cosas e casos syguientes:

Iten, ⟨sic⟩ que despues de reconçiliada holgaua e holgo sabados e en ellos non fasya las obras e labores seruyles como en los otros dias de entre semana hasya; et purgaua la carne que avya de comer por conplir e guardar la çeremonia judayca; et asymesmo no comya toçino ni cosa de puerco ni queria comer a la mesa donde se ponia toçino, et quando alguna persona comia toçino non queria ella beuer en la taça que el beuia por aver comido toçino, et non comia perdizes ni aves ahogadas, por ser defendido a los judios en su çiega ley; et por mostrar mejor su heregia non tenya en su casa ymagen ni figura de santo ni de santa alguna, ni la Señal de la Crus, ni otro señal de christiana, porque no se tenya por tal; et es ynpenitente que no ha cumplido la penitençia que por nosotros le fue ynpuesta; et ha vsado e traydo las cosas que le fuesen proybidas al tienpo que se reconçilio, non tenyendo ni creyendo los mandamiento de la Yglesia obligarle a pecado; sobre lo qual todo fiso su pedimiento en forma, pidio complimento de justiçia, etç. E vysto como la dicha Maryna Gonsales, respondiendo a la acusaçion, dixo que la negaua e nego, e que non fiso cosa de lo contra ella acusado. E como concluyeron e por nos fueron resebidas las partes juntamente a la prueva, e de lo prouado se fiso publicaçion, e tornaron a concluyr. E vysto asymismo como la dicha Marina, estando presa, por no confesar los dichos sus herrores prouo de se matar en la carçel, e todos los otros actas e minutas del dicho proceso, e sobre todo avido nuestro acuerdo e voto, pareser e consejo con letrados que presentes fueron a la vista e esaminaçion del dicho proçeso:

Teniendo a Dios ante nuestro ojos

Fallamos que deuemos pronunçiar e declarar, e pronunçiamos e declaramos la intençion del dicho promotor fiscal | por bien prouada

Trial of Marina González

e por parte de la dicha Marina Gonsales no se aver prouada cosa que le aproveche; por ende, que la deuemos daclarer e declaramos por hereje e apostota, relapsa, e aver yncurrido en sentençya dexcomunion mayor e ⟨en⟩ confiscaçion e perdimiento de todos sus bienes, e que la deuemos relaxar e relaxamos a la justiçia e braço seglar; e por esta nuestra sentençia asy lo pronunçiamos e declaramos e mandamos en estos escritos e por ellos.

(—) Fernando, Bachiller (—) Franciscus, Licenciatus

30 June 1494 Dada e pronunçiada fue esta dicha sentençya en Toledo, en XXX dias del mes de junio del año del Señor de I V IIII°XCIIII° años, por los dichos señores ynquisidores, estando en la plaça de Zocodouer de la dicha çibdad, pro tribunali sedendo, ençima de vn cadahalso de madera; la qual fue leyda a alta bos en presençia de la dicha Marina Gonsales. De que fueron testigos Juan de Sepulueda e Nicolas Fernandes, canonigos de Toledo, e el doctor de Canisales e el jurado Françisco de Vargas, reçebtor de Sus Altesas, e otros muchos grandes. |

The Composition of the Court

Judges:	Fernán Rodríguez del Barco
	Fernando de Maçuecos
Prosecutor:	Diego Martínez de Ortega
Examiners of Witnesses	Pablo de Toledo
for the Prosecution [25]	Fernando de Córdoba Suazo
	Pedro Pablo del Barco
	Juan de Castro
Defence:	Diego Téllez — *procurador*
	Gutiérrez de Palma — *letrado*
Gaoler:	Pedro González, *el romo*
Notaries:	Diego de San Martín
	Juan de Segovia [26]

Witnesses for the Prosecution in Order of Testification

1 Pedro de Teva of Almagro
2 Francisco de Toledo, spice merchant, husband of the accused [27]
3 Fernán Falcón

---

[25] Or present at the examination.
[26] He took down Marina González' confession given in Almagro in 1484.
[27] He also appeared as a defence witness; see fol. 11r.

Records of the Inquisition in Ciudad Real and Toledo, 1494–1512

Witnesses for the Prosecution (continued)

4 Juana de la Cadena, wife of Diego Falcón
5 Gracia, daughter of Juan de Espina

Witnesses for the Defence in Order of Testification

1 Alfonso de Zarza
2 Marina Ruiz, wife of Bartolomé de Badajoz
3 María Sánchez
4 Leonor Fernández, widow of Lope de Villarreal
5 Fernando de Madrid [28]
6 Catalina López, wife of Diego de Membrilla
7 Bartolomé de Badajoz
8 Francisco de Toledo

Consulta-de-fe

Bachiller Juan Alvarez Guerrero
Fray Juan de Aza
Maestro Fray Fernando de Espina de Córdova
Maestro Fray Juan del Puerto
Licenciado Fernando de Mazuecos
Licenciado Fernán Rodríguez del Barco

Synopsis of Trial

1484

15 Jan.   Marina González confesses in Almagro.

1494

8 Jan.   Witnesses for the prosecution are presented.[29]
9 Jan.   The trial opens. The defendant is brought to Court from prison for her first audience.
15 Jan.   Marina González is charged with being a relapsed heretic. She denies the charges.
Power-of-attorney is given to the Court-appointed *procurador*, Diego Téllez.
17 Jan.   The defence pleads. Both sides conclude their pleading and request an interim verdict. Nine days are granted.
1 Feb.   The defence presents its questionnaire in Ciudad Real.
5 Feb.   Witnesses for the prosecution are presented in Toledo.
6 Feb.   Defence witnesses are examined in Ciudad Real on the basis of the questionnaire presented in Toledo.

---

[28] His name was mentioned, but his testimony is not extant; see fol. 7r.
[29] They testified before the official opening of the trial; however, their testimony is cited in the file after that of the defence witnesses; see foll. 8v–10r.

[40]

Trial of Marina González

7 Feb.	The examination of witnesses for the defence continues in Ciudad Real.
11 Feb.	The presentation of prosecution witnesses continues in Toledo.
18 Feb.	A second questionnaire for witnesses is presented by the defence. The prosecution presents additional witnesses.
26 Feb.	Both sides request publication of testimonies.
15 March	Francisco de Toledo presents the Court with a list of enemies of the defendant.
	The defence pleads and petitions the Court for an annulment of the prosecution.
18 April	The *consulta-de-fe* decides to torture the defendant.
29 April	The accused withstands the water torture.
5 May	The Court's interim verdict states that since the prosecutor has not proven his case, the accused shall be ordered to name eight compurgatory witnesses.
22 May	Marina González names only two compurgatory witnesses;[30] she is given fifteen days to name the others.
30 May	The prosecutor asks that the defendant be declared a heretic since she is trying to starve herself to death. Additional prosecution witnesses are presented, but the defendant still refuses to confess.
9 June	Another testimony on the defendant's refusal to eat is brought before the Court.
30 June	Marina González is sentenced to be handed over to the Secular Arm during the *auto-de-fe* in progress.

---

[30] Bartolomé de Badajoz was one of the two named.

92 Trial of Leonor Alvarez, Wife of Juan de Haro
1495–1496

Source: AHN IT, Legajo 133, No. 60, foll. 1r–10r; new number: Leg. 133, No. 2.

Leonor Alvarez was the daughter of Diego López, who was tried posthumously in 1484–1485 and absolved.[1] Her sisters Mayor and Violante, both of whom were also tried by the Inquisition, taught her to observe Jewish practices. She had also been influenced in this direction by her cousin Isabel de Lobón, who left Spain for Constantinople some time after the Ottoman conquest of that city in 1453. Her mother and her younger sister Ines López were also brought before the Inquisition.[2]

Leonor's trial opened on 22 September 1495. Her several confessions before the Court provided the Inquisition with ample proof of her devotion to Judaism. Among the heresies that she confessed were her doubts about the Catholic faith, her belief in magic and sorcery, and a donation of oil made to the synagogue (probably before the Expulsion of the Jews from Spain).

The consulta-de-fe *condemned Leonor to life imprisonment, and she publicly abjured her Jewish practices at the* auto-de-fe *held on 25 October 1496.*

Bibliography: Leg. 262, No. 3, fol. 5r; Fita, p. 475, No. 177; Beinart, pp. 110, 182, 204.

---

[1] See his trial, Vol. I, No. 86. It was Leonor's husband Juan de Haro who most likely hired the counsel who defended his father-in-law.

[2] Her mother Elvira was reconciled during the Period of Grace. See below, No. 93, for the trial of Inés.

Leg. 30 No. 24

1r Reçibida

Leonor Aluares muger de Juan Haro
vesina de Çibdad Real
carçel perpetuo

1v En la muy noble çibdad de Toledo, veynte e dos dias del mes de
2 Sept. setienbre, año del Nasçimiento del Nuestro Saluador Ihesu Christo
1495 de mil e quatroçientos e noventa e çinco años, estando los reuerendos señores el liçençiado Ferrando de Maçuecos, canonigo en
la santa yglesia de Toledo, et Ferrand Rodrigues del Varco, canonigo
en la yglesia de Granada, jueses ynquisidores de la heretyca
pravedad en la dicha çibdad de Toledo e su arçobispado por actoridad apostolica e ordinaria, en la Yglesia e monesterio de Señor
Sant Pedro Martyr desta dicha çibdad, en su avdiençia publica,
segund que lo han de vso e costunbre, en presençia de nos, Diego
de Sant Martin e Diego Lopes de Tamayo, notarios en el dicho
Ofiçio, paresçio ende presente el honrado bachiller Diego Martines
de Ortega,[3] promotor fiscal en el dicho Ofiçio, et dixo que, por
quanto Leonor Aluares, muger de Juan de Haro, vesyna de Çibdad
Real, esta ynfamada e testiguada del crimen de la heregia e
apostasya, que pedia e pidio a sus reuerençias que le mandasen dar
e diesen su mandamiento para su alguaçil para prender a la dicha
Leonor Aluares, porque el la entendia acusar e denunçiar sobre el
dicho crimen.
Luego, los dichos señores ynquisidores dixeron que, dandolos testigos
de ynformaçion sufiçiente para la dicha prisyon, que estauan prestos
para faser lo que con justiçia deviesen.
Luego, el dicho promotor fiscal dixo que presentaua e presento,
para ynformaçion de lo susodicho, los dichos e depusyçiones de
Catalina la Galiana,[4] muger que fue de Juan Mexia,[5] e de Elvira
Garçia, muger de Ramos, veçina de Herençia, e de Juana Martines,

---

[3] See Biographical Notes on him.
[4] She was also a prosecution witness in the trial of Inés López, No. 93, fol. 1v.
[5] He was a defence witness in the trial of Diego López, Vol. I, No. 86, fol. 15r.

[43]

la serrana; los quales dichos e depusyçiones se fallaran en los libros deste Santo Ofiçio.⁶

Luego, los dichos señores ynquisidores, visto la dicha ynformaçion, dixeron que mandauan dar e dieron su mandaçion para el dicho alguaçil, para prender a la dicha Leonor Aluares.

11 Dec. 1495 Et despues de lo sobredicho, en la dicha çibdad de Toledo, honçe dias del mes de disyenbre del sobredicho año del Señor de mil e quatrosientos e noventa e çinco años, estando los dichos reuerendos señores ynquisidores en la dicha su avdiençia de la carçel, paresçio ende presente el dicho bachiller Diego Martines de Ortega, promutor fiscal, e pidio a sus reuerençias que manden paresçer ante sy en la dicha su avdiençia a la dicha Leonor Aluares, a la qual sus reuerençias luego mandaron paresçer ante sy; et asy paresçida, el dicho promutor fiscal presento vn escripto de acusaçion contra la dicha Leonor Aluares, su thenor del qual es este que se sygue: |

Arraignment

2r En Toledo XI diaz (diaz) ⟨sic⟩ de dizienbre de I V IIII°XCV años. Muy Reuerendos Señores:

Yo, el bachiller Diego Martines Hortega, promutor fiscal de la Santa Inquisiçion en la muy noble çibdad de Toledo e en todo su arçobispado, paresco ante Vuestras Reuerençias, ante las quales e en su juisyo propongo acusaçion e denunçiaçion e a contra Leonor Aluares, mujer de Juan de Haro, vesina de Çibdad Real, que presente esta, la qual, avyendo resçibido el Santo Sacramento del Bautysmo e byuiendo en nonbre e posesyon de christiana e asy se llamando, e gosando de los priuillejos e lybertades que los christianos gosan, en menospreçio de la Madre Santa Yglesia e de la Religion Christiana, en ofensa de Nuestro Redentor Ihesu Christo, pospuesto el themor de Dyos e la saluaçion de su alma, heretico e apostoto de nuestra Santa Fee Catholica, syguiendo e guardando la Ley de Moysen e sus rictos e çerimonias, de las quales algunas, despues de presa, confeso por themor de las pruevas e de las penas que mereçia; las que asy confeso son las syguientes: En que dixo que algunas veses ayuno los Ayunos Mayores e otros ayunos que los judios ayunavan; et que guardo algunos sabados e pascuas de judios,

---

⁶ As the information was taken from Court records, the prosecutor may have based his arraignment on accusations made long before the trial. Witnesses were usually required to testify in person, but the Court may have waived the procedure in this case.

Trial of Leonor Alvarez, Wife of Juan de Haro

pensando por aquello ser salua; et que dexo de comer toçino algunas veses; e que algunas veses comio pan çençeño que le davan otras mugeres conversas, e lo comio con çerymonia judaica; e que dio para vna arrova de aseyte para la xinoga, porque lo avia⟨n⟩ prometido por ella; e que la fysyeron creer que la Ley de Moysen era buena e bastaua para la saluaçion de los nonbres, e la fysyeron tytubar e dudar en la Fe de Ihesu Christo; e que creyo en suertes e hechiçerias; e que dexo de faser las dichas çerimonias de veynte años a esta parte. La qual confesyon, bien myrada, pareçe ser ficta e symulada, quanto que despues de muy requerida e amonestada por no confesar las cosas syguientes: En que dixo que holgava el sabado syendo niña; e que ayuno el Ayuno Mayor e a la noche çeno carne, e que podria ser de nueve o dies años; e que despues guardo el sabado, e comio vyandas guysadas del viernes; e que muchas veses lympio los candyles el viernes e los ençendya, syendo de la dicha edad; e que se atavyaua los sabados por los honrar; et que antes e despues de desposada comyo el pan çençeño, e guardava la fiesta dello con alguna devoçion. E torno a desyr que syendo casada ayuno otro Ayuno Mayor, e oyo resar oraçiones judaycas el tal dya; e que despues de casada comyo vn poco de pan çençeño; e dyo vna arrova de aseyte para vna xinoga; e que puede aver desyseys o desysyete años que se aparto de lo faser. La qual confesyon asymismo pareçe ser ficta e symulada, segund su forma de desyr, e porque ni dixo ny confeso enteramente la verdad, e porque despues del tienpo que ella confeso, cometyo el dicho delito de heregia, et porque callo [Leonor Alvares, muger de
2v Juan de Haro] | lo que sabe de otros hereges e con quyen fasya las dichas çerimonyas e heregias, en menospreçio de las sentençias e çensuras de la Sancta Madre Yglesia contra los tales encobridores. E asy, es factora de hereges e de sus heregias.

E heretico e apostoto en otros casos e cosas, ritos e çerimonyas que, venydos a my notyçia, protesto declarar en el progreso de este sumario proçeso. E que por los quales autos e çerimonyas la dicha Leonor Aluares, muger de Juan de Haro, cometio e perpetro crimen e delito de heregia, e fue e es herege, apostata e yncurrio en sentençia de excomunion mayor e en confiscaçion e perdymyento de todos sus bienes, e en las otras penas e çensuras de los derechos; por que vos pido e requiero, muy Reuerendos Señores, que pronunçieys e declare[y]s a la dicha Leonor Aluarez por tal herege, apostata, ficta e symulada confesante, e aver yncurrido en las dichas sentençia⟨s⟩ de excomunion mayor e en confiscaçion e perdy-

[45]

myento de todos sus byenes e en las otras penas de los derechos, relaxandola a la justiçia e braço seglar, non obstante sus fictas e symuladas confesyones, que aquellas non la escusan por non ser fechas en tienpo ni esponte ni como devyo, mas despues de presa e por themor de las pruevas e penas. E sobre todo pido conplymiento de justiçia, e en lo neçesario e complydero, el noble ofiçio de Vuestras Reverençias ynploro. E juro a Dyos e a la Señal de la Crus + que esta acusaçion non la pongo malysiosamente, saluo porque asy soy ynformado e me es demostrado. La qual pongo en la mejor vya e forma que puedo e de derecho devo, con protestaçion de la poder contradesir e declarar, e sy otra solenydad o declaraçion della soy obligado, estoy presto de la faser sy e en quanto neçesario e byen me estouyere, e pydolo por testimonyo.

E asy leyda la dicha acusaçion por vno de nos, los dichos notarios, luego la dicha Leonor Aluares pidio plaso e traslado para responder. E sus reuerençias gelo mandaron dar, con termino de nueve dias primeros syguientes. Testigos: Diego de la Peña, carçelero, e Juan de Castro, portero, e Pablo de Haro, clerigo.

Confession

30 Oct. 1495 E despues de lo susodicho, en la dicha çibdad de Toledo, treinta dias del mes de otubre del sobredicho año del Señor de mil e quatroçientos e noventa e çinco años, estando el dicho señor Ferrand Rodrigues del Varco, ynquisidor, en la dicha su avdiençia de la carçel e lugar acostunbrado, estando ende presente la dicha Leonor Aluares, muger del dicho Juan de Haro, e di(x)o e presento (vn) ante su Reuerençia vn escripto de confesyon, el thenor del qual es este que se sygue. Testigos: Diego de la Peña[7] e Gonsalo de Castro,[8] portero. |

3r Reuerendisimo y Muy Magnifico Señor:

17 Oct. 1495 Leonor Aluares, muger de Juan de Haro, vezina de Granada, beso las manos de Vuestra Reuerendixima ⟨sic⟩ Señoria, y por no poder yr ante Vuestra Señoria por mi persona, le confeso por esta scriptura, con mucha contriçion de mi alma, mis pecados y culpas que peque contra Nuestro Redenptor Ihesu Christo y contra Su Santa Fe Catholica.

[7] He also served as witness to the confession of Inés López, wife of Fernando Bastardo, No. 114, fol. 2r.

[8] Gonzalo may have been the brother of Juan de Castro, *portero;* see Biographical Notes.

Trial of Leonor Alvarez, Wife of Juan de Haro

Primeramente, digo mi culpa que algunas vezes ayune los Ayunos Mayores y otros ayunos que los judios ayunauan, asi por mi como en conpañia de otros; y que guarde algunos sabados y pascuas de judios, pensando que por seer aquello mandado en la Ley de Moysen, era provechoso para la saluaçion de mi alma; y esto hazia yo por amonestaçion de algunas mugeres conuersas, malas christianas, que estonçes alli morauan, en Villa Real. Iten, digo mi culpa que algunas vezes dexe de comer toçino, porque aquellas malas christianas me desian que era defendido en la Ley de Moysen. Iten, digo mi culpa que algunas vezes comia de las viandas que aquellas malas christianas tenian guisadas del viernes para el sabado, quando yva a sus casas. Iten, digo mi culpa que algunas vezes comi pan çençeño que me dauan aquellas mugeres, y lo comia como çeremonia judayca. Yten, que algund sabado vesti ropa limpia. Iten, digo mi culpa que vna vez dy vna arroba de azeyte a vna de aquellas mugeres conuersas, porque me dixo que la avia prometido por mi, y paguegela en dinero, y me dixo que lo avia prometido a la sinoga, y yo le dy los dineros para que ella cumpliese aquella promesa. Iten, digo mi culpa que, conuersando yo con aquellas malas christianas, muchas vezes me hizieron creer por sus palabras e amonestaçiones que la Ley de Moysen era buena y bastante para la saluaçion de los ombres, y me hizieron titubar y dubdar en la Fe de Ihesu Christo, hasta que me junte con mi marido, Juan de Haro, porque despues aca siempre estoue firme en la Fe de Nuestro Señor Ihesu Christo, y hasta aquel dia que vele con mi marido nunca comulgue, avnque confesaua cada año. Iten, digo mi culpa que muchas vezes crey en suertes y en hechizerias por saber cosas venideras. Iten, digo mi culpa que, comoquiera que yo confese todos estos crimenes y pecados a mis confesores, prinçipalmente a Juan Gonçalez, cura de Santa Maria de Villa Real,[9] y me absoluio de todos ellos quando me quise velar, y despues otros me absoluieron antes que viniese la Inquisiçion a Çibdad Real, empero, despues que vino la Inquisiçion no le ose manifestar estos crimines de heregia a los padres inquisidores, ni a mi marido, Juan de Haro, porque segund yo lo cognosçia seer vigoroso y aborreçedor de conuersos, teniame yo por çierto que me mataria o se descasaria de mi, y por no venir en tanto mal, no tome osadia para me recon-

[9] A certain Juan González, cleric, is mentioned in the trial of María González, la panpana, Vol. I, No. 3, fol. 4v. Fita also names a Juan González, Vicar of the Archdeacon of Calatrava, as a defence witness in this trial, but this testimony is not extant; see Fita, p. 496, n. 1.

çiliar, y creya que para la saluaçion de mi alma me bastaua la absoluçion de aquellos mis confesores, y porque tambien pensaua que segund el mucho tiempo que avia pasado despues que yo aquellos pecados cometi, creya yo que no se descobrarian; mas la prinçipal causa fue el temor que tengo dicho, y agora me pesa mucho por no me aver reconçiliado en aquel tienpo. Y digo mi culpa de todos estos crimenes que tengo contra Mi Señor Dios cometido, y demando dellos penitençia, la qual procurado de guardar y complir, y tenre la Fe de Nuestro Señor Ihesu Christo como siempre la he tenido despues aca que me aparte de aquellos ritos judaycos, porque de veynte años aca, poco mas o menos, no me acuerdo aver ofendido a Dios en Su Santa Fe, ni aver cometido ninguna çerimonia ni rito judayco. Y si allende destos crimenes que tengo aqui confesados algunos testigos vinieren diziendo que cometi algunos otros en aquel tiempo pasado que dixe, o despues aca, comoquiera que yo al presente non me acuerdo, yo me remito a sus conçiençias y a la discreçion de Vuestra Señoria y de los Padres Inquisidores, y doyme por culpada de qualquier cosa que contra mi se diga, lo qual yo dexo de espresar aqui, porque, como ya he dicho, no me acuerdo de mas. E porque esto ⟨e⟩ste mas çierto, y porque yo no se screvir, rogue al padre fray Gonçalo de Frias, mi confesor, que lo scriviese y lo firmase de su nonbre. Que fue fecha esta confesion, sabado, dezisiete dias del mes de otubre de nouenta e çinco años.

(—) Fray Gonçalo de Frias [10]

3v
30 Oct.
1495

En Toledo, treynta dias del mes de otubre de I V IIII°XCV años, en la abdiençia del carçel, antel reuerendisimo señor Ferrand Rodrigues del Varco, inquisydor, la dio en presensia la dicha Leonor Aluares.

Testigo: Diego de la Peña y Juan de Castro, portero.

Second Confession

3 Nov.
1495

Et despues de lo susodicho, en la çibdad de Toledo, tres dias del mes de novienbre del sobredicho año del Señor de mil e quatroçientos e noventa e çinco años, estando el dicho reuerendo señor Ferran Rodrigues del Varco, ynquisidor, en la dicha su avdiençia de la dicha carçel, estando ende presente la dicha Leonor Aluares, dio e presento otro escripto de confesyon ante su reuerençia, su

---

[10] He belonged to the Order of San Jerónimo; see below, fol. 4r.

Trial of Leonor Alvarez, Wife of Juan de Haro

thenor del qual es ese que se sygue. Testigo: Diego de la Peña, carçelero, e Diego Lopes Tamayo, notario.[11] |

4r En III de novienbre de I V IIII°XCV años

Muy Reuerendos Señores:

Leonor Aluares, muger de Juan de Haro, vesina de Granada, presa que estoy en su carçel, ante Vuestras Reuerençias paresco, e con grand contriçion e arrepentimiento de mis pecados e crimenes de heregia que contra nuestra Santa Fe he fecho e ofendido, de los quales alguna parte de los que me acorde yo confese, quando por su mandado yo fuy presa en la dicha çibdad de Granada, al padre fray Gonsalo de Frias del monesterio e abito de San Geronimo, la qual confesyon de pecados puse alteraçion que de presente ove de asi verme presa, e avn porque a la sazon, estando doliente, non me tarde aser como agora, e pido a Vuestras Reuerençias aquella. E esta que agora fago aya por entera confisyon de mis culpas, con protestaçion vuestra fago, que sy algo mas a mi notiçia en algund proviniere, que lo manifestare e declar⟨ar⟩e ante Vuestras Reuerençias, como agora fago. E los quales crimines e delitos son los syguientes, en esta guisa:

Primeramente, digo que, syendo niña e estando en casa de vna maestra a labrar, conversa, el dia de sabado olgaua e no me dauan preuia a mi ni a las otras para que fiziesemos algo.

Otrosi, syendo en este tienpo de niñes, me lleuaron a casa de otra prima mia, que se llamaua Ynes, muger de Anton, sastre, a la qual que desia, antes que se fue a tornar judia, a holgar e a otra su fija de la dicha mi prima, e en su casa ayunamos al Dia Mayor, e nos fizieron estar ayunando aquel dia todo el dia, e a la noche nos dieron a çenar cazuelas e vna gallina, y podria yo a la sazon ser de IX o X años.

Otrosy, estando la dicha Ynes, muger de Anton, sastre, mi prima, e Mayor, su hermana, | |, su fija, en la dicha çibdad de Villa Real, se fueron para su casa a allende, segund los otros los fazian, e yo despues lo se sabido que se fueron a Constantinopla.

Despues de lo qual me lleuaron Ruy Gonsales de Chillon, su tio, vn dia a Alcazar de Consuegra a vna boda de vn fijo de Ruy Gonsales de Chillon, mi tio, e estouimos algunos dias, y estouimos asi el sabado en el dicho lugar, e comimos aquel dia viandas

---

[11] See Biographical Notes.

[49]

guisadas del viernes antes, e yo con mas o tanta deuoçion como ellos lo fazia, e podia aver XII o XIII años.

Otrosi, digo mi culpa que me lleuaron vn viernes e vn sabado a casa de Gonsalo de Çibdad a su casa conbidada porque tenia cargo de bezar alumbrar a su fija, e folgamos el sabado e comimos manjares guisados del viernes, e ençendieron candiles e posieron manteles limpios, e yo en aquella mesma devoçion que ellos. |

4v Otrosi, digo mi culpa que otra ves fui conbidada a vn puerto del Fernando del Oliua el viejo,[12] vn viernes en la noche e vn sabado, e a otras donzellas conmigo, que son vna hija del dicho Fernando del Oliua, que se diçe Constançia, e Constançia, fija de vn çerero, que façiendo estouimos aquella noche e el sabado en mucha fiesta, e entraron alli muchas dueñas, asi conpuestas como al dia de nuestra Pascua, de las quales personas munchas non conosçia e por yo ser donzella e que no las trataua, e ⟨a la⟩ sazon podria ser de XIIII o XV años. {Vn hijo de Fernando de Torres, que se desia Juan de Torres; Mayor Aluares, hermana deste testigo, quemada.}

Otrosi, digo mi culpa que, estando en casa de mi padre, ayune vn Dia Mayor fasta la noche yo e Mayor Aluares, mi hermana, e se me acuerda que dezia ella que avia ayunado otros muchos, estonçes ella consejo a este testigo que ayune.

Otrosi, digo mi culpa que el viernes linpie muchas ⌈o algunas⌉ vezes los candiles, e los ençendia, siendo de la susodicha hedad, en casa de su padre e madre.

Otrosi, algunas vezes los sabados me adereçava e ataviaua por onrar la fiesta del sabado, syendo donsella.

Otrosi, ayune otro dia que no me acuerdo sy era Ayuno Mayor mismo, lo qual fize por consejo de Ruy Diez, trapero, que me lo consejo e dixo que lo ayunase.

Otrosi, digo mi culpa que despues, siendo donzella e avn despues, desposada ya, comi del pan çenzeño en su fiesta, e avn la guardaua con alguna devoçion e la mayor que yo podia, lo qual fize por consejo de Ysabel de Lobon e de Leonor, su fija,[13] mis primas, fijas de las que se fueron a Constantinopla, lo qual ellas asimismo comieron e ayunaron, e la vna dellas me lo traia para lo comer.

Otrosi, digo mi culpa que ⌈Violante, mi hermana⌉, e yo, ayunamos

---

[12] His bones were exhumed and burnt on 15 March 1485; see Biographical Notes.

[13] They lived on Calle de los Especieros. Isabel may have been married to Juan de Lobón; see Biographical Notes.

Trial of Leonor Alvarez, Wife of Juan de Haro

vn Dia Mayor por consejo de la dicha Ysabel de Lobon, la qual se fue de Çibdad Real.

Otrosi, digo mi culpa que siendo casada con mi marido, ayune el Dia Mayor en mi casa, e sali de mi casa para ir a otro cabo, e entre en casa de Ysabel de Lobon, la biuda, que biuia en la calle de los Espeçieros, e allela que holgaua e que ayunaua aquel dia, e pregutando para su cuñada, Juana Gonsales, dixo que subiese, que arriba la allaria; e estauan ⌜en vna camara⌝ tres ombres, de los quales conosçi el vno, era Juan de Lobon, e algunas mugeres, que no conosçi, que estauan rezando, e porque yuan vnas a mas conmigo, e porque mi marido no viniese e me allase fuera de casa, yo dexe de rezar con ellos e no fize sino sobir e fablar a la dicha su cuñada Juana, e me baxe. |

5r Otrosi, vn dia, despues de casada, vino a mi casa Ysabel de Lobon vn jueves de la Semana Santa, e truxo en su alda vna torta del pan senzeño por no comer de lo mio, porque era la Fiesta de Pan Senzeño, e yo comi con ella media tortilla.

Otrosi, despues de casada, di a Leonor de Lobon vna arroba de azeite por Dios, porque ella la avia dado e prometido por mi a vna synoga.

Otrosi, digo, Señores, que en este caso, yo me he tenido e tengo por tan pecadera en toda cosa podria aver fecho e cometido de pecado, por ser que la memoria es falible, yo non puedo por agora mas acordarme, soplicoles, pues por mi voluntad yo no dexe ni dexaria, fasta que me case, de aver ofendido a Nuestro Señor e a Su Fe en este (este) de lo que lo avia confesado, fasta el dia que, como dicho yo he, fuy casada con Juan de Haro, espeçialmente en lo que confesado tengo çerimonias tocantes a la Ley de Moysen.

Antel señor Ferrand Rodrigues del Varco, ynquisydor, la dicha Leonor Aluares la dio e presento en su abdiencia, e la juro en tres dias de nouienbre de noventa e çinco años. Preguntada quanto tiempo ha que se aparto de lo hazer, dixo que puede aver XVI o XVII años, poco mas o menos tienpo.

Testigos: Diego de la Peña e Diego Lopes de Tamayo. |

Additional Confession

5v E despues de lo susodicho, en la dicha çibdad de Toledo, honçe
11 Dec. dias del mes de disyenbre del sobredicho año del Señor de mil e
1495 quatroçientos e noventa e çinco años, estando los dichos reuerendos señores ynquisidores en la dicha su avdiencia de la carçel e lugar acostunbrado, estando ende presente la dicha Leonor Aluares, dio

[51]

e presento vn escripto de adiçion, su thenor del qual es este que se sygue. Testigos: Diego de la Peña, carçelero, e Diego Lopes de Tamayo, notario del dicho Ofiçio. |

6r Muy Reuerendos Señores:
Leonor Aluares, muger de Juan de Haro, veçino de Çibdad Real, beso las man(d)o⟨s⟩ de Vuestras Reuerençias, en las quales me encomiendo, e les digo que, porque al tienpo que yo ante ellos fize vna confisyon de pecados, me oluide algunas cosas e pecados, de los quales yo agora me acuerdo, les suplico los oyan, e asi como de los otros me den saludable penitençia para mi anyma convenible.
Estando en Granada, tenia vn hijo mio vna amyga, la qual le dio çiertos echizos, con los quales el la quiso mucho e avn tanto quiso enloqueçer; e sabia la dicha su amyga que yo la queria muy mal, e yo asi lo sabia, e porque no me yziese mal ni me echizase como a el, yo able con vn moro, el qual me dixo que no temiese con çiertas cosas por escrito que me daria, el qual me dixo çiertas palabras escritas en su aravigo, e yo, con devoçion, las traiga, pensando que aquellas eran bastantes para escusarme de los dichos echizos.
Otrosi, Señores, algunas vezes sobre saber algunas cosas por venir, o por saber las cosas que Juan de Hero en mi absençia fazia, e por otras grandes liuiandades, sortije muchas vezes, pensando que por aquellas suertes a mi se avia de reuelar o fazer çierto asi como pasaua aquello que yo queria saber, o lo que era por venir.
Lo qual todo, Señores, yo confese al padre fray Gonsalo de Frias, del monesterio de San Geronimo, el qual me dixo e mando que las letras aravigas resgase, e que las suertes no echase, e que estas cosas, pues a el las avia confesado, que no la confesase a Vuestras Merçedes, porque aquella confesyon basta de las quales cosas e de las que mas me acordare, me arrepiento, e de todo pido penitençia e perdon. |

6v Adiçion
11 Dec. En Toledo en el carçel XI dias de dizienbre de I V IIII°XCV años,
1495 ante los señores inquisydores, la dicha Leonor Aluares la dio

[Conclusyon]
Et despues de lo susodicho, en la dicha çibdad de Toledo, dies e nueue dias del dicho mes de disyenbre del sobredicho año del Señor de mil e quatroçientos e noventa e çinco años, estando los

Trial of Leonor Alvarez, Wife of Juan de Haro

reuerendos señores ynquisidores en la dicha su avdiençia de la carçel, e en presençia de nos, los dichos notarios, paresçio ende presente la dicha Leonor Aluares, muger del dicho Juan de Haro, e dio e presento ante sus reuerençias otro escripto de la confesyon e adiçion, su thenor del qual es este que se sygue. E dixo que concluya e concluyo, e el promotor fiscal asymismo dixo que conluya e concluyo.

Testigos: Diego de la Peña, carçelero, e Diego Lopes Tamayo, notario. |

7r En XIX diaz de dizienbre de I V IIII°XCV años

9 Dec. Muy Reuerendos Señores:

1495 Leonor Aluares, muger de Juan de Haro, vesino de Çibdad Real, presa que estoy en vuestro carçel, ante Vuestras Reuerençias paresco, e digo que, porque yo otras vezes he fecho algunas confesyones de pecados que contra Nuestro Redentor he fecho, en las quales dixe que, sy en algund tienpo me acordase de mas pecados, lo manifestaria, e agora digo que los que mas me acuerdo son los syguientes, en esta guisa:

Que vna ves, en casa de Ruy Dias, trapero, en la dicha Çibdad Real, yendo yo alla falle vna noche, que era viernes en la noche, candiles, e su muger e vna fija suya, Leonor, e vn su fijo, Juan, e otro sobrino, Rodrigo, fijo de Juan Diaz, ⌈trapero⌉, que rezauan en pye en vnos libros. E estaua y con ellos Ferrand Falcon, vesino de la dicha çibdad, puede aver XXX años, poco mas o menos.

Otrosi, estando en casa de mi padre e ⌈mi madre, Eluira Gonsales, su muger⌉, guardaua el sabado, en el no filaua; e avn, no comia toçino; e vestia ropas linpias en los dichos sabados; e algunas cosas de las susodichas, viendogelas yo faser, lo fazia como ella.

E asimismo, yo e Violante, mi hermana, muger de San Ferrando, fuimos a comer vn sabado a casa de Leonor de Lobon, mi prima, e comimos manjares del viernes guisados, e no me acuerdo que tienpo puede aver, pero fue antes que yo fuese a la frontera, e puede aver que yo fui a la frontera XV años, poco mas o menos.

Y asymismo, en este tienpo, fuimos la dicha mi hermana Violante a casa de Theresa de Flores, sobre vna taça que la avian furtado pa sobre saber quien la tenia, que suerte asemos, e sobre la dicha rason echamos suertes la dicha mi hermana e yo. Y asimismo, algunas veses, despues de venida de la dicha frontera, eche las dichas suertes. |

7v Otrosy, señores, vi a Mayor Aluares, mi hermana, e a Violante,

[53]

que quando mi padre murio, e cominos ellas e yo en el suelo, e no me acuerdo sy mi madre a la sazon comio alli con nosotros, porque estaua muy mala.

Et de todas las cosas susodichas e pecados que aqui e en las otras confisyones he fecho, muy Reuerendos Señores, a Nuestro Redentor pido perdon y a Vuestras Reuerençias penitençia con mucha misericordia e con su acostumbrada piedad, e protesto, Señores, en todo aquello que a mi notiçia venga en que yo a Nuestro Redentor aya ofendido, lo dire e manifestare con grand dolor de mi anima cada e quando que se me acordare e supiere, do e quando que yo sea.

Conclusion of Trial

[Conclusyon]

19 Dec. 1495 En el carçel, XIX diaz de dizienbre de I V IIII°XCV años, la dicha Leonor Aluares la dio e presento e juro, etç.; e concluyo etç.

El promotor fiscal concluyo, etç.

Testigos: Diego de la Peña e Diego Lopez de Tamayo, notario. |

8r *Blank page*

Consulta-de-fe

8v 16 Sept. 1496 En Toledo, dies e syete dias del mes de setyenbre del dicho año de mil e quatroçientos e noventa e seys años, se juntaron los señores letrados e ynquisidores de yuso contenidos para ver e dar sentençia en este proçeso: [14]

El bachiller Juan Aluares Guerrero, alcalde mayor en Toledo;

el bachiller Alonso Peres de Aguilera, vesino de Toledo;

el liçençiado Garçia Jufre de Loaysa, vesino de Talavera;

el maestro fray Juan del Puerto, ministro de la Trinidad de Toledo;

el liçençiado don Juan de la Çerda de Quintanapalla, arçediano de Cuellar, canonigo de Toledo;

el liçençiado Fernando de Parra, vycario general e ynquisidor ordinario;

el liçençiado Fernando de Maçuecos, canonigo de Toledo, ynquisidor apostolico;

Ferran Rodrigues del Varco canonigo de Granada, ynquisydor apostolico.

Este dicho dia los dichos señores, en concordia, votaron que se ponga en carçel perpetuo. |

[14] See Biographical Notes on all the following.

Trial of Leonor Alvarez, Wife of Juan de Haro

Sentence

9r Por nos, los inquisydores de la heretica prauedad, visto vn proçeso de acusaçion e denunçiaçion que ante nos ha pendido e pende entre partes, de vna actor acusante el honrado bachiller Diego Martines de Ortega, nuestro promotor fiscal, e de la otra reo acusada Leonor Aluares, muger de Juan de Haro, vesina de Çibdad Real, de sobre rason que el dicho promotor fiscal acuso la Leonor Aluares, diziendo que, biuiendo la dicha Leonor Aluares en nonbre de christiana, heretyco e apostoto de nuestra Santa Fe Catolica, syguiendo e guardando la Ley de Moysen e sus rictos e çeremonias en las cosas e casos syguientes, de los quales, despues de presa, por temor de las pruevas, confeso que algunas vezes ayuno los Ayunos Mayores e otros ayunos de judios; e que guardaua los sabados e pascuas de judios, pensando por ello ser salua; e que dexo de comer toçino algunas veses; e que algunas veses comio manjares de judios, guisados del viernes para el sabado; e que algunas veses comio pan çençeño que la dauan otras mugeres conversas, e lo comio con çeremonia judayca; e que dio para vna arroba de azeyte pa la synoga, porque lo avian prometido por ella; e que le hizieron creer que la Ley de Moysen era buena e bastante pa la saluaçion de los onbres, e la fizieron dubdar en la Fe de Ihesu Christo; e que creyo en suertes e hechizerias; e que dexo de confesar las dichas çerimonias de veynte años a esta parte; la qual confesion el dicho promotor fiscal dixo que era ficta y no fecha enteramente, como deuio, porque seendo amonestada e requerida vino a confesar que seyendo niña holgaua el sabado, e que ayunaua el Ayuno Mayor e a la noche çeno carne, e comio guisado de viernes en sabado, e que antes e despues de desposada comio el pan çençeño e quando la fiesta dello, e asymismo boluio a desir que despues de marida ayuno el Ayuno Mayor, e oyo resar oraçiones de la Ley de Moysen el tal dia, e dixo asymismo que puede aver dies e syete años que se aparto de faser las cosas susodichas, la qual confesion, asymismo, dixo el dicho promotor fiscal que era ficta y no verdadera, por despues del tienpo que ella confiesa cometio el dicho delito de heregia, e asymismo dixo que sabe de otros herejes e de sus çerimonias e no los ha querido desir ni manifestar.

Sobre lo qual todo el dicho promotor fiscal fiso su pedimiento conformando, e pidio conplimiento de justiçia, e que esto, lo respondido e alegado por la dicha Leonor Aluares a la dicha alegaçion, en que dixo que era verdad que ella avia fecho y cometido todas las cosas susodichas que ella ha confesado e con toda la dicha acusaçion, e dixo que de todo ello pedia e pidio penitençia e perdon a Nuestro Señor, e ser reincorporada a la viña de la Santa Madre Yglesia e fieles christianos, e que queria abjurar el dicho crimen. E vistos todos los otros actos e minutas del dicho proçeso, e sobre todo avido nuestro acuerdo, voto e paresçer e consejo con muchos letrados que fueron presentes a la vista e comunicaçion del dicho proçeso:

Auiendo a Dios ante nuestros ojos

9v Fallamos que deuemos pronunçiar e declarar, e pronunçiamos e declaramos la intençion [15] | del dicho promotor fiscal por bien prouada, e la dicha Leonor Aluares aver fecho e cometido el crimen de heregia e apostasya del qual fue acusada e a confesado, e aver sido herege apostota judayzada, e yncurrida en sentençia de escomunion mayor e confiscaçion e perdimiento de todos sus bienes. E por quanto dixo e dize que quiere abjurar el dicho crimen de heregia e apostasya e ser reyncorporada a la viña e ayuntamiento de los fieles christianos, sy asi es fecha por ella la dicha intençion, fallamos que la deuemos de absoluer e absoluemos de la dicha su dexomunion mayor, con pena que la deuemos condenar e condenamos a carçel perpetuo, donde mandamos que este todos los dias de su vida façiendo penitençia, del qual dicho carçel mandamos que no salga syn nuestro mandado, so pena de relapsa e inpenitente, e por esta nuestra sentençia asi lo pronunçiamos e mandamos en estos escriptos e por ellos.

(—) Fernando de Maçuecos
(—) Ferrand Rodrigues [del Varco]
(—) Herrando de Parra

Sentence Carried Out

25 Oct. En Toledo, veynte e çinco dias del mes de otubre del dicho año
1496 de mil e quatroçientos e noventa e seys años, estando en la plaça de Çocodouer ençima de vn cadahalso de madera, fue dada e pronunçiada esta sentençia por los reuerendos señores el liçençiado Ferrando de Maçuecos, canonigo de Toledo, e Ferrand Rodrigues del Varco, canonigo de Granada, ynquisydores apostolicos, e el liçençiado Ferrando de Parra, ynquisidor ordinario.
Testigos: Don Alonso Manrique e Rodrigo Çaparta e Nicolas Ferrandes e Juan de Sepulueda, canonigos de Toledo, e Juan

[15] At the end of the folio: *Muger de Juan de Haro.*

Trial of Leonor Alvarez, Wife of Juan de Haro

Carrillo e Tello de Gusman, regidores de la dicha çibdad, e otra mucha gente. |

10r *Blank page*

The Composition of the Court

Judges:	Fernando de Mazuecos
	Fernán Rodríguez del Barco
Prosecution:	Diego Martínez de Ortega — prosecutor
	Juan de Castro — aide
Notaries:	Diego de San Martín
	Diego López de Tamayo
Gaoler:	Diego de la Peña

Witnesses for the Prosecution in Order of Testification [16]

1. Catalina de Galiana, former wife of Juan Mexía
2. Elvira García, wife of Ramos
3. Juana Martínez, *la Serrana*

Consulta-de-fe

Bachiller Juan Alvares Guerrero
Bachiller Alonso Pérez de Aguilera
 Licenciado García Jufré de Loaysa [17]
Maestro Fray Juan del Puerto
Licenciado Don Juan de la Cerda Quintanapalla
Licenciado Fernando de la Parra
Licenciado Fernando de Mazuecos
Bachiller Fernán Rodríguez del Barco

Synopsis of Trial

1495

22 Sept.	The prosecutor declares his intention to arraign Leonor Alvarez and states his incriminating testimony. The Court orders Leonor to be arrested and brought before the judges to stand trial.
17 Oct.	The defendant makes her first confession.
30 Oct.	The confession is presented to the Court.[18]

---

[16] These were the information witnesses, on whose testimony the prosecutor based his arraignment.
[17] He was a familiar of the Court in Ciudad Real.
[18] The confession was entered in the file after the arraignment; see fol. 3r.

[57]

Records of the Inquisition in Ciudad Real and Toledo, 1494–1512

3 Nov.	A second confession of the defendant is presented to Court. The defendant is brought before the judges. Still another confession is presented.
11 Dec.	The arraignment is presented [19] and a term is set for the commencement of the Court's proceedings.
	The defendant continues her confession.
19 Dec.	The trial ends after the defendant has confessed to additional heresies.

1496

17 Sept.	The *consulta-de-fe* condemns the accused to life imprisonment.
25 Oct.	The condemned abjures her sins at the *auto-de-fe* held in the Plaza de Zocodovér in Toledo, where her sentence is announced.

---

[19] Entered in fol. 2r, before Leonor's various confessions were entered in sequence.

93 Trial of Inés López, Wife of Alonso de Aguilera 1495–1496; 1511–1512

Source: AHN IT, Legajo 162, No. 497, foll. 1r–43r; new number: Leg. 162, No. 3.

Inés López was the daughter of Diego López, who was tried posthumously in 1484–1485 and absolved,[1] and the sister of Leonor Alvarez, the wife of Juan de Haro.[2] Inés was tried twice by the Inquisition: in 1495–1496 when she was condemned to life imprisonment, and again in 1511–1512 when she was condemned to be burnt at the stake.

Inés was born in 1464 or 1466.[3] She lived with her sister Violante,[4] wife of Pedro de San Román, during the years 1474–1477 or 1477–1480, and learned Jewish observances at Violante's house.[5] She was also taught Jewish observances by her cousin Isabel de Lobón, who left Spain for Constantinople.[6]

Her first trial opened on 22 September 1495 and ended on 25 October 1496. It was based on accusations made against her in Ciudad Real and Almagro. Although she was not represented by a defending counsel, her very full confession, in which she even confessed to mourning according to the Jewish custom, no doubt influenced the Court's decision to be lenient and to spare her life. While Inés's first trial was based on her specific heresies, the second, which opened on 4 June 1511, was concerned more with her feelings toward Christianity and toward the methods used by the Inquisition. (She maintained, for example, that the arraignment in her first trial was based on the testimony of drunkards and perjurers.) This attitude was seen as proof that Inés was a Judaizer who must be re-

---

[1] See his trial, Vol. I, No. 86, and the genealogy therein on p. 608.
[2] Trial No. 92.
[3] This was Inés's own estimation of her age in 1511; see below, fol. 11v.
[4] She was tried and burnt on 30 June 1494; see Fita, p. 478, No. 230, and Biographical Notes.
[5] See below, fol. 4r.
[6] See below, fol. 2r. Another cousin, Leonor Alvarez, wife of Fernando Alvarez, was also tried by the Inquisition; see her trial, No. 101, fol. 4v.

tried by the Court. She was also found to have abstained from following the precepts of Christianity, to have refrained from completing the sign of the Cross and to have concluded the profession of faith with 'in the name of the Father', thereby negating the Trinity. She was defended first by Alonso de Baena[7] and then by Diego Mudarra,[8] neither of whom succeeded in saving her, and she was burnt at the stake on 16 August 1512.

The testimonies of the prosecution witnesses are not entered in the file in the order in which they were given. Space must have been left in the file for this evidence to be recopied from the books of testimonies taken down in Ciudad Real.

Bibliography: Beinart, index; Fita, p. 478, No. 234. See also the trials of María González, wife of Juan de Merlo (No. 106) and Juana Núñez, wife of Juan de Teva (No. 107).

[7] See foll. 18r–19r for his pleading; see also Biographical Notes on him.
[8] See foll. 29v–31v for his pleading; see also Biographical Notes on him.

1r

Ynes Lopes, hija de la linera vieja,

muger que fue de Alfonso de Aguilera,

veçino de Çibdad Real

carçel perpetuo

1v En la muy noble çibdad de Toledo, beynte e dos dias del mes de
2 Sept. setienbre, año del Nasçimiento del Nuestro Saluador Ihesu Christo
1495 de mil e quatroçientos e noventa e çinco años, estando los reuerendos señores el liçençiado Fernando de Maçuecos, canonigo en
la santa yglesia de Toledo, e Fernand Rodrigues del Varco, canonigo
en la yglesia de Granada, jueses ynquisidores de la heretyca
prauedad en la çibdad de Toledo e su arçobispado por actoridad
apostolica e ordinaria, en la yglesia e monasterio del Señor Sant
Pedro Martyr desta dicha çibdad, en su avdiençia publica, segund
que lo han de vso e costunbre, en presençia de nos, Diego de San
Martin e Diego Lopes de Tamayo, notarios en el dicho Ofiçio,
paresçio ende presente el honrado bachiller Diego Martines Ortega,[9]
promutor fiscal en el dicho Ofiçio, e dixo que, por quanto Ynes
Lopes, fija de la linera, muger que fue de Alfonso de Arguilera
⟨*sic*⟩,[10] vesyna de Çibdad Real, esta ynfamada e testiguada del
crimen de la heregia e apostasya, que pedia e pidio a sus reuerençias
que le mandasen dar e diesen su mandamiento para su alguasil,
para prender a la dicha Ynes Lopes, porque el la entendia acusar
e denunçiar sobre el dicho crimen.

Luego los dichos señores ynquisidores dixeron que, dandoles testigos
de ynformaçion sufiçiente para la dicha prisyon, que estauan prestos
para faser lo que con justiçia deuiesen.

Information Witnesses for the Prosecution

Luego el dicho promotor fiscal dixo que presentaua e presento,
para ynformaçion de lo susodicho, los dichos e depusiçiones de
Catalina de Galiana, muger que fue de Juan Mexia, e de Maria
Godines, fija de Alonso Godines, veçinos de Çibdad Real, e de
Juana Gonsales, muger de Juan de Almagro, vesino de Çibdad
Real, los quales dichos e depusyçiones se fallaran en los libros
deste Santo Ofiçio.

[9] See Biographical Notes on the foregoing officials of the Inquisition.
[10] See Biographical Notes on him.

Records of the Inquisition in Ciudad Real and Toledo, 1494–1512

Order of Arrest

Luego los dichos señores ynquisydores, vysto la dicha ynformaçion, dixeron que mandauan dar e dieron su mandamiento para el dicho alguasil para prender a la dicha Ynes Lopes.

[Amonestaçion]

13 Oct. 1495 E despues de lo susodicho, en la dicha çibdad de Toledo, trese dias del mes de otubre del sobredicho año del Señor de mil e quatroçientos e noventa e çinco años, este dia, estando el reuerendo señor Ferrand Rodrigues del Varco, ynquisidor sobredicho, en la dicha su avdiençia de la carçel, mando paresçer ante sy a la dicha Ynes Lopes. E asy pareçida, su reuerençia la amonesto e requerio que digo e declare que sy en algund tiempo fiso o dixo alguna cosa que fuese de heregia, que lo diga e confiese, e que su reuerençia la resçebira con aquella clemençia que el derecho quiere.

Confession

22 Oct. 1495 E despues de lo susodicho, en la dicha çibdad de Toledo, veynte e dos dias del dicho mes de otubre del sobredicho año del Señor de mil e quatroçientos e noventa e çinco años, estando el dicho señor Ferrand Rodrigues del Varco, ynquisidor, en la dicha su avdiençia de la carçel e lugar acostumbrado, estando ende presente la dicha Ynes Lopes, e dio e presento vn escripto de confesyon ante su reuerençia, su thenor del qual es este que se sygue: |

2r Muy Reuerendos Señores:
Ynes Lopes, vesina de Çibdad Real, muger de Alonso de Ag⟨u⟩ilera, defunto, paresco ante Vuestras Reuerençias con la mayor contriçion e arrepentimiento de mis pecados que yo puedo, e demando a Nuestro Señor Ihesu Christo perdon y misericordia, y de Vuestras Reuerençias penitençia saludable para mi anima, y dellos ⟨sic⟩ que yo he fecho e cometido, en que he ofendido a Mi Señor Ihesu Christo y a Su Santa Fe Catholica, son los sigientes en esta g⟨u⟩isa: Digo, Señores, que folgue algunos sabados y en ellos vesti ropas linpias, y algunas veses comi de lo que guisavan del biernes para el sabado, y ençendi candiles el biernes en la noche por çerimonia de la Ley de Moysen.
Asymismo, ayunando algunos ayunos de los judios fasta la noche. Otrosy, guarde algunas veçes las pascuas dellos, quando lo sabia de vna prima mia que se llamava Ysabel de Lobon, estando con

Trial of Inés López

ella, que era bibda, que desya que lo fisiese que ganava mi anima, enpeçial ⟨sic⟩ de la Pascua de Pan Çençeño, que me lo daua alguna bes esta dicha Ysabel de Lobon, la qual me desya que no supiese nadye; la qual dicha Ysabel de Lobon se absento de Villa Real e non sabe donde.

Asimismo, quite el sevo a la carne quando podia.

Asymismo, Señores, digo que comi en algund coguerço en mesas baxas.

Y digo que, Señores, que por agora non viene mas a mi memoria, pero cada y quando que algo viniese a mi memoria lo verne disiendo e confesando ante Vuestras Reuerençias.

Otrosy, algunas personas de mi algo han dicho o dixeren, que digo que lo conosco y es verdad fise, y pido a Vuestras Reuerençias penitençia saludable para mi anima.

En Toledo, en la abdiençia de carçel, ante el señor Fernando Rodrigues del Varco, ynquisydor, presentada la dicha Ynes Lopez, la dio e presento. Testigos: Diego de la Peña [11] e Juan de Castro.[12]

En XXII dias del mes de otubre de mil quatroçientos e noventa e çinco años.

29 Oct. 1495 E despues de lo sobredicho, en XXIX dias del dicho mes de otubre, estando el dicho señor Fernand Rodrigues del Varco, ynquisidor, en su avdiençia de la carçel, mando pareçer ante sy a la dicha Ynes, e asy pareçida, su reuerençia la requerio e amonesto que diga la verdad de lo que ella ha fecho o dicho que sea crimen de eregia e apostasia, o sabe de otras personas, que lo diga e declare, e que su reuerençia la resçebia con aquella clemençia que el derecho quiere. E luego, la dicha Ynes Lopes dixo, so cargo del juramento que su reuerençia della reçebio, que preguntada sy lo susodicho sy es todo verdad que lo fiso, dixo que sy, e que lo fiso por guarda e çerimonia de la Ley de Moysen, creyendo que en ella se avia de saluar. Preguntada que tienpo estava en esta creençia, dixo que non se acuerda. Preguntada que tienpo ha que se aparto dello, dixo que tanpoco se acuerda. Preguntada sy sabe otra cosa de algunas otras personas, o les vido faser algunas çerimonias de la Ley de Moysen, dixo que non se acuerda, saluo de las cosas en que la puso la dicha Ysabel de Lobon. Preguntada sy fiso otras cosas algo, demas y allende de las sobredichas que tiene confesadas,

---

[11] He was the Court gaoler in Toledo.
[12] He was a *portero* in the Court; see Biographical Notes.

dixo que non se acuerda. Sobre lo qual fue por su reuerençia mucho amonestada e requerida que diga e declare lo que ella ha fecho e dicho, demas y allende de lo que tiene confessado, o sabe de otras personas que ayan fecho o dicho, e que su reuerençia la reçebia con clemençia que el derecho quiere, e demas la dixo e declaro como su hermana Leonor Aluares, muger de Juan de Haro, estaua presa, e que creya que diria la verdad, por ende, que la amonestaua e requeria que la dixiese. |

Arraignment

2v E despues de lo susdicho, en la dicha çibdad de Toledo, honse dias
11 Dec. del mes de disyenbre del sobredicho año del Señor de mil e quatro-
1495 çientos e noventa e çinco años, estando los reuerendos señores ynquisidores en la dicha su avdiençia de la carçel e lugar acostunbrado, paresçio ende presente el dicho bachiller Diego Martines de Ortega, promotor fiscal, e pidio a sus reuerençias que manden paresçer ante sy en la dicha audiençia a la dicha Ynes Lopes, a la qual sus reuerençias luego mandaron paresçer ante sy. E asy paresçida, el dicho promotor fiscal presento vn escripto de acusaçion contra la dicha Ynes Lopes, su thenor del qual es este que se sygue :
Testigos : Diego de la Peña, carçelero, e Juan Castro, portero. |

3r En XI de dizienbre de XCV años
Muy Reuerendos Señores :
Yo, el bachiller Diego Martines Hortega, promutor fiscal de la Santa Inquisyçion en la muy noble çibdad de Toledo e en todo su arçobispado, paresco ante Vuestras Reuerençias, ante las quales e en su juysyo propongo acusaçion e denunçiaçion a e contra Ynes Lopes, fija de la Lynera, muger que fue de Alonso de Aguylera, veçina de Çibdad Real, que presente esta, la qual, aviendo reçebydo el Santo Sacramento del Bautismo e byuyendo en nonbre e posesyon de christiana e asy se llamando, e gosando de los priuillejos e lybertades que los christianos gosan, en menospreçio de la Santa Madre Yglesia e de la Religion Christiana, en ofensa de Nuestro Redentor Ihesu Christo, pospuesto el themor de Dyos e la salud de su alma, heretico e apostato de nuestra Santa Fe Catholica, syguiendo e guardando la Ley de Moysen e sus ritos e çerimonias, de las quales, despues de presa e trayda e este carçel, algunas confeso por themor de las pruevas, seyendo muy requerida e amonestada en juysyo, que son las syguyentes :

Trial of Inés López

En que dyxo que folgo algunos sabados e en ellos vystio ropas lynpias; e algunas veses comio de lo que guysavan el biernes para el sabado; e que ençendyo candyles en le biernes en la noche por çerimonya de la Ley de Moysen. E asymesmo ayunando algunos ayunos de judios fasta la noche; e que guardo algunas veses las pascuas dellos, quando lo sabya de vna prima suya, en espeçial la del Pen Çençeño; e que quito el seuo a la carne quando podya; e comyo en cohuerço en mesas baxas, la qual juro. La qual confesyon, byen myrada por Vuestras Reuerençias, claro pareçe ser ficta e symulada, por non ser fecha en tienpo ny esponte ni como devyo, mas por themor de las pruevas e penas que mereçia, estando presa, quanto mas callando las cosas que callo e encubrio e tales que oluydar non se le podyan, por se quedar e estar en su heregia e non se apartar della. E las que asy callo son las syguientes: En que en los viernes en las tardes ataviava la casa para la honra del sabado; e guysava aquellos biernes de comer para el sabado; e quebrantaua los domingos e fiestas de la Santa Yglesia, non la temyendo ny creyendo; e quando yva e estaua en la Yglesia non resava ni adorava el Santo Sacramento del Cuerpo de Nuestro Señor como christiana, e estorva a otras personas porque non le adorasen, non le temyendo ny creyendo por Dios verdadero. E asymesmo callo e encubrio que non comya toçino ny las cosas que con ello se guysasen por ser defendydo a los judios en su çiega Ley. E comya carne en Quaresma e en dyas vedados por la Yglesia syn tener neçesydad para ello; e comia manjares de judios por ser fechos con çerimonya judayca. E asymesmo callo como vaño algunos muertos e los ayudo a vañar, e puso escudylla con agua en el lugar donde moryan e vnas tovajas e vna aguja con salamar e candyles ençendydos, creyendo como judia que a aly se venyan a vañar las almas de los tales muertos [Ynes, la lynera]. | E asymesmo sabia e maliçiosamente callo e encubrio como con su madre e parientes e otras personas fasya las dichas çeremonias, e asy, es factora e encobridora de hereges, en menospreçio de las senyas çensuras de la Yglesia.

E heretico a apostato en otras cosas e casos, ritos e çerimonyas e heregias, que, venydos a my notiçia, protesto declarar en el progreso deste sumario proçeso, en e porque los quales autos e çerimonyas la dicha Ynes Lopes cometio e perpetro crimen e delito de heregia e fue e es herege apostota, e yncurrio en sentençia de escomunion mayor e en confiscaçion e perdymiento de todos sus byenes, e en las otras penas en los derechos ynstituydas. Por que vos pido e requiero, muy Reverendos Señores, que pronunçieys e declareys a la dicha Ynes Lopes por tal herege apostota judaysada, e aver yncurrido en las dichas sentençia de excomunion mayor e en confiscaçion de sus byenes, e en las otras penas de los derechos, relaxandola a la justiçia e braço seglar, non obstante la dicha su ficta confesyon, que aquella non la excusa por no ser entera ni fecha en tienpo ny esponte, antes, aquella la declara ser tal herege. E sobre todo pido serme fecho conplymiento de justiçia, e en lo neçesario e conplidero el noble ofiçio de Vuestras Reuerençias ynploro, e juro a Dyos e a la señal de la Crus + que esta acusaçion non la pongo malyçiosamente, saluo porque asy soy ynformado e me es denunçiado. La qual pongo en la mejor via e forma que puedo e de derecho devo, con protestaçion de la poder añadyr e declarar. E sy otra solenydad o declaraçion della soy obligado, estoy presto de la faser sy e quanto me neçesario e byen me estouiese, e pidolo por testimonyo.

E asy leydo el dicho escripto de acusaçion, la dicha Ynes Lopes pidio traslado e termino para responder. Sus reuerençias gelo mandaron dar con termino de nueue dias primeros syguientes. Testigos: Diego de la Peña e Juan de Castro, portero.

Additional Confession

14 Jan. 1496 E despues de lo susodicho, en la dicha çibdad de Toledo, catorçe dias del mes de enero del año del Señor de mil e quatroçientos e noventa e seys años, estando los dichos señores ynquisidores en la dicha su audiençia de la carçel e lugar acostumbrado, estando ende presente ante sus reuerençias, la dicha Ynes Lopes dio y presento vn escripto de confesyon ante sus reuerençias, en respuesta de la dicha acusaçion, su thenor del qual es este que se sygue, e lo juro, etç.
Testigos: Diego de la Peña, carçelero, e Gonsalo de Hita, portero. |

4r En XIIII° de enero de mil e quatroçientos XCVI años.
Muy Reverendos Señores:
Ynes Lopez, fija de Diego Lopes, veçino de Çibdad Real, ante Vuestras Reuerençias paresco e digo que, porque yo ove fecho vna confesyon de pecados que contra Nuestro Señor avia fecho, en la qual dixe que si en algund pecado a mi notiçia mas viniese lo diria e manifestaria, agora digo, Señores, que lo que mas me acuerdo es lo que se sygue:
Digo e confieso a Vuestras Reuerençias que algunos viernes en

Trial of Inés López

las noches yo e mi hermana, la de San Roman,[13] ataviauamos la casa e guisauamos para el sabado de comer aquellas tales noches. Esto faziamos algunas vezes e lo dexauamos de fazer continuo, por que non fuese descubierto, etç.

Otrosi, Señores, tenia poca gana de comer toçino, e las vezes que podia non lo comia, e avn asimismo la dicha mi hermana, la qual me dezia a mi que non comiese porque yo hera mas moça que ella, ni cosa que con ello se guisase.

Otrosi, Señores, algunas vezes yendo a Misa tenia por ofiçio e estilo de parlar e non de rezar, e avn en tanta manera que no dudo quien tube ni estouiese no podiese rezar, e avnque adorar el Corpus Christi nin con aquella devoçion que catolica christiana lo podia adorar, e esto tenia las mas vezes por estilo yo e mis hermanas Mayor e Violante.

Otrosi, Señores, en los domingos e fiestas algunas vezes cosia algunas cosas que menester avia, e fazia otras lauores, e sy las non fazia con las manos por la voluntad syenpre quisiera azer halgo los tales fiestas.

Otrosi, Señores, muchas vezes guise e comi e vi a las dichas mis hermanas que comieron carne e otras cosas de gula en los dias vedados de la Quaresma e bisperas de otras fiestas e de quatro tenporas.

Asimismo, Señores, digo que quando mi padre fallesçio vi meter dentro en el palaçio donde estaua a la de Diego Diez e ⟨a⟩ Sezilla, la de Martin Gonsales, vna caldera de agua, pero non sepa que, saluo que oy dezir que para le linpiar al dicho mi padre, que estaua suzio; e yo puse vna escudilla de agua en el dicho palaçio e vn paño, e no se me acuerda quien me lo mando, saluo que entiendo que fue Mayor Aluares,[14] mi hermana, que alli estaua.

Asimismo ençendi muchas vezes los candiles en los viernes en las noches en casa de San Roman, porque lo mas del tienpo estaua con el dicho San Roman e mi hermana, su muger, que era yo de hedad de XII o XV años. |

4v Asimismo, Señores, vi que mi señora mi madre no filaua los sabados, e vilo por espaçio de todo el tienpo que yo biui e ella biuio, no enbargante que algunas vezes fazia otros ofiçios en los dichos sabados.

---

[13] His sister Violante, who was burnt on 30 June 1494; see the trial of Juan González Escogido, Vol. I, No. 80, fol. 1v.
[14] She is mentioned as a Judaizer in the trial of Leonor Alvarez, No. 92, fol. 4v, marginal note.

De lo aqual todo que dicho es, Muy Reverendos Señores, e de lo ⟨que⟩ yo mas me acordare en algund tienpo, que protesto dezir e declarar ante Vuestras Merçedes o ante quien cosa lugar sea, y de lo que en otra confesyon que a Vuestras Merçedes fize antes desta, e que el Redentor Mio Ihesu Christo pido e suplico me perdone por su clemençia, e a Vuestras Reuerençias suplico me ⟨den⟩ dello penitençia, como a my pecadora, avnque Su Reuerençia de Nuestro Señor conmigo sentençia piadosamente por ser moça e sin abrigo de marido ni de quien por mi aya de fazer ⟨sic⟩.

14 Jan. En Toledo, XIIII° dias del mes de enero de mil quatroçientos e
1496 noventa e VI años, estando los reuerendos señores ynquisidores en su avdiencia de la carcel, mandaron pareçer ante sy a la dicha Ynes Lopes de su otra parte contenida, la qual dio e presento esta confesion ante sus reuerençias, e en respuesta de la acusaçion que le puso el promutor fiscal. E concluyo e pidio sumario. E el dicho promutor fiscal dixo que açebtaua la dicha confesyon, e asymismo dixo que concluya e concluyo. E sus reverençias concluyeron con las partes e asygnaron termino para dar sumario para quando tengan determinado. Testigos: Diego de la Peña, carçelero, e Gonsalo de Hita.[15]

Addition to the Confession

E despues de lo susodicho, en la dicha çibdad de Toledo, dies e nueue dias del dicho mes de enero del sobredicho año del Señor de mil e quatroçientos e noventa e seys años, estando los dichos señores ynquisidores en la dicha avdiençia de la carçel e lugar acostunbrado, estando ende presente la dicha Ynes Lopes, dio y presento vn escripto de adiçion ante sus reuerençias, su thenor de la qual es este que se sygue: |

5r Adiçion en XIX de enero de I V IIII°XCVI años
19 Jan. Muy Reverendos Señores:
1496 Ynes Lopez, vezina de Çibdad Real, ante Vuestras Reverençias paresco e digo que, demas de lo que yo les he dicho e confesado, muchas vezes purgue la carne e saque la landrezilla de la pierna del carnero.
De lo qual asimismo pido penitençia e perdon a Nuestro Señor de todos los yerros que yo he confesado que cometi en los dias de mi vida fasta agora, e pido que esto sea asentado juntamente con las dichas mis confesyones que yo he fecho. |

[15] He was a *portero* in the Court.

Trial of Inés López

Consulta-de-fe [16]

5v En Toledo, dies e syete dias del mes de setyenbre del dicho año
7 Sept. de mil e quatroçientos e noventa e seys años, se juntaron los señores
1496 letrados e ynquisydores de yuso contenidos para ver e determinar este proçeso:
El bachiller Iohan Aluares Guerrero, alcalde mayor de Toledo;
el bachiller Alonso Peres de Aguilera, veçino de Toledo;
el liçençiado Garçia Jufre de Loaysa, veçino de Talavera;
el maestro Fray Juan del Puerto, ministro de la Trinidad, de Toledo;
el liçençiado don Juan de la Çerda Quintanapalla, arçediano de Cuellar, canonigo de Toledo;
el liçençiado Fernando de Pera, vicario general, ynquisydor ordinario;
el liçençiado Fernando de Maçuecos, canonigo de Toledo, ynquisydor apostolico;
Fernando Rodrigues del Varco, canonigo de Granada, ynquisidor apostolico;
Este dicho dia, los dichos señores, en concordia, votaron que se ponga en carçel perpetua. |

6r *Blank page*

6v Acuse la de Martin Gonsales, Çezilla, fija sobrina de Juan de Çibdad, tengais memoria de los que eran presentes. |

Sentence

7r Visto por nos, los ynquisydores de la heretica prauedad por actoridad apostolica e ordinaria, vn proçeso de acusaçion e denunçiaçion que ante nos ha pendido e pende entre el honrado bachiller Diego Martines de Ortega, nuestro promutor fiscal, de la vna, actor acusante, e de la otra rea alegada Ynes Lopez, muger que fue de Alonso de Aguilera, veçino de Çibdad Real, sobre rason que dicho promotor fiscal acuso denunçio de la dicha Ynes Lopez, diçiendo que, byuiendo la dicha Ynes Lopez en nonbre e abito de christiana, heretico e apostato de nuestra Santa Fe Catolica, siguiendo e guardando la Ley de Moysen e sus ritos e çerimonias, de las quales, despues de preguntada, dis que por temor de las penas e pruevas, confeso lo syguiente:

---

[16] See Biographical Notes on the members of the *consulta-de-fe* listed below.

[69]

En que dixo que holgo algunos sabados e en ellos vistio ropas linpias; e algunas veses comio de lo guisado de viernes para el sabado y ençendio candiles en el viernes en la noche por çerimonias; e asymismo ayuno algunos ayunos de judios fasta la noche; e que guardo algunas veses las pascuas de los judios, quando lo sabia de vna prima suya, e espeçial la del Pan Çençeño; e que quito el seuo a la carne quando podia; e que comio en cohuerços en mesas baxas. La qual confesion el dicho promotor fiscal dixo que claro paresçia ficta en symulada, porque callo e encubrio, sabia e maliçiosamente, por se quedar en su heregia, como los viernes en las tardes aderesaua su casa por honra del sabado, e guisaua el viernes de comer para el sabado, e quebrantaua las fiestas de la Yglesia, y quando yva a la Yglesia non resaua ni adorava el Santo Sacramento del Cuerpo de Nuestro Señor, no lo teniendo ni creyendo por Dios Verdadero. E asimesmo callo e encubrio como no comia toçino ni lo que se guisaua con ello; e comia carne en Quaresma y otros dias vedados por la Santa Madre Yglesia; e comia manjares e guisados de judios, por ser hechas con çerimonia judayca. E asymismo callo como vaño algunos muertos e los ayudo a vañar, e puso en ello, gardando ⟨sic⟩ memoria, escudilla con agua e candil ençendido, creyendo que alli se venia el anima a vañar del tal defunto. E asimism callo e encubrio lo que (que) sabe de otros herejes.

Sobre lo qual todo fiso su pedimiento en forma e pidio conplimiento de justiçia. E visto lo respondido a la dicha acusaçion por la dicha Ynes Lopez, en que dixo que ella, muy pecadora, hiso e cometio las cosas de las quales es acusada, e de todo ello dixo que pedia e pidio penitençia e absoluçion, e dixo que estaua presta de adjurar el dicho error de heregia e conplir la penitençia que le fue dada. E vistos todos los otros actos e meritos del dicho proçeso,

Teniendo a Dios ante nuestros ojos:

Fallamos que deuemos pronunçiar e declarar, e pronunçiamos e declaramos, la yntençion del dicho promotor fiscal por bien prouada, e la dicha Ynes Lopez aver fecho el dicho error eretico de que fue acusada e ha confesado, e por ello aver sydo herege e aver yncurrido en sentençia de excomunion mayor e confiscaçion
7v e perdimiento de todos sus bienes [Ynes Lopes, la linera], | e por quanto dize que quiere adjurar el dicho herror de heregia e ser reyncorporada en la vnion de la Santa Madre Yglesia, sy asi es, hallamos que la deuemos de absoluer e absoluemos a la dicha Ynes Lopez, fecha primeramente la dicha adjuraçion, e que la

Trial of Inés López

deuemos condenar e condenamos e carçel perpetuo, donde mandamos quedase todos los dias de su vida haçiendo penitençia, de la qual carçel mandamos que no salga syn nuestra liçençia e scripto. Mandandolo por nuestra sentençia, asy lo pronunçiamos e declaramos e mandamos en estos escriptos e por ellos.

(—) Licenciatus (—) Fernando Rodrigues (—) F. Maçuecos
de Para   del Varco

Sentence Carried Out

25 Oct. 1496 En la plaça de Çocodover de la dicha çibdad, estando ençima de vn cadahalso de madera, veynte e çinco dias del mes de otubre de mil e quatroçientos e noventa e seys años, fue dada e pronunçiada esta sentençia por los reuerendos señores el liçençiado Fernando de Maçuecos, canonigo de Toledo, e Fernando Rodrigues del Varco, canonigo de Granada, ynquisidores apostolicos, e por el liçençiado Fernando de Para, ynquisydor ordinario.
Testigos:[17] Don Alonso Manrique e Ramiro Çapata e Nicolas Ferrandes e Juan de Sepulueda, canonigos de Toledo, e Juan Carrillo e Tello de Gusman e Juan de Ayllon, regidores de la dicha çibdad, e otros muy mucha gente.

25 Oct. 1496 [Abjuraçion]
Este dicho dia, veynte e çinco dias del mes de otubre del dicho año de mil e quatroçientos e noventa e seys años, la dicha Ynes Lopes abjuro publicamente el crimen e delito de la heregia e apostasya, estando en la plaça de Çocodover ençima de vn cadahalso de madera, entre otras muchas personas que en el dicho dia fueron reçebidos e reconçiliados e fueron conduçidos a carçel perpetua. |

Second Trial

8r ⟨Notes made by the prosecution in 1512; struck out in file⟩

8v Blank page

9r   contra   Reconçiliados
      Ynes Lopez muger de Alonso de Aguilera
                  veçina de Çiudad Real
9v Blank page

[17] See Biographical Notes on the following.

[71]

10r [Pedimiento del promutor fiscal]

4 June En Çibdad Real, en quatro dias del mes de junio, año de la Natiui-
1511 dad de Nuestro Señor Ihesu Christo de mil y quinientos y honze años, estando el reurendo señor el liçençiado Alfonso de Mariana, inquisidor, en abdiençia, paresçio presente el venerable Martin Ximenes, promutor fiscal en el dicho Santo Ofiçio, e dixo que por quanto por los libros e registros del dicho Santo Ofiçio, paresçio que Ynes Lopez la linera, muger que fue de Alonso de Aguilera, veçino de Çibdad Real, reconçiliada, estaua ynfamada del delito e crimenes de heregia e apostasya, aver seydo e ser ficta e symulada confitente e diminuita en sus confesiones e ser relasa e inpenitente, asy por aver fauoreçido muchos hereges e apostats, callando lo que dellos sabia, como porque despues de su abjuraçion e reconçiliaçion nego las confesiones por ella fechas, espontaneamente fechas quando se reconçilio, y pidia e pidio a su reverençia que mandase proçeder e proçediese contra ella, asy como contra tal herege e apostota, fingida e symulada confitente e ynpenitente e relasa, mandando dar su mandamiento para prender su persona e para secrestar todos sus bienas en forma.

[Respuesta del ynquisidor]
Luego el dicho señor inquisidor dixo que oya lo que el dicho promutor fiscal dezia, e que dandole informaçion, que estaua presto de hasar lo que de derecho deva.

Information Witnesses for the Prosecution

[Ynformaçion]
Luego el dicho promutor fiscal dixo que para informaçion de lo por el pedido e denunçiado, que hazia e hizo presentaçion de la dicha su confesion e abjuraçion e de los dichos e dipusiçiones contra la dicha Ynes Lopez dixeron e depusieron, contenidos en los libros e registros del dicho Ofiçio, espeçialmente de los dichos
10v e de|pusiçiones de Luçia de Hurueña, muger de Anton Sanches, labrador, veçino de Çibdad Real, e de Juan Fernandez de Almagro, labrador, veçino de Çibdad Real, e de Luzia Ruys, muger de Juan de Villa Real, veçino de Çibdad Real, e de Catalina Ruyz, muger de Juan Fernandez de Almagro, veçina de Çibdad Real, e de Juana Ruyz, donzella, hija de Juan Fernandez de Almagro, veçina de Çibdad Real, e de Catalina Ruyz, muger de Carlos de Torres, veçina de Çibdad Real, los quales dichos e depusiçiones en la dicha confesion el dicho promotor fiscal pidio ser puestos en este proçeso,

Trial of Inés López

los quales dichos e depusiçiones e confesion estan adelante en la prouança del dicho promotor fiscal.

Order of Arrest

[Mandamiento]
El dicho señor inquisidor dixo que, visto la dicha ynformaçion, que mandaua e mando dar su mandamiento para prender el cuerpo de la dicha Ynes Lopez e secrestar sus bienes, el qual dicho mandamiento se dio a Pedro Espinosa, nunçio deste Santo Ofiçio.
E despues de lo susodicho ⟨*not continued*⟩. |

Genealogy

11r En la muy noble çibdad de Toledo, e veynte e ocho dias del mes
28 *July* de julio de mil e quinientos e honze años, estando los reuerendos
1511 señores el liçençiado don Françisco de Herrera, inquisidor apostolico e hordinario, e el liçençiado Rodrigo de Arguelles,[18] inquisidor apostolico, en la abdiençia del Santo Ofiçio, sus reurençias mandaron salir e pareçer ante sy a Ynes Lopez, muger de Alonso de Aguilera, defunto, veçino de Çibdad Real, presa en la carçel del Santo Ofiçio de ⟨la⟩ Ynquisiçion, la qual paresçio en la dicha abdiençia.
E siendo preguntada por sus reverençias, dixo que el dicho su marido hera escudero fijodalgo, e que a quinze años que fallesçio, e que esta confesante es reconçiliada, e que se reconçilio en Toledo, e que su padre se llamava Diego Lopez de Almodovar e su madre Elbira Gonsales, vesinos de Çibdad, e que su madre se reconçilio Inquisiçion e que no fue condenado,[19] e que no conoçio a ninguno de sus abuelos, e que tiene vna hermana que se llama Leonor,[20] muger de Juan de Haro, fijodalgo, recabdador del Rey de los puertos de Aragon e almoxarife de Seuilla, e que al presente non sabe si la dicha su hermana sea viba ni donde esta, e otra hermana suya se llama Mayor Albares, muger de San Roman, quemada, e otra se llamava Guiomar, que fallesçio muchacha, e que la dicha su hermana, muger de Juan de Haro, que hera reconçiliada. E que esta confesante se crio con su madre e con el dicho Juan de Haro,
11v e que quando se caso, abra quinze | años quando se caso, e que su

---

[18] He questioned María González, wife of Pedro de Villarreal, on the same day; see her trial, No. 100, fol. 3r.
[19] See his trial, Vol. I, No. 86.
[20] See her trial, No. 92.

madre fue quemada, e que esta confesante puede aver quarenta e çinco o quarenta e siete años.

Examination of the Defendant

Fue preguntada quien la inpuso e doctrino en las çerimonias de que se reconçilio. Dixo que Ysabel de Lobon, su pariente, que se fue destos reynos antes que le Inquisiçion veniese, e que se remite a su reconçiliaçion.

Fue preguntada sy sabe por que esta presa en esta carçel. Dixo que esta presa por sus pecados e por su desdicha.

[Primera moniçion]

Fue amonestada que diga e confiese si dexo de confesar alguna cosa a çerimonia que obiese fecho, o sy callo otra alguna persona que lo obiese fecho, o sy despues de su reconçiliaçion a fecho o dicho alguna cosa contra nuestra Santa Fe Catolica, o sabe quien lo hizo. Dixo que todo lo confeso lo que se le acorda ⟨sic⟩, e que despues aca no a fecho ni dicho cosa ningu⟨n⟩a contra nuestra Santa Fe Catolica, ni sabe quien lo hiziese.

Fue reçebido juramento de la susodicha, so cargo del qual le fue mandado que dise e declare las çerimonias que bio hazer a sus padre e madre e hermanas e a otras personas qualesquier. Dixo que non se le acuerda que biese hazer nada a la dicha su madre, saluo que non la veya hilar el sabado, e que a las dichas sus hermanas non se acuerda averlas bisto hazer cosa ninguna contra nuestra Santa Fe Catolica, ni a otra ninguna persona. |

12r [Segunda moniçion]

30 July 1511 E despues de lo susodicho, en treynta dias del dicho mes e año, estando los dichos reverendos señores inquisidores Herrera e Arguelles en la abdiençia del dicho Santo Ofiçio, sus reverençias mandaron salir ante sy a la dicha Ynes Lopes, presa. La qual salio ante sus reverençias, e fue amonestada que diga la verdad de todo lo que a dicho e fecho contra nuestra Santa Fe Catolica, seguiendo e guardando la Ley de Muysen e sus ritos e çerimonias, e lo que sabe de otras personas, e que asy lo haziendo, sus reverençias vsaron con ella de misericordia, en otra manera, que oyran al promotor fiscal y haran justiçia; dixo que respondio.

[Confesion]

Dixo que se acuerda que puede aver treinta años, e cree que mas,

Trial of Inés López

que esta confesante bio en casa de Juana Gonsales, muger de Juan de Lovon, veçino de Almodovar e despues moro en Çibdad Real, que la susodicha guisaba de comer pescado e verengenas vn biernes para el sabado, e pregunto esta confesante a vna fija de la dicha Juana Gonsales que para que guisava tanto pescado e tantas verengenas; e dixo a esta confesante la dicha Teresa, fija de la dicha Juana Gonsales, que lo guisaban para el sabado, que tenian vno⟨s⟩ convidados, e que lo susodicho se le oluido de confesar en su reconçiliaçion; e que las dichas Juana Gonsales e su fija son defuntos ya. E que non sabe mas de sy ni de otras ningunas personas.

Fuele mandado desir el Credo e la Salue Regina e el Pater Noster e el Ave Maria. Dixolo razonablemente. |

12v [Moniçion terçera]

7 Aug. E despues de lo susodicho, en syete dias de agosto del dicho año,
1511 estando el reverendo señor ynquisidor Mariana en la abdiençia del dicho Santo Ofiçio, su reverençia mando salir ante sy a Ynes Lopes, la linera, presa en el dicho carçel, e fue amonestada que diga e confiese la verdad de todo lo que a fecho e dicho contra nuestra Santa Fe Catolica, e que asy lo haziendo, su reverençia vsara con ella de misericordia tanto quanto de derecho e buena conçiençia obiere lugar; en otra manera, que su reverençia oyra al promotor fiscale haria lo que fuere justiçia.

[Confesion]

Dixo que no a fecho ni cometido cosa ninguna contra nuestra Santa Fe Catolica, saluo que puede aver dos años e mas, poco mas o menos, que esta confesante fue a vn bavtismo de vn fijo de Ferrand Gomes, veçino de Çibdad, e que estando esta confesante dentro de la casa en vn sobrado de la casa del dicho Ferrand Gomes, que queria sobir a la dicha camara vna Antonia Gomes, espitalera del espital de la Pedrera de Çibdad Real, e que este confesante non dexaba suvir a la dicha Antonia, e que la dicha Antonia porfiava todavia a subir, contra la voluntad deste confesante, e que entonçes este confesante le dixo que avnque fuese Santa Maria que non suvia alla arriva. |

Arraignment

[Como le fue puesta la demanda]

13r E despues de lo susodicho, en XVI dias del mes de setienbre del
6 Sept. dicho año, estando el dicho reverendo señor liçençiado Alfonso
1511 Mariana, ynquisidor, en la dicha abdiençia, mando salir ante sy

[75]

a Ynes Lopes la linera, e la qual siendo presente, su reverençia ge le dixo como bien sabia como avia sydo amonestada çiertas vezes para que dixiese e manifestase la verdad de lo que fecho e dicho contra nuestra Santa Fe Catolica e no lo a querido dezir e confesar. Por ende, que mandava e mando al venerable Martin Ximenes, promotor fiscal del dicho Santo Ofiçio, que presente estaba ⟨sic⟩, la qual dicha acusaçion el dicho promotor fiscal presento en la forma siguiente: |

13v *Blank page*

+

14r Ynes Lopes, la linera
Muy Reverendos Señores:
Martin Ximenez, canonigo de Logroño, promotor fiscal en el Santo Ofiçio de la Inquisiçion en esta muy noble çiudad de Toledo e su arçobispado, paresco ante Vuestra Reverenda Paternidad, y en la mejor manera que puedo e deuo de derecho, denunçio e acuso ante ellos a Ynes Lopez, muger de Alonso de Aguilera, defunto, alias la linera, veçina de Çibdad Real, reconçiliada, que presente esta, asy como a hereje e apostata de nuestra religion christiana, ficta e simulada confitente e inpenitente e relapsa, la qual, los dias pasados, veuiendo debaxo de espeçie de cordero e trayendo la obra verdadera de lobo, hizo çierta fingida confesiom, por la qual confeso algunas cosas de heregia, en espeçial, que los viernes en las noches ella y otras personas que nonbra atauiavan la casa e guisauan de comer el viernes para el sabado, e que algunas vezes lo hizieron e otras vezes lo dexaron de hazer; e que no tenia gana de comer toçino, e que quando se podia escusar non lo comia, ni cosa que con ella se guisase; e que no guardaua los domingos ni fiestas, syno que hazia lauor; e que ella y otras personas comian carne en Quaresma y en los otros dias vedados por la Yglesia; y que ençendio candiles los viernes en las noches en çiertas casas que nonbra; e que non filaua en los sabados, antes los guardaua; e que guardo las pascuas de los judios e hizo sus ayunos; e quito el seuo a la carne, e que lo avia hecho por guarda de la Ley de Moysen, creyendo se saluar en ella; e otras cosas confeso fictamente, e dexo de confesar otras muchas cosas al tienpo de la dicha su reconçiliaçion que hauia fecho e cometido, e que sabia de otras personas, maliçiosamente, por perseuerar en sus herrores e dar fauor a las otras personas que
14v perseuerasen en los dichos sus herrores | e demas que despues de la dicha su fingida reconçiliaçion, plaziendoles los dichos sus

Trial of Inés López

herrores, con poco temor de Dios e de su conçiençia, e no temiendo las penas del derecho, queriendo tornar como torno a sus herrores y plaziendole las dichas sus heregias, hizo e cometio otros graues delictos hereticos e de inpenitençia despues de la dicha su reconçiliaçion; espeçialmente, hizo lo siguiente:

I Primeramente, que la dicha Ynes Lopez, despues de la dicha su fingida reconçiliaçion e abjuraçion, muchas vezes y en diversos tienpos y lugares nego sus confesiones que espontaneamente ovo fecho, diziendo e afirmando que lo que ella avia confesado de los delictos de heregia que se avia reconçili⟨ad⟩o, que nunca los avia fecho ni cometido, e que se lo avian leuantado falsos testigos a ella e a otras personas, e que ella nunca tal cosa avia fecho ni cometido, deziendo: "Mirad en que esta mi vida en dicho de vn borracho o de vna borracha"; e que la guardase Dios de falsos testigos, diziendo e afirmando sienpre que ella nunca hizo cosa de aquellas por que se avia reconçiliado, e que se avia reconçiliado porque non la quemasen, que mas queria verguença o bermejuela en cara que manzilla en coraçon,[21] afirmando sienpre ser inmune de los delitos de heregia e apostasia que avia confesado.

II Iten, que la dicha Ynes Lopez, despues de su reconçiliaçion e abjuraçion, ha fauoreçido e fauresçio a muchos hereges condenados por tales, diziendo e afirmando que los avian condenado injustamente, no seyendo ellos tales hereges, saluo que se lo leuantauan e los condenauan sin ellos mereçerlo; en espeçial, dixo que a su madre y hermanas, condenadas, que las avian condenado falsamente e seyendo ellas buenas christianas e no aviendo hecho delicto alguno de heregia por que los deuiesen quemar. |

15r III Iten, que la dicha Ynes Lopez, reprehendiendole algunas personas las cosas que publicamente desia, y diziendole que quando avian desenterrado a muchos hereges, que los avian hallado publicamente amortajados como judios e sin cruzes, que c aquellos non se lo avian leuantado, y a esto ella, queriendoles sienpre defender, dixo que avrienseles mas tornado las cruzes, diziendo mas que tanbien les avian leuantado que les ponia botijas de agua; y a esto çierta persona le dixo: No se yo de botijas de agua, pese yo que les hallaron vn pedaço de queso tan gordo como el puño, e lo

---

[21] This proverb is also found in Cervantes, *Don Quijote de la Mancha*, ed. Castilla, Madrid (no date), p. 758: *Mas vale vergüenza en cara que mancilla en el corazon*. See also *Refranero español*, ed. Aguilar, Madrid 1962, p. 526. No doubt the version of the proverb cited by the accused considerably antedates the conventional version.

[77]

vi yo esto y otros muchos. Y a esto la dicha Ynes, queriendo sienpre defender los dichos hereges dixo: Se que cahersele ya a alg⟨un⟩o que lo yva comiendo quando los enterravan.

IIII° Iten, que la dicha Ynes Lopez, hablando despues de su reconçiliaçion muchas vezes en las cosas de la Inquisiçion e de los hereges, ella dezia que todo se lo levantauan con falsos testigos e que no se hazian la Inquisiçion syno por sacar dineros e por robarlos, e que los que este año avian prendido en Alcaçar e Canpo de Calatraua, que era por aver dineros, diziendo en confirmaçion de su mal proposito que alla yvan leyes do querian reyes,[22] etç. Y esto mismo dixo vn dia, avra tres meses, que açotaron vn converso porque juro falso en Çiudad Real en fauor de otro en la Santa Inquisiçion, e otras muchas palabras ha dicho en fauor de los hereges.

V Iten, que la dicha Ynes Lopez no se sabia santiguar ni se santiguaua jamas, fasta que dixeron que la Inquisiçion venia a Çiudad Real avra ocho o diez meses, y despues, si alguna vez se santiguaua, no como christiana haziendo la Cruz ni diziendo Su Nonbre del Padre y del Fijo etç., y sy alguna vez le hasian dezir en Nonbre del Padre, que non queria ni quiso jamas dezir del Hijo ni del Spiritu Santo. |

15v VI Iten, que la dicha Ynes Lopez, como infiel e persona que haçia burla de nuestra Santa Fe Catholica Christiana e de las cosas de la Yglesia e Sacramento de la Misa, veniendo algunas vezes de la Yglesia de Misa, donde solo yva por conplir con la gente, haziendo burla dezia que venia de tal yglesia y que avia oydo vna Misa sahumada, diziendolo porque avian ençensado, y lo mesmo dezia de las Bisperas.

VII Iten, que la dicha Ynes Lopez, muchas vezes, hablando en su reconçiliaçion e condenaçiones de otros hereges, ella, escusandose e sy mesma e a los otros, diziendo que non lo avia mereçido, dixo que maldiçion de Dios viniese sobre quien tanto mal les avia hecho e desto tomar todos sus bienes injustamente, non lo mereçiendo ni aviendo hecho por que.

VIII° Iten, que la dicha Ynes Lopez, al tienpo que se reconçilio, le fueron mandadas hazer çiertas penitençias, y ella, como inpenitente, no las cunplio, y dexo de traher el abito o Sant Benito que le mandaron que truxese, y quebranto el carçel que le mandaron guardar en penitençia, e no cunplio las otras cosas que le fueron

[22] On this proverb, see 'Refranes de Hernán Núñez', *Refranero español, op. cit.*, p. 58. This trial provides an early source for the proverb.

mandadas ni se a confesado tres vezes como era obligada cada vn año e le fue mandado, haziendo todo esto en menospreçio de la sentençia y penitençia que le fue inpuesta, burlando de su reconçiliaçion.

Iten, que la dicha Ynes Lopez ha fecho e cometido otros muchos delictos de heregia e apostasia, demas de los que confeso, e sabe que otras personas los hizieron e cometieron, lo qual todo dexo maliçiosamente de confesar, e ha fecho e dicho otras muchas cosas de inpenitençia, segund que todo mas largamente lo entiendo prouar en la prosecuçion desta causa, etç. |

16r Por que, aseptando todas e qualesquier confesiones fachas por la dicha Ynes Lopez, en quanto por mi hazen y non mas, y negando lo perjudiçial, pido a Vuestra Reverençia que por su sentençia definitiva manden declarar e declaren todo lo susodicho ser verdad, y la dicha Ynes Lopez, la linera, aver seydo e ser herege e apostota de nuestra Religion Christiana, ficta e simulada confitente e inpenitente diminuta e relapsa, e como a tal la manden relaxar e relaxen a la justiçia e braço seglar, e su posteridad e desçendençia de hijos por las lineas masculina e femenina fasta el primero grado ser privados de todos ofiçios e benefiçios eclesiasticos e seglares, e inabiles para poder aver otros de nuevo. E sobre todo pido serme fecho entero conplimento de justiçia, etç. E pido que manden a la susodicha que con juramento, sin consejo de alguna persona, responda a las cosas contenidas en esta mi denunçiaçion, e sobre lo que negare pido ser reçibido a la prueva, etç.

Defence

E asi presentada e leyda la dicha acusaçion por el dicho promotor fiscal, presento la dicha Ynes Lopes, la qual dixo e respondio que despues que se reconçilio, no a fecho ni dicho cosa ninguna contra nuestra Santa Fe Catolica.

E luego, incontinenti, su reverençia reçibio juramento en forma devida de derecho de la dicha Ynes Lopes, e la mando responder particularmente a cada vn capitulo de la dicha acusaçion, e lo que dixo es lo siguiente: |

16v I Al primero capitulo, siendole leydo, dixo que nunca tal dixo, e que lo negava.

II Al segundo capitulo, siendole leydo, dixo que nunca Dios quiera que tal aya dicho.

III Al terçero capitulo, siendole leydo, dixo que nunca dixo tal cosa.

IIII° Al quarto capitulo, siendole leydo, dixo que nunca tal dixo ni se acuerda aver dicho tal cosa.

V Al quinto capitulo, syendole leydo, dixo que si sabe santiguar, e que se santiguava, e por lo otro contenido en el dicho capitulo, que lo niega. Fuele mandado que se santiguase e que dixiese el Ave Maria e Pater Noster e Credo; santiguose e dixolo razonablemente.

VI Al sesto capitulo, siendole leydo, dixo que nunca tal cosa dixo.

VII Al seteno capitulo, siendole leydo, dixo que nunca tal dixo.

VIII° Al otabo capitulo dixo que ella traxo el sanvenito e cunplio la penitençia que le fue inpuesta, e que confesaba cada año vna ves, e que non le fue mandado confesar tres vezes en el año.

IX Al noveno capitulo, siendole leydo, dixo que non a fecho ni dicho mas de lo que confesado tiene en su reconçiliaçion.

[Letrado Herrera; procurador Vaena] [23]
Su reverençia dixo que pues la dicha Ynes Lopes esta negatiba, que le mandaba dar traslado de la dicha acusaçion e termino de nueve dias para responder a ella, e que nonbre letrado e procurador para que le ayuden en esta cavsa. Nonbro para su letrado al liçençiado de Herrera e por su procurador a Alonso de Vaena, 17r al qual dio su poder conplido para | (para) en esta cavsa e para proseguirla a hazer las diligençias que ella presente syendo hazer podria, etç. Testigos: Diego Lopes de Tamayo, notario del secreto, e Antonio de Vegas, carçelero de la carçel del dicho Santo Ofiçio.

[Como comunico la rea con su letrado e llevo su procurador traslado de la acusaçion]

23 Sept. E despues de lo susodicho, en XXIII dias de setienbre del dicho
1511 año, estando el dicho reverendo señor inquisidor Mariana en la abdiençia del dicho Santo Ofiçio, su reverençia mando salir a la dicha abdiençia a la dicha Ynes Lopes, la qual salio siendo presentes el liçençiado de Herrera, su letrado, e Alfonso de Vaena, su procurador, con los quales la susodicha comunico; e fuele leyda la dicha su demanda e la respuesta que aya dado a los capitulos della, presentes los dichos su letrado e procurador. Llevo este dicho dia el dicho Alonso de Vaena el traslado de la dicha acusaçion.

[23] See Biographical Notes; see also Beinart, pp. 139 ff., 143 ff.

Trial of Inés López

[Pedimiento del fiscal para ser reçebido a prueva]

Nov. E despues de lo susodicho, en XIII dias de novienbre del dicho año,
1511 paresçio ante sus reverençias el dicho promotor e dixo que pues dentro del termino que por sus reverençias fue asynado a la susodicha e a su procurador no aviendo respondido a la demanda e acusaçion contra ella presentada, que pedia e pedio que su reverençia se mandasen recçebir e reçebiesen a la prueva de lo por el dicho e denunçiado e acusado. |

17v [Que responda e concluya el procurador dentro del terçero dia]

E este dicho dia, mes e año, sus reverençias mandaron a Alfonso de Vaena, que presente estaba, que venga respondiendo e concluyendo dentro de terçero dia primero seguiente. |

18r En honze dias deçienbre de I VDXI años presento la dicha Ynes
1 Dec. Lopes presentes el liçençiado Bonillo su letrado e Alonso de Vaena
1511 su procurador.

Alonso de Vaena, en nonbre e como procurador que soy de Ynes Lopez, muger de Alonso de Aguilera, defunto, veçina de Çibdad Real, ante Vuestra Reuerenda Paternidad paresco, respondiendo a vna acusaçion que contra ella puesta por el señor Martin Ximenez, canonigo de Logroño, promutor fiscal en el Santo Ofiçio de la Ynquisyçion en esta muy noble çibdad de Toledo, en que en efecto dize la dicha Ynes Lopez ser ficta e symulada confitente, e inpenitente relapsa, diziendo que dexo de confesar en su reconçiliaçion otras muchas cosas mas de las que confeso, e que dexo de magnifestar de otras personas que sabia que auian hecho los semejantes herrores, e que despues de su confesyon e abjuraçion nego su confesyon, diziendo que lo que auia confesado, lo auia dicho por themor de falsos testigos e non porque lo ouiese hecho ni cometydo, e que ha favoresçido a herejes condepnados, afirmando que los condepnavan ynjustamente e syn meresçerlo, espeçialmente a su madre y hermanas, e que se proçedia por sacar los dineros e robarlos, e que hablava con menospreçio en las cosas de la uida, e que non cunplio la penitençia que le fue ynpuesta, e que no se sabia santyguar, e que dexo de confesar de sy e de otros muchos delitos de heregia e apostasya, e pide ser declarada por hereje, apostata, ficta e ynpenitente relapsa, e relaxada al braço seglar, segund que esta en la dicha acusaçion mas largamente se contyene, el thenor de la qual, aqui avido por espreso, digo aquella ser ninguna e de ningund efecto y la dicha Ynes Lopes ser libre e syn cargo ni culpa de todo lo en ella contenido, e por tal pido ser dada e pronunçiada por Vuestra Reverenda Paternidad, por las cabsas e razones syguientes: Lo vno, por non ser yntentada por parte ni en tienpo en forma juridica, e porque non proçede de derecho segund e por la via e forma que es yntentada, e porque caresçe de las cosas substançiales e nesçesarias para que la tal acusaçion proçeda, e porque es general, no espeçificada ni declarada para que la dicha Ynes Lopes, mi parte, se pueda defender, porque non es cohartada a lugares ni tienpos çiertos, e protesto que hasta que sea declarada e jurada no corra termino alguno a la dicha mi parte, saluo que en todo tyenpo quede e fingue a saluo su derecho, para poder alegar todo aquello que convenga a su defensa. E desto non me partyendo e syn perjuiçio dello, digo que niego la dicha acusaçion en todo lo que en ella se contyene demas de lo por la dicha Ynes Lopes, mi parte, confesado, negandolo espresamente segund e por la forma que en ella se contyene en quanto es o puede ser en perjuisio de la dicha Ynes Lopes, mi parte, la qual digo que, al tyenpo que se confeso e reconçilio, dixo e magnifesto de sy todo lo que supo e vino a su notyçia en que ovo ofendido a Nuestro Redenptor e Saluador Ihesu Christo e a Santa Fee Catolica con

18v entera contriçion e verdadero arrepentimiento | e dixo e magnifesto de las personas que sepa aver ofendido la Santa Fee Catolica, e sy mas supiera de sy o de otros lo dixera al tienpo e sazon que se confeso, e asy lo presuma el derecho y es de creer, pues que non mas pena abia de reçebir y estava çierta e çertyfycada que auia de ser reçebida a penitençia e non avia cabsa por que dexase de desyr enteramente lo que de sy e de otros supiese avyendo confesado crimenes tan graves como ella confeso, e oy en dia, sy viniese a su memoria, lo diria e magnifestaria como persona que conosçio su herror, e aquel conosçiendo, en satysfaçion del cunplio la penitençia que le fue ynpuesta por los muy Reverendos Señores Ynquisydores que a la sazon heran con su persona e con sus bienes, e despues aca no ha hecho ni pensado haser cosa que sea contra nuestra Santa Fee Catolica apartandose della, ni con yntynçion de apartarse de la fee e creençia catolica ni Dios tal permita, porque ella, pospuesto e dexado su herror e aquel confesado con entero arrepentymiento e satysfaçion, fue vnida e reconçiliada al gremio de la Santa Madre Yglesia, de la qual Vnion e Creençia Catolica despues aca non se ha apartado; e sy alguna palabra o palabras se hallare aver dicho, de que ella non tyene memoria, seria por ynadvertençia e poco saber, ynduzida e atrayda, con dolor e pena,

[82]

non afyrmando ni creyendo que en el Santo Ofiçio de la Ynquisiçion non se haga justiçia, nin por favoresçer herejes ni apostotas ni por se apartar ni apartandose de la Fee e Creençia Catolica; la qual despues de confesada ha thenido e creydo e guardado entero e perfectamente. Y propia pasyon es de las mugeres hablar mas quando hablan por ynadvertençia o promovidas por calor o por dolor, e non resystiendo ni perseverando en la habla ni sabiendo ni alcançando lo que disen e avn ynorando lo que el derecho dispone contra los que lo tal hablan, non por lo tal se podrian desir relapsos ni la dicha mi parte lo es, porque çesa la yntynçion e el hecho; e cosa clara es que quien dixo e confeso de sy delitos tan graves e abominables como la dicha Ynes Lopes confeso, que sy mas supiera mas magnifestaria, e quien magnifestaua de sy e de quien ella magnifesto, non es de creer ni presumir que encubriese de otro, como non lo encubrio. E despues aca se confeso la dicha Ynes Lopes, habiendo e obrando como catolica e fyel christiana, yendo a Misa e Sermones e Bisperas, confesandose e resçebiendo el Santysymo Sacramento, como manda la Santa Madre Yglesia, visytando enfermos e ospitales, andando en romerias catolicas, y en todo biuiendo e vsando como catolica christiana, que lo es; la qual, por cosa deste mundo non avria dexado ni dexaria de desir qualquier cosa que pudiese contra qualquier persona que ouiese ofendido a nuestra Santa Fee Catolica, ni lo dexara de desyr viniendo a su notiçia. Por lo qual e por lo que susodicho es, se escluye qualquier presumiçion que contra la dicha Ynes Lopez, mi parte, ouiese, para la poder acusar. E digo que sy algund testigo o testigos ay contra la dicha Ynes Lopes, mi parte, que depongan lo contrario, en espeçial aquellos de que ella es acusada, serian e son personas henemigos de la dicha mi parte e de su marido e hijos, viles | perjuros e ynfames, e ynduçidos por otras personas por la definir e macular su honra e fama e vengarse della e de sus hijos e parientes, e a la dicha henemistad e malquerençia e falsamente le deponian, a los que les ninguna fee ni credito deve ser dado por Vuestra Reverenda Paternidad. Por las quales cabsas pido den por ninguna la dicha acusaçion, absoluiendo de la ynstançia del presente juisio a la dicha Ynes Lopez, mi parte, dandola por libre e quita, restytuyendola en su buena fama e honra e alçando qualquier secresto que en sus bienes aya seydo puesto. Para lo qual y en lo nesçesario el santo y noble ofiçio de Vuestra Reverenda Paternidad ynploro, e pido çerca dello cunplimiento de justiçia.

(—) Bachiller de Bonillo   (—) el liçençiado de Herrera

Prosecution

E asi presentado, sus reverençias mandaron al promotor fiscal, que presente estaba, que responda a terçero dia primero seguiente.

El qual dixo, respondiendo al dicho escripto, que, afirmandose en lo por el dicho y alegado, que concluya e concluyo. La dicha Ynes Lopes dixo que asymismo concluya e concluyo de consejo de los dichos sus letrado e procurador.

[Sentençia de prueva]

Sus reverençias dixieron que concluyan e concluyeron con las dichas partes, e que devian reçebir e reçebieron a las dichas partes a la prueva con termino de nueve dias primeros seguientes, saluo jure inpertinentium et non admitendorum, etç. |

19v *Blank page*

Witnesses for the Prosecution

+

20r Provança del promotor fiscal

25 *April* En Çibdad Real veynte y çinco dias del mes de abril de mil e
1511 quinientos y honze años, ante el reuerendo señor liçençiado Alfonso de Mariana ynquisidor

[Libro terçero Çibdad Real XIX]

Luçia de Hurueña, muger de Anton Sanches, labrador, veçino de Çibdad Real, testigo jurada, etç., dixo. Yten, dixo que este lunes de Pascua de Resurrecçion primera que agora paso, estando este testigo en Misa en la Yglesia de Santa Maria desta dicha çibdad, estaua cabe este testigo Ynes Lopez, la linera, que nunca caso, vezina de la dicha çibdad. E estando este testigo sobre auiso con ella, miro al tienpo que desya el clerigo los Sanctus ni quando dixeron los Agnus, que no se hirio en los pechos, en ni al tienpo que consumian el Cuerpo de Nuestro Señor vio este testigo como se dio çiertas vezes con amas manos sobre la barriga y no en los pechos como lo hazen los christianos al tienpo de consumir, e puede aver estado en carçel perpetua y con Sant Benito de dos cruzes, la dicha Ynes Lopez le paresçio mas a este testigo porque no hasya lo que las otras christianas hasyan. Preguntada de odio, dixo que no le tiene con ella, saluo que lo dize porque es ansy la verdad y por descargo de su conçiençia.

[84]

Trial of Inés López

3 March 1511 En la Çibdad Real, a tres dias de março de IVDXII años, ante el reverendo señor el liçençiado Pedro Ochoa de Villanueva, inquisidor, el promotor Martin Ximenes presento por testigo a la dicha Luçia de Hurueña, la qual juro en forma devida de derecho, so cargo del qual su reverençia le pregunto si abia alguna cosa en este Santo Ofiçio contra nuestra Santa Fe Catolica; dixo que avia dicho contra Ynes Lopez, muger de Alonso de Aguilera, e dixo su dicho en su acusaçion su dicho ⟨sic⟩. E su reverençia le mando leer el dicho su dicho. E dixo que es verdad todo lo en el contenido, e que se ratificaba e ratifico en lo en el contenido, e que sy nesçesario es que lo dezia e dixo de nuevo.

Fueron presentes por personas religiosas fray Antonio de Santa Maria e fray Diego de ⟨E⟩scovedo, frayres de la horden de Santo Domingo. |

20v 27 April 1511 En la dicha Çibdad Real, domingo, veynte y siete dias del dicho mes de abril del dicho año de mil e quinientos y honze años, ante el reverendo señor liçençiado Alfonso de Mariana, inquisidor.

[Çibdad Real libro terçero XXVI]

Juan Fernandes de Almagro, labrador, veçino de Çibdad Real a la colaçion de Santa Maria, testigo jurado en forma, etç., dixo que de tres años a esta parte que Ynes Lopez, la linera, biue en la vesindad deste testigo, la oydo desyr muchas veses a la dicha Ynes Lopez que aquello de que cree se reconçilio gelo leuantaron falsos testimonios a sus hermanas, la muger de San Roman, y otra su hermana y a su madre, las quales fueron quemadas y que con falsos testimonios las auian quemado; e que continuamente andaua diziendo que Dios la guarde de falsos testimonios, e que dize: ¡Mirad en que esta mi vida: en dicho de vn borracho o de vna borracha!, — y que se lo a oydo desyr muchas veses, e que sienpre da a entender que nunca hizo cosa de aquellas por que se reconçilio. E que este testigo la a dicho algunas veses, viendo que tanto continuo dize lo susodicho, que son levantaduras de bestias; e que las cosas susodichas las a dicho la dicha Ynes Lopez las a dicho ⟨sic⟩ muchas vezes en presençia de Catalina Ruyz, muger de este testigo, e de tres hijas suyas, que se llaman Catalina Ruyz e Luiza Ruyz e Juana. Preguntado de odio, dixo que non lo tiene e que lo dize **20 March 1512** por descargo de su conçiençia. [Ratificose en XX de março de VDXII años, presentes fray Juan de Olarte e fray Diego de Escobedo]. |

[85]

21r En la dicha Çibdad Real, tres dias del mes de mayo del dicho año
3 May de mil e quinientos e honze años, ante el dicho señor reverendo
1511 Alfonso de Mariana, liçençiado e ynquisidor.

{Çibdad Real libro terçero XCIII}
{Ratificose}
Luzia Ruys, muger de Juan de Villarreal, veçino de Çibdad Real
a la colaçion de Sant Pedro, testigo jurado en forma, etç., dixo que
auia quatro años, poco mas o menos, que estando este testigo en
casa de Catalina Ruyz, su hermana, que entro alli Ynes Lopez, la
linera, reconçiliada, e que como tanto a hablar en çiertas cosas
que este testigo no se acuerda, que oyo como la dicha Ynes Lopez,
la linera, dixo: ¡Dios nos libre de malquerer, que buenos estamos!
Que estandonos en nuestras casas, por el dicho de vn borracho o
de vna borracha nos hagan mal. Diziendolo por la Ynquisiçion,
que por falsos testimonios los tratauan mal.

1 March En la Çibdad Real, primero dia del mes de março de I V DXII años
1511 ⟨sic⟩, ante el reverendo señor el liçençiado Pedro Ochoa de Villanueva, ynquisidor, el promotor fiscal de la Ynquisiçion presento
por testigo a la dicha Lucia Ruyz para en esta cavsa, de la qual
su reverençia reçibio juramento en forma de derecho, so cargo del
qual le pregunto sy sea çierta aver dicho en este Santo Ofiçio contra
alguna persona; dixo que se acuerda aver dicho contra Ynes Lopez,
la linera, e dixo su dicho de palabra en sustançia. E su reverençia
le mando leer su dicho, el qual le fue leydo de verbo ad verbum,
e dixo ser verdad, dando todo lo concluido en el dicho su dicho,
e que en ello se ratificaba e ratifico, e sy neçesario es que lo dezia
e dixo de nuevo.
Fueron presentes por personas onestas e religiosas fray Antonio
de Santa Maria e fray Pedro de Ledesma, frayres de la Horden
de Santo Domingo. Fue preguntada de odio, dixo que non lo tiene
con ella. Fuele leydo, ratificose.

8 May En Çibdad Real, ocho dias del mes de mayo de mil e quinientos
1511 y honze años, ante el reverendo señor el liçençiado Alfonso de
Mariana, ynquisidor.

{Çibdad Real libro terçero XCVIII}
{Ratificado}
Luçia Ruys, donzella, hija de Juan Fernandes de Almagro, veçino

de Çibdad Real, testigo jurado, etç., dixo que de diez o honze años a esta parte que a conosçido a Ynes Lopez la linera, veçina de Çibdad Real, reconçiliada, e a tenido con ella mucha conversaçion porque mora enfrente de la casa del dicho Juan Fernandes, padre deste testigo, del dicho tienpo aca muchas vezes a oydo desyr a la dicha Ynes Lopez que las cosas de que se auia reconçiliado en la Ynquisiçion, que gelas auian leuantado falsos testigos e personas que la querian mal, porque ella no auia hecho cosa de las porque se auia reconçiliado, e que se reconçilio porque no queria que la quemasen como a su madre e hermanas, la de Diego Sanches y la

21v de Sant Roman, y que mas queria verguença o bermejuela | en cara que manzilla en coraçon. E que asymismo le oyo desyr que a las dichas su madre e hermanas, que les auian leuantado las cosas por que las auian quemado, y no solo a ellas, pero a todos los que se reconçiliauan y condenauan por la Ynquisiçion gelo leuantaron falsamente malas personas, e que por aquello los condenauan syn meresçerlo, y que por de aquel themor ellas se auian reconçiliado syn aver hecho por que; y que no venia vez, o las mas, la dicha Ynes Lopez a casa del dicho su padre deste testigo que non venia con aquella consejo; y que vio como Catalina Ruyz, su madre deste testigo, y Catalina Ruyz, hermana deste testigo, gelo reprehendian, disiendolo muchas veses no dixiese estas cosas, que seran maldichas, e que la dicha Ynes Lopez les desya: ¡Andad, señores, guardeos Dios de malquerer! — e se afirmaua en lo que desya. E que hablando en estas cosas, vio e oyo este testigo como la dicha madre e hermana de este testigo le dezian: ¡Venga aca! — quando se hallaron muchos libros judaycos en poder de los conversos desta çibdad y en los posos de sus casas y truxeron muchos dellos a casa de Juan de Areualo,[24] abuelo deste testigo, e que la dicha su madre le desia que lo avia visto, e quando los desenterraron a muchos dellos e los allaron a muchos dellos amortajados como judios e syn cruzes — a aquellos ¿leuantavangelo esto? La dicha Ynes Lopez dixo: Aviendola trastornado las cruses. E dixo mas: Ansy les leuantauan que les ponian botijas de agua. E a esto respondio la dicha Catalina Ruyz, madre deste testigo, e dixo: No se yo de botijas de agua, pero se yo que les allaron vn pedaço de queso tan gordo como el puño. E lo vyo andar en casa de su padre mas de dos años, e que en aquella no hizo señal de christiano.

---

[24] He was a member of the Town Council in Ciudad Real; see Biographical Notes on him.

[87]

E que la dicha Ynes Lopez dixo: Caersele ya algunos que lo yva por do yva [   ]. Que a visto este testigo muchas vezes e a mirado sobre auiso como la dicha Ynes Lopez no se sabe santiguar ni se santiguo como christiana, diziendo 'en Nonbre del Padre a del Hijo', syno que se pone las manos en la frente e en el honbro por isquierdo e dize: Ihesu, libreme Dios del diablo. E quando hysyan ademan de santiguarse alguna vez, desya 'en Nonbre del Padre' [25] e nunca desya 'en Nonbre del Hijo' ni mas, saluo de ocho dias aca, despues que la Ynquisiçion esta en esta çibdad, que la vio este testigo santiguar vna ves, e dixo 'en Nonbre del Padre e del Hijo', e que no paso de alli, pero que no se supo santiguar. E que se acuerda que despues que los señores ynquisydores estauan en Alcaraz o en Daymiel, hablando de como prendian algunos por la Ynquisiçion e como los esperauan aqui, estando la dicha Ynes Lopez en casa de la dicha su madre deste testigo, hablando con ella e con la dicha su hermana, presente este testigo, dixo la dicha Ynes Lopez: Andad, señora, que todo se hase por sacar dinero — diziendolo por los que desian que prendian. E que la dicha su madre deste testigo le dixo: Mirad, Ynes Lopez, ni digays esto que desys, syno bien podra ser que [   ] les mal dello, porque la Ynquisiçion no anda syno por ensalçar la Fe Catolica y no por lleuar dineros. E que la dicha Ynes Lopez respondio e dixo: 'Pues yo no lo digo en otras partes, digolo para con vosotros. E que puede aver çinco o seys años que este testigo vio reñir a la dicha su madre e hermana, de como auia(n) dicho la dicha Ynes Lopez, viniendo de Misa vn dia de Santiago de la dicha çibdad, que auian oydo vna Misa sahumada que auian hecho desyr a Anton de Cordoua [26] por su muger en la dicha yglesia de Santiago, pero que este testigo no se acuerda avergelo oydo a la dicha Ynes Lopez. E que este ynvierno proximo

22r pasado | vn dia vino la dicha Ynes Lopes a casa de la madre deste testigo, e le oyo desyr como auian ydo al monesterio de Santo Antonio de Padua desta çibdad e que ayan de dar abito a vna beata e auian dicho visperas e que auian sahumado. E que asymismo muchas vezes le oydo desyr, fallando algunas cosas de las que auian menester en su casa, desya la dicha Ynes Lopez: ¡Maldiçion de Dios venga sobre quien tanto mal nos hizo! — diziendolo, a lo que este testigo pudo comprehender, por lo que les auian tomado quando

[25] This is the testimony in which Inés was accused of not completing the blessing when she crossed herself.
[26] A certain Antón de Córdova testified for the defence in the trial of Juan de Chinchilla, Vol. I, No. 3, fol. 7r.

[88]

se reconçilio. E que este martes primero pasado vino la dicha su madre deste testigo de casa de la dicha Ynes Lopez, y vino muy henojada, diziendo que auia dicho la dicha Ynes Lopez, pesandole dello: ¡Alla van leyes do quieren reyes! Preguntada de odio, dixo que non lo tiene con ella, que antes la quiere bien, porque syenpre an tenido con ella buena vezindad, pero que lo dize por descargo de su conçiençia por themor de la excomunion.

March 1512 En Çibdad Real, primero dia de março de IVDXII años, ante el reverendo señor liçençiado Pedro Ochoa de Villanueva, inquisidor, el promotor Martin Ximenes presento por testigo, para en esta cavsa, a la dicha Luçia Ruyz, que presente estaua, de la qual su reverençia reçibio juramento en forma de derecho, so cargo del qual le pregunto sy a dicho alguna cosa en este Santo Ofiçio contra alguna persona. Dixo que se acuerda aver dicho contra Ynes Lopez, la linera, presa en el Santo Ofiçio de la Ynquisiçion, e dixo su dicho en sustançia, de palabra, syn le ser leydo. E su reverençia mando leer el dicho su dicho; el qual le fue leydo, e dixo ser verdad todo lo contenido en el dicho su dicho, e que se afirmaua e afirmo, ratificaua e ratifico en el dicho su dicho, e que lo dezia e dixo de nuevo si nesçesario es. Fue preguntada de odio, dixo que non lo tiene con ella. Fueron presentes por personas religiosas fray Antonio de Santa Maria e fray Pedro de Ledesma, frayres de la horden de Santo Domingo.

6 May 1511 En Çibdad Real, seys dias del mes de mayo de mil e quinientos y honze años, ante el reverendo señor liçençiado Alfonso de Mariana, ynquisydor.

[Çibdad Real libro terçero CIIII°]
[Ratificado]
Catalina Ruyz, muger de Juan Fernandez de Almagro, veçina de Çibdad Real en la col(l)açion de Santa Maria, testigo jurado, etç., dixo que Ynes Lopez, la linera, a biuido en vezindad deste testigo diez años y mas, e agora se biue en la misma casa, que es frontero de la deste testigo, y que en este tienpo, platicando la dicha Ynes Lopez con este testigo, la oydo desyr muchas vezes en diversos tienpos que nunca hizo cosa por que se ouiese de reconçiliar, e que gelo leuantaron, e que Dios la guardase de las bocas de las gentes de mal e de falso testimonio y nada del verdadero. E que muchas vezes que venia a platycar de sus casas ansy, quando traya

el Sant Benito año despues que le dixo, le desya la dicha Ynes Lopez a este testigo que non hera en cargo de aquello de que se auia reconçiliado, e que a su madre, Elvira, la linera, e a sus hermanas, la de Sant Roman e la de Diego Sanches, que fueron condenadas por la Ynquisiçion, que las auian quemado con falsos
22v testigos e que ge les auian leuantado, e que no solamente desya de la dicha su madre, Elvira, syno que tanbien desya que a todos quemaron por la Ynquisiçion o se reconçiliauan, que gelo leuantauan, e que todo hera con malquerer y enemigo; e que hablando la dicha Ynes Lopez con este testigo de como auian quemado a la dicha su madre e hermanas con falsos testigos, que mas quisieran morir que no confesar lo que no auian hecho, e que la dicha Ynes Lopez dixo a este testigo que quando se quedo presa, que por no morir como las dichas su madre y hermanas confesaua ella y su hermana, la muger de Juan de Aro, que se llamaua Leonor, lo que no auian fecho, diziendo que mas queria bermejuela en cara que manzilla en coraçon. E que lo susodicho muchas vezes e en diversos tienpos lo desya, y porque la tiraua la dicha Ynes Lopez con este testigo. E que este testigo le respondia deziendole que nadie no condenaria su anima por faser mal en desir, e que los que se reconçiliaron e los condenaron, que les auian hallado mas de seys libros judaycos, los quales este testigo auia visto en casa de Juan de Areualo, su padre,[27] que a los que aquellos libros tenian que no gelo leuantauan. E que la dicha Ynes Lopez respondio: ¡Ay, señora! ¡Ay, señora! ¡Quando a Dios de malquerer! E gelo dixo mas este testigo que quando auian desenterrado a çiertos conuersos del honsario de Sant Françisco desta çivdad para ver sy estauan enterrados como judios, por que desyan que se le leuantauan, pues avian hallado enterrados como judios con çaraguelles e camisas e calçones e con otras muchas vestiduras como judios e syn thener cruz ninguno dellos e que aquellos no se lo auian testiguado. E que la dicha Ynes Lopez dixo que se les auian trastornado la cruz, e dixo mas que tambien los leuantauan que les ponia botija de agua. E que este testigo le dixo: De botija no sabe desyr, mas de vn pedaço de queso tan por de amo vn puño, vilo yo por mis ojos que la sacaron de vna sepultura dellos. E esto dixo la dicha Ynes Lopez: [   ] le ya alguno aquel queso quando lo enterraron. E que avra tres años, poco mas o menos, que la dicha Ynes Lopez dixo a este testigo que venia desyr vna

[27] See above, n. 24.

misa desahumada que avian hecho desyr en la yglesia de Santiago Anton de Cordoua por su muger. E que la a uisto muchas vezes haser como de que se santigua ansy, en la manera como santiguando se ha ella misma, que non se santigua como christiana, syno que se pone la mano en la frente e abaxala sobre el honbro e dize: Libreme Dios del diablo. E que nunca nonbra diziendo 'en Nonbre del Padre' ni 'del Hijo' e que sy algunas vezes nonbra el Nonbre del Padre e nunca el Nonbre del Hijo. E que oy dicho dia, hablando de vno que auian ayer açotado por la Ynquisiçion, porque auian atestificado falsamente en fauor de vn converso, dixo la dicha Ynes Lopez: Alla van leyes do quieren reyes. E que delante de Dios y del rey dira que la muger de Pedro Val de la Torres, escriuano, veçino de Çibdad Real, hera su enemiga. Preguntada de odio, dixo que no lo tiene con ella, syno que lo dize porque es muy verdad e por descargo de su conçiençia e por themor de la excomunion, e que sabe que Theresa Muñoz, que mora cabe casa de Luys de Oliuera, sabe muchas cosas de la dicha Ynes Lopez, e que ansymismo muchas de la susodicha Catalina, donzella, hija deste testigo, e otra su hija, Luzia, donzella. |

23r Yten, dixo que estando el señor ynquisidor en Alcaçar e Daymiel, hablando de los que se prendian por la dicha Ynquisiçion, hablando la dicha Ynes Lopez con este testigo, le dixo: ¡Callad, por vuestra vida, que todo lo hasen por sacar dinero! Dando a entender que todos los que se prendian e se hasya en la Ynquisiçion hera por sacar dinero, y este testigo le dixo: Para miente lo que desys, que sy mas lo desys podra ser que no allan bien dello.

March 1512 En la Çibdad Real, primero dia del mes de março de MDXII años, ante el reverendo señor liçençiado Pedro Ochoa de Villanueva, inquisidor, el promotor fiscal del Santo Ofiçio de la Ynquisiçion, presento por testigo a la dicha Catalina Ruyz para en esta cavsa, de la qual su reverençia reçibio juramento en forma de derecho, so cargo del qual le pregunto sy avia dicho alguna cosa contra alguna persona en este Santo Ofiçio. Dixo que sy a dicho, e que dixo ante el reverendo señor inquisidor Mariana contra Ynes Lopes, la linera, veçina de Çibdad Real, que esta presa. E dixo su dicho en sustançia de palabra, sin le ser leydo. Su reverençia le mando leer el dicho su dicho, e leydo, la dicha Catalina Ruyz, dixo que hera verdad todo lo en el dicho su dicho contenido, e que se ratificaba e ratifico en el dicho su dicho, e que sy nesçesario es que lo dezia e dixo de nuevo. Fueron presentes por personas religiosas fray Pedro de

Ledesma e fray Antonio de Santa Maria, frayres de la Horden de Santo Domingo.

7 May 1511 En Çibdad Real, syete dias del mes de mayo de mil e quinientos y honze años, ante el reverendo señor liçençiado Alfonso de Mariana, ynquisidor.

[Çibdad Real libro terçero CIIII°]
[Ratificado]

Catalina Muñoz, donsella, hija de Juan Fernandez de Almagro e de Catalina Ruyz, su muger, vezina de Çibdad Real, testigo jurado, etç., dixo que ha diez años que Ynes Lopez, la linera, reconçiliada, vezina de la dicha çibdad, biue junto con la casa del dicho Juan Fernandez, padre deste testigo, e que entrando y saliendo este testigo en casa de la dicha Ynes Lopez e la dicha Ynes Lopez en casa del dicho su padre deste testigo, como son vezinas tiene mucha conversaçion, e que en el dicho tienpo de los dichos diez años, ansy quando traya el Sant Benito de dos cruzes la dicha Ynes Lopez como despues que la dexo, le oyo desyr este testigo muchas vezes, en diversos tiempos, a la dicha Ynes Lopez, que la guardase Dios de malas lenguas y de malas gentes y de falso testimonio, y mas del verdadero. Y que ella nunca auia hecho ni dicho cosa por que *23v* se deuiese | reconçiliar, e que todo lo fue leuantado, y que mas queria verguença o bermejuela en cara que no que la quemasen como a sus hermanas y madre. E que se lo oyo este testigo desyr tantas vezes que no puede desyr quanto, syno que fueron muchas, y que este testigo e la dicha su madre gelo reprehendian, diziendole que no deuia de desyr tal cosa, e que todavia desya e porfiaua que no havia hecho cosa por que se deuiera aver reconçiliado. Que ansymismo le oyo desir que a su madre, Eluira Gonsales la linera, e dos hermanas suyas, la vna muger de San Roman e la de Diego Sanches, las auian quemado con falsos testigos, e que se lo auian leuantado, e por saluar la vida se auia reconçiliado la dicha Ynes Lopes e la muger de Juan de Haro, su hermana, porque no las quemasen como a su madre e hermanas, e que tenia a Alonso de Godines mucha enemistad e con vna de [   ], que se dize la de Juan de Garço, diziendo que se leuantaron de donde quemaron a las dichas sus hermanas y madre, y por donde se reconçiliaua la dicha Ynes Lopez e la muger de Juan de Haro, su hermana. E que hablando con este testigo la dicha Ynes Lopez e con la dicha Catalina Ruyz, madre deste testigo, estando su reuerençia en Alcaçar

[92]

e Daymiel, e de los que se prendian por la Ynquisiçion y como auian de venir aqui la Ynquisiçion, vio y oyo este testigo como la dicha Ynes Lopez dixo: ¡Andad, por vuestra vida, que todo esto es por sacar dineros! Dando a hentender que la Ynquisiçion se hasya por les tomar sus haziendas. E que la dicha madre deste testigo le dixo que no dixese tal cosa, que se allaria mas dello. E que la dicha Ynes Lopez dixo: Digolo yo en esta, en otra parte no lo diria. E su madre deste testigo le dixo que no deuia de desyr alli ni en otra parte, que la Ynquisiçion no se hazia por les tomar sus haziendas, syno por ensálçar la Fe de Ihesu Christo. E que estando vn dia la dicha Ynes Lopez diziendo a este testigo e a la dicha Catalina Ruiz, su madre, que todo hera leuantado contra los que quemauan e se reconçiliauan, e que este testigo le respondio e dixo que no dixese aquellas cosas, que non hera leuantado quando vino el doctor Thomas [28] a esta çibdad e hizo desenterrar çiertos muertos, e los allaron que estauan amortajados a la manera judayca y enbueltos en muchos lienços e syn cruzes, e que les allaron entonçes muchos libros judaycos, los quales estuuieron en casa de Juan de Areualo, padre de la dicha Catalina Ruyz, que aquella no hera leuantado. E que estonçes respondio la dicha Ynes Lopez que no lo desya por todos, que algunos vien podian ser, e que sy non los auian allado con cruzes a los muertos, que se les avian trastornado. E que este testigo le dixo que en no tener cruzes aquellos muertos bien paresçia que non heran christianos e que deuieran ser herejes. E que estonçes dixo la dicha Ynes Lopez: Tambien dizen que los allauan vnas botijas de agua. E a esto dixo la dicha Catalina Ruyz: No se de botijas de agua | mas se que hallaron a vno enterrado con vn pedaço de queso tan grueso como el puño, el qual estaua en casa del dicho su padre mas de dos años. E que a esto respondio la dicha Ynes Lopez que se le avia caydo alguna persona que lo yva comiendo quando lo enterraron.

Iten, dixo que avra vn año, poco mas o menos, que viniendo la dicha Ynes Lopez de la yglesia de Santiago desta çibdad, le dixo a este testigo e a la dicha su madre que venian de oyr vna Misa sahumada que auia hecho desyr Anton de Cordova por su muger en la dicha yglesia de Santiago. E que la a uisto muchas vezes santiguarse a sy misma e que no se sabe santiguar ni hazer Cruz, syno vn garauato poniendo la mano en la frente e en el hombro ysquierdo, diziendo: Libreme Dios del diablo. E que nunca dize

---

[28] Tomás de Cuenca; see on him Beinart, pp. 69 ff.

'en el Nonbre del Padre e del Hijo e del Espiritu Santo' santiguandose. E que sy alguna vez lo yva a dezir, que nonbra mas del Padre, diziendo 'en Nonbre del Padre' e que no pasa de alli, e quando santiguo la mesa que no haçe Cruz, syno vn garauato, como dicho tiene. E que por las cosas que la a visto haser e desyr que dicho tiene este testigo, la tiene por mala christiana. E que sienpre esta maldiziendo: Maldiçion de Dios venga sobre quien tanto mal nos hizo. Preguntada de odio, dixo que no lo tiene con ella, saluo que lo dize por descargo que ⟨es⟩ verdad y por descargo de su conçiençia e por la excomunion.

1 March
1512
En la Çibdad Real, primero dia del mes de março de I V DXII años, ante el reuerendo señor el liçençiado Pedro Ochoa de Villanueva, ynquisidor, el promotor fiscal Martin Ximenes presento por testigo, para en esta cavsa, a la dicha Catalina Muñoz, de la qual su reuerençia reçibio juramento en forma de derecho, so cargo del qual fue preguntada si se acuerda aber dicho contra alguna persona en este Santo Ofiçio. Dixo que se acuerda aver contra Ynes Lopez la linera, presa en la Ynquisiçion, e que dixo su dicho ante el reuerendo señor el liçençiado Mariana, e dixo su dicho en sustançia, syn serle leydo. E luego su reuerençia mando leer el dicho su dicho, e fuele leydo de verbo ad verbum. E dixo ser verdad todo lo en el dicho su dicho contenido, e que se ratificaba e ratifico en el dicho su dicho, e que sy nesçesario es que lo dezia e dixo de nuevo. Fue preguntada de odio, dixo que no lo tiene con ella. Fueron presentes por personas religiosas fray Antonio de Santa Maria e fray Juan de Tolosa, frayres de la horden de Santo Domingo. Fuele leydo, ratificose. |

24v
9 May
1511
En la dicha Çibdad Real, nueve dias del dicho mes de mayo del dicho año de mil e quinientos e honze años, ante el reverendo señor licenciado Alfonso de Mariana, ynquisidor.

[Çibdad Real libro terçero CIX]
[Ratificado]

Juana Ruyz, donzella, hija de Juan Fernandes de Almagro e de Catalina Ruyz, veçinos desta Çibdad Real a la col(l)açion de Santa Maria, testigo jurado en forma, dixo que de honse años a esta parte, poco mas o menos, que mora en vezindad de los dichos sus padres deste testigo Ynes Lopez, la linera, reconçiliada, veçina desta dicha çibdad, muchas e diversas vezes y en diversos tienpos este

Trial of Inés López

testigo a oydo desir a la dicha Ynes Lopez, la linera, que ella non hizo cosa ninguna de las que dixo en la Ynquisiçion de que se auia reconçiliado, e que las auia dicho porque no la quemasen, pero que no las hizo, e que a su madre e a sus hermanas que avia, que las quemaron, que no hizieron nada por que las quemasen, e que mas valio morir quemadas que no biuir, porque se lo auian leuantado aquello por que las auian quemado. E que ansymismo quando se prendio por la Ynquisiçion Maria de Lobon,[29] vezina de la villa de Alcaçar de Consuegra, prima hijas de hermanas de la dicha Ynes Lopez, la linera, le oyo este testigo a la dicha Ynes Lopez como dixo que toda la Ynquisiçion hera por sacar dinero, e que a todos que lo leuantauan e auian leuantado; e que a esto respondio Catalina Muñoz, hermana deste testigo, e dixo: Sy solo leuantaron, no allaran los libros judaycos que les allaron. E que ansymismo dixo la dicha su madre deste testigo, e dixo: Tambien les allaron vn pedaço de queso a vno que desenterraron, e los allaron vestidos como judios e syn cruzes. E que la dicha Ynes Lopez dixo: Auianseles trastornado las cruzes. E la dicha su madre deste testigo: Que trastornadas o por trastornar, que alli estuue, asy se las pusieron. E ansymismo le dixo la dicha su madre a la dicha Ynes Lopez: Mireys lo que desys y no lo digays en otro cabo, que la Santa Ynquisiçion se hiso por ensalçar la Fe Catolica e no por tomar las hasyendas a nadie. E la dicha Ynes Lopez respondio e dixo que no lo diria ella aquello en otra casa como alli lo desya, e que las dichas palabras de dezir la dicha Ynes Lopez, e avnque reconçilio, que ⟨no⟩ hizo por que se deuiese reconçiliar, e que a las dichas su madre y hermanas las auian quemado por lo que no auian hecho. E que este testigo se las oydo muchas vezes, y tantas que no las podria contar (contar) este testigo. E que ansymismo dize que la de Godinez e su hija, la de Christoual de la Torre,[30] vesinos desta çibdad, auian leuantado falso testimonio a la dicha su madre e hermanas e a ella, pero que nunca ella ni las dichas su madre e hermanas hizieron cosa ninguna de heregia. E que ansymismo se acuerda este testigo que auia quatro o çinco años que oyo este testigo a la dicha Catalina Ruyz, su madre, ⟨e⟩ a sus hermanas que ayuan oydo desir a la dicha Ynes Lopez la linera

[29] Her file is not extant. Alonso de Merlo accused her of being a witch in the *tacha* he presented against her on behalf of his wife María González in her trial, No. 106, fol. 21r.

[30] There was a scribe named Cristóbal de la Torre; see Biographical Notes.

que auian dicho vna Misa por su muger de Anton de Cordoua sahumada, e que no se acuerda bien este testigo sy se lo oyo esto de la Misa sahumada a la dicha Ynes Lopez, la linera, pero que se acuerda que el postrimero domingo de Carnaval, que la dicha Ynes Lopez, la linera, | dixo que venya de Visperas del monesterio de las Beatas, e que dixo la dicha Ynes Lopez que auian dicho Visperas e sahumado; e que muchas vezes auisado este testigo sobre auiso de la dicha Ynes Lopez quando tañen el Ave Maria, e quando an acabado de rezar, que se leuantaua, dize la dicha Ynes Lopez 'en Nonbre del Padre' e no mas, e que non haze señal de Cruz, syno de la frente tira hasta el honbro, en manera que no haze señal de Cruz ni la sabe hazer, e que de aquella misma manera santigua la mesa. E que este testigo solo a visto santiguar de la manera susodicha, porque cruze las mas vezes en casa de sus padres deste testigo. E que agora el dia de Santa Cruz de mayo, que cayo en sabado, oyo este testigo como la dicha Ynes Lopez dixo que no queria holgar porque hera sabado,[31] que sy otro dia fuera gelo holgara. E que muchas vezes dize: ¡Que mala pestilençia venga por quien tanto mal me hizo! E que quando ve a la dicha de Juan de Torres o a la de Sant Roman dize que mala pestilençia venga por quien tanto malo la hizo. Preguntada de odio, dixo que no la tiene e que lo dise por descargo de su conçiençia e por la excomunion.

1 March 1512 En la Çibdad Real, primero dia de março de IVDXII años, ante el reuerendo señor el liçençiado Pedro Ochoa de Villanueva, ynquisidor, el promotor Martin Ximenes presento por testigo a la dicha Juana Ruyz, de la qual su reverençia reçibio juramento en forma de derecho, so cargo del qual le pregunto que diga e declare sy a dicho alguna cosa contra nuestra Santa Fe Catolica contra alguna persona. Dixo que se acuerda aver dicho contra Ynes Lopez, la linera, presa en la carçel de la Ynquisiçion, e dixo su dicho en sustançia sin serle leydo. Su reuerençia mando que le fuese leydo su dicho, el qual yo, Juan Obregon, notario, gelo ley de verbo ad verbum. E dixo ser verdad todo el dicho su dicho contenido, e que en el se ratificaba e ratifico, e sy nesçesario es que lo dezia e dixo de nuevo. Fue preguntada de odio, dixo que no lo tiene con la susodicha. Fueron presentes por personas religiosas fray Antonio

---

[31] It is noteworthy that Inés was prepared to trespass a Christian holy day when it fell on the Sabbath, which she considered more holy.

Trial of Inés López

de Santa Maria e fray Juan de Tolosa, frayres de la horden de Santo Domingo de Çibdad Real. Fuele leydo e ratificose, e que las dichas palabras de 'mala pestilençia venga sobre que tanto mal me hizo', que lo dezia la susodicha por la Ynquisiçion.

April 1511 En Çibdad Real, veynte y dos dias del mes de abril de mil e quinientos y honze años, ante el reuerendo señor liçençiado Alfonso de Mariana, ynquisidor.

[Çibdad Real libro terçero LXXVIII°]
[Ratificado]

Catalina Ruyz,[32] muger de Carlos de Torres, veçino de Çibdad Real, jurado en forma, etç., dixo. Yten, dixo que auia diez años, poco mas o menos, que vio a Ynes Lopez, hija de Diego Lopez ⟨e⟩ de la linera, como vino de Toledo con vn San Benito que se auia reconçiliado, e que sabe que los auian mandado los ynquisidores que fuese a misa e a oyr los sermones, e que vio este testigo quando yva a Misa la dicha Ynes Lopez que cubria el Sant Benito con las aldas del manto, ansy de la parte trasera como de delante, e le lleuantaua cubierto que no se le paresçia, e que aguardaua a yr a Misa en tienpo que no la vesen, e que al venir de misa tambien; e que algunas vezes yva a Misa en amanesçiendo e tornase luego, porque no la vean. Preguntada de odio, dixo que no lo tiene con ninguna de las susodichas, e que lo dize por descargo de su conçiençia e por la excomunion.

[Ratificaçion]

March 1512 En la Çibdad Real, primero dia de março de mil e quinientos e doze años, ante el reuerendo señor liçençiado Pedro Ochoa de Villanueva, inquisidor, el promotor fiscal Martin Ximenes presento por testigo en esta cavsa a la dicha Catalina Ruyz, de la qual su reverençia reçibio juramento en forma de derecho, so cargo del qual le pregunto sy se acuerda aver dicho alguna cosa en este Santo Ofiçio contra alguna persona. Dixo que se acuerda aver dicho contra Ynes Lopez, la linera, presa en el Santo Ofiçio de la Ynquisiçion, e dixo su dicho en sustançia syn le ser leydo. E luego su reuerençia mando a mi, Juan Obregon, notario, que le leyese el dicho su dicho, el qual le fue leydo de verbo ad verbum por mi, el dicho notario. E dixo ser verdad todo lo contenido en el dicho su dicho (contenido),

---

[32] She testified for the prosecution against María González, wife of Pedro Díaz de Villarrubia, No. 99, fol. 14v.

e que en ello se ratificaba e ratifico, e si nesçesario es que lo dezia e dixo de nuevo. Fue preguntada de odio, dixo que no lo tiene con ella. Fueron presentes por personas onestas e religiosas fray Antonio de Santa Maria e fray Juan de Tolosa, frayres de la horden de Santo Domingo. Fuele leydo e ratificose. |

Publication of Testimonies

26r [Pedimiento de publicaçion]

16 Dec. E despues de lo susodicho, en Toledo, XVI dias del mes de
1511 diçienbre de mil e quinientos y honze años, estando los reuerendos señores inquisidores en su abdiençia, paresçio presente el dicho promutor fiscal e dixo que, açeptando como açeptaua todas e qualesquier confesyones hechas por la dicha Ynes Lopez en lo que por el hasen y no mas ni allende, e con espresa protestaçion que hasya e hizo para que pueda presentar todas e qualesquier provanças e testigos que en esta cabsa le convengan que pedia e pidio publicaçion de las provanças en esta cabsa presentadas, estando presentes la dicha Ynes Lopez e Alonso de Vaena, su procurador, e el bachiller de Bonillo, su letrado e abogado en esta cabsa. La qual dicha Ynes Lopez, con acuerdo de los dichos sus letrado y procurador, dixo que con la dicha protestaçion, que pedia e pidio publicaçion.

[Publicaçion]
Luego los dichos señores ynquisidores dixeron que la mandavan e mandaron haser la dicha publicaçion con termino de nueve dias primeros syguientes, e dar copia e traslado a cada vna de las dichas partes e las provanças presentadas por el dicho promotor fiscal, callados los nonbres de los testigos e çircunstançias dellos.

[Como llevo copia e treslado el procurador de los testigos]
E este dicho dia, el dicho Alonso de Vaena, su procurador, lleuo copia e treslado de los testigos presentados por el dicho promutor fiscal e dados en publicaçion.

20 Dec. E despues de lo susodicho, en Toledo, XX de diçienbre de mil
1511 e quinientos y honze años, estando los dichos reuerendos señores
26v ynquisidores en audiençia, | mandaron e Sayavedra, alcaide, que sacase a la dicha abdiençia a la dicha Ynes Lopez, la qual paresçida, sus reverençias mandaron que responda a la publicaçion de los testigos contra ella presentados por el dicho promotor fiscal, e que

Trial of Inés López

diga verdad de todo lo que se hallare culpante. E lo que dixo e respondio la dicha Ynes Lopez, la linera, a cada testigo, seyendole leydo, so cargo del juramento que hizo, es lo syguiente:

I Al primero testigo, seyendole leydo, dixo que lo niega.
II Al segundo testigo, seyendole leydo, dixo que lo niega.
III Al terçero testigo, seyendole leydo, dixo que lo niega.
IIII° Al quarto testigo, seyendole leydo, dixo que lo niega.
V Al V testigo, seyendole leydo, dixo que lo niega.
VI Al VI testigo, seyendole leydo, dixo que lo niega.
VII Al VII testigo, seyendole leydo, dixo que lo niega.
VIII° Al VIII° testigo, seyendole leydo, dixo que lo niega. |

Copy of Testimonies Given to the Defence

27r Testigos del promotor fiscal contra Ynes Lopes muger de Alonso de Aguilera, veçino de Çibdad Real, sacados en publicaçion.

I Vn testigo, jurado en forma de derecho en vn dia del mes de abril de mil e quinientos e honse años, dixo que en vn dia del dicho año, estando este testigo en Misa en la yglesia de Santa Maria de la Çibdad Real, vido a Ynes Lopes, la linera, veçina de la dicha çibdad, estar en la yglesia oyendo la dicha Misa, y estando este testigo sobre abiso, miro que al tienpo que dezia el clerigo los Sanctus, ni quando dixieron los Agnus, que no se hirio en los pechos la susodicha Ynes Lopes; e que el tienpo que consumia el clerigo el Cuerpo de Nuestro Señor, bio este testigo como se dio la susodicha ciertas vezes con anbas manos sobre la varriga, e non en los pechos, como lo hazen los christianos el tienpo de consumir.

II Otro testigo, jurado en forma de derecho, etç., en vn dia del mes de abril de mil e quinientos e honze años, dixo que de tres años a esta parte muchas vezes a oydo desir este testigo a Ynes Lopes, la linera, vesina de Çibdad Real, que aquello de que ella se reconçilio, que gelo levantaron falsos testigos e que nunca lo hizo; e que asymismo le levantaron falso testimonio a sus hermanas e a su madre, las quales fueron quemadas, e que con falsos testigos las avian quemado. E que continuamente la susodicha ⟨sic⟩ andava diziendo que Dios la guardase de falsos testimonios, e que dezia: Mirad en que esta mi vida: En dicho de vn borracho o de vna vorracha. E que gelo a oydo desir muchas vezes, e que sienpre da a entender que nunca fizo cosa de aquellas de que se reconçilio.

III Otro testigo, jurado, etç., en vn dia del mes de mayo de mil e quinientos e honze años, dixo que a quatro años, poco mas o menos,
27v que este testigo oyo desir a Ynes Lopes, la linera, | reconçiliada,

[99]

hablando con çiertas personas: ¡Dios nos libre de malquerer, que buenos estamos! Que estandonos en nuestras casas, por dicho de vn borracho o de vna vorracha nos hagan mal. Diziendolo por la Inquisiçion, e que por falsos testimonios los trataban mal.

IIII° Otro testigo, jurado, etç., en vn dia del mes de mayo de mil e quinientos e honse años, dixo que de diez o honze años a esta parte, muchas vezes oyo desir a Ynes Lopes, la linera, vesina de Çibdad Real, reconçiliada, que las cosas de que se abia reconçiliado en la Ynquisiçion que gelas abian levantado falsos testigos e personas que le querian mal, porque ella no avia fecho cosa de las porque se abia reconçiliado, e que se reconçilio porque non queria que la quemasen como a su madre e hermanas; e que mas queria aver verguença o vermejuela en cara que non manzilla en coraçon. E que asimismo le oyo dezir que a las dichas su madre e hermanas, que las abian levantado de las cosas por que las abian quemado, e non solo a ellas, pero a todos los que condenavan e reconçiliaban en la Inquisiçion, gelos levantaban falsamente malas personas, y que por aquello los condenavan sin mereçerlo, e que por aquel temor se avia reconçiliado sin aver fecho por que. Las quales dichas palabras este testigo oyo desir muchas vezes a la susodicha (muchas vezes). E que sabe este testigo e bio que algunas personas gelo reprehendian, diziendole que no dixiese tales cosas, que heran maldichas. E que la dicha Ynes Lopes les dezia: ¡Andad! ¡Guardeos Dios de malquerer! E se afirmava en lo que desia. E que sabe este testigo que çiertas personas dixieron a la dicha Ynes Lopes: Dezid: ¿Quando fallaron muchos libros de los judios enterrados en poder de los conversos, e quando fallaron a los conversos amortajados como judios e sin cruzes, aquello — levantarongelo? E la dicha Ynes Lopes respondio: Abianseles **trastornado**

28r las cruzes. | E mas dixo: E sy les levantaban que les ponian botijas de agua. E çierta persona dixo: Se yo que les fallaron vn pedaço de queso tan gordo como el puño. E la dicha Ynes Lopes dixo: Caersele ya a alguno que lo yva comiendo. E que a bisto este testigo muchas vezes e a mirado sobre aviso que la dicha Ynes Lopes non se santiguava como christiana, saluo despues que la Inquisiçion vino a Çibdad Real, que abia ocho dias. E que sabe este testigo que despues que la Inquisiçion agora estuvo en Daymiel y esperavan que veniesen a Çibdad Real, estando la dicha Ynes Lopes hablando a çiertas personas de como prendian a algunos en la Inquisiçion, dixo la dicha Ynes Lopes que todo se haze por sacar dinero, diziendolo por los que desian que prendian.

Trial of Inés López

V Otro testigo jurado, etç., en vn dia del mes de mayo de mil e quinientos e honze años, dixo que diez años a esta parte muchas vezes oyo desir a Ynes Lopes, la linera, veçina de Çibdad Real, en diversos tienpos, que nunca hizo cosa por que se obiese de reconçiliar, e que gelo lavantaron, e que Dios la guardase de las bocas de las gentes de mal e de haser falso testimonio e mas del verdadero. E que muchas vezes la bio platicar de sus cosas, ansy quando traya el San Venito como despues que le dexo, e dezia la dicha Ynes Lopes a çierta persona que non hera en cargo de aquello de que abia reconçiliado, e que a su madre Elbira, la linera, e a sus hermanas, la muger de San Roman e la muger de Diego Sanches, que fueron condenadas por la Inquisiçion, que las abian quemado con falsos testigos, e que gelo abian levantado; e que non solamente dezia de las dichas su madre e hermanas, tambien dezia que a todos los que quemavan por la Inquisiçion e que se reconçiliaban, que gelo levantaban, e que todo hera con henemistad e malquerer. E que hablando la dicha Ynes Lopes con çiertas personas de como avian quemado a la dicha su madre e hermanas con falsos testigos, dixo que quisieron morir que no confesar lo que no avian fecho. E que ella, quando se vido presa, que por no morir como la dicha su madre e hermanas, confeso lo que no abia fecho, diziendo que mas ⟨valia⟩ vermejuela en cara que no manzilla en coraçon. | E que lo susodicho muchas vezes e en diversos tienpos lo oyo desir este testigo a la dicha Ynes Lopes. E que sabe este testigo que çierta persona reprehendio a la dicha Ynes Lopes porque dezia lo susodicho; e dixo, quando desenterraron a çiertos conversos y los hallaron enterrados como judios, con vestiduras, syn tener cruz ninguno dellos, que aquello non gelo abian levantado, e que la dicha Ynes Lopes dixo que se les abia trastornado la cruz. E que este testigo a mirado muchas vezes sobre aviso a la dicha Ynes Lopes quando se santiguavan, que no se santiguava como christiana, sino que se pone la mano en la frente e abaxala sobre el honbro e dize: Libreme Dios del diablo. E que nunca dize 'en Nonbre del Padre' ni 'del Fijo'. E que sabe e oyo este testigo dezir a la susodicha, quando açotaban a çierta persona por la Inquisiçion: Alla van leyes do quieren reyes. E que este testigo sabe e oyo desir a la dicha Ynes Lopes, hablando con çierta persona sobre los que prendian por la Inquisiçion: Todo lo hazian por sacar dinero — dando a entender que todos los que se prendian e se fazia en la Inquisiçion hera por sacar dinero.

VI Otro testigo, jurado, etç., en vn dia del mes de mayo de mil e quinientos e honze años, dixo que de diez años a esta parte conoçio a Ynes Lopes, la linera, reconçiliada, veçina de Çibdad Real, e desde el dicho tienpo aca, asi quando traya la susodicha el Sen Venito de dos cruzes como despues que le dexo, le oyo desir este testigo muchas vezes e en diversos tienpos que dezia a çierta persona que la guardase Dios de malas lenguas e de malas gentes e de falso testimonio, e mas del verdadero, e que ella nunca avia fecho ni dicho cosa por que se deviese reconçiliar, e que todo le fue levantado, e que mas queria verguença o vermejuela en cara que non gela quemasen como a sus hermanos e madre, e que gelo oyo desir este testigo tantas vezes que no puede dezir quantas, sino que fueron muchas. E que algunas personas gelo reprehendian, e que todavia porfiaba que no abia fecho cosa por que se deviera

29r aver recon|çiliado. E que asimismo le oyo desir este testigo que a su madre Elbira Gonsales, la linera, e a dos hermanas suyas, la vna la muger de San Roman e la de Diego Sanches, que las abian quemado con falsos testigos, e que gelo abian levantado e que por salbar la vida se abia reconçiliado la dicha Ynes Lopes, porque no la quemasen como a su madre e hermanas. E que hablando la dicha Ynes Lopes con çiertas personas sobre los que prendian por la Ynquisiçion, dixo la dicha Ynes Lopes: Andad, que todo esto es por sacar dinero — dando a entender que la Inquisiçion se fazia por les tomar sus haziendas. E que oyo desir a la dicha Ynes Lopes, hablando con çiertas personas, que todo hera levantado contra los que quemavan e reconçiliaban.

VII Otro testigo, jurado, etç., en vn dia del mes de mayo de quinientos e honze años, dixo que abra honze años que conoçio a Ynes Lopes, la linera, reconçiliada, veçina de Çibdad Real, e desde el dicho tienpo aca muchas e diversas vezes e en diversos tienpos a oydo dezir a la dicha Ynes Lopes, la linera, que ella no hizo cosa ninguna de las que dixo en la Inquisiçion, de que se abia reconçiliado, e que las abia dicho por que no la quemase, porque non las hizo; e que a su madre e a sus hermanas, avnque las quemaron, que non hizieron nada por que las quemasen, que mas valio morir quemadas que no vebir, porque gelo abian levantado aquello por que las abian quemado. E que asimismo quando se prendio por la Inquisiçion Maria de Lovon, veçina de la villa de Alcaçar de Consuegra, prima de la dicha Ynes Lopes, la linera, le oyo desir este testigo a la dicha Ynes Lopes como dixo que toda la Ynquisiçion hera por sacar dinero, e que todos gelo levantaban e abian levantado. E que sabe este testigo que la dicha Ynes Lopes

Trial of Inés López

non se santiguava como christiana. |

29v VIII° Otro testigo, jurado, etç., en vn dia del mes de abril de mil e quinientos e honze años, dixo que abia diez años, poco mas o menos, que bio a Ynes Lopes, fija de Diego Lopes ⟨e⟩ de la linera, como vino de Toledo con San Venito, que se abia reconçiliado. E sabe que la abian mandado los inquisidores que fuese a Misa a oyr los Sermones. E que bio este testigo que quando yva a Misa la dicha Ynes Lopes, que cobria el San Venito con las faldas del manto, asi de la parte trasera como de delante, e le llevaba tan cobierto que non se paresçia. E que algunas veses yba a Misa en amaneçiendo e tornabase luego por que non la biesen.

Diego Mudarra is Appointed Defence Counsel

[Poder a Diego Mudarra]

17 Feb. 1512 En XVII dias de hebrero de mil e quinientos e doze años, la dicha Ynes Lopez dio e otorgo todo su poder conplido a Diego Mudarra, que presente estaua, para que por ella pueda presentar todos e qualesquier escriptos, e haser e haga qualesquier pedimientos, abtos, en esta cabsa, que nesçesario sean en esta dicha su cabsa, fasta la conclusyon della e la retenantaçion con todas sus ynçidençias e dependençias, etç. Testigos: El bachiller de Bonillo e Garçia de Arguello, carçelero de la carçel deste Santo Ofiçio. |

Pleading of the Defence

30r 17 Feb. 1512 En XVII de hebrero de I V DXII años ante el reverendo señor liçençiado Alonso de Mariana inquisidor la dicha presento este escripto estando presente su letrado y Mudarra procurador.

+

Muy Reverendos Señores:

Ynes Lopes, muger de Alonso de Aguilera, defunto, vezina de la Çibdad Real, paresco alegando de mi justiçia en la cabsa presente que conmigo a tratado el venerable señor Martin Ximenes, promutor fiscal en el Santo Ofiçio de la Ynquisiçion desta çibdad de Toledo, e dixo que visto o mandado ver el presente proçeso, hallaron, despues que me confese e reconçilie, aver biuido como catolica e verdadera christiana, segund que lo tengo provado y es notorio e asy se deve presumir, demas de la provança por mi fecha, a lo qual no enbargo la provança fecha por parte del dicho señor promutor fiscal a mi dada en publicaçion, que es ninguna e no hase prouança ni fee ni yndiçio contra mi por non ser hecho a pedimiento de parte ni en tienpo ni forma juridica e porque non fueron tomados e

[103]

examinados ni ratificados en plenario juisio ni segund e con las condiçiones que de derecho se requiere en caso tan arduo como es el presente. E los dichos testigos son syngulares, varios, contrarios a si mismos los vnos a los otros, e non concluyen a aquello para que fueron presentados porque no deponen heregia, ni ricto, ni çerimonia judayca. Porque el primero testigo non depone cosa que sea heregia ni se pueda ynferir ni colegir siniestra suspiçion, porque no es nesçesario darse en los pechos a los tienpos que el dicho testigo depone, porque segund la devoçion que cada vno tyene, se hiere e da en los pechos, quanto mas que el dicho testigo dise que yo me heria e daua al tienpo del consumir e desyr que no me dava en mitad de los pechos, syno en barriga, es manifestar la henemistad e non la yntynçion que el dicho testigo me thenia, porque estando en devoçion e atenta al tyenpo del consumir, non auia de ynputar el testigo sy fuese catolico o touiera yntinçion del catolico, pues que yo me heria, que fuese en los pechos o mas arriba o mas abaxo, que quien yva a Misa e la oya atentamente e se herio al tyenpo del consumir, con devoçion e rogando al Nuestro Señor que lo perdonase, que se pudiese juzgar a dañada yntinçion, pues que el abto en sy hera santo e permiso. Otrosy digo que el segundo e terçero e quarto testigos non deponen cosa que concluya heregia ni ricto ni çerimonia de la Ley de Moysen. E yo he confesado e syenpre confese aver ofendido a Nuestro Saluador e Redenptor Ihesu Christo y a Su Santa Fee Catolica, e por ello me reconçilie de animo y obra y compli la penitençia que me fue ynpuesta, como persona que me dolia e arrepentia de lo hecho. E yo ante Vuestra Reverenda Paternidad e ante todas las personas e que non por ynjuriar ni afrenteme | me preguntaron sy auia ofendido a nuestra Santa Fee Catolica, dixe que sy, e que por ello me auia reconçiliado. E yo nunca negue con pertynançia nin syn ella que tengo memoria que yo non fuese reconçiliada, ni menos que ouiese dexado de haser lo que por la dicha mi confesyon magnifeste e confese; y sy çerca de themerme de falsos testigos algo diria, que no tengo memoria, seria como muger synple, que metyda en platycar, sin acuerdo e descuydadamente podia desir alguna cosa, creyendo que no hereticava e no sabiendo lo que me diria, y cosa natural de las mugeres non poder resystirse de hablar, mas non que yo ouiese hablado con alguna con pensamiento ni obra de ofender la Santa Fee Catolica, porque theniendo yo a alguno o algunos por buenos e pensando algunos que les tenian henemistad, avn que ouiera dicho con poco saber, como muger, que e cabsa de falsos

Trial of Inés López

testigos auian seydo quemados ni por ellos desya ni negauase la sentençia justa ni ofendia del Santo Ofiçio de la Ynquisyçion. Pues a lo que el dicho quarto testigo dise que no me santyguaua, el quinto testigo dise lo contrario, y ellos non estavan presentes al tyenpo que me acostaua e levantaua, que es al tienpo que los saçerdotes se acostunbran a santyguar, porque la verdad es que yo me santiguava e me santygue, segund que Vuestra Reverenda Paternidad se puede ynformar e verlo por vista de ojos. E lo mismo digo a lo que disen e deponen el quinto e sesto e setymo e otauo testigos. E a lo que el dicho otauo testigo dize que encubria las cruzes del abito que me fue mandado traher en penitençia por los pecados que yo confese, es vno e syngular, e depone de cosa que sy fuera verdad e yo la hisiera, segund que hera publica, ouiera ynfinito numero de testigos que lo ouieran dicho e testificado pues que fuy a todas las Misas e Sermones que me fue mandado por los reuerendos señores ynquisydores ante quien yo me confese, asy que hera cosa ynposyble yo aver podido encubrir los cruzes del dicho abito syn que se supiera o viera o fuera acusada e redarguida dello. Por las quales cabsas, bien mirada, la dicha prouança a mi dada en publicaçion fue y es ninguna, e mediante ella non puede ser acusada segund e por la forma que lo fui e soy e porque menos me pare perjuisyo y en todo se escluya, digo que sy las personas que yo tengo tachadas o qualquier dellos depusyeron e testificaron contra mi, que sus dichos e depusyçiones son ningunos, porque demas que son personas ynfames e pobres e de malas conçiençias son mis henemigos capitales, segund que mas largamente esta dicho e alegado en el escripto | de tachas hecho por mis letrados, a que me refiero e he aqui por repetydo, a la prueva de las quales pido por Vuestra Reverenda Paternidad ser resçebida, y aquella tomada, pido e suplico me absueluan de la ynstançia presente e me den por libre e quita, restituyendome en el estado y fama en que estava al tiempo que fui presa, poniendo perpetuo sylençio en la dicha razon al dicho señor promutor fyscal, para lo qual y en lo nesçesario el santo e noble ofiçio de Vuestra Reverenda Paternidad ynploro, e pido serme hecho conplimiento de justiçia, e concluyo e pidolo por testimonio.

(—) Bachiller de Bonillo   (—) el liçençiado de Herrera

E asy leydo e presentado el dicho escripto, el dicho señor inquisidor dixo que mandaua dar traslado al promotor fiscal, que presente estaua, e que responda dentro de tres dias primeros syguientes.

Records of the Inquisition in Ciudad Real and Toledo, 1494–1512

Reply of the Prosecutor

Luego, el dicho promotor fiscal dixo que los testigos por el presentados en esta cabsa son fidedignos e tales que no padesçen de exçençion alguna por ser como lo son mayores de toda çension, e que, açeptando, como açeptaua, todas e qualesquier confesyones hechas por la dicha Ynes Lopez, en quanto por al hasen y no mas allende, e negando lo perjudiçial, que contenia e contenio e pedia e pidio ser resçebido a la prueva de los abonos de los dichos testigos, en estando presentes la dicha Ynes Lopez e su letrado y procurador.

Order to Present Tachas
[Sentençia de pruevas de tachas e abonos]
Luego, los dichos señores inquisidores dixeron que, pues las dichas partes concluyan, que sus reverençias concluyan con ellos, e que asignava⟨n⟩ e asignaron para luego para dar sentençia, en que dixeron que se hallauan e hallaron que los devian de resçebir a la prueva con termino de quinze dias primeros syguientes al dicho promotor fiscal de los abonos de los testigos por el presentados en esta dicha cabsa e a la dicha Ynes Lopez de las tachas e ojebtos, saluo jure ynpertinencium et non admitendorum. |

31v *Blank page*

Questionnaire for Tachas Witnesses

31r Muy Reverendos Señores:
Ynes Lopez, la linera, muger de Alonso de Aguilera, vezina de Çibdad Real, ante Vuestras Reverendas Paternidades parezco, espeçificando e declarando las tachas e objectos por mi opuestos contra los testigos presentados por el dicho señor promutor, los quales pongo por ynterrogatorio, por el qual pido sean esaminados los testigos que por mi seran nonbrados, para provar las dichas tachas, en la forma syguiente:

I Primeramente, sean preguntados sy conosçen a la dicha Ynes Lopez e al dicho promotor fiscal.

II Yten, sean preguntados sy conoçen a Juan Gomez e Leonor, su muger, e a Catalina Alonso, la hermana de el Çoço, e ⟨a⟩ Maria, su muger, e a Teresa Muñoz, e ⟨al⟩ sacristan de Santa Maria, e a Catalina Garçia, e a Juana de Torres, beata, e a fray Luys, de la Horden de San Juan, e ⟨a⟩ Alonso de Camargo,[33] e a Catalina

[33] He was a Dominican monk who served the Court in Ciudad Real; see Biographical Notes.

Trial of Inés López

Ruyz, muger de Juan Fernandez, e a Catalina, su andada, e a Juan, bachiller, e ⟨a⟩ su muger, e al Antonio de Santa Maria, e a Juana de Hoçes, e a doña Ysabel, muger de Françisco Sanches, e a Catalina de Sazedo, e a la de Martivanes, e ⟨a⟩ doña Brianda, su hermana, e ⟨a⟩ Maria Godinez, e ⟨a⟩ su madre, e ⟨a⟩ Catalina de Molina, muger de San Roman, e a la de Corvera, e a Antonia Gomez, e a Mariana, muger de Monteagudo, e a Maria, muger de Lucas, çapatero, e a Juana de Frexinal, e a Maria, criada de Juan Ruyz, trapero, e a la mançeba de Poblete, çapatero, que sale con Mariana de Mora, muger del regidor Diego de Poblete, e a la muger de Anton de Vaños, e a Maria de Olivera, e a Elvira Gonsales, mi madre, e a Leonor la tuerta, espitalera, e a Anton de Flores, vezinos de Çibdad Real. |

32v III Yten, sean preguntados sy saben, vieron, oyeron desir quando e al tiempo que los dichos Juan Gomez e su muger dixeron sus dichos en esta cabsa e agora heran e son enemigos de la dicha Ynes Lopez e le tenian e tienan odio y enemistad, a cabsa que la dicha Ynes Lopez alquilo vna casa de Ysabel de Luzio, en que morava el dicho Juan Gomez, sobre lo qual riño malamente e amenazaron a la dicha Ynes Lopez, diziendo la dicha Leonor Gomes: ¿Fueses a alquilar la casa, doña, entre dos cruzes? [34] — y os doy fe que en ella no entres. Y al dicho Juan Gomez dixo que el pornia a la dicha Ynes Lopez donde oviese menester las manos.

IIII° Yten, sy saben, etç., que la dicha Catalina Alonso hera y es enemiga de la dicha Ynes Lopez e le tiene odyo y enemistad, a cabsa que vna hija de la dicha Catalina Alonso bivia con la dicha Ynes Lopez e la dicha Catalina Alonso se la quito, sobre lo que riñeron, e andava diziendo la dicha Catalina Alonso que avia de haser quemar a la dicha Ynes Lopez, e tambien ovieron reñido porque la dicha Catalina Alonso hurto vna artesuela a la dicha Ynes Lopez.

Yten, sy saben, etç., que los dichos Hernando e Maria, su muger, heran e son enemigos de la dicha Ynes Lopez, a cabsa que la dicha Ynes Lopes avia reñido en su casa con vna hija de los susodichos, e despues de yda le pedyan vna sayuela, e la dicha Ynes Lopez dixo que no le devia nada, e sobre ello riñeron e la amenazaron, diziendo que la harian quemar como quemaron a su madre, y

---

[34] The allusion to the *Sanbenito* here may have been intended as a sarcastic remark to remind the defendant that she had been condemned as a heretic.

[107]

Records of the Inquisition in Ciudad Real and Toledo, 1494–1512

el dicho Hernando dixo que renegava de la crisma que tenia sy no hazia que costase cara la saya a la dicha Ynes Lopez. |

33r VI Yten, si saben, etç., que Teresa Muñoz e ⟦   ⟧ sacristan de Santa Maria, e Catalina Garçia, conpañera de la dicha Teresa Muñoz, heran e son enemigos de la dicha Ynes Lopez, porque la dicha Teresa Muñoz hurto dos pieças de çintas a la dicha Ynes Lopez, la qual riño con ella e le dixo de puta e alcahueta e hechizera, como lo es, que alcaoteo a vna hija de Pedro Amarillo con el dicho sacristan, e tambien riño con la dicha Catalina Garçia porque tenia en casa la dicha Teresa Muñoz, e desta cabsa todos tres la querian mal.

VII Yten, sy saben, etç., que la dicha Juana de Torres, beata, hera y es enemiga de la dicha Ynes Lopez a cabsa que le hurto vn paño raudado, e riño sobre ello, e porque la dicha Ynes Lopez descubrio e dixo que como la dicha Juana de Torres avia parido vn hijo e vna hija, e por la enemistad le echo toda su hazienda en la calle, e despues aca sienpre le tuvieron enemistad.

VIII° Yten, si saben, etç., que frey Luys, de la Horden de San Juan, hera y es enemigo de la dicha Ynes Lopez e la tiene odio y enemistad, porque seyendo el enamorado de vna hermana de la dicha Juana de Torres fue a la puerta de la dicha Ynes Lopez a llamar vna criada suya, diziendo que la llamava Juan de Torres, e la dicha Ynes Lopez no la dexo yr, e luego vino la dicha su amiga e llevola a vna casa, e vn tio de la moça, que se llama Hernan de Dañes, fue a reñir con la dicha Ynes Lopez, diziendo que ella avia consentido que el dicho fray Luys llevase a su sobrina, e despues paresçio la moça e riñeron malamente, e a esta cabsa les quedo enemistad con la dicha Ynes Lopez. |

33v IX Yten, sy saben que el dicho Alonso de Carmona [35] ⟨*sic*⟩ hera y es enemigo de la dicha Ynes Lopez e le tiene odyo y enemistad, a cabsa que estando el dicho Camargo en caminos, la dicha Ynes Lopez bivia en su casa del dicho Camargo, e desque se preso della se llevo vn almario que le tenia alquilado, sobre lo qual el dicho Alonso de Camargo enplazo a la dicha Ynes Lopez, e sobre çierto estiercol que dexo en la casa, sobre lo qual riñeron e quedaron enemigos.

+ X Yten, sy saben que Catalina Ruyz, muger de Juan Hernandes,

---

[35] Under the name Camargo he acted as a prosecution witness against Juan Falcón, the elder, with whom he worked on certain dyeing contracts; see Vol. I, No. 84, fol. 5v.

[108]

Trial of Inés López

hera y es enemiga de la dicha Ynes Lopez a cabsa que estando la dicha Ynes Lopez vn dia hablando con Catalina, andada de la dicha Catalina Ruyz, la dicha Ynes Lopez le dixo que Juan de Arevalo, padre de la dicha Catalina Ruyz, avia robado, quando el robo de los confesos, mas de trezientas mil maravedis, que al fin avia muerto en vn pajar, e supolo la dicha Catalina Ruyz, por lo qual le tuvo enemistad, e porque dixo que vna su hermana se avia casado con vn alvañyr seyendo su primo.

+ XI Yten, es su henemiga la dicha Catalina, andada de la dicha Catalina Ruyz, por lo dicho en la pregunta antes de esta, e avn esta Catalina publico como la dicha Catalina Ruyz avia testificado en la Ynquisiçion de la dicha Ynes Lopez.

XII Yten, son sus enemijos Juan, bachiller, e Catalina, su muger, de cabsa que vna hija del dicho Juan, bachiller, bivio con la dicha Ynes Lopez, e sobre la soldada la çitaron e pareçio ante la justiçia, e porque la avia tenido los años (años), le mandaron que le diesen mas de lo que le avian dado, sobre lo qual riñeron e ovieron malas palabras, e la muger del dicho Juan bachiller dixo que pues no pagava la soldada, que ella haria como se la pagasen.

34r XIII Yten, si saben que Elena de Santa Maria hera y es enemiga de la dicha Ynes Lopez, la linera, a cabsa que tenia vna rejada de Maria Alvarez,[36] hermana de la dicha Ynes Lopez, por mançeba e procuro que la dicha moça se apartase del dicho cura porque estava en pecado, que le tuvo sienpre enemistad.

XIIIIº Yten, si saben, etç., que Juana de Hoçes hera y es enemiga de la dicha Ynes Lopez e lo fue de su marido, a cabsa que les tenia tema, e quando se desposaron enbio a desir mal de la dicha Ynes Lopez a la madre de Villaseñor, y estando la dicha Ynes Lopez en casa de Juan de Haro, la dicha Juana de Hoces enbio a desir que afanasen, que todavia a de ser del rey. Y entonçes el dicho Alonso de Aguilera fue e reñir con la dicha Juana de Hoçes, e riño con ella malamente e la desonro.

XV Yten, sy saben que doña Ysabel, muger de Françisco Sanchez, aya seydo e sea enemiga de la dicha Ynes Lopez, porque dixo vn dia: ¡Que diablo de dones se ponen agora como el ollero haze ollas! — diziendolo por la dicha doña Ysabel, la qual lo supo e dende en adelante le mostro enemistad.

XVI Yten, es su enemiga Catalina de Sazedo, a cabsa que se puso don, e la dicha Ynes Lopez dixo que que diablo, que seyendo hija

[36] Unless Inés had a sister of whom we know nothing else, her name should be Mayor.

de vn bolsero no se avia de llamar don, e la dicha Catalina de Salzedo lo supo e le mostrava e mostro enemistad.

XVII Yten, sy saben que la muger de Martivanes hera y es enemiga de la dicha Ynes Lopez a cabsa que dixo que, seyendo primos, avian dormido juntos, por lo qual le tienen enemistad la susodicha e otra su hermana. |

34v XVIII° Yten, sy saben, etç., que la dicha Mari Godinez e su madre heran e son enemigas de la dicha Ynes Lopez a cabsa que quando el robo, la dicha Ynes Lopez dio a guardar çiertas cosas a la dicha Mari Godinez, e alçaronse con ello, sobre la qual riñeron e la dicha Ynes Lopez le dixo de mala muger, e porque el dean les enbio vna caxa de donas e vna manta para el onbro e la dicha Ynes Lopes burlo dello, e a la sazon la dicha Mari Godinez dixo que para vn buelto en el ynfierno por haser quemar a la dicha Ynes Lopez e sus hijos, e porque por otra renzilla la hizieron hechar presa.

XIX Yten, si saben, etç., que Catalina de Molina, la muger de San Roman, hera y es enemiga de la dicha Ynes Lopez, a cabsa que el dicho San Roman llevo çierta hazienda de casa de la dicha Ynes Lopez e no se la pudo sacar hasta que la descomulgo, e a esta cabsa le enbia a desir que calla su boca, sy no le costaria caro.

XX Yten, es su henemiga la de Corvera, pariente de la dicha Catalina de Molina, por la cabsa ya dicha en la pregunta antes desta.

XXI Yten, es su enemiga Antona Gomez a cabsa que estando parida vna sobrina de la dicha Ynes Lopez, la levanto que no la avia dexado sobyr a ver, e que le dixo: Non sobires aca avnque sea Santa Maria. Y es borracha e muger de mala fama.

XXII Yten, es su enemiga Marina, muger de Monteagudo, porque seyendo mançeba del dicho Monteagudo riñeron amas a dos e la dicha Ynes Lopez llamo de puta a la dicha Marina.

XXIII Yten, es su henemiga Maria, muger de Lucas, çapatero, a casa que seyendo vezinas la dicha Maria hurto vn dia la olla a la dicha Ynes Lopez, e sobre ello riño con ella malamente (malamente). |

35r XXIIII° Yten, sy saben, etç., que Juana de Frexinal hera y es enemiga de la dicha Ynes Lopez a cabsa que le hizo alquilar vna casa para en que morase con condiçion que oviese de salir con vna sobrina de la dicha Ynes Lopez e despues no lo quiso haser e la dicha Ynes Lopez fue al señor de la casa e le dixo que cobrase su alquiler de la dicha Juana, e sobre ello riñeron malamente.

Trial of Inés López

XXV Yten, sy saben que [ ], mançeba de Poblete, çapatero, hera y es enemiga de la dicha Ynes Lopez a cabsa que riñeron vna vez en la yglesia, e la dicha Ynes Lopez la desonro, despues de lo qual le tuvo sienpre enemistad.

XXVI Yten, es su henemiga la muger de Anton de Vaños a cabsa que ovieron renzilla y enojo amas a dos, a cabsa que se fue vna moça de la dicha Ynes Lopez de su casa, e la de Anton de Vaño la acogio en la suya.

XXVII Yten, es su henemiga Maria de Olivera porque al tienpo que la dicha Ynes Lopez fue reconçiliada e con Sanbenito, la dicha Maria de Olivera dixo por la dicha Ynes Lopez: Mira que muger de escudero, que presumia mucho de christiana e viene sanbenitada. E la dicha Ynes Lopez le respondyo que mas valia ser reconçiliada que no yrse con el cuñado a Portugal, lo qual dixo porque la madre de la dicha Maria de Olivera se fue con vn cuñado suyo a Portugal, e que non hera como su tia Catalina de Olivera, que en todo el año no yva a Misa, que antes trabajava los domingos e fiestas, despues de lo qual sienpre le tuvo enemystad; e a sido y es mala muger e de mala fama.

XXVIII° Yten, si saben que Elvira Gonsales, madre de la dicha Ynes Lopez, hera y es su enemiga, que dezia que lamenta que la dicha Ynes Lopez no hera su hija, y es muger que muchas vezes a salido de seso.

XXIX Yten, si saben que Ynes la Tuerta, espitalera, hera y es enemiga de la dicha Ynes Lopez e le tenia e tiene odio y enemistad, a cabsa que tiniendo la dicha Leonor vna mochacha en su ospital, se fue a casa de la dicha Ynes Lopes e le de[ ]jo vn palaçio e le hurto vnos corales e vn paño e vnas çortijas e otras cosas que la dicha Ynes Lopez sale a buscar la dicha mochacha a el ospital, e la ospitalera lo nego, sobre lo qual ovieron mucha renzilla y enojo e quedaron enemigas.

XXX Yten, si saben que las dichas Ana de Flores e su cuñada, la muger de Hernando de Flores, heran e son enemigas de la dicha Ynes Lopez e le tienen odio y enemistad, a cabsa que riño con ellas sobre çiertas hilazas, despues de lo qual syenpre le tuvieron odio y enemistad.

Yten, si saben, etç., que de todo lo susodicho aya seydo e sea publica boz e fama.

(—) el liçençiado de Herrera   (—) Bachiller de Bonillo

36r Testigos de la linera para provar tachas

Para la primera y segunda todos los testigos	I–II
Ysabel de Luzio	III
Alonso Aluarez	III
Ana, muger de Vilena, çapatero	III
La de Diego Pavon	IIII°
Valentina, hija de Maria Jufre	IIII°
Leonor de Carmona	IIII°–V–IX
La de Juan Fernandez, Maria Ruyz	IIII°–XIX–XX
La de Juan Ruyz, trapero	V–XXIIII°–XXIX
Catalina de Escobar [37]	V
Catalina Garçia, que biue çerca de su casa	V
Juana, hija de Juan Hernandes	V
La de Oliuar e Catalina de la Torre	VI–XIX–XXX
La de Pero Nuñez, ortelano	VI
El Pero Nuñez	VI
Juan Chacon, escribano [38]	VI
Barbola, muger de Miguel Navarro	VII
Catalina la Janta	VII
Herrera el de la Rinconada	VII
Juan de Herrera, escrivano [39]	VII
Françisca, hija de Gonçalo de Leon	VII
Luys, hijo de Oliuer	VIII°
Teresa Martines	VIII°
Juana de Torres	VIII° |

36v
+ Beatriz, la del pintor	X–XI
+ Juana Ramires, la de Çamora	X–XI
Ysabel, la de Maria Santa Crus	XII
Mari Lopes, la de Mora, barvero	XII
Funes, escriuano	XII
Catalina de Camarzo, hermana de Juan Ruyz, trapero	XIII
[ ] calderero, cuñado de la moça que biue en la calle de Juan Beltran	XIII
Anton Hidalgo	XIIII°

[37] She was an Old Christian who testified against Juan Ramírez, No. 109, fol. 101v. Diego Mudarra brought *tachas* against her in that trial; see fol. 89r.

[38] See the trial of Juan Ramírez, No. 109, foll. 90r, 94v.

[39] See *ibid.*, foll. 77r, 80r–v, where he was summoned as a prosecution witness.

Trial of Inés López

Su muger	XIIII°
Diego Hidalgo	XIIII°
Su muger	XIIII°
Juana de Pedraza	XIIII°
Elena,[40] muger de Juan Manojo [41]	XV
Catalina, criada de Diego de Loaysa [42]	XVI
Teresa, su hermana	XVI
Françisca de Anton Dias, biue çerca de su casa	XVII
Graçia Maria, muger de Juan Chico	XVIII°
Diego Mexia	XVIII°
Juan Mexia [43]	XVIII°
Mari Dias, muger de Asasola	XVIII°
Mansylla	XVIII°
El [ ] Loaysa	XVIII° |
Catalina Alonso a la cal de Toledo	XIX–XX
Alonso de Lucas	XXI
Juan, su hijo	XXI
Antonia, criada de Monteagudo	XXII
Françisca Mexia, muger de ⟨stain⟩ sola	XXII
Mari Gallega	XXIII-XXIIII°-XXV
Catalina, muger de Juan el Çoço	XXV
Ysabel de Valverde [44]	XXV
Elena de [ ] Villa	XXVI
Bartholome de Castro	XXVI
Catalina Sanches, muger de [ ]	XXVII
Catalina Lopes, muger de Diego de Villa, regidor	XXVII
Sancha de Torres	XXVII

371

[40] Her full name was Helena González. She testified for the defence in the trials of Diego López (Vol. I, No. 86, fol. 8r) and Juana Núñez, (No. 107, foll. 32v, 39r). See also the trials of Juan Ramírez (No. 109, fol. 94v) and Maria González, wife of Alonso de Merlo (No. 106, foll. 19v–20r).

[41] He testified for the defence in the trial of Diego López, Vol. I, No. 86, fol. 8v.

[42] Diego de Loaysa, *regidor* in Ciudad Real, had his confiscated property returned to him by royal edict on 23 January 1503; see H. Beinart, *Sefarad*, XVII (1957), pp. 284 ff., and *RS*, Vol. X, No. 3255, fol. 2.

[43] Juan Mexia testified for the defence in the trial of Diego López, Vol. I, No. 86, fol. 15r.

[44] Her confiscated property was released by royal edict on 23 January 1503; see H. Beinart, *Sefarad*, XVII (1957), p. 308 f.

Quitena, que fue su criada	XXVII
La de Aluar Garçia, que biue de casa de la Figueroa	XXVIII°
La de Bonilla	XXVIII°
Hernando de Madrid [45]	XXVIII°
Juana Gonsales, ama de Pero Franco	XXIX
Madalena, que fue su criada	XXX

(—) de Bonillo ⟨initials⟩ |

37v *Blank page*

38r Tachas de la linera

1 March 1512 En la Çibdad Real, primero dia de março de mil e quinientos e doze años, ante el reverendo señor liçençiado Pedro Ochoa de Villanueva, inquisidor, Catalina Ruyz, muger de Juan Fernandez de Almagro, testigo jurado e presentado para probar las tachas puestas por Ynes Lopes la linera, presa, a los testigos presentados por el promotor fiscal contra la susodicha.

[Testigo]
Catalina Ruyz, muger de Juan Fernandes de Almagro, testigo presentado por parte de la dicha Ynes Lopes, la linera, fue preguntada sobre la quarta e diez y nueve y veynte proguntas e no se escribio nada por quanto las personas tachadas no deposieron en esta cavsa.

[Testigo]
Este dicho dia, Maria Sanches, muger que fue de Diego Pabon e agora es muger de Fernando de la Higuera, testigo jurado en forma de derecho. Non se rezibio su dicho porque las personas tachadas no deposieron en esta cavsa.

[Testigo]
Este dicho dia, ante el dicho reverendo señor ynquisidor, Beatriz Gonsales, muger de Juan de Morales, el pintor, testigo jurada en forma de derecho e presentada para probar las tachas puestas por la dicha Ynes Lopes, la linera.
I A la primera pregunta dixo que no conosçe al fiscal de la Ynquisiçion, e que a Ynes Lopez, la linera, que la conosçe de doze años

---

[45] He was the son of Alonso Alvarez; see Fita, p. 471, No. 97, and Biographical Notes.

Trial of Inés López

a esta parte de bista e habla, e que este testigo es christiana vieja e no es parienta de la susodicha, e que de hedad este testigo de çinquenta años, e no es sobornada ni rogada, e que quiere | que vença quien Dios quisiere. Fue preguntada sy sabe que entre la dicha Ynes Lopez, la linera, e Catalina Ruyz, muger de Juan Fernandes, aya avido alguna henemistad. Dixo que este testigo no lo ha sabido ni sabe.

X Fuele leyda la deçima pregunta; dixo que no lo sabe.

XI A las honze preguntas dixo que no la sabe, mas antes dixo este testigo que en lo primero, que la dicha Ynes, la linera, vibia en el barrio que este testigo vibia e la dicha Catalina Ruyz, via este testigo que se conversaban las susodichas como amigas, e que nunca las vio syno amigas y non las vio desamigas, a lo qual puede aver tres años, e que nunca este testigo vio a las susodichas desamigas antes ni despues.

[Testigo]

En la dicha Çibdad Real, dos dias del dicho mes y año, ante el dicho reverendo señor ynquisidor, Juana Ramirez de Aguilera, muger de Alvaro de Çamora, testigo jurada en forma de derecho.

I A la primera pregunta dixo que al fiscal que non le conosçe, pero que conosçe a Ynes Lopez, la linera, de honze años a esta parte de habla e bista e conversaçion e vezindad que con este testigo a tenido, e que este testigo es christiana vieja fija de algo.

Fue preguntada sy sabe que entre la dicha Ynes Lopes, la linera, e Catalina Ruyz, muger de Juan Fernandes de Almagro, aya avido alguna henemistad; dixo que non sabe que entre las susodichas aya avido henemistad alguna, mas ante sabe que son amigas e vezinas. |

X Fuele leyda la deçima pregunta; dixo que non la sabe.

XI A las honse preguntas dixo que non la sabe mas de quanto oyo desir este testigo que la dicha Catalina avia venido a dezir ante los inquisidores, e que no se acuerda a quien lo oyo desir.

Publication of Testimonies

[Pedimiento de publicaçion]

E despues de lo susodicho, en quatro dias de mayo de mil e quinientos e doze años, estando el reverendo señor el liçençiado Alonso de Mariana, ynquisidor, en la abdiençia del Santo Ofiçio de la Ynquisiçion, paresçio presente el venerable promotor fiscal e pidio publicaçion de las prouanças fechas y presentadas por la

[115]

dicha Ynes Lopez, la qual seyendo presente, con paresçer e acuerdo de su letrado e procurador, consyntio en la dicha publicaçion.

[Fizose la publicaçion]
Su reverençia dixo que mandava e mando haser la dicha publicaçion y dar traslado a las partes con termino de seys dias, e que responda en el dicho termino. |

The Prosecutor Requests Final Sentence

39v E despues de lo susodicho, en Toledo, XV dias de mayo de mil
15 May quinientos e dose años, estando los dichos reverendos señores ynqui-
1512 sydores en abdiençia, paresçio presente el dicho venerable promotor fiscal e dixo que açeptando todas e qualesquier confesiones fechas por la dicha Ynes Lopez, e haviendo presentaçion e reproducçion dellos en quanto por el hasen y no mas ni allende, e haziendo presentaçion de plenario proçeso e de la confesyon e abjuraçion hechas por la dicha Ynes Lopez al tienpo de su reconçiliaçion, las quales pidia e pidio que mandasen poner en este proçeso a vno de los notarios deste Santo Ofiçio, e negando lo perjudiçial, dixo que concluya e concluyo, e pidia e pidio sentençia definitiua, como pedido tenia, estando presente la dicha Ynes Lopez e el liçençiado de Herrera, su letrado.

Reply of the Defendant

Luego la dicha Ynes Lopez, la linera, dixo, con acuerdo de su letrado, que ella es libre e syn cargo de lo a ella acusado, y que la provança contra ella fecha no estenta ni concluyente y esta esclusa por la provança de tachas e ojebtos por ella fechos e presentadas e que se refiere, e que ansimismo paresca su ynoçençia sy su⟨s⟩ reberendas paternidades de su ofiçio quieren aver ynformaçion de su buena vida y fama y catolico biuir, e con esto dixo que concluya e concluyo, e que se agan los conçiertos a sus reverençias.

Date Set for Passing Sentence

[Concluso para definitiva]
Sus reverençias dixeron que pues las dichas partes concluyan, que concluyan con ellos, e que avian e ovieron este proçeso e cabsa por concluso, e que asygnavan termino de nueve dias primeros syguientes, e dende en adelante para cada y quando que acordado e deliberado tovieren, e que mandavan e vno de los notarios que

Trial of Inés López

pusiese en este proçeso la dicha confesion e abjuraçion fecha por la dicha Ynes Lopez. |

Addition to Confession

40r [En el proçeso primero que esta adelante hallaron sus confesiones e adiçion e abjuraçion + [ ]}

En el proçeso que esta adelante que se hiço contra la dicha Ynes Lopes se hallaron las confesyones e adiçiones que la dicha Ynes Lopes hiso estando presa, quando fue resçebida a reconçiliaçion o fue condenada a carçel perpetua, a asymismo esta la abjuraçion que hiso a veynte e çinco dias del mes de otubre de mil e quatroçientos e noventa e seys años, estando en la plaça de Çocodouer, ençima de vn cadahalso de madera, presentes los señores ynquisydores que a la sason eran en esta dicha çibdad e otra muy mucha gente.

Consulta-de-fe

[Votos]

3 July 1512   En Toledo, tres dias del mes de julio de mil e quinientos e dose años, este dia se juntaron en el adviençia de la Ynquisyçion los reverendos señores para ver e determinar este proceso los señores ynquisydores e letrados syguientes:[46]

El liçençiado Alfonso de Mariana, ynquisidor apostolico;

el liçençiado Pedro Ochoa de Villanueua, ynquisydor apostolico;

el liçençiado don Francisco de Herrera, capellan mayor de la Capilla de los Reyes Nueuos de Toledo e vicario general, ynquisidor apostolico e ordinario;

el liçençiado Rodrigo Ronquillo, alcalde mayor en la dicha çibdad;

el liçençiado Juan Ortys de Çarate, corregidor de Talauera;

el bachiller Diego Martines de Ortega, veçino de Toledo, jurista;

el bachiller Diego Fernandes Pan e Agua, capellan de la Capilla de los Reyes Nuevos, jurista;

fray Domingo de Bitoria, prior del monesterio de Sant Pedro Martir de Toledo;

fray Domingo Guerrero, predicador del dicho monesterio;

el lyçençiado Martin Ximenes, predicador, cura de la capilla de Sant Pedro que es dentro en la santa yglesia de la dicha çibdad, theologos.

Todos los dichos señores ynquisydores e letrados, theologos e

---

[46] See Biographical Notes on the following.

juristas en concordia votaron que se relaxe la dicha Ynes Lopes, la linera, con confiscaçion de todos sus bienes, eçebto el dicho señor capellan mayor e el liçençiado Pedro Ochoa de Villanueva, que dixeron que querian mas ver en ello.

5 July 1512 E despues de lo susodicho, en la dicha çibdad de Toledo, çinco dias del mes de julio del dicho año de mil e quinientos e doze años, los dichos señores capellan mayor e liçençiado Pedro Ochoa de Villanueva se juntaron en la dicha avdiençia con los otros señores, ynquisydor Mariana e letrados, theologos e juristas, los quales se conformaron con la vista e paresçer de los dichos señores, ynquisydor Mariana e letrados e theologos e juristas, para que se relaxe la dicha Ynes Lopes, con confiscaçion de sus bienes, por fita confitente e inpenitente. |

40v *Blank page*

Sentence

+

41r La linera; Ynes Lopez, la linera, veçina de Çibdad Real

Por nos, los inquisidores contra la heretica pravedad e apostasia en la muy noble çibdad e arçobispado de Toledo, dados e deputados por avtoridad apostolica e hordinaria, visto vn proçeso criminal que ante nos ha pendido e pende entre partes, de la vna actor denunçiante el venerable Martin Ximenes, canonigo de Logroño, promotor fiscal de este Santo Ofiçio, e de la otra rea acusada Ynes Lopez, la linera, muger que fue de Alonso de Aguilera, vezina de Çibdad Real, sobre raçon del delito y crimen de heregia e apostasya de que por el dicho promutor fiscal fue acusada e denunçiada, visto la acusaçion que el dicho promotor fiscal puso e intento contra la dicha Ynes Lopez, en que dixo que en los dias pasados la dicha Ynes Lopez auia fecho e hizo çierta fingida confesyon, por la qual avia confesado algunas cosas de heregia e apostasya, en que avya dicho y confesado que por honra y guarda de la Ley de Moysen auia guardado los sabados e los viernes en las noches, e ayunando ayunos de judios, e guardando sus pascuas, y hecho otros mucho rictos e çerimonias de la Ley de Moysen, e que lo avia fecho y cometido por guardar la dicha Ley de Moysen, creyendo saluarse en ella, e que algunas cosas auia confesado fictamente e havia dexado de confesar otras muchos, al tiempo de la dicha su reconçiliaçion, que auia fecho y cometido e sabia de otras personas que lo auian fecho y cometido, e que maliçiosamente, por

preseuerar en sus herrores e del fauor a las otras personas las callava
e incubria; e que despues de la dicha su fingida reconçiliaçion,
platicandole los dichos sus herrores, con poco temor de Dios, auia
fecho y cometido otros graves delitos hereticos e de inpenitençia,
en espeçial, dixo que muchas vezes y en diversos tienpos y lugares,
la dicha Ynes Lopez avia negado sus confesyones, que espontaneamente auia fecho, diziendo e afirmando que lo que ella avia
confesado de los delitos de heregia de que se auia reconçiliado,
que no los avia fecho ni cometido, e que se lo avian levantado
falsos testigos a ella y a otras personas; e que avia dicho la dicha
Ynes Lopez: Mirad en que esta mi vida: en dicho de vn borracho
o de vna borracha — afirmando sienpre que no avia fecho las cosas
de que se auia reconçiliado, e que se auia reconçiliado por que |
41v no la quemasen, e que mas auia querido verguença en cara que
manzilla en el coraçon. E que asimismo, despues de la dicha su
reconçiliaçion e abjuraçion, avia fauoresçido y fauoresçia a muchos
herejes condenados, diziendo y afirmando que los condenavan injustamente e que se lo levantavan con falsos testigos; e que reprehendio
çierta persona de las dichas cosas que dezia publicamente, e le dixo
que para que dezia aquello, que bien sabia que al tienpo que avian
desenterrado a muchos herejes en Çibdad Real e los abian hallado
amortajados como judios e syn cruzes, que aquellos tales no se
lo avian levantado, e que a esto avia respondido la dicha Ynes
Lopez, queriendolos sienpre defender, que se les avian trastornado
las cruzes, e que tanbien les avian levantado que les ponian botijas
de agua, e que a esto le dixo çierta persona que no sabia de botijas
de agua, pero que les avian hallado vn pedaço de queso tan gordo
como el puño e que lo avian visto muchas personas, e que la dicha
Ynes Lopez, queriendo sienpre defender los herejes, auia dicho:
Se que cahersele ya ⟨a⟩ alguno que lo yva comiendo quando los
enterravan. E que hablando muchas vezes en las cosas de la Ynquisiçion avia dicho y afirmado la dicha Ynes Lopez que no se hazia
la Inquisiçion syno por sacar dineros e por robarlos, e que todo
se lo levantavan con falsos testigos, e que los ⟨que⟩ avian prendido
el año pasado en el Canpo de Calatrava e otros lugares, que lo
avian fecho por aver dineros, e diziendo que alla yvan leyes adonde
querian reyes. E que la dicha Ynes Lopez no se sabia santiguar
hasta que se sono que la Inquisiçion yva a Çibdad Real, e que sy
alguna vez se santiguava, no como christiana, haziendo ni diziendo
'en Nonbre del Padre' ni 'del Hijo' etç., e que sy alguna vez lo
hazia, dezia 'en el Nonbre del Padre' y no queria dezir 'del Hijo'

ni 'del Spiritu Santo'; e que la dicha Ynes Lopez, como infiel, hazia burla de nuestra Santa Fe Catolica e de las cosas de la Yglesia e Sacramento de la Misa; e que veniendo algunas vezes de la Yglesia por conplir dezia la dicha Ynes Lopez que avia oydo Misa sahumada, disiendolo porque avian ençensado con ençienso, e lo mismo dezia de las Visperas; e que hablando muchas bezes la dicha Ynes Lopez en su reconçiliaçion e condenaçiones de otros herejes, avia

42r dicho, escusandose asymismo e a los otros, diziendo que no lo auian meresçido, que maldiçion de Dios viniese sobre quien tanto mal les avia fecho e hecho tomalles todos sus bienes injustamente, non lo meresçiendo ni aviendo fecho, porque en el tienpo que se auian reconçiliado, la dicha Ynes Lopez le fueron mandadas faser çiertas penitençias, y ella, como inpenitente, non las avia conplido ni avia traydo el Santbenito que le mandaron que truxese; e que asymismo avia quebrantado la carçel que le fue mandada guardar, e otras cosas asymismo que le fueron mandadas hazen en penitençia, e que no lo avia querido haser ni cunplir, en menospreçio de la sentençia e penitençia que le avia seydo inpuesta, burlando de su reconçiliaçion e de la Santa Fe Catolica. Por que dixo que nos pedia e pidio que mandasemos declarar e declarasemos todo lo susodicho ser verdad y la dicha Ynes Lopez aver seydo y ser hereje, apostota de nuestra Religion Christiana, ficta e symulada confitente e inpenitente, tan diminuta e relapsa, e que como a tal la mandasemos relaxar e relaxasemos a la justiçia e braço seglar, e su posteridad e desçendençia por las lineas masculina e femenina, hasta el primer grado inclusyve, ser privados de todos e qualesquier benefiçios e ofiçios publicos, asy eclesyasticos como seglares, e ser inabiles e incapazes para poder tener aquellos ni otros de nuevo, segund que esto y otras cosas en la dicha su acusaçion mas largamente se contiene. E visto como la dicha Ynes Lopez nego la dicha acusaçion e le fue dada copia e treslado della y letrado y procurador para que la ayudasen a defender en esta cavsa, e lo que dixeron e alegaron hasta que concluyeron e por nos fueron resçebidas a la prueva con çierto termino, e fecha publicaçion de las provanças por ellos fechas, e oydas las dichas partes en todo lo que dezir e alegar quisieron, hasta que concluyeron el dicho proçeso, e nos concluymos con ellos e ovimos la dicha cavsa e pleyto por concluso e asygnamos termino para dar en el sentençia definitiva. E visto todos los otros avctos y meritos del dicho proçeso, e sobre todo ello avido nuestro acuerdo y deliberaçion con personas de letras y conçiençia y de su voto y paresçer,

Trial of Inés López

Christi Nomine Invocato:
Fallamos el dicho promotor fiscal aver provado bien e conplidamente su intinçion, y la dicha Ynes Lopez, rea, no aver provado
42v sus | exçepçiones e defensyones que opuso para escluyr lo contra ella denunçiado e acusado, y pronunçiandolo asy, que devemos declarar e declaramos la dicha Ynes Lopes aver seydo y ser hereje e apostota de nuestra Santa Fe Catolica e Religion Christiana, e ser ficta e symulada confitente e inpenitente, e aver incurrido en sentençia de excomunion mayor y en las otras penas e çensuras contra los tales herejes apostotas en derechos estableçidas y en confiscaçion de todos sus bienes, los quales declaramos pertenesçer e aver pertenesçido a la camera e fisco real desde el dia que cometio los dichos delitos de heregia, y declarandola como la declaramos por tal hereje, apostota, ficta e symulada confitente e inpenitente, que la devemos de relaxar e relaxamos a la justiçia e braço seglar, e la mandamos entregar e entregamos al manifico y noble cavallero mosen Jayme Ferrer, corregidor en esta çibdad de Toledo por Su Alteza, e a su alcalde mayor, a los quales encargamos e afectuosamente rogamos, de parte de Nuestro Señor Ihesu Christo, que se ayan con la dicha Ynes Lopes piadosa e benignamente, e que no proçedan contra ella a pena de muerte. E otrosy declaramos los hijos desçendientes de la dicha Ynes Lopez por las lineas masculina e femenina, hasta el primero grado inclusyue, ser priuados de todos e qualesquier benefiçios e ofiçios publicos e de honor, asy eclesyasticos como seglares, e ser inabiles e incapazes para tener aquellos e aver otros de nuevo, e que no puedan traer ni traygan sobre sy ni en sus vestiduras oro ni seda ni grana ni chamelote ni corales ni aljofar ni perlas ni piedras preçiosas, ni cavalguen al cauallo, ni traygan armas, ni sean fysycos ni çirujanos ni boticarios ni canbiadores ni arrendadores, ni tengan ni biuiesen de los otros ofiçios publicos e de onor prohibidos en derecho, so las penas en el contenidas. E asy lo pronunçiamos e declaramos por esta nuestra sentençia definitiva en estos escriptos y por ellos, pro tribunali sedendo.

(—) A. de Mariana,   (—) J. de Herrera,   (—) Pedro de
   Licenciatus   Licenciatus   Villanova,
                                                Licenciatus

Sentence Carried Out

6 Aug. En Toledo, lunes, XVI dias del mes de agosto de IVDXII años,
1512 estando los dichos señores ynquisydores en la plaça de Çocodover

Records of the Inquisition in Ciudad Real and Toledo, 1494–1512

ençima de vn cadahalso, pro tribunali sedendo, e estando en otro cadahalso de madera la dicha Ynes Lopes, fue leyda e publicada esta dicha sentençia a alta bos ynteligible. Testigos: los señores don Fernando de Sylua e don Alonso Suares de Toledo, señor de Galues, su hermano, e el conde de Fuente Salida, e otros muchos cavalleros e personas religiosas, eclesyasticas e seglares, e Juan Obregon e Christoual de Prado e Diego Lopes de Tamayo, notarios de secreto del Ofiçio de la Santa Ynquisyçion. |

43r *Blank page*

First Trial (1495–1496)
The Composition of the Court

    Judges: Fernando de Mazuecos
                  Fernán Rodríguez del Barco
                  Fernando de Pera
    Prosecution: Diego Martínez de Ortega — prosecutor
                  Juan de Castro — aide
                  Gonzalo de Hlita — aide
    Gaoler: Diego de la Peña
    Notaries: Diego de San Martín
                  Diego López de Tamayo

Witnesses for the Prosecution [47]

    Catalina la Galiana, formerly wife of Juan Mexía
    María Godines, daughter of Alvaro Godines
    Juana González, wife of Juan de Almagro

Consulta-de-fe

    Bachiller Juan Alvarez Guerrero
    Bachiller Alonso Pérez de Aguilera
    Licenciado García Jufré de Loaysa
    Maestre Fray Juan del Puerto
    Licenciado Don Juan de la Cerda de Quintanapalla
    Licenciado Fernando de Pera
    Licenciado Fernando de Mazuecos
    Bachiller Fernán Rodríguez del Barco

[47] These were pre-trial witnesses who did not testify at the trial itself but on whose testimony the first trial was based.

Trial of Inés López

Second Trial (1511–1512)
The Composition of the Court

Judges:	Alonso de Mariana [48]
	Rodrigo de Argüelles
	Don Francisco de Herrera
	Pedro Ochoa de Villanueva [49]
Prosecutor:	Martín de Jiménez
Defence:	Alonso de Baena — *procurador*
	Diego Mudarra — *procurador*
	Pedro de Herrera — *letrado*
	Bartolomé del Bonillo — *letrado*
Gaolers:	Antonio de Vegas
	García de Argüello
Notaries:	Juan Obregón
	Diego López de Tamayo

Witnesses for the Prosecution [50]

1. Lucía de Hurueña, wife of Antón Sánchez
2. Juan Fernández de Almagro
3. Lucía Ruiz, wife of Juan de Villarreal
4. Lucía Ruiz, daughter of Juan Fernández de Almagro
5. Catalina Ruiz, wife of Juan Fernández de Almagro
6. Catalina Muñoz, daughter of Juan Fernández de Almagro
7. Juana Ruiz, daughter of Juan Fernández de Almagro
8. Catalina Ruiz, wife of Carlos de Torres

Witnesses for the Defence in Order of Testification [51]

1. Catalina Ruiz, wife of Juan Fernández de Almagro
2. María Sánchez, formerly wife of Diego Pabón, and then of Fernando de la Higuera
3. Beatriz González, wife of Juan de Morales
4. Juana Ramírez de Aguilera, wife of Alonso de Zamora

Synopsis of First Trial

1495

22 Sept.	The trial of Inés López opens in the Monastery of San Pedro Martyr in Toledo. The prosecutor presents the testimony of the information witnesses and requests the arrest of the accused. The witnesses are examined and the order for arrest given.
Date unknown	Inés is arrested in Ciudad Real, brought to Toledo and imprisoned.

---

[48] He was an examiner of witnesses in Ciudad Real.
[49] See above, n. 48.
[50] These witnesses all testified in Ciudad Real; we do not know the order in which they testified.
[51] Their testimony was taken in Ciudad Real.

Records of the Inquisition in Ciudad Real and Toledo, 1494–1512

13 Oct.	She is brought before the judges and admonished to confess.
22 Oct.	She confesses.
29 Oct.	The examination of the defendant continues, and she is exhorted to complete her confession.
11 Dec.	The arraignment is presented; the defendant requests a copy, which she is given. Nine days are allowed for her to reply.

1496

14 Jan.	The defendant hands in a written confession and requests that sentence be passed. The prosecutor states that he accepts the confession. The Court decides to pass sentence.
19 Jan.	The defendant makes an additional confession.
17 Sept.	*Consulta-de-fe.*
25 Oct.	The accused is condemned to life imprisonment; sentence is proclaimed at the *auto-de-fe* held in the Plaza de Zocodovér.

Synopsis of Second Trial

1511

22 April	Witnesses for the prosecution testify in Ciudad Real before Alonso de Mariana.[52] Catalina Ruiz, wife of Carlos de Torres, testifies.
25 April	Lucía de Hurueña testifies.
27 April	Juan Fernández de Almagro testifies.
3 May	Lucía Ruiz, wife of Juan de Villarreal, testifies.
6 May	Catalina Ruiz, wife of Juan Fernández de Almagro, testifies.
7 May	Catalina Muñoz, daughter of Juan Fernández de Almagro, testifies.
8 May	Lucía Ruiz, daughter of Juan Fernández de Almagro, testifies.
9 May	Juana Ruiz, daughter of Juan Fernández de Almagro, testifies.
4 June	The trial opens in Toledo. The prosecutor requests the arrest of the accused and confiscation of her property. The judges agree, and the order of arrest is given.
28 July	Inés López is questioned and her genealogy is recorded. She is admonished to tell the truth and to confess.
30 July	The defendant is admonished a second time to confess; she makes a declaration.
7 Aug.	Upon a third admonition to confess, the defendant makes another declaration.
16 Sept.	The arraignment is presented by the prosecutor, but its contents are denied by the defendant. Counsel for the defence is appointed and receives nine days to contest the arraignment.
23 Sept.	The defendant meets with her *letrado* and *procurador* in the presence of Inquisitor Mariana. The arraignment is read to her and the *procurador* de Baena is given a copy.

---

[52] The testimonies taken between 22 April and 9 May were all given in Ciudad Real. They were also confirmed in Ciudad Real on 1, 3 and 20 March 1512; see below for these dates.

Trial of Inés López

13 Nov.	The prosecutor asks to present his proofs. Three more days are given to the defence to contest the testimonies.
11 Dec.	The defence pleads before the Court. Both sides terminate their pleading and nine days are given to the *procurador* to contest the charges.
16 Dec.	The prosecutor asks that the testimonies be published. The defendant agrees, and a copy of the testimonies is given to the defence.
20 Dec.	The defendant appears before the Court to reply to the arraignment.

1512

17 Feb.	Diego Mudarra is appointed new defence counsel. He makes his first appearance for the defence in Toledo.
1 March	The following witnesses confirm their testimonies in Ciudad Real before Pedro Ochoa de Villanueva: Lucía Ruiz, daughter of Juan Fernández de Almagro; Lucía Ruiz, wife of Juan de Villarreal; Catalina Ruiz, wife of Juan Fernández; Catalina Muñoz, daughter of Catalina Ruiz; Juana Ruiz; Catalina Ruiz, wife of Carlos de Torres. Witnesses for *tachas* are presented and testify before the Court in Toledo.
2 March	Additional *tachas* witnesses are presented and testify.
8 March	Lucía de Hurucña confirms her testimony before Pedro Ochoa de Villanueva in Ciudad Real.
20 March	Juan Fernández de Almagro confirms his testimony before Pedro Ochoa de Villanueva in Ciudad Real.
4 May	The prosecutor in Toledo asks for publication of testimonies. The Court agrees and six days are allowed for the defence to answer the charges.
15 May	The prosecutor requests that sentence be passed. The Court announces that this will be accomplished within nine days.
3 July	*Consulta-de-fe.*
5 July	
16 Aug.	The condemned is burnt at the stake in the Plaza de Zocodovér.

94 Trial of Juana de Chinchilla
1503–1504

Source: AHN IT, Legajo 158, No. 449, foll. 1r–5r; new number: Leg. 158, No. 20.

Juana de Chinchilla was among the first Ciudad Real Conversos to be tried in Toledo in 1503. She was the wife of Francisco de Toledo, spice merchant, and the daughter of Gonzalo de Chinchilla. Juana was brought to trial on the basis of an accusation made almost twenty years earlier, in 1484, by María, the daughter of Antón Martínez de Soria.

Her trial opened on 18 September 1503 with the presentation of María's testimony,[1] which charged that Juana kept the Sabbath and followed other Jewish traditions. Her sisters Inés and Mayor were also mentioned by the witness as having been Judaizers when the family lived in Almagro during the eighties of the fifteenth century. While it is possible that this may have been Juana's second trial, it is more likely that she was being tried as a result of a re-examination by the Inquisition of old testimonies.

She confessed on 29 December 1503, and on 15 March 1504 the consulta-de-fe *condemned her to be imprisoned for an indeterminate period* (cárcel ad arbitrium inquisitorum) *and confiscated her property.*

Sixteen years later, on 26 November 1520, Juana was rejected as a defence witness in the trial of Juan Ramírez on the grounds that she had been convicted of Judaizing.[2] She was about fifty years old at that time, which means that she was only about fourteen when she was denounced.

Bibliography: Fita, p. 474, No. 161; Beinart, pp. 99, 273.

---

[1] See below, fol. 2r.
[2] See trial No. 109, foll. 74v, 95v.

Trial of Juana de Chinchilla

1r

Reconçiliada Leg. 23 No. 46.
Çibdad Real
Juana hija de Gonçalo de Chinchilla
muger de Françisco de Toledo espeçiero
Carçel ad arbitrium inquisitorum

1v *Blank page*

2r [Pedimiento del fiscal]

Sept. 1503 En la muy noble çibdad de Toledo, dies e ocho dias del mes de setyenbre, año del Nasçimiento de Nuestro Saluador Ihesu Christo de mil e quinientos e tres años, este dicho dia, estando los reuerendos señores [3] Ferrand Rodrigues del Varco, canonigo en la santa yglesia de la dicha çibdad de Toledo, jues inquisidor apostolico de la heretyca prauedad en la dicha çibdad de Toledo e su arçobispado, e el liçençiado Fernando de Maçuecos, canonigo e vycario general en la dicha santa yglesia de la dicha çibdad de Toledo, jues inquisidor e ordinario, en su avdiençia publica, segund que lo han de vso e de costunbre, en presençia de mi, Diego Lopes de Tamayo, notario apostolico e del secreto del Ofiçio de la Santa Inquisyçion de la dicha çibdad e su arçobispado, paresçio ende presente el honrado bachiller Diego Martines Ortega, promutor fiscal en el dicho Ofiçio, e dixo que por quanto Juana, hija de Gonçalo de Chinchilla, muger de Françisco, espeçiero, vesyna de la Çibdad Real, esta infamada e testificada del crimen e delito de la heregia, que pedia e pidio a los dichos señores inquisydores que lo mandasen dar e diesen su mandamiento para su alguasil, para prender a la dicha Juana, porque la entendia de acusar e denunçiar sobre el dicho crimen.

[Respuesta]
Luego los dichos señores inquisydores dixeron que, dandoles testigos e informaçion sufiçiente para la dicha prisyon, estauan prestos para faser lo que con justiçia deuiesen.

[3] See Biographical Notes on the following.

[127]

Information Witness for the Prosecution

Luego el dicho promotor fiscal dixo que presentaua e presento, para informaçion de lo susodicho, el dicho e depusyçion de Maria, hija de Anton Martines de Soria, vesyno de Bolanos, el quel dicho e depusyçion dixo en la general inquisyçion, e es el syguiente:

17 Jan. En dies e syete dias del mes de enero de mil e quatroçientos e
1484 ochenta e quatro años
[Testigo]

Maria, hija de Anton Martines de Soria, vesino de Bolanos, testigo, preguntada e jurada en forma, dixo que ha quatro años, poco mas o menos, que este testigo biuio a soldada tres años con Gonçalo de Chinchilla e con su muger, vesynos desta dicha villa de Almagro, a los quales dixo este testigo que sabe e vido que ençendian candiles linpios los viernes en las noches, y guardauan los sabados, y vestian camisas linpias los viernes en las noches. Iten, que desebauan la carne que auian de comer. Iten, que Mayor e Juana, hijas de los dichos sus amos, ayunauan algunas veses los ayunos de los judios e non comian fasta la noche, y despues comian hueuos. Asymismo dixo que las dichas sus hijas guardauan los sabados. |

2v *Order of Arrest*

[Mandamiento]

Luego los dichos señores inquisydores, visto la dicha informaçion, dixeron que mandauan dar e dieron su mandamiento para su alguasil, para prender a la dicha Juana, con secresto de bienes.

Admonition of the Defendant to Confess

[Amonestaçion]

29 Dec. E despues de lo susodicho, en la dicha çibdad de Toledo, veynte
1503 e nueue dias del mes de dizienbre del año del Señor de mil e quinientos e quatro años,[4] este ⟨dicho⟩ dia, estando el dicho señor inquisydor en la dicha su avdiençia, mando traer e paresçer ante sy a la dicha Juana de Chinchilla, muger del dicho Françisco de Toledo,[5] que presa estaua en la carçel de la Inquisyçion de la dicha çibdad, e asy paresçida, luego el dicho señor inquisydor la amonesto

---

[4] The scribe should have written *tres* instead of *quatro*.
[5] Juana may have been his second wife; see Biographical Notes on him.

[128]

Trial of Juana de Chinchilla

que sy en algund tienpo hiso o dixo alguna cosa que sea heregia, que lo diga e confiese, e que disyendolo e confesandolo, que sera resçebida con aquella clemençia que oviere lugar de derecho.

[Confesyon]
Luego la dicha Juana dixo que ella, como pecadora, ençendio algunas veses los candiles los viernes en las noches, e guardaua el sabado e se vestio camisa e ropa linpia; e ayuno algunos ayunos de judios, que non comia hasta la noche, espeçial el Ayuno Mayor de los judios; e purgaua la carne quitandole el sebo; e comio el pan çençeño en la pascua dello. Preguntada que tanto tienpo estuuo en el dicho pecado, dixo que seria agora de quarenta años, e estuuo en el dicho pecado hasta que su madre se reconçilio, puede aver veynte años. Preguntada sy lo hasya por çerimonia de la Ley de Moysen, dixo que sy, e dello pidio penitençia, etç. Preguntada quien la inpuso en las cosas susodichas, dixo que Constança Alonso, su madre, muger que fue de Gonçalo de Chinchilla, vesino de Almagro.

[Presentaçion de escripto de confesyon]

13 Jan. E despues de lo susodicho, en la dicha çibdad de Toledo, trese dias
1504 del mes de enero del dicho año del Señor de mil e quinientos e quatro años, este dicho dia, estando el dicho señor inquisydor en la dicha su avdiençia, paresçio ende presente la dicha Juana de Chinchilla, muger del dicho Françisco de Toledo, espeçiero, e dio e presento vn escripto de confesyon, su thenor del qual es este que se sygue: |

+

3r Muy Reuerendo Señor:[6]
Juana de Chinchilla, muger de Françisco de Toledo, vezina de Çibdad Real, ante Vuestra Reuerençia paresco a dezir e manifestar mis culpas e pecados que yo fize e cometi contra nuestra Santa Fe Catholica, en que digo mi culpa que seyendo yo de hedad de quinze años, poco mas o menos tienpo, estando en casa de Constança Alfonso, mi madre, e so su poderio, fize las cosas syguientes: Digo mi culpa, Reuerendo Señor, que estando en este yerro e pecado ayune ayunos de judios, non comiendo en todo el dia fasta la noche, espeçialmente ayune el Ayuno Mayor de los judios, e en

---

[6] This was written by another scribe.

[129]

los tales dias besaua la mano a mi madre. Digo mi culpa que guarde los sabados, e en ellos me vesti camisas linpias por honra del sabado. E asymismo, digo mi culpa que ençendi candiles linpios los viernes en las noches e los holgue por honra del sabado; e asymismo comi el sabado guisado del viernes. Digo mi culpa que ansymismo comi el pan çençeño por çerymonias. Asymismo digo mi culpa que purgue la carne a modo judayco. De los quales pecados que aqui confieso, tengo confesados algunos dellos ante Vuestra Reuerençia agora, despues de presa, a la qual confesyon me refiero. En los quales pecados e yerros estuve fasta que fue la Santa Ynquisyçion al Campo de Calatrava; e los fize por honra e çerymonia de la Ley de Moysen, pensando que por ello me avia de saluar, e creyendo que me eran perdonados todos mis pecados. De los quales pecados e crymines demando a Dios Nuestro Señor que por Su ynfinita bondad me quiera perdonar, e a Vuestra Reuerençia demando penitençia saludable, con piedad, para mi anima, la qual estoy presta de conplir segund que por Vuestra Reuerençia me fuere mandado. E protesto de morir e beuir en nuestra Santa Fe Catholica, e abraçome con la Santa Madre Yglesia. E digo mi culpa que quando falleçio Gonçalo Rodrigues, mi padre, oy dezir despues que era enterrado que lo avian vañado, pero non me acuerdo quien lo dixo. E protesto que sy en algund tienpo se me acordare alguna cosa, demas desta mi confisyon, de lo dezir e manifestar ante Vuestra Reuerençia.

En Toledo, en el abdiençia del carçel, XIII dias de henero de mil quinientos IIII° años, ant el reuerendo señor Ferrando Rodrigues del Varco, inquisydor, paresçio la dicha Juana de Chinchilla e dio e presento esta su confesion, e juro que es verdad lo suso contenido e lo que el otro dia ovo confesado ante su reuerençia. Testigos: Pero de Espinosa e Alonso Garçia, carçelero. Preguntada de que hedad seria quando dexo de haser las cosas susodichas, dixo que se refiere a lo ⟨que⟩ dicho e confesado tiene.

The Confession is Accepted

El fiscal dixo que açebta su confesion en quanto por el faze e non en mas, e concluyo.

La dicha Juana dixo que ella confeso la verdad e pide segund de suso, etç., e concluyo.

El jues concluyo con las partes e ovo el pleito por concluso, e asigno el termino para dar sentençia para de oy en terçero dia, e dende en adelante para cada que touiere determinado. |

Trial of Juana de Chinchilla

3v Sacado
Juana de Chinchilla muger de Françisco de Toledo
XX [   ] |

4r [Pedimiento del promotor fiscal]
E asy presentado el dicho escripto de confesyon por la dicha Juana de Chinchilla, luego el dicho promutor fiscal, que presentaua e presentauar ⟨sic⟩ dixo que açebtaua e acebto su confesyon en quanto por el hase e non mas ni allende, e que aquella non la escusa, por ser fecha despues de presa e por themor de las prueuas e de las penas e no esponte ni con las calidades que la devio faser; por ende, dixo que pedia e pedio al dicho señor inquisydor que declare a la dicha Juana de Chinchilla por herege apostota, e aver incurrido en sentençia de excomunion mayor e en confiscaçion e perdimiento de todos sus bienes, relaxandola a la justiçia e braço seglar, e sobre todo pidio serle fecho conplimiento de justiçia; e concluyo e pidiolo por testimonio.

Reply of the Defendant
[Respuesta]
Luego la dicha Juana de Chinchilla dixo que ella hiso buena e verdadera confesyon e de su voluntad, e no por themor, saluo por saluaçion de su anima, e afirmandose en la dicha su confesyon dixo que concluya e concluyo e pidio sentençia con misericordia, la qual dixo que estaua presta de conplir segund que por el dicho señor inquisydor le fue inpuesta.

[Conclusyon]
Luego el dicho señor inquisydor dixo que pues amas las dichas partes avian concluydo e non querian mas desyr, que el asymismo concluya e concluyo con las dichas partes e ovo el dicho proçeso por çerrado e concluso e asygno termino para dar en el sentençia para de oy nueve dias primeros syguientes, e dende en adelante para cada dia que toviere determinado. |

Consulta-de-fe
4v En Toledo, quinse dias del mes de março del dicho año del Señor
March de mil e quinientos e quatro años, este dia se juntaron en la sala
1504 de su avdiençia los reuerendos señores inquisydores e letrados que de yuso seran contenidos para ver e determinar este proçeso:
El maestro fray Juan de Puerto, ministro del monesterio de la

[131]

Records of the Inquisition in Ciudad Real and Toledo, 1494–1512

Trinidad de Toledo;
el liçençiado Juan de la Çerda de Quintanapalla, arçediano de Cuellar, canonigo de Toledo;
el liçençiado Fernando de Maçuecos, canonigo de Toledo;
el liçençiado Juan de Palaçios, canonigo de Syguença, inquisydor apostolico e ordinario;
Ferrand Rodrigues del Varco, canonigo de Toledo, inquisidor apostolico e ordinario.
Este dicho dia, los dichos señores inquisydores e letrados susodichos, en concordia, votaron que se ponga la dicha Juana, muger del dicho Françisco de Toledo, espeçiero, en carçel ad arbitrium inquisitorum, con confiscaçion de todos sus bienes. |

5r *Blank page*

The Composition of the Court

Judges:	Fernán Rodríguez del Barco
	Fernando de Mazuecos
Prosecutor:	Diego Martínez de Ortega
Gaoler:	Alonso García
Notary:	Diego López de Tamayo

Information Witness for the Prosecution
María, daughter of Antón Martínez de Soria of Bolanos

Consulta-de-fe
Maestre Fray Juan del Puerto
Licenciado Juan de la Cerda Quintanapalla
Licenciado Fernando de Mazuecos
Licenciado Juan de Palacios
Bachiller Fernán Rodriguez del Barco

Synopsis of Trial

1503
18 Sept.   The trial opens, and the prosecutor presents the testimony of María, daughter of Antón Martínez de Soria.
29 Dec.   The defendant confesses after being admonished.

1504
13 Jan.   Juana's written confession is presented [7] and accepted, and the prosecutor requests that sentence be passed.
15 March   Sentence of imprisonment for an indeterminate period is handed down by the *consulta-de-fe*.

[7] The confession was most likely prepared by a Court notary.

95 Trial of Luis Fernández
1503-1504

Source: AHN IT, Legajo 147, No. 248, foll. 1r-5r; new number: Leg. 147, No. 2.

Luis Fernández, a tailor by trade, was born a Jew. It was as a practising Jew that he went to Portugal when the Jews were expelled from Spain. However, he converted in Evora, most likely in 1497 when the Portuguese king decreed that all the Jews in Portugal be baptized either willingly or by force.

Although the exact date of Luis's return to Ciudad Real is not known, it must have been sometime before 24 May 1503, the day on which Ana Núñez, wife of Antón de Morales, testified that Luis was still practising Judaism.

His trial opened on 18 September 1503, and he confessed fully on 28 November. His confession reveals that he had continued to practise as a Jew even after his conversion. Among the heresies he admitted were reciting the seven penitential psalms (vi, xxxii, xxxviii, li, cii, cxxx, cxliii) recited by Catholics during confession, in Hebrew.[1] He thereby sinned in the eyes of the Church not only because he recited the psalms in Hebrew, but also because he did so at his own discretion. In addition, he confessed to reciting Seliḥot.[2] It should be stressed that Luis knew these prayers by heart, an indication of the extent of his adherence to his Jewish past.

Despite his indisputable heresies, the judges decided to spare his life, no doubt in the hope that he might yet become a true believer in Catholicism. On 15 March 1504 Luis was sentenced to imprisonment until further deliberation by the Inquisition, and, of course, confiscation of his property. He abjured his Jewish practices at an auto-de-fe.

---

[1] This may have been a Converso custom; see Beinart, pp. 206-207. There is another instance in the second decade of the sixteenth century where these penitential psalms were said at a Converso gathering; see the trial of María González, wife of Pedro de Villarreal, No. 100, fol. 38v.

[2] See below, fol. 3r: *Digo mi culpa que reze maytines del lo çeliah.*

Records of the Inquisition in Ciudad Real and Toledo, 1494–1512

He would almost certainly have been burnt at the stake if his trial had taken place during the eighties of the fifteenth century, when Jews were still living in Spain and the acts for which he was tried were viewed as serious examples of relapsing into Jewish practices.

Bibliography: Beinart, pp. 206 ff.

1r Reconçiliados Leg. 30 No. 22

Çibdad Real

Luis Fernandez   sastre   nuevo christiano

carçel ad arbitrium inquisitorum

1v *Blank page*

2r [Pedimiento]

18 Sept. 1503 En la muy noble çibdad de Toledo, dies e ocho dias del mes de setienbre, año del Nasçimiento de Nuestro Saluador Ihesu Christo de mil e quinientos e tres años, este dicho dia, estando los reverendos señores Ferrand Rodrigues del Varco e el liçençiado Fernando de Maçuecos, canonigos en la santa iglesia (de la santa yglesia) de la dicha çibdad, jueses ynquisydores contra la heretica prauedad e apostasia en la dicha çibdad e su arçobispado por actoridad apostolica e ordinaria, en su abdiençia publica, pro tribunali sedendo, en presençia de nos, Diego Lopez de Tamayo e Diego de Sant Martin, escribanos publicos del numero de la dicha çibdad, notarios en el dicho Ofiçio de la Santa Ynquisyçion, paresçio ende presente el honrado bachiller Diego Martines de Ortega, promutor fiscal en el dicho Ofiçio, e dixo que, por quanto el entendia poner e promover acusaçion sobre el crimen e delito de la heregia e apostasia contra Luis Ferrandes, sastre, veçino de Çibdad Real, por ende, que pedia e pedio a sus reverençias que le mandasen dar e diesen su mandamiento para prender al dicho.

[Respuesta]

Luego los dichos señores inquisydores dixeron que dandoles testigos

[134]

Trial of Luis Fernández

de ynformaçion, que estan prestos para haser lo que con justiçia deuiesen, etç.

Information Witness

[Ynformaçion]

Luego el promotor fiscal dixo que presentaua e presento por testigo el dicho e deposiçion de Ana Nuñes, muger de Anton de Morales, vesina de Çibdad Real, el qual dixo e depuso en la General Ynquisyçion.

24 May 1503 En Cibdad Real XXIIII° dias de mayo de mil quinientos tres años

[Testigo]

Ana Nuñez, muger de Anton de Morales, vezino de Çibdad Real, testigo jurado, etç., dixo que desde quatro años a esta parte que este testigo es casada, ha tenido e tiene por vezino de vna puerta adentro a Luis Fernandez, sastre, nuevo christiano, e a su muger, al qual ha visto en el dicho tienpo muchos viernes en las noches dexar su lauor algo mas tenprano que los otros dias, espeçialmente vn viernes a la noche çerca de la Nabidad venidera, avra dos años, avnque tenia mucho que haser; e en los sabados se leuantaua mas tarde que los otros dias e paseandose resaua, pero non sabe que, que non lo entendia, pero sy fuera Pater Noster o Ave Maria bien lo entendiera; e no comia toçino. E este testigo le dezia [Luis

2v Fernandes, sastre] | que por que no lo auia, e dezia que porque non lo leuaua su estomago. Yten, dixo que del dicho tienpo aca le ha visto bien quatro o çinco dias ayunar e no comer en todo el dia fasta la noche, e la vna vez destas dias que ayunaron, este testigo miro en ello e lo tiene bien notado, fue jueves antes de Santa Maria de setienbre venidero avra dos años, e aquel dia non trabaxo, antes holgo, e comieron vna sal pimentada que ellos dezian como caçuela e vnas sardinas, la sal pimentada del dia antes. E a su ver e conosçer deste testigo, non le tiene por buen christiano, antes le tiene por mas judio que christiano.

Order of Arrest

[Mandamiento]

Luego los dichos señores inquisydores dixeron, vista la dicha ynformaçion, que mandauan dar e dieron su mandamiento para prender al dicho Luis Fernandes, con secrestaçion de bienes.

[135]

Examination of the Defendant and Confession

[Amonestaçion]

18 Nov. 1503 E despues de lo susodicho, en la dicha çibdad de Toledo, XVIII° dias del mes de nouienbre del dicho año, estando el dicho señor Fernand Rodrigues, inquisydor, en su abdiençia del carçel, mando traer e paresçer en la dicha su abdiençia al dicho Luis Fernandes, preso, el qual fue traydo e paresçido en la dicha abdiençia; asi paresçido, luego el dicho señor ynquisydor le amonesto e requerio que sy despues de christiano a hecho o dicho algund caso o crimen de heregia, que lo diga e confyese e sera reconçiliado, etç.

[Respuesta]
Luego el dicho Luis Fernandez dixo que le den termino, que el verna diziendo, por ser poco las cosas que hizo despues de que se torno christiano, e que desde agora pide perdon, e a Dios e a su reuerençia penitençia.

[Confesion]

28 Nov. 1503 Despues de lo susodicho, en la dicha çibdad de Toledo, XXVIII° dias del dicho mes de nouienbre del dicho año, estando el dicho señor Fernand Rodrigues del Varco, ynquisydor, en su abdiençia del carçel, paresçio ende presente el dicho Luys Fernandes e dio e presento vn escripto de confesion fecho en papel, el qual es este que se sygue: |

3r Muy Reuerendos Señores:[3]

Luys Fernandes, sastre, veçino de Çibdad Real, ante Vuestras Reuerençias paresco a dezir e manifestar mis culpas e pecados que yo fize e cometi contra nuestra Santa Fe Catolica, en que digo, Reuerendos Señores, mi culpa que despues que me converti en Ebora,[4] por honra e observançia de la Ley de Moysen ayune ayunos de judios, espeçialmente el Ayuno Mayor de los judios. E asymesmo degolle vn cordero e aves por çerimonya. E ansymesmo digo mi culpa que guarde los sabados. E ansymesmo digo mi culpa que comi el pan çençeño en la pasqua dellos. E ansymesmo digo mi culpa que comi el sabado lo que se guisava el viernes. E ansymesmo

[3] This confession was taken down by the same scribe who recorded the confessions of Juana de Chinchilla (No. 94) and Leonor de la Higuera (No. 96). All three trials opened on the same day.

[4] This must have occurred in 1497.

Trial of Luis Fernández

digo mi culpa que vy e consenti purgar e desangrar la carne. E ansymesmo rezava los syete salmos penitençiales en ebrayco.[5] E ansymesmo digo mi culpa que reze los maytines del çeliah.[6] Los quales pecados yo fize por honra e guarda de la Ley de Moysen, pensando que por ella me avia de saluar, de lo qual me arrepiento de buena voluntad, e demando a Nuestro Señor que me perdone e a Vuestras Reuerençias demando penitençia saludable para mi anima, la qual yo estoy presto de conplir como por Vuestras Reuerençias me fuere puesta, e protesto de morir e beuir en nuestra Santa Fe Catholica. E protesto que sy en algund tiempo se me acordase alguna cosa demas desta mi confesyon, de lo dezir e manifestar ante Vuestras Reuerençias.

En Toledo, en el abdiençia del carçel, ante el reuerendo señor Fernando Rodrigues del Varco, inquisydor, XXVIII° diaz de nouienbre de I V DIII años, el dicho Luis Fernandez paresçio e dio e presento esta confesion e la juro, etç. Testigos: Alonso Garçia, carçelero, e Pedro de ⟨E⟩spinosa, portero. |

3v Luis Fernandes, sastre [7] |

Petition for Sentence

4r [Pedimiento del promotor fiscal]

19 Jan. 1504 E despues de lo susodicho, en la dicha çibdad de Toledo, dies e nueue dias del mes de enero, año del Señor de mil e quinientos e quatro años, este dicho dia, estando el dicho señor Ferrand Rodrigues del Varco, jues inquisydor, en la dicha su avdiençia, en presençia de mi, el dicho Diego Lopes de Tamayo, notario susodicho, paresçieron ende presentes el dicho promutor fiscal e el dicho Luis Fernandes, sastre; e asy paresçidos, luego el dicho promutor fiscal dixo que açebtaua e açebto la dicha su confesyon del dicho Luys Fernandes, sastre, en quanto por el hase e non mas ni allende, e que aquella non le excusa por ser fecha despues de preso e por themor de las prueuas e de las penas e no esponte ni con las calidades que la deuyo faser; por ende, dixo que pedia e pidio al dicho señor inquisydor que declare al dicho Luys Ferrandes por herege apostota e aver incurrido en sentençia de excomunion mayor e en confiscaçion e perdimiento de todos sus bienes, relaxandolo a la justiçia e braço seglar. E sobre todo pidio conplimiento

---

[5] See above, Introduction to this trial.
[6] This is where he confessed to saying *Seliḥot*.
[7] This page was added to the file; the rest of it is blank.

de justiçia, e inploro el noble ofiçio de su reuerençia, e concluyo, e pidiolo por testimonio.

[Respuesta]
Luego el dicho Luys Ferrandes, sastre, dixo que el hiso buena e verdadera confesyon e de su voluntad, e non por themor, saluo por saluar su anima, e afirmandose en la dicha su confesyon, dixo que concluya e concluyo, e pedio penitençia con misericordia, la qual dixo que estaua presto de conplir segund que por el dicho señor inquisydor le fue inpuesta.

[Conclusyon]
Luego el dicho señor inquisydor dixo que pues amas las dichas partes avyan concluydo e non querian mas desyr, que el asymismo concluya e concluyo con las dichas partes, e ovo el dicho proçeso por çerrado e concluso, e asygno termino para dar en el sentençia para de oy en nueve dias primeros syguientes, e dende en adelante para cada dia que toviere determinado, etç. |

Consulta-de-fe

4v En Toledo, quinse dias del mes de março, año susodicho del Señor
15 March de mil e quinientos e quatro años, este dia se juntaron los reuerendos
1504 señores Ferrand Rodrigues del Varco e liçençiado Juan de Palaçios, jueses inquisydores apostolicos e ordinarios, en la sala de su avdiençia con los señores letrados que de yuso contenidos para ver e determinar este proçeso:
El liçençiado Juan de la Çerda de Quintanapalla, arçediano de Cuellar, canonigo de Toledo;
el liçençiado Fernando de Maçuecos, canonigo de Toledo;
el maestre frey Juan del Puerto, ministro del monesterio de la Trinidad de Toledo;
el liçençiado Juan de Palaçios, canonigo de Syguença, inquisydor apostolico e ordinario;
Ferrand Rodrigues del Varco, canonigo de Toledo, inquisydor apostolico e ordinario.
Este dicho dia los dichos señores inquisydores e letrados susodichos en concordia votaron que se ponga en carçel ad arbitrium inquisitorum, con confiscaçion de todos sus bienes del dicho Luys Fernandes, sastre. |

5r *Blank page*

Trial of Luis Fernández

The Composition of the Court

Judges:	Fernán Rodríguez del Barco [8]
	Fernando de Mazuecos
Prosecution:	Diego Martínez de Ortega — prosecutor
	Pedro de Espinosa — aide
Notaries:	Diego López de Tamayo
	Diego de San Martín

Information Witness for the Prosecution

Ana Núñez, wife of Antón de Morales

Consulta-de-fe

Licenciado Juan de la Cerda de Quintanapalla
Licenciado Fernando de Mazuecos
Maestre Juan de Puerto
Licenciado Juan de Palacios
Bachiller Fernán Rodríguez del Barco

Synopsis of Trial

1503

24 May	Ana Núñez, wife of Antón de Morales, gives evidence against Luis Fernández in Ciudad Real.
18 Sept.	The trial opens with the prosecutor requesting an order of arrest. His petition is granted.
18 Nov.	The defendant is brought before the Court and is admonished to confess.
28 Nov.	He confesses.

1504

19 Jan.	The prosecutor accepts the confession of the accused.
15 March	The *consulta-de-fe* sentences the accused to prison until the Inquisition may see fit to release him and confiscates his property.
Date unknown	The prisoner abjures his Jewish practices at an *auto-de-fe*.

---

[8] He had been the prosecutor when the Court sat in Ciudad Real, and had now risen to the position of judge.

96 Trial of Leonor de la Higuera, Wife of Juan Escribano 1503–1504

Source: AHN IT, Legajo 157, No. 422, foll. 1r–5r; new number: Leg. 157, No. 5.

Leonor de la Higuera was denounced in Ciudad Real on 26 May 1503, most likely during one of the periodic visits made to the town by inspectors for the Inquisition.

The witness, María López,[1] was a neighbour who suspected Leonor of Judaizing because she abstained from work on the Sabbath and sometimes did sewing on Sundays.

Leonor's trial opened on 18 September 1503, and she confessed on 3 January 1504, admitting that she had learned Jewish practices from her grandmother. On 16 March 1504 she was condemned to life imprisonment and confiscation of her property.

Bibliography: Fita, p. 475, No. 181; Delgado Merchán, p. 224; Beinart, p. 100.

---

[1] She also testified for the prosecution in the trial of Isabel González, No. 98, fol. 7v.

Trial of Leonor de la Higuera

1r Reconçiliada Leg. 40 No. 23 Çibdad Real
Leonor de la Higuera muger de Iohan Escriuano
Carçel perpetuo

1v *Blank page*

2r [Pedimiento del promotor fiscal]

Sept. 1503 En la muy noble çibdad de Toledo, dies e ocho dias del mes de setyenbre, año del Nasçimiento de Nuestro Saluador Ihesu Christo de mil e quinientos e tres años, este dicho dia, estando los reuerendos señores Ferrand Rodrigues del Varco, canonigo en la santa yglesia de la dicha çibdad de Toledo, jues inquisydor apostolico de la heretyca prauedad en la dicha çibdad de Toledo e su arçobispado, e el liçençiado Fernando de Maçuecos, canonigo e vicario general en la dicha santa yglesia e jues inquisydor ordinario, en su avdiençia publica, segund que lo han de vso e de costunbre, en presençia de mi, Diego Lopes de Tamayo, notario apostolico e del secreto del Ofiçio de la Santa Inquisyçion en la dicha çibdad de Toledo e su arçobispado, paresçio ende presente el honrado bachiller Diego Martines Ortega, promutor fiscal en el dicho Ofiçio, e dixo que por quanto Leonor de la Higuera, muger de Juan escrivano, vesyna de la Çibdad Real, esta infamada e testificada del crimen e delito de la heregia e apostasya, que pedia e pidio a los dichos señores inquisydores que le mandasen dar e diesen su mandamiento para su alguasil para prender a la dicha Leonor de la Higuera, porque el la entendia de acusar e denunçiar sobre el dicho crimen.

[Respuesta]
Luego los dichos señores inquisydores dixeron que dandoles testigos de informaçion sufiçiente para la dicha prisyon, que estauan prestos para faser lo que con justiçia deuiesen.

Information Witness
Luego el dicho promutor fiscal dixo que presentaua e presento, para informaçion de lo susodicho, el dicho e depusyçion de Mari Lopes, muger de Seuastian Hidalgo, veçino de Çibdad Real, el qual dicho e depusyçion dixo en la General Inquisiçion, es el syguiente:

Records of the Inquisition in Ciudad Real and Toledo, 1494–1512

26 May 1503 En Çibdad Real, veynte en seys dias del mes de mayo de mil e quinientos e tres años.

[Testigo]

Mari Lopes, muger de Seuastian Hidalgo, veçino de Çibdad Real, testigo jurado, etç., dixo que puede aver dos años, poco mas o menos, biuio en vesindad deste testigo dentro de su casa Leonor de la Higuera, muger de Juan Escriuano, vesino desta çibdad, por tienpo de medio año, en el qual dicho tienpo la veya que no hasya nada en los sabados, syno holgaua e yvase en casa de su madre e desya que por el dolor de los braços tenia permitydo no haser nada en los sabados; e algunos domingos la veya coser e haser algunas cosyllas liuianas, e despues se yva a casa.

Order of Arrest

[Mandamiento]

Luego los dichos señores inquisidores dixeron que, visto la dicha informaçion, que mandauan dar e dieron su mandamiento para su alguasil para prender a la dicha Leonor de la Higuera, con secrestro de bienes. |

Examination of Defendant

2v [Amonestacion]

29 Dec. 1503 E despues de lo susodicho, en la dicha çibdad de Toledo, veynte e nueue dias del mes de disyenbre, año del Nasçimiento de Nuestro Saluador Ihesu Christo de mil e quinientos e quatro[2] años, este dicho dia, estando el dicho Ferrand Rodrigues del Varco, jues inquisydor, en la dicha su avdiençia, mando traer e paresçer ante sy a la dicha Leonor de la Higuera, que presa estaua en la carçel de la dicha Inquisyçion; e asy paresçida, luego el dicho señor Ferrand Rodrigues del Varco, inquisydor, la amonesto ⟨que si⟩ hiso o dixo alguna cosa de heregia, que lo diga e confiese, e que disiendolo e confesandolo, sera resçebida con aquella clemençia que oviere lugar de derecho.

[Respuesta]

Luego la dicha Leonor de la Higuera dixo que respondio que non se recuerda aver fecho ni dicho cosa de heregia, como en muchas veses dixo que se avya vestido camisa e tocas linpias en el sabado,

---

[2] This should read *tres* instead of *quatro*.

[142]

Trial of Leonor de la Higuera

pero que non lo hasia por çerimonia, syno para algunos negoçios. Asymismo dixo que en sabado se ataviaua.

Confession

[Confesyon]

Jan. E despues de lo susodicho, en la dicha çibdad de Toledo, a tres dias
1504 del dicho mes de enero del dicho año de mil e quinientos e quatro años, estando el dicho señor inquisydor en la dicha su avdiençia, paresçio ende presente la dicha Leonor de la Higuera e dixo e confeso que guardo el sabado muchas veses. Preguntada con que intençion lo hasia, dixo que por çerimonia de la Ley de Moysen, e aparejo la casa algunos viernes para el sabado con aquella intençion; pidio perdon de todo ello e penitençia.

[Presentaçion de escripto de confesyon]

Jan. E despues de lo susodicho, en la dicha çibdad de Toledo, trese dias
1504 del mes de enero del dicho año del Señor de mil e quinientos e quatro años, este dicho dia, estando el dicho señor inquisydor en la dicha su audiençia, pareçio ende presente la dicha Leonor de la Higuera e dio e presento vn escripto de confesyon, su thenor del qual es este que se sygue: |

3r Muy Reuerendo Señor:[3]
Leonor de la Higuera, muger de Juan Escryvano, vezina de Çibdad Real, ante Vuestra Reuerençia paresco a dezir e manifestar mis culpas e pecados que yo fize e cometi contra nuestra Santa Fe Catholica, en que digo mi culpa, que seyendo niña vi a mi abuela Ysabel Gonçales, muger que fue de Françisco Garçia de la Higuera, rezar de cara a la pared diziendo Adonay. E asymismo digo mi culpa, que despues de casada, puede aver çinco o seys años, poco mas o menos tienpo, que guarde los sabados y en ellos me vesti camisas linpias e ropa de escusa. E ansymismo digo mi culpa, que ençendi candiles linpios los viernes en las noches por onra del sabado. E ansymismo digo mi culpa, que quebrante algunas fiestas de la Santa Madre Yglesia, afanando en ellas. Los quales pecados e ritos e çerymonias yo fize por honra e obseruançia de la Ley de Moysen, creyendo que por ello me avia de saluar e que me eran perdonados mis pecados, de los quales demando a Dios perdon, que por Su Preçiosa Sangre me quiera perdonar, e a Vuestra

---

[3] This confession was written by the scribe who took down the confessions of Juana de Chinchilla (No. 94) and Luis Fernández (No. 95).

Records of the Inquisition in Ciudad Real and Toledo, 1494–1512

Reverençia demando penitençia saludable con piedad para mi anima, la qual yo estoy presta e aparejada de cunplir con puro e verdadero coraçon, e protesto de morir e beuir en nuestra Santa Fe Catholica, e sometome a la Santa Madre Yglesia. E protesto que sy algund tienpo se me acordare o a mi memorya viniera alguna cosa mas desta mi confesyon, de lo dezir e manifestar ante Vuestra Reuerençia. Digo, Reuerendo Señor, que yo tengo confesado alguna cosa destas susodichas, despues de presa, ante Vuestra Reuerençia; a la confesyon me remito.

Ansymismo digo mi culpa, que comi carne en dias vedados por la Yglesia. De todo demando penitençia.

En Toledo, en la abdiençia del carçel, XIII dias de henero de mil quinientos IIII° años, ante el reverendo señor Fernand Rodrigues del Varco, inquisydor, la dicha Leonor paresçio e dio e presento esta su confesion e la juro. Preguntada que tienpo ha que se a puesto de lo susodicho, dixo que puede aver vn año, poco mas o menos. Preguntada quien la inpuso en lo susodicho, dixo que Leonor de Moya, muger que fue de Alonso de Oliua, defunta,[4] veçina de Çibdad Real. Testigos: Alonso Garçia, carçelero, e Diego Lopes de Tamayo. |

3v *Blank page*

Pleading of the Prosecutor

4r *[Pedimiento del promotor fiscal]*

E asy presentado el dicho escripto de confesyon por la dicha Leonor de la Higuera, luego el dicho promotor fiscal dixo que açebtaua e açebto su confesyon, en quanto por el hase e non mas ni allende, e que aquella non la escusa por ser fecha despues de presa e por themor de las prueuas e de las penas e no esponte ni con las calidades que la devio faser; por ende, dixo que pedia e pidio al dicho señor inquisydor que declare a la dicha Leonor de la Higuera por herege apostota, e aver incurrido en sentençia de excomunion mayor e en confiscaçion e perdimiento de todos sus bienes, relaxandola a la justiçia e braço seglar, e sobre todo pidio serle fecho cunplimiento de justiçia, e inploro el ofiçio noble de su reuerençia, e pidiolo por testimonio e concluyo.

[4] A certain Alonso de la Oliva was the son of Juan Martínez de los Olivos; see the family genealogy, Vol. I, p. 527. He may be the same person mentioned here.

Trial of Leonor de la Higuera

[Respuesta]

Luego la dicha Leonor de la Higuera dixo que ella hiso buena e verdadera confesyon e de su voluntad, e no por themor, saluo por saluar su anima, e afirmandose en la dicha su confesyon, dixo que concluya e concluyo, e pidio penitençia con misericordia, la que dixo que estaua presta de conplir, segund que por el dicho señor inquisydor le fuere inpuesta.

[Conclusyon]

Luego el dicho señor inquisydor dixo que pues las dichas partes avian concluydo e non querian mas desyr, que el asymismo concluya e concluyo con las dichas partes, e que avia lo con el dicho proçeso por çerrado e concluso, e asygno termino para dar en el sentençia para oy en nueue dias primeros syguientes, e dende en adelante para cada dia que touiere determinado. |

Consulta-de-fe

4v En Toledo, dies e seys dias del mes de março del dicho año del
March Señor de mil e quinientos e quatro años, este dia se juntaron en
1504 la sala de su avdiençia los señores inquisydores e letrados que de yuso seran contenidos para ver e determinar este proçeso:

El maestre frey Juan del Puerto, ministro del monesterio de la Trinidad de Toledo;

el liçençiado don Juan de la Çerda de Quintanapalla, arçediano de Cuellar, canonigo de Toledo;

el liçençiado Fernando de Maçuecos, canonigo de Toledo;

el liçençiado Juan de Palaçios, canonigo de Syguença, inquisydor apostolico e ordinario.

Fernand Rodrigues del Varco, canonigo de Toledo, inquisydor apostolico e ordinario.

Este dicho dia, los dichos señores inquisydores e letrados de suso contenidos en concordia votaron que la dicha Leonor de la Higuera se ponga en carçel perpetuo, con confiscaçion de todos sus bienes. |

5r *Blank page*

[145]

Records of the Inquisition in Ciudad Real and Toledo, 1494–1512

The Composition of the Court

Judges:	Fernand Rodríguez del Barco
	Fernando de Mazuecos
Prosecutor:	Diego Martínez de Ortega
Notary:	Diego López de Tamayo

Witness for the Prosecution

María López, wife of Sebastián Hidalgo

Consulta-de-fe

Maestre Juan del Puerto
Licenciado Don Juan de la Cerda de Quintanapalla
Licenciado Fernando de Mazuecos
Licenciado Juan de Palacios
Bachiller Fernand Rodríguez del Barco

Synopsis of Trial

1503

26 May	María López, wife of Sebastián Hidalgo, denounces Leonor de la Higuera in Ciudad Real.
18 Sept.	The trial opens with presentation of the prosecution witness. The order for arrest is given in Toledo.
29 Dec.	The defendant is admonished to confess, but denies the accusation.

1504

3 Jan.	Leonor confesses.
13 Jan.	Her confession is presented to the Court and accepted by the prosecutor.
16 March	The *consulta-de-fe* sentences the accused to life imprisonment and confiscation of her property.
Date unknown	*Auto-de-fe* at which Leonor de la Higuera abjures her Jewish practices.

[146]

97 Trial of Juana de los Olivos, Wife of Antón Ramírez 1503–1504

Source: AHN IT, Legajo 173, No. 636, foll. 1r–5r; new number: Leg. 173, No. 6.

Juana de los Olivos was the daughter of Fernando de los Olivos, a butcher, who may have been a relative of Juan Martínez de los Olivos.[1] She was married twice, first to Pero González and later to Antón Ramírez. A daughter of the second marriage, Catalina Ramírez, married Gonzalo Ramírez.

Juana's sister, Isabel de los Olivos, wife of Pedro de Alarcón, denounced her in 1484, testifying that she and her sister had been taught to pray and keep the mitzvot *by Alfonso Ramírez, a tailor. Since the 1484 accusation was made after the Period of Grace in Ciudad Real had expired, Juana must have been tried at the time and been reconciled to the Church; however, we have no details of that trial. Nevertheless, the present trial, which opened on 18 September 1503, should be viewed as her second, and as one where she was accused of being a relapsed heretic.*

Juana admitted to having led a conventional Converso life. She had frequented the house of Fernando de Córdoba to pray and to observe the Sabbath and had even recited grace after her meals. She denied, however, having reverted to these Jewish practices after having been reconciled.

On 18 March 1504 Juana was sentenced to life imprisonment and confiscation of her property. There was a second consulta-de-fe *on 12 April 1504 in which the verdict was changed to temporary imprisonment.[2] Her sentence is not found in this file, but in the combined file of the trial of Elvira, wife of Alonso Elgoy, and Juana Ruiz, wife of Gonzalo de Villarrubia. The sentence was*

---

[1] See his trial, Vol. I, No. 81.
[2] According to the list published by Fita, she was handed over to the Secular Arm to be burnt at the stake; see Fita, p. 473, No. 142. The name of her husband in this list is given as Juan Ramírez.

[147]

Records of the Inquisition in Ciudad Real and Toledo, 1494–1512
pronounced at the auto-de-fe *held on 16 April 1504, in the Plaza de Zocodovér.*[3]

Bibliography: Fita, p. 473, No. 142; Beinart, pp. 220, 273, 299.

1r Reconçiliada   Leg. 23 No. 57

Çibdad Real

Juana de los Oliuos muger de Anton Ramires

año de

I V DIIII°

Esta su sentençia en el proçeso e Juana Ruis muger de Gonsalo de Villarruuia veçina de Daymiel

Leg. 24 No. 23

con sus sentençias

Carçel a tenpus

Ficta

2r *Blank page*

2r [Pedimiento del promotor fiscal]

18 Sept. En la muy noble çibdad de Toledo, dies e ocho dias del mes de
1503 setyenbre, año del Nasçimiento de Nuestro Saluador Ihesu Christo de mil e quinientos e tres años, este dicho dia, estando los reuerendos señores Ferrand Rodrigues del Varco, canonigo en la santa yglesia de la dicha çibdad de Toledo e jues inquisydor apostolico de la heretyca prauedad en la dicha çibdad e su arçobispado, e el liçençiado Fernando de Maçuecos, canonigo e vicario general en la dicha santa yglesia e jues inquisydor ordinario, en su avdiençia

[3]   In this file one sentence was passed for Elvira, Juana de los Olivos and Juana Ruiz; see Leg. 144, No. 210, fol. 6r–v. A marginal note at the end of fol. 6v states: *carçel medio año*. See also the note on the cover page (fol. 1r): *Está su sentençia en el proçeso de Juana Ruís, muger de Gonsalo de Villarruvia veçina de Daymiel.*

[148]

Trial of Juana de los Olivos

publica, segund que lo han de vso e de costunbre, en presençia de mi, Diego Lopes de Tamayo, notario apostolico e del secreto del Ofiçio de la Santa Inquisyçion en la dicha çibdad e su arçobispado, paresçio ende presente el honrado bachiller Diego Martines Ortega, promutor fiscal en el dicho Ofiçio, e dixo que, por quanto Juana, muger segunda de Anton Ramires, vesyna de Çibdad Real, esta ynfamada e testificada del crimen e delito de la heregia e apostasya, que pedia e pidio a los dichos señores inquisydores que le mandasen dar e ⟨die⟩sen su mandamiento para su alguasil para prender a la dicha Juana, porque el la entendia de acusar e denunçiar sobre el dicho crimen.

[Respuesta]
Luego los dichos señores inquisydores dixeron que dandoles testigos de informaçion sufiçiente para la dicha prisyon, que estauan prestos para faser lo que con justiçia deuiesen.

Information Witness
Luego el dicho promutor fiscal dixo que presentaua e presento, para informaçion de lo susodicho, el dicho e depusyçion de Ysabel de los Oliuos, muger de Pedro de Alarcon, defunto, vesyna de Almagro, el qual dicho e depusyçion dixo en la General Inquisyçion e es el syguiente:

17 Jan. Sabado dies e syete dias del mes de enero de mil e quatroçientos e
1484 ochenta e quatro años.[4]

[Testigo]
Ysabel de los Oliuos, muger de Pedro de Alarcon, defunto, vesyna de Almagro, testigo jurada en forma, dixo que ha dies años, poco mas o menos, que Juana de los Oliuos, muger que es agora de Anton Ramires, vesyno de Çibdad Real, hermana deste testigo, mando vn dia a este testigo que ayunase vn dia y que non comiese fasta la noche porque viniese su marido que estaua preso, el primero con que me case, que se desya Pero Gonsales, y dixo este testigo que non se acuerda sy lo ayuno o lo quebranto. Y esto es lo que dixo que sabe este testigo y no mas, so cargo del juramento que hiso. |

---

[4] This is a copy of the testimony given in Ciudad Real.

Order of Arrest

2v [Mandamiento]

Luego los dichos señores inquisydores, visto la dicha informaçion, dixeron que mandauan dar e dieron su mandamiento para su alguasil para prender a la dicha Juana, muger del dicho Anton Ramires, con secresto de bienes.

Examination of the Defendant

[Amonestaçion]

3 Jan. E despues de lo susodicho, en la dicha çibdad de Toledo, tres dias *1504* del mes de enero del año del Señor de mil e quinientos e quatro años, este dicho dia, estando el dicho señor Ferrand Rodrigues del Varco, inquisydor, en su avdiençia, mando traer e paresçer ante sy a la dicha Juana de los Oliuos, muger del dicho Anton Ramires, que presa estaua en la carçel de la Inquisyçion, e asy paresçida, lugo el dicho señor inquisydor la amonesto que sy despues de reconçiliada ha fecho o dicho algund caso de heregeria o dexo de confesar alguna cosa de lo que avya fecho antes de su reconçiliaçion, que lo diga e confiese, e que disyendolo e confesandolo seria reconçiliada con aquella clemençia que oviere lugar de derecho.

[Respuesta]

Luego la dicha Juana de los Oliuos dixo e respondio que despues de reconçiliada ella no ha fecho ni dicho cosa de heregia, e que de lo mas, dixo que a su creer ella confeso todo lo que avia fecho contra nuestra Santa Fe Catolica.

Arraignment

[Presentaçion de escripto de acusaçion]

31 Jan. E despues de lo susodicho, en la dicha çibdad de Toledo, treynta *1504* e vn dias del dicho mes de enero del dicho año de mil e quinientos e quatro años, este dia, estando el dicho señor Ferrand Rodrigues del Varco, jues inquisydor, e el liçençiado Juan de Palaçios, inquisydor asymismo apostolico, en su avdiençia, paresçio ende presente el dicho promutor fiscal; e asy paresçido, dio e presento vn escripto de acusaçion contra la dicha Juana de los Oliuos, su thenor del qual es este que se sygue: |

+

3r Muy Reuerendos Señores:

Yo, el bachiller Diego Martines Ortega, promutor fiscal de la Santa

Trial of Juana de los Olivos

Inquysyçion en la muy noble çibdad e arçobispado de Toledo, paresco ante Vuestras Reuerençias, ante las quales e en juyzio propongo acusaçion e denunçiaçion a e contra Juana de los Oliuos, hija de Hernando de los Oliuos, carneçero, muger de Anton Ramires, vezino de Çibdad Real, que presente esta, la qual, aviendo resçebido el Santo Sacramento e biuiendo en nonbre e posesyon de christiana e asy se llamando, e gozando de los preuillejos, libertades e ⟨e⟩sençiones que los christianos gozan, en menospreçio de la Madre Santa Yglesia, en vilipendio de la Religion Christiana, en ofensa de Nuestro Redentor Ihesu Christo, pospuesto el themor de Dios e la saluaçion de su alma, heretico e apostato de nuestra Santa Fe Catholica syguiendo, creyendo e guardando la Ley de Moysen a sus rictos e çerimonias e otras espeçies de heregia, de las quales algunas ficta e symuladamente ante Vuestras Reuerençias confeso, escusandose donde acusarse deuyera, pensando con aquellas ser librada de las penas tenporales que meresçia, non mirando como yncurria en las eternales por non desir ni confasar enteramente sus pecados del dicho crimen de heregia, que son las contenidas en su confesyon que he aqui por expresas e a que me refiero, e aquella bien mirada por Vuestras Reuerençias claro paresçio ser ficta e symulada por non ser entera ni fecha esponte ni con las calidades que la deuia haser, quanto mas que sabia e maliçiosamente callo tales e tantas cosas que oluidar non se le podran, creyendo que le serian secretas, por se estar e permanesçer en su heregia, e las que asy callo e encubrio, demas de las que ansy confeso, son las syguientes:

En que sabia ⟨e⟩ maliçiosamente callo e encubrio como ençendia candiles linpios los viernes en las noches, e aquellas noches guisaua de comer para el sabado; e por mejor honrrar e solepnizar el sabado se bañaua los viernes en las noches; e holgaua e holgo los sabados, escusandose de haser en ellos las obras seruiles que en los otros dias de entre semana hasia, e en ellos se vestia camisas linpias e ropas de escusa; e quebrantaua los domingos e fiestas de la Yglesia; y en los sabados se juntaua con otros hereges e parientes suyos a rezar e oyr rezar oraçiones judaycas en pie. E asymismo callo como rezaua e oya rezar oraçiones judaycas quando acabaua de comer. E asymismo maliçiosamente callo como quando masaua echava de la masa en el fuego, e lo de pan que masaua que las judias desian la hala, por ser çerimonia judayca; e callo maliçiosamente como domatizaua e domatiso a otras personas, mandandoles que ayunasen ayunos judaycos, creyendo que en ellos tenia fuerça para que

[151]

Dios los resçebiese e oyese por sus angustias della. E asymismo callo como purgaua la carne muy por menudo, por cunplir el mandamiento e cerimonia judayca {Juana de los Oliuos, muger de Antonio Ramires} | e como se escusaua de comer carne de la carneçeria de los christianos, e como comia la carne que degollaua algund hereje, creyendo que aquello hera muerta con çerimonia judayca, e non queria comer carne de la trefa por ser defendido a los judios. E asymesmo callo como no comia toçino ni las cosas que con ello se guisavan ni las viandas que se ponian en los platos e escudillas en que avia caido toçino, e tenia platos e escudillas apartados para ella, por que no llegasen al toçino. E asymesmo callo maliçiosamente como despues de tienpo y hedad que ella dixo en su confesyon, fasia e fiso las dichas çerimonias judaycas, e con su marido e en casa de sus padres, e sobre todo non fasia obras de fiel christiana ni rezaua oraçiones de christiana, teniendose por judia.

3v

Heretico e apostoto en otros casos e cosas e ritos e çerimonias e otras espeçies de heregia que, venidos a mi notiçia, protesto declarar en el progreso deste sumario proçeso. En e por los quales abtos, ritos e çerimonias la dicha Juana de los Oliuos cometio e perpetro crimen e delito de heregia e fue e es hereje, apostota, ficta e symulada ynpenitente, e yncurrio en sentençia dexcomunion mayor e en confiscaçion e perdimiento de todos sus bienes e en las otras penas e çensuras en los derechos ynstituydos contra los tales herejes. Por que vos pido e requiero, Muy Reuerendos Señores, que pronunçieys e declareys a la dicha Juana de los Oliuos por tal hereje, apostota, ficta e symulada ynpenitente, e aver yncurrido en las dichos sentençias dexcomunion e en confiscaçion e perdimiento de todos sus bienes, relaxandola a la justiçia e braço seglar, sobre que pido conplimiento de justiçia, e en lo neçesario e conplidero el noble ofiçio de Vuestras Reuerençias ynploro. E juro a Dios e a la señal de la Crus + que esta acusaçion non la pongo maliçiosamente, saluo porque ansy soy informando e me es denunçiado, la qual pongo en la mejor via a forma que puedo e de derecho deuo, con protestaçion de la poder añadir todo ⟨lo⟩ que nesçesario me sea e a mi derecho convenga; e sy otro pedimiento es nesçesario, estoy presto de la haser, e pidolo por testimonio.

E asy presentado e leydo el dicho escripto de acusaçion, luego la dicha Juana de los Oliuos dixo que non se recuerda aver fecho las cosas contenidas en la dicha acusaçion.

Trial of Juana de los Olivos

[Termino]

Luego los dichos señores inquisydores le mandaron dar traslado de la dicha acusaçion, sy lo quisyere, e termino de quinse dias primeros syguientes para que venga respondiendo. |

4r [Confesyon]

8 Feb. 1504 E despues de lo susodicho, en la dicha çibdad de Toledo, ocho dias del mes de febrero del dicho año del Señor de mil e quinientos e quatro años, este dia, estando el dicho señor Ferrand Rodrigues del Varco, jues inquisydor, en la dicha su avdiençia, paresçio ende presente la dicha Juana de los Oliuos, e aviendole leydo la dicha acusaçion, dixo que es verdad todo lo que en ella contenido, que lo hiso como en la dicha acusaçion se contiene. Preguntada con quien se juntaua a oyr leer e resar oraçiones judaycas, dixo que con vn Alfonso Ramires, sastre, vesino de Çibdad Real. Preguntada a quien ynpuso en las çerimonias judaycas, dixo que a Ysabel de los Oliuos, su hermana, muger de Gonçalo de La Fuente, vesino de Agudo. Lo qual juro, etç.; e pidio penitençia dello.

The Confession is Accepted

[Pedimiento del promotor fiscal]

12 Feb. 1504 E despues de lo susodicho, en la dicha çibdad de Toledo, dose dias del dicho mes de febrero del dicho año del Señor de mil e quinientos e quatro años, este dia, estando el dicho señor Ferrand Rodrigues del Varco, jues inquisydor, en la dicha su avdiençia, paresçieron ende presentes el dicho promutor fiscal e la dicha Juana de los Oliuos, e asy paresçidos, luego el dicho promutor fiscal dixo que açebtaua e açebto la dicha su confesyon de la dicha Juana de los Oliuos en quanto por el hase e non en mas ni allende, e que aquella non la escusa por ser fecha despues de presa e por themor de las prueuas e de las penas e non esponte ni con las calidades que la devyo haser; por ende, dixo que pedia e pidio al dicho señor inquisydor que declarasen a la dicha Juana de los Oliuos por herege apostota, e aver incurrido en sentençia dexcomunion mayor e en confiscaçion e perdimiento de todos sus bienes, relaxandola a la justiçia e braço seglar, e sobre todo pidio serle fecho conplimiento de justiçia, e inploro el noble ofiçio de su reuerençia, e concluyo, e pidiolo por testimonio.

Defence

[Respuesta]

Luego la dicha Juana de los Oliuos dixo que ella hiso buena e verdadera confesyon e de su voluntad, e non por themor, saluo por saluar su anima, e confirmandose en la dicha su confesyon, dixo que concluya e concluyo, e pidio penitençia con misericordia, la qual dixo que estaua presta de conplir segund que por el dicho señor inquisydor le fuera ynpuesta. |

Conclusion

4v [Conclusyon]
Luego el dicho señor Ferrand Rodrigues del Varco, inquisydor, dixo que pues amas las dichas partes avyan concluydo e non querian mas desyr, que el asymismo concluya e concluyo con las dichas partes, e ovo el dicho proçeso por çerrado e concluso, e asygno termino para dar en el sentençia para de oy en nueue dias primeros syguientes, e dende en adelante para cada que toviere determinado. |

First Consulta-de-fe

5r En Toledo, dies e ocho dias del mes de março del dicho año del
18 March Señor de mil e quinientos e quatro años, este dia se juntaron en la
1504 sala de su avdiençia los señores inquisidores e letrados que de yuso seran contenidos para ver e determinar este proçeso:
El maestre frey Juan del Puerto, ministro del monesterio de la Trinidad de Toledo;
el liçençiado don Juan de la Çerda de Quintanapalla, arçediano de Cuellar, canonigo de Toledo;
el liçençiado Fernando de Maçuecos, canonigo de Toledo;
el liçençiado Juan de Palaçios, canonigo de Syguença, inquisidor apostolico e ordinario;
Ferrand Rodrigues del Varco, canonigo de Toledo, inquisydor apostolico e ordinario.
Este dicho dia, los dichos señores inquisydores e letrados susodichos en concordia votaron que la dicha Juana de los Oliuos, muger del dicho Anton Ramires, que se ponga en carçel perpetuo, con confiscaçion de todos sus bienes.

Second Consulta-de-fe

12 April En Toledo, dose dias del mes de abril del dicho año, se torno a ver
1504 este proçeso por los dichos señores Ferrand Rodrigues del Varco, inquisydor, e letrados susodichos; en concordia votaron que sea el carçel a tienpo porque la fiçion paresçio ser pequeña.[5]

[5] But, see Fita, p. 474, No. 142.

Trial of Juana de los Olivos

The Composition of the Court

Judges: Fernán Rodríguez del Barco
Fernando de Mazuecos
Juan de Palacios
Prosecutor: Diego Martínez de Ortega
Notary: Diego López de Tamayo

Information Witness for the Prosecution

Isabel de los Olivos, wife of Pedro de Alarcón [6]

Consulta-de-fe

Maestre Juan del Puerto
Licenciado Don Juan de la Cerda de Quintanapalla
Licenciado Fernando de Mazuecos
Licenciado de Palaçios
Licenciado Fernán Rodríguez del Barco

Synopsis of Trial

1484

17 Jan. Isabel de los Olivos testifies against her sister Juana in Ciudad Real.

1503

18 Sept. The trial opens in Toledo. The prosecutor presents his information testimony and the Court orders the arrest of the accused.

1504

3 Jan. The accused is admonished to confess, however she asserts that she has committed no sins against the Church.
31 Jan. The arraignment is presented and fifteen days are allowed for the defendant to reply to the charges.
8 Feb. Juana confesses.
12 Feb. The prosecutor accepts her confession.
18 March The *consulta-de-fe* sentences the accused to life imprisonment.
12 April A second *consulta-de-fe* changes the verdict to temporary imprisonment.
16 April Sentence is pronounced at the *auto-de-fe* held in the Plaza de Zocodovér.

---

[6] She was the sister of the defendant. In fol. 4r her husband is listed as Gonzalo de la Fuente, resident of Agudo.

[155]

98 Trial of Beatriz González, Wife of Juan de la Sierra, her Daughter Leonor, and Isabel González, Wife of Rodrigo de Villarrubia
1511–1513

Source: AHN IT, Legajo 153, No. 338, foll. 1r–9r; new number: Leg. 153, No. 14.

The trials of the Inquisition that opened in the year 1511 dealt mainly with Conversos who had confessed in Ciudad Real during the 1483 Period of Grace and had been reconciled to the Church. It seems that in 1511 the Court in Toledo decided to launch a new investigation in Ciudad Real. They reviewed the files of those who had confessed in 1483–1484 and reopened cases which had been dealt with a generation before. This group of trials dragged through the Court until 1513.

Beatriz and Isabel were sisters, the daughters of Fernan González Fixinix. They belonged to the González – de la Sierra family, which was interrelated with families in Ciudad Real, Frexinal and several other towns in the La Mancha region and Andalusia. Many of their relatives were brought to trial during the reign of the Inquisition.

All three accused were tried in absentia, *perhaps more for having fled the Inquisition than for their actual Jewish practices. Their trial opened on 10 July 1511, after they had ascaped to Portugal where it is likely that Beatriz' husband Juan de la Sierra*[1] *already awaited them. Their flight was attested by a series of prosecution witnesses.*

*We do not know whether Beatriz was already married to Juan de la Sierra on 2 October 1483 when she confessed during the Period of Grace. She was reconciled at the time and was received back into the Church after she abjured on 16 November. Nonetheless, she continued to observe the Sabbath and would not eat food out of the vessels in which non-*kasher *food was cooked for*

---

[1] See his trial, No. 110. For the role he played in persuading his mother Leonor González to return from Portugal and stand trial in 1486, see Vol. I, No. 19.

Trial of Beatriz, Leonor and Isabel González

the servants of her house. Isabel kept *mizvot* which she learned from her father and her cousins Rodrigo and Alonso Marín. She was able to read her Hebrew prayers from a prayerbook.

The three women were all accused of finding a pretext to dress in festive attire on Saturday and remain in the same clothes until Monday, thereby avoiding working on the Sabbath. They were condemned to be burnt in effigy, and the sentence was carried out on 7 September 1513 in Zocodovér Square in Toledo.

A document of unique value, dated 30 September 1511, has been found in this file. Manuel I, King of Portugal, sent a special messenger [2] to the Court in Toledo to present his claim against the property of Beatriz González and her husband. The property had served as a guarantee in a business transaction wherein Juan de la Sierra undertook to deliver saltpetre to the king, but did not fulfill his obligation. It is extraordinary that the king presented his claim before the Spanish Inquisition when there was not yet an Inquisition in Portugal. However, the only reply of the Toledo Court was to demand the extradition of Beatriz and Juan.

Although this trial precedes that of Juan de la Sierra, it provides an example of the means adopted by the Spanish Conversos to evade the regulations of the Inquisition: Juan had hoped to protect his property against confiscation by entering into a business arrangement with the King of Portugal.

Bibliography: Fita, p. 468, Nos. 48–50; H. Beinart, *Tarbiz*, XXX (1961), pp. 46–61.

---

[2] The messenger's name was Pedro Tavares.

1r **1513**

Çiudad Real   quemada   Leg. 7 No. 7
                absentes

Proçeso contra Beatriz Gonsales muger de Joan de la Sierra e Leonor, su hija donzella e Ysabel Gonsales muger que fue de Rodrigo de Villarrubia quemada hermana de la dicha Beatriz todas absentes vezinas que fueron de Çivdad Real

Relajados

absentes   concluso

sacados

Estan fechas las sentençias

votado

San Pedro

Rebeldia se a de auisar a XXII de setienbre de DXI años etç.

1v En la muy noble çibdad de To⟨ledo⟩ |

2r [Pedimiento del fiscal]

10 July 1511 En la Çibdad Real, en diez dias del mes de julio, año del Nasçimiento de Nuestro Saluador Ihesu Christo de mil e quinientos e honze años, estando el reuerendo señor liçençiado Alfonso de Mariana, inquisidor, en la abdiençia del Santo Ofiçio de la Ynquisyçion, paresçio presente el venerable Martin Ximenez, canonigo de Logroño, promotor fiscal en el dicho Santo Ofiçio, e dixo que denunçiaua e denunçio en forma por hereges, apostotas, fictas e symuladas penitentes e relapsas a Beatriz Gonsales, muger de Juan de la Sierra, mercader, e a Ysabel Gonsales su hermana, muger que fue de Rodrigo de Villarrubia, quemado,[3] reconçiliadas, e a Leonor de la Syerra, hija del dicho Juan de la Sierra, e de la dicha Beatriz

---

[3] He was burnt on 14 Nov. 1496. See No. 90 for a reconstruction of his trial; see also Biographical Notes.

[158]

Trial of Beatriz, Leonor and Isabel González

Gonzales, su muger, vezinas de la dicha Çibdad Real, las quales susodichas, para mejor hazer y continuar sus herrores, y huyendo la correcçion de la Yglesia, se avian ydo avsentado destos Reynos al Reyno de Portugal. Por ende, que pidia e pidio al dicho señor ynquisidor que mandase proçeder y proçediese contra ellas e contra cada vna dellas como contra los tales herejes, mandando dar su carta çitatoria e de hedicto para ella e pa cada vna dellas, para que dentro de çierto termino parescan ante su reuerençia a se conpurgar de los dichos delictos, y mandando inventariar todos sus bienes, doquier que puedan ser avidos. E sobre todo que pedia e pidio entero conplimiento de justiçia.

El dicho señor inquisidor dixo que oya lo que el dicho promotor fiscal dezia, ⟨e⟩ que dandole informaçion sufiçiente de lo por el dicho promotor fiscal pedido e denunçiado, que estava presto de hascr justiçia.

Information Witnesses

[Informaçion que presento el fiscal]

Luego el dicho promotor fiscal dixo que para en prueva de su intençion, que haria e hizo presentaçion de todos los dichos e depusyçiones contenidos en los libros e registros de la General Ynquisyçion, conforme de los dichos e depusyçiones a Maria Lopez, muger de Alonso Treuiño, e de Catalina Lopez, muger de Juan de Torres, e de Guiomar de Torres e de Catalina Martin⟨ez⟩, muger de Diego Montaraz, e de Garçia Martines, espartero, e de Juana Gonsales, muger de Juan Lopez, labrador, vezinos de Çibdad Real, los quales dichos e depusyçiones de testigos pidio el dicho señor ynquisidor que los mandase poner en este proçeso.

Summons

[Mandarlas citar por edicto e secrestar sus bienes]

Su reuerençia, visto la dicha informaçion, dixo que mandaua e mando dar su carta çitatoria e de hedicto contra las susodichas para que dentro de sesenta dias primeros fuesen personalmente a responder de la fee ante sus reverençias, la qual dicha carta fue expedida e leyda en forma deuida. E mando secrestar todos e qualesquier bienes de las susodichas e de cada vna della a doquier que pudiesen ser auidos, e ponerlos en secresto en poder de personas llanas y abonadas, etç. |

2v Blank page

Records of the Inquisition in Ciudad Real and Toledo, 1494–1512

Information Witnesses for the Prosecution

3r En Çibdad Real doze dias del mes de julio de mil e quinientos
12 July y honze años, antel reuerendo señor liçençiado Alfonso de Mariana
1511 ynquisidor.

[Informaçion sobre la absençia]
Maria Lopez, muger de Alonso de Treuiño, testigo presentado por el dicho promotor fiscal, para en prueva de su yntençion, para prouar la absençia y fuga de Beatriz Gonsales, muger de Juan de la Syerra, e de Leonor de la Syerra, su hija, e de Ysabel Gonsales, bibda, muger que fue de Rodrigo de Villarruuia, condenado por herege, hermana de la dicha Beatriz Gonsales, so cargo del juramento que hizo [sobre la absençia] dixo que sabe que las dichas Beatriz Gonsales y Leonor de la Syerra, su hija, e Ysabel Gonsales de Rodrigo de Villarruuia, vezina desta Çibdad Real, son partidas a Portugal, y se partieron esta Quaresma pasada, al tienpo que su reuerençia estaua en Almagro, que cree que seria como ocho o diez dias antes que su reuerençia entre a esta çibdad, y que les lleuo el dicho Juan de la Syerra, marido de la dicha Beatriz Gonsales. Y antes que se partiesen a Portugal dixeron a este testigo las susodichas, e espeçialmente la dicha Leonor, como se querian yr a Portugal. Y que sabe y es publica boz y fama en esta çibdad açerca de las personas que tenian conoçimiento con las susodichas, que se fueron huyendo al dicho reyno de Portugal por themor de la Ynquisiçion. Y que todos los que les conoçian las tenian por grandes judias, y desyan que sy aquellas no heran judias, que no tenian casa en esta çibdad, y que es publico, puesto que se fueron al dicho reyno de Portugal y que estauan agora alla.

Catalina Lopez, muger de Juan de Torre, vezina desta çibdad, testigo jurado e preguntado pa en la prueva, dixo que conoçia a las dichas Beatriz Gonsales, muger de Juan de la Syerra, e a Leonor de la Sierra, su hija, e a Ysabel Gonsales, muger de Rodrigo de Villarruuia [sobre la absençia] y que sabe que son partidas a Portugal, y que les vio partir este testigo, que biue en su vezindad, y que avra
3v que partieron tres meses y medio, | y que serian ocho o diez ⟨dias⟩ antes que su reuerençia viniese a esta çibdad. Y que es publica boz y fama que se fueron las susodichas por themor de la Ynquisiçion, y las lleuo el dicho Juan de la Syerra. Y que todos los que las conosçian las tenian por grandes judias. Y que a oydo desir este

Trial of Beatriz, Leonor and Isabel González

testigo a algunas personas vezinas desta çibdad que sy aqui estuuiera⟨n⟩, estando su reuerençia en esta çibdad, que no escaparan syn ser presas. Y que es publico e notorio en esta çibdad que estan las dichas en el reyno de Portugal, y que ansy se lo a oydo desir a Diego Rodriguez, hermano de Andres Alonso, hazendor del dicho Juan de la Syerra.

Fue preguntada que que hazienda es la que el dicho Juan de la Syerra y su muger tienen en esta çibdad, dixo que Fernando de la Sierra, hijo de Juan de la Sierra, y Andres Alonso, haze⟨n⟩dor del dicho Juan de la Sierra, daran mejor razon de lo susodicho, porque tienen a cargo la dicha hazienda, pero en lo que este testigo sabe es que tiene vnas casas en esta çibdad en la perrocha de Santiago, junto con la cosa de Rodrigo de la Sierra, y çiertas viñas, y que tiene trabto de paño, que hazen los dichos Hernando de la Syerra e Andres Alonso, su hazendor del dicho Juan de la Syerra.

[Testigo]
Guiomar de Torres, muger de Pedro de Torres, vesina desta dicha Çibdad Real, testigo jurado, etç., presentado en la dicha cabsa, dixo que conosçio a las dichas Beatris Gonsales, muger de Juan de la Sierra, e a Leonor de la Syerra, su hija, e a Ysabel Gonsales, muger de Rodrigo de Villarruuia, quemado [sobre la absençia] y que sabe que son partidas a Portugal, e que las vio partir este testigo porque biue en vezindad; y que avra que partieron tres meses y medio, e que seria ocho o diez dias antes que su reverençia viniesen a esta çibdad. E que es publica boz y fama que se fueron las susodichas por themor de la Ynquisiçion, y las lleuo el dicho Juan de la Sierra. E que todos los que las conosçian las tenian por grandes judias. E que oydo desir este testigo ⟨a⟩ algunas personas, vezinos desta çibdad, que sy aqui estuuieran, estando sus reuerençias, que no escaparan syn ser presas. E que es publico y notorio en esta çibdad que estan las susodichas en Portugal. E que asy lo a oydo dezir a Diego Rodriguez, hazendor del dicho Juan de la Sierra. |

Beatriz González' Confession

4r Provença del promotor fiscal [sacado]
[Traslado de su confesion de su muger de Juan de la Sierra]
Muy Reuerendos e Muy Deuotos Padres:
Yo, Beatriz Alonso ⟨sic⟩, muger de Juan de la Sierra, a la col(l)açion de San Pedro, paresco ante Vuestras Reverençias a confesar mis herreros ⟨sic⟩ e pecados, los que hize e consenti contra Dios e

contra mi anima, e pido a Vuestras Reuerençias penitençia de ellos.

Digo, Reuerendos Padres, a Dios e a Vuestras Reuerençias, que las cosas en que ofendi a Nuestro Señor Ihesu Christo las vi hazer en casa de mi padre.

Digo a Dios y a vosotros, Reuerendos Padres, mi culpa que muchas vezes guarde el sabado, vistiendo en el, algunas vezes, ropas linpias e guisando del viernes para el sabado.

Digo a Dios y a vosotros, Reuerendos Padres, mi culpa que comi carne degollada e algunas vezes la deseve.

Digo a Dios y a vosotros, Reuerendos Padres, mi culpa que algunas vezes comi pan çençeño e guarde las pascuas.

Digo a Dios y a vosotros, Reuerendos Padres, mi culpa que algunas vezes ayune el dia del Ayuno Mayor e otros algunos.

Digo a Dios y a vosotros, Reuerendos Padres, mi culpa que algunas vezes oy rezar en vn libro a vna persona e otras que me mostravan leerlo, tomava yo.

Digo a Dios y a vosotros, Reuerendos Padres, que algunas vezes ençendi candil el viernes noche.

E ruego e pido por merçed a mi Señor Ihesu Christo que como estan sus braços abiertos en el arbol de la Santa Vera Cruz me reçiba e me perdone todos mis pecados, los que fize e consenti, e me de graçia de no caher en otros, e por la Su Santa Pasyon le pido que sienpre permanesca en nuestra Santa Fe Catolica, con protestaçion que hago que sy alguna cosa a mi memoria vinieren que yo aya herrado contra nuestra Santa Fe Catolica, de lo venir a manifestar ante Vuestras Reuerençias. E de todo, Reuerendos Padres, pido penitençia.

2 *Oct.* En dos dias de otubre, ante los dichos señores, paresçio presente
1483 la dicha Beatriz desta otra parte contenida, e fizo su confesyon, segund que la dio por este escripto. La qual fizo juramento en forma, etç.

Witnesses for the Prosecution

26 *April* En Çibdad Real XXVI dias del mes de abril de I V DXI años ante
1511 el reuerendo señor liçençiado Mariana inquisidor

[Libro 3° de Çibdad Real XXI]

Catalina Martin ⟨*sic*⟩, muger de Diego Montaraz, que mora la dicha
4v Catalina Martin ⟨*sic*⟩ | con Juan Martin Ximeño e su muger en la col(l)açion de Santa Luçia desta Çibdad Real, testigo jurado en forma, etç., dixo que a tres años que este testigo mora con la

Trial of Beatriz, Leonor and Isabel González

muger de Juan de la Syerra, vezina desta dicha çibdad, con la qual moro medio año. E que en el dicho tienpo vio este testigo como la dicha muger del dicho Juan de la Sierra [Beatriz, muger de Juan de la Sierra] e Ysabel Gonsales [Ysabel Gonsales muger de Rodrigo de Villarruvia], su hermana de la dicha muger de Juan de la Sierra, muger de Rodrigo de Villarruuia, quemado, e Leonor de la Sierra [Leonor, su hija, donzella], hija del dicho Juan de la Sierra e de la dicha su muger, holgavan los viernes en las noches e los sabados, que no hazian hazienda ninguna, e que en aquellos dichos sabados se vistian camisas linpias e ropas e fiesta e se ataviavan e afeytavan como para dia domingo e de fiesta; e que en aquellos dias de sabado non guisavan cosa ninguna de comer, ni avn dexavan haser fuego a este testigo ni a vna negra que estava en la dicha casa, que se llama Françisca. E que quando mucho, que les dexavan hazer vn poco de fuego pa calentar el agua para fregar; e que en los dichos sabados comian de lo guisado del viernes antes, porque sienpre acostunbravan las dichas muger de Juan de la Sierra e su hija Leonor de la Sierra, donzella, y la dicha Ysabel Gonsales guisar los dichos viernes para los sabados caçuelas de pescado e sardinas, e las vezes con verengenas e con çebollas y culantron y espeçias, e las comian en los dichos sabados syguientes. E que nunca yvan domingos a Misa ni fiestas ni otros dias de entre semana sy no las conbidavan pa algund bavtismo o velaçiones de algunos conversos. E que todas las vezes que tenyan carne de la carniçeria vio este testigo como las susodichas, a vezes la vna, a vezes la otra, despicavan la carne, quitandole toda la gordura e seuo, que non le dexavan ninguna, e despues de quitado el seuo e la gordura, le hechavan vn poco de sal, e dende a vn ratillo la lavavan con muchas aguas e la hechavan en la olla; e que guisavan su olla aparte las dichas muger de Juan de la Sierra e Leonor y Ysabel Gonsales; y que nunca hechavan toçino en la olla, nunca este testigo lo vio comer en la dicha casa a las susodichas; e que tenian su olla e cucharas y escudillas aparte, e su jarro que non llegava nadie a ello syno las susodichas; e que sy alguno beuia agua con el dicho jarro que tenian apartado, que luego las susodichas mandavan traer otro jarron nuevo de la plaça para beuer, ni que querian mas beuer en el jarron que otro oviese biuido en el. E que no consintian que sus camisas ni man|teles se lavasen con las de los moços y este avia ni con la ropa deste testigo, syno aparte. E que en dicho tienpo del dicho medio año que este testigo estuvo con las susodichas, vio este testigo a las susodichas, todas tres, rezar cada noche en cabo de vn portal que estaua çerrado con vn ray que junto con vn palaçio de la dicha casa; e que rezauan todas tres sienpre cara la pared, apartada la vna de la otra, cada vna por sy; e que no sabe este testigo lo que rezavan, mas de quanto alçavan e abaxavan las cabeças sabadeando. E que nunca les oyo nonbrar en aquellas oraçiones el Nonbre de Ihesus ni de Santa } Maria, syne a Señor del mundo, e que en todo lo que a este testigo lo pareçeia las susodichas todas tres heran judias. }[4] E que quando rezavan, tenian puestos sendos paños de liençio sobre (sobre) los honbros.[5] E que en el dicho tienpo nunca les vio comer pulpo, ni anguila, ni otro ninguno pescado syn escamas. E que nunca a ninguna de las susodichas les vio nonbrar el Nonbre de Ihesus ni de Santa Maria, syno al Señor del mundo.[6] E que a todo lo que a este testigo le paresçio, las susodichas heran todas tres judias. E que los viernes en las noches mandavan las susodichas a Françisca, la negra, que alinpiase tres candiles que tenian, e despues de linpios, quando se ponia el sol, dezia la dicha muger de Juan de la Sierra a la dicha esclava: Mira sy es puesto el sol, ençiende esos candiles. E que la dicha esclava alinpiava los dichos candiles e les ponia sus mechas nuevas e los ençendia; e que ardian toda la noche, e que no los matavan; e que quando se querian acostar los hinchian de azeyte; e que las otras noches no los ençendian tenprano, ni con mechas nuevas, ni ardian toda la noche. E que quando el señor rey don Fernando estava en Napoles dezian las susodichas: Ya hecho es todo, que no a de aver mas Ynquisyçion.[7]

Fue preguntada sy vio al dicho Juan de la Sierra e a Fernando de la Sierra, su hijo, azer algunas çerimonias de las susodichas; dixo que al dicho Juan de la Sierra no le vio haser ninguna çerimonia, porque sienpre estuvo en aquel tienpo en Portugal, pero que el dicho Fernando de la Sierra estava sienpre en casa con la dicha su madre, e que no le vio haser çerimonia ninguna, pero que bien veya el como ençendian los candiles los viernes en las noches mas tenprano que en los otros dias con mechas nuevas por mandado de la dicha su madre, e como holgavan los viernes en las noches e los sabados, 5v e como guisauan del viernes para el sabado, e comian | dello con

[4] The name of María was probably struck out in error.
[5] Since it is contrary to Jewish law for a woman to wear a *tallit*, the witness must have been confused.
[6] See above.
[7] Such rumours that the Inquisition was about to be abolished were spread from time to time.

Trial of Beatriz, Leonor and Isabel González

las susodichas, e veya deseuar la carne e haser todas las otras çerimonias que hazian las dichas su madre e hermana e tia, e que tambien les veya rezar a las susodichas cara la pared. Pero que a el no le vio rezar ni nunca le vio reñir con la dicha su madre e hermana e tia porque hazian las çerimonias susodichas, e que lo veya e consentia; e que los viernes en las noches y sabados, que tambien veya como holgavan el dicho Fernando de la Syerra, pero que tanbien holgava los otros dias de entresemana, porque no tenia(n) ofiçio ninguno. E que sabe este testigo que aquellos sabados que las susodichas holgavan, que venian alli la muger de Juan Gonsales Fixinix, siendo la dicha muger de Juan de la Sierra, e vna hija que se llama Leonor, que es casada, e no sabe el nombre del dicho su marido; e que holgavan los sabados con las susodichas, e venian atauiadas de camisas e ropas linpias e tocados linpios como de fiesta. E que sabe que los dichos sabados que las susodichas holgavan no heran dias de fiesta syno de trabajo. E que en aquel tienpo no estavan otras personas en casa syno este testigo e la dicha Françisca, negra, la qual dezia muchas vezes e dixo a este testigo que las dichas sus amas heran vnas grandes herejes, e que le amostrava a este testigo vnas gauillas de sarmientos, e que le dezia que los tenia guardados para quemar a las dichas sus amas. E que trabajavan en aquella sazon en la dicha casa vnos perayles, que vno se llama Bartolome de Caçeres e otro Aparisçio, e que puede ser que aquellos sepan algo de lo susodicho o den aviso de quien lo puede sabe. Preguntada de odio, dixo que no le tiene, e que lo dize por descargo de su conçiençia e por temor de la excomunion.

6 April 1511 En la Çibdad Real veinte e seys dias del mes de abril de mil e quinientos e honze años ante el reuerendo liçençiado Mariana ynquisidor
Libro 3° de Çibdad Real XXIIII°
Garçia Martinez, espartero, vezino de Çibdad Real a la col(l)açion de Santiago, testigo jurado en forma, etç., dixo que avra diez años, poco mas o menos, que biuiendo este testigo con Juan de la Sierra e con su muger, que vio este testigo como Catalina, negra, esclava de los dichos sus amos, rezava en vnas quentas de pavilo, e porque rezava tanto en ellas, la dicha su ama | gelas tomo e gelas quemo. E que la dicha esclava dezia muchas vezes (dezia) a este testigo que sy los padres venian, que la avia de hazer quemar a la dicha su ama [Beatriz, muger de Juan de la Sierra], pero que no le dezia

lo que hazia, mas de quanto vn dia avia venido vna mora de Almagro e se auia ençerrado con la dicha su ama en vn palaçio, e que despues la dicha su ama andava rezando por vna escalera arriba e abaxo en vn libro ju(y)dayco. Preguntado de odio, dixo que no le tiene e que lo dize por descargo de su conçiençia.

8 May 1511 En la Çibdad Real, ocho dias del mes de mayo de I V DXI años, antel reuerendo señor liçençiado Alfonso de Mariana ynquisidor

Libro 3° de Çibdad Real C

Juana Gonsales, muger de Juan Lopez, labrador, que al presente biue con el regidor Françisco Sanches, veçino de Çibdad Real en la col(l)açion de Sant Pedro, testigo jurado, etç., dixo que este testigo biuio con Juan de la Syerra, mercader, e con su muger, que no sabe su nonbre, veçinos de Çibdad Real, por tienpo de medio año, e que salio de su casa ⟨ha⟩ vn año; e que en el dicho tienpo de medio año que con los susodichos biuio, sabe e vio este testigo que la muger del dicho Juan de la Syerra {Beatriz, muger de Joan de la Sierra} no queria que truxese toçino a su casa, e que sy alguna vez lo trayan, que lo guisaua en otra olla aparte; e que nunca se lo vido comer en todo el dicho tienpo a la dicha su ama e amo ni a Leonor su hija, donzella {Leonor de la Sierra, su hija donzella}, ni ⟨a⟩ Hernando de la Syerra, su hijo. E sy que algund moço o moça de casa beuia con la jarra en que ellos beuian, luego la quebraua la dicha su ama e su hermana, la muger de Villarruuia {Ysabel, muger de Rodrigo de Villarruvia}, que quemaron, lo qual vio por tres vezes. E que a este testigo e a vna esclava que tenian dieron de palos porque biuian con las jarras que los dichos sus amos biuian e la dicha su hermana de la dicha su ama. E que las vezes que trayan carne de la carniçeria, que la que avian de comer este testigo e los otros moços de casa davansela a este testigo pa que la lavase y hechase en la olla a la dicha esclava que se llamava Françisca; e que la que avian de guisar para los dichos sus amos, la tomava la dicha su ama e se metia con ella en la cozina e ella 6v se ⟨la⟩ lava|va e se la cozia, que no queria este testigo ni la dicha Françisca, esclava, gela guisasen. E que los platos y escudillas en que los dichos sus amos comian no querian esta testigo ni la dicha Françisca los fregasen con el estropajo con que este testigo e la dicha esclava fregavan los plateles y escudillas en que ellos comian. Preguntada sy las vido atauiadas mas al sabado que los otros dias de entresemana o sy las vido holgar los sabados, dixo que el holgar

Trial of Beatriz, Leonor and Isabel González

de los sabados no se acuerda, porque no mirava en ello, pero que se acuerda que vido a las dichas su(s) ama(s) e hija Leonor que los sabados se vistian de buenas ropas, e que a aquellas mismas les veya este testigo traher en los domingos, e luego el lunes adelante se vestian de otras ropas que no heran de fiesta, las quales trayan toda la semana fasta en el sabado luego se vistian de aquellas buenas ropas e las trayan el domingo, como dicho tiene. E que lo mismo hasya la dicha hermana de la dicha muger de Juan de la Syerra, que morava dentro en su casa. Preguntada sy vido al dicho Juan de la Syerra vistirse el dia del sabado y el domingo como dize que lo veya a la dicha su ama e Leonor su hija y hermana de la dicha su ama; dixo que no, porque estava en Portugal en las cosas de su hazienda. Fue preguntada sy las vido haser otras algunas çerimonias de judios que le fueron declaradas; dixo que no se acuerda de mas. Preguntada de odio, dixo que no le tiene con ellas, e que lo dize por descargo de su conçiençia e por temor de l⟨a⟩ excomunion. |

Copy of Isabel González' Confession

7r Traslado de la confesion de la dicha Ysabel Gonsales muger de Rodrigo de Villarruuia, quemado

[Traslado de la confesion de Ysabel Gonsales, muger de Rodrigo de Villarruvia]

Muy Reuerendos e Devotos Padres:

Yo, Ysabel Gonsales, muger de Rodrigo de Villarruvia, vezino de Çibdad Real a la col(l)açion de Santiago, paresco ante Vuestras Reverençias a confesar mis herrores e pecados que yo fize contra Dios e contra mi anima.

Digo, Reverendos Padres, que syendo de poca hedad, en esta çibdad, estando en casa de mi padre, Rodrigo Marin e Alonso Marin,[8] primos mios que en casa de mi padre estauan e biuian con el, a los quales vido haser algunas cosas de la Ley de Moysen, seyendo de poca hedad, como dicho he, tome algo dellos.

Digo a Dios e a vosotros, Padres, mi culpa, que muchas vezes guarde el sabado, y ençendi candiles, e vesti ropa linpia, e comi del guisado del viernes para el sabado.

Digo a Dios e a vosotros, Reverendos Padres, mi culpa, que comi carne degollada y la deseve.

[8] They were cousins of Isabel. Rodrigo was tried posthumously, and his bones were exhumed and burnt; see his trial, Vol. I, No. 83. On Alonso, see Biographical Notes.

Digo a Dios y a vosotros, Reverendos Padres, mi culpa, que algunas vezes comi pan çençeño y guarde las pascuas.

Digo a Dios y a vosotros, Reverendos Padres, mi culpa, que algunas vezes ayune el dia de Ayuno Mayor e otros algunos.

Digo a Dios y a vosotros, Reverendos Padres, mi culpa, que algunas vezes reze algunas oraçiones de la Ley de Moysen, las quales reze de vn libro.

E ruego e pido penitençia a mi Señor Ihesu Christo, que como estovo con sus braços abiertos en el arbol de la Vera Cruz e me resçiba e me perdone todos mis pecados, los que hize e consenti, e me de graçia de no tornar en otros; e por la Su Santa Pasyon, le pido que sienpre permanesca en nuestra Santa Fe Catolica, con protestaçion que sy algo o sy alguna (etç.) cosa a mi notiçia viniere que yo aya herrado contra nuestra Santa Fee Catolica, de lo venir a manifestar ante Vuestras Reverençias. E de todo, Reverendos Padres, pido penitençia.

2 Oct. En dos dias de otubre de ochenta y tres años, ante los dichos
1483 señores, paresçio Ysabel Gonsales, desta otra parte contenida, e fizo su confesyon segund que la dio por escripto. La qual fizo juramento en forma e lleuo plazo para el mes.

Nunca in confessa fuit in vita sua nec ⟨s⟩auit Pater Noster, nec Ave Maria, nec Credo, nec Salue Regina. |

7v En Çibdad Real siete dias del mes de mayo de mil e quinientos e
7 May honze años ante el reverendo señor liçençiado Alonso de Mariana
1511 ynquisidor

Libro 3° de Çibdad Real XCVI

Maria Lopez,[9] muger de Sebastian Hidalgo, sedero, al ⟨*sic*⟩ col(l)açion de Sant Pedro, testigo jurado en forma, etç., dixo que avra honze o doze años, poco mas o menos, que fue dos años despues que quemaron a Rodrigo de Villarruuia, vezino desta çibdad, que fue a casa deste testigo Ysabel Gonsales, muger del dicho Rodrigo de Villarruvia {Ysabel Gonsales muger de Rodrigo de Villarruvia, quemado}, e sobre çiertas platicas que ende pasaron, que este testigo dixo a la susodicha: Santa Maria, señora, como quemaron a vuestro marido, que lo teniamos o por tan biles. E que la susodicha respondio: No se; por vn testimonio que le levantaron murio como vn martir, que Geronimo de [   ]duera gele levanto el testimonio. E que

---

[9] She testified for the prosecution against Leonor de la Higuera, No. 96, fol. 2r.

Trial of Beatriz, Leonor and Isabel González

asymismo le dixo que a los conversos que quemava, que los quemavan syn lo mereçer, e que padesçieron por falsos testimonios. E que a ella le avian tomado su hazienda de su dote, que no avia podido alcançar justiçia. E que otras cosas e palabras semejantes a las susodichas dixo la susodicha a este testigo, que no se le acuerda, e que tanbien porque este testigo no ovo gana de la oyr e se fue a entender en las cosas de su casa e la dexo alli hablando e diziendo cosas e llorando muy rezio. E que quando la susodicha dixo las dichas palabras en casa deste testigo, que estavan alli otras personas cuyos nonbres no se acuerda. E que la dicha Ysabel Gonsales es yda a Portugal con la muger de Juan de la Sierra, que es su hermana, avia vn mes, poco mas o menos. |

Notarial Confirmation of Beatriz González' Reconciliation in 1483

8r [Fe de la reconçiliaçlon e abjuraçion de Beatris Gonsales, muger de Juan de la Sierra]

Yo, Diego Lopez de Tamayo,[10] notario publico y del secreto del Ofiçio de la Santa Ynquisiçion en la muy noble çibdad de Toledo e su arçobispado, por la presente doy fe como por la sentençia de reconçiliaçion e abjuraçion que hisieron diversas personas, onbres e mugeres en la Çibdad Real, consta e paresçe como en la dicha

6 Nov. Çibdad Real, en domingo, dies e seys dias del mes de nouienbre,
1483 año del Nasçimiento de Nuestro Saluador Ihesu Christo de mil e quatroçientos e ochenta e tres años,[11] e entre las otras personas que abjuraron el delito e crimen de la heregia e apostasya e se reconçiliaron el dicho dia, fue resçebida e reconçiliaçion e abjuro del dicho delito e crimen de heregia e apostasya Beatris Gonsales, muger de Juan de la Syerra, vesyna de la dicha Çibdad Real. E por que a lo susodicho sea dada entera fe e⟨n⟩ juysio e fuera del, yo, el dicho notario, por mandado de los dichos señores ynquisydores, puse en esta fe, la qual firme de mi nonbre.

(—) Diego Lopez, notario

The Same Confirmation for Isabel González

[Fe de la reconçiliaçion e abjuraçion de Ysabel Gonsales, muger de Rodrigo de Villarruuia]

Yo, Diego Lopes de Tamayo, notario publico e del secreto del Ofiçio de la Santa Ynquisiçion en la muy noble çibdad de Toledo

---

[10] There is no date given here for the confirmation.
[11] For the participants in that *auto-de-fe*, see The Proceedings of the Court of Ciudad Real, Vol. I, p. 613.

e su arçobispado, por la presente doy fe como por la sentençia de reconçiliaçion e abjuraçion que hiçieron diversas personas, onbres e mugeres, en la Çibdad Real, consta e paresçe como en la dicha Çibdad Real, en domingo, dies e seys dias del mes de nouienbre, año del Nasçimiento de Nuestro Saluador Ihesu Christo de mil e quatroçientos e ochenta e tres años, entre las otras personas que abjuraron el delito e crimen de la heregia e apostasya e se reconçiliaron el dicho dia, fue reçebida a reconçiliaçion e abjuro el dicho delito e crimen de heregia e apostasya Ysabel Gonçales, muger de Rodrigo de Villarruuia, vesyna de la dicha Çibdad Real. E por que a lo susodicho sea dada entera fe en juysio e fuera del, yo, el dicho notario, por mandado de los señores ynquisydores puse en esta fe, la qual firme de mi nonbre

16 Nov. 1483

(—) Diego Lopes, notario |

8v *Copy of Part of the Confession Made by Elvira González* [12]

19 June 1511 En Toledo XIX dias del mes de junio de mil e quinientos e honse años ante los reuerendos señores ynquisidores apostolicos e ordinario
[Sacado de la confesyon de Elvira Gonsales, muger de Alonso Peres de Sant Gines, que esta en su proçeso]

E luego de este dicho dia, sus reverençias estando en la camara del tormento con Eluyra Gonsales, muger de Alfonso Peres de Sant Gines, vesina de Alcaçar de Consuegra, sus reuerençias la mandaron que se desnudase, e le requerieron e amonestaron que dixese e declarase la verdad de todo lo que sabia de otras personas que avian hecho e cometido los delitos de heregia, juntamento con ella e syn ella. La susodicha dixo que aqui la tenian sus reuerençias, que hisiesen lo que mandasen, que no dira lo que no sabia:

Sus reuerençias la tornaron a amonestar que dixese la verdad, y por mas instificar el proçeso y porque la dicha Elvyra Gonsales estaua todavia negatiua y estaua flaca enferma de su cuerpo, y pa que mejor se acordase de lo que sabia de otras personas, sus reuerençias le mandaron leer el dicho del primero testigo, callado el nonbre, que se dise Olalla; e seyendole asy leydo, dixo que es verdad, que algunas cosas que dise el dicho testigo vio haser esta confesante, etç.

Yten, dixo que en el tienpo que esta confesante estaua en Çibdad

[12] She may have been another sister. Fernán Alvarez accused her of being a perjurer during his effort to invalidate her testimony against his wife Leonor; see trial No. 101, fol. 26r.

[170]

Trial of Beatriz, Leonor and Isabel González

Real casada con Diego de la Syerra,[13] que avra veynte y tres años que esta confesante se caso con el, que fue el primero marido, y despues de muerto el dicho su marido, seyendo biuda, se pasaua esta confesante algunas veses en casa de la de Juan de la Syerra, vesyna de la dicha Çibdad Real. E que en la dicha casa, esta confesante y la muger del dicho Juan de la Syerra, e Leonor, su hija, e Ysabel Gonsales, muger de Rodrigo de Villarruuia, hermana de la muger del dicho Juan de la Syerra, guardavan algunos sabados todas juntas, no hasiendo cosa ninguna en ellos. E que se subian en vna saleta que esta ençima de la puerta de la calle, e que alli lleuavan vn librico de oraçiones de judios y resavan en el, vnas veses la vna, otras veses la otra. E algunas veses desia en el dicho libro: Criador, Criador. E que se estauan asy holgando los dichos sabados y resando las dichas oraçiones judaycas. |

9r-v *Blank folio*

Order of Arrest

10r Nos, los inquisidores contra la heretica prauedad e apostasia en
24 July la muy noble çibdad de Toledo e su arçobispado e obispado de
1511 Siguença, dados e diputados por la abtoridad apostolica. A vos, Beatriz Gonçales, muger de Juan de la Syerra, mercader, e Leonor de la Syerra, su hija, e Ysabel Gonçalez, muger que fuystes de Rodrigo de Villarruuia, por herege condenado, hermana de la dicha Beatris Gonçales, vesinas desta Çibdad Real, y a cada vna de vos, salud en Nuestro Señor Ihesu Christo, que es verdadera salud, y a los nuestros mandamientos, que mas verdaderamente son dichos apostolicos, firmemente obedesçer y cunplir. Sepades que ante nos paresçio el venerable Martin Ximenes, canonigo de Logroño, promotor fiscal del Sancto Ofiçio de la dicha Ynquisiçion, e nos dixo e denunçio que estando vos e cada vno de vos en nonbre e posesion e so color de christianos, e por tales vos llamando, e gosando de los preuillejos e prerrogatiuas que los catolicos christianos gosan, en menospreçio de nuestra Santa Fe Catolica e religion christiana, aveys heretica⟨do⟩ e apostotado contra nuestra Santa Fe Catolica en esta manera: Que vos, las dicha Beatriz Gonçalez e Ysabel Gonçalez, seyendo reconçiliadas e auiendo abjurado los delictos de heregia e apostasia por vos e por cada vna de vos cometidos e otra qualquier espeçie de heregia despues de la dicha vuestra

---

[13] See a reconstruction of his case, Vol. I, No. 8.

[171]

reconçiliaçion e abjuraçion tornastes a reinçidir en los dichos delictos de heregia, por lo qual claramente paresçe que en las dichas vuestras primeras confesiones fuystes e cada vna de vos fue ficta e symulada confitente e inpenitente. E que vos, la dicha Leonor de la Syerra hesistes e cometistes çiertos delictos de heregia e apostasia, pasandos a la creençia de la Ley de Moysen e a la obseruançia de sus rictos e çerimonias, no temiendo las çensuras e penas que contra los tales herejes y apostotas de nuestra Santa Fe Catolica estan en derecho estableçidas. E que despues de aver cometido los dichos delictos de heregia e apostasia, vos, las susodichas, e cada vna de vos, vos fuystes e absentastes desta Çibdad Real e os pasastes al reyno de Portugal, donde agora de presente estays e biuis, por perseuerar en los dichos delictos de heregia e permanesçer en ellos, por poder mas libremente guardar la dicha Ley de Moysen e sus rictos e çerimonias. Sobre lo qual el dicho promotor fiscal dixo que nos pidia e pidio que proçediesemos contra vos e contra cada vna de vos como contra tales hereges e apostotas, e os declarasemos aver caydo e yncurrido en sentençia de excomunion mayor e en las otras penas e çensuras estableçidas en derecho, y ⟨en⟩ confiscaçion de todos vuestros bienes, y os mandasemos çitar e çitasemos, como a personas ynfamadas y sospechosas de hereges, que vinisiedes a responder de la fe dentro del termino y so las çensuras que por nos os fuesen asygnados, ofresçiendose, como se ofresçio, darnos ligitima ynformaçion, asy çerca de los dichos delitos de heregia e apostasia como de vuestra absençia y de como estays e biuis en el reyno de Portugal. Et nos, visto su pedimiento ser justo e a derecho conforme e la ynformaçion que çerca de lo susodicho nos dio e presento, mandamos dar e dimos la presente, por el thenor de la qual os mandamos e amonestamos a vos, las dichas Beatriz Gonçalez e Leonor de la Syerra, e a cada vna de vos, primo, secundo, terçio, perentorio, en virtud de obidiençia e so pena de excomunion mayor, que desde el dia que esta nuestra carta fuere leyda e publicada en la yglesia perrochal de Santiago desta dicha Çibdad Real, disiendose los Ofiçios Diuinos, o afixa en vna de las puertas prinçipales della, fasta sesenta dias primeros siguientes, los quales vos damos e asygnamos por tres terminos, veynte dias por cada termino y todos los sesenta dias por termino perentorio muniçion canonica, parescays personalmente ante nos en la dicha çibdad de Toledo, donde hasemos nuestra continua abitaçion e residençia, en nuestra audiençia, a responder de la Fe y a purgaros de la yfamia y sospecha de que estays ynfamadas y sospechosas, y

[172]

Trial of Beatriz, Leonor and Isabel González

a tomar traslado de la denunçiaçion que el dicho promotor fiscal os entiende poner, e a responder a todo lo que quisiere dezir e alegar contra vos e cada vna de vos, e a estar presentes a todos los autos que en las dichas causas contra vos se haran, fasta la sentençia definitiua inclusiue e execuçion della. E sy paresçierades, oyr vos hemos e guardaremos en todo vuestra justiçia, en otra manera, lo contrario hasiendo, siendo contumasçes y rebeldes, por vuestra culpa e contumaçia en las dicha causas de la Fe, desde agora para estonçes e desde estonçes para agora ponemos e promulgamos en vos, las susodichas, e en cada vna de vos, sentençia de excomunion mayor en estos escriptos y por ellos, con aperçebimiento que os hascmos que proçederemos contra vos, con agrauaçion e reagrauaçion de las dicha çensuras, tanto quanto de derecho deuieremos e pudieremos. En testimonio de lo qual mandamos dar e dimos esta nuestra carta, firmada de nuestro nonbre e sellada con el sello del dicho Santo Ofiçio e referendada de vno de los notarios del secreto del. Dada en Çibdad Real, a XXIIII° dias del mes julio, año del Nasçimiento de Nuestro Saluador Ihesu Christo de mil e quinientos y honse años.

(—) A. de Mariana,
licenciatus

Por mandado de Su Reuerençia: Christoual de Prado, notario |

Notarial Confirmation of Summons

10v
25 July
1511

En Çibdad Real, veynte y çinco dias del mes de julio, año del Nasçimiento de Nuestro Saluador Ihesu Christo de mil e quinientos y honze años, dia del Señor Santiago, apostol, estando todo el pueblo de la dicha çibdad, o la mayor parte del, oyendo la Misa Mayor en la yglesia perrochial de Señor Santiago de la dicha Çibdad Real, e estando presente el reuerendo señor liçençiado Alfonso de Mariana, ynquisydor, oyendo la dicha Mysa, e estando ansymismo presente por testigos el bachiller Diego de Medina, teniente del corregidor en la dicha Çibdad Real, e Diego de Poblete, e Martın Yañez e Galiana, e Diego de Strada, regidores de la dicha Çibdad Real, e otros muchos, fue leyda e publicada esta carta desta otra parte contenida de palabra a palabra, alta e yntiligibile boz, en el pulpito de la dicha yglesia, al tiempo que ouieron ofresçido. E despues de asy leyda, fue puesta e afixada en vna de las puertas de la dicha yglesia, de manera que pudo ser bien vista y leyda. Hecho vt supra.

(—) Christoual de Prado, notario

[173]

Renewal of Trial

22 Sept. 1511 E despues de lo susodicho, en XXII dias del mes de setienbre de mil e quinientos e honze años, estando el reuerendo señor liçençiado Alfonso de Mariana, ynquisidor, en la abdiençia del dicho Santo Ofiçio, paresçio presente el dicho promotor fiscal e dixo que hazia presentaçion e reproducçion desta presente carta con la hexecuçion e notificaçion della contra las dichas Beatriz Gonsales, muger de Juan de la Syerra, e de Leonor de la Sierra, su fija, e de Ysabel Gonsales, muger que fue de Rodrigo de Villarrubia, quemado, ⟨hermana⟩ de la dicha Beatriz Gonsales, e que acusaba e acuso la rebeldia e contumaçia de las susodichas e de cada vna dellas, mandando agrabar sus çensuras e proçeder contra ellas como contra contumaçes e rebeldes, por la bia e forma que contra los tales de puede proçeder de derecho.

23 Sept. 1511 Su reuerençia dixo que comoqueera que el podiera agrabar las çensuras por ser cunplido el termino que les fue asygnado, pero por vsar con las susodichas de veninidad e graçia, que les prorrogaba e prorrogo el termino fasta mañana, que contaran veinte e tres dias del presente mes de setienbre, para el qual dicho termino les queria esperar, e que sy veniesen, que serian oydas e reçibidas con toda caridad, donde no, que se proçedera contra ellas, e agrabaçion de las dichas çensuras, segund se fallare por derecho. |

11r [Pedimiento ⟨del fiscal⟩]

E despues de lo susodicho, en XXIII dias del dicho mes y año, paresçio el dicho promotor fiscal ante el dicho reuerendo señor inquisidor el liçençiado Alonso ⟨de⟩ Mariana, estando en la abdiençia del dicho Santo Ofiçio, e dixo que acusaba e acuso la rebeldia e contumaçia a las dicha Beatris Gonsales e Leonor de la Syerra, su fija, e a Ysabel Gonsales, muger de Rodrigo de Villarrubia, e pedio a su reuerençia que en su rebeldia e contumaçia, que mandase proçeder contra las susodichas e cada vna dellas, mandando agrabar sus çensuras e proçeder contra ellas conforme a derecho.

[Respuesta del ynquisidor]

Su reuerençia dixo que comoqueera de justiçia podiera agrabar las dichas çensuras por no aver paresçido en los terminos que le abian sydo asynados, pero que por mayor justificaçion del proçeso e a mayor abondamiento, que les daba termino de graçia de terçero

Trial of Beatriz, Leonor and Isabel González

dia primero, en el qual paresçiendo, que los oyra e guardara su justiçia, en otra manera, pasado el dicho termino, agrabara sus çensuras e proçedera en la dicha cavsa como fallare por derecho.

[Pedimiento ⟨del fiscal⟩]

Sept. 1511 E despues de lo susodicho, en XXV dias deste de mil quinientos e onçe años, etando el reuerendo señor liçençiado don Françisco de Herrera, inquisidor, en la abdiençia del dicho Santo Ofiçio de la tarde, pareçio presente el dicho promotor fiscal e dixo que otra bez acusaba e acuso la rebeldia de la dicha Beatriz Gonsales, muger de Juan de la Sierra, e ⟨de⟩ Leonor de la Sierra, su fija, e de Ysabel Gonsales, muger de Rodrigo de Villarrubia, quemado, hermana de la dicha Beatriz, e pedio a su reuerençia que en su rebeldia e

11v contu|maçia mandase proçeder contra las susodichas e cada vna dellas, mandando agravar e agrabando sus çensuras e proçediendo contra ellas por todo rigor de derecho que segund contra los tales se acostunbra de derecho proçeder.

Defendants Pronounced Rebels and Excommunicated

Su reuerençia dixo que, bisto la rebeldia e contumaçia de las susodichas e cada vna dellas (dixo que) fallaba e fallo que las debia declarar e declaro por rebeldes e contumaçes, e por razon de la dicha rebeldia e contumaçia aver incurrido en sentençia de excomunion, e por tales excomulgadas las declaraba e declaro; e mando dar su carta denunçiatoria e agrabar e reagrabar sus çensuras contra ellas e cada vna dellas e sus partiçipantes en la forma acostunbrada.|

12r Nos, los ynquisidores contra la heretica prauedad e apostasia en
Oct. 1511 la muy noble çibdad de Toledo e en todo su arçobispado por actoridad apostolica. A vos, los arçiprestes, curas benefiçiados, clerigos, capellanes, sacristanes de las yglesias perrochiales de la Çibdad Real e a cada e qualquier dellas e a otras qualesquier personas a quien lo de yuso atañe o atañer puede en qualquier manera, salud en Nuestro Señor Ihesu Christo, e a los nuestros mandamientos, que mas verdaderamente son dicho apostolicos, firmemente obedesçer e conplir. Sepades, como nos ovimos dado vna nuestra carta çitatoria a pedimiento del venerable Martin Ximenes, promotor fiscal en el Ofiçio de la dicha Santa Ynquisiçion de la dicha çibdad de Toledo e su arçobispado, contra Beatris Gonçales, muger de Juan de la Sierra, e contra Leonor, su hija, donsella, e Ysabel Gonçales, muger que fue de Rodrigo de Villarruuia, condenado por herege, hermana de la dicha Beatris Gonçales,

vesinas que fueron de la dicha Çibdad Real, por la qual les mandamos, en virtud de santa obediençia e so pena de excomunion mayor, que dentro de çierto termino en la dicha nuestra carta contenido paresçiesen personalmente ante nos en nuestra avdiençia a dar rason como sentian de nuestra Santa Fe Catolica e a conpurgarse del dicho delito por quien estauan ynfamadas e testificadas del crimen e delicto de la heregia e apostasia, e a estar a derecho con el dicho promotor fiscal, e a se ver acusar, sy nesçesario fuese. E comoquier que la dicha nuestra carta fue leyda e publicada en la yglesia de Santiago de la dicha Çibdad Real e afixada en vna de las puertas della, las susodichas, ni alguna dellas, no paresçieron ante nos en el dicho termino que por nos les fue asygnado, ni despues, en otros terminos que por nos de graçia les fueron dados e asygnados. E el dicho promotor fiscal en los dichos terminos e en cada vno dellos paresçio ante nos en la dicha nuestra avdiençia e les acuso la contumaçia e rebeldia, e por nos fueron como tales rebeldes e contumaçes declaradas por publicas excomulgadas. E mandamos publicarlas e denunçiarlas por tales, mandando agravar e reagravar nuestras cartas contra ellas e contra cada vna dellas, e porque poco aprouecharia la humildad a los humildes si los rebeldes e contumaçes no oviesen pena e creçiese la contumaçia, creçer deue la pena. Por ende, mandamos a vos, los susodichos, e a cada vno de vos, en virtud de santa obediençia e so pena de excomunion, que todos los domingos e fiestas de guardar, quando los Divinos Ofiçios se dixeren en las dichas vuestras yglesias o en qualquiera dellas, denunçiedes e fagades denunçiar por publicos excomulgados a las dichas Beatris Gonçales, muger del dicho Juan de la Syerra, e a Leonor de la Syerra, su hija, e a Ysabel Gonsales, muger que fue del dicho Rodrigo de Villarruvia, condenado, e a cada vna dellas. Esto fased e conplid fasta que las susodichas e cada vna dellas vengan a mandamiento de la Santa Madre Yglesia e merescan benefiçio de absoluçion. E sy por ventura, lo que Dios no quiera, las susodichas excomulgadas e cada vna dellas, con animo endureçido perseuerarse en la dicha sentençia de excomunion mayor, por seys dias primeros syguientes despues de la publicaçion desta dicha nuestra carta, mandamos, so la dicha pena de excomunion, a vos, los susodichos, e a cada vno de vos, que, agrauando las dichas çensuras contra las dichas Beatris Gonsales e Leonor de la Syerra, su hija, e Ysabel Gonsales, las publiques e fagades publicar en las dichas vuestras yglesias por publicas excomulgadas e agravadas, repicando canpanas e teniendo en las manos candelas de çera

Trial of Beatriz, Leonor and Isabel González

ençendidas e aquellas matando en el agua bendita, disiendo que asy como aquellas candelas se amatan en aquel agua, asy las animas de las susodichas e de cada vna dellas sean muertas e malditas en el ynfierno con Judas el traydor. E esto fares, como dicho es, todos los domingos e fiestas de guardar, fasta que las susodichas e cada vna dellas vengan a obediençia de la Santa Madre Yglesia e avedes otra nuestra carta en contrario desta. Dada en la dicha çibdad de Toledo, a tres dias del mes de otubre, año del Nasçimiento de Nuestro Saluador Ihesu Christo de mil e quinientos e honse años. Va sabre raydo, o diz: No va entre renglones; o diz: Ni valar.

(—) A. de Mariana,
licenciatus

Por mandado de sus Reuerençias: (—) Diego Lopes notario |

Publication of Excommunication

12v En la çibdad de Çibdad Real, domingo, dies e nueve dias del mes
19 Oct. de otubre, año del Nasçimiento de Nuestro Saluador Ihesu Christo
1511 de mil e quinientos e honse años, fue leyda e publicada esta carta de los reuerendos señores ynquisidores desta otra parte contenida en la yglesia de Santiago de la Çibdad Real a la Misa Mayor, al tienpo que el Ofiçio Divino se çelebrava. La qual se leyo en el pulpito de la dicha yglesia en presençia de mi, Nuflo de Molina, escriuano. Testigos que fueron presentes a lo que dicho es: El reuerendo señor bachiller Diego Vasques de Vargas, visitador del señor cardenal, e Gonzalo Gallego, e Alonso Chaco, e otros muchos vezinos de la dicha çibdad.

E despues de lo susodicho, en la dicha Çibdad Real, domingo, veynte e seys dias del dicho mes e año susodicho, fue leyda esta dicha carta en la dicha yglesia de Santiago a la ora de Misa Mayor, e se mataron candelas e repicaron canpanas, estando copia de abades en la dicha yglesia al haser abto, e otras gentes. Testigos que fueron presentes a lo que dicho es: El dicho señor visitador, e Gonsalo Sanches, castellano, e Françisco Sanches, regidor de la dicha çibdad, e vesinos della. E yo, Nuflo de Molina, escriuano, doy fe que paso todo lo susodicho, y por ende firmelo de mi nonbre.

(—) Nuflo de Molina, escriuano |

[177]

Records of the Inquisition in Ciudad Real and Toledo, 1494–1512

Document Presenting King Manuel's Claim to Juan de la Sierra's Property [14]

13r
30 Sept. 1511

Padres Inquisidores: Nos, dom Manuel por graça da Deus Rey de Portugal e dos Algarves daquiem e dalem maar em Africa senhor de Guinee e da conquista navegaçao e comerçio d'Etiopia, Arabia, Persia, e da Imdia, vos enviamos muyto saudai. Nos mandamos a João de la Sierra, natural de Çidad Real, que ha muytos dias que ca viue em nossos Regnos, que pera nos milhor poder seruir no trato dos lambees que de nos agora tem, mandaram viir de la sua molher, o qual nos disse que depois de aca viir e assym sua filha com huma sua cunhada fazendo elas por no saber aos ofiçiais da Inquisiçao como se vinham por mandado de seu marido e partindo da dita çidade pubricamente, vos as mandareis agora todas tres chamar e peedireis arretirlas pelo dito caso da Inquisiçao, viuendo elas e toda sua casa viuir como catolicos christaos. Mais nunca pelo dito caso foram presas depois que a dita Inquisiçao começara de tirar nesses Regnos, nao [ ] proçeder e arreterlas em cousa alguma. Pediindome que por merce que vos reprovemos que sobre esto avisseis no dito procedimento; e porque temos o dito João de la Sierra por homem de boo viuer e que he avido nestes Regnos e assi dicia de su hirmao e su filha e cunhada pois tanto tempo estiueram nesses Regnos sem que se les acusen façer, as quaes como pessoas que dixo nao tenhao temor. E por nao pareçer que se vinham por isso, o fizeram por que o sabian os ditos o que pareçe acusao de pessoas de boo viver. Vos rogamos e comendamos que pois que ja agora ca estaua nao proçedaes contrelas, mais pelo dito caso nem embargueis nem tomeis por isso a fazenda do dito João de la Sierra, que nola tem obrigada por VI° XXV cruzados que reçebeo de nossos ofiçiais pera huma storna de salitre do qual ao presente, nao tem entregue cousa alguma nem dado conta do dito dinheiro. E se vos fazedes como o esperamos averemos deso praser e volo agradeçemos muyto e pera sabermos o que neste caso fazerdes enviamos a vos Pero Tavares para procurar e requerer de nossa parte. Feita em Lisboa, XXX de Setembro de I V DXI.

El Rey |

13v Aos Padres Inquisidores do Arçobispado de Toledo.
[   ]

---

[14] The original document is appended to this file.

Trial of Beatriz, Leonor and Isabel González

2 *Dec.* Carta del señor Rey de Portugal presentada a XXII de dezienbre
1511 de I V DXI años. Respondieronle los señores inquisidores a ella,
y suplicandole e requeriendole con Dios que enbiase aca estos
hereges. |

Renewal of Trial

14r [Rebeldia]

9 *Oct.* E despues de lo susodicho, en la dicha çibdad de Toledo, a dies e
1512 nueue dias del mes de otubre de mil e quinientos e dose años,
estando los reuerendos señores liçençiados Alfonso de Mariana e
Pedro Ochoa de Villanueva, ynquisydores, en avdiençia, peresçio
ende presente el honrado bachiller Diego Martines Ortega, en nonbre
del venerable Martin Ximenes, canonigo de Logroño, promotor
fiscal del dicho Santo Ofiçio, e dixo que acusaua e acuso las rebeldias
de las dicha Beatris Gonsales, muger del dicho Juan de la
Sierra, e contra Leonor, su hija, donsella, e contra Ysabel Gonsales,
muger que fue de Rodrigo de Vyllarruuia, quemado, vesynas que
fueron de la dicha Çibdad Real, por quanto dixo que era pasado vn
año e mas tienpo que las susodichas avian sydo llamadas e çitadas
por la dicha carta çitatoria de suso contenida e no avian paresçido
ante sus reuerençias a desyr de su derecho, etç.

[Respuesta de los señores ynquisydores]
Luego los dichos señores ynquisydores dixeron que oyan lo que
desya, e avyan e ovieron a las susodichas por contumaçes e rebeldes,
e que estauan prestos de faser en la dicha causa segund e como
fallasen por derecho.

The Prosecutor Requests that Sentence be Passed

[Pedimiento del fiscal para sentençia e conclusion de la cavsa]

Nov E despues de lo susodicho, en catorze dias de nouienbre del dicho
1512 año, estando el reuerendo señor inquisidor Villanueva en la dicha
abdiençia, paresçio presente el dicho promotor fiscal e dixo que
por quanto las dichas Beatris Gonsales, muger de Juan de la Sierra,
e Leonor, su fija, e Ysabel Gonsales, muger de Rodrigo de Villarrubia,
veçinos que fueron de Çibdad Real, abian estado e estaban
de presente caydas y ligadas en sentençia de excomunion mayor
por los delitos de heregia e apostasya de que estavan infamadas e
testificades, e por aver seydo rebeldes e contumaçes e no aver
paresçido a responder de la Fe en el termino e terminos que les
fue mandado, e como a tales rebeldes a su pedimiento del dicho

promotor fiscal fueron declaradas por escomulgadas, en la qual dicha excomunion mayor an perseverado e perseveran por tienpo de vn año e mas e estan de presente, que pedia e pedio, pues claramente constaba las susodichas aver seydo e ser herejes e aver cometido delitos de heregia e apostasya por mucho numero de testigos por el dicho promotor fiscal presentados, e por otras violentas presunçiones que de lo proçesado resultan, e por la fuga que hizieron por la dicha razon e por hoyr la correpçion de la Santa Madre Yglesia e perseverar en sus delitos e pa | que las mandasen declarar e declarasen por tales herejes, apostotas de nuestra Santa Fee Christiana, mandando relaxar e relaxando sus personas, sy podiesen ser avidas, o en lugar dellas sus estatuas, a la justiçia e braço seglar, declarando todos sus bienes e hazienda desde el dia que cometieron los dichos delictos aca aver sydo confiscado e aver pertenesçido e pertenesçer a la camara e fisco real, e sus fijos desçendientes por las lineas masculina e femenina, fasta el primer grado, ser pribados de todos bienes e ofiçios, puestos de onor eclesiasticos e seglares e inabiles para aver ni tener otros de nuevo, e sobre todo dixo que pedia e pedio serle fecho entero conplimiento de justiçia, e que concluya e concluyo e pedia e pedio sentençia definitiua en esta cavsa.

The Accused is Summoned to Hear the Sentence

[Como las mandan citar para oyr sentençia]
Su reuerençia dixo que oya lo que el dicho promotor fiscal dezia, e que comoquiera que podieran proçeder contra ellas e cada vna dellas, declarandolas por herejes apostotas, syn las mas çitar ni llamar, pero que a mayor abondamiento, que mandava e mando que las susodichas fuesen citadas por hedicto en la dicha Çibdad Real, donde fueron çitadas, para que parezcan e vengan personalmente a oyr sentençia definitiua a esta çibdad de Toledo, o donde el Ofiçio de la Santa Inquisiçion resydiere, para veinte dias del mes de junio que agora verna, con continuaçion de los dias despues seguientes. E mando que fuese disçernida la dicha carta de hedicto en forma. |

Nos, los inquisidores contra la heretica prauedad e apostasya en la muy noble çibdad e arçobispado de Toledo, dados e diputados por la avctoridad apostolica, a vos, Beatriz Gonçalez, muger de Juan de la Sierra, e Leonor Gonçalez, vuestra hija, e Ysabel Gonçalez, muger que fue de Rodrigo de Villarruuia, condenado, vezinas que

Trial of Beatriz, Leonor and Isabel González

fuystes de la Çibdad Real e a cada vna de vos, salud en Nuestro Señor Ihesu Christo. Bien sabedes e devedes saber como por otras nuestras cartas fuystes çitadas y le an mandado para que dentro de dicho termino en ellas contenido, el qual es pasado y mucho mas, parescades personalmente cada vna de vos a responder de la Fee e a os conpurgar de los delictos de heregia e apostasya de que estavades infamadas e testificadas e denunçiadas por tales herejes por el venerable promotor fiscal deste Santo Ofiçio, e que dentro del dicho termino e terminos ni despues no paresçistes ni alguna de vos paresçio como os fue mandado, por lo qual el dicho promotor fiscal vos acuso la rebeldia e contumaçia. E nos, a su pedimiento, os ovimos por rebeldes e contumazes e mandamos dar e dimos nuestras cartas çitatorias e publicatorias contra vos e contra cada vna de vos, por las quales fuystes denunçiadas e publicadas por publicas descomulgadas de sentençia de excomunion mayor, por razon de los dichos delitos de heregia e apostasya de que estavades ynfamadas e testificadas e denunçiadas. En la qual dicha sentençia de escomunion mayor paresçe que aveys perseverado por tienpo de vn año y mas, como de presente perseverays. Sobre lo qual agora el dicho promotor fiscal paresçio ante nos e nos pidio e requirio que os mandasemos declarar e declarasemos por herejes e apostotas de nuestra Santa Fe Catolica Christiana, pues temerariamente auiades estado y estavades en la dicha sentençia de excomunion mayor por tienpo de mas de vn año, como dicho es. E comoquiera que pudieramos luego proçeder contra vos, las susodichas, e cada vna de vos, declarando por tales herejes e apostotas por aver estado el dicho ⟨tienpo⟩ de vn año y mas en la dicha sentençia de excomunion mayor, syn mas vos çitar ni llamar, e dar sentençia definitiua en las dichas cavsas, por mayor abundamiento mandamos dar e dimos esta nuestra carta çitatoria contra vos, las susodichas, e cada vna de vos, por la qual os mandamos que para veinte dias del mes de junio primero que verna deste presente año, con mas los dias syguientes, fasta que tengamos deliberado de dar sentençia en las dichas causas, parescays personalmente ante nos, en esta çibdad de Toledo donde resydimos, a oyr sentençia definitiua en las dichas causas e cada vna dellas, çertificandovos que sy no paresçieredes, que proçederemos en las dichas cavsas e cada vna dellas e daremos la sentençia que hallaremos por derecho, e mandaremos traher las dichas sentençias toda⟨s⟩, e cada vna dellas, a devida execuçion, syn mas vos çitar ni llamar por ellos, que por la presente os çitamos para la dicha sentençia y execuçion dellas.

Dada en la dicha çibdad de Toledo, a catorze dias del mes de mayo de mil e quinientos e treze años.

(—) A. de Mariana, licenciatus (—) Pedro de Villanova, licenciatus
Por mandado ⟨de⟩ sus reuerençias: Christoval de Prado, notario

Çitatoria pa sentençia contra la de Joan de la Sierra e su hija e hermana, vezinas de Çibdad Real, absentes. |

15v
22 May
1513

En Çibdad Real, domingo, veynte e dos dias del mes de mayo de mil e quinientos e trese años,[15] en la yglesia de Nuestra Señora Santa Maria, fue leyda esta sentençia desta otra parte contenida por Garçia Hernandes, clerigo de la dicha yglesia, estando en Misa Mayor asaz copia de gente. Testigos: El regidor Diego de Poblete, e el liçençiado Martin Yañez e otras muchas personas.

(—) Nuflo de Molina, notario |

Consulta-de-fe

16r
13 June
1513

En la çibdad de Toledo, a trese dias de junio de mil e quinientos e treze años, estando en la abdiençia del Santo Ofiçio de la Inquisiçion los reuerendos señores el liçençiado Alonso de Mariana, inquisidor apostolico, e el liçençiado don Françisco de Herrera, inquisidor apostolico e hordinario, e el liçençiado Pedro Ochoa de Villanueva, inquisidor apostolico, y con ellos las personas letrados, teologos e juristas que yvso seran nonbrados, vieron e botaron este proçeso en la forma seguiente:

El señor bachiller Pan y Agua,[16] benefiçiado en la santa yglesia de Toledo, jurista, dixo que su boto y pareçer es que las dichas Beatris Gonçales, muger de Juan de la Sierra, e Ysabel Gonçales, muger de Rodrigo de Villarrubia, sean relaxadas a la justiçia e braço seglar por hereges, relabsas, podiendo ser abjuradas, o en lugar de sus personas sus estatuas, e quemadas primeramente, e sus bienes confiscados. E la dicha Leonor de la Syerra, hija de Juan de la Sierra, que sea declarada por herege e relajada al braço seglar e sus bienes confiscados:

El señor liçençiado Arnalte, jurista;

el señor prior de San Pedro Martir, fray Domingo de Vitoria, teologo;

el señor presentado fray Domingo Guerrero, teologo;

---

[15] On that date the members of the Court met in Ciudad Real. See the trial of Juan de la Sierra, No. 113, fol. 11v.

[16] His full name is Diego Fernández Pan y Agua.

Trial of Beatriz, Leonor and Isabel González

el señor liçençiado Rodrigo Ronquillo, alcalde mayor de Toledo. Los dichos señores inquisidores apostolicos e hordinario dixeron todos juntamente en conformidad que se conformavan e conformaron con el boto e pareçer del dicho señor bachiller Pan y Agua.

(—) Juan Obregon, notario. |

16v *Blank page*

Sentence

17r Beatris Gonçales, muger de Juan de la Sierra Leonor de la Sierra, su fija Ysabel Gonsales, muger de Rodrigo de Villarrubia, condenado.

Por nos, los inquisidores contra la heretica pravedad e apostasia en la muy noble çibdad de Toledo e su arçobispado e obispado de Syguença por avtoridad apostolica e hordinaria, visto vn proçeso criminal que ante nos a pendido e pende entre partes, avtor denunçiante el venerable Martin Ximenes, promotor fiscal del Santo Ofiçio, e la otra parte reas acusadas Beatris Gonçales, muger de Juan de la Syerra, mercader, e Leonor de la Syerra, su fija, e Ysabel Gonçales, hermana de la dicha Beatris Gonçales, muger que fue de Rodrigo de Villarrubia, quemado, todas vezinas de Çibdad Real, absentes, sobre razon del crimen e delito de heregia e apostasia de que por el dicho promotor fiscal fueron denunçiadas e acusadas. Visto çierta denunçiaçion que el dicho promotor fiscal ante nos hizo, en que en hefeto dixo que estando las dichas Beatris Gonsales e Ysabel Gonçales, su hermana, e cada vna dellas, en nonbre e posesion e so color de christianas, e por tales se llamando, e gozando de los prebilegios e prerrogatibas que los catolicos christianos gozan e deven gozar, en menospreçio de nuestra Santa Fe Catolica e Religion Christiana, avian hereticado e apostatado de nuestra Santa Fe Catolica, en speçial, que syendo las dichas Beatris e Ysabel Gonçales reconçiliadas, e aviendo abjurado los delitos de heregia e apostasya por ellas e por cada vna dellas cometidos, e otra qualquier espeçie de heregia, despues de la dicha su reconçiliaçion e abjuraçion avian tornado a cometer los dichos delitos de heregia, por lo qual claramente pareçia que las susodichas avian seydo en sus primeras confesiones fictas e symuladas confitentes e ynpenitentes, e que la dicha Leonor de la Syerra avia hecho e cometido çiertos delitos de heregia e apostasia, pasandose a la creençia de la Ley de Moysen e a la oserbançia de sus rictos e çerimonias, no temiendo las çensuras e penas que contra los tales herejes apostotas de nuestra Santa Fe Catolica estan en derecho estableçidas; e que despues de asy aver cometido los dichos delitos de heregia e apostasya, se avian ydo e absentado de la dicha Çibdad Real e se avian pasado al reyno de Portugal, donde agora al presente estaban e vibian, por mejor poder perseverar en los dichos delitos de heregia e permaneçer en ellos e por tener mas livertad para guardar la dicha Ley de Muysen e sus rictos e çerimonias.[17]

17v Por que nos pedio que proçediesemos contra | las susodichas e contra cada vna dellas como contra tales herejes e apostatas, e las declarasemos aver caydo e incurrido en sentençia de escomunion mayor e en las otras penas e çensuras en derecho estableçidas e en confiscaçion de todos sus bienes, las quales aplicasemos a la camara e fisco real, e las mandasemos çitar e çitasemos como a personas infamadas e sospechosas del dicho delito e crimen de heregia para que veniesen a responder de la Fee dentro del termino e so las çensuras que por nos les fuesen asynado. Sobre lo qual el dicho fiscal nos dio informaçion vastante, por donde nos consto asy de la infamia e sospecha como de la fuga e sospecha de las susodichas, e de como estavan e vibian en el reyno de Portogal; la qual dicha informaçion por nos vista, mandamos dar e dimos nuestra carta çitatoria de hedicto en forma de derecho, por la qual les mandamos, so pena de excomunion mayor, trina moniçione preuisa, que dentro de sesenta dias paresçiesen personalmente ante nos en esta çibdad de Toledo, donde hazemos nuestra continua avitaçion e resydençia, a responder de la Fe e a purgarse de la infamia e sospecha de que estavan infamadas e testificadas e a tomar traslado de la dicha denunçiaçion que el dicho promotor fiscal les entendia poner, e a dezir e alegar todo lo que quisiesen en su fabor, e a estar presentes a todos los avtos que en las dichas cavsas contra ellas se obiesen de hazer, fasta la sentençia definitiua inclusiue, e (h)exicuçion della; e paresçiendo, que las oyriamos e guardariamos en todo su justiçia, en otra manera, lo contrario haziendo que poniamos e promulgavamos en las dichas Beatris Gonçales e Leonor Gonçales ⟨sic⟩ e Leonor de la Sierra, e en cada vna dellas, sentençia de excomunion mayor, aperçebiendolas que proçederiamos contra ellas e cada vna dellas a agravaçion e reagravaçion de las dichas çensuras, tanto quanto con derecho devisemos e podiesemos, segund que esto e otras cosas mas largamente se contiene en la dicha carta de hedicto que çerca dello dimos. E bisto como despues la dicha carta de hedicto fue leyda e publicada en la yglesia parrochial de

---

[17] The Court's view of Converso life in Portugal is portrayed here.

Trial of Beatriz, Leonor and Isabel González

Santiago de la dicha Çibdad Real el dia del señor Santiago, deziendose la Misa Mayor, estando ende mucha gente ayvntada oyendo los Ofiçios Divinos, e despues fue puesta e afixada en vna de las puertas prinçipales de la dicha yglesia de Santiago; e como despues el dicho promotor fiscal paresçio ante | nos al termino contenido en la dicha carta de hedicto e acuso la contumaçia a las dichas Beatris Gonçales e a Leonor de la Syerra e ⟨a⟩ Ysabel Gonçales, e nos pedio que pues las susodichas no avian paresçido en el termino que por nos les avia seydo asynado, e por ello abian incurrido en la dicha sentençia de excomunion mayor, que mandasemos agravar e agravasemos las dichas çensuras contra ellas como contra contumaçes e rebeldes, mandandolas denunçiar por tales excomulgadas publicamente; e como a mayor abondamiento e por mas justificar el dicho proçeso les dimos otro termino e terminos de graçia, a los quales ninguna dellas no pareçieron, las declaramos aver incurrido en la dicha sentençia de excomunion e mandamos dar e dimos nuestra carta denunçiatoria en forma contra las susodichas, mandandolas denunçiar publicamente por tales excomulgadas, la qual dicha carta denunçiatoria fue asymesmo leyda e publicada en la dicha yglesia de Santiago de Çibdad Real. E visto como las dichas Beatris Gonçales, e Ysabel Gonçales, e Leonor de la Sierra, despues de aver seydo excomulgadas e denunçiadas, estobieron e permaneçieron en la dicha sentençia de excomunion mayor por espaçio de vn año e mas tiempo e nunca pareçieron e ni an curado de pareçer ante nos a dar razon de lo susodicho, e como, a mayor abondamiento, fueron çitadas por nuestro mandado para venir e oyr sentençia definitiua a çierto termino, al qual tanpoco an pareçido. E bisto todos los avtos e meritos del dicho proçeso, e avido sobre todo ello nuestro acuerdo e deliberaçion con personas grabes de çiençia e conçiençia e de su boto e pareçer,

Christi Nomine invocato:

Fallamos el dicho promotor fiscal aver probado conplidamente su intençion en esta manera las dichas Beatris Gonçales, e Ysabel Gonçales aver seydo fictas e symuladas penitentes, e su conversion dellas no aver seydo verdadera ni fecha con puro coraçon ni entera fe, segund que en sus confesiones lo dixeron e manifestaron al tiempo de sus reconçiliaçiones, e por el consiguiente aver incurrido en pena de relabsas, e por tales fictas penitentes e relabsas las devemos declarar | e declaramos a la dicha Leonor de la Sierra aver seydo e ser hereje e apostota de nuestra Santa Fe Catolica e Religion

Christiana, y ella y las dichas Beatris e Ysabel Gonçales aver incurrido en la dicha sentençia de excomunion mayor e en las otras çensuras e penas en derecho contra las tales herejes estableçidas y en confiscaçion de todos sus bienes, las quales declaramos aver perteneçido e perteneçer a la camara e fisco real desde el dia que cometieron los dichos delictos de heregia aca, e que las devemos relaxar e relaxamos a la justiçia e braço seglar, asy desta çibdad de Toledo como de otras qualesquier partes donde las susodichas fueren halladas. E mandamos que sus estatuas de las dichas Beatris Gonçales e Ysabel Gonçales e Leonor de la Sierra sean entregadas en lugar de sus personas al magnifico e noble cavallero mosen Jayme Ferrer, corregidor en esta çibdad de Toledo por Su Alteza, e a su alcalde mayor, para que dellas manden hazer lo que fuere de justiçia en detestaçion de tan grave crimen. Otrosy declaramos sus fijos e fijas de las susodichas, fasta el primer grado inclusiue, ser pribados de todos sus bienes e ofiçios publicos, eclesiasticos e seglares, e honras mundanas, e ser ynabiles para aver e tener de aqui adelante otros de nuevo, e que no trayan sobre sy ni en sus bestiduras oro, seda, grana, chamelote, perlas, aljofar, corales ni piedras preçiosas, ni trayan armas, ni cavalguen a cavallo, ni vsen de las otras cosas de honra que estan proybidas de derecho e los fijos de los condenados. E asy lo pronunçiamos e mandamos por esta nuestra sentençia definitiua en esto escriptos e por ellos, pro tribunali sedendo.

(—) A. de Mariana,   (—) F. de Herrera,   (—) Petrus de Villa Nova,
licenciatus   licenciatus   licenciatus

7 Sept. 1513 En Toledo, a siete dias del mes de setienbre dicho de I V DXIII años, fue dada e pronunçiada esta dicha sentençia por los dichos reuerendos señores inquisidores apostolico e hordinario, estando en la plaça de Çocodover en vn cadahalso de madera, pro tribunali sedendo, e presentes las estatuas de las dichas Beatris Gonçales e Leonor de la Sierra e Ysabel Gonçales, siendo presentes los manificos señores mosen Jayme Ferrer, corregidor de la dicha çibdad, e don Fernando de Silua, comendador de Otos, e Pedro Lopes de Padilla, e los reuerendos señores Pedro de Yepes e Luys de Avalos, canonigos en la santa yglesia de Toledo, e otras muchas personas eclesiasticas e seglares. E yo, Juan Obregon, notario, que firme aqui mi nonbre.

(—) Juan Obregon notario. |

19r *Blank page*

Trial of Beatriz, Leonor and Isabel González
The Composition of the Court

Judges:	Alfonso de Mariana
	Francisco de Herrera
	Pedro Ochoa de Villanueva
Prosecution:	Martín Jiménez — prosecutor
	Diego Martínez Ortega — aide
Notaries:	Diego López de Tamayo
	Cristóbal de Prado
	Diego López
	Juan Obregón

Witnesses for the Prosecution in Order of Testification [18]

1. María López, wife of Alonso Treviño
2. Catalina López, wife of Juan de Torres
3. Guiomar de Torres, wife of Pedro de Torres
4. Catalina Martín⟨ez⟩, wife of Diego Montaraz
5. García Martínez
6. Juana González, wife of Juan López
7. Elvira González, wife of Alonso Pérez de San Ginés, from Alcázar de Consuegra
8. María López, wife of Sebastián Hidalgo

Consulta-de-fe

Licenciado Alonso de Mariana
Licenciado Don Francisco de Herrera
Licenciado Pedro Ochoa de Villanueva
Bachiller Diego Fernández Pan y Agua
Licenciado Alfonso Núñez Arnalte
Fray Domingo de Vitoria
Fray Domingo Guerrero
Licenciado Rodrigo Ronquillo

Synopsis of Trial

1483

2 Oct.   Beatriz Alonso and Isabel González confess during the Period of Grace in Ciudad Real.

1511

26 April   Catalina Martínez testifies before Alfonso de Mariana in Ciudad Real. García Martínez also testifies.
7 May   María López, wife of Sebastián Hidalgo, testifies.
8 May   Juana González, wife of Juan López, testifies.
19 June   Elvira González, wife of Alonso Pérez de San Ginés, confesses and testifies against Beatriz González.

---

[18] The first three were information witnesses.

Records of the Inquisition in Ciudad Real and Toledo, 1494–1512

10 July	The trial opens in Ciudad Real. The Court announces that if the accused do not appear within sixty days their property will be confiscated.
12 July	Alfonso de Mariana takes evidence on the flight of the accused.
24 July	The sixty-day term for appearance is proclaimed.
25 July	The order is read in the Santiago Church in Ciudad Real.
22 Sept.	The prosecutor in Toledo asks that the trial be renewed.
23 Sept.	The prosecutor again requests opening of the proceedings. Three additional days are allowed for the defendants to appear.
25 Sept.	The prosecutor repeats his request for opening of the proceedings. The Inquisitor Alfonso de Herrera orders that the accused be pronounced rebels.
30 Sept.	King Manuel's claim is presented.
3 Oct.	An order is issued to excommunicate the accused from the Church.
19 Oct.	The order of excommunication is read in the Santiago Church in Ciudad Real.
26 Oct.	The order is read for the second time in the Santiago Church.
22 Dec.	The Inquisitor in Toledo replies to the king's claim by demanding that the defendants be extradited from Portugal.

1512

19 Oct.	Diego Martinez Ortega, the prosecutor's aide, requests renewal of the trial. The judges agree.
14 Nov.	Pedro Ochoa Villanueva orders that the property of the accused be confiscated and that they be pronounced rebels. They are given till 20 June 1513 to appear before the Court to hear the sentence.

1513

14 May	The defendants are ordered to appear by 20 June to hear their sentence.
22 May	The above order is read at the Santa María Church in Ciudad Real.
13 June	*Consulta-de-fe.*
20 June	This is the last day for the defendants to appear and hear the sentence.
7 Sept.	Sentence that the accused be burnt in effigy is pronounced and is carried out in Zocodovér Square in Toledo.

99 Trial of María González, Wife of Pedro Díaz de Villarrubia 1511-1512

Source: AHN IT, Legajo 154, No. 383, foll. 1r–32v; new number: Leg. 154, No. 36.

María González was one of the Ciudad Real Conversos whose cases were opened for a second time in 1511, after they had confessed and been reconciled to the Church during the 1483 Period of Grace. She was reinvestigated and brought to trial because of her remarks concerning those who had died at the hands of the Inquisition, among them her husband Pedro Díaz de Villarrubia,[1] a well-known spice merchant who had been a jurado *in the Town Council.*

María's file contains much information on both her husband and herself. Both had been active Judaizers for many years before 1483, not only in Ciudad Real but also in Alcázar de Consuegra where they lived for a time. The testimony of Pascuala, the servant of Francisco de Valera, was given before Tómas de Cuenca as far back as 1475,[2] when Alonso Carrillo, the Archbishop of Toledo, first ordered an investigation into the Judaizing of the Ciudad Real Conversos. There is little doubt that the Jewish practices of María and Pedro date to a still earlier period, which means that María must have been an elderly woman at the time of her trial in 1511.

She was arrested on 2 July 1511 after she had been heard to say that all those who had been burnt by the Inquisition had died as martyrs. She had gone even further and requested that Mass be said for her heretic husband at the San Francisco Church in Ciudad Real. On 8 July the Court admonished her to confess, and after several such admonitions had met with no success, she was arraigned on 4 September 1511. Her response to the charges was that she had not followed Jewish practices since her confession in 1483. Later, while she was in prison, she even retracted her original confession.

[1] He was burnt at the stake on 23 February 1484. For his genealogy see below, p. 236.
[2] See below, fol. 17v; the testimony was copied from *Libro Viejo de Ciudad Real.* See also Beinart, pp. 69 ff.

Since much of the testimony against her had been given almost thirty years earlier, her Court-appointed defence counsel demanded that these testimonies be confirmed. The confirmations were obtained in Ciudad Real between 1 and 8 March 1512. A procedural point of interest is the decision of the consulta-de-fe, at the behest of Inquisitors Mariana and Herrera, to question María as to why she had now retracted her 1483 confession. It seems that they suspected that she had been influenced to do so while she was in prison. However, when interrogated on 7 July 1512, she persisted in her refutation, and on 8 July a second consulta ruled that she was to be handed over to the Secular Arm and burnt at the stake. The sentence was carried out on 16 August 1512.

María's file contains copies of testimonies against four other accused Conversos whose files are not extant: Rodrigo de Villarrubia;[3] Constanza Díaz;[4] Pedro Rodríguez[5] and Juan González Buguel.[6]

Bibliography: Fita, p. 476, No. 186; Baer, II, p. 543; Beinart, index.

---

[3] See fol. 13v. He was burnt on 14 November 1496; see his reconstructed trial, No. 90.
[4] See below, fol. 19r.
[5] See below, fol. 19v. He left Spain at the time of the expulsion, but later returned and was converted. Subsequently he regretted his conversion and talked about going 'thither', i.e. to 'the land of the Turk'. He was probably tried and condemned sometime before 1511.
[6] See below, fol. 20v. It was said that he persuaded jailed Conversos to withhold their confessions. He was probably tried in 1511–1512.

1r visto   Çiudad Real

Condenada legajo 35 No. 26

            Proçeso contra Mari Gonsales biuda

             muger de Pero Diaz de Villarrubia

                  reconçiliada

31 folios   concluso para definitiua

                    votado

         En este proçeso no quisieron tachar

                  los letrados

visto condenada

1v *Blank page*

2r [Pedimiento del fiscal]

June En la Çibdad Real, treinta e vn ⟨*sic*⟩ dias del mes de junio, año del
1511 Nasçimiento de Nuestro Salbador e Redentor Ihesu Christo de mil
e quinientos e honze años, estando el reverendo señor el liçençiado
Alfonso de Mariana, ynquisidor, en su abdiencia, paresçio presente
el venerable Martin Ximenes, canonigo de Logroño, promotor fiscal
del Santo Ofiçio de la Inquisiçion, e dixo que por quanto por los
libros e registros deste Santo Ofiçio pareçe que Maria Gonsales,
bibda, muger de Pero Diaz de Villarrubia, reconçiliada, vezina de
Çibdad Real, ficta y symuladamente dexo de confesar, al tiempo
de su fingida confesion e reconçiliaçion, maliçiosamente muchos
delitos de heregia e apostasya tales e ⟨de⟩ tal calidad que no se
presume que olbidar se le podieran e lo que sabia de otros herejes,
por permanesçer en sus herrores heretycos e dar favor a los otros
herejes que permanesçiese⟨n⟩ en ellos, e por ende, que pedia e
pedio al dicho señor inquisidor que mandase proçeder e proçediese
contra la susodicha como contra hereje, apostota de nuestra Santa
Fe Catolica, ficta e symulada confitente e inpenitente, mandando
dar mandamiento para prender su persona e secrestar sus bienes en
forma.

[Respuesta de su reverençia]

E luego el dicho señor inquisidor dixo que oya lo que el dicho promotor fiscal dezia, e que dandole testigos de informaçion, que esta presto de hazer lo que fuese justiçia.

Information Witnesses for the Prosecution

[Informaçion]

E luego el dicho promotor fiscal dixo que para informaçion de lo por el dicho e denunçiado, que hazia e hizo presentaçion de todos los dichos e depusiçiones contenidos en los libros de la General Inquisiçion, espeçialmente de los dichos e desposiçiones de Maria Gonsales, muger de Pedro Diaz de Villarrubia, e de Ana Lopes, muger que fue de Juan Ruyz Vizcayno, e de Maria Ruyz,[7] muger de Juan Fernandez, hidalgo, e de Catalina Ruyz,[8] muger de Carlos de Torres, e de Fernando Valcon,[9] e de Maria Lopes, ⟨muger⟩ de Juan Lopes, labrador, e de Bartolome de Valboa, e de Maria Diaz,[10] muger de Pedro Galindo, e de Diego Ruyz, vezinos de Çibdad Real, e de Catalina de Torres,[11] los quales pedio ser puestos en este proçeso e van puestos en la probança del fiscal adelante. |

Order of Arrest

2v Luego el dicho señor inquisidor dixo que, bisto la dicha informaçion, mandaba e mando dar su mandamiento para prender el cuerpo de la dicha Maria Gonsales e secrestar sus bienes en forma; e que el dicho mandamiento se dio e dirigio al honrado Pero Bazques de Busto, alguazil del Santo Ofiçio.

2 July E despues de lo susodicho, en dos dias del mes de julio de dicho *1511* año, el dicho alguazil prendio a la dicha Maria Gonsales e la entrego a Juan Ortega, portero del dicho Santo Ofiçio, que hera carçelero. |

Admonition of the Defendant

3r [Maria Gonsales, muger de Pero Dias de Villarrubia, condenado]

8 July En la Çibdad Real, ocho dias del mes de julio, año del Nasçimiento *1511* de Nuestro Saluador Ihesu Christo de mil e quinientos e honse

[7] On 23 April 1511 she testified against Juan de Teva (No. 113, fol. 11r–v), giving details of his Jewish practices in 1496. See also Biographical Notes.

[8] She testified against Inés López on 20 April 1511; see Trial No. 93, fol. 25r-v. The testimony is in *Libro Tercero de Ciudad Real,* fol. LXXVIII.

[9] He was the well-known informer on the Ciudad Real Conversos in 1483–1485; see Vol. I, p. xvii, and Biographical Notes on him.

[10] She was the sister-in-law of the defendant; see the genealogy on p. 236.

[11] She was the wife of Jerónimo de Vargas. She testified against Juan Caldes, Vol. I, No. 75, fol. 4r.

Trial of María González, Wife of Pedro Díaz de Villarrubia

años, estando el reuerendo señor liçençiado Alonso de Mariana, ynquisydor, en su avdiençia acostunbrada, mando traer e paresçer ante sy en la dicha avdiençia a Maria Gonsales, muger que fue de Pero Dias de Villarruuia, condenado por herege, vesyna de la dicha Çibdad Real, presa. E estando asy presente, luego el dicho señor ynquisidor la requerio e amonesto de parte de Nuestro Señor Ihesu Christo e de Nuestra Señora la Virgen Maria que diga e confiese las cosas que ha dicho e fecho contra nuestra Santa Fe Catolica e en ofensa deste Santo Ofiçio, fauoresçiendo a los hereges, e que sy asy lo fisyese, que fara como buena christiana e descargara su conçiençia, en otra manera, lo contrario fasyendo, oyra al promotor fiscal del dicho Santo Ofiçio e proçedera contra ella segund que hallare por derecho. Luego la dicha Mari Gonsales dixo que el año en que morio el dicho su marido por la Santa Ynquisyçion, que avra veynte e çinco años, poco mas o menos, que algunas personas vesinas desta çibdad venian a desir a este confesante que les pesava porque avian quemado a su marido, porque le tenian por buen onbre, e que se maravillaua⟨n⟩ dello, e que les respondio que no se mas que por con falsos testigos lo quemaron, e que dixo las dichas palabras por tres o quatro veses a diuersas personas. E que el dicho año soño este confesante vn sueño, que avia venido vna noche el dicho su marido a ella e se la avia puesto ençima del braço, estando este confesante echada en la cama, e que le paresçio como vn niño de hedad de ocho o nueve meses; e que este confesante le dixo al dicho su marido: ¿Vos no erades viejo? ¿Quien os hiso niño? E que el dicho su marido le respondio: Muger, estoy con los ynoçentes. E que esta confesante le dixo: Nos hiso Dios merçed, que seyendo viejo pecador que estoviesedes con los ynoçentes. E que disiendo estas palabras se desapareçio. E que todo esto paso entre sueños. E que este confesante ha contado este sueño a algunas personas, y que nunca lo conto syno por sueños y no por cosa que le avia acaesçido. Fue preguntada sy cuando contava el sueño a las personas que dicho tiene, sy les desia que asy como avia muerto el dicho su marido martyr, asy le paresçia en su ynosçençia quando se le vyno a poner en el braço. Dixo que no. Fue preguntada sy ha dicho algunas veses que el dicho su marido murio martyr e se subio al çielo como vn martyr. Dixo que nunca Dios queria que tal dixo. Preguntada sy ha dicho que por dichos de borrachos y de borrachas e falsos testigos que murio el dicho su marido. Dixo que no dixo tal. Luego su reverençia, visto como estaua negatiua, la mando boluer a la carçel. E juro ser verdad todo lo por ella dicho e confesado, e que no se acuerda aver dicho otra cosa. |

3v   E despues de lo susodicho, en Çibdad Real, honse dias del mes
11 July de julio del dicho año del Señor de mil e quinientos e honse años,
1511 estando el dicho señor liçençiado Alonso de Mariana, ynquisydor, en su avdiençia acostunbrada, mando traer e paresçer ante sy a la dicha Maria Gonsales, e estando asy presente, su reverençia le dixo que ya sabia como la avia amonestado e requerido que dixese e confiese la verdad, que ya ⟨ha⟩ seydo tres vezes amonestada con de nuestra Santa Fe Catolica y deste Santo Ofiçio de la Ynquisiçion, e que no avia querido desyr la verdad, que agora otra ves la requeria e amonestaua que dixese e confesase la verdad de lo que ha dicha e fecho contra nuestra Santa Fe Catolica y en ofensa del Santo Ofiçio, e que sy asy lo fisyere, descargara su conçiençia e hara como buena christiana e se vsaria con ella de toda aquella benignidad e misericordia que oviere lugar con buena conçiençia; en otra manera, se proçederia contra ella como se hallase por el rigor de derecho.

Luego la dicha Maria Gonsales dixo que no ha hecho ni dicho cosa que sea en ofensa de nuestra Santa Fe Catolica ni del Santo Ofiçio.

14 July E despues de lo susodicho, en la dicha Çibdad Real, catorze dias
1511 del dicho mes de julio del dicho año, estando el dicho señor liçençiado Alfonso de Mariana, ynquisidor, en su abdiençia acostunbrada, mando traer e paresçer ante sy a la dicha Maria Gonsales, a la qual torno su reuerençia ⟨a⟩ amonestar e requerir que diga e confiese la verdad, que ya ⟨ha⟩ seydo tres vezes amonestada con esta, y que sy no la quisiere desyr, que le porna la acusaçion el promotor fiscal y se proçedera en la cabsa segund lo que hallasen por justiçia. E luego la dicha Mari Gonçales dixo que no a dicho ni hecho mas de lo que tiene confesado.

Arraignment

4 Sept. E despues de lo susodicho, en quatro dias del mes de setienbre
1511 del dicho año, estando el reverendo señor liçençiado Alonso de Mariana, inquisydor, en la abdiençia del dicho Santo Ofiçio, su reverençia mando salir ante sy a la dicha Maria Gonsales, la qual siendo presente, su reverençia le dixo que bien sabia como avia sydo amonestada çiertas vezes antes de agora para que confesase las cosas que abia fecho e dicho contra nuestra Santa Fe Catolica,

Trial of María González, Wife of Pedro Díaz de Villarrubia

e non lo a querido dezir ni manifestar, por ende, que mandaba al promotor fiscal del dicho Santo Ofiçio, que presente estaba, que le po(n)siese su acusaçion e demanda. El qual dicho promotor fiscal puso e presento so la forma seguiente, que es la que se sygue: |

+

4r [Contra la de Pero Dias]
Muy Reverendos Señores:[12]
Martin Ximenez, canonigo de Logroño, promotor fiscal en el Santo Ofiçio de la Inquisiçion en esta muy noble çibdad de Toledo e su arçobispado, paresco ante Vuestra Reverençia y en la mejor manera que puedo e deuo de derecho, denunçio e acuso ante ellos a Mari Gonsales, biuda, muger que fue de Pero Dias de Villarruvia, por herege condenado, veçina de Çiudad Real, que presente esta, asy como a herege e apostota, ficta e simulada confitente e inpenitente. La qual, los dias pasados, veniendo debaxo de especie de cordero e trayendo la verdadero ⟨sic⟩ obra de lobo, hizo e presento çierta confesion, por la qual fingidamente confeso algunas cosas de heregia e apostasia escusandolas, aviendose de acusar dellas; en espeçial confeso que estando en Alcaçar de Consuegra avia comido algunas vezes pan çençeño a escuso de su marido; e que avia ayunado algunas vezes de no comer hasta la noche; e que algunas vezes avia guisado para ella del viernes para el sabado, e que tanbien avia guisado el sabado para su marido e para los de su casa; e que algunas vezes avia guardado el sabado, espeçialmente en no hilar; e que fasta estonçes avia seydo buena christiana, espeçialmente en no hilar, e asy lo avia seydo sienpre despues; e que en el tienpo que avia hecho aquellos herrores sienpre avia tenido en su coraçon que en la Santa Fe Catolica se avia de saluar; e que en Consuegra avia comido carne degollada con çerimonia. E dexo de confesar maliçiosamente otras muchas graues heregias que ella hizo e cometio con otras personas, espeçialmente con el dicho su marido, condenado; e demas, despues de su fingida confesion e abjuraçion, ha tornado a fauoresçer a los hereges e apostotas que ella sabia que avian fecho los dicho delitos de heregia e apostasia, no solo encubriendo las dichas heregias, mas avn diziendo e
4v afirmando que los avian condenado (in) | injustamente con falsos testigos, e otras muchas cosas ha dicho e fecho la dicha Mari Gonsales de inpenitençia e hereticas, en espeçial hizo e cometio lo siguiente:

[12] This was written by another scribe.

[195]

I Primeramente, que la dicha Mari Gonsales, al tienpo de su fingida reconçiliaçion, dexo de confesar maliçiosamente como ella y el dicho su marido, quemado, juntamente los dos guardauan el sabado e se vestian de ropas linpias e de fiesta como lo hazian los judios; e los viernes en las tardes de buena ora ençendian los candiles de mechas nueuas; e guisauan de comer el viernes para el sabado; e alinpiauan e adereçauan aquel dia toda su casa, e lauauan e xabonauan e hazian lauar e xabonar los dichos dias de viernes e guardauan, como dicho es, los dias de los sabados por honra de la dicha mortifera Ley. Y esto mesmo hazian los dos contra otras muchas personas.

II Iten, que la dicha Mari Gonsales maliçiosamente dexo de confesar, al tienpo de su fingida reconçiliaçion, como ella y el dicho Pedro de Villarruvia, su marido, quemado, los dichos dias de los sabados rezauan en vn libro de oraçiones de judios, y el dicho Pedro de Villarruvia rezaua e leya en el dicho libro las dichas oraçiones, y la dicha Mari Gonsales, su muger, estaua oyendo leer y rezar los dichos oraçiones que el dicho su marido rezaua, y sabadeauan como judios.

III Iten, que la dicha Mari Gonsales dexo de confesar maliçiosamente, al tienpo de su fingida reconçiliaçion, como el dicho su marido y otras personas, juntamente con ella, ay⟨u⟩nauan e ayunaron los ayunos de los judios muchas vezes, no comiendo en todo el dia fasta la noche, a la manera judayca. |

5r IIII° Iten, que la dicha Mari Gonsales maliçiosamente dexo de confesar como ella y su marido e otras personas guardauan e guardaron las pascuas de los judios, haziendo en ellas las çerimonias que los judios acostunbran hazer e holgando las dichas pascuas.

V Iten, que la dicha Mari Gonsales dexo maliçiosamente de confesar como ella y el dicho su marido no comian las carnes que eran prohibidas e vedadas en la Ley de Moysen, asy como conejos, liebres e otras carnes que fuesen ahogadas, ni comia ningund pescado sin escamas, como era congrio, ni anguila, ni pulpo, ni otra vianda que fuese a los dichos judios vedada por honra de su Ley.

VI Iten, la dicha Mari Gonsales dexo maliçiosamente de confesar como ella y el dicho su marido se yvan a otras casas e holgar con otras personas los dias de los sabados e fiestas de los judios, e las otras personas algunas vezes se venian a lo mesmo a su casa con ella y con el dicho su marido; espeçialmente se juntaron vna Pascua de las Cabañuelas en casa del dicho su marido, e con el y con ella guardaron alli la pascua en el mes de setienbre, haziendo en ella las

Trial of María González, Wife of Pedro Díaz de Villarrubia

çerimonias de los judios, e guardaron tres o quatro dias arreo.

VII Iten, que la dicha Mari Gonsales, despues de su fingida reconçiliaçion, queriendo sienpre fauorescer los hereges y sus herrores, hablando muchas vezes del dicho su marido despues que lo quemaron por herege, dixo la susodicha que de vn pecador avian hecho vn martir, e que avia muerto martir e como martir se avia subido al çielo; e que vna noche se le avia apareçido como vn angel, como vn niño de dos años hermoso, e que asy se le avia desapareçido.

5v VIII° Iten, que la dicha Mari Gonsales, despues de su fingida reconçiliaçion, no solo dixo que el dicho su marido avia seydo martir y muerto como tal, sabiendo ella, como lo sabia, que era herege, mas avn dixo e afirmo que todos los que avian quemado por hereges en las Inquisiçiones yvan martires e murian como tales martires, diziendo mas, que por dichos de borrachos e borrachas avian quemado al dicho su marido, queriendolo defender sienpre, como lo defendio despues de el ser quemado y ella aver abjurado el delito de la heregia en perjuyzion de la dicha su abjuraçion e sin temor de la pena de relapsa en que incurrio.

IX Iten, que la dicha Mari Gonsales, despues de reconçiliada e de su marido ser condenado, ella ha fecho dezir Misas por el dicho su marido, aviendo seydo herege e por tal declarado, e sabiendolo ella; espeçialmente, las hizo dezir en el monesterio del Sant Françisco de Çiudad Real, diziendo que le avian muerto a sin razon e con testigos falsos que avian jurado la mentira, sabiendo ella ser verdaderos.

X Iten, que la dicha Mari Gonsales, vn dia, al tienpo que quemauan çiertos hereges defuntos en Çibdad Real, le dixeron que fuese con otras mugeres a ganar los perdones y ella dixo: Non me lo mandeys, que no me los sufre el coraçon, yos vosotros y no cureys, y perdonelos Dios a ellos. Diziendo mas: Pareçe que no avian de salir de purgatorio hasta agora.

XI Iten, que la dicha Mari Gonsales, demas de lo susodicho, dexo de confesar al tienpo de su fingida reconçiliaçion, maliçiosamente, otras muchas cosas de sy y de otras personas que hizieron e cometieron. E despues de su abjuraçion ha fecho e cometido otras cosas, fauoreçiendo los hereges, segund que todo mas largamente en la prosecusion desta causa entiendo prouar, etç.

6r Por que pido a Vuestra Reverenda Paternidad que por su definitiua sentençia manden declarar e declaren todo lo susodicho ser verdad y la dicha Mari Gonsales aver seydo e ser herege e apostota de nuestra Santa Fee Catholica Christiana, ficta e simulada confitente e inpenitente e fautora de hereges y relapsa, y como tal la manden relaxar e relaxen a la justiçia e braço seglar, declarando todos sus bienes y hazienda, del dia que cometio los delitos aca, aver seydo e ser confiscados, e aver perteneçido a perteneçer a la camara e fisco real, e sus fijos desçendientes por las lineas masculina e femenina, fasta el primero grado, ser priuados de todos benefiçios e ofiçios publicos e honras mundanas, e inhabiles para poder, aver ni tener, de aqui adelante, otros de nuevo. E sobre todo pido serme fecho entero conplimento de justiçia, etç.

E pido que manden a la susodicha que con juramento, sin consejo de alguna persona, responda a las cosas en esta mi denunçiaçion e acusaçion contenidas, e sobre lo que negare pido ser resçebido a la prueva, etç.

Reply of the Defendant

E asy presentada e leyda la dicha acusaçion e demanda por el dicho promotor fiscal, la dicha Maria Gonsales dixo que todo que hizo contra nuestra Santa Fe Catolica lo dixo en su confesion e reconçiliaçion, que despues aca no a fecho ni dicho cosa ninguna contra nuestra Santa Fe Catolica.

E [13] luego el dicho señor inquisidor reçibio juramento en forma de derecho de la dicha, so cargo del qual le mando declarar la verdad de los capitulos de la dicha acusaçion. Lo que la susodicha dixo e declaro, syendole leydos capitulo por capitulo, es lo syguiente: |

6v [Confesion]

Al primero capitulo, siendole leydo, dixo que todo lo que hizo contra nuestra Santa Fe Catolica, que todo lo confeso quando se reconçilio, e que se remite a su confesion. E que se acuerda aver guardado algunos sabados con el dicho su marido, e bestido camisas linpias e ropas linpias en ellos, e comido guisado del biernes para el sabado ella y el dicho su marido; e que mandava esta confesante a sus moças ençender candiles linpios con mechas nuevas; e que el dicho su marido le veya e consentia algunas vezes que se hallava presente. [Contra su marido.] E que algunas vezes esta confesante rogo e requerio al dicho su marido que se reconçiliase, e que nunca lo quiso hazer; e que sabe que el dicho su marido llevo çiertas vezes la reconçiliaçion en el seno dentro del tiempo de graçia para

---

[13] The first notary resumed here.

Trial of María González, Wife of Pedro Díaz de Villarrubia

se reconçiliar, e que nunca lo pudo esta confesante acabar con el, ni otras personas que se lo rogaron, asy como Juan de la Sierra [14] e otros parientes de cuyos nonbres non se acuerda. Preguntada quienes heran las moças que ençendian los candiles con mechas nuevas e veyan guardar a esta confesante e al dicho su marido los dichos dias de sabado, dixo que la vna se llamava Leonor, que hera del Pozuelo del Canpo de Calatrava, que non se acuerda de los nonbres de sus padres e es defunta, e la otra se llama Antonia, fija de Alonso Bachiller, vezino de Villarreal, defunta, e Ysabel, fija de vna portera vezina de Çibdad Real en la cal de Alarcos en la col⟨l⟩açion de San Pedro, defunta.

II Al segundo capitulo syendole leydo, dixo que nunca tal bio ni hizo, e que lo niega.

III Al terçero capitulo (dixo), siendole leydo, dixo que es verdad que este confesante y el dicho su marido ayvnaron | algunos ayvnos de judios, non comiendo en todo el dia fasta la noche, e que los ayvnos que este confesante ayvno ya los tiene confesados en su reconçiliaçion [confesion contra su marido], e que por los ayvnos e guardar de sabados que bio hazer al dicho su marido, por eso le requeria que se reconçiliase. Fue preguntada que por que non dixo en su reconçiliaçion, al tiempo que se reconçilio, de como ⟨ella⟩ y el dicho su marido avian juntamente guardado los sabados e ayvnado los dichos ayvnos. Dixo que no se acuerda sy lo dixo en su confesyon, porque todo lo que entonçes se le acordo lo confeso e dixo. E que lo demas contenido en el dicho capitulo, que lo niega.

IIII° Al quarto capitulo, siendole leydo, dixo que ella guardo algunas pascuas de judios sola, syn su marido, e que no se acuerda aver bisto al dicho su marido guardar pascua ninguna de judios, e que sy las guardaba, que este confesante no lo vio ni lo sabia.

V Al quinto capitulo dixo que este confesante no comia las cosas contenidas en el dicho capitulo antes de su reconçiliaçion, pero que el dicho su marido, que lo comia.

VI Al sesto capitulo, que le niega, que nunca tal hizo ella ni el dicho su marido.

VII Al seteno capitulo, siendole leydo, dixo que nunca tal dixo e que lo niega, eçebto lo que tiene confesado çerca de lo contenido en el dicho capitulo.

VIII° Al otavo capitulo, que nunca tal dixo e que lo niega, e

---

[14] See his trial, No. 118; see also H. Beinart, *Tarbiz*, XXX (1961), pp. 46 ff.

que lo que tiene confesado es la verdad. |

7v IX Al noveno capitulo, siendole leydo, dixo que lo niega, que nunca tales Misas hizo desir, comoquier que preguntava a vnos frayres de San Françisco si era menester dezir Misas por su marido, e que le dixieron que non hera menester, e que las hizo desir por su padre e madre deste confesante.

X Al dezeno capitulo dixo que le niega, que no dixo tal cosa.

XI Al honzeno capitulo dixo que no sabe mas de lo que dicho e confesado tiene.

The Court Appoints Counsel for the Defence

[Procurador Alonso de Vaena, letrado Herrera]

Su reuerençia dixo que pues esta negativa la dicha Mari Gonsales, que la mandaba dar traslado de la dicha demanda, e termino de nueve dias para responder, e que nonbre letrado e procurador para que le ayvde en esta cavsa. La susodicha dixo que non conosçe letrado e procurador. Su reverençia le dio por letrado al liçençiado de Herrera e por procurador a Alonso de Vaena, al qual dixo que dava e dio su poder conplido para en esta cavsa, e relevole, etç.; otorgo carta, etç. Testigos: Christobal de Prado, notario del secreto, e Juan de Ortega, portero.

[Como comunico con sus letrado e procurador e llevo traslado el dicho procurador de la demanda de la confision]

6 Sept. E despues de lo susodicho, en seys dias de setienbre de mil e 1511 quinientos e honze años, estando el dicho reverendo señor liçençiado Alfonso ⟨de⟩ Mariana, inquisidor, en la abdiençia del dicho Santo Ofiçio, su reverençia mando salir a la dicha abdiençia a Maria Gonsales. La qual syendo presente comunico con el dicho liçençiado Pedro de Her⟨r⟩era, su avogado, e con el dicho Alonso de Vaena, su procurador, la dicha demanda, la qual le fue leyda e la respuesta que a los capitulos della la dicha Maria Gonsales avia respondido, presentes los susodichos sus letrados e procurador, e fuele dada copia e traslado de la dicha demanda al dicho Alonso de Vaena, su procurador, la qual llevo. |

8r [Pedimiento del fiscal para ser reçebido a prueva]

13 Nov. E despues de lo susodicho, en treze dias del mes de novienbre de 1511 mil e quinientos e honze años, ante los reuerendos señores ynquisidores, estando en la dicha abdiençia, paresçio presente el dicho promotor fiscal e dixo que pues dentro del termino por sus reve-

Trial of María González, Wife of Pedro Díaz de Villarrubia

rençias dado e asinado a la dicha Maria Gonsales e a su procurador no abian respondido a la acusaçion e demanda contra ella, que pedia e pedio a sus reverençias que, en su rebeldia e contumaçia, le mandasen reçebir e reçebiesen a la prueva de lo pedido e acusado.

[Respuesta de sus reverençias]

Sus reverençias mandaron a Alfonso de Vaena, que presente estava, que dentro de terçero dia primero seguiente veniese respondiendo e concluyendo en la dicha cavsa.

Reply of the Prosecutor

[Termino de terçero dia]

9 Nov. E despues de lo susodicho, en diez y nueve dias del dicho mes y
1511 año, estando los reverendos señores el liçençiado Mariana e el liçençiado Pedro Ochoa de Villanueva, ynquisydores, en la dicha abdiençia del dicho Santo Ofiçio, pareçio presente el dicho promotor fiscal e dixo que acusaba la rebeldia e contumaçia del procurador de la dicha Maria Gonsales, e pedia a sus reverençias que pues no abia respondido en el termino que le fue dado, que obiesen la dicha cavsa por conclusa e le reçebiesen a la prueva.

Sus reverençias dixieron que oyan lo que el dicho promotor fiscal
8v dezia, e que mandavan e mandaron a Alfonso de Va|hena, procurador, que presente estaba, que para terçero dia primero siguiente venga respondiendo e concluyendo en esta dicha cavsa. |

The Defence Pleads

9r En IIIIº de dizienbre de I V DXI años, ante sus reucrençias, la
4 Dec. dicha Maria Gonsales presento este escripto de respuesta estando
1511 presentes sus letrados y procurador

Muy Reuerendos Señores:

Alonso de Vaena, en nonbre e como procurador que soy de Mary Gonsales, bivda, muger que fue de Pedro Diaz de Villarruuia, condenado, vezino de Çibdad Real, paresco respondiendo a vna acusaçion contra ella puesta por el señor Martin Ximenes, canonigo de Logroño, promutor fyscal en el Santo Ofiçio de la Ynquisyçion en esta çibdad de Toledo, en que en efecto, dize la dicha Mari Gonsales ser ficta y symulada confitente e ynpenitente, dysiendo que se escuso al tyenpo que se confeso, deuiendose de acusar de las cosas que confeso, e que maliçiosamente dexo de confesar otras muchas mas graves heregias que ella hiso e cometyo, demas de las por ella confesadas, con otras personas, espeçialmente con su

[201]

marido. E que despues de su abjuraçion ha favoresçido a los herejes, diziendo que los avian condepnado con falsos testigos, y espeçialmente partycularizando por diez capitulos en general, por donde dise que paresçe aver seydo tal ficta e symulada e ynpenitente confesada, e pide ser declarada relaxada al braço seglar, segund que quanto en la dicha acusaçion mas largamente se contyene, el thenor de la qual aqui avido por espreso, digo ser ningund e de ningund efecto, e la dicha Mari Gonsales ser ynoçente e libre e syn cargo de todo ello, e por tal pido que Vuestra Reuerenda Paternidad la den e pronunçien por las cabsas e razones syguientes: Lo primero, por no ser yntentada por parte ni en tiempo ni forma juridica, e porque no proçede ni ha lugar por la via e forma que es yntentado, e porque caresçe de las cosas substançiales e nesçesarias para que la tal acusaçion pudiese proçeder, y porque es general, no espeçificada ni declarada para que la dicha Mary Gonçales, mi parte, se pueda defender, porque non es cohartada a lugares e tienpos çiertos. E protesto que hasta que sea declarada y espeçificada e jurada non corra termino alguno a la dicha mi parte, e desto non me partyendo, digo que niego la dicha acusaçion en todo lo demas de lo confesado por la dicha Mari Gonçales segund y por la forma que en ella se contyene, porque la dicha mi parte, al tyenpo ⟨que⟩ se confeso e reconçilio, dixo que magnifesto de sy todo lo que supo e vyno a su notyçia en que ovo ofendido a Nuestro Redenptor e Salvador Ihesu Christo con verdadera contriçion e arrepentimiento, diziendo e magnifestando sus culpas e pecados segund e como los penso e hiso, porque avnque hiso las dicha

9v çerymonias contenidas en su reconçiliaçion non dexava | de thener e creer la Santa Fee Catholica, y en magnifestar la yntynçion fue verdadera penitente e lo es, que entonçes se pudiera desyr ficta quando encubriera la yntynçion, e por la declarar non dexo de se hazer culpante de las çerimonias e rictos judaycos que auia hecho, e por ellos no hera digna de menos culpa declarando la yntynçion que non la declarando. E asymismo digo que digo e magnifesto todo lo que sepo que otras personas ouiesen hecho, e sy mas supiera de sy o de otros lo dixera al tyenpo que se confeso, y asy es de creer y el derecho lo presume; y oy en dia, sy viniese a su memoria lo diria e magnifestaria como persona que conosçio su herror e le conosçia, e aquel conosçiendo, cunplio la penitençia que le fue ynpuesta, asy con su persona como con sus bienes, lo qual paso en cosa juzgada e dello non puede ser acusada ni adhivido conosçimiento. E despues aca ha biuido como catholica, non favoresçiendo

Trial of María González, Wife of Pedro Díaz de Villarrubia

herejes ni apostotas, e non se puede dezir ninguna persona ser favoresçedor de herejes, ni lo es, sy sabiendo que vno hera catolico christiano, supiese que por henemistad hera testificado contra verdad por desirlo, antes, a los que asy lo dizen e declaran, se les suele reagradezçer ⟨sic⟩ por los reuerendisimos señores ynquisydores que son e han seydo, pues que su yntynçion es regulada a conçiençia e derecho, que es a los justos e libres, demas de darlos por libres, aver plazer en su libertad, e a los culpados atraerlos a penitençia, e non queriendo venir della, hazer justiçia; asy, que sy la dicha Mari Gonçales algunas palabras dixo, disiendo que alguno avia seydo condepnado por falsos testigos, de que no tyene memoria, non seria con yntynçion ni proposyto de favoresçer herejes ni favoresçiendolos ni con deliberaçion, syno con alguna pasyon e dolor e como se suele haser por mugeres, que non tyenen la prouidençia e costançia que los varones, de lo qual no tyene memoria.

Otrosy digo quanto a todos los otros articulos de que la dicha Mari Gonsales es acusada, partycularmente que ella a seydo e es muger caduca de memoria e al tyenpo que se confeso dixo todo lo que vino a su notyçia aver hecho de rytos e çeremonias judaycas, e de la misma manera que las penso e puso en obra e con quien la hizo, declarando todas las personas que supo en ello ser culpantes. E lo que ella asy confeso e declaro por la dicha su reconçiliaçion son cosas tan criminosas e graves como las contenidas en los capitulos de la dicha acusaçion, e sy las ouiera hecho o pensado e a la sazon ouiera venido a su memoria o despues aca, ouiese venido lo avrya |
10r magnifestado e magnifestara al tienpo de su reconçiliaçion, pues que confeso cosas no menos graves syno mas, y hera çertyfycada e sabia que asy se avia de vsar con ella de misericordia confesando todas las cosas contenidas en los articulos de la dicha acusaçion como por la que confeso; e asy que non avia cabsa ni rason porque lo dexara de confesar, ni menos la ay de presente, asy por ser hechos menores, o a lo menos no mas graves que los confesados, e theniendo protestado en su reconçiliaçion de venir confesando e declarando todo lo que mas supiese e viniese a su notyçia, lo qual avria hecho e haria si ouiese venido o viniese a su notyçia, como persona que syenpre zelo e deseo, e zela ⟨e⟩ desea la saluacion de su anima. Y esto acatando, se confeso e reconçilio puramente, non encubriendo ni dexando de desyr de sy ni de otro cosa alguna que viniese ni aya venido a su notyçia. E quien desia e confesava de sy delitos tan graves como la dicha mi parte confeso, claro es que sy mas supiera de sy o de otros que lo confesara e magnifestara, e que non

[203]

dexara por cosa de este mundo de lo desyr e magnifestar viniendo a su notyçia; por lo qual, se escluye qualquier presunçion que contra la dicha mi parte ouiese para la poder acusar, e digo que sy algund testigo o testigos ay contra la dicha Mari Gonçales, mi parte, que depongan lo contrario, en espeçial aquello de que ella es acusada ante Vuestra Reverenda Paternidad, serian e son personas henemigas de la dicha mi parte e de sus parientes, viles e perjuros e ynfames e yndusydos por otras personas por la destruir e denigrar su honra e fama e vengarse de ella e de sus parientes, e con la dicha henemistad e malquerençia falsamente avrian depuesto, a los quales ninguna fee ni credito deve ser dado. Por las quales cabsas pido a Vuestras Reverendas Paternidades den por ninguna la dicha acusaçion, absoluiendo de la yntençion del presente juisio a la dicha Mari Gonsales, mi parte, dandola por libre e quita e restituyendola en su buena fama e honra, alçando qualquier secresto que en sus bienes aya seydo puesto. Para lo qual y en lo nesçesario el santo y noble ofiçio de Vuestras Reverendas Paternidades ynploro, e pido çerca dello cunplimiento de justiçia, e concluyo, çesante ynovaçion, e pidolo por testimonio.

(—) Bachiller de Bonillo   (—) el liçençiado de Herrera

Prosecution and Defence Procedures

E asy presentado el dicho escripto e leydo, luego los dichos señores inquisidores dixeron que mandauan e mandaron dar copia e treslado al dicho promotor fiscal, que presente estaua, e que responda dentro de terçero dia. |

10v [Pedimiento del fiscal]

Luego el dicho promotor fiscal dixo que afirmandose en lo por el dicho e denunçiado, e açeptando como açeptaua todas e qualesquier confesiones fechas por la dicha Maria Gonsales en quanto por el fasyan y no mas ni allende, e negando lo perjudiçial syn enbargo de lo en contrario dicho e alegado, lo que no es juridico, ni proçedio ni a lugar de derecho, que concluya e concluyo, e pedia ser resçebido a la prueva.

[Conclusion del reo]

Luego la dicha Maria Gonçales, con acuerdo de los dichos letrados, dixo que afirmandose en lo por ella dicho e alegado, e refiriendose a lo por ella dicho, confesado e declarado, negando lo perjudiçial, dixo que concluya e concluyo.

Trial of María González, Wife of Pedro Díaz de Villarrubia

[Sentençia de prueva]

Luego los dichos señores inquisidores dixeron que pues las dichas partes concluyan, que ellos concluyan con ellos e resçebian e resçebieron las dicha partes a la prueva con termino de nueve dias primeros siguientes, saluo jure inpertinentium et non admitendorum. |

11r-v *Blank folio*

12r ⟨*On this page the scribe made notes on the appearance of the prosecutor on 13 and 19 November 1511, and on the reply of the judges. Later the notary made the following note, which he later struck out*: Ser puesto en su lugar.⟩

Confession Made during 1483 Period of Grace

12v [Confision]

Prouança del promotor fiscal.

Muy Reuerendos e Muy Deuotos Padres:

Maria Gonsales, muger de Pero Diaz de Villarruuia, vesino de la col(l)açion del Señor Sant Pedro, paresco ante Vuestra Reverençia llena de verguença e de dolor, como aquella que grauemente ofendio a Mi Maestro e Redentor Ihesu Christo e a Su Santisima Ley y Fe. Con grande arrepentimiento digo mi culpa que estando en Alcaçar de Consuegra, en vezindad de vna muger de Gutierre Platero, comi algunas vezes pan çençeño, porque me fizo creer que hera gran merito esto; a escuso de mi marido ayune algunas vezes de no comer hasta la noche; algunas vezes guise para mi del viernes para el sabado, e tanbien guise el sabado en este tienpo para mi marido e los de mi casa, holgue algunas vezes el sabado, espeçialmente en non filar. Puede aver dos o tres años que conosçi que traya camino herrado e me aparte dello, e como hasta entonçes avia seydo buena christiana, asy lo he seydo despues, continuando mis misas e devoçiones, haziendo todas las otras cosas que christiana conviene hazer. E avn en el tienpo que fize estos herrores, siempre tuve en mi coraçon que en la Santa Fe Catolica me avia de saluar. [Que tuvo la Ley a la Fee.] Por agora non me acuerdo que mas aya herrado, pero protesto que cada y quando algo se me acordase, antes que resçiba la penitençia que pido a Vuestras Reverençias me fuere ynpuesta, lo verne diziendo e non boluere mas a los dichos pecados ni alguno dellos, antes, biuire e morire en la Santa Fe Catolica. Pido misericordia e de mis pecados perdon. E digo que estando en Consuegra algunas vezes comi carne degollada con çerimonia de judio.

8 Oct. En ocho dias de otubre de LXXXIII, ante los señores padres, la
1483 dicha Maria Gonsales paresçio e fizo e presento esta confision de suso escripta; fizo juramento.[15] |

Witnesses for the Prosecution

13r [Çibdad Real]

3 May En Çibdad Real, tres dias del mes de mayo de I V DXI años, ante
1511 el reverendo señor liçençiado Alfonso de Mariana, ynquisidor.

[Libro III XXXIIII°]
[Ratificado]

Ana Lopez, muger que fue de Juan Ruyz, viscayno, defunto, vezino de Çibdad Real en la cal de la Mata, testigo jurada, etç., dixo que avra dos años, poco mas o menos, que vn dia paso a casa deste testigo Maria Gonsales, muger que fue de Pero Diaz de Villarruuia, condenado, vesino desta dicha çibdad, e hablando en cosas que este testigo no se acuerda, vio e oyo este testigo como dixo la susodicha que de vn pecador auian hecho vn martir, diziendolo por el dicho su marido, o que avia muerto martir, que no se acuerda qual desta dos cosas dixo. E que se acuerda este testigo que le oyo dezir como auia soñado vna noche vn sueño que el dicho su marido auia venido a la cama donde estaua hechada, e se le puso ençima del braço, e que le avia paresçido como vn angel, e que como se puso a miralle, que se desaparesçio, e que lo que este testigo pudo conprehender de sus palabras fue que quiso hazer entender a este testigo que el dicho su marido auia sydo martir. Preguntada de odio, dixo que no lo tiene con ella, saluo por descargo de su conçiençia, e que a todo lo susodicho fue presente Catalina Ruyz, muger de Carlos de Torres, vezina de Çibdad Real.

2 March En la Çibdad Real, e dos dias de março, ante el reverendo señor
1511 liçençiado Pedro Ochoa de Villanueva, ynquisidor, el promotor fiscal Martin Ximenes presento por testigo en esta cavsa a la dicha Ana Lopez, de la qual su reverençia reçibio juramento en forma de derecho, so cargo del qual le pregunto si se acuerda aver dicho

---

[15] There is no marginal note to indicate from which book of testimonies the confession was copied.

Trial of María González, Wife of Pedro Díaz de Villarrubia

alguna cosa contra alguna persona en este Santo Ofiçio. Dixo que contra Maria Gonçales, muger de Pero Dias de Villarrubia, e dixo su dicho en sustançia. E su reverençia le mando leer su dicho, e dicho, e dixo que es verdad todo lo en el contenido, e que se ratificaba e ratifico en el dicho su dicho, e lo dezia e dixo de nuevo, si nesçesario es. Fue preguntada de odio, dixo que no lo tiene con ella, antes le a visto fazer obras de christiana. Fueron presentes por personas religiosas fray Antonio de Santa Maria e fray Juan de Olarte, fraires de la horden de Santo Domingo. Fuele leydo, ratificose. |

Testimony Against Rodrigo de Villarrubia [16]

13v [Libro I de Alcaçar CXXV]
En Çibdad Real, XXX dias de noviembre de I V IIII° XCIII.

[Nichil contra ella Maria Gonçales]
{ Christobal de Au⟨ila⟩ de Miguelturra, testigo jurado, etç., dixo que biviendo en esta çibdad, puede aver seys años, poco mas o menos, con Rodrigo de Villarruvia e con su muger, e vna noche, ablando de los santos y santas, no se recuerda sobre que platica, dixo el dicho Rodrigo de Villarruvia que Santa Maria, que auia seydo tan judia como las judias, e que Ihesu Christo, que avia seydo retajado, tan retajado como los retajados e judios hasta que resçibio Muerte e Pasion. E por tiempo de quatro meses que con el biuio nunca vido que hechasen toçino en la olla que comian, saluo algunas vezes lo conprauan e lo dauan a este testigo para que lo comiese, e este testigo lo asava e lo comia; pero el dicho Rodrigo ni su muger nunca lo se lo vido comer asado ni cozido en todo el dicho tiempo. }

Witnesses for the Prosecution (continued)

April En Çibdad Real, XXIII dias del mes de abril de I V DXI años,
1511 ante el reverendo señor liçençiado Alonso de Mariana, ynquisidor.
[Libro III de Çibdad Real LXXVIII°]

Maria Ruyz, muger de Juan Fernandez, hidalgo, defunto, vesino de Çibdad Real a la col(l)açion de San Pedro, testigo jurado en forma, etç., dixo, etç.
Yten, dixo que avra mas de veynte años que la muger de Pedro

[16] This testimony, given by Christóbal de Avila, was copied into the file from *Libro Primero de Alcazar*. The notary then struck it out as not belonging to the case of María González.

[207]

Dias de Villarruuia, quemado, que no sabe su nonbre, hablando con este testigo vn dia le dixo que el dicho Pero Diaz de Villarruuia, su marido, e otros que con el fueron quemados por la Ynquisiçion aquella sazon, auian muerto martires, e que el dicho | [ratificado] Pero Dias de Villaruuia, su marido, despues de quemado auia venido vna noche a la cama donde ella estaua acostada e que se le auia hechado en el braço como vn niño de dos años hermoso, e que asymismo auia muerto martir, asy venia hermoso; e que quando estas palabras le dixo a este testigo estaua la dicha muger de Pero Dias e este testigo en San Françisco de esta çibdad, que hera vispera de Todos Santos. E que vio e oyo este testigo como la dicha muger de Pero Dias dixo a vn frayle del dicho monasterio que dixese dos misas por el anima del dicho Pero Dias, su marido, diziendo que avia muerto martir. E que no estuvo presente a las dichas palabras otra persona alguna, mas que cree este testigo que deve saber algo de lo susodicho Catalina Ruiz, muger de Carlos de Torres, e Ana Lopez, muger de Juan Viscayno, vezino desta çibdad. Preguntada de odio, dixo que non lo tiene, e que lo dize por descargo de su conçiençia e por la excomunion e que por es que a uisto della este testigo la tiene por judia. [Ratificose en VIIIº de março.]

[Ratificaçion]

7 March 1512 En la Çibdad Real, en siete dias de março de I V DXII años, ante el reverendo señor el liçençiado Pedro Ochoa de Villanueva, el promotor Martin Ximenez presento ante su reverençia por testigo a la dicha Maria Ruyz, vezina que es al presente de Carronçillo.[17] E luego su reverençia dio poder por ante mi, Juan Obregon, a [   ] de Funes, cura de San Pedro de Çibdad ⟨Real⟩, para resçebir su dicho e ratificaçion, del qual dicho poder, yo, el dicho notario, doy fe. De la qual dicha Maria Ruyz el dicho [   ] Funes resçibio juramento en forma de derecho por ante mi, el dicho notario, so cargo del qual le pregunto sy se acuerda aver dicho alguna cosa contra alguna persona en este Santo Ofiçio. Dixo aver dicho contra la muger de Pero Diaz de Villarubia, e dixo su dicho en sustançia. E luego su reverençia le mando leer su dicho, el qual le fue leydo, e dixo que se ratificaba e ratifico en el dicho su dicho, e dixo que lo desia e dixo de nuevo, sy neçesario es. Fueron presentes por personas religiosas Juan Sanches de Antequera, clerigo, vezino de Çibdad Real e prior del dicho lugar de Carrionçillo. |

[17] Caronçillo was located in the Campo de Calatrava.

Trial of María González, Wife of Pedro Díaz de Villarrubia

14v [Testigo III]
[Iden] ⟨sic⟩
Catalina Ruyz, muger de Carlos de Torres, vezino de Çibdad Real, testigo jurado en forma, etç., dixo que este ynvierno pasado, que cree que seria despues de Natidad ⟨sic⟩ deste presente año, hablando este testigo con la muger de Pero Diaz de Villarruuia, le dixo la susodicha que por dicho de vn borracho e de vna borracha auian quemado al dicho su marido, e que auia muerto como martir, e que como martir se auia subido al çielo. E que le dixo mas la dicha muger del dicho Pero Diaz, que estando vna noche acostada en su cama e durmiendo, e que quando recordo hallo al dicho su marido hechado sobre su vraço como vn niño de dos años con vna ynoçençia e hermoso, e que asy como avia muerto martir, asi le auia visto tan hermoso.

March 1512 En la Çibdad Real, primero dia de março de IV DXII años, ante el reuerendo señor el liçençiado Pedro Ochoa de Villanueva, ynquisidor, el promotor Martin Ximenes presento por testigo a la dicha Catalina Ruyz para en esta cavsa, la qual juro en forma de derecho, so cargo del qual su reuerençia le pregunto sy se acuerda aber dicho alguna cosa contra alguna persona en este Santo Ofiçio. Dixo que se acuerda aver dicho contra Maria Gonçales, bibda, presa en la carçel deste Santo Ofiçio, e dixo su dicho en sustançia sin le ser leydo. E luego su reuerençia le mando leer su dicho, el qual le fue leydo de verbo ad verbum por mi, Juan Obregon, notario, e dixo ser verdad todo lo contenido en el dicho su dicho, e que en ello se ratificaba e ratifico, e que sy neçesario es que lo dezia e dixo de nuevo. Preguntada de odio, dixo que non lo tiene con ella. Fueron presentes por personas religiosas fray Antonio de Santa Maria e fray Juan de Tolosa, frayres de la horden de Santo Domingo. Fuele leydo, ratificose. |

Copy of Fernan Falcón's Testimony

15r [Libro 2° de Çibdad Real CCXXIII]
Nov. 1483 En tres dias ⟨de⟩ novienbre de LXXXIII.
Estas son las cosas que yo, Fernando Falcon, vi hazer a los conversos desta de Çibdad e se que hazen, asi los presentes como los absentes como los muertos, son las syguientes:
Pedro de Villarruuia [defunto], e su muger: Que se que ella a guardado hartos sabados e hecho çerimonias judaycas e otras, e el. Por que lo se es porque seyendo su vezino vn año le ui, e tenia

[209]

vna tienda junto con su casa, que los sabados nunca la abria hasta la tarde, e despues de abierta, ponia ay vna muchachuela que estuuiese en ella, e ni a el ni a ella nunca les via aquel dia en ella como los otros dias.

Prosecution Testimonies (continued)

[Libro 2° de Çibdad Real CCLXXIX]

10 Nov. En diez dias de nouienbre de LXXXIII.
1483 Maria Lopez, muger de Juan Lopez, labrador, vezina de Çehiruela, testigo resçebido, juro en forma, so cargo del qual dixo.

[Testigo V]

Yten, dixo que avra treze años, poco mas o menos, antes desto, que moro este testigo vn año con Juan de Soria, mercader, e con su muger Beatriz, hija de Pedro de Villarruuia, jurado, que moraua pared y medio de donde mora agora el dicho jurado, su padre, en vnas casas que eran de Çinbal, sabe e vido que guardauan el sabado e se vestian de fiesta ropas linpias e guisauan de comer del viernes para el sabado e ençendian candiles linpios, e que los vido ayunar por las bendimias e guardar tres o quatro dias, e aquellos dias se yva a casa del dicho jurado Pedro de Villarruuia e alla guardavan e holgauan e auian plazer por aquellos quatro dias; e vn dia de los desta pascua paso este testigo a casa del dicho Pedro
15v de Villarruuia a desir a su ama que como la tenian | holuidada que no se yva ella a casa, e vido que tenia vna grande mesa con vnos manteles linpios e la casa adereçada y todos ellos y ellas conpuestas e folgando, donde estuuieron todos quatro dias. E sabe e vido, entrando en casa del dicho Pedro de Villarruuia, padre de su ama, que guisaua de comer del viernes para el sabado, e que ençendian los candiles linpios. Esto es verdad para el juramento que hizo.

[Libro 2° de Çibdad Real CCCLI]
[Testigo VI]

3 Dec. En III de dizienbre de LXXXIII
1483 Bartolome de Balboa, que biue con el maestre que mora en la cal de Larcos a Sant Pedro, testigo resçebido, juro en forma, so cargo del qual dixo que avra diez y ocho años, poco mas o menos, que oyo este testigo a vn colmenero de Pero Diaz de Villarruuia, jurado, que esta preso, que viniendo por pan a su casa entro en vna cueva vn domingo e vido faser lexia en la cueva. Esto es lo que sabe e no mas para el juramento que hizo.

Trial of María González, Wife of Pedro Díaz de Villarrubia

March 1512 En dos dias del mes de março de I V DXII años, ante el reverendo señor el liçençiado Pedro Ochoa de Villanueva, inquisidor, estando en la Çibdad Real, se ratifico el dicho Bartolome de Balboa; presentes por personas religiosas fray Antonio de Santa Maria e fray Juan de Olarte, frayres de la horden de Santo Domingo. |

16r [Libro 2° de Çibdad Real CCCLXXXIX]
 [Ratificado]

0 Dec. 1483 En XXX de dizienbre de LXXXIIII° [18]
Maria Dias, muger de Pedro Galindo, labrador, vezino de Hernando Cauallero, testigo resçebido, juro en forma, so cargo del qual dixo que avra treze años que moro con Hernando Diaz de Villarruuia en con su muger, etç.
Yten, que avra çinco años que moro asymismo con Aluar Diaz,[19] lençero, etç.
Yten, que en el dicho tienpo, morando con el dicho Aluar Dias, entraua e salia muchas vezes en casa de Pedro de Villarruuia, jurado, que es hermano del dicho Aluar Dias, sabe e vido que en casa del dicho Pedro de Villarruuia guardauan el sabado e se vestian ropas linpias e de fiesta de lino. E sabe e vido que rezaua el aquellos sabados en vn libro e oya su muger, esta que agora tiene que no pare, es vna muger hermosa e de gran cuerpo e mora frontero a la cal de la Mata, e sabadeauan como judios quando rezauan. E guisavan de comer del viernes para el sabado e aderesçauan aquel dia toda su casa, e lauauan e xabonavan e ençendian los candiles linpios e guisauan de comer del viernes para el sabado. E guardauan las pascuas de los judios, e ayunavan sus ayunos hasta la noche. E no les vido comer ninguna cosa de conejo ni de liebre ni anguila. Esto sabe e vido el tienpo que moro con su hermano Aluar Dias, y al tienpo que moro con el otro su hermano Hernando Dias de Villarruuia, que fueron bien diez años, porque todos heran hermanos e yvanse en aquellos tiempos a holgar vnos a casa de otros. La muger de Pedro de Villarruuia se llama Maria Gonçalez.

March 1512 En la Çibdad Real en ocho dias del mes de março de I V XII años, antel | reverendo señor ynquisidor el liçençiado Pedro Ochoa de 16v Villanueva, el promotor fiscal Martin Ximenex presento por testigo

[18] This should be [14]83.
[19] His bones were exhumed and burnt on 15 March 1485; see his sentence in the file of Juan Martínez de los Olivos, Vol. I, No. 81, fol. 8r. His house was confiscated on 18 April 1484 and given to the town of Ciudad Real; see Delgado Merchán, pp. 458–459.

[211]

a la dicha Maria Diaz para en esta cavsa, la qual juro en forma de derecho, so cargo del qual dicho juramento su reverençia le pregunto sy se acuerda aver dicho en este Santo Ofiçio alguna cosa contra alguna persona. Dixo que se acuerda aver dicho contra Mari Gonsales, bibda, muger de Pero Diaz de Villarrubia, presa, e dixo su dicho en sustançia. E luego su reverençia dixo e mando a mi, el notario ynfra escripto, que le leyese el dicho su dicho, e asy leydo, dixo que es verdad todo lo contenido en el dicho su dicho (su dicho) e que en ello se ratificaba e ratifico (en ello), e sy nesçesario es, que lo dezia e dixo de nuevo, e que lo susodicho hazian las susodichas e el dicho su marido. Fueron presentes por personas onestas e religiosas fray Antonio de Santa Maria e fray Juan de Olarte, frayres de la horden de Santo Domingo.

1 May 1484 En primero de mayo de LXXXIIII°
[Libro 2° de Çibdad Real CCCCXC]
[Testigo VIII°; es defunto este testigo]

Diego Ruiz, veçino de Çibdad Real a Santa Maria en las casas de Guzman el abad, que fallesçio, testigo jurado en forma, etç., dixo que puede aver doze dias, poco mas o menos, que este testigo oyo desir a la muger de Pedro de Villarruuia, jurado, que hera quemado, que mora en la col(l)açion de Sant Pedro çerca de la casa de la Ynquisiçion, la qual le pregunto a este testigo por quien traya luto; este testigo le dixo: Por mi muger. Estonçes ella escomenço de sospirar e de llorar, e dixele este testigo: ¿Por que lloras? Non llores, que estas cosas son en la mano de Dios, y pues que pasado es no deves llorar. Ella dixo estonçes que çiertamente en quantos dias ella auia biuido que nunca hauia visto al dicho Pedro de Villarruuia hazer cosa de heregia, mas que le auian muerto a sin razon con testigos falsos que juraron la mentira e no dixeron la verdad. E que esto le oyo desir estando presente Bernaldo de Trugillo, vezino en la col(l)açion de Sant Pedro, en casa de Fernando de Çibdad, peynador e cardador, e que estaua peynando en su casa. E que esta es la verdad para el juramento que hizo. |

17r 31 March 1484 En XXXI de março
[Libro 2° de Çibdad Real DXLIII]
[Testigo IX]

Catalina de Torres, vezina desta çibdad en la col(l)açion de Santiago, testigo resçebido, dixo, so cargo del juramento que hecho auia, que este testigo, el dia que sacaron los huesos de los muertos

Trial of María González, Wife of Pedro Díaz de Villarrubia

herejes, que hera domingo, que llego este testigo a su puerta de la muger de Pedro Diaz de Villarruuia e que la dixo: Andad aca, vamos a ganar perdones. E que ella dixo: No me mandes yr alla, que no me lo sofrira el coraçon. E dixo este testigo: Ganad vos perdones y no cureys. E que dixo ella: ¡Perdonelos Dios! ¡Pareçe que non auian de salir del Pulgatorio hasta agora! [20]

17v [Libro Viejo de Cibdad Real]
4 Jan. En Çibdad Real, catorze dias del mes de henero de mil quatroçientos
1475 setenta e çinco, ante el liçençiado Tomas de Cuenca.[21]

} Maria, criada de Beatriz Gonsales, la falconera, vieja, testigo jurado en forma de derecho, dixo respondiendo a la terçera pregunta, dixo que sabe que Pedro de Villarrubia e fijos e otras muchas personas guardaron el dia del sabado e holgaban en el e se bestian camisas linpias labados e ropas de fiesta e non conpraban ni vendian ni davan ni conpraban ni tomavan con ningunas personas. }

[Testigo X]
Pascuala, criada de Fernando de Valera, confeso, testigo jurado, dixo que sabe e vio que Pedro de Villarrubia e su muger e fijos e otras muchas personas que nonbra, veçinos de Çibdad Real, que guardavan los sabados, teniendolos por fiesta prinçipal, ni davan ni tomavan ni conpravan ni vendian, e se bestian de bestiduras festibales como dia de domingo de los christianos. E que sabe que comian carne los susodichos en sabado, e que guisaban sus caçuelas de pescados e huevos e verengenas para el sabado, e que comian huevos en biernes. E que sabe que los susodichos comian carne en la Quaresma e huevos, e en dias de ayvnos prohybidos por la yglesia. E que sabe e vido que ençendian candiles los biernes en las
18r noches en todas las casas de los sobre dichos | e no en otros dias, e que ponian en cada vno dos mechas, vno en el palaçio e otro en la cozina, e que no los mataban fasta que ellos se morian de suyo, e lo mesmo en su comer e bestir. E que sabe e vido que comian pan çençeño los susodichos. E vido que todos los sobre dichos guardavan las Pascuas de las Cavañuelas, e que ayunavan ocho dias, e la del Pan Çençeño, que son otros ocho dias, e adornando sus personas e casas en bestir e en comer como jodios ⟨sic⟩.

[20] Her testimony was not confirmed. See Biographical Notes on her.
[21] This testimony shows that the Jewish practices of the Ciudad Real Conversos were being investigated as early as 1475.

Records of the Inquisition in Ciudad Real and Toledo, 1494–1512

E que quebrantaban los ayvnos, asy de Quaresma como de Bigilias e Pascuas e Quatro Tenporas e Vigilias de Nuestra Señora Santa Maria e apostoles. E que sabe que ayvnavan el Ayvno Mayor e Menor de la Ley Bieja,[22] e que non comian fasta la noche salida el estrella, e que rezavan primero entre sy e comian carne e otros manjares. E que no se confesaban en la Quaresma en la yglesia ni en monasterio, ni resçebian el Cuerpo de Nuestro Señor en la Quresma ni en la Semana Santa. E que sabe que la dicha muger de Pedro de Villarrubia e la muger de Fernando Valera, ama deste testigo, se vañavan los viernes en las tardes, prinçipalmente para los sabados, e se bestian camisas labadas e se adornavan como en fiesta prinçipal para el sabado. E que la dicha ama deste testigo no dexaba hazer nada a las moças en los sabados, e que asi oya dezir este testigo a otras moças que estan en casa del dicho Pedro de Villarrubia que lo hazia la muger de Pedro de Villarrubia. E que los domingos les hazia hazer hazienda. E que sabe que los susodichos no comian carne de puerco, ni de liebre, ni del conejo, ni otras abes que fuesen muertas ahogadas, saluo de las aves e reses que fuesen degolladas çerimonialmente de judio o de converso. | E que comunmente no comian pescado sin escama. | ⟨*End of testimony.* |

18v *Blank page*

Notes on Testimonies Given by Prosecution Witnesses [23]

19r Mari Gonsales muger de Pedro Dias de Villarruvia
Reconçiliose en tiempo de graçia.

Ana Lopez {Ratificado}:
Dixo que de vn pecador avian hecho vn martir; dixolo por su marido, porque avia muerto martir, el qual fue condenado. E que soño que su marido vino a ella vna noche y se le puso en el braço, que le paresçio vn angel, y se desapareçio.

Maria Ruis {Ratificado}:
Que avra veynte años que le dixo que su marido y otros que avian

---

[22] The witness did not specify which fast she meant by *Ayuno Menor*.
[23] From here through fol. 20v are notes on the testimonies given by witnesses against various accused. They may have been given to the defence after the names had been deleted. They must be regarded as testimony proper.

[214]

Trial of María González, Wife of Pedro Díaz de Villarrubia

quemado avian muerto martires, e que le paresçio su marido entre sueño, y que vio que dixo a vn frayle que dixese dos misas por su marido, que murio martir.

Catalina Ruiz [Ratificada]:
Que por vn dicho de vn borracho y vna borracha avian muerto a su marido, y que avia muerto martir y subido al çielo como martir. Y que vna noche le avia paresçido su marido como martir y hermoso.

Mari Diaz:
Depone de [ ] de antes que se reconçiliase.

Summaries of Testimonies against Constanza Díaz

Contra Constança Diaz.
Constança [ ]:
Que fizo guardar sabados, y pan çençeño, ayunos, carnes, pascuas, oraçiones, sinoga, y todas las mas juderias que se siguen y [ ] para vna judia tacet de marito [ ] de marito.

Francisco Rodrigues [Viejo]:
Dixit de aliquibus de quibus supra non deposuit ni sua regulatione. Sine ratificatione.

Catalina Diaz [Ratificado]:
Dixit que heretici acremati erant martires, [ ]jus y que oyo que vn clerigo dixo que quisiera ser confeso por ser quemado y martir, y que su anima fuese donde las de los quemados. Non reprobavat christianos veros, pauperes repudiabat, y a los que se acordava. Y que riño con este testigo porque se caso con christiano. Y que degollava palominos y por lo qual reñian, y si estavan asados cchavalos a los perros. Y nunca vio toçino ni lo echar en la olla ni comerlo.

Diego, texedor y cardador de paños:
Dixit idem de hereticis crematis vel martirisatis, e que les rovavan sus haziendas, que quando le dixo este testigo a la de contador aunque mas dixo en buenas oraçiones que martir va y alla vaya mi [ ] dondo la reñyr. ⟨Two undecipherable lines⟩ |

Summary of Testimonies against Pedro Rodriguez

19v Al muy Honrado   Contra Pedro Rodriguez

[215]

[Confirmatio] Contra Gonçalo Rodrigues
Confirmatio est omnia ora que feçit vxor [ ] sibi placuisse et postea reprehendisse et postea eadem fecisse.

Olalla Martinez [Testigo]:
Dixit contra algunos por tomalles sus haziendas prendian.

Alonso Moreno [Testigo]:
Dixo que dixo no hera maravilla que no se apartasen de su Ley avnque los acusasen.

Ana Hernandez:
Dixo lo mesmo que el primero.

Françisca [ ]:
Dixo lo mesmo.

Lorenço de Leon:
Dixo lo mismo que estos otros.

Lo viejo:

Juan:
Dixo lo que esta en la reconsiliaçion del marido.

Françisco Fernandes:
Dixo que sospecho que fue a la synoga.

Pedro de Almodovar:
Dixo lo que esta en la reconsiliaçion del marido.

Maria:
Dixo que estuvo en vn coguerço con otros. Ratificado.

Mari Gonsalez:
Dixo que si, lo mismo, lo viejo.

[Nuevos]:

Francisco de Mesa:
Dixo que para que avia venido de allende aca a ser christiano, y por que no estaba en paz, y que los que estan aca querian estar alla, y que si el pudiera pasar syn peligro, que fuera alla y que no boluiera [ ], que hera mejor [ ] que Dios, y que Dios le avia de confesar con el si se oviere de confesar. Del coguerço.

Rodrigo Tristan: [24]
Que Ihesu Christo no avia resuçitado a Lazaro, syno que la Iglesia

---

[24] See the trial of Juan Ramírez, No. 109, fol. 42r, where Diego Sánchez de Madrid advised his imprisoned brother Alonso Sánchez to declare Rodrigo Tristán as his enemy.

Trial of María González, Wife of Pedro Díaz de Villarrubia

lo avia compesto, y que hera burla. Guardar viernes en las noches; holgar sabados; candiles en casa de su padre y alli, estava Gonsalo Rodrigues, camisas linpias.

Juan Gomez:
Que no devia nada y lo que Françisco de Mesa [25] quanto a la yustiçia.

Françisco de Toledo, Ratificado:
Dixo lo de San Lazaro que lo avia conpuesto lo contrario y que hera burla.

Melchor de Sayavedra: [26]
Dixo que ningund confeso avia de tener moço ni moça christiano, y lo de San Françisco es en compañia; y que dixo a otro que tuviese fuerça; e lo de Françisco de Mesa, que asy vino de allende; de fautor que muchas cosas de todos los herejes y enseñador dellos, y que los ynquisidores andavan por tomar las haziendas [ ] quitar la gente, que este su criado conteste Diego de Toledo.

Diego de Toledo:
Que antes que dexaria hazer perdones que confesar cosa, contesto de Françisco de Mesa, porque dize que Mesa lo avia dicho, conteste de Sayavedra de [ ] al agujero.

Juan Gonsales:
Fautor de todos y que le dixo a este testigo.

Diego de Mesa: [27]
Nihil.

Maria Gonsales:
Lo que Olalla primero testigo, y que le rogo no dixese nada desto.
67 24 25 26 27 28 ⟨sic⟩. |

20r Juana Hernandes:
Que los quemavan por tomar las haziendas y por falsos testigos y que los inquisidores eran martires.

Françisca Martines:
Que se bañava quando venia de camino y que se fue a la synoga y que estuvo donde la synoga tres oras.

[25] Francisco de Mesa was a witness against Juan Ramírez, No. 109, foll. 29v, 42r, 43r.
[26] He was the *alguacil* of the Inquisition in Toledo; see Biographical Notes.
[27] A certain Diego de la Merza was mentioned as a reconciled Converso in the trial of María González, wife of Alonso de Merlo, No. 106, fol. 3r.

[217]

Alonso de Sauzedo:
Dixo que el ofresçer de los christianos no hera ni aprovechava syno que hera vn acatamiento.

67   24   25   26   27   28   ⟨sic⟩.
1. Nihil [   ]
2. Entendia en su hazienda
3. Los padres fueron catolicos
4. Hase confesado y resçibido sacramentos y guardar las fiestas
5. Dar limosnas; conçertaua viña a vn spital ⟨sic⟩
6. Tomo bulas y indulgençias
7. Entendia en los sabados en sus haziendas
8. Yva en sabado a Bolanos por carne
9. Fue en sabado a vn colmenar, labrava cosas, yva a la tresquila
10. [   ]
11. [   ]
XII. No comia carne en miercoles
13. Yva a Misa los sabados | [28]

Witnesses against Juan González Buguel

20v Contra Juan Gonsales Buguel [29]
Ençender candiles, guardar sabados, dize que reñia porque se amasava pan çençeño, etçetera, que requiruntur ad purum judeum.

Juana Lopez:
Dixit de obseruatione sabati et comestione carnis.

Maria:
Dixit de vn coguerço.

Catalina:
Dixit de obseruatione sabati et de aliis cerimoniis.

Catalina de Real, alias Bonete [Criada]:
Dixo que en La Ley de Moysen avia de morir, que en aquella le dexo su padre, y que le dio çiertas cosas porque no lo dixese a los inquisidores. Ratifica.

Sancha Lopez:
Nihil dixit pertinens ad presens.

Catalina [Viejo]:

[28] The following notes seem to be the response of the defence, however since no names are mentioned we cannot tell if it was for the defence of Pedro Rodríguez.
[29] Since Melchior Saavedra is mentioned below it may be presumed that this summary was made during the years 1511 or 1512.

Trial of María González, Wife of Pedro Díaz de Villarrubia

Dixo de lo que esta en la reconçiliaçion

Antonio de Vega:
Dixo que la carne que a de comer no ha de lleuar gordura. No rati⟨fica⟩.

Rodrigo Tristan:[30]
Holgar vn sabado que no hera fiesta, que vino vestido ropas de fiesta e linpias el dicho Buguel.

Antonio:
Dixo que no avia hecho por lo que se reconçilio.

Juana, criada {Viejo}:
Iten dixo lo mesmo que este otro. No estan retificados.

Melchor de Sayavedra:
Dixo pluguiese a Dios que no se oviese reconçiliado su hija; dixo que sabia quien avia dicho Catalina de Real lo de la Ley de Moysen; dixo de vna fautoria de aconsejar a vno que tuviese fuerte; dixo cada [ ]; dixo que no deuiera aver reconçiliado Alonso Sanches; confesion contra Juan Ramires de los dos Torres,[31] que dizen de lo del sabado; dixo que el que se avia reconçiliado, avia dado de manos en el lodo; aconsejava a vna presa que tachase; conteste su criado Garçia de Arguello.

Diego de Toledo:[32]
Dezia a vnos presos que no dixesen nada, syno que negasen, y los esforçava y dezia: Que aveys de desir que no aveys hecho na⟨da⟩, que sy algo dezis quemarvos han. Dixo que tenia vna moça que hauia dicho del, y que antes moriria a tormentos que dezirlo; pesavale porque se avia reconçiliado Alonso Sanches; y desia a otro que no dixese nada, que anbos antes muriesen a tormentos.

Diego de Mora:
Dixo que vio que se avia reconçiliado avia dado de manos en el lodo y que estoviese rezio, que no dixese nada, que los tormentos quien quiera los sustan; y que esta de Diego de Toledo quanto a lo de las mugeres.

---

30 See above, fol. 19v and n. 24.
31 He was the well-known majordomo of Cardinal Cisneros; see his trial, No. 109.
32 He also testified against Pedro Rodríguez, above, fol. 19v. It seems that he was imprisoned.

Records of the Inquisition in Ciudad Real and Toledo, 1494–1512

Françisco de Mesa : [33]
Que avia ocho años que avia comido en vn coguerço con otros el Juan Gonsales Buguel. Esto dixo en la carçel.

Alonso Sanches : [34]
Juan Gonsales Bujuel ⟨*sic*⟩ dixo a este testigo que negase la verdad.

Respuesta de la publicaçion :
Dixo que dixo a las hijas de Juan Gomes que tuviesen suerte, pero pensando que no erravan, que dixo a Alonso Sanches que para que avia tomado consejo con Mora, pues no tenia consejo para sy, como se lo avia de dar a el. Hec sunt que habentur contra istum Juan Gonsales Buguel. |

Petition of Prosecutor in Trial of Maria González

21r [Pedimiento de publicaçion]

19 Dec. 1511 En Toledo, a diez y nueve dias del dizienbre de I V DXI años, ante sus reuerençias, pareçio presente el dicho promotor fiscal ⟨e⟩ dixo que, con espresa protestaçion que hizo que qualquier preso pueda presentar qualesquier probaçiones fasta la determinaçion de esta cavsa, que pedia e pedio publicaçion de los testimonios por el presentados.

Alfonso de Vaena pedio la dicha publicaçion en nonbre de la susodicha.

[Publicaçion]
Sus reverençias mandaron hazer la dicha publicaçion con termino de nueve dias e dar treslado a las partes, callados los nonbre de los testigos e çircunstançias dellos.

[Como llevo el procurador treslado de la publicaçion]

20 Dec. 1511 En XX de dizienbre de I V DXI años, llevo Vaena el traslado de la publicaçion. |

21v *Blank page*

Copy of Witnesses' Testimonies

22r Testimonios dados en publicaçion contra Maria Gonsales, muger de Pero Diaz de Villarrubia, presa.

---

[33] See n. 32, above.
[34] He, too, may have been imprisoned.

[220]

Trial of María González, Wife of Pedro Díaz de Villarrubia

[Testigo I]

May 1511
Vn testigo jurado, etç., en vn dia del mes de mayo de mil e quinientos e honze años, dixo que abra dos años, poco mas o menos, que bio e oyo dezir a Mari Gonsales, muger que fue de Pedro Diaz de Villarrubia, condenado, vesino de Çibdad Real, que hablando en çiertas cosas dixo la dicha Maria Gonsales de vn pecador avian fecho vn martir, diziendolo por el dicho su marido, o que abia muerto martir, non se acuerda qual desta dos cosas dixo. E que se acuerda este testigo que le oyo desir como avia soñado vna noche vn sueño, que el dicho su marido avia venido a la cama donde estava echada e se le puso encima del braço, e que le avia paresçido como vn angel, e que como se puso a mirarle, que se desapareçio. E que lo que este testigo pudo conprehender de sus palabras fue que quiso hazer entender a çierta persona que el dicho su marido abia sido martir.

April 1511
II Otro testigo jurado, etç., en vn dia del mes de abril de mil e quinientos e honze años, dixo que abra mas de veinte años que bio e oyo este testigo a la muger de Pero Diaz de Villarrubia, quemado, que non sabe su nonbre, hablando con çierta persona dixo la dicha muger de Pero Diaz que el dicho Pero Diaz de Villarrubia, su marido, e otros que con el fueron quemados por la Ynquisiçion aquella sazon, avian muerto martires. E que el dicho Pero de Villarrubia, su marido, despues de quemado avia venido vna noche a la cama donde ella estaba acostada e que se le abia hechado en el braço como vn niño de dos años hermoso, e que asimismo avia muerto martir, asi venia hermoso. E que bio e oyo este testigo como la dicha muger de Pero Diaz dixo a vn frayre que dixiese dos Misas por el anima del dicho su marido, diziendo que abia muerto martir.

22v
April 1511
III Otro testigo jurado, etç., en vn dia del mes de abril de I V DXI años | dixo que vn dia del dicho año vio e oyo dezir a la muger de Pero Diaz de Villarrubia que por dicho de vn borracho e de vna borracha avian quemado al dicho su marido, e que abia muerto como martir, e que como martir se avia subido el çielo. E que le oyo dezir asimismo a la dicha muger del dicho Pero Diaz, que estando vna noche acostada en su cama e dormiendo, que quando recordo hallo al dicho su marido hechado sobre su braço, como vn niño de dos años con vna ynocençia e hermoso, e que asy como avia muerto martir, asy le avia visto tan hermoso.

[221]

Nov. IIII° Otro testigo jurado, etç., en vn dia del mes de novienbre de
1483 mil e quatroçientos e ochenta e tres años, dixo que sabe e bio que
la muger de Pero de Villarrubia a guardado hartos sabados e fecho
çerimonias judaycas e otras. E que bio por espaçio de vn año a
la susodicha que los sabados nunca abria vna tienda que tenia
fasta la tarde, e que despues de avierta ponia vna mochechuela
en la dicha tienda, e que nunca este testigo bia a la susodicha en
la tienda aquel dia como los otros dias.

Nov. V Otro testigo jurado, etç., en vn dia del mes de novienbre de
1483 ochenta e tres años, dixo que puede aver treze años, poco mas o
menos, que sabe e vio este testigo que por el tienpo de las vendimias
que çiertas personas yvan por tres o quatro dias a casa de Pedro
de Villarrubia e alli guardavan e holgaban e avian plazer por
aquellos quatro dias; e vido que tenia vna grand mesa con vnos
manteles linpios e la casa adereçada e todas las dichas personas
conpuestas e holgando, donde estobieron todos quatro dias. E sabe
e vido en casa del dicho Pero de Villarrubia que guisaban de comer
del biernes para el sabado, e ençendian candiles linpios. |

23r VI Otro testigo jurado, etç., en vn dia del mes de novienbre de
Nov. ochenta e tres años, dixo que abra diez y ocho años que oyo este
1483 testigo dezir a çierta persona que bio en casa de Pero Diaz de
Villarrubia hazer lexia en vn dia de domingo en vna cueva.

Nov. VII Otro testigo jurado, etç., en vn dia del mes de novienbre de
1483 ochenta e tres años, dixo que abra çinco años que bio este testigo
que en la casa de Pero de Villarrubia, jurado, guardavan el sabado
e se bestian ropas linpias e de fiestas e de lino. E sabe e vido que
rezaba el dicho Pero de Villarrubia aquellos sabados en vn libro,
e oya su muger, esta que agora tiene, que sabadeavan como judios
quando rezaban. E guisaba de comer del biernes para el sabado. E
adereçaban aquel dia toda su casa e labavan e xabonavan e ençendian los candiles linpios e guisaban de comer del biernes para el
sabado. E guardavan las pascuas de los judios. E ayvnavan sus
ayvnos fasta la noche. E no les vido comer ninguna cosa de conejo,
ni de liebre, ni anguila. E que lo susodicho bio este testigo por
espaçio de dies años.

May VIII° Otro testigo, etç., en vn dia del mes de mayo de LXXXIIII°
1484 años, dixo que en vn dia del dicho año bio este testigo llorar a la
muger de Pero de Villarrubia, jurado, y çierta persona le pregunto

Trial of María González, Wife of Pedro Díaz de Villarrubia

por que llorava, e la susodicha respondio que çiertamente en quantos dias ella avia vibido, que nunca abia bisto hazer al dicho Pero de Villarrubia cosa de heregia, mas que le abian muerto a syn razon con tentigos falsos que juraron la mentira e non dixieron la verdad.

March 1484 23v IX Otro testigo jurado, etç., en vn dia del mes de março de mil e quatroçientos e ochenta e quatro años, dixo que vn domingo que sacaban los huesos de los herejes | muertos de Çibdad Real, que vio e oyo este testigo que çierta persona se llego a la puerta de la muger de Pedro Dias de Villarrubia e que le dixo: ¡Andad aca! Vamos a ganar perdones. E que ella dixo: No me mandeys yr alla, que no me lo sufrira el coraçon. E la dicha çierta persona le dixo: Ganad vos perdones e non os cureys. Y ella dixo: Perdonelos Dios, pareçe que no avian de salir de Purgatorio hasta agora.

Jan. 1475 X Otro testigo jurado, etç., en vn dia del mes de henero de mil quatroçientos LXXV años, dixo que sabe e vio que la muger de Pero de Villarrubia e otras muchas personas, vesinos de Çibdad Real, que guardavan los sabados, teniendolos por fiesta prinçipal, ni davan ni tomavan ni compraban ni vendian, e se bestian de bestiduras festibales como dia de domingo de los christianos. E que sabe que comian carne los susodichos en sabados e que guisaban sus caçuelas de pescado e huevos e berengenas para el sabado, e que comian huevos en bierness. E que sabe que los susodichos comian carne e huevos en la Quaresma e en dias de ayvno proybidos por la Yglesia. E que sabe e vido que ençendian candiles los bierness en las noches en todas las casas de la dicha muger de Pero de Villarrubia e de las otras personas, e no en otros dias, e que ponian en cada vno dos mechas, vno en el palaçio e otro en la cozina, e que non los mataban fasta que ellos se morian de suyo. E lo mesmo en su comer e bestir. E que sabe e vio que comian pan çençeño los susodichos. E vido que todos los sobre dichos guardavan las Pascuas de las Cavañuelas, e que ayvnavan ocho dias, e la del Pan Çençeño, *24r* que son otros ocho dias, adornando sus personas e casas | en vestir e en comer como judios. E quebrantavan los ayunos, asy de Quaresma como de Bigilias de Pascuas e Quatro Tenporas e Bigilias de Nuestra Santa Maria e apostoles. E que sabe que ayvnavan el Ayvno Mayor e Menor de la Ley Vieja, e que non comian fasta la noche salida el estrella, e que rezavan primero entre sy, e comian carne e otros manjares. E non se confesaban en la Quaresma en la yglesia ni en monasterio, ni reçebian el Querpo de Nuestro Señor

[223]

en la Quaresma ni en la Semana Santa. E que sabe que la muger del dicho Pedro de Villarrubia e çiertas personas con ella se vañavan los viernes en las tardes prinçipalmente para los sabados, e se bestian camisas lavadas, e se adornavan como en fiesta prinçipal para el sabado. E que este testigo oya dezir a çiertas personas que la dicha muger del dicho Pero de Villarrubia no dexaba hazer a sus criadas e los de su casa el dia del sabado, e que los domingos les hazia hazer hazienda. E que sabe que los susodichos no comian carne de puerco ni de liebre ni conejo ni otras abes que fuesen muertas ni ahogadas, saluo de las aves e reses que fuesen degollados çerimonialmente de judio e de converso, e que comunmente no comian pescado syn escama. |

24v *Blank page*

Reply of the Defendant

25r [Respuesta a los testimonios de la publicaçion]

20 Dec. En XX dias de dizienbre del dicho año, estando los reverendos
1511 señores ynquisidores el liçençiado Alfonso de Mariana e el liçençiado don Françisco de Herrera e el liçençiado Pedro Ochoa de Villanueva en la abdençia del dicho Santo Ofiçio, sus reverençias mandaron salir ante sy a la dicha Maria Gonçales, la qual seyendo presente sus reverençias le mandaron leer los testimonios de publicaçion e que responda a ellos. Los quales le fueron leydos, cada vno por sy, e respondio lo siguiente:

I Al primer testigo, seyendole leydo, dixo e respondio que lo que dicho e confesado tiene es la verdad, e lo demas contenido, que lo niega.

II Al segundo testigo, siendole leydo, dixo que se remite a su confesion, e que lo demas, que lo niega.

III Al terçero testigo dixo, siendole leydo, que se refiere a su confesion, e que lo demas, que lo niega.

IIII° Al quarto testigo, siendole leydo, dixo e respondio que lo niega. E que despues del robo de Çibdad Real que nunca tovo tienda.

V Al quinto testigo, siendo leydo, dixo e respondio que se remite a su reconçiliaçion e confesion, e que lo demas, que lo niega.

VI Al sesto testigo, siendole leydo, dixo que se refiere a su confesion, e que lo demas, que lo niega.

VII [Atento]. Al seteno testigo, siendole leydo, dixo e respondio que el dicho Pero Diaz, marido deste confesante, ni esta confesante, no sabian leer, e que nunca leyo ni sabia dello ni oyo leer. Y en lo demas, que se remite a su confesion.

VIII° [Atento]. Al otabo testigo, siendole leydo, dixo que non vido hazer al dicho su marido cosa de heregia, e que si lo hizo, sin esta confesante y syn que lo biese. [[ ]] Fue preguntada que por que tiene confesada antes de agora que guardo sabados | [[ ]] e ayvnaba ayvnos de judios e hizo otras cosas de heregia juntamente con el dicho su marido, que por que dize agora que non vido hazer al dicho su marido cosa alguna de heregia. Dixo que ella nunca vido al dicho su marido guardar sabados ni ayvnar de judios, syno que solamente le dava este confesante camisa linpia el sabado, e le guisaba el viernes para el sabado algunas vezes, e que nunca Dios oya la limosna ni la oraçion desta confesante si nunca tal le vio hazer, e que ya hera quemado su marido, que para que le querian, e que nunca esta confesante confeso que obiese bisto al dicho su marido ayvnar ayvno ninguno de judios ni guardar el (el) sabado. Fuele leydo las confesiones que hizo respondiendo a los capitulos de la demanda, en las quales confeso aver bisto al dicho su marido ayvnar ayvnos de judios e guardar los sabados juntamente con esta confesante. Dixo que nunca tal dixo ni confeso, e que lo que confeso en su primera confesion e reconçiliaçion, que aquello es la verdad, e lo demas, que lo niega.

IX Al noveno testigo, siendole leydo, dixo e respondio que nunca Dios quiera que sea verdad, e que lo niega.

X Al dezeno testigo, siendole leydo, dixo e respondio que se remite a su reconçiliaçion, e que despues aca no a fecho nada de lo que el dicho testigo dize. |

Second Pleading of the Defence

26r En Toledo, XXVI de henero de I V DXII años, ante sus reverençias
6 Jan. la dicha Maria Gonsales presento este escripto:
1512 Maria Gonsales, bivda, muger que fue de Pedro Diaz de Villarruuia, condepnado, que fue vesina de Çibdad Real, presa que estoy en los carçeles de la Santa Ynquisyçion, paresco, alegando de mi justiçia, en el pleyto e cabsa presente que conmigo ha e trata el venerable señor Martin Ximenes, promotor fyscal en el Ofiçio de la Santa Ynquisyçion desta çibdad de Toledo, e digo que, visto o mandado ver el presente proçeso, hallaran que yo me ove confesado e reconçiliado pura y enteramente, magnifestando de mi e de otros todo aquello en que yo supe aver ofendido la Santa Fe Catolica, segund e por la manera que se auia ofendido, e despues aca yo he biuido e

bivo como catolica e verdadera christiana, segund que esto es notorio e asy se presume en mi favor, espeçialmente no se me provando lo contrario. Por lo qual, Vuestras Reverendas Paternidades me deven dar por libre e quita, mandandome soltar de los carçeles en que estoy, syn enbargo de la provença hecha por el dicho promotor fiscal a mi dada en publicaçion, que es ninguna e de ningund efecto e non hase fee ny provença ni yudiçio contra my, asy por no ser hecha a pedimiento de parte ni en tienpo ni en forma de derecho, e porque no fueron tomados ni examinados ni ratyficados los dichos testigos en plenario juisio ni segund e con las calidades que de derecho se requiere en cabsa tan ardua e de tanta calidad como es la presente, e porque son syngulares e varios e contrarios a si mismos e los vnos a los otros, e non concluyan aquello para que fueron presentados, porque deponen de oydos e ynçiertos e varias creençias, e de oydos estra judiçiales non dichas ni ratificadas con pertinaçia ni perseverençia, por lo qual, todo lo que dixeron es en sy ninguno. Y espeçialmente digo que lo que dixeron e depusyeron el primero e segundo e terçero e otavo testigos, demas de ser ninguno por lo que susodicho es, non concluye heregia, que movida con justo e justisymo dolor e con pena que thenia, y hera justisyma cosa de thener, de la declaraçion e condepnaçion del dicho Pero Diaz de Villarruuia, mi marido, e como muger fuera de todo juisyo e sentydo, sy algo dixese, de que non tengo memoria, por la dicha justa cabsa de dolor e alteraçion que a los onbres priva de su juisio natural, ninguna cosa que dixese auia de ser mirada ni ynterpretada e dañada yntençion. E avn los mismos testigos, bien ponderados, dizen que llorando dezia lo susodicho, e

26v como muger que estaua | privada de juisio e non dormia e syn sentydo desia o referia los desvarios que soñava; los quales dichos e deposyçiones yo non açebto ni cosa alguna que directe ni yndirecte me puedan parar perjuisio, e las palabras que fuesen dichas o se dixesen por las mugeres en caso semejante que es en el que los testigos testificauan, no son dignos de puniçion pues que non ay animo de delinquir e se disen privadas de todo sentido e juisio, con el calor de la pena. Otrosy digo que menos me dañan ni paran perjuisio el quarto e quinto e sesto e setymo e noveno testigos, por lo que susodicho es e porque deponen del tienpo antes que yo me reconçiliase, e las dichas cosas que testificauan yo las tengo confesadas e otras mas graves syngulares, por lo qual es notoria e çierta presunçion que sy yo ouiera fecho otro o otros delitos mas de los por mi confesados que vinieran a mi memoria, que los magnifestara

Trial of María González, Wife of Pedro Díaz de Villarrubia

e confesara, e sy lo dexe de haser e de presente no lo hago fue porque no vino ni viene a mi memoria, que sy viniese, yo lo diria e magnifestaria, por manera que lo contra mi testificado es ninguno. E digo, demas desto, que los dichos testigos son personas ynfames e pobres e de malas conçiençias y henemigos capitales mios, segund que sy nesçesario me fuere lo entyendo mostrar e provar. Por las quales cabsas pido a Vuestras Reverendas Paternidades me absueluan de la ynstançia del presente juisio, dandome por libre e quita e restituyendome en el estado e fama en que estaua al tienpo que fuy presa, poniendo perpetuo sylençio en la dicha razon al dicho señor promotor fiscal. Para lo qual y en lo nesçesario el santo y noble ofiçio de Vuestras Reverendas Paternidades ynploro e pido çerca dello serme hecho entero conplimiento de justizia, e concluyo, çesante ynovaçion, e pidolo por testimonio.

(—) Bachiller de Bonillo   (—) el liçençiado de Herrera

Reply of the Prosecutor

E asy leydo e presentado, estando presentes su letrado e procurador, sus reverençias dixeron que mandavan e mandaron dar copia e traslado al promotor fiscal, que presente estaua, que responda dentro de terçero dia.

Luego el dicho promotor fiscal dixo que los testigos por el presentados son fidedignos e [   ] de toda exçepçion, e tales que por ellos se puede e deve dar sentençia, conforme a lo por el pedido e syn enbargo de lo en contrario dicho, lo qual de derecho es 27r ninguno, açep|tando todas e qualesquier confesyones fechas por la susodicha, en quanto por el hazia e no mas ni allende, e negando lo perjudiçial, dixo que concluya e concluyo e pedia e pidio ser resçebido a la prueva de los abonos de sus testigos, sy neçesario fuere, estando presentes la dicha e su letrado e procurador.

Order to Present Additional Witnesses

[Sentençia de prueva de abonos e tachas]

Luego sus reverençias dixeron que pues las dichas partes concluyan, que sus reverençias concluyan con las dichas partes, e que asignauan e asignaron termino para luego, para dar sentençia en el, en que dixeron que hallavan e hallaron que los devian de resçebir a la prueva, con termino de quinze dias primeros syguientes, al promotor fiscal de los abonos de sus testigos e a la dicha Maria Gonsales de sus tachas e ojebtos, saluo jure inpertinentium et non admitendorum.

[227]

Records of the Inquisition in Ciudad Real and Toledo, 1494–1512

Request for Reply of the Defendant

21 May 1512 E despues de lo susodicho, en XXI dias de mayo del dicho año, estando el dicho reverendo señor inquisidor el liçençiado Mariana en la dicha abdiençia, mando paresçer ante sy a la dicha Maria Gonsales, la qual siendo presente, su reverençia le dixo que ya sabia como avia dicho los dias pasados que non queria tachar a ninguna persona en esta cavsa, que agora el promotor fiscal queria concluir en esta cavsa, que a lo que responde e dize.

[Conclusion de la rea]
La dicha Maria Gonsales dixo que non quiere tachar ni tiene con quien probar tachas, e que concluya e concluyo, pues tiene dicho la verdad, e que pedia e pedio sentençia definitiva en esta cavsa, presentes su letrado e procurador.

[Conclusion del fiscal e presentaçion de la abjuraçion]
El dicho promotor fiscal, que presente estaba, dixo que, açebtando como açebtaba todas e qualesquier confesiones fechas por la dicha Maria Gonsales, e haziendo presentaçion e reproducçion dellos e de todo el presente proçeso en quanto por el hazia e no en mas
27v ni allende, e negando lo perjudiçial, e asymesmo haziendo presentaçion e reproducçion de la confision e adjuraçion por la susodicha Maria Gonsales los dias pasados ante los reverendos señores inquisidores fechas, lo qual pedio que mandasen a vno de los notarios que ponga en este proçeso, e que con esto concluya e concluyo, e pedio sentençia definitiva en esta cavsa.

[Conclusion de sus reverençias para definitiva]
Su reverençia mando a vno de los notarios deste Santo Ofiçio que ponga en este proçeso las dichas confesiones e fe de la adjuraçion, e que ovo este pleito e cavsa por concluso, e señalo termino para dar en el sentençia definitiva a nueve dias primeros seguientes, e dende en adelante para cada dia que deliberado toviese.

Abjuration of the Defendant During the Period of Grace

[Fe de la reconçiliaçion e abjuraçion]
Yo, Diego Lopes de Tamayo,[35] notario publico e del secreto del Ofiçio de la Santa Ynquisiçion en la muy noble çibdad de Toledo

---

[35] This was the handwriting of Diego López de Tamayo.

Trial of María González, Wife of Pedro Díaz de Villarrubia

e su arçobispado, por la presente doy fe como por los libros e registros del Ofiçio de la Santa Ynquisiçion que se hizo en la Çibdad Real consta e paresçe como en la dicha Çibdad Real, en dies e seys dias del mes de nouienbre, año del Nasçimiento de Nuestro Saluador Ihesu Christo de mil e quatroçientos e ochenta e tres años, entre otras muchas personas, onbres e mugeres, vesinos e moradores de la dicha Çibdad Real e otras partes, que el dicho dia se reconçiliaron del crimen e delito de la heregia e apostasia e abjuraron publicamente el dicho crimen en la yglesia de Sant Pedro de la dicha çibdad, fue reconçiliada e abjuro el dicho crimen de heregia e apostasya publicamente Maria Gonçales, muger de Pero Dias de Villarrubia, vesyna de la dicha Çibdad Real. E por que a lo susodicho sea dada entera fe en juysio e fuera del, yo, el dicho notario, de pedimento del venerable Martin Ximenes, canonigo de Logroño, promotor fiscal del dicho Santo Ofiçio, e de mandamiento del reuerendo señor liçençiado Alfonso de Mariana, ynquisidor en la dicha çibdad de Toledo e su arçobispado, di la presente fe, firmada de mi nonbre, que es fecha en la dicha çibdad de Toledo, a veynte e vn dias del mes de mayo, año del Nasçimiento de Nuestro Saluador Ihesu Christo de mil a quinientos e dose años.

(—) Diego Lopes de Tamayo, notario esta no tiene neç⟨esidad⟩ de tachar. |

Consulta-de-fe

28r [Votos]

7 July En Toledo, syete dias del mes de julio de mil e quinientos e dose 1512 años, este dia, los reverendos señores el liçençiado Alfonso de Mariana e el liçençiado Pedro Ochoa de Villanueva, ynquisidores apostolicos, e el liçençiado don Françisco de Herrera, ynquisidor apostolico e ordinario, se juntaron en su avdiençia con los señores letrados syguientes: Fray Domingo de Vitoria, prior del monasterio de Sant Pedro Martyr de Toledo, e fray Domingo Guerrero, predicador, frayle del dicho monasterio, e el liçençiado Martin Ximenes, predicador, cura de la capilla de Sant Pedro que es dentro en la yglesia de Toledo, theologos, e el bachiller Diego Martines Ortega,[36] vezino de Toledo, e el bachiller Diego Fernandes Pan e Agua, capellan en la capilla de los Reyes Nueuos que es dentro en la dicha santa yglesia de Toledo, e el liçençiado Rodrigo Ronquillo, alcalde mayor en la dicha çibdad, e el liçençiado Juan Ortys de Çarate,

---

[36] He was one of the prosecutors of the Toledo Court.

corregidor en la villa de Talauera, juristas, para ver e examinar este proçeso de la dicha Maria Gonsales, muger del dicho Pero Dias de Villarruuia. E el dicho liçençiado Rodrigo Ronquillo voto que se relaxe por ficta e symulada confitente e fauoreçedora de hereges; el dicho liçençiado Juan Ortys de Çarate, ydem; el bachiller Pan e Agua, ydem; el bachiller Ortega, ydem; el prior de Sant Pedro Martyr, ydem; frey Domingo Guerrero, frayle del dicho monasterio, ydem; el liçençiado Pedro Ochoa de Villanueva, ynquisidor apostolico, que se relaxe por ficta confitente al braço seglar; el señor liçençiado Alonso de Mariana, que se hagan diligençias con la dicha Maria Gonsales para saber quien la ynpuso en la carçel para que reuocase su confesyon que avia hecho ante los señores ynquisydores respondiendo a los capitulos de la acusaçion, e que sy lo confesare, que la reçiban a reconçiliaçion e carçel perpetua con confiscaçion de bienes, e sy no confesare, que la relaxen; el señor liçençiado don Françisco de Herrera se conformo con el voto del dicho liçençiado Alonso de Mariana, ynquisidor.

[Diligençias e amonestaçion que se hizo con la dicha Maria Gonçales]

7 July 1512 Este dicho dia, syete dias del dicho mes de julio del dicho año de mil e quinientos e dose años, los dichos señores ynquisydores apostolicos e ordinario, estando en su avdiençia dende a poca de ora, mandaron a Melchior de Saavedra, alcayde de la carçel del dicho Santo Ofiçio, que sacase ante sus reuerençias a la dicha Mari Gonçales, el qual luego la saco e truxo ante sus reuerençias. E estando asy presente, luego los dichos señores ynquisidores dixeron a la dicha Maria Gonsales que ya sabia quantas veses la avian amonestado que dixese e declarase la verdad de las cosas de heregia que avia visto haser al dicho Pero Dias su marido, por ende, que la amonestauan con Dios Nuestro Señor que dixese e declarase la verdad de las cosas de heregia que le avya visto haser e que avia hecho juntamente con la dicha Maria Gonsales. La qual dixo que nunca vido al dicho su marido hazer çerimonia alguna de judios,

28v ni guardar el sabado, | que los domingos le vio guardar como christiano y no el sabado, que bien pudo ser que algund dia de sabado que holgase el dicho su marido, mas que no gelo sintyo esta confesante que holgase el sabado, ni le vido ayunar ayunos de judios, mas de quanto le dio esta confesante algunas veses camisas linpias en sabado. E que todo lo que esta en su confesyon al tiempo que se reconçilio, dixo que es verdad. Fue preguntada por sus reverençias sy fue yndusida por alguna personas de las

Trial of María González, Wife of Pedro Díaz de Villarrubia

que estan en la cerçel, o fuera della antes que fuese presa, para que no dixese ni confesase lo que avia hecho o visto haser al dicho su marido; dixo que nunca la yndusio persona ninguna, onbre ni muger, en esta carçel donde esta presa, ni antes que fuese presa, para que no confesase las cosas que avia visto haser al dicho su marido, e que todo lo que ovo confesado en su confesyon al tienpo que se reconçilio, que aquello es verdad e que no vido al dicho su marido haser çerimonia alguna de judios mas de lo que tiene dicho e confesado.

[Votos]

8 July 1512 En Toledo, ocho dias del dicho mes de julio del dicho año de mil e quinientos dose años, todos los susodichos señores ynquisydores apostolicos e ordinario e letrados, theologos e juristas, visto las dichas diligençias que se hisieron con la dicha Maria Gonsales, en concordia votaron que la dicha Maria Gonsales se relaxe a la justiçia e braço seglar, con confiscaçion de sus bienes, por ficta penitente e ralpsa e fatora de hereges. |

29r Mari Gonsales, la de Pedro de Villarruvia.[37]

29v *Blank page*

Sentence

30r Maria Gonsales, la de Pedro de Villarruuia, vesina de Çibdad Real
Por nos, los inquisidores contra la heretica prauedad e apostasya en la muy noble çibdad e arçobispado de Toledo e obispado de Siguença dados e deputados por avctoridad apostolica e hordinaria, visto vn proçeso criminal que ante nos a pendido y pende entre partes, de la vna, actor denunçiante el venerable Martin Ximenes, canonigo de Logroño, promotor fiscal deste Santo Ofiçio, e de la otra, rea acusada Maria Gonsales, muger que fue de Pedro Dias de Villaruuia, vezina de Çibdad Real, sobre rason del delicto y crimen de heregia e apostasya de que por el dicho promotor fiscal fue acusada e denunçiada. Vista la acusaçion que el dicho promotor fiscal puso e intento contra la dicha Maria Gonsales, en que dixo que la dicha Maria Gonsales, los dias pasados, avia fecho y presentado çierta confesion ante los ynquisidores que a la sazon heran, por la qual fingidamente avia confesado çiertos delitos de heregia

---

[37] The rest of this page is blank.

[231]

e apostasya escusandose, aviendose de acusar dellos, e que lo avia fecho y cometido a escusa del dicho su marido, e que auia fecho y cometido otros muchos delitos de heregia e apostasya con el dicho su marido, condenado por hereje, lo qual todo maliçiosamente avia dexado de confesar; e que despues de la dicha su fingida reconçiliaçion e abjuraçion avia tornado a faboreçer los herejes apostotas que ella sabia que avian fecho los dichos delitos de heregia e apostasia, e avn non solo encobriendo las dichas heregias, mas avn diziendo e afirmando que los avian condenado injustamente con falsos testigos, e otras cosas muchas que avia dicho e fecho la dicha Mari Gonçales de inpenitençia hereticas, en espeçial que avia fecho e cometido al tienpo de su fingida reconçiliaçion e avia dexado de confesar maliçiosamente como ella y el dicho su marido, juntamente, guardaban los dias de los sabados e se vestian ropas linpias de fiesta como lo hazian los judios, e que los biernes en las tardes ençendian los candiles con mechas nuevas, e guisaba de comer el biernes para el sabado, e alinpiaba e adereçaba aquel dia toda su casa, e lababa e xabonava los dias de biernes, e guardaba, como dicho es, los dias de los sabados juntamente con el dicho su marido por honra de la dicha mortifera Ley de los judios; e que avia dexado maliçiosamente de confesar, al tienpo de su fingida reconçiliaçion, como ella y el dicho su marido rezavan los dias de los sabados

30v en vn libro de oraçiones de judios | y el dicho su marido rezaba e leya en el dicho libro las dichas oraçiones, e la dicha Maria Gonsales oya leer e rezar las dichas oraçiones, e sabadeavan como judios; e que avian ayvnado muchas vezes ayvnos de judios, no comiendo en todo el dia hasta la noche, a la manera judayca; e dexo de confesar como ella y el dicho su marido guardaban e guardaron las pascuas de judios, haziendo en ellas las çerimonias que los judios acotunbran a hazer, e holgando las dichas pascuas; e que avia dexado maliçiosamente de confesar como ella y el dicho su marido no comian carnes que heran prohibidas en la Ley de Moysen, ni ningund pescado sin escama que fuese a los judios vedada, por honra de su Ley; e que dexo de confesar maliçiosamente como ella y el dicho su marido se yvan a otras casas a holgar con otras personas los dias de los sabados e fiestas de los judios, e las otras personas algunas vezes se venian a lo mesmo a su casa con ella e con el dicho su marido, espeçialmente se avian juntado vna Pascua de las Cavañuelas con ella e con el dicho su marido e guardaron en su casa la dicha pascua en el mes de setienbre, haziendo en ella las çerimonias de los judios, e que guardaron tres

Trial of María González, Wife of Pedro Díaz de Villarrubia

o quatro dias arreo; e que la dicha maria Gonsales, despues de su fingida reconçiliaçion, queriendo sienpre faboreçer los herejes e sus herrores, hablando muchas vezes del dicho su marido, despues de ser quemado por hereje, avia dicho que de vn pecador avian fecho vn martir, e como martir se avia suvido al çielo, e que vna noche se le abia aparesçido como vn angel, como vn niño de dos años hermoso, e que avia dicho e afirmado que no solamente el dicho su marido avia muerto martir, sabiendo ella como sabia que hera hereje, mas que todos los que avian quemado por herejes en las inquisiçiones yvan martires y morian como tales martires, diziendo que por dichos de vorrachos e de vorrachas avian que-
31r mado | al dicho su marido, queriendolo defender, como sienpre lo defendio despues de ser quemado y ella aver abjurado el delito de la heregia, en perjuyzio de la dicha su abjuraçion e syn temor de la pena de relabsa en que incurrio; e que despues de ser ella reconçiliada e el dicho su marido quemado, avia fecho e fizo dezir misas por el dicho su marido, abiendo sydo hereje e por tal declarado e sabiendolo la dicha Maria Gonsales, espeçialmente las avia fecho dezir en el monasterio de San Françisco de Çibdad Real, diziendo que avian muerto al dicho su marido a syn razon e con testigos falsos que avian jurado la mentira, sabiendo ella ser verdadero los dichos testigos; e que vn dia, al tienpo que quemavan çiertos herejes defuntos en la dicha Çibdad Real, dixieron çiertas personas a la dicha Maria Gonçales que fuese con ellas a ganar los perdones, e que la dicha Maria Gonçales avia respondido e dicho a las dichas personas: No me mandeys, que non me lo sufre el coraçon, y os vosotros y no cureys, perdonelos Dios a ellos, que paresçe que non avian de salir del Purgatorio fasta agora; e que la dicha Maria Gonsales, maliçiosamente, al tienpo de su fingida reconçiliaçion, avia dexado de confesar otros muchos delitos de heregia e apostasya, asy de sy como de otras personas. Por que pidio que por nuestra sentençia definitiva mandasemos declarar e declarasemos la dicha Maria Gonsales aver seydo hereje e apostota de nuestra Santa Fee Catolica Christiana, ficta e symulada confitente e inpenitente e fatora de herejes e relabsa, e que como a tal la mandasemos relaxar e relaxasemos a la justiçia e braço seglar, declarando todos sus bienes e haziendas, desde el dia que cometio los dichos delitos aca aver seydo e ser confiscados a la camara e fisco real, e su posteridad e desçendençia por las linias masculina e feminina, fasta el primer grado, ser pribados de todos ofiçios e benes e honras mundanas,
31v e inaviles para a|ver e tener otros de nuevo, e sobre todo pidio

[233]

serle fecho entero conplimiento de justiçia. E despues, como la dicha Maria Gonsales, respondiendo a la dicha acusaçion, dixo e confeso que se acordava que hera verdad aver guardado algunos sabados con el dicho su marido, e vestido en ellos camisas e ropas linpias, e comido guisado del biernes para el sabado ella y el dicho su marido, e que mandaba a sus moças ençender candiles linpios con mechas nuevas, e que el dicho su marido lo veya e consentia quando se hallaba presente, e algunas vezes le avia rogado e requerido al dicho su marido que se reconçiliase e que nunca lo avia querido hazer, e que sabia que el dicho su marido avia llevado muchas vezes la reconçiliaçion en el seno para se reconçiliar en el termino de la graçia e que nunca se quiso reconçiliar avnque gelo avia rogado la dicha Maria Gonsales e otras personas, sus parientes; e dixo e confeso la dicha Maria Gonsales que hera verdad que ella y el dicho su marido avian ayvnado algunos ayvnos de judios, no comiendo en todo el dia hasta la noche, e que por los dichos ayvnos e guardas de sabados que avia bisto hazer al dicho su marido, por eso le rogaba e requeria que se reconçiliase quando la dicha Maria Gonsales se avia reconçiliado. E como despues judiçialmente ante nos reboco esta confesion. E como sobre todo amas las dichas partes fueron resçebidos a la prueva e hecha publicaçion de las prouanças por ellos fechas, e oydas las dichas partes en todo lo que desir y alegar quisieron hasta que concluyeron y nos concluymos con ellos e ovimos esta cabsa e pelyto por conclusa, e asygnamos termino para dar sentençia. E visto todos los avctos y meritos del dicho proçeso, avido nuestro acuerdo con personas de letras y conçiençia, de su voto e pareçer, teniendo a Dios ante nuestros ojos,

Christi Nomine invocato:

Fallamos el dicho promotor fiscal aver provado bien e conplidamente su intençion, y la dicha Maria Gonsales, rea, non aver provado sus eçepçiones e defensiones que opuso para escluyr lo contra ella

32r denunçiado e acusado, y pronunçiandolo asy, que devemos de declarar e declaramos la dicha Maria Gonsales aver seydo y ser hereje e apostota de nuestra Santa Fee Catolica e Religion Christiana, e ser ficta e symulada confitente e inpenitente, e aver incurrido en sentençia de excomunion mayor y en las otras penas e çensuras contra los tales herejes apostotas en derecho estableçidas y en confiscaçion de todos sus bienes, los quales declaramos pertenesçer e aver pertenesçido a la camara e fisco real desde el dia que cometio

Trial of María González, Wife of Pedro Díaz de Villarrubia

los dichos delitos de heregia, y declarandola como la declaramos por tal hereje, apostota, ficta y symulada, confitente e inpenitente, que la devemos relaxar e relaxamos a la justiçia e braço seglar, e la mandamos entregar e entregamos al manifico e noble cavallero mosen Jayme Ferrer, corregidor en esta çibdad de Toledo por Su Alteza, e a su alcalde mayor, a los quales encargamos e afectuosamente rogamos de parte de Nuestro Señor Ihesu Christo que se ayan con la dicha Maria Gonsales benina e piadosamente, e que no proçedan contra ella a pena de muerte. E otrosy declaramos los hijos desçendientes por las lineas masculina e femenina, hasta el primero grado inclusyve, ser privados de todos e qualesquier benefiçios e ofiçios publicos e de honor, asy eclesyasticos como seglares, e ser inabiles e incapases para tener aquellos e aver otros de nuevo, e que non puedan traer ni traygan sobre sy ni en sus vestiduras oro ni seda ni grana ni chamelote ni corales ni aljofar ni platas ni piedras preçiosas, ni caualguen a cavallo, ni traygan armas, ni sean fisycos ni çirujanos ni boticarios ni canbiadores ni arrendadores, ni tengan ni husen de los otros ofiçios publicos e de honor prohibidos en derecho, so las penas en el contenidas. E asy lo pronunçiamos e declaramos por esta nuestra sentençia definitiva en estos escriptos e por ellos, pro tribunali sedendo.

(—) A. de Mariana   (—) F. de Herrera   (—) Pedro de Villa Nova
   Licenciatus   Licenciatus   Licenciatus |

Sentence Carried Out

32v En Toledo, lunes, dies e seys dias del mes de agosto del año del
16 Aug. Señor de mil e quinientos e dose años, estando los dichos señores
1512 ynquisydores desta otra parte contenidos en la plaça de Çocodover ençima de vn cadahalso, pro tribunali sedendo, e estando presente en otro tablado de madera la dicha Mari Gonçales, fue leyda e publicada esta dicha sentençia en alta bos ynteligible. Testigos que fueron presentes: Los señores don Fernando de Sylua, comendador de Otos e Guadalhorse de la Orden de Calatrava, e don Alfonso Suares de Toledo, señor de Galues, e don Pedro Lopes, dean de la yglesia, conde de Fuentesalida, e el obispo de Çamora, don Pedro de Coynbra, e otros muchos cavalleros e personas eclesiasticas e seglares, asy de los vesinos de la dicha çibdad como de otros muchos lugares e partes, e Juan Obregon e Christobal de Prado e Diego Lopes de Tamayo, notarios del secreto del Santo Ofiçio de la Ynquisiçion de la dicha çibdad.

Records of the Inquisition in Ciudad Real and Toledo, 1494–1512

Genealogy of the Family of Pedro Díaz de Villarrubia and María González

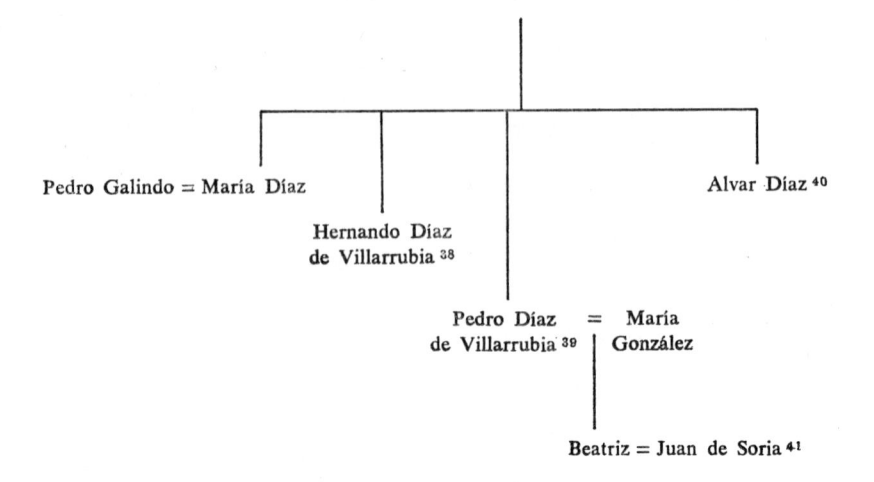

```
                    │
    ┌───────────────┼───────────────┐
Pedro Galindo = María Díaz      Alvar Díaz [40]
            │
      Hernando Díaz
      de Villarrubia [38]
            │
       Pedro Díaz   =   María
       de Villarrubia [39]  González
            │
       Beatriz = Juan de Soria [41]
```

The Composition of the Court

Judges:	Alonso de Mariana
	Pedro Ochoa de Villanueva [42]
	Don Francisco de Herrera [43]
Prosecutor:	Martín Jiménez
Defence:	Alonso de Baena — *procurador*
	Pedro de Herrera — *letrado*
	Bartolomé del Bonillo — *letrado*
Gaolers:	Pedro Vázquez del Busto
	Juan Ortega — aide
Notaries:	Juan Obregón
	Diego López de Tamayo
	Cristóbal de Prado

Witnesses for the Prosecution in Order of Entry in the File [44]

1 Ana López, wife of Juan Ruiz Vizcayno
2 María Ruiz, wife of Juan Fernández, *hidalgo*

---

[38] He was convicted; see above fol. 16r.
[39] He was convicted; see Biographical Notes on him.
[40] He was a linen draper. His conviction was recorded in the trial of Juan Martínez de los Olivos, Vol. I, No. 81, fol. 8r.
[41] He is mentioned in Vol. I, No. 11, fol. 6r, as the father of María Sánchez.
[42] From 19 November 1511.
[43] From 20 December 1511.
[44] See Synopsis of Trial, below, for dates of testification.

Trial of María González, Wife of Pedro Díaz de Villarrubia

3 Catalina Ruiz, wife of Carlos de Torres
4 Fernando Falcón
5 María López, wife of Juan López
6 Bartolomé de Valboa
7 María Diáz, wife of Pedro Galindo
8 Diego Ruiz
9 Catalina de Torres
10 Pascuala, servant of Fernando de Valera
11 Francisco Rodríguez
12 Catalina Díaz
13 Diego, cloth weaver

Witnesses against Constanza Díaz

1 Constanza [ ]
2 Francisco Rodríguez
3 Catalina Díaz
4 Diego, cloth weaver

Witnesses against Pedro Rodríguez

1 Olalla Martínez
2 Alonso Moreno
3 Ana Hernández
4 Francisca [ ]
5 Lorenzo de León
6 Juan
7 Francisco Fernández
8 Pedro de Almodóvar
9 María
10 Mari González
11 Francisco de Mesa
12 Rodrigo Tristán
13 Juan Gómez
14 Francisco de Toledo
15 Melchor de Sayavedra
16 Diego de Toledo
17 Juan González
18 Diego de Mesa
19 María González
20 Juana Hernández
21 Francisca Martínez
22 Alonso de Sauzedo

Witnesses against Juan Gonzalez Buguel

1 Juana López
2 María
3 Catalina, servant
4 Catalina de Real, *alias* Bonete
5 Sancha López

Records of the Inquisition in Ciudad Real and Toledo, 1494–1512

    6 Catalina
    7 Antonio de Vega
    8 Rodrigo Tristán
    9 Antonia
  10 Juana, servant
  11 Melchor de Sayavedra
  12 Diego de Toledo
  13 Diego de Mora
  14 Francisco de Mesa
  15 Alonso Sánchez

Consulta-de-fe

    Licenciado Alonso de Mariana
    Licenciado Pedro Ochoa de Villanueva
    Licenciado Don Francisco de Herrera
    Fray Domingo de Vitoria
    Fray Domingo Guerrero
    Licenciado Martín Jiménez
    Bachiller Diego Martínez Ortega
    Bachiller Diego Fernández Pan y Agua
    Licenciado Rodrigo Ronquillo
    Licenciado Ortiz de Zárate

Synopsis of Trial

1475

14 Jan.   Pascuala, servant of Fernando de Valera, testifies in Ciudad Real before Tomás de Cuenca

1483

8 Oct.   María González confesses during the Period of Grace in Ciudad Real.
3 Nov.   Fernán Falcón testifies against María González and her husband Pedro Díaz de Villarrubia.
10 Nov.   María López testifies against the above-named.
3 Dec.   Bartolomé de Balboa testifies against the above-named.
30 Dec.   María Diáz testifies. The year is given as 1484, but this may be an error.

1484

31 March   Catalina de Torres testifies. Her testimony is not confirmed.
1 May   Diego Ruiz testifies. His testimony is not confirmed.

1511

23 April   María Ruiz again testifies in Ciudad Real.
April/May   Catalina Ruiz testifies in Ciudad Real.
3 May   Ana López, former wife of Juan Ruiz, testifies in Ciudad Real. The prosecutor declares his intention to arraign María González.
31 June ⟨*sic.*⟩   Information witnesses are presented in Ciudad Real, and the order for her arrest is given.

Trial of María González, Wife of Pedro Díaz de Villarrubia

2 July	María González is arrested in Ciudad Real.
8 July	The Court in Toledo admonishes María to confess.
11 July	The defendant is admonished for the second time.
14 July	A third admonition is given.
4 Sept.	The arraignment is presented in Toledo. The defendant denies the charges and is given nine days to answer them.
6 Sept.	Counsel for the defence is appointed.
13 Nov.	The prosecutor presents his evidence. Three days are allowed for the defence to answer the charges.
19 Nov.	The prosecutor makes his second plea. Three days are given for the defence to reply.
4 Dec.	The defence pleads. A copy of pleading is given to the prosecutor. Three days are allowed for the prosecutor's reply.
19 Dec.	Both sides request publication of testimonies. Their petitions are granted and the testimonies are published.
20 Dec.	A copy of the testimonies is given to the defence. The defendant contests the charges and retracts her 1483 confession.

1512

26 Jan.	The defence pleads for the second time, and the prosecutor is given three days in which to reply. The defence is given time to present *tachas* after the plea of the prosecution.
1 March	Catalina Ruiz' testimony is confirmed in Ciudad Real before Pedro Ochoa de Villanueva.
2 March	Ana López' testimony is confirmed.
7 March	Bartolomé de Balboa's testimony is confirmed.
	María Ruiz' testimony is confirmed.
8 March	María Díaz' testimony is confirmed.
	The trial reopens in Toledo. María González is admonished to reply to the charges. She claims that she has nothing to say.
21 May	The prosecutor requests that notarial confirmation of María's abjuration be added to the files; he also requests that sentence be passed.
7 July	The *consulta-de-fe* decides to ask the defendant to name the person who influenced her to retract the confession given during the Period of Grace.
8 July	A second *consulta* condemns María to be handed over to the Secular Arm.
16 Aug.	She is burnt at the stake in the Plaza de Zocodovér in Toledo.

100 Trial of María González, Wife of Pedro de Villarreal 1511–1513

Source: AHN IT, Legajo 154, No. 384, foll. 1r–50r; new number: Leg. 154, No. 37.

María González, the wife of Pedro de Villarreal and daughter of Beatriz Alonso,[1] was said to have been a drunkard and a generally disagreeable person.

She was arrested and brought to trial after Lucía Fernández (also called Lucía de Cuenca) denounced her as a Judaizer. The trial itself was, however, based on María's own confession, during which she also informed on a long list of Conversos, thereby creating the impression that there was still a strong Judaizing movement in Ciudad Real.

María's trial was conducted in two parts. The first part opened on 4 June 1511 and closed on 16 August 1512, when she was sentenced to life imprisonment. Her defence counsel caused a stir in the Court when it requested that the names of the prosecution witnesses be made public. It claimed that there was no need to conceal these names since the defendant herself had given a detailed account of her heresies. The Court noted the request in María's file, but did not accede to it, as indeed it could not without voiding one of the principles inherent in the judicial system of the Inquisition: complete secrecy as to the identity of the accusers of those tried.

The reopening of María's trial on 15 July 1513, after she had abjured, was a personal victory for the prosecutor Martín Jiménez. Jiménez set out to prove that much of María's testimony was false and contradictory, and a thorough investigation of those she implicated proved that she had indeed perjured herself. (Diego Mudarra, defence counsel for Juan Ramírez, succeeded in completely refuting the portion of her confession that was concerned with his client.[2]) María then began to retract parts of her confession, but

[1] She was burnt at the stake in the same *auto-de-fe* as her daughter; see her reconstructed trial, No. 104, and Fita, p. 468, No. 54.
[2] See the trial of Juan Ramírez, No. 109, fol. 94v; H. Beinart, *G. Alon Memorial Volume*, Tel Aviv 1970, pp. 236 ff.

Trial of María González, Wife of Pedro de Villarreal

the consulta-de-fe, *the same* consulta *that passed the first sentence, now condemned her to be burnt at the stake. The sentence stressed that she was being convicted for retracting her confession and for not admitting what she really knew. She was handed over to the Secular Arm on 7 September 1513 along with her mother Beatriz Alonso.*

Bibliography: Fita, p. 476, No. 193; Beinart, index.

1r

Leg 35 No. 28

Villarreal

Maria Gonçales muger de Pedro de
Villarreal veçino de Çibdad Real

Concluso

confitente

48 folios

Esta fecha la sentençia

reçibida

1v *Blank page*

2r [Pedimiento del promotor fiscal]

4 June 1511 En Çibdad Real, quatro dias del mes de junio, año de la Natiuidad de Nuestro Señor Ihesu Christo de mil e quinientos y honse años, estando el reuerendo señor liçençiado Alfonso de Mariana, inquisidor, en abdiençia, paresçio presente el venerable Martın Ximenes, promotor fiscal en el dicho Santo Ofiçio, e dixo que, por quanto por libros e registros del dicho Santo Ofiçio constaua e paresçia que

Records of the Inquisition in Ciudad Real and Toledo, 1494–1512

Maria Gonsales, muger de Pedro de Villarreal, vezina de la dicha Çibdad Real, estaua infamada e testificada del delicto e crimen de heregia e apostasia e averse pasado a la creençia de los rictos e çerimonias de los judios, que pedia e pidio a su reverençia que mandase proçeder contra ella como contra tal hereje e ynfamada de los dichos delictos, mandando dar su mandamiento para prender su persona e ynventar e secrestar todos sus bienes en forma, etç.

Information Witnesses for the Prosecution

[Respuesta del ynquisidor]

[Ynformaçion]

Luego, el dicho reverendo señor inquisidor dixo que oya (lo que dezia) lo que el dicho promotor fiscal dezia, e que dandole testigos de ynformaçion, que esta presto y parejado de haser justiçia. E luego el dicho promotor fiscal dixo que para ynformaçion de lo por el pedido e denunçiado, hazia e hiso presentaçion de todos los dichos e depusiçiones contenidos en los libros e registros del dicho Santo Ofiçio, espeçialmente de los dichos e depusiçiones de Mençia Fernandez, muger de Françisco del Lillo,[3] pastor, e Catalina Gonsales, donzella, hija de Marcos Amarillo, vezinos de Çibdad Real, los quales dichos e dipusyçiones pidio mandase poner en este proçeso.

Los quales dichos e dipusiçiones estan escriptos adelante deste proçeso, en la prouança del fiscal.

Order of Arrest

[Mandamiento]

Luego el dicho señor inquisidor dixo, visto la dicha ynformaçion |
2v que mandava e mando dar su mandamiento para prender la persona de la dicha Maria Gonsales e ynventariar e secrestar todos sus bienes en forma.

El qual dicho mandamiento fue dado al honrado Pero Vasquez de Busto, alguazil del dicho Santo Ofiçio.

11 June E despues de lo susodicho, honze dias del mes de junio del dicho
1511 año, el dicho Pedro de Busto truxe ⟨sic⟩ presa a la dicha María Gonsales e la puso y entrego en la carçel en Çibdad Real a Juan de Hortega, portero, que tenia cargo de la carçel. |

---

[3] She was a prosecution witness against María González, wife of Rodrigo de Chillón (No. 105, foll. 9r–10r) and Juan de Teva (No. 113, fol. 2v); however, her name is given in both of those trials as Lucía, not Mencía.

[242]

Trial of María González, Wife of Pedro de Villarreal

Genealogy

3r [Genealojia]

3 July En la çibdad de Toledo, a veinte e ocho dias de julio de mil e
1511 quinientos e honze años, estando el reverendo señor el liçençiado Rodrigo de Arguelles,[4] inquisidor, en la abdiençia del Santo Ofiçio de la Ynquisiçion, en presençia de mi, Juan Obregon, notario, su reverençia mando paresçer ante sy a Maria Gonsales, muger de Pedro de Villarreal, mercader, vezino de Çibdad Real, presa en la carçel del dicho Santo Ofiçio. La qual salio a la dicha avdiençia; e fue preguntada como se llama; dixo que se llama como dicho tiene, e que es fija de Fernando de Merida, defunto, mercader, vezino de Çibdad Real, e que su madre se llama Beatris Alfonso, e que es viba, e que bibe en Çibdad Real, e que cree que los dichos sus padres fueron reconçiliados en los tienpos pasados e que no se acuerda por que, esta confesante es de hedad de treinta años; e que su abuela, madre de su madre, se llamo Catalina Diaz, e que su abuelo, padre de su padre, se llamo Albaro de Cordoba, e que a mucho tienpo que falleçieron, seyendo niña este confesante; e que a los abuelos de parte de su padre que non los conosçio; e que tiene vn hermano, que se llama Martin de Merida, arrendador e espeçiero, que es mayor que este confesante e vezino de Çibdad Real; e que tiene dos hermanas, que la vna se llama Ynes de Merida, por casar, donzella, e la otra se llama Lucreçia de Cordoba, donzella. E otra hermana tubo que se llamo Elbira Diaz, que es defunta, que hera la mayor de todos sus hermanos; e que otros dos hermanos tobo, que son fallesçidos, el vno se llama Juan de Merida, mançebo, por casar, e el otro hera niño e llamavase Albarico; e
3v que ninguno de sus hermanos non fueron reconçilia|dos. E que este confesante se crio con la dicha su madre fasta que se caso, que puede aver onze años que se caso, e con su padre fasta que fallesçio, que puede aver veinte años que fallesçio.

Fue preguntada sy sabe por que esta presa; dixo que no lo sabe. Su reverençia le dixo que esta presa por informaçion que ay contra esta confesante, que a fecho e dicho cosas contra nuestra Santa Fe Catolica.

Admonitions and Confession

[Primera moniçion]

E luego, incontinenti, su reverençia la amonesto por Dios Nuestro

---

[4] He questioned Inés López on the same day; see No. 93, fol. 11r.

Señor e por Su Vendita Madre la Virgen Santa Maria que diga e declare todo lo que a fecho e dicho contra nuestra Santa Fe Catolica, syguiendo e guardando la Ley de Muysen e sus ritos e çerimonias, e lo que sabe de otras personas, e asy lo haziendo, su reverençia vsara con ella de myserícordia tanto quanto el derecho vbiere lugar, e que por temor del carçel en que esta non diga syno la verdad e non levante falso testimonio sobre sy ni sobre otra ninguna persona, porque tanta pena le sera dado por ello como sy maliçiosamente callase la verdad.

[Respuesta e confesion]
Dixo que no a fecho ni dicho cosa ninguna contra nuestra Santa Fe Catolica, saluo que esperando vn biernes a su marido [Pedro de Villarreal, su marido] para comer, que fritio vnas sardinas rellenas con huevos e las comieron el dicho dia biernes esta confesante e su marido e los de su casa. E que asymesmo, vn dia entraron los confadres de las Animas de Purgatorio en casa desta confesante, e

4r que llevaban la tablilla de la | demanda, que llevaba vna Cruz en medio, e posieronla en casa deste confesante para que su marido del testigo confesante fuese a pedir limosna con la dicha tablilla, e esta confesante non la quiso tomar porque no estaba alli su marido; e que los confrades la querian dexar, e la posieron en casa deste confesante, e que este testigo no quiso, e tomo la dicha tablilla e pusola ençima de vn arriate de verduras que estaba en su casa; e de que los dichos confadres no la quisieron llevar, este confesante la tomo e la puso a la puerta de su casa en la calle, diziendo que non queria que quedase en su casa, e que los dichos confadres entonçes llevaron la dicha tablilla e sacaron vna prenda a esta confesante e llevaronla, porque no abia querido tomar la dicha tablilla; e que esta confesante dixo a los dichos confradres con mucha fuerça que non quedaria en su casa la dicha tablilla o Cruz. E que los confradres heran vno que se llama Montoya, sedero, que hera poste, e otro que se llama Camacho, texedor de paños, e otro se llamava Rodero, e que non se acuerda de los otros que alli estaban; e que non paso mas sobre lo susodicho. E que todo lo susodicho ni lo de las sardinas no lo hizo esta confesante con yntençion de hereticar ni ofender a Nuestro Señor, ni penso que herraba en ello; e que no sabe mas. E que el rellenar de las sardinas que gelo mostrava vna hermana de Maria de Lobon que se llama la muger de Diego de Haro [La muger de Diego de Haro, hermana de Maria de Lobon], vezino de Çibdad Real, e que a que paso çinco

Trial of María González, Wife of Pedro de Villarreal

años lo de las sardinas, e lo de la tablilla que a que paso otro tanto, poco mas o menos.

4v Yten, dixo que se acuerda que en el año de la pestilençia | proxima pasada, que puede aver quatro años, poco mas o menos, estando esta confesante en casa de Françisco Ruyz, espeçiero, vezino de Çibdad Real, defunto [Çiudad Real; Françisco Ruyz espeçiero defunto], fijo de Anton de la Plaça, e que se hazian las honras de la muger del dicho Françisco Ruyz, e estava hablando el dicho Françisco Ruyz con Alonso Ruyz, su hermano, e con Lorenço Ruyz, su hermano, e con Alfonso de Villarreal, apuntador, tio deste confesante. E el dicho Françisco Ruyz estaba llorando por la dicha su muger e disiendo quanto mal le avia fecho Dios en llevarle a su muger, e que dixo: ¡Juro a Dios que no creo que ay Angel de Muerte ni otra cosa syno naçer e morir![5] A lo qual respondio el dicho Alonso Ruys su hermano [6] [Alonso Ruyz, su hermano, defunto; sacado al libro de las confesyones]: ¡Juro a Dios que asy lo creo yo! E que el dicho Alonso de Villarreal dixo a los susodichos que callasen, que no sabian que lo açertaban ni herravan. E que todos los susodichos son muertos, saluo este confesante e el dicho Lorenço Ruyz, que es mesonero [llamase Lorenço Ruyz].

Fue preguntada que por que no dixo al señor inquisidor en Çibdad Real lo susodicho. Dixo que lo dexo de dezir por enpacho que tobo de paresçe⟨r⟩ ante su reverençia.

[Moniçion segunda]

30 July 1511
E despues de lo susodicho, en treinta dias de julio de mil e quinientos e honze años, estando el reverendo señor inquisidor Arguelles en la abdiençia del dicho Santo Ofiçio, su merçed mando traer ante sy a Maria Gonsales, muger de Pedro de Villarreal, presa en la carçel del dicho Santo Ofiçio; la qual paresçio ante su reverençia, e fue amonestada que diga e declare la verdad de todo lo que a 5r dicho e fecho contra nuestra Santa Fe Catolica, syguiendo | e guardando la Ley de Muysen e sus ritos e çerimonias, e que asy lo haziendo, e manifestando lo que de otras personas sabe, que su reverençia vsara con ella de misericordia, como e tanto quanto el derecho manda; en otra manera, que oyra al promotor fiscal

---

[5] This is a well-known Averroistic expression; see Beinart, pp. 19, 173, 235.

[6] His wife is mentioned in the trial of Alonso de Merlo, No. 106, fol. 19v. See also the trial of Mayor González, No. 116, fol. 52r v, where he and his son are mentioned as witnesses in a *tacha*.

[245]

e hara lo que con derecho deva. Dixo que en lo que dicho tiene se afirma, e que aquello es verdad, e que no sabe ni a fecho mas.

Fue preguntada que oraçion de christiana sabe; dixo que sabia el Credo e la Salue e el Pater Noster e la Ave Maria. Fuele mandado que lo dixiese; dixo conpetentemente, synose e santiguose razonablemente.

[Terçera moniçion]

7 Aug. E despues de lo susodicho, en VII dias de agosto del dicho año,
1511 estando el reuerendo señor ynquisidor Mariana en la dicha abdiençia, su reuerençia mando salir ante sy a la dicha Maria Gonsales; la qual salio a la dicha abdiençia, e fue amonestada que diga e confesase la verdad de todo lo que a dicho e fecho contra nuestra Santa Fe Catolica, e que asy lo haziendo, se vsara con ella de misericordia, en otra manera, que su reverençia oyra al promotor fiscal e hara justiçia.

Reply of the Defendant

[Respuesta]

Dixo que no halla en sy que dezir, e que como esta salua, Dios le salue.

25 Aug. E despues de lo susodicho, en la dicha çibdad de Toledo, en veynte
1511 y çinco dias del mes de agosto del dicho año de mil e quinientos e honze años, estando el reuerendo señor liçençiado Alfonso de Mariana, ynquisidor, en abdiençia, mando traer ante sy a la dicha Maria Gonsales; la qual paresçio en la dicha abdiençia e ante su
5v reuerençia, e su reuerençia | le dixo que ya sabia como otras vezes auia seydo amonestada para que dixese e declarase la verdad de las cosas que auia fecho y cometido contra nuestra Santa Fe Catolica, o a visto hazer a otras personas, e que agora su reuerençia la torno a requerir y amonestar que diga e declare todas e qualesquier cosas que aya fecho y cometido e visto hazer contra nuestra Santa Fe Catolica, e que asy lo haziendo, que su reverençia husaria con ella de misericordia, de toda que el derecho e buena conçiençia oviese lugar, en otra manera, que oyria al promotor fiscal e se proçederia contra ella conforme a justiçia.

La dicha Maria Gonçalez dixo e respondio que no avia fecho ni dicho cosa ninguna contra nuestra Santa Fe Catolica mas de lo que tiene dicho.

Luego el dicho reuerendo señor ynquisidor dixo que pues la dicha

Trial of María González, Wife of Pedro de Villarreal

Maria Gonçalez estaua negatiua, que mandaua e mando al dicho promotor fiscal que le pusiese la demanda.

E luego el dicho promotor fiscal, que presente estaua, presento ante el dicho reuerendo señor ynquisidor la demanda syguiente: |

Arraignment

6r En Toledo XXV dias de agosto de I V DXI años ante el señor
5 Aug. inquisidor Mariana la presento el promotor fiscal.
1511 Muy Reuerendos Señores:[7]
Martin Ximenez, canonigo de Logroño, promotor fiscal en el Santo Ofiçio de la Inquisiçion de Toledo e su arçobispado, paresco ante Vuestras Reuerendas Paternidades, y en la mejor manera que puedo e deuo de derecho, denunçio e acuso ante ellos a Mari Gonsales, muger de Pedro de Villarreal, mercader, vezina de Çiudad Real, asy como a herege e apostota de nuestra Santa Fe Catholica christiana, la qual, seyendo christiana e por tal se llamando e gozando de las prerrogativas e inmunidades que los catolicos christianos deuen gozer, heretico e apostato contra nuestra Santa Fe Catholica Christiana, pasandose a la crehençia de la mortifera Ley de los judios e a la obscruançia de sus rictus ⟨*sic*⟩ e çerimonias, en espeçial, la dicha Mari Gonsales ha fecho e cometido las cosas siguientes:

I Primeramente, que la dicha Mari Gonsales, por la afeçion que a la mortifera Ley de los judios tenya, guardaua e guardo los dias de los sabados, no haziendo en ellos la hazienda que acostunbraua hazer en los otros dias de hazienda de entre semana, e los viernes en las tardes de buena ora çesaua e se apartaua de hazer hazienda por honra e guarda del dicho dia de sabado.

II Iten, que la dicha Mari Gonsales, los viernes en las noches, de buena ora, hazia ençender y ençendia çiertos candiles linpios con mechas nuevas mas tenprano que las otras noches de entre semana, e que aquellos candiles la dicha noche los ponia en çierta parte de su casa e no los amataua fasta que ellos mismos se amatauan e apagauan de suyo; e hazia echar vn grano de sal en el candil por que durase mas el azeyte; e que los dichos dias de viernes en la noche la dicha Mari Gonsales no hazia hazienda ninguna, antes se estaua holgando, e desque avia çenado se yva luego a ⟨a⟩costar, lo que otras noches de entre semana no hazia. |

6v III Iten, que la dicha Mari Gonsales, por honrar el dicho dia del sabado, los dichos viernes en las noches aparejaua la camisa linpia

---

[7] This was written by another scribe.

[247]

e la vestia el sabado, e se ataviaua de buenas ropas; e aquellos dias de sabados se leuantaua tarde e se yva algunas vezes a holgar a otras partes, donde asymesmo hazian lo mesmo que ella hazia, e algunas vezes lleuaua alguna hazienda por disymulaçion, pero no hazia nada en ella, que a la noche se la tornaua por hazer, como la avia lleuado por la mañana.

IIII° Iten, que la dicha Mari Gonsales purgaua e purgo la carne a la manera que los judios la purgauan por guarda e obseruançia de su Ley, quitandole todo el gordo e seuo segund e como los judios lo hazian; e diziendole algunas vezes que como faltaua en la carne la gordura, ella, por encubrir su culpa, dezia que los gatos avian andado alli e lo avian hecho. E guisaua algunas vezes de comer el sabado algunas cosas a la manera judayca.

V Iten, que la dicha Mari Gonsales, como infiel e no creyendo nuestra Santa Fe Catholica e en vituperio della, vna vez, dandole vna tabla en que estaua pintada la ymagen de Nuestra Señora la Virgen Maria, ella la tomo, e como la ovo tornada, con burla y escarnio que della hizo, la arrojo en vn albañar muy suzio que estaua cabe la cozina, e despues de asi echada la dicha ymagen, la escopio.

VI Iten, que la dicha Mari Gonsales daua e dio muchas vezes la bendiçion a la manera judayca a çiertas personas, al tiempo que le besauan las manos, poniendoles la mano estendida sobre la cabeça e baxandosela por la cara abaxo, como lo tenian por costunbre de hazer los judios, por guarda de su porfia judayca; e no le hazia la señal de la Cruz. |

7r VII Iten, que la dicha Mari Gonsales ha fecho e cometido muchos otros delictos de heregia e apostasia, asy sola como con otras personas, lo qual todo maliçiosamente de sy ni de las otras personas ni ha querido ni quiere reuelar ni manifestar, lo qual todo mas largamente en la prosecuçion desta causa entiendo prouar.

Por que pido a Vuestras Reverendas Paternidades que por su difinitiua sentençia manden pronunçiar e declarar las cosas susodichas ser verdad y la dicha Mari Gonsales aver fecho e cometido los dichos delitos e aver seydo herege e serlo de presente, e como a tal la manden relaxar e relaxen a la justiçia e braço seglar, en detestaçion de sus delitos, declarando todos sus bienes y hazienda, del dia que los delitos cometio aca, aver seydo e ser confiscados e aver perteneçido e perteneçer a la camara e fisco real, e su posteridad por las lineas masculina e femenina, fasta el primero grado, ser priuados de todos ofiçios e benefiçios eclesiasticos e seglares, e

Trial of María González, Wife of Pedro de Villarreal

inabiles para poder aver ni tener otros de nuevo; e sobre todo pido serme fecho entero conplimiento de justiçia, etç.

Pido que manden a la dicha Mari Gonsales que responda a las cosas contenidas en esta denunçiaçion con juramento, sin consejo de alguna persona, e sobre lo que negare, pido ser reçebido a la prueva, etç.

E asy presentada la dicha demanda e acusaçion e leyda en presençia de la dicha Maria Gonçales, dixo que le tornen a leer la dicha demanda, e que ella dira e confesara todo lo que oviere fecho.

Luego, el dicho señor ynquisidor mando a mi, el dicho notario, que le leyese la dicha demanda e acusaçion, la qual yo le ley capitulo por capitulo. |

Defendant is Given One Day to Confess

7v [Pidio termino la presa para acordarse]

E despues de say leydos los dichos capitulos de la dicha acusaçion y demanda, la dicha Maria Gonsales dixo que ella auia entendido bien lo contenido en la dicha demanda, que pedia a su reuerençia le diese termino para aver su acuerdo e recorrer su memoria, que ella queria desyr y confesar de todo lo que ouiese fecho y cometido. Su reuerençia le dio termino para recorrer su memoria por oy, dicho dia, todo el dia, e asy la mando boluer a la carçel.

Confession

[Confesion. Sacado el proçeso de Mari Lopez ⟨sic⟩, muger de Pedro de Villarreal, pintor]

6 Aug. E despues de lo susodicho, en veynte y seys dias del dicho mes de
1511 agosto del dicho año de I V DXI años, estando el reverendo señor liçençiado Alfonso de Mariana, ynquisidor, en la abdiençia, mando traer e paresçer ante sy a la dicha Maria Gonsales; e asy trayda a la dicha abdiençia, su reuerençia le dixo que ya sabia como auia pedido termino para se acordar y venir confesando lo que ouiese fecho contra nuestra Santa Fe Catolica, que sy venia acordada, que dixese e declarase la verdad de todo lo que ouiese fecho y descargase su conçiençia. E lo que la dicha Maria Gonsales respondio a cada capitulo de la dicha acusaçion es lo syguiente:

Al primero capitulo de la dicha acusaçion dixo e respondio la dicha Maria Gonçalez que es verdad que de çinco o seys años a esta parte, poco mas o menos, ella a guardado algunos sabados, todos los que buenamente podia guardar syn que fuese sentida de Pedro de Villarreal, su marido, e otras personas de su casa, e que dexaua aquellos sabados de hilar e de hazer otras hasiendas de su casa, e que por mostrar que no guardaua los dichos sabados fazia algunas cosas liuianas, coger paños e otras cosas de poca lauor, e que sy non 8r fuera por non ser | sentida del dicho su marido e de las otras personas de su casa, que guardara enteramente los dichos sabados. E que se vestia en los dichos sabados, quando buenamente lo podia haser, vna saya leonada con tocas de terçiopelo, la qual se acostumbraua a vestir los domingos e dias de fiestas; e que tanbien se vestia en los dichos sabados camisa limpia e tocas linpias; y que quando el dicho su marido yva a las ferias y no estaua en casa, se atabiaua de mejores ropas y solenizaua los dichos sabados, porque tenia mas lugar; ⟨e⟩ que los viernes en las noches se dexaua tenprano de hilar e de las otras haziendas de casa, y que holgaua las dichas noches y que se yva ⟨a⟩ acostar luego con sus hijos, y que no hazia ninguna hazienda aquellas dichas noches de viernes. E que algunas vezes en los dichos viernes en las noches, que este confesante mandaua a Catalina, negra, esclaua suya [llamese esta negra], que barriese e regase la dicha casa para honrar mas los dichos sabados, e que la dicha Catalina lo hazia por su mandado, e otras vezes lo hazia este confesante. E que los dichos viernes en las noches, tenprano despues de puesto el sol, encendia este confesante dos candiles linpios con mechas nuevas de algodon, e otras vezes los encendia la dicha Catalina, esclaua, por mandado deste confesante, e que otras veses los encendieron las dichas noches de viernes Ysabelica, hija de Juan de Matos, vezino de Piedrabuena, e Catalina, hija de Marcos Amarillo, espartero, vezino de Çibdad Real, los quales biuieron con esta confesante y con el dicho su marido, la dicha Ysabelica dos años, y la dicha Catalina vn año. [Llamense Ysabelica e Catalina]. Y ellas los alinpiauan y ponian mechas nuevas por mandado 8v desde confesante; e que los mas vezes los alin|piaua este confesante e los encendia poniendoles sus mechas nuevas, porque las dichas moças y esclaua non lo syntiesen. E que algunos dias de los dichos sabados que se podia salir, se yva esta confesante a holgar con Juana Nuñez, muger de Juan de Teva,[8] veçino de la dicha Çibdad Real [Juana, muger de Juan de Teva], a su casa, e que otras vezes se yva a holgar en los dichos dias de sabados con vna tia suya deste

---

[8] Both husband and wife were tried by the Inquisition. Juana Núñez (No. 107) was sentenced to life imprisonment and later pardoned. Juan de Teva (No. 113) was tried and condemned *in absentia*, and was burnt in effigy on 7 September 1513.

Trial of María González, Wife of Pedro de Villarreal

confesante, que llama Ynes Lopez, muger que fue de Fernando Bastardo, defunto, que biuia en Çibdad Real [Ynes Lopez, muger de Fernando Bastardo, absente; sacado a su proçeso]; e que la dicha Ynes Lopez, al tienpo que [   ] que su reverençia yva a Çibdad Real, antes de la Quaresma que agora paso, se fue al reyno de Portugal. Y que sabe este confesante que las dichas Juana Nuñez e Ynes Lopez[9] guardauan los sabados e se vestian ropas de fiesta e camisas linpias e tocas linpias, porque esta confesante gelos veya guardar quando yvan a sus casas, e les veya traer las dichas ropas de fiesta e camisas e tocas linpias vestidas aquellos dichos dias de sabados, y que no les veya hazer hazienda ninguna aquellos dichos sabados, y que se estauan holgando ellos y este confesante, y merendaua⟨n⟩ como dias de fiesta. E que las dichas Juana Nuñez e Ynes Lopez le desian a este confesante como guardauan aquellos dias de sabados, e que otros muchos sabados holgauan las dichas Juana Nuñez e Ynes Lopes (holgauan los dichos sabados) syn este confesante, porque ellas se lo dezian a este confesante y este confesante a ellas, e se descubrian vnas a otras de las cosas que hazian contra nuestra Santa Fe Catolica. E que asymismo algunos sabados fue este confesante a holgar los dichos sabados a casa de Graçia de Teva, muger de Diego Alvares,[10] espeçiero, vezino de Çibdad Real, y que se juntauan alli a holgar los dichos sabados Maria de Teva,[11] muger de Christobal de Teva, que es defunta y el absente [Graçia de Teva, muger de Diego Alvares, espeçiero. Maria de Teba (muger de Christobal de

9r Teva, mercader, defunta). Sacado a su proçeso]. | [Atento] y la dicha Graçia de Teva de la dicha Juana Nuñez, muger del dicho Juan de Teva, e todas las susodichas y este confesante se juntauan en la dicha casa del dicho Diego Alvares a guardar los dichos sabados con la dicha Graçia de Teva en su casa; e que merendauan aquellos dias de sabados vnas caçuelas guisadas de viernes antes, hechas de huevos e queso y perexil e calantares y espeçias, e que algunas vezes las hazian de verenjenas e otras vezes de çanahorias, como hera el tiempo, y que comian frias las dichas caçuelas e que holgauan e avian plaser todos aquellos dichos dias de sabados, hasta la noche, que se yvan a sus casas. Y que la dicha Graçia de Teva tenia guisadas

---

[9] See her trial, No. 114, fol. 6r-v.
[10] She was burnt on 7 September 1513; see Fita, p. 473, No. 133. See also the trial of Leonor Alvarez, No. 101, fol. 6r. On Diego Alvarez, see Biographical Notes.
[11] See on her Fita, p. 481, No. 271, where he notes: *no tiene sentencia;* cf. Biographical Notes.

las dichas caçuelas para aquellos dias de sabados que se yvan a holgar este confesante con ella y todas las susodichas. E que se acuerda esta confesante que los viernes en las noches, que ençendian los dichos candiles con mechas nuevas por mas solenizar los sabados, que los dexavan estar ençendidos toda la noche, que no los amatauan hasta que ellos se apagauan, e que las otras noches, que apagauan los dichos candiles quando se acostaua, e que algunos viernes en las noches, sy alguna de sus criadas queria amatar el candil, que les mandaua que non lo apagasen diziendoles: Non maten ese candil que no quiero estar a oscuras.

[Testigo]
Al segundo capitulo de la dicha acusaçion dixo que es verdad que lo hizo e cometio segund y de la forma que en el dicho capitulo se contiene, como ya tiene dicho y confesado en el primero capitulo, y que non se acuerda quantos viernes en las noches ençendio los |
9v dichos candiles e hizo las dichas cosas contenidas en el dicho capitulo, pero que sabe que fueron muchos, porque de syete o ocho años a esta parte todas las vezes que podia ençender los dichos candiles los viernes en las noches mas tenprano que otras, con mechas nuevas, ⟨a⟩ escondidas de su marido e de su madre, la hazia esta confesante; y que muchas vezes en las dichas noches de viernes ponia vn candil en vna camara, ençendido, e la çerraua con llaue porque no le viesen los dichos su marido y madre.

III Al terçero capitulo dixo que es verdad que ella holgo y guardo muchos sabados, vistiendose ropas de fiesta e camisa linpia e tocas linpias, e que algunas vezes se yva a holgar los dichos sabados a casa de las dichas Ynes Lopez, su tia, e de Juana Nuñez, muger de Juan de Teva, e de Graçia de Teva, muger de Diego Aluares [las susodichas]; vnas vezes se yba a vna destas casas y otras vezes a las otras, segund e de la forma que en el dicho capitulo se contiene. [Atento] Y que hazia las dichas cosas por oseruançia e guarda de la Ley de Moysen, creyendo de se saluar en ella porque asy se lo daua a hentender la dicha Ynes Lopez, su tia, diziendole que equella hera la buena Ley y en aquella se auia de saluar, e que las cosas de nuestra Fe heran burleria.

IIII° Al quarto capitulo dixo que es verdad que este confesante
10r deseuo muchas vezes la carne quando | la trayan de la carniçeria, antes que la hechasen en la olla, e quitara el sebo e la gordura; e que quando trayan pierna la endia este confesante a la larga y le sacaua la landrezilla; y que antes que hechase la carne en la olla

la salaua y desalaua, lauandola muchas vezes en diuersas aguas; y que algunas vezes le vieron deseuar la dicha carne las dichas Catalina, negra, y Catalina, hija del dicho Marcos Amarillo, y Ysabel, hija de Juan Marcos [llamense estas moças], y lauarla con muchas aguas, y que podria ser que lo oviesen visto las dichas moças sacar la landrezilla de la dicha pierna, pero que no se acuerda bien que lo oviesen visto, porque este confesante se encubria quanto podia dellas.

V Al quinto capitulo dixo que es verdad, que lo que pasa en verdad es que vn dia, avra cinco o seys años, que truxeron a casa deste confesante vna tablilla en que estaua pintada vna ymagen de Nuestra Señora y vna Cruz, la qual truxo Alonso Camacho, texedor de paños, vezino de Çibdad Real, para que el marido desta confesante demandase para las Animas del Pulgatorio. E que este confesante no quiso resçebir la dicha tabla, y que el dicho Camacho y Juan Rodero e otras quatro o çinco personas que con ellos venia profiauan con este confesante que resçebiese la dicha tabla, y que esta confesante no la queria resçebir, diziendo que no estaua el dicho su marido en su casa, y que no auia mas de ocho dias que auia demandado su marido con la dicha tabla, y que en fin, por pura | ynportunidad, resçibio este confesante la dicha tabla y que la arrojo, en presençia de los susodicho, en vn aluañar que estaua en el portal de su casa y escupio a la dicha ymagen que estaua pintada en la dicha tabla y Cruz, despues que estaua en el dicho aluañar. Preguntada que con que yntençion arrojo la dicha tabla y la escupio, dixo que con la yntençion que tenia de las cosas que le auian ynpuesto, haziendole entender que las cosas de la Ley de Moysen heran la verdad y lo de Nuestra Fe que hera cosa de burla, que asy se lo dezia la dicha Ynes Lopez, su tia.

VI Al sesto capitulo dixo que es verdad que de çinco o seys años a esta parte a dado muchas vezes a sus hijos e otros niños, debdos suyos y no debdos, la bendiçion a modo judayco, poniendoles las manos sobre la⟨s⟩ cabeças e trayendogela por la cara abaxo, syn les santiguar; e que lo hazia por çerimonia de la Ley de Moysen, porque asy gelo avia mostrado la dicha su tia; y que esto y todas las otras cosas que tiene dicho e confesado las hazia a escusa de su marido, porque sy lo syntiera la aporreara.

Fue preguntada que con que yntençion hizo y cometio las cosas de heregia por ella confesadas; dixo que con yntençion que no creya en la Fe, y que tenia por mejor la Ley de los judios, creyendo se saluar en ella, porque asy fue ynpuesta y le fue dada a entender.

Records of the Inquisition in Ciudad Real and Toledo, 1494-1512

11r
Fue preguntada que que personas la ynpusieron en las cosas | susodichas e que tanto tienpo ha que la ynpusieron. Dixo que la primera persona que la ynpuso en que hiziese las cosas susodichas fue la dicha su tia, biuiendo en Çibdad Real, la qual ha que la inpuso en ellos seys o seyte años, poco mas o menos, porque entonçes vino de Chillon a biuir a Çibdad Real bibda, e que la susodicha Ynes Lopez [Ynes Lopez, su tia, muger de Fernando Bastardo. Sacado a su proçeso] dezia a este confesante que guardase los sabados e vistiese ropas de fiesta en ellos e que se vistiese camisa linpia, e que tomase la camisa los viernes en las noches porque no se la viesen las moças, y que se pusyese tocas linpias, e que los viernes en las noches alinpiase los candiles e los ençendiese tenprano con mechas nuevas de algodon, y que el vn candil que ouiese de quedar ençendido hasta la mañana, que le hechase vn grano de sal porque durase mas, e que se lauase los dichos viernes en las noches el cuerpo e las piernas; e que quitase el sebo a la carne e sacase la landrezilla de la pierna; e que diese la bendiçion a sus hijos de la manera que tiene confesado; e que guisase del viernes para el sabado; e que ayunase algunos ayunos de judios; y que hasçiendo las cosas susodichas, saluaria este confesante su anima. [Atento] Y que no creyese las cosas que le dixesen de Nuestro Señor Ihesu Christo, que no hera verdad que auia nasçido de la Virgen Maria, ni que auia seydo Cruçificado, ni otra cosa de la Fe, que creyese solamente en la Ley de Moysen, que aquella hera la verdadera y en que se auia de saluar. E que este confesante creyo todo lo que
11v la dicha Ynes Lopez | su tia, le dixo, y con aquella creençia hizo y cometio todas las cosas susodichas por ella confesadas y otras que no se acuerda, y que viniendo a su memoria, que ella los dira y confesara. E que se acuerda que ovieron ayunado este confesante y la dicha Ynes Lopez vnos seys o seyte ayunos de judios en casa de la dicha Ynes Lopez, e que cree que aquellos ayunos que hizieron que heran en lunes o en jueves. E que asymismo ayuno este confesante dos ayunos con Juana Nuñez, muger de Juan de Teva [Juana Nuñez, muger de Juan de Teva], non comiendo en todo el dia hasta la noche, e que a la noche que comian huevos e otras cosas de su casa. E que la dicha su tia Ynes Lopez daua a este confesante pan çençeño en su casa y caçuelas del viernes para el sabado, y esta confesante e la susodicha su tia lo comian, asy el pan çençeño como las caçuelas en los dias de los sabados. E que esta confesante daua dineros a la dicha su tia para conprar las cosas susodichas.
Lo qual todo la dicha Maria Gonzales juro en forma ser verdad

[254]

todo lo suso dicho e por ella confesado. E porque hera tarde, su reuerençia la mando boluer a la carçel. La dicha Maria Gonzales pidio a Dios perdon de las cosas por ella dichas e confesadas, e a su reuerençia penitençia con misericordia, lo qual pidio muchas vezes.

Aug. 1511 E despues de lo susodicho, en XXVIII dias de agosto del dicho año, estando el reuerendo señor liçençiado Alfonso de Mariana, ynquisidor, en la dicha abdiençia, su reuerençia mando pareçer ante sy a la dicha Maria Gonçales, muger de Pedro de Villarreal. La qual salio a la dicha abdiençia; y su reuerençia le dixo que ya sabia que este otro dia no avia acavado de responder a todos los capitulos de la acusaçion por ser tarde e por otros inpedimentos que 12r ubo, que le | mandaba ⌈agora⌉ que respondiese al seteno capitulo de la dicha acusaçion, el qual por mi, el dicho notario, le fue leydo. E lo que la dicha Maria Gonçales respondio al dicho capitulo es lo siguiente: Que algunas vezes, hablando con la dicha Juana Nuñez, muger de Juan de Teva {la dicha Juana Nuñez}, le dezia la dicha Juana Nuñes a este confesante que seyendo donzella, estando en casa de su padre, Anton de los Olibos, vezino de Almagro, que guisaban del biernes para el sabado caçuelas e otros manjares ella e vna hermana suya que se llama Teresa de los Olibos [12] {Albuquerque; Teresa de los Oliuos, muger de Alonso de Teba, mercader. Almagro}, que entonçes hera donzella e es agora casada con Alfonso de Teba, mercader, los quales viben agora en Albuquerque, e que se juntaban a comer los dichos guisados algunos dias de sabados en su casa, çiertas primas suyas, fijas de Juan de los Olibos, defunto, vezino de Almagro, e que la vna se llamava Constanza Nuñes, donzella {Constança Nuñez, hija de Juan de los Olivos, defunta. Otra su hermana, defunta}, que es ya defunta, e que non se acuerda del nonbre de la otra, pero que sabe que es ya defunta. E que aquellos dias se atabiaban las susodichas de buenas ropas e que ⟨e⟩stavan holgando aquellos dias e tomando plazer. E que asymesmo le dixo la dicha Juana Nuñes a este confesante que seyendo donzellas e la dicha Teresa de los Olibos, su hermana, ayvnavan algunos ayunos de judios, no comiendo fasta la noche. E que de tres años a esta parte, poco mas o menos, este confesante se a ydo a holgar algunos sabados a casa de la dicha muger de Juan de Teva, e que anbas y dos holgavan los dichos sabados e merendavan e tomavan plazer

---

[12] See also the trial of Juana Núñez, No. 107, fol. 10v.

[255]

e no hazian hazienda ninguna. E que estando algunas vezes sentadas hablando, que acaesçia venir sus fijos de la dicha Juana Nuñes de la escuela [Juana Nuñes], e veya este confesante como vesaban la mano a la dicha Juana Nuñes, su madre, y ella les ponia la mano 12v sobre la cabeça, trayendogela | por la cara abaxo sin los santiguar. E que como este confesante e la susodicha heran vezinas, que vebian pared en medio, entrando e saliendo este confesante en casa de la dicha Juana Nuñes la vio desebar la carne dos vezes, e que los fijos a quien la dicha Juana Nuñes dava la vendiçion a modo judayco se llaman, el vno, Fernandico, que es de hedad de doze años, e el otro se llama Antonico, que sera de treze años. E que bio muchas vezes a la susodicha Juana Nuñes dar la dicha vendiçion a los dichos sus fijos. E que se acuerda que çiertas vezes se juntaron este confesante e la dicha Juana Nuñes en vn xarayz de la casa de la dicha Juana Nuñes a vañarse, e (e) que heran biernes en la tarde aquellos dias que se vañaron, e que se vañavan otras personas entonçes con ellas, e que ençerravan en aquel xarayz porque non las biesen las moças de sus casas.

[Çiudad Real Juana Rodrigues, muger de Alonso Aluares, arrendador; sacado. Leonor, muger de Hernan Aluares. Sacado a su proceso. Ana, muger de Alonso Gonsales, la madre de las susodichas. Sacado a su proçeso. Alonso Aluares, arrendador. Sacado al libro de las confesyones]. Yten, dixo que abra vn año, poco menos, que este confesante entro vn sabado en la tarde, acavadas bisperas, en casa de Alfonso Alvares, arrendador, vezino de Çibdad Real, e que hallo en la dicha casa a Juana Rodrigues,[13] muger del dicho Alfonso Alvares, e a Leonor, muger de Fernand Aluares,[14] e a Ana, muger de Alfonso Gonsales, e a [   ], madre de las susodichas, las quales todas estaban merendando de vna caçuela fecha de pescado e çanorias e huevos ⟨e⟩ espeçias fianbre, que paresçio a este confesante que hera guisada de otro dia antes, porque estaba fria e seca; e que estavan atabiadas como de fiesta, espeçialmente la dicha Juana Rodrigues, muger de Alonso Aluares, que estaba atauiada mas que las otras; e que paresçio a este confesante que estavan holgando aquel dia, pues no hazian hazienda ninguna las susodichas. E que estaba el dicho Alonso Aluares presente quando comian las susodichas a la dicha 13r ca|çuela, e que cree que comio de la dicha caçuela ⌜el dicho Alonso

[13] She was burnt on 7 September 1513; see her trial, No. 102. See also n. 58, below.
[14] See her trial, No. 101.

Trial of María González, Wife of Pedro de Villarreal

Aluares⌐, porque quando este confesante entro le hallo vebiendo con vna copa, e estaba asentado junto a la dicha su muger. E que otra vez, saliendo vn sabado este confesante del monasterio de Santo Domingo de oyr la Misa de Nuestra Señora, entro en el portal de la casa del dicho Alonso Aluares, e que hallo a la dicha su muger atabiada de ropas de fiesta, con vn sayhuelo de terçiopelo con bueltas de raso e vna saya morada con tiras de terçiopelo e vna camisa labrada puñetada, linpia vestida, e que se estaba asentada holgando, que no hazia hazienda ninguna; e que avia quinze dias que avia parido, e que sabe que aquel dia no hera fiesta de guardar. E que este confesante le dixo: ¿Que hazeys, señora, la la de Alonso Aluares? ¿No hazeys nada, que estays conpuesta como dia de domingo? E que la susodicha respondio que estaba rezien parida, que non podia hazer hazienda alguna. E que en verla asy atabiada en dia de sabado presumio esta confesante que la susodicha guardaba el dicho dia de sabado; e que esto vio este confesante de vn año a esta parte.

[Leonor Aluares, muger de Fernan Aluares. Sacado a su proçeso. Beatriz, donzella, su hija. Catalina, muger de Alonso Aluares. Sacado a su proçeso. Teresa, donzella, prima de la muger de Alonso Aluares]. Iten, dixo que abra tres meses, poco mas o menos, que este confesante entro en casa del dicho Fernando Aluares, arrendador, vn dia de sabado despues de comer, e hallo a la dicha Leonor, muger del dicho Fernando Aluares, conpuesta e atabiada como dia de fiesta, que tenia vestido su camisa linpia e toca linpia e vna saya de fiesta nueva que suele traher los dias de fiesta, e que estaba hasiendo las çejas, e que estava con ella la dicha Catalina, muger del dicho Alonso Aluares, e Beatriz, donzella, fija del dicho Fernand Aluares, e Teresa, moça, donzella, prima de la muger del dicho Alonso Aluares, la qual bibe con el dicho Alfonso Alvares; e que este confesante le dixo a la dicha Leonor que estaba gentil muger e atabiada como de domingo, e que estaba como vna reyna; e la dicha Leonor dixo a este confesante que las | que parian fijos se avian de atabiar; e que las otras susodichas no estaban atabiadas.

[Graçia de Teva, muger de Diego Aluares, espeçiero. Maria de Teba, muger de Christobal de Teva. Flor de Teva, muger de Alonso de la Çarça, arrendador] Yten, dixo que algunas vezes la dicha Graçia de Teva, muger de Diego Alvarez, espeçiero, e la muger del dicho Christobal de Teva, e Flor de Teva,[15] muger de Alfonso de la Çarça, arren-

---

[15] See also the trial of Juana Núñez, No. 107, fol. 11r.

dador,[16] vezino de Çibdad Real, dezian a este confesante, porque acostunbra muchas vezes yr a misa a Santo Domingo, que para que yva a Misa, que que aprovechaba que se queria hazer santa yr a roher santos, e que hera burleria, e burlavan desta confesante porque yva a Misa, que mejor hera estarse en su casa haziendo su hazienda, que para que yva esta confesante a Misa, pues que ellas no yvan, diziendole que se queria esta confesante hazer mas santa que las otras.

[Eluira la Galana, donzella, muda, hija de Diego de Haro]. Yten, dixo que abra dos meses, poco mas o menos que estando en su casa deste confesante Elbira la Galana, muda, donzella, fija de la de Diego de Haro, vesina de Çibdad Real, vio como este confesante se cortaba vn dia las vñas de las manos. E dixo a este confesante por señas la dicha Galana que para que dexaba caher las vñas en el suelo, que las allegase e cogiese e hiziese vn hoyo e las enterrase, que asi lo hasia la dicha su madre. E que este confesante entendio muy bien por señas lo susodicho, porque la dicha Galana, avnque es muda, es muy aguda e da vien a entender todo lo que quiera, e que habla algunas palabras a desora, en avnque no la trate mucho, la entendra quienquiera.

[Vocetur]. Yten, dixo que sabe este confesante que vna moça que se llama Catalina Navarra,[17] que es casada con vno de La Menbrilla e vibe en Çibdad Real en la cal de La Mata, que fue criada de la dicha Graçia de Teva, sabe muchas cosas de heregia de la dicha su ama, porque ella dixo a este confesante, antes que su reuerençia veniese a Çibdad Real, que las avia de dezir a los inquisidores

14r quando ve|niesen, e que no declaro que heregias heran, pero que dio a entender a este confesante que sabia muchas cosas de la dicha su ama. E que sabe este confesante que le dio la dicha su ama vn mantillo, e que cree esta confesante que gelo dio porque callase lo que sabia. Juro ser verdad todo lo susodicho, asy de sy como de los otros. Y la dicha Maria Gonsales pedio a Nuestro Señor Dios perdon de todo lo por el la dicho e confesado, con lagrimas de sus ojos, mostrando contriçion, e a su reverençia penitençia con misericordia.

6 Sept. E despues de lo susodicho, en seys dias del mes de setienbre de mil
1511 e quinientos e honze años, estando el dicho reuerendo señor inqui-

[16] He was a *jurado* in the Town Council; see Biographical Notes.
[17] She was named in a *tacha* in the trial of Leonor Alvarez (No. 101, fol. 20v), but she did not testify in that trial.

Trial of María González, Wife of Pedro de Villarreal

sidor el liçençiado Alfonso Mariana en la abdiençia del dicho Santo Ofiçio, su reuerençia mando sacar ante sy a la dicha Maria Gonçales, la qual seyendo presente, fuele leydo el seteno capitulo de la dicha acusaçion. E dixo que abra dos años, poco mas o menos, que este confesante entro en casa de Ximon de la Çarça,[18] mercader, vezino de la Çibdad Real, en vn dia de sabado, e hallo leyendo en vn librito a Marina de Herrera,[19] muger de Sancho Fernandes, vesino de Villarrubia, quemada, e que estaba leyendo a la muger del dicho Ximon de la Çarça, la qual se llama Catalina de Teva[20] e es sobrina de la dicha Marina de Herrera [Villarruvia, Marina de Herrera, muger de Sancho Fernandes, quemada. Catalina de Teba, muger de Ximon de la Çarça]; e de como entro este confesante, luego escondio la dicha Marina de Herrera el dicho librito porque este testigo no viese lo que rezava e leya. E que el dicho Ximon de la Çarça no estaba presente al leer el dicho libro, porque estaba dentro de la dicha casa en vna camara arriba. E que quando bio este confesante que escondio la dicha Marina de Herrera el dicho libro, pregunto a la dicha muger del dicho Ximon de la Çarça que por que avia dexado de leer e escondian el dicho libro, e que le respondio que ya avian acabado de leer; e que lo susodicho hera a ora de misa mayor, e que esta confesante sospecho que heran cosas de heregia las que la dicha Marina de Herrera leya. E que otro savado seguiente, despues de comer, fue este confesante a casa del dicho Ximon de la Çarça e fallo a la dicha su muger e a

14v la dicha Marina | de Herrera, su tia, y a Graçia de Teva,[21] muger de Diego muger de Diego Aluares, espeçiero [Graçia de Teva, muger de Diego Alvares, espeçiero], y a la muger de Fernando de Aluares [la muger de Fernando Aluares], arrendador, las quales todas quatro estaban holgando e merendando de vna caçuela de verengenas rellenas, las quales estaban frias, e vbas e fruta; e convitaron a este confesante e este confesante comio de las dichas verenjenas, e bio que la dicha caçuela estaba fecha de vn dia ante fianbre. Las quales dichas quatro mugeres estaban bestidas de buenas ropas linpias, como de fiesta, e holgando, como dicho tiene. E que el dicho Ximon de la Çarça ni su fijo no estaban alli estonçes. E que las susodichas

---

[18] See Biographical Notes.
[19] No other details are known about her Jewish practices.
[20] This same testimony on Catalina de Teva is found in the file of Juana Núñez, No. 107, fol. 11v.
[21] See above, n. 18.

bien dieron a entender a este confesante que holgaban el dicho sabado, e dixeron e este confesante: Asentaos aqui con nosotras e merendareys. E que vna negra, criada del dicho Ximon de la Çarça, que se llamava Catalina, dixo a este confesante muchas vezes, yendo e veniendo a su casa desta confesante, que los dichos Ximon de la Çarça e su muger, sus amos, heran vnos judios, e que guardavan todos los sabados, e que no querian que se hiziese nada en su casa los sabados, e no la dexaba xavonar, e que la enviaban algunos sabados a las viñas porque no viese las cosas que los dichos sus amos hasian en los dichos dias de sabados. Fue preguntada que donde esta agora la dicha negra; dixo que es ya muerta, que el dicho su amo la vendio en Truxillo e que alli morio.

Yten, dixo que abra dos años y medio o tres que Aluaro, esclauo loco de [ ] de Villascusa,[22] mercader, vezino de Çibdad Real, dixo a esta confesante muchas vezes, hechando agua en casa deste confesante, que hera aguador, que los dichos Villescusa e su muger, sus amos, heran grandes judios, e que los avia de hazer quemar. E que Catalina de Pisa,[23] muger de Rodrigo de la Sierra {Villascusa, mercader. Alonso. Su muger. Catalina de Pisa, muger de Rodrigo de la Sierra}, de la dicha çibdad, venia muchas vezes a casa del dicho Villaescusa, e que entre amas a dos, ella e la dicha muger de Villaescusa, heran de vn conçierto e hazian sus heregias; e que el dicho Albaro hera de hedad de veinte años; e que el dicho Villescusa le vendio en Valençia a vn pastelero abra dos años, poco mas o menos, e que el dicho Aluaro anda en Valençia cargado de hierros e roto. {Llamese en Valençia este esclauo}. Juro en forma de derecho ser verdad todo lo susodicho. |

Confession of the Defendant (continued)

15r [Confesion]

11 Sept. E despues de lo susodicho, en honze dias del mes de setienbre del
1511 dicho año, estando el reuerendo señor liçençiado Alfonso Mariana, ynquisidor, en la abdiençia del dicho Santo Ofiçio, su reverençia mando salir ante sy a la dicha Maria Gonçales, a la qual, siendo presente, le dixo que sy se la avia acordado alguna cosa mas, asy

---

[22] This probably refers to Gonzalo de Villaescusa. See also the trial of Juan Ramírez, No. 109, foll. 22v, 27r, and Biographical Notes.

[23] She was the wife of Juan de la Sierra, No. 124. She was summoned to testify in the trial of Juan Ramírez, but was rejected as untrustworthy because her grandfather had been condemned by the Inquisition; see trial No. 109, foll. 91r, 94v, 100r.

Trial of María González, Wife of Pedro de Villarreal

de sy como de otras personas, que le amonestava que lo dixiese e declarase, porque del todo descargase su conciençia. La dicha Maria Gonçales dixo que se a acordado que puede aver treze meses, poco mas o menos, que este confesante fizo vavtizar vna niña que avia parido, e que la hizo vavtizar en dia de sabado, e que aquel dia se bistio esta confesante vna camisa labrada e vn sayto de terçiopelo e vna garbia labrada e vna toca nueva linpia, e que avnque se atabio por ser el dia del vavtizmo de la dicha su fija, que tanbien lo hizo con intençion de guardar e solenizar aquel sabado, e que la çibdad en vn dia de sabado, e que salio en el dicho dia de sabado por la afiçion que entonçes tenia a las cosas de la Ley de Muysen. E que dende a vn mes que fue vavtizada la dicha niña salio este confesante a Misa al monasterio de Santo Domingo de la dicha çibdad en vn dia de sabado, e que salio en el dicho dia de sabado e se atabio en el de buenas ropas, como dicho tiene, por honrar e guardar el dicho sabado e con la yntençion que tiene dicha. Fue preguntada sy quando truxieron la criatura de vavtizar, sy le rayo la crisma o sabe que alguna persona gela quitase; dixo que no. Fue preguntada si quando nasçio la dicha criatura, sy le hizieron hadas e otras çerimonias algunas de las que acostunbravan a fazer los judios en semejantes avtos. Fue preguntada si la guarda de los dichos sabados e la yntençion que tubo en ellos, si lo comunico este confesante con algunas personas de las que fueron al dicho vavtismo; dixo que no lo comunico con nadie.

Fue preguntada que quanto tienpo a que se aparto este confesante

15v de los herrores e heregias que tiene dicho e confesado. Dixo que abra vn año que se aparto hazerlo, e que desde dicho año aca no a fecho cosa ninguna contra nuestra Santa Fe Catolica. Juro en forma de derecho ser verdad todo lo por este confesante asy de dicho e confesado. Asy de sy como de otras personas, e pedio misericordia e perdon a Nuestro Señor e a su reuerençia penitençia, lo qual pedio con muchas lagrimas de sus ojos.

Prosecution

[Pedimiento del promotor fiscal que le sea resçebido a la prueva]

Nov. 1511 E despues de lo susodicho, en Toledo, XXII de novienbre de I V DXI años, ante los reuerendos señores el liçençiado Alfonso de Mariana e el liçençiado Pedro Ochoa ⟨de Villanueva⟩, ynquisidores, e paresçio presente el dicho promutor fiscal, estando presente la dicha Maria Gonçalez e Alonso de Vaena, su procurador, e el liçençiado de Herrera e el bachiller Bonillo, sus letrados de la dicha

Maria Gonçalez,[24] e dixo que açebtando como açeptaua e açepto todas las confesiones fechas por la dicha Maria Gonçalez, en quanto por el hasya y no mas ni allende, e negando lo perjudiçial, dixo que pedia e pidio que sobre lo demas contenido en la dicha su acusaçion, en que la dicha Maria Gonçalez esta negatiua asy de sy misma como de otras personas con quien hizo e cometio los dichos delictos, que sea resçebido a la prueva.

[Respuesta de sus reverençias]
Sus reverençias mandaron dar copia e treslado a la dicha Maria Gonçales e ⟨a⟩ Alonso de Vaena, su procurador, en su nonbre, e que respondan dentro de tres dias primeros syguientes, estando presentes todos los susodichos, sus letrados y procurador.

[Como fueron leydas sus confesiones]
Asymismo sus reuerençias mandaron leer todas las confesiones fechas por la dicha Mari Gonçalez, estando presente la dicha Mari Gonçales e sus letrados y procurador, las quales dichas confesiones fueron leydas de verbo ad verbum, callados los nonbres de quien dize e depone la dicha Maria Gonçalez. E asy leydas las dichas confesiones en presençia de los susodichos, la dicha Maria Gonçalez dixo que heran verdad todas las cosas por ella confesadas, segund e de la manera que en las dichas sus confesiones se contiene. |

Termination of Pleading

16r [Respuesta de la presa y su procurador y conclusion]
29 Nov. E despues de lo susodicho, en XXIX de novienbre de mil e quini-
1511 entos y honze años, estando los reuerendos señores inquisidores el liçençiado Alonso de Mariana e el liçençiado Villanueva en abdiençia, mandaron paresçer a la dicha abdiençia a la dicha Maria Gonsales, estando presente el liçençiado Herrera e el bachiller Bonillo e Alonso de Vaena, su procurador, e con acuerdo de los dichos sus letrados, dixo la dicha Maria Gonsales que ella tenia dicho e confesado de sy todo aquello que supo e vino a su memoria aver fecho contra nuestra Santa Fe Catolica, e dello pidio e pide penitençia con misericordia, como lo tiene pedido; e que asymismo, tiene manifestado e dicho e declarado todos las personas que supo ser culpantes, e que fasta agora no a venido mas a su notiçia, e

---

[24] The presence of the defence indicates that the Court had already appointed counsel for the defendant.

Trial of María González, Wife of Pedro de Villarreal

que viniendo, que ella protesta de lo desyr y manifestar, e que afirmandose en lo susodicho, pidiendo como pide misericordia, dixo que concluya e concluyo.

[Como concluyo el fiscal]

E luego, el dicho promotor fiscal, que presente estaua, dixo que asymismo concluya e concluyo, e pedia, como pedido tenia, ser resçebido a la prueva, e dixo que concluya e concluyo.

[Sentençia de prueva]

Luego, los dichos señores inquisidores dixeron que, pues las dichas partes concluyan, que sus reverençias concluyan con ellos, e que asygnavan e asygnaron termino para luego para dar sentençia, en que hallaron que devian resçebir a la prueva al dicha promotor fiscal de lo por el pedido, saluo jure inpertinentium et non admitendorum, para lo qual asygnaron termino de nueve dias primeros syguientes. |

16v *Blank page*

Witnesses for the Prosecution

17r En Çibdad Real, XXVI dias del mes de abril de I V DXII años,[25]
April ante el reuerendo señor liçençiado Alfonso de Mariana, ynquisidor.
1511 [Çibdad Real; Libro 3° XXIII]
[Ratificado]

Luzia Fernandez, muger de Françisco del Lillo, pastor, vezino de Çibdad Real en la col⟨l⟩açion de Sant Pedro, testigo jurado en forma, etç., dixo que avra syete años que este testigo moro con Juan de Theua, mercader, trapero, e con Juana Nuñez,[26] su muger, e moro con ellos tres años; en el qual dicho tienpo vio que algunos viernes en las noches la dicha Juana Nuñez, su ama, hazia calentar agua con romero e cascaras de naranjas, e que se hapartaua en vn xarays de su casa a labarse en vna artesa que este testigo le ponia por su mandado, e que alli se ençerraua la dicha su ama e hechaua el aldaba tras ⟨s⟩y. E que este testigo no sabe sy se hasya con el lauar alguna çerimonia, mas de quanto este testigo le ponia alli vna camisa linpia por mandado de la dicha su ama, la qual se bestia aquella noche, e que la veya este testigo vestyda otro dia sabado. E que aquellas noches de que la dicha su ama se uañaua,

---
[25] This should be 1511; this testimony was already confirmed on 1 March 1512. See also the trials of María González, wife of Rodrigo de Chillón (No. 105, fol. 9r) and Juan de Teva (No. 113, fol. 10r).
[26] See above, n. 8.

daua este testigo camisa linpia al dicho Juan de Theua, su amo, por mandado de la dicha su ama, e gela veya traer vestida otro dia sabado. E que aquellas dichas noches de viernes que se vañaua la dicha su ama, no hazian hazienda ninguan, que luego, en saliendo del xarayz de vañarse, se yvan a acostar con el dicho su marido; e que amos a dos no hasyan nada aquellos viernes en las noches, e que las otras noches de entre semana, que desmotaua e devanaua, ansy la dicha Juana Nuñes como el dicho su marido, e el hazia pleyta, e que aquellos viernes en las noches no hazian cosa ninguna de las susodichas, e en otro dia sabado se leuantauan tarde, quando querian tañer a misa mayor, e que los otros dias, que se levantavan en esclaresçiendo. E que despues de leuantados los dichos sabados, los veya trabajar, a la dicha Juana Nuñez labrar e al dicho Juan de Theva yrse a la tienda de trapo. E que vio algunas noches de viernes, aunque no se vañaua, se hasya mala la dicha su ama e desya que le dolia la cabeça e se hechaua sobre dos almohadas. E que otros dias de sabados, que tanbien dezia que estaua mala

17v e | se estaua hechada sobre vn par de almohadas, e que luego a la tarde la veya buena, e se yva de vezina en vezina, e la veya comer de todo lo que comia en casa, e que otro dia de domingo estaua buena e yva a misa. E que algunas vezes la dicha su ama mandaua a este testigo que quitase el sebo {sevo} de la carne que traya de la carniçeria, e la desya: Hija, quitad ese sebo, non lo heches en la olla. E que algunas vezes, quando trayan pierna de carnero de la carniçeria, veya este testigo como el dicho Juan de Teua, e otras vezes Alfonso de Theua, su hermano, hendian la dicha pierna a la larga, e no sabe sy sacauan la landrezilla o lo que se hasian, porque no consentian que este testigo estuuiese presente e la enbiauan a mandados por casa. E que se acuerda que algunos sabados, en acabado de comer, despues de averse ydo el dicho su amo a la tienda, veya este testigo como venian a la dicha casa la de Françisco de Toledo, espeçiero,[27] que se llama Mayor de Chinchilla, e Graçia de Teba, prima de Juan de Teba, su amo, muger de Diego Aluares, espeçiero, e la de Rodrigo de Chillon,[28] e la de Pedro de Villarreal,[29] e la de Fernando de Cordoua,[30] defunta, tia

[27] See Biographical Notes on him.
[28] María González, No. 105.
[29] This refers to the defendant in this trial.
[30] Her name was Mayor Alvarez or Mayor de los Olivos. She was burnt on 7 September 1513; see Fita, p. 476, No. 190. On 2 May 1513 she was still in prison; see the trial of Leonor Alvarez, No. 101, fol. 7v.

Trial of María González, Wife of Pedro de Villarreal
de la dicha Juana Nuñez, su ama, a holgarse con la dicha su ama, vnas vezes las vnas, e otras veses las otras, e la muger de Juan Ramires, bibda;³¹ e que les daua la dicha su ama a merendar lechugas y rabanos e queso e hemastuerço, e otras cosas que este testigo no se acuerda, en diversas vezes, e que estaua holgando e aviendo plaser con la dicha su ama e otras vezes trayan algunas vezes algunas dellas sus labores de labrar e labrauan.

March 1512 En la Çibdad Real, primero dia del mes de março de mil e quinientos e doze años,³² estando el reverendo señor liçençiado Pedro Ochoa de Villanueva, ynquisidor, en la abdiençia del Santo Ofiçio de la Ynquisiçion, mando paresçer ante sy a Luçia, muger de Françisco de Lillo, la qual el promotor fiscal, que presente estaba, la presento por testigo en esta cabsa, e su reverençia le pregunto sy
18r se acuerda aver dicho | en este Santo Ofiçio contra alguna persona. Dixo que se acuerda aver dicho contra la muger de Juan de Teba, vezina de Çibdad Real, e contra otras personas contenidas en su dicho, el qual dixo ante el reverendo señor liçençiado Alfonso de Mariana, inquisidor. El qual dicho su dicho dixo en sustançia, e pedio que le fuese leydo el dicho su dicho; e luego, por mandado de su reverençia le fue leydo el dicho su dicho de verbo ad verbum por mi, Juan Obregon, notario del secreto del dicho Santo Ofiçio. E asi leydo, dixo ser verdad todo lo contenido en el dicho su dicho, e que en ello se afirmava e afirmo, ratificaba e ratifico, e sy neçesario hera que lo desia e dixo de nuevo. Fue preguntada sy los biernes en las noches e sabados que dize este testigo que guardaban e holgaban los dichos sus amos, si eran fiestas mandadas guardar por la Yglesia o dias de labor; dixo que se acuerda que heran dias de labor. Fue preguntada como se llama la muger del dicho Pedro de Villarreal; dixo que se llama Maria Gonsales, la qual esta agora presa en la Inquisiçion. Fue preguntada como se llama la dicha muger de Juan Ramires, bibda; dixo que a paresçer deste testigo que se llama Leonor Diaz,³³ que no se acuerda bien. Iten, dixo que al tienpo que este testigo bibio con los susodichos sus amos pario la dicha Juana Nuñes, su ama, dos fijos e vna fija, los quales se llaman Antonico e Hernandico e Maria; e que bio este testigo que al tienpo que la muger de Anton de los Olibos, madre de la dicha Juana

---

[31] If the reference here is to Juan Ramírez the majordomo (No. 109), his wife was named Florencia de Villarreal.
[32] See above, n. 25.
[33] Her name was Florencia de Villarreal; see above, n. 31.

Nuñes, de cuyo nonbre non se acuerda, enboluia las dichas criaturas, las vntaba con myrra las palmas e los sobacos e las plantas de los pies, e lo mismo bio haser a la dicha su ama quando enboluia las dichas criaturas. Fue preguntada sy oyo desyr algunas palabras o hazer alguna çerimonia a las susodichas quando vntaban las dichas criaturas; dixo que non lo bio, porque mandaban a este testigo que se quitase delante quando fazian lo susodicho.

Fue preguntada [34] si estaba otra alguna persona presente a las cosas que este testigo a dicho e depuesto; dixo que no se le acuerda porque a la sazon los dichos sus amos no tenian sino vn moço que se llamava Fernando, que hera de Toledo, e se llama Fernando de Toledo, pero que no sabe este testigo donde esta, ni si es vibo, e que cree que el sabria o veria algo de lo que este testigo tiene dicho. Fueron presentes por personas religiosas fray Anton de Santa Maria e fray Pedro de Ledesma, frayres de la Orden de Santo Domingo.

29 April 1511 En Çibdad Real, XXIX dias de mes de abril de mil e quinientos y honze años, ante el reverendo señor liçençiado Alfonso de Mariana, ynquisidor.

[Çibdad Real, Libro 3° XXVIII°]

Catalina Gonçalez, donzella, hija de Marcos Amarillo, labrador, e de Catalina Gonçales su muger, defuntos, vezinos de Çibdad Real, la qual biue agora con Ysabel de Valençia, muger del alcayde de Malagon, testigo jurada, etç., dixo que este testigo biuio dos años, poco mas o menos, con Pedro de Villarreal, mercader, e con Maria Gonçalez, su muger, vezinos de Çibdad Real, e ha que salio de su casa dos años. E que en el dicho tienpo vio este testigo como la dicha su ama holgaua los viernes en las noches, no haziendo en ellos hasyenda ninguna como las otras noches de entre semana,

18v que continuamente hilaua e desmotaua | e devanaua; e que todas aquellas noches de viernes por mandado de la dicha su ama, ençendia este testigo dos candiles linpios con mechas nuevas mas tenprano que las otras noches de entre semana, e que el vno ponia en la camara donde dormian los dichos sus amos, e que aquel candil non le amatauan hasta que el de suyo se amataua, e que la dicha su ama mandaua a este testigo que en aquel candil que ponia en la dicha camara le hechase vn grano de sal, diziendo que por

---

[34] From here until the end of this testimony the scribe wrote in the lower margin of the folio.

que durase mas ençendido.[35] E que muchas vezes en los dichos viernes en las noches, quando este testigo dexaua a los dichos sus amos acostados, les preguntaua sy mataria el dicho candil, e que la dicha su ama le dezia que lo dexase ansy ençendido, e asy lo dexaua e se yva acostar. E que el otro candil ponia en la cozina para barrer y cubrir la lunbre del fuego, e aun no se yva este testigo a dormir lo dexaua muerto. E que aquellos viernes en las noches los dichos sus amos no hasyan hasyenda ninguna e se estauan holgando, e desque auian çenado yvanse a dormir, lo que no hasyan en las otras noches de entre semana, que la dicha su ama hilaua e desmotaua lana, e hasya otras hasyendas. E asymismo el dicho su amo en las dichas noches de entre semana desmotaua lana e devanaua. E aquellos viernes en las noches la dicha su ama sacaua de vna arca vna camisa linpia para el dicho su amo, e otra camisa linpia para que se vistiese ella, las quales dichas camisas lauadas e linpias este testigo les veya traher vestidas otro dia sabado delante a los dichos sus amos; e que aquellos dias de sabados se leuantauan mas tarde que los otros dias de entre semana e los holgavan, porque el dicho su amo se yva fuera de casa a holgar por la plaçer, e la dicha su ama se yva a casa de su madre, que se llama la de Merida,[36] e que lleuaua lana para desmotar, e que quando venia a su casa, al tienpo que queria alobreguesçer, e se traya todo lo mas de la lana que auia lleuado por desmotar. E que hartas vezes se yva a casa de la madre de la dicha su ama deste testigo la muger de Fernando de Cordoua,[37] tintorero, que es fallesçida que non sabe su nonbre, e que otras vezes la dicha su ama deste testigo e la

19r dicha su madre se | yvan a casa de la dicha muger de Fernando de Cordoua en dias de sabados. E que se acuerda que en el dicho tienpo que con los dichos sus amos biuio, que todas las vezes que trayan carne la dicha su ama deste testigo le quitaua el seuo e la gordura con las huñas muy por menudo. E que se acuerda que algunas vezes vido este testigo estar la carne que sacaua de la olla que estaua magra, que no hallaua en ella ninguna gordura ni sebo, e que se marauillaua como la avia traydo gorda e gentil e la hallaua syn ninguna gordura ni sebo. E que dezia este testigo a la dicha

---

[35] On this custom, see *Tosefta Shabbat* (ed. Zuckermandel) II, Jerusalem 1953, p. 112; *T B Shabbat*, 6/6, S. Lieberman, *Tosefta Ki-fshuta*, III (*Shabbat*), pp. 30 ff. See also the trial of Inés López, No. 114, fol. 6v.

[36] Beatríz Alonso, the mother of the defendant; see above, n. 2.

[37] Mayor Alvarez; see above, n. 30.

su ama que como estaua la dicha carne tan magra, que gorda la auia traydo, e que la dicha su ama le dixo que los gatos auian andado con ella. E que avra mes y medio que vio este testigo como vn honbre que no sabe quien es se lleuo vna tabla en que estaua pintada Nuestra Señora, con que demandaua para las Animas del Purgatorio. E que al tienpo que le truxo a casa de los dichos sus amos, el dicho honbre que la traya para al dicho su amo deste testigo para que demandasen limosna para las misas de las Animas de Purgatorio, e que como no le hallo en su casa, que la dio a este testigo e que este testigo la dio a su ama quando vino de casa de su madre. E que asy como la tomo la dicha su ama, que la arrojo en vn aluañar suzio que esta cabe la cozina de su casa. E asy como la hecho, este testigo vio como la dicha su ama escupio hasia do auia caydo la dicha tabla, e que no açerto la saliua sobre ella. E que todas las vezes que venia del escuela vn hijo pequeño de hedad de ocho años, que se llamaua Fernando, e besaua la mano a la dicha su madre, e que despues que gela auia besado, gela ponia encima de la cabeça por la cara abaxo, syn lo santiguar. E que lo mismo vido este testigo hazer al dicho su amo algunas vezes. E que vn dia este testigo fue a casa de Villaescusa, vezino desta çibdad, que la auia enbiado su señora, no se acuerda a que, e que vido como vn hijo suyo venia de la escuela e le beso la mano e lo santiguo; e que como boluio pregunto a la dicha su ama que como santiguaua la de Villaescusa a su hijo y ella no. E que la dicha su ama dixo a este testigo: Calla, nesçia, vete a hazer tu hazienda. Preguntada que otras moças o moços biuian a la sazon con los dichos sus amos, dixo que non biuian otro moço ni moça syno este testigo. | Preguntada sy aquellos sabados que se juntauan las dichas su ama y madre en casa del dicho Fernando de Cordoua, sy veya este testigo holgar a todas las susodichas, dixo que non sabe sy holgauan, porque la mandauan luego tornar a guardar la casa. Preguntada de odio, dixo que non lo tiene con ninguno dellos, saluo que lo dize por descargo de su conçiençia e por temor de la excomunion.

19v

5 March 1512 En la Çibdad Real, a çinco dias de março de mil e quinientos e doze años, ante el reverendo señor el liçençiado Pedro Ochoa de Villanueva, inquisidor, el promotor fiscal Martin Ximenez presento por testigo a la dicha Catalina Gonsalez, donzella, para en esta cavsa, de la qual su reverençia resçibio juramento en forma de derecho, so cargo de la ⟨sic⟩ qual su reverençia le pregunto sy

Trial of María González, Wife of Pedro de Villarreal

avia dicho en este Santo Ofiçio alguna cosa contra nuestra Santa Fe Catolica contra algunas persona⟨s⟩, que lo diga e declare. La qual dixo que avia dicho ante el reverendo señor inquisidor de Mariana contra Maria Gonsales, muger de Pedro de Villarreal, e su marido, e contra otras personas, e dixo su dicho en sustançia. E su reuerençia la mando leer su dicho de verbo ad verbum, e asy leydo, dixo que es verdad todo lo contenido en el dicho su dicho, e que se afirmava e afirmo, ratificaba e ratifico, e que sy neçesario es que lo dezia e dixo de nuevo. E que los dias (dias) de sabados que los dichos sus amos guardavan, que no heran fiestas mandadas guardar por la yglesia, syno dias de labor. Fueron presentes por personas religiosas fray Antonio de Santa Maria e fray Juan de Olarte, frayres de la horden de Santo Domingo. |

Publication of Testimonies

[Pedimiento de publicaçion]

20r
4 Dec.
1511

E despues de lo susodicho, quatro (quatro) dias de dizienbre de mil e quinientos y honze años, estando los dichos señores ynquisidores sobre dicho, paresçio presente el dicho promutor fiscal e dixo que, açeptando como açeptaua todos e qualesquier confesyones hechas por la dicha Maria Gonçales en lo que por del hasia y no mas ni allende, e con espresa protestaçion que hazia e hizo que pueda presentar todos e qualesquier provanças e testimonios en esta cabsa que le convengan hasta la conclusion della, que pedia a sus reverençias que mandasen haser publicaçion de las prouanças en esta cabsa presentadas, estando presentes la dicha Maria Gonsales e Alonso de Vaena, su procurador, e el bachiller del Bonillo, su letrado. La qual dicha Maria Gonsales dixo, con acuerdo de los dichos sus letrados e procurador, que con la dicha protestaçion e afirmandose en lo por ella dicho e confesado, de lo qual pide penitençia con misericordia, como pedido tiene, y con protestaçion que hizo que sy de mas se le acordare que lo verna diziendo y confesando, dixo que consentia e consentio la dicha publicaçion, e sy nesçesario hera que la pedia e pedio.

[Publicaçion]

Luego, los dichos señores ynquisidores dixeron que, pues las dichas partes pedian publicaçion, que sus reverençias la mandaua e mandaron haser con termino de nueve dias primeros syguientes, e dar copia e treslado a cada vna de las dichas partes e de las prouanças presentadas por el dicho promutor fiscal, callados los nonbres de los testigos e çircunstançias por donde puedan venir e vengan en conoçimiento dellos. |

20v *Blank page*

Defence

21r XXX dias de dizienbre de I V DXI años, ante sus reverençias,
30 Dec. Alonso de Vaena presento este escripto.
1511 Muy Reverendos Señores:
Alonso de Vaena, en nonbre y como procurador que soy de Maria Gonsales, muger de Pedro de Villarreal, mercader, vezino de Çibdad Real, ante Vuestras Reverendas Paternidades paresco, y digo que la dicha mi parte tiene dicho e confesado todo aquello de que ella se acuerda ser culpada e auer ofendido nuestra Santa Fe Catholica, de que ha pedido e pide penitençia. E el señor promutor fiscal a insystido e ynsyste en afirmar e afirma que la dicha Maria Gonçales, mi parte, diz que calla e encubre otras personas con quienes hazia, diz que, e cometia los crimenes e delictos por ella confesados. Lo qual no es verisymile ny de creer, pero porque en estas cosas e otras suele caer incluido que es cosa natural e mas en las mugeres, pido e suplico a Vuestras Reverendas Paternidades que, secreta o publicamente e como mejor aya lugar de derecho, e sy no de rigor, al menos de equidad, le manden desyr e declarar las tales personas en que su causa sera mas justificada, para lo qual ynploro el santo e noble ofiçio de Vuestras Reuerendas Paternidades, e pidolo por testimonio e conplimiento de justiçia, e sobre ello les encargo las conçiençias.

(—) Bachiller   (—) el liçençiado
    del Bonillo   Pedro de Herrera

Sus reverençias dixeron que le auian e ovieron por presentado, e le mandaron poner en este proçeso de la dicha Maria Gonsales. |

21v Maria Gonsales, muger de Pedro de Villarreal

[Amonestaçion a la presa]

19 Feb. E despues de lo susodicho, en Toledo, diez y nueve dias del mes
1512 de hebrero de mil e quinientos e doze años, estando los reverendos señores el liçençiado Alonso de Mariana e el liçençiado Villanueva, inquisidores, en abdiençia del Santo Ofiçio de la Ynquisiçion, mandaron sacar ante sy a la dicha Maria Gonsales, e estando asy presente la dicha Maria Gonsales, sus reverençias le dixeron que

Trial of María González, Wife of Pedro de Villarreal

ya sabia como ella auia confesado los delictos de heregia de que auia seydo acusada por el promotor fiscal, e como auia seydo muchas vezes requerida e amonestada que dixese e confesase la verdad de otras personas que auian cometido los dicho delictos, juntamente con ella e sy ella, e que sienpre auia estado negatiua, e que agora otra vez la requerian e amonestauan que dixese la verdad de lo que sabia de otras personas porque ay informaçion que ella cometio estos delictos de que ella esta confesada juntamente con otras personas, e los vio cometer a otros, e que hasyendolo asy, que hara lo ⟨que⟩ deve e descargara su conçiençia, en otra manera, que se proçedera contra ella segund que se hallare por derecho.

[Respuesta]
La dicha Maria Gonsales dixo que ella auia confesado todas las cosas que sabia que hera en cargo, asy de sy como de otras personas, que no tenia mas que desir.

Luego, sus reverençias le dixeron que pues todavia estaua negatiua, aviendo ynformaçion en contrario, que sy entendia que algunas personas la querian mal, que viese sy los queria tachar o haser alguna diligençia para defension de su cabsa, que los dixese e nonbrase, que sus reverençias estauan prestos e aparejados de la oyr e le guardar su justiçia.

[Respuesta de la presa]
La dicha Maria Gonsales dixo que ella no queria tachar a nadie ni tenia nas que desir ni de confesar, ansy della como de otras personas, mas de lo que dicho tiene e confesado ante los dichos señores ynquisidores, e que les pedia e pidio a sus reverençias que husasen con ella de misericordia. |

Confirmation of Confession

{[   ]}
22r [Como se ratifico en sus confesiones la dicha Mari Gonsales].
March E, despues de lo susodicho, en veynte e seys dias del mes de março
1512 de mil e quinientos e doze años, estando los reverendos señores inquisidores el liçençiado Alfonso de Mariana e el liçençiado Françisco de Herrera en su abdiençia, mandaron sacar ante sy a la dicha Maria Gonsales, e estando asy presente la dicha Maria Gonsales, los dichos señores inquisidores le preguntaron que sy

[271]

se acordava aver dicho algunas personas en su confesyon. La dicha Maria Gonsales dixo que sy se acordava que dixo de Juana Nuñes, muger de Juan de Teva, e dixo de otras personas contenidas en su confesyon. Los dichos señores mandaron a mi, el dicho notario, que le leyese las dichas sus confesyones, las quales yo, Christobal de Prado, notario del secreto, le ley de verbo ad verbum todas sus confesyones que la dicha Maria Gonsales hiso e confeso hasta el dicho dia. E ansy leydas por mi, el dicho notario, la dicha Maria Gonsales dixo que hera verdad todo lo en sus confesyones contenido, e que en ello se afirmava e afirmo, y que aquello hera la verdad, e que asy paso como muchas vezes dicho tiene y confesado, e lo juro en forma, etç.

Admonition of the Defendant

[Amonestaçion de la presa]

30 March 1512 E despues de lo susodicho, en treynta dias del mes de março de mil e quinientos e doze años, estando los reverendos señores ynquisidores el liçençiado Alfonso de Mariana e don Françisco de Herrera, ynquisidor apostolico e hordinario, en abdiençia del Santo Ofiçio de la Ynquisiçion, e en presençia de mi, Christoual de Prado, notario del secreto del dicho Santo Ofiçio, mandaron a Melchior de Sayauedra, alcaide de le carçel, que sacase a la dicha abdiençia a la dicha Maria Gonsales. E ansy, estando presente la dicha Maria Gonsales en la dicha abdiençia, los dichos señores ynquisidores le dixeron que ya sabia que auia seydo muchas vezes amonestada que

22v dixese e declarase la verdad de las cosas que sabia, | ansy de ella como de otras personas, e que declarase los conpliçes que juntamente con ella hizieron e cometieron los dichos delictos de que ella es acusada y ella tiene confesado, y que pues no queria dezir la verdad, que hera forçoso de husar con ella por todo el rigor de derecho. E mandaron a mi, el dicho notario, que leyese la sentençia syguiente, estando presente la dicha Maria Gonsales:

Decision to Torture the Defendant [38]

[Sentençia de tormento]

Visto, etç.:

Fallamos, atento los yndiçios e sospechas que resultan de los proçesado contra la dicha Maria Gonsales en aver callado las personas

---

[38] This decision was taken by the judges alone, without benefit of a *consulta-de-fe*.

que partiçiparon con ella los delictos de heregia que tiene confesados, que la devemos mandar e mandamos poner a question del tormento de aqui, el qual le sea dado segund nuestro arbitrio hasta tanto que diga e declare la verdad de los conpliçes e partiçipantes en los dichos delictos. Y ansy lo pronunçiamos e mandamos en estos escriptos e por ellos.

Dada e pronunçiada fue esta dicha sentençia por los dichos señores inquisidores dia y mes y año susodicho, estando presente la dicha Maria Gonsales e en presençia de mi, el dicho notario.

E despues de lo susodicho, este dicho dia y mes y año susodicho, estando los dichos señores ynquisidores en la casa del tormento con la dicha Maria Gonsales, los dichos señores inquisidores mandaron que se desnudase. Luego la dicha Maria Gonsales dixo que ella queria dezir e manifestar la verdad de todo lo que sabia, ansy de sy como de otras personas, que | pedia e pidio a los dichos señores inquisidores que non le diesen tormento, que ella queria dezir e manifestar la verdad de todo lo que supiese e descargar su conçiençia. E lo que dixo e declaro y confeso la dicha Maria Gonsales es lo syguiente:

Confession

[Confesion]

Dixo que la verdad es que al tienpo que hizo los delictos de heregia que tiene confesados, hizo y partiçipo con este confesante en los dichos delictos de heregia Maria Lopez, tia confesante, muger de Hernando de Villarreal, pintor, vezino de La Menbrilla [La Menbrilla. Maria Lopez, muger de Hernando de Villarreal, pintor; sacado a su proçeso], e que es hermano del padre desta confesante que se llama Hernando de Merida, e que los delictos que hizo con este confesante la dicha Mari Lopez fueron en casa deste confesante, e que de tres años a esta parte los a cometido con este confesante la dicha Maria Lopez, veniendo a su casa deste confesante muchas vezes y en diversos tienpos desde La Menbrilla a Çibdad Real a haser las dichas cosas. Fue preguntada que sy posaua la dicha Maria Lopez en casa deste confesante; dixo que no, syno en casa de Beatriz Alonso, muger de Hernando de Merida, padre y madre deste confesante, e que desde la dicha casa donde posaua la dicha Maria Lopez venia a su casa deste confesante a haser las dichas çerimonias judaycas, como este confesante las hazia y con la misma creençia e yntençion que tenia a la Ley de los judios. E que asymismo se yvan esta confesante y la dicha Maria Lopez, su tia, a casa de Diego de

Teua, que es defunto, vezino de Çibdad Real, e se juntauan con Maria Gonsales, su muger, en la dicha su casa; y tanbien se juntauan con ellas Blanca Ximenez, muger de Juan Ximenez, mercader, defunto, vezino de La Solana [Çibdad Real. Maria Gonsales, muger de Diego de Teva; sacado a su proçeso. La Solana. Blanca Ximenez, muger de Juan Ximenez, mercader defunto.] y que cree este confesante que esta presa en la Ynquisiçion de Jahen, hermana de su padre deste 23v confesante. | E que tanbien se juntauan con ellas Graçia de Teva, muger de Diego Aluares, espeçiero, vezino de Çibdad Real, e Juana Nuñes, muger de Juan de Teva, mercader, vezino de Çibdad Real, e Maria Gonsales, muger de Rodrigo de Chillon, arrendador e tiene cargo de la carniçeria, vezino de Çibdad Real, prima deste confesante, y su madre de la dicha Maria Gonçales, que se llama Ynes de Merida,[39] muger de Diego de Huelua, defunto, vezino de Yepes [Çibdad Real. Graçia de Teva, presa, muger de Diego Aluares. Juana Nuñez, presa, muger de Juan de Teva. Maria Gonsales, muger de Rodrigo de Chillon. Ynes de Merida, muger de Diego de Huelua, defunto], y agora biue la dicha Ynes de Merida en Çibdad Real. E que esta confesante y todas las susodichas se juntauan en casa de la susodicha su tia Maria Gonsales, muger del dicho Diego de Teva, apuntador, defunto, algunos viernes en las noches a se holgar e guardar las dichas noches de viernes, y comian frutas de sarten e otras cosas, segund hera el tienpo e de lo que avia. E que aquellas noches de viernes ençendia la dicha Maria Gonsales, muger del dicho Diego de Teva, dos candiles linpios con sus mechas nuevas, e los ençendia dos horas antes que anochesiese, e atauiaua e alinpiaua su casa e la tenia muy adereçada aquellas noches de viernes por honra de la Ley de Moysen. E aquellas noches de viernes todas las susodichas y este confesante se vañavan aquellas noches de viernes por çerimonia judayca en vna tinaja grande con agua cozida con yervas, manzanilla e otras yerbas, la qual agua hazia e tenia aparejada la dicha Maria Gonçales, muger del dicho Diego de Teva, e enbiaua a llamar a este confesante e a todas las susodichas las dichas noches de viernes quando tenia aparejada el agua para que se viniesen a vañar; e que las mas moças se vañavan primero que las viejas, e las viejas les vañavan a las moças todo el cuerpo. E que la dicha muger de Diego de Teva enbiaua a llamar a este confesante e a todas las susodichas con dos hijas suyas que tenia, que la vna

[39] She was the daughter of Diego de Mérida and Flor González; see her trial, No. 115.

se llama Catalinica, de hedad ee honze años, e la otra Juanica, de hedad de ocho años. [Veretur]. E que tenia en aquella sazon en su casa vna anda | da que se llamaua Maria Lopez, que es agora casada con Pedro de Dueñas, cardador, vezino de Çibdad Real [Çibdad Real; Maria Lopez, muger de Pedro de Dueñas], la qual dicha moça estaua presente e veya las cosas que alli se hazian en la dicha casa de la de Diego de Teva. E que tanbien se vañava la dicha moça con las susodichas y con este confesante. E que todas las susodichas y este confesante llevavan sus camisas lauadas e linpias al dicho vaño y se las vestian despues que se avian vañado; e que se apartauan a haser y hazian el dicho vaño en vna cosina de la dicha casa. E que sabe este confesante que todas las susodichas se juntauan alli en la dicha casa a se vañar por çerimonia de la Ley de los judios, como esta confesante lo hazia, porque ellas se lo dezian a esta confesante, y se comunicavan vnas a otras de las cosas que hazian y la yntençion que tenian a la ley de los judios, teniendola por mejor ley que la de los christianos. E que tanbien se juntauan todas las susodichas y este confesante en la dicha casa algunos sabados despues de comer, mientras dormia la gente, en verano, que en los inviernos no se juntaban tantas vezes, e que algunas vezes comian de algunas caçuelas de huevos e otras cosas frias guisadas del viernes para el sabado, e que otras vezes merendavan frutas e otras cosas; e que no hasyan cosa ninguna syno todas estar holgando e aviendo plaser. E que todas estauan bien vestidas de ropas de fiesta e camisas linpias e tocas linpias. E que no se acuerda este confesante que alli se hiziesen otras çerimonias mas de holgar y aver plaser todas, vnas con otras, y merendar y comer y lo que tiene dicho, por honra del dicho sabado. E que algunas vezes hablauan en las cosas de la Yglesia y de la Fe e hasian burla de la misa. E que sabe que las susodichas no creyan en la misa ni querian oyrla, e que las vezes que yvan a la yglesia a Misa no yvan syno por conplir, que non por yr a Misa, y que ansy lo hazia esta confesante, porque las | susodichas gelo deçian a este confesante y este confesante a ellas, y lo comunicauan vnas con otras, teniendolo (lo) por burla las cosas de la Misa y de la Fe. E que sabe que todas las susodichas se hazian muchas vezes malas por no yr a misa. Preguntada que como lo sabe, dixo que porque ellas se lo dezian a este confesante e lo veya, y esta confesante hazia lo mismo. E que sabe este confesante que todas las susodichas ayunavan algunos ayunos de judios dos dias en la semana, que cree que heran el lunes y el viernes o el jueves, que no se acuerda bien sy hera el viernes o el jueves; e que cada vna ayunava en su casa y çenava, e que despues que abian çenado se venian a juntar a la dicha casa de la dicha muger de Diego de Teva, e alli, estando juntas, platicaua e se desian vnas a otras como avian ayunado e lo que avian çenado. E que aquellos dias que ayunavan no comian en todo el dia hasta la noche en anocheçiendo, e que lo sabe esta confesante porque ella ansy lo hasia y ellas se lo dezian a este confesante, e que vnas hasyan mas ayunos que no otras; e que esta confesante, porque estava syenpre preñada o parida, ayunava pocas vezes. E que quando alli se juntauan en la dicha casa de Diego de Teva en los dichos sabados, comian de vnas tortas blancas como la nieve, desabridas, como olivadas, e que se las dava la dicha muger del dicho Diego de Teva, e que cree este confesante que las hasya e cozia en su casa la dicha muger del dicho Diego de Teva, porque tenia horno en su casa. E que esta confesante no sabia que cosa era pan çenceño, y que agora cree esta confesante que lo deviera de ser, segund por lo que despues aca a oydo. E que algunas vezes, entrando esta confesante en casa de la dicha muger de Diego de Teva, la hallaua comiendo de las dichas tortas, e le dava a esta confesante dellas y esta confesante comia dellas e le dezia como hera pan muy desabrido. E que la dicha muger del dicho Diego de Teva le desia: Comeldo, que es bueno. E que la cabsa porque

25r se juntauan alli, en casa de la dicha muger de Diego de Teba, hera porque estaua bibda y no tenia gente de quien se guardar de haser las cosas susodichas. E que estas cosas que tiene dichas, que las hazian esta confesante y las susodichas quando la dicha muger del dicho Diego de Teva morava pared y medio desta confesante de su casa; e que quando la dicha muger de Diego de Teva morava en la moreria algunas vezes se juntauan en su casa a haser las dichas cosas, e porque hera lexos no yvan alla syno pocas vezes.

Yten, dixo que tanbien se juntauan en casa de la muger del dicho Juan de Teva esta confesante e la de Diego de Teva e la de Rodrigo de Chillon, e que alli hasyan las çerimonias judaycas. E que otras vezes juntauan en casa de esta confesante la dicha muger de Juan de Teva y su madre, Catalina Nuñes,[40] muger de Anton de los Oliuos, tia desta confesante, e la muger de Gonzalo de Moya, que se dize Ysabel Nuñes [Catalina Nuñes, muger de Anton de los Oliuos. Ysabel Nuñes, muger de Gonsalo de Moya], ansymismo tia desta confe-

---

[40] This testimony may be found in the file of María González, wife of Rodrigo de Chillón, No. 105, fol. 13v.

Trial of María González, Wife of Pedro de Villarreal

sante, e que holgauan alli los sabados; y que avnque lleauauan ruecas las susodichas, no hilauan ni hasyan cosa ninguna syno holgar, y esta confesante con ellas. Fue preguntada que de que tanto tienpo aca an hecho las dichas cosas ella y todas las susodichas; dixo que avra syete años, poco mas o menos, que podra ser desde que se fue la chançilleria de Çibdad Real a Granada, quando las muchas aguas. E que al presente no se acordaua de mas, que pedia a sus reverençias que le diesen termino para recorrer su memoria.

[Beatriz Alonso, muger de Hernando de Merida.] Los dichos señores ynquisidores la tornaron (a) amonestar que dixiese la verdad de todo lo que sabia, e la mandaron que se desnudase. E luego la dicha Maria Gonsales dixo que tanbien fue en estas cosas susodichas | Beatriz Alonso, muger de Hernando de Merida, defunto, vezino de Çibdad Real, madre deste confesante. E que se juntaua en las dichas casas con esta confesante e con las susodichas a haser las dichas çerimonias de la Ley de los judios, e que no se juntaua todas las vezes porque es muger enferma. [Todas las susodichas mugeres].

Yten, dixo que la dicha su madre desta confesante e la dicha muger de Diego de Teva, e la dicha muger de Juan de Teva, e su madre de la dicha muger de Juan de Teva, e esta confesante, e la muger de Rodrigo de Chillon, y su madre, Ynes de Merida, se juntauan en casa de la dicha muger de Rodrigo de Chillon, e la muger de Lorenço Franço, que no se acuerda de su nonbre [41] mas de quanto sabe que es hija de vno que hera aposentador del Rey, y su hermana de la dicha muger de Lorenço Franco, que no sabe su nonbre, pero que sabe que es muger de Gonzalo Garrido,[42] cardador, vezinos de Çibdad Real, e Maria Gonsales, muger de Alonso Merlo,[43] arrendador, vezino de Çibdad Real, e Catalina de Merlo, su hija muger

---

[41] There were at least two people named Lorenzo Franco: the son of Luis Franco and his wife Teresa de Villarreal, who were tried and absolved, and the son of Pero Núñez Franco, who was married to Mayor González. The woman referred to here may have been either one.

[42] She is cited in the same way in the trials of María González, wife of Alonso de Merlo (No. 106, fol. 9r) and Juana Núñez (No. 107, fol. 14r).

[43] See her trial, No. 106, where she was condemned to life imprisonment. Fita lists her among those burnt on 7 September 1513; see Fita, p. 476, No. 195. His source here must have been incorrect.

Records of the Inquisition in Ciudad Real and Toledo, 1494-1512

de Pedro Nuñez, carniçero, y su hermana Ynes Gomez,[44] muger de Diego Vallesteros, defunto, vezino de Çibdad Real [La muger de Lorenço Franco, hija de Pedro de Villarreal, sacado a su proçeso.] [Vna su hermana, muger de Gonzalo Garrido, cardador. Maria Gonzales, muger de Alonso de Merlo. Catalina de Merlo su hija, muger de Pedro Nuñez, carniçero. Ynes Gomes, muger de Diego Ballesteros.] E que todas las susodichas, y este confesante con ellas, se juntauan en casa de la dicha muger de Rodrigo de Chillon a holgar los sabados y guardallos, e que yvan todas atauiadas de ropas de fiesta y vestidas camisas linpias e con tocas linpias por honra de los dichos sabados, por çerimonia de la Ley de los judios. Y esta confesante ansymismo yva atauiada y vertida camisa linpia e tocas linpias. E que alli merendavan y avian plaser y holgauan el dicho sabado. E que sabe esta confesante que todas las susodichas holgauan los dichos sabados con la yntençion que este confesante lo hazia. Preguntada que como lo sabe, dixo que ellas se lo dezian a esta confesante y lo platicauan
26r con ella | y ella con ellas. E que pocas vezes fueron los que se juntaron en esta casa a cabsa que el dicho Rodrigo de Chillon tenia las carniçerias e tenia trafago de gente. E que algunas vezes, algunos viernes en las noches se juntavan esta confesante y las susodichas en esta dicha casa de Rodrigo de Chillon a holgar las dichas noches de viernes, y que se vañavan las dichas noches e levavan sus camisas linpias, e de que se avian vañado, se las vestian las susodichas, y esta confesante con ellas, por çerimonia. E que esta confesante no se vaño mas de vna vez en esta dicha casa de Rodrigo de Chillon, e que sy mas se vaño, que no se acuerda, pero que sabe que las otras susodichas se vañaron muchas vezes, e que alli platicauan vnas con otras como ayunavan los ayunos de los judios cada vna en su casa, e de lo que hazian. E que sabe que en la dicha casa de Rodrigo de Chillon ençendian los viernes en la noche dos candiles linpios con mechas nuevas mas tenprano que las otras noches, e que sabe que lo hazian por çerimonia de la Ley de los judios, e que avnque los dichos candiles esta confesante non las veya ençender, porque yba tarde, sabia que los ençendian tenprano y veyan como estauan muy linpios y con muchas mechas nuevas ençendidas. E que en la casa que mas contino esta confesante veya ençender los dichos candiles linpios con mechas nuevas los viernes en las noches mas tenprano que las otras hera en casa

---

[44] She was the sister of María González, wife of Alonso de Merlo; see No. 106, fol. 2v. See also Biographical Notes.

[278]

Trial of María González, Wife of Pedro de Villarreal

de Juan de Teva e Diego de Teva {La casa de Joan de Teva. La casa de Diego de Teva}, que heran vezinos desta confesante. E que sabe e vio que en las dichas casas de la dicha muger de Juan de Teva e Diego de Teva, que aquellas dichas noches de viernes tenian linpias sus casas y aderesadas como de fiesta, ansy quando se juntauan esta
26v confesante | e las susodichas como quando non se juntauan, e que lo veya esta confesante porque heran sus vezinas.

Yten, dixo que Mayor Aluares, muger de Hernando de Cordova, defunto, vezino de Çibdad Real {Mayor Aluares, muger de Hernando de Cordova, defunto}, vino algunas vezes a casa desta confesante a holgar algunos sabados con esta confesante y los holgaron juntas, y que no es muger que se atauiava mucho, pero que lo que traya hera muy linpio; e que traya vestida camisa linpia e tocas linpias, e que sabe esta confesante que lo hazia por çerimonia judayca, porque vna con otra lo comunicauan que lo hazian por oseruançia del sabado. E que esta confesante fue algunas vezes a casa de la dicha muger del dicho Hernando de Codoua a holgar los sabados, y que yva tanbien con esta confesante la dicha su madre Beatriz Alonso {Beatris Alonso madre desta confesante. Sacado a su proçeso}. Fue preguntada que quien yva con ellas quando yvan a casa de la dicha muger de Hernando de Cordoua. Dixo que vna negra, esclaua desta confesante, y Catalina, su criada, hija de Marcos Amarillo, la qual la lleuaua la rueca o vna canastilla de maçorcas para devanar e lana de orillas para desmotar, e que todo lo tornava en la noche a su casa por haser, porque como holgauan los dichos sabados, no hazia cosa ninguna. E que se juntauan en la dicha casa de la dicha muger del dicho Hernando de Cordoua a guardar los dichos sabados la muger de Anton Ramires, que es defunto, que se llama Juana de los Oliuos,[45] e Catalina Ramires,[46] su hija, bibda, muger que fue de Gonsalo Ramires,[47] e su sobrina Teresa Dias,[48] muger de Juan Alonso, mercader, e la de Juan de los Oliuos,[49] espeçiero, hija de Lope Alonso, vezino del Moral de Calatrava {Juana de los Oliuos,

---

[45] She was tried and sentenced to prison in 1503–1504; see No. 97.
[46] She was absolved on 10 September 1513; see Fita, p. 479, No. 248.
[47] He was burnt on 9 November 1501; see Fita, p. 472, No. 125.
[48] She was also called Teresa de Villarreal. She was in prison in May 1513 along with Mayor Alvarez and is mentioned in the trial of Isabel de los Olivos, No. 108, fol. 22v.
[49] Her name was Inés González. She was in prison in Toledo on 2 May 1513; see No. 108, fol. 23v. She was reconciled on 10 September 1513; see Fita, p. 481, No. 276.

Records of the Inquisition in Ciudad Real and Toledo, 1494–1512

muger de Anton Ramires. Catalina Ramires, su hija, bibda, muger de Gonsalo Ramires. Teresa Dias, muger de Juan Alonso. La de Juan de los Oliuos. Maria Rodrigues donzella, hija de Juan de los Oliuos, defunto], e Maria Rodrigues, donzella, hija de Juan de los Oliuos, defunta, e Maria

27r Lopez,⁵⁰ donzella, hija de Rodrigo | de los Oliuos, defunta, e Francisca Nuñes, hija de Juan de los Oliuos, vesino de Toledo, muger de Diego Hernandez, escrivano, que anda en la Corte, e la muger de Diego de Madrid, bibda, que es hermana de Juan Ramirez, mayordomo del reuerendisimo señor cardenal d⟨e⟩ España, e su madre, muger de Aluar Gonçalez,⁵¹ que esta en casa de la dicha su hija, muger del dicho Diego de Madrid, e Leonor Aluares,⁵² muger de Francisco Ruyz, espeçiero, defunta, e su madre, muger de Rodrigo de los Oliuos,⁵³ defunta, todas vezinas de Çibdad Real; e que todas las susodichas se juntauan en casa de la dicha Mayor Aluarez, muger del dicho Hernando de Cordoua, a guardar los sabados, y los guardauan. [Çibdad Real. Maria Lopez, hija de Rodrigo de los Oliuos; fue sacado a su proçeso. Françisca Nuñes, muger de Diego Hernandes, escrivano. La muger de Diego de Madrid, bibda, hermana de Juan Ramires. La muger de Aluar Gonçalez. Leonor Aluares, defunta, muger de Françisco Ruyz, espeçiero. La de Rodrigo de los Oliuos, defunta]. E que esta confesante yva alla a la dicha casa algunos sabados y los guardaua con las susodichas e las hallaua alla, y venian estando esta confesante en la dicha casa, e otras vezes venian algunas despues que esta confesante hera yda. E que sabe e veya como todas las susodichas holgauan los sabados, syn haser cosa ninguna en ellos mas de aver plaser, de holgar y merendar. E que alguna vez vio que comian algunas cosas guisadas del viernes para el sabado. E que esta confesante holgaua con ellas los dichos sabados e comia de las dichas cosas. E que sabe que se vañavan las susodichas y las vio vañar en la dicha casa tres o quatro viernes en las tardes. Y esta confesante tanbien se vaño vna o dos vezes. E que tanbien las vio vañarse en el sabado. E que alli platicauan las susodichas, y esta confesante con ellas, lo que hazian por honra de la Ley de

---

[50] She participated in an *auto-de-fe*, but we do not know what her sentence was; see Fita, p. 481, No. 272.

[51] Alvar González was the father of Juan Ramírez, the majordomo, No. 109.

[52] The same testimony against her was given at the trial of Juana Núñez, No. 107, fol. 18r.

[53] There were most likely two people named Rodrigo de los Olivos; see Biographical Notes.

Trial of María González, Wife of Pedro de Villarreal

los judios, e dezian que los christianos estauan engañados en guardar
la Fe, y burlauan dellos y de Fe Catolica, e dezian | que la Ley
de los judios hera la buena y la verdadera, e que todo estotro de
la Fe hera burla, e otras cosas que no sa acuerda esta confesante.
E que no se acuerda seña ladamente qual de las susodichas hablaua
las dichas cosas, mas de que todas hablauan en ello y todas lo
consentyan e dezian que hera ansy verdad, y esta confesante con
ellas, e que como todas estauan en aquella creençia de la Ley de
los judios burlauan de la Fe cada vna lo que podia.

Yten, dixo [54] que en este ayuntamiento que se hazia en casa de la
dicha muger del dicho Hernando de Cordoua se juntauan tanbien
en la dicha casa Juan de Teva [55] e Alonso Aluares, arrendador, e
Juan de los Oliuos e Lope de los Oliuos y Gonzalo de los Oliuos,
mercaderes, e Lope de los Oliuos, hermano de la dicha muger del
dicho Hernando de Cordoua, que es defunto y hera arrendador,
y el dicho Hernando de Cordoua, e Alonso de Merlo e Pedro de
Villarreal, marido desta confesante, e Diego Sanches de Madrid,
mercader, hermano de Alonso Sanches,[56] que esta en esta carçel
preso, todos vezinos de Çibdad Real. E que todos los susodichos
se juntauan alli, en la dicha casa del dicho Hernando de Cordoua,
a guardar los sabados. [Moniçion]. E que vio esta confesante como
se asentavan a vna mesa todos los susodichos, e los vido estar
asentado alrededor de la dicha mesa en vna sala de la dicha casa.
E que tenian sobre la dicha mesa vn libro [libro] del tamaño deste
pliego, con vnas letras coloradas y negras, y tenia las cubiertas
coloradas [Vocetur]. E que le dezian a esta confesante que el dicho
libro hera de Diego Sanchez de Madrid, que se lo dezia Francisca
Nuñes, sobrina de la dicha muger del dicho Hernando de Cordoua.
[Juan de Teva; sacado a su proçeso. Alonso Aluares, arrendador. Juan de
los Oliuos. Lope de los Oliuos. Gonzelo de los Oliuos. Fernando de Cordoua.
Alonso de Merlo. Pedro de Villarreal; sacado a su proçeso. Diego Sanches
de Madrid; sacado a su proçeso. Françisca Nuñez, sobrina de la muger de
Hernando de Cordoua]. E que veya esta confesante como leya en el
dicho libro el dicho Alonso de Merlo, e | (e) los otros susodichos le
oyan, pero que no sabe esta confesante que libro hera ni oya lo
que leyan, porque esta confesante y las susodichas mugeres estaban

---

[54] This same testimony is found in many trials.
[55] See his trial, No. 113. His confiscated property was released on 23 January 1503; see H. Beinart, *Sefarad,* XVII (1957), p. 295.
[56] Both brothers were tried. On Diego, see No. 111. On Alonso, whose full name was Alonso Sánchez de Madrid, see No. 112.

en otro palaçio de la dicha casa, juntas.[57] Y que veya esta confesante como estaba çerrada la puerta de la calle de la dicha casa quando leyan en el dicho libro, e que esto, que no los vido mas de dos vezes de la forma susodicha. E que estarian alli leyendo cada vez por espaçio de quatro oras en los dichos dias de sabados en las tardes, despues de comer, e que de que avian leydo en el dicho libro se yvan vno a vno y dos a dos; e que quando queria anocheçer se yvan esta confesante e las susodichas mujeres ⟨sic⟩ a sus casas.

[Moniçion]

[Atento] Yten, dixo que el dicho Pedro de Villarreal, marido desta confesante [Çiudad Real. Pedro de Villarreal; sacado a su proçeso], holgo algunos viernes en las noches y los sabados como esta confesante los holgaua y con la misma yntinçion que tiene confesando. E que las dichas noches de viernes en las noches se acostauan ella y su marido tenprano y se levantauan los dichos sabados mas tarde que los otros dias de entre semana, por guardar los dichos sabados; e se vestian camisas linpias esta confesante y el dicho su marido. E que tanbien dava el dicho Pedro de Villarreal la bendiçion a sus hijos a la manera judayca, como esta confesante lo hazia. E que algunas vezes guisauan de comer el viernes para el sabado e lo comian esta confesante y el dicho Pedro de Villarreal, marido desta confesante, en los dichos sabados. E dixo que al presente no se acuerda de mas, que ella recorrera su memoria, y sy de mas se le acordare, lo dira y manifestara ante sus reverençias. E que esta es la verdad e que paso ansy. Los dichos señores inquisidores le mandaron boluer a la carçel donde solia estar presa la dicha Maria Gonzales. |

28v E despues de lo susodicho, en la dicha çibdad de Toledo, en treynta y vn dias del dicho mes de março del dicho año de mil e quinientos e doze años, estando el reverendo señor Alfonso de Mariana, inquisidor, en su abdiençia, e en presençia de mi, el dicho notario, mando a Melchor de Sayavedra, alcaide de la dicha carçel, que sacase a la dicha Maria Gonçales, la qual estando ansy presente en la dicha abdiençia, el dicho señor inquisidor le dixo que sy se acordava bien de las cosas que ayer avia dicho e confesado, ansy de sy como de otras personas, ante los reuerendos señores el liçençiado Alfonso de Mariana e el liçençiado don Françisco de Herrera.

[57] The witness no doubt knew that men and women did not sit together when they prayed.

Trial of María González, Wife of Pedro de Villarreal

Confirmation of Confessions

[Ratificaçion de sus confesiones]

La dicha Maria Gonsales dixo que sy se acordava bien de todas las cosas que avia dicho e confesado, ansy de sy como de otras personas, e pidio al dicho señor ynquisidor que le mandase leer las dichas sus confesiones que ayer, martes, que se contraron treynta dias del dicho mes de março, hizo ante los dichos señores ynquisidores. El dicho señor ynquisidor se las mando leer; las quales dichas confesiones yo, el dicho notario, se las ley de verbo ad verbum. E ansy leydas por mi, el dicho notario, las dichas sus confesyones, la dicha Maria Gonsales dixo que es verdad todas las cosas contenidas en las dichas sus confesiones, ansy della como de todos los susodichos [contra todos los susodichos], y que ansy paso, e que hizo e cometio e vio haser e cometer los dichos delitos de heregia en ellas contenidas a todas las susodichas personas, segun e de la manera e forma que lo tiene dicho e confesado, e que en ello se afirmaua e afirmo, e ratificaua e ratifico, e que sy nesçesario
29r hera agora lo dezia de nuevo | E juro en forma ser verdad todo lo por ella dicho e confesado, e hizo protestaçion que sy de mas se acordara, que lo dira e confesara ante sus reverençias cada y quando que a su memoria viniere.

Fue preguntada sy vio en casa de la dicha muger de Diego de Teva o en casa de la dicha muger de Hernando de Cordoua y en la casa del dicho Rodrigo de Chillon haser otras algunas çerimonias, mas de las que tiene dicho e confesado. [Las casas donde se juntauan a judayzar]

La dicha Maria Gonsales dixo que no vido haser mas çerimonias de las que tiene dicho e confesado.

Fue preguntada sy vio en aquellos dichos ayuntamientos que se hazian en las dichas casas rezar e dezir algunas oraçiones judaycas entre las dichas mugeres que alli se juntauan; dixo que nunca vio que rezasen oraçiones judaycas las dichas mugeres, ni los oyo en publico ni secreto, ni las sabe esta confesante.

Fue preguntada si vio deseuar la carne y sacar la landrezilla a algunas de las susodichas, o sy algunas de las susodichas mugeres se lo vieron deseuar a esta confesante; dixo que ya tiene dicho e confesado como lo vido deseuar la dicha carne a la dicha muger de Juan de Teva, e que esta confesante lo deseuo algunas vezes, y que se remite a sus confesyones. E que sy alguna de las susodichas se lo vido haser a esta confesante, que no lo sabe.

[283]

Fue preguntada que sy estaua presente el dicho Rodrigo de Chillon quando esta confesante y todas las susodichas se juntauan a guardar los dichos sabados en la dicha su casa, y que sy lo veya el dicho Rodrigo de Chillon, o lo sabia; dixo que le paresçe a esta confe-
29v sante | que no estaua alli, ni le vio, ni sabe sy lo sabia el dicho Rodrigo de Chillon, pero que cree que su muger se lo diria del dicho ayuntamiento.

Fue preguntada sy sabe que se ayuntasen algunos honbres a guardar los sabados o haser otras çerimonias en casa del dicho Rodrigo de Chillon o en casa del dicho Juan de Teva; dixo que nunca vido juntarse alli ningunos honbres mas de las dichas mugeres que tiene dicho e confesado, ni nunca oyo desir que se juntasen alli ningunos honbres.

[Çibdad Real; la muger de Alonso Alvarez, arrendador; sacado a su proçeso.] Yten, dixo que se acuerda esta confesante que vn sabado que se ayuntaron esta confesante y las susodichas en casa de la muger del dicho Hernando de Cordoua, su tio, e que vido estar alli aquel dicho dia de sabado, holgando, a la muger de Alonso Aluares, arrendador, que cree que se llama Catalina Ramires.[58] E que sabe esta confesante que holgo aquel dicho sabado la dicha muger del dicho Alonso Aluares con esta confesante e con las susodichas, y que comio e merendo de las cosas que esta confesante y las susodichas merendaron; e que estava aquel dicho sabado atauiada de buenas ropas de fiesta, y tenia vestida camisa linpia e tocas limpias e que no la vido mas de vna vez en estos ayuntamientos, e que sy otras vezes fue, que no se acuerda. E que a ella y al dicho su marido, Alonso Aluares, que los tiene esta confesante por tan judios como esta confesante lo a seydo, por lo que conosçe dellos.

[Beatriz Alonso, madre desta confesante, muger de Hernando de Merida] Yten, dixo que la dicha Beatriz Alonso, madre desta confesante, la ynpuso a esta confesante en ençender de los candiles linpios tenprano los viernes en las noches, e en el vañarse los viernes en
30r las tardes, | y en el holgar de los viernes en las noches y los sabados.

[58] María González was in error here. Juana Rodríguez was the wife of Alonso Alvarez; see above n. 13. With regard to Catalina Ramírez, there were at least two people by that name. One was the wife of Gonzalo Ramírez, who was absolved on 10 September 1513; see Fita, p. 479, No. 248. A second Catalina Ramírez, the daughter of Juan Ramírez the majordomo, was summoned to defend the memory of her father in his trial, No. 109, fol. 9v.

Trial of María González, Wife of Pedro de Villarreal

E que esta confesante y la dicha su madre guardaron algunos sabados solas, e otras vezes con otras personas, como tiene dicho e confesado. E que lo dezia la dicha su madre a esta confesante algunas vezes que la Ley de los judios hera la buena y la verdadera, e que aquella avian de guardar. E que por otra parte le desia que procurase de hilar en los sabados e haçer otras haziendas, por que no fuese sentida que guardaua los sabados.

Fue preguntada que tanto tienpo a que la dicha su madre la ynpuso en las cosas susodichas [domatizo]. Dixo que avra diez años que la ynpuso la dicha su madre en las dichas cosas, e que desde estonçes aca a fecho y cometido los dichos delictos que tiene dicho e confesado, e que no enbargante que a dicho en sus primeras confesyones que avia syete años que cometio los dichos delictos, que agora se acordaua bien que avra diez años. [De tenpore]

Fue preguntada que tanto tienpo a que se dexaron esta confesante y todas las susodichas de se juntar e guardar los sabados y haser las otras cosas susodichas en las dichas casas de la dicha de Diego de Teva e de Hernando de Cordoua e de la de Rodrigo de Chillon; dixo que al ayuntamiento que hasyan en la dicha casa de la muger del dicho Hernando de Cordova, que avra vn año y quatro meses que se dexaron de juntar en la dicha casa, que fue despues que fallesçio el dicho su marido, Hernando de Cordova. E que de los ayuntamientos que hazian en las dichas casas de la dicha muger del dicho Diego de Teva e Rodrigo de Chillon, que se dexaron dello y no se juntaron mas despues que supieron que el dicho liçençiado Alonso de Mariana, inquisidor, estaba en Alcaçar e visytando

30v aquella tierra, e que de que lo supieron, vnas a otras | se hablauan e avisauan que se guardasen que no fuesen sentidas, porque la Ynquisiçion andava por la tierra visytando y se dezia que avia de venir a Çibdad Real. E que esta es la verdad so cargo del dicho juramento que tiene fecho, e que non lo dize por odio ni enemistad que tenga a Maria Gonzalez de las susodichas personas, syno porque paso ansy. E que sy otras cosas mas se le acordare, que ella lo dira e confesara ante sus reverençias. E que de todo pide a Nuestro Señor Ihesu Christo perdon y a sus reverençias penitençia con misericordia, la qual esta presta de haser y cunplir como por sus reverençias le fuese ynpuesta.

María González Swears that her Confession is True

9 June E despues de lo susodicho, en XIX dias de junio del dicho año, 1512 estando los dichos reverendos señores inquisidores apostolicos e

[285]

hordinario en la abdiençia del dicho Santo Ofiçio, sus reverençias mandaron salir ante sy a la dicha Maria Gonsales, la qual siendo presente, sus reverençias reçibio ⟨sic⟩ juramento en forma de derecho de la susodicha, so cargo del qual la requirieron e amonestaron que diga e declare si es verdad las cosas que a dicho en sus confesiones, espeçialmente de la personas que se ayvntaban en las casas e lugares que tiene confesadas en Çibdad Real, e otrosy la requerieron e amonestaron que sy alguna cosa a dicho e confesado que no sea verdad contra alguna persona, que lo diga e declare, porque la intençion de sus reverençias no es syno saber realmente la verdad. Dixo que todo lo que a dicho e confesado, asy de sy como de todas las otras personas e de los ayvntamientos e congregaçiones que tiene dicho, todo es verdad, e que en ello se afirma, e que sy neçesario es lo dira en la cara a las personas a quien toca, e que lo hara verdad fasta que muera. |

Sentence

31r Maria Gonsales, muger de Pedro de Villarreal, vezina de Çibdad Real

Por nos, los inquisidores contra la heretica pravedad e apostasia en la muy noble çibdad de Toledo e su arçobispado por autoridad apostolica e hordinaria, visto vn proçeso criminal que ante nos a pendido e pende entre partes, de la vna, actor denunçiante el venerable Martin Ximenes, canonigo de Logroño e promotor fiscal deste Santo Ofiçio, e de la otra, rea acusada Maria Gonsales, muger de Pedro de Villarreal, mercader, vezina de Çibdad Real, sobre razon del delito e crimen de heregia e apostasia de que por el dicho promotor fiscal fue acusada. E visto la acusaçion que el dicho promotor puso e yntento contra la dicha Maria Gonsales, en que dixo que siendo christiana e por tal se llamando, e gozando de las prerrogatibas e inmunidades que los catolicos christianos gozan e deven gozar, avia heretico e apostatado contra nuestra Santa Fe Catolica Christiana e que se avia pasado a la creençia de la mortifera Ley de los judios e a la oservançia de sus ritos e çerimonias, en espeçial que por la afeçion que la dicha Maria Gonsales tenia a la dicha mortifera Ley de los judios avia guardado los dias de los sabados, no haziendo en ellos la hazienda que acostunbrava a hazer en los otros dias de entre semana; e que los viernes en las tardes, de buena ora, se apartava de hazer hazienda por honra e guarda del dicho sabado; e que en las dichas noches de biernes, la dicha Maria Gonsales hazia ençender e ençendia çiertos candiles linpios con mechas nuevas e los ponia en çierta parte de su casa y non los amataba ni consentia amatar, fasta que ellos mismos se apagavan de suyo, e hazia hechar vn grano de sal en vn candil por que durase mas; e que en los dichos dias de sabados se vestia camisas linpias e se atabiava de buenas ropas por honrar el dicho dia del sabado, e se levantaba mas tarde de que en los otros dias de entre semana. E que por guarda e oseruançia de la dicha Ley la dicha Maria Gonsales avia purgado la carne, quitandole todo el sebo e gordura, segund e como los judios lo hazian; e que avia guisado en los dichos sabados algunas cosas a la manera judayca. E que la dicha Maria Gonsales, como tal hereje, no seyendo en nuestra Santa Fe Catolica y en vituperio della, dandole çierta persona vna tabla en que estava pintada la ymajen de Nuestra Señora la Virgen Maria, tomo la dicha tabla e la arrojo en vn alvañar muy suzio, y despues de arrojada la dicha tabla en que estaba la dicha ymajen, la dicha Maria Gonsales la escupio. E que asimesmo muchas vezes avia dado la vendiçion a çiertas personas a la manera judayca quando le besaban la mano, sin los santiguar. E que asimismo avia fecho e cometido otros muchos delitos de here|gia e apostasia, lo qual todo dexava de confesar maliçiosamente. Por qu dixo que nos pedia e pidio que declarasemos la dicha Maria Gonsales aver seydo herege apostota de nuestra Santa Fe Catolica e Religion Christiana, e que como a tal hereje la relaxasemos a la justiçia e brazo seglar, e que declarasemos todos sus bienes e hazienda, del dia que avia cometido los delitos aca, aver sydo e ser confiscados e aver pertenesçido a la camara e fisco real, e su decendençia e posteridad por las lineas masculina e femenina, fasta el primero grado inclusiue, ser pribados de todos e qualesquier benefiçios e ofiçios publicos, eclesiasticos e seglares e honras mundanas, e ynaviles para perpetuamente no poder tener ni aver otros de nuevo, segund que esto y otras cosas mas largamente en la dicha su acusaçion se contiene. Visto como despues de puesta la acusaçion, la dicha Maria Gonsales, respondiendo a ella, hizo çiertas confesiones judiçialmente ante nos, en que dixo e confeso que ella avia guardado muchos sabados, todos los que buenamente avia podido guardar sin que fuese tentida, e que dexaba de hilar en los dichos sabados e hazer otras haziendas de su casa, e que por mostrar que no guardava los dichos dias de sabados hazia algunas cosas libianas, asy como coger paños e otras cosas de poca labor, e que si no fuera por no ser sentida, que guardaba enteramente los dichos dias de sabados; e que se bestia en los dichos sabados camisas linpias e se atabiava de buenas ropas e se ponia tocas linpias quando buenamente lo podia hazer, por mas solenizar los dias de sabados; e que en los biernes en las noches se dexaba tenprano de hilar e de hazer las otras haziendas de su casa; e que holgaba las dichas noches e se yva ⟨a⟩ acostar luego con sus fijos; e que las dichas noches de biernes mandaba varrer e adereçar su casa por mas honrar los dichos sabados; e que en las dichas noches de viernes, tenprano despues de puesto el sol, ençendia dos candiles linpios con mechas nuevas de algodon por çerimonia de la Ley de los judios; e que algunos sabados, por que no fuese sentida en su casa, se yva a holgar a çiertas casas adonde asymismo holgavan los dichos sabados, e alli holgaba e avia plazer hazienda ninguna ⟨sic⟩, e que merendavan vnas caçuelas frias guisadas del biernes para el sabado, e que alli hablaban e burlaban de las cosas de la Fee, e desian que la Ley de Muysen hera la buena, e que en ella se avia de saluar, e que | todo estotro hera burleria; e que avia muchas vezes desevado la carne e porgadola e sacado la landrezilla por çerimonia judayca. E asimismo la dicha Maria Gonsales dixo e confeso que çiertas personas llevaron a su casa vna tablilla en que estaba pintada la ymajen de Nuestra Señora la Virgen Maria y vna Cruz para que demandase el dicho su marido para las Animas del Purgatorio, e que a la sazon no estaba en casa el dicho su marido, e que se escusaba de no reçebir la dicha tabla, diziendo que no estaba en casa su marido, e que le porfiaron que tomase la dicha tabla, e que la tomo e la arrojo en vn albañar que esta en el portal de su casa; e que avia escupido la dicha Ymagen e Cruz que estaban pintados en la dicha tabla, e que lo avia fecho con la intençion que tenia a las cosas de la Ley de Muysen, creyendo que aquella hera la buena y la verdadera, que las cosas de la Fe hera todo burla. E asimismo, que avia dado muchas veses la vendiçion a la manera judayca a muchos niños, poniendoles la mano sobre las caveças, atrayendogela por la cara avaxos sin los santiguar. E que avia ayvnado muchas vezes a la manera judayca, no comiendo en todo (en todo) el dia; e que avia guisado del biernes para el sabado caçuelas, e las comia en los dichos sabado frias; e que los biernes en las noches se avia vañado muchas vezes por çerimonia judayca; e que las dichas noches de viernes tomava vn candil muy linpio, con su mecha nueva ençendido, e le metia en su palaçio e le çerrava con la llave, porque non le viese ninguna persona, e ardia toda la noche por honra de los sabados; e que estando la dicha Maria Gonsales parida no avia querido vavtizar la criatura en domingo, sino que la avia fecho vavtizar en vn sabado, e que aquel dia se avia vestido camisa linpia

Trial of María González, Wife of Pedro de Villarreal

e atabiada de buenas ropas, e que avnque se avia atabiado por el dicho bavtismo, que lo avia fecho con intençion de guardar e solenizar aquel sabado, e no con intençion que se vavtizase en otro dia syno en sabado por tener color de guardar el dicho sabado con la intençion que tenia a la dicha Ley de Muysen; e que dende a vn mes avia salido a misa, e que salio en sabado e se atabio e holgo el dicho dia con la intençion que tenia a las cosas de la Ley de los judios. Asymismo dixo e confeso la dicha Maria Gonsales que las cosas de la Misa, que no las creya, e que las tenia por burla, e quando yva a Misa no yva syno por conplir, e que muchas vezes se hazia mala por no yr a misa; e que avia fecho e cometido la dicha Maria Gonsales todas las cosas susodichas e otras que no se acordaba con intençion que no creya en la Fee, e tenia por mejor la Ley de los judios que la de los christianos, creyendo saluarse en ella. De lo qual todo por ella confesado la dicha | Maria Gonsales dixo que se hallava muy culpada e se arrepentia e arrepentio dello, e se queria apartar de las dichas heregias e tornarse a nuestra Santa Fe Catolica, e que pedia e pedio a Nuestro Señor Ihesu Christo perdon e a nosotros penitençia con misericordia, e que de aqui adelente protestaba e protesta de vivir e morir como catolica christiana e tener e creer todo aquello que tiene e cree la Santa Madre Iglesia, e de cumplir todas e qualesquier penitençias que por nos le fuesen impuestas e mandadas a hazer. E bisto como sobre todo las dichas partes concluyeron, e nos concluymos con ellos e ovimos el pleyto e causa por concluso, e asynamos termino para dar en el sentençia. E visto todos los otros avtos e meritos del dicho proçeso y todo lo que mas se requeria ver e examinar, e avido sobre todo ello nuestro acuerdo e deliberaçion con personas de çiençia e conçiençia e de su voto e pareçer,

Christi Nomine invocato:

Fallamos que devemos declarar e declaramos el dicho promotor fiscal aver provado bien e conplidamente su intençion, que es la dicha Maria Gonsales aver seydo [59] hereje apostota de nuestras Santa Fe Catolica e Religion Christiana, e aver incurrido en sentençia de excomunion mayor y en las otras penas e çensuras contra los tales herejes apostotas en derecho estableçidos y en confiscaçion de todos sus bienes, los quales declaramos aver pertenesçido e perteneçer a la camara e fisco real desde el dia que cometio los dichos

---

[59] Usually this is written 'aver seydo e ser' in the sentence.

delitos de heregia; e comoquier que la dicha Maria Gonsales estuvo e permaneçio mucho tiempo en los dichos sus herrores de heregia, e por aver venido a los confesar tanto de que pudieramos de derecho e buena conçiençia proçeder contra ella mas rigurosamente, pero porque la dicha Maria Gonsales dize e afirma que se quiere convertir a nuestra Santa Fe Catolica con puro coraçon e entera fee, e que quiere detestar, renunçiar e apartar de sy las dichas heregias e otra qualquier espeçie dellas, e tener e creer nuestra Santa Fe Catolica, e pide ser reincorporada e vnida al gremio e vnion de los fieles

33r christianos de la Santa Madre Iglesia, queriendo [ ] | con ella venina e piadosamente, allegandonos mas a la misericordia que al rigor, si asy es que la dicha Maria Gonsales se convierte a nuestra Santa Fe Catolica con verdadero coraçon no fingido ni symulado, e sy abjurare los dichos sus herrores de heregia e conpliere las penitençias que por nos le fueron inpuestas, que la devemos de reçebir e resçebimos a reconçiliaçion e reincorporaçion de la Santa Madre Yglesia e a la vnion de los fieles christianos, e la mandamos que abjure canonicamente los dichos herrores de heregia e otra qualquier espeçie della.

Abjuration and Reconciliation

Abjuraçion

Yo, Maria Gonsales, muger de Pedro de Villarreal, mercader, vezino de la Çibdad Real, de mi libre e espontanea boluntad abjuro e detesto e renunçio e aparto de mi toda heregia e qualquiera espeçie della, espeçialmente esta de que e seydo acusada e yo he confesado, de que soy informada e testificada, e confieso por mi boca con puro e verdadero coraçon la Santa Fe Catolica que tiene, predica e sygue e enseña la Santa Iglesia de Roma, e aquella tengo e quiero tener e seguir e en ella permanesçer e morir y de nunca me apartar della; e juro a Dios Nuestro Señor e a los Santos Quatro Ebangelios e a la señal de la Cruz de sienpre estar e ser subjeta a la obediençia del Bienaventurado Señor San Pedro, Prinçipe de los Apostoles, vicario de Nuestro Señor Ihesu Christo, e de nuestro muy Santo Padre Julio Segundo, que oy dia rige e govierna la Yglesia, e despues del a sus suçesores, e de nunca me apartar desta obediençia por ninguna persuasion e heregia, en espeçial por esta de judayzar que he confesado, e de sienpre permaneçer en la vnidad e ayuntamiento de la Santa Madre Yglesia, e de ser en defension della e de la Fe Catolica, e de perseguir a todos los que contra ella fueren e venieren, e de los manifestar e publicar e no me ayvntar a ellos ni con ellos, e

Trial of María González, Wife of Pedro de Villarreal

si contra esto en algund tienpo fuere o veniere, que caya e incurra en pena de relabsa e sea maldita e excomulgada. E pido al presente notario me de testimonio sinado desta mi abjuraçion e confision, e a los presentes ruego dello sean testigos.

E por quanto vos, la dicha Maria Gonsales, aveys fecho e feçistes la |
33v la dicha abjuraçion e aveys abjurado e detestado el dicho crimen e delito de heregia e apostasia que por vos confesado e o⟨tros⟩ cualesquier delitos della; por ende, conformandonos con la D⟨oct⟩rina Ebengelica que no quiere la muerte del pecador, syno que se ⟨con⟩vierta e viba:

Fallamos que devemos asolver e asoluemos a vos, la ⟨dich⟩a Maria Gonsales, de la sentençia de esxcomunion mayor en que yncurriste por aver fecho e cometido el dicho crimen e delito de heregia e ap⟨os⟩tasya, e vos reincorporamos al gremio e vnion de la Santa ⟨Ma⟩dre Yglesia e a la comunion de los fieles christianos e partici⟨pa⟩çion de los Santos Sacramentos, e por que se conosca sy an⟨d⟩ays en luz o en tinieblas, vos condenamos e penitençiamos a que esteys en la carçel perpetua por espaçio de vn año, e dende adelante esteys encarçelada en el lugar e el tiempo que por nos vos fuese mandado, en la qual trayays sobre todas vuestras vestiduras, todo el tienpo que en la dicha carçel estubieredes, vn Sanvenito con dos cruzes, vna delante e otra detras; de la qual dicha carçel vos mandamos que no salgays syn nuestra liçençia e espeçial mandado, so pena de inpenitente relabsa. Otrosy vos provamos e declaramos ser privada de todas honras mundanas, e que no trayays sobre vos ni sobre vuestras vestiduras oro ni seda ni grana ni chamelote ni aljofar ni perlas ni piedras preçiosas ni corales. Lo qual todo que dicho es vos mandamos que fagades e cumplades so la dicha pena de inpenitente e relabsa, e asy lo pronunçiamos, sentençiamos e mandamos por esta nuestra sentençia definitiva en estos escritos e por ellos.

(—) A. de Mariana,   (—) F. de Herrera,   (—) Pe. de Villanova,
licenciatus   licenciatus   licenciatus

Aug. En Toledo, lunes, XVI dias del mes de agosto de I V DXII años,
1512 este dia, estando los dichos señores ynquisidores en la plaça de Çocodover ençima de vn cadahalso, pro tribunali sedendo, e estando en otro tablado de madera presente la dicha Maria Gonsales, fue leyda e publicada esta dicha sentençia a alta boz inteligible. Testigos que fueron presentes: Los magnificos señores don Pedro de Ayala, obispo de Canaria, e don Pedro Lopes de Ayala, conde de Fuensalida, e don Fernando de Sylua, comendador de Otos e Guadalhorse

[291]

e don Alfonso Suares de Toledo e señor de Galues e Juruela, e otros muchos cavalleros e personas religiosas, asy de los vezinos del e moradores en la dicha çiudad, como otros muy muchas gente de otros muchos lugares e partes, e Juan Obregon e Christoual de Prado e Diego Lopes de Tamayo, notarios del secreto del Ofiçio de la Santa Ynquisiçion de la dicha çibdad. |

34r-v *Blank folio*

Consulta-de-fe

35r En la muy noble çibdad de Toledo, en veinte e tres dias del mes
23 June de junio, año del Nasçimiento de Nuestro Saluador e Redentor
1512 Ihesu Christo de mil e quinientos e doze años, estando ayvntados los reverendos señores el liçençiado Alfonso de Mariana e el liçençiado don Françisco de Herrera e el liçençiado Pedro Ochoa de Villanueva, inquisidores apostolicos e hordinario en la audiençia del dicho Santo Ofiçio de la Inquisiçion, e con ellos ⟨los⟩ reverendos e nobles señores, fray Domingo de Vitoria, prior del monasterio de Señor San Pedro Martir de la dicha çibdad, e fray Domingo Guerrero, frayre del dicho monasterio, predicador, e el liçençiado de Santa Maria, cura de la capilla de San Pedro de la santa yglesia de Toledo, theologos, e el liçençiado Rodrigo Ronquillo, alcalde mayor de la dicha çibdad de Toledo, e el bachiller Diego Martinez de Hortega, e el bachiller Fernando Diañes Pan y Agua, capellan de los Reyes Nuevos, juristas, vezinos de la dicha çibdad, todos los dichos señores estando juntos para vista de proçesos, vieron e determinaron este proceso en la forma siguiente:
[Votos]
Todos juntamente votaron e dixieron, siendo de vn pareçer, que la dicha Maria Gonsales sea reçebida a reconçiliaçion e carçel perpetua, con confiscaçion e perdimiento de todos sus bienes. |

35v *Blank page*

Renewal of Trial

36r En quinze dias de julio de I V DXIII años, estando los reverendos
15 July señores inquisidores apostolicos e hordinario en la abdiençia del
1513 Santo Ofiçio de la Inquisiçion, mandaron traher ante sy a Maria Gonsales, muger de Pedro de Villarreal, presa en la carçel perpetua, a la qual, estando presente en la dicha abdiençia, sus reverençias la dixieron que ya sabia como quando estobo presa en la carçel deste

[292]

Trial of María González, Wife of Pedro de Villarreal

Santo Ofiçio ella avia dicho contra muchas personas en sus confesiones e depusyçiones, ansy expontaneamente como estando en la camara del tormento, de lo qual sus reverençias tienen duda ser verdad lo que dixo e confeso contra algunas personas que señalo por compliçes en sus delitos en las dichas sus confesiones e depusyçiones. Por ende, que la amonestaban por Dios Nuestro Señor e por Su Vendita Madre la Virgen Santa Maria que diga enteramente la verdad, e sy por temor o turbaçion o henemistad o por otra alguna cavsa dixo alguna cosa contra alguna persona que no fuese verdad, que lo dixiese e declarase, porque haziendolo asy, descargaria su conçiençia como buena christiana hera obligada a lo hazer, porque la intençion de sus reverençias no hera syno de hazer justiçia e guardar la justiçia a las partes. Lo que la dicha Maria Gonsales dixo e declaro es lo siguiente:

Confirmation of Confession

[Confesa ser verdad lo que tiene dicho]

Dixo que ella a dicho verdad de sy e de todos sus conpliçes, e que todo lo que dixo contra ellos es verdad, e que ella no hera mora, que non abia de dezir syno verdad, que quien dize verdad alaba a Dios; e que sy sus reverençias mandan, que ella lo dira en la cara a cada vna persona de los contra quien dixo lo que hizieron con esta confesante, e que si ellos no quieren dezir la verdad, que esta confesante la a dicho en todo lo que dixo e confeso; lo cual dixo muchas vezes. Sus reverençias le dixieron que les diese razon por donde se conosçiese aver dicho verdad. Dixo que no ay mas razon de aver bisto e fecho con las dichas personas contra quien dixo lo que dixo contra ellas. Fue preguntada que quantas congregaçiones visto e en que casas e que personas yvan alli. Dixo que la primera congregaçion fue en casa de Maria Gonsales, muger de Diego de Teba, e que fueron alli su madre deste confesante, Beatriz Alonso, e Maria Gonsales, muger de Rodrigo de Chillon, e Ynes de Merida, madre de la de Rodrigo de Chillon, e Juana Nuñes, muger de Juan de Teba, e la muger de Fernando de Villarreal, que se llama Maria Lopes, vezino de La Membrilla, e este testigo, e que Graçia de Teba yva alli algunas vezes. E que algunas vezes yva alli la muger de Fernando de Cordoba. E que abra diez años que se començaron a juntar alli. Fue preguntada quantas vezes se juntaron. Dixo que no se juntaban continuamente, que algunas vazes pasaban dos meses que no se juntaban. Fue preguntada que pues que la dicha Maria Lopes, muger de Fernando de Villarreal, hera vezina de

[293]

La Menbrilla, que como se venia alli a holgar. Dixo que es tia desta confesante, e que se | vino a alli a holgar syete o ocho vezes, e que posaba en casa de la madre deste testigo e estaba alli a las vezes dos meses, e otras vezes mes e medio, e como enbiaban por ella. E que continuaron a vezes a juntarse fasta que el reverendo señor inquisidor Mariana fue al Campo de Calatrava; e que la dicha Graçia de Teba fue a la dicha congregaçion dos o tres vezes. E que en los sabados que se juntaban merendaban e algunas vezes se vañavan, e los viernes en las noches se estaban holgando a la portada de su casa, e que algunas vezes platicaban e dezian que guardar el sabado hera bueno para saluar las animas;[60] e que lo dezia la madre de la Rodrigo de Chillon e Maria Lopes, muger de Fernando de Villarreal, tia deste testigo. E que bio adobar el candil el biernes en la tarde a la de Diego de Teba. E que la de Diego de Teba hazia vna torta blanquesca, e que de aquella torta dava a la que primero entraba, e que algunas vezes davan dello a este testigo, e que el dicho pan de la torta hera desabrido e blanco, e que este testigo creya que hera pan çençeño, avnque non gelo dixo ninguno de las que alli estavan. E que las susodichas yvan alli los dichos sabados bien atabiadas, que la de Rodrigo de Chillon llevaba vn sayco de terçiopelo negro, angosto, de damasco morado, e este testigo llevaba vn fustan blanco quando hera en berano, e camisa linpia vestida, e asy cree que llevaban las susodichas camisas linpias vestidas. E que el otro ayvntamiento se hazia en casa de la de Hernando de Cordoba, e que yvan alli este testigo e su madre e la de Juan de Teba e la de Anton de los Olibos e Catalina Ramires, muger de Gonsalo Ramires, tondidor, e la muger de Juan de los Olibos, que non sabe su nonbre, e Teresa Dias, muger de Juan Alonso, mercader, e Juana Gonsales, muger de Anton Ramires, e que non se acuerda que otra persona fuese alli. E que se juntaban algunos sabados e yvan atabiados como dicho tiene, e que la de Hernando de Cordoba enbiaba a llamar a este testigo e a su madre con Clara, su esclaba, e que no hazian nada syno holgar e merendar e aver plazer. E que abra seys años que se començaron a juntar, e que se juntaron çinco o seys vezes de quand a quando, e que duro hasta que el señor inquisidor Mariana andava por Alcaçar.[61]

---

[60] This is the first time that we have found an expression of what the keeping of the Sabbath meant for the Conversos.

[61] The Conversos would usually abstain from their Jewish practices during such inspection tours.

Trial of María González, Wife of Pedro de Villarreal

E que no sabe la intençion con que las susodichas guardavan los sabados; e que este confesante guardava los sabados con intençion de saluar su anima, e que cree que las otras tenian este pensamiento e intençion, pues que se juntaban con este testigo a guardar el sabado. Fue preguntada sy vio juntarse a otras personas algunas, asy onbres como mugeres, en casa de la dicha muger de Fernando de Cordoba; dixo que se acuerda que fueron alli dos otros sabados su marido deste testigo e Fernando de Cordoba e Diego de Madrid
37r e Alonso de | Merlo,[62] e que estaban alli hablando asentados a vna mesa, e que tenian vn libro alli de vnos covertores colorados. E que Françisca Ramires, muger de Diego Fernandes, escreuiente, dixo a este testigo que el dicho libro hera de fisyca; e que este testigo non los bio leer en el, e que estarian alli dos o tres oras, e davanles vn plato de fruta e hazian colaçion e se yvan. Fue preguntada que que presumia este testigo del ayvntamiento de los susodichos; dixo que como Fernando de Cordoba hera tintorero e tenia tinte, pensaba este testigo que los susodichos se juntaban a hazer cosa de la tinta, e que cosa que tenian los vnos con los otros. Fue preguntada que tanto tienpo a que bio a los dichos honbres juntarse; dixo que la primera vez abra çinco o seys años, e que el otro dende a otros dos años, poco mas o menos.

E que el otro ayvntamiento hera en casa de Rodrigo de Chillon, e que se juntaban alli este testigo e la dicha su madre e la de Diego de Teba[63] e la de Juan de Teba e la dicha Maria Lopes,[64] quando alli se hallaba, e la de Fernando de Cordoba, e la muger de Lorenço Franco, e su hermana, la de Gonçalo Garrido,[65] e la madre de la de Rodrigo de Chillon.[66] E que se juntaban alli vno o dos viernes despues de comer, e quatro o çinco sabados. E que en los dichos biernes merendavan de vna caçuela de verenjenas e pescado e huevos, e obra de vna ora o dos antes que anochesçiese se yvan a sus casas. E que los sabados se yvan despues de comer, se yvan alli, e la enbiaba llamar con vna esclaba suya negra, que cree que se llama Catalina; e que algunas vezes en los dichos sabados este testigo se remetia alla e se estaba alli vn rato, e que holgaban alli

---

[62] His property was released from confiscation on 23 January 1503; see H. Beinart, *Sefarad*, XVII (1957), p. 309.
[63] Her name was María González. She was absolved and reconciled to the Church on 10 September 1513; see Fita, p. 480, No. 269.
[64] See above, n. 50.
[65] See above, n. 42.
[66] Her name was Inés de Mérida; see above, n. 39.

los sabados, e holgaban e comian e estaban alli a las vezes dos o tres o quatro oras. Fue preguntada que es lo que platicaban alli los dichos sabados quando se juntaban en casa del dicho Rodrigo de Chillon. Dixo que no platicaban syno en cosas de sus casas e guardar los sabados. Fue preguntada sy platicaban alli algunas cosas que fuesen contra la Fe o de la Ley delos judios; dixo que no platicaban en la Ley de los judios mas de guardar los sabados, ni en cosa otra ninguna que fuese contra la fee, e que nunca oyo desir Ley de Muysen, mas de que por guardar los sabados se abian de saluar. Fue preguntada sy se guardavan por no ser bistas de los christianos biejos quando alli se juntaban; dixo que sy guardavan. Fue preguntada que que tanto tienpo a que se començaron a juntar en casa del dicho Rodrigo de Chillon; dixo que abra siete años que se començaron a juntar, e que en vezes se juntaron fasta que el dicho señor inquisidor andava por Alcaçar, que entonçes lo dexaron e no se juntaron mas. Fue preguntada que personas fueron las que se juntaron en casa de Fernando de Molina; dixo que este testigo

37v e la muger de Loren|ço Franco e la muger de Fernando de Villarreal, que se llama Beatris Franca,[67] e la muger del bachiller de Santa Cruz, que cree que se llama Catalina de Pisa,[68] e la muger de Fernando de Molina, e la muger de Juan Ramires; e que se juntaron alli dos sabados, porque tenyan casamiento a vna fija suya del dicho Fernando de Molina, e que el primero sabado fueron alla antes de comer, e comieron alla e estovieron alli fasta la noche e hablaron en el dicho casamiento. E que este testigo quiso enbiar por su rueca, e que la muger de Juan Ramires e la Fernando de Villarreal dixieron: No cureys de enbiar por ella, ¿no podemos holgar vn entero sabado de quantos trabajamos? E que este testigo dixo: Pues holguemos. E que dende en ocho dias, otro sabado se juntaron despues de comer todas las susodichas e este testigo alli e hablaron en el dicho casamiento, e la de Lorenço Franco leya en vn libro los Salmos Penitençiales, e que dezia la de Lorenço Franco que heran Salmos Penitençiales,[69] e que este testigo no sabe leer. Fue

[67] She was a prosecution witness against Juan Ramírez, No. 109, fol. 99v, where she also informed on Isabel de los Olivos. She was herself handed over to the Secular Arm on 28 October 1525; see Fita, p. 469, No. 61.

[68] Teresa was the name of the wife of Bachiller de Santa Cruz. She was a defence witness in the trial of María González, wife of Rodrigo de Chillón, No. 105, fol. 22v. On Catalina de Pisa, see above, n. 23.

[69] On the reciting of these psalms see the trial of Luis Fernández, No. 95, fol. 3r; cf. Beinart, pp. 206 ff.

preguntada sy oyo este testigo lo que rezavan; dixo que le oyo desir: Gloria sea al Padre, gloria sea al Fijo, gloria al Espiritu Santo. Fue preguntada que que es lo que alli platicaron en los dichos sabados este testigo e las susodichas; dixo que non platicaban syno en el casamiento. Fue preguntada sy sabe con que intençion se juntaron alli las susodichas a guardar los dichos sabados. Dixo que non sabe mas de quanto la de Juan Ramires e la de Fernando de Villarreal dixieron que holgasen aquellos sabados, e que le dixieron las susodichas lo susodicho de manera que lo oyeron todas las que alli estaban. Fue preguntada sy se acuerda aver dicho contra otra persona alguna mas de las que agora a dicho e nonbrado; dixo que no se acuerda aver dicho contra otra ninguna persona mas de las que dicho tiene en su confision, que son las susodichas e la de Françisco Ruyz, defunto, e del dicho Françisco Ruyz, defunto, espeçiero, e de Maria Lopez, donzella, hermana de la dicha Teresa Dias, defunta, e de Maria Albares, que fue hija de Ysabel de los Olibos, e de Lope de los Olibos, defunto. E que todas las susodichas defuntas se ayvntaban en el ayvntamiento en casa de Fernando de Cordoba con esta testigo e con las susodichas. Fue preguntada que que bio hazer e dezir a Françisco Ruyz e Lope de los Olibos; dixo que a Françisco Ruiz oyo desir quando morio su muger que no abia otra cosa syno nasçer e morir, e a Lope de los Olibos que holgaba en casa de Fernando de Cordoba, su hermano. |

Torture of the Defendant

38r [Sentençia de tormento]

Visto como la dicha Maria Gonsales, al tiempo que estaba presa en la carçel deste Santo Ofiçio, obo dicho e testificado, quando confeso sus delitos de heregia de despues, contra otras muchas personas, con las quales dicho aver cometido delitos de heregia, e dixo contra otras personas, con quien no cometio los dichos delitos, segund que mas largamente se contiene en sus confesiones, dichos e deposyçiones, e algunas de las dichas personas contra quien testifico an sydo e fueron presas en la dicha carçel, e algunas dellas an confesado otros delitos de heregia cometidos con otras personas e no an confesado cosa alguna de lo que la dicha Maria Gonçales dize que fueron sus conpliçes, e con testigos; en espeçial, que algunos de los dichos presos, manifestando que cometieron algunos delitos de heregia con algunas personas que le son muy conjuntas e non confesaron cosa ninguna de lo que la dicha Maria Gonçales dize que cometieren con ella, avnque algunos dellos an sydo puestos a question de tormento sobre ello. E bista la calidad de la persona de la dicha Maria Gonçales e lo que en diversos proçesos esta probado contra ella. E bisto el modo de su deponer e cometer algunas cosas, a vaçilado e titubiado en sus dichos e deposyçiones, e como dixo algunas cosas que no pareçen ser veresymiles; e puesto que se an fecho muchas diligençias ⟨e⟩ no se an podido hallarlos con testigos que ella mesma dio en sus dichos e deposyçiones; e por otras cavsas e razones que a ello nos mueve, para saber e inquerir la verdad, como somos obligados a Dios e a nuestras conçiençias, fallamos que devemos mandar e mandamos poner a question de tormento a la dicha Maria Gonçales, el qual le sea dado e continuado a nuestro arbitrio, fasta tanto que diga la verdad e persevere en ella conforme a derecho; e asy lo sentençiamos e mandamos en estos escriptos e por ellos, por tribunali sedendo.

[Dada de la dicha sentençia]

19 July 1513 Fue dada e pronunçiada esta dicha sentençia en XIX dias de Julio de 1513 años por los reverendos señores inquisidores apostolicos e hordinario, presente la dicha Maria Gonçales; la qual dixo que ella a dicho verdad en todo lo que dixo e confeso, e que aquello es verdad, e que non dira mas syno que es verdad, avnque le maten sobre ello, que lo que a dicho es verdad, e que sy se desdixiere en el tormento y la mataren, que sea sobre las conçiençias de sus reverençias, que la verdad es lo que a dicho e que en ello se afirmava. |

38v E luego sus reverençias mandaron a Melchior de Saavedra, alcayde de la carçel del dicho Santo Ofiçio, que presente estaba, que llevase a la dicha Maria Gonçales a la camara del tormento. El qual llevo consygo a la dicha Maria Gonçales. E luego sus reverençias se fueron a la dicha camara del tormento, donde la dicha Maria Gonçales estava, e los dichos señores inquisidores dixeron a la susodicha que le requerian e amonestaban que dixiese e declarase la verdad de lo que abia dicho contra las personas e conpliçes con quien dize que hizo los delitos por ella confesados, porque tenia nesçesidad de saber enteramente la verdad, e que protestaban que sy muerte, lision o perdimiento de algund mienbro resçebiese en el tormento, que fuese a culpa de la dicha Maria Gonsales, porque la intençion de sus reverençias no hera syno de saber enteramente la verdad de lo que abia dicho en sus confesiones e depusyçiones

[298]

Trial of María González, Wife of Pedro de Villarreal

que abia fecho, asy estando presa en la carçel deste Santo Ofiçio como des|pues, estando presa donde agora estaba en la carçel perpetua. La dicha Maria Gonçales dixo que tiene dicho la verdad en sus confesiones e depusiçiones, e que en ello se afirmava, e que sus reverençias hiziesen lo que quisiesen, que lo que tenia dicho es verdad. Sus reverençias la mandaron desnudar e la boluieron ⟨a⟩ amonestar en la manera seguiente:

[Ratifica lo que a dicho ser verdad]
La qual estando en la camara del tormento, sus reverençias dixieron e requerieron a la dicha Maria Gonçales que dixiese la verdad enteramente de lo que abia dicho e testificado contra las personas contra quien dixo, e que sy avia dicho verdad, que lo diga, e sy no dixo verdad, que lo diga. La dicha Maria Gonçales dixo que ya tiene dicho la verdad, que avnque la hasian mil pedaços en el tormento e en el carrillo, que no dira otra cosa syno la verdad que tiene dicho, e que asy la ayude Dios como a dicho la verdad. Sus reverençias la mandaron desnudar, amonestandola ut supra. Dixo ella abia dicho verdad, e que no dixo mentira en nada de lo que dixo. Fue mandada poner en la escalera e atar con los cordeles, e estando en la escalera dixo: 'Apretenme e matenme, que no tengo de dezir mas de lo que tengo dicho', e que mala pestilençia venga sobre quien la haze poner alli, que ella a dicho verdad, e que mas padeçio Nuestro Señor Ihesu Christo, e que pidia por testimonio que sy por el mal | [protestaçion que haze], que le hazian ella se desdixiese e la quemasen, que fuese sobre las conçiençias de sus reverençias, e que a Dios lo dexa que ella verdad tiene dicho, que se encomendaba a Dios e a la Virgen Maria que ella a dicho la verdad. E estando atada dixo que todo lo levanta, porque las queria mal les avia levantado lo que dixo, porque no las podia ver e la tratavan mal e la hazian malcasada con su marido, e la de Rodrigo de Chillon e la de Fernando de Cordoba. Sus reverençias la amonestaron que si en algo a dicho la verdad, que no se desdiga, e que sy a dicho falso contra alguno, que lo diga. E pedio que la desatasen, que ella diria verdad. Fue preguntada sy es verdad lo que dixo contra Françisco Ruyz, espeçiero; dixo que es verdad lo que dixo contra el, que lo oyo desir que no abia otra cosa syno nasçer e morir. Fue preguntada si es verdad lo que dixo contra Alonso Ruyz, su hermano; dixo que estaba presente Alonso Ruyz e dixo: 'Para Dios' — el dicho Alonso Ruyz — 'para Dios que

lo creo'. [Reuocaçion de lo que dixo contra otras personas que son las siguientes: La de Rodrigo de Chillon, La de Fernando de Cordoua. Ratifica lo que dixo de Fernando de Cordoua. Ratifica lo que dixo de Françisco Ruyz, espeçiero; Alonso Ruyz, su hermano.]

[Ratificase contra Juana Nuñes, muger de Juan de Teva]
Fue preguntada si es verdad lo que dixo contra Juana Nuñes, muger de Teba; dixo que es verdad e que merendaron vn dia e que guardaron dos sabados e que estaba alli su madre de la dicha Juana Nuñes e que guardaron los dichos dos sabados en casa de Juan de Teba e otro en casa deste testigo, e que ayvnaron vn biernes hasta la noche, e a la noche çenaron huevos e fue ayvno de judios. E que Luzia, criada de Juana Nuñes, sabe que guardavan los sabados su ama e que non los vio guardar a este testigo. Fue preguntada como sabe que la dicha Juana Nuñes guardase los sabados con intençion de judayzar; dixo que nunca comunico con este testigo la intençion, la obra sy, e que como este testigo tenia intençion de judayzar, asy pensare este testigo que lo hazia la dicha Juana Nuñes, e que quando ayvnaron no comunicaron la intençion, solamente la obra.

[Ratifica contra Ines Lopes, la linera]
Fue preguntada si es verdad lo que dixo contra Ines Lopes, la de Fernando Bastardo; dixo que es verdad, e que les vido hazer vnas tortas e caçuelas en biernes, e que en el sabado las comian ella e este testigo.

Sus reverençias la mandaron dar vn jarro de agua, el qual le fue | [Ratifica todo quanto a dicho] començado a hechar, e dixo que en todo lo que a dicho se afirma. Sus reverençias la amonestaron que dixiese la verdad. Dixo que ella diria la verdad. Acavandose el jarro de agua, dixo que ella diria la verdad. Dixo que todo lo que dixo en sus confesiones de antes ante sus reverençias que es todo verdad e que consentira que la metan en vn fuego, e que es verdad todo lo que dixo. Sus reverençias le preguntaron las circunstançias de lo que abia dicho, e respondio e dixo que es verdad todo lo que abia dicho. Sus reverençias la mandaron que le continuen a la agua, e estandole dado a la agua, dixo que a dicho verdad e que la verdad es todo lo que a dicho e confesado, e que se metera en vn fuego sobre ello, porque es verdad todo lo que dixo e confeso.

Trial of María González, Wife of Pedro de Villarreal

[Ratifica contra Graçia de Teva, muger de Diego Aluares]

Fue preguntada si es verdad lo que dixo contra Graçia de Teva; dixo que es verdad, e que se vañaron por çerimonia e comieron caçuelas e que holgaba los sabados e se vañava vn dia en su casa e otro dia en casa de Diego de Teba. E que por lo que este testigo hazia e veya hazer a las susodichas, creya este testi o que lo hazian con la intençion que este testigo lo hazia, e porque hazia burla deste testigo porque yva a Misa creya que hera hereje, e burlaba de la misa, e como este testigo lo hazia con mala intençion, asy creya que lo hazian las otras.

[Ratificose contra Teresa de los Olibos, muger de Alonso de Teva]

E que es verdad lo que dixo contra Teresa de los Olibos, muger de Alonso de Teba, e que le bio guardar los sabados en casa de su hermana, e que holgo tres sabados, e que por la obra veya este testigo la intençion que tenia.

[Constança Nuñez]

E que dixo verdad en lo que dixo contra Constança Nuñez,[70] e que le vio guardar los sabados en casa de Fernando de Cordoba.

Fue preguntada si es verdad lo que dixo ⟨struck out⟩ vna hermana, y dixo que para que la preguntavan mas, que ya tiene dicho la verdad e que ella quiere morir, e que a dicho verdad, e que no lo haze syno por su anima. Fue amonestada muchas vezes que dixiese verdad, que mas le bendria no ser nasçida que dezir falsedad; dixo que no a dicho men|tira de nadie, asy Dios aya piedad della.

[Ratificose en todas sus confesiones.] Fuele mandado hechar otro jarro de agua; dixo: La verdad digo, dicho he verdad, ya he dicho la verdad, la verdad digo, lo que he dicho es verdad, digo verdad, no digo mentira ninguna, no he mentido, verdad he dicho, dicho e verdad. Fue acavado el dicho jarro de agua. Dixo que a dicho verdad. Sus reverençias la amonestaron ut supra. Dixo: Señores, ya he dicho verdad ¿de que hallan que no he dicho verdad? Dixo que es verdad lo que a dicho, e que en ello se afirmo, e consyntira que la hechen en el fuego, e que lo que dixo del libro en que leyan Hernando de Cordoba, que hera de fisyca e que hera de su madre deste testigo, e que al prinçipio, que dixo que hera de Diego de Madrid pensando que su madre avia de peligrar que dixiera que hera de su madre, e que en casa de su madre hallaron el dicho

---

[70] She was mentioned as having observed the Sabbath along with Juana Núñez, in the trial of the latter, No. 107, fol. 10v.

[301]

libro, e sabe que hera de fisyca, e que lo oyo leer e sacaban del reçebtas para medeçinas. E que bio leer en el al dicho Fernando de Cordoba, que hera enfermo de la hincada. E que la verdad a dicho en todo, saluo en esto del dicho libro, que de todo lo que dixo de sy e de otras personas es verdad, e que en ello se afirma. Sus reverençias la mandaron continuar el agua e poner la toca. Dixo: Dexenme, que yo dire la verdad. Dixo que no podia ver a la de Lorenço Franco, que la queria ver hecha polbos. Fue preguntada sy es verdad lo que dixo contra ella; [Atento] dixo por henemistad mucha que tenia contra ella dixo lo que dixo della, e que vn sabado, en casa de Rodrigo de Chillon, holgaron e comieron habas, e que todo lo otro que dixo della lo dixo porque la queria mal, que es muy mala henbra e fantastiga.

[Reuoca lo de la muger de Lorenço Franco]
E que no vido hazer nada a la de Gonzalo Garrido mas de holgar alli el dicho sabado, quando fue alli la de Lorenço Franco, e que de la intençion que no lo sabe, mas de venir alli las susodichas syn labor ninguna, que hera dia de labor, e que como este testigo tenia intençion de guardar el sabado, asy creya que lo hazian las otras. Fue preguntada que por que dixo contra la de Gonzalo Garrido mas de lo que vido hazer; dixo que (que) porque la quiere mal e non la puede ver, e que la tenia enbidia | porque se traya mejor este testigo que no hellas.

[Tornose ⟨a⟩ afirmar contra la de Lorenço Franco e otras]
E que a la de Rodrigo de Chillon e a la de Lorenço Franco e a la de Fernando de Cordoba e de sus sobrinas, que las queria ver quemadas, pero que es verdad lo que dixo dellas e de la de Diego de Teba e de la de Rodrigo de Chillon e de la ⟨de⟩ Fernando de Cordoba e sus sobrinas, e dixo que la desatasen e que diria la verdad. E dixo que hizieron las heregias e que no la a de negar; e que se juntaban en casa de Rodrigo de Chillon los sabados por vañarse e solenizar el dia del sabado. Sus reverençias la amonestaron que diga verdad; dixo que no tenia tiento en lo que desia, que estaba amarrada. Sus reverençias la tornaron ⟨a amonestar⟩ que diga verdad; dixo que ella tiene dicho verdad. Mandaronle continuar el la agua. Fue preguntada sy es verdad lo de las congregaçiones de casa de Rodrigo de Chillon, e de casa de Diego de Teba e de casa de Fernando de Cordoba; dixo que las quiere mal, e que queria que veniesen aca con ella; e dixo que queria dezir verdad. Dixo que todo lo que dixo contra la de Fernando de Cordoba que

Trial of María González, Wife of Pedro de Villarreal

no es verdad, e que gelo levanto porque veniese aqui con este testigo, porque es su henemiga capital, porque la seguia e la reboluia muchas vezes con su marido, e la hazia malcasada a manos, diziendolo a su marido, e con eso queria que veniesen aqui por que, e que todo lo que dixo de los que venian en casa de Fernando de Cordoba, que es mentira e que lo levanto porque las queria mal.

E que los sabados que holgo con la de Rodrigo de Chillon, que es verdad, e que el ayvntamiento de las otras personas en su casa que no es verdad, que gelo levanto con malquerer que las tenia, que son la madre de la de Rodrigo de Chillon e la de Lorenço Franco e su hermana e la de Alonso de Merlo e sus fijas, e la de Diego de Teba, que no venian alli, e que es falsedad lo que dixo contra ellas, e que como Dios es verdad que gelo levanto todo, que ella muera malamente sy no es verdad que gelo levanto todo, e que las quisiera
41v quemar en Çibdad Real | antes que aca vinieran, porque burlavan deste testigo.

E que el ayvntamiento de casa de Diego de Teba que todo es levantado, eçebto que los vaños, que andavan muy a menudo entre este testigo e la de Diego de Teba, e que todas las otras es falsedad, que se los levanto. Fue preguntada con que intençion se vañava la dicha muger de Diego de Teba. Dixo que non lo sabe, mas de ver que se vañava, e por la intençion deste testigo juzgaba la de la otra.

Fue preguntada si es verdad lo que dixo contra la dicha Maria Lopes, muger de Fernando de Villarreal. Dixo que es verdad todo lo que dixo contra ella, e que holgo con este testigo veniendo de La Menbrilla. Sus reverençias la mandaron a continuar el agua. Dixo que gelo levantaba porque no la podia ver, e tomo ira con ella porque no la queria acojer en su casa, que venia vna vez a media noche, e que como Dios la a de deshazer, es verdad que gelo levanto porque la queria ⟨mal⟩, e que es hermana de su padre deste testigo, e que venia muy a menudo a su casa de noche e le dava paja e çebada, e henojabase el marido deste testigo, e por eso la quiere mal.

[Ojo]
Fue preguntada si es verdad lo que dixo de los ayvntamientos de casa de Fernando de Molina; dixo que fueron alli los dichos dos sabados, pero que no sabe la intençion con que holgaron.

Sus reverençias la amonestaron que diga la verdad; dixo que es verdad lo que dixo ahora en lo de los dichos ayvntamientos, e que la desatasen, que ella diria la verdad de todo enteramente. Fue mandada quitar del dicho tormento.

Examination of Defendant (continued)

21 *July* E despues de lo susodicho, en XXI dias de julio de I V DXIII
1513 años, estando en la dicha abdiençia, los dichos reverendos señores inquisidores mandaron traher ante sy a la dicha Maria Gonsales.
42r La qual truxieron a la dicha abdiençia, e syen|do asy presente, sus reverençias la amonestaron que dixiese e confesase la verdad, sy abia dicho falso contra alguna persona, que lo dixiese e confesase, e en todo dixiese verdad. Lo que la dicha Maria Gonsales dixo es lo seguiente:

[Reuoca lo que dixo contra las personas siguientes: La de Fernando de Cordoba, puesto en su proçeso; Teresa Diaz; Françisca Nuñez; la de Joan de los Oliuos; La de Gonzalo Ramires, que se dize Catalina; Joana Nuñez, muger de Joan de Teva; la de Aluar Gonzales; la muger de Diego de Madrid; la de Françisco Ruyz; Maria Lopez; su hija; Maria Rodrigues; la de Anton Ramires, biuda]

La dicha Maria Gonsales dixo que ella avia dicho de la muger de Fernando de Cordoba çiertas cosas que abien fecho en casa de la susodicha ella e este testigo, y Teresa Diaz, e Françisca Nuñes, sobrinas de la susodicha, e la de Juan de los Olibos, e la de Gonsalo Ramires, que se llama Catalina Ramires, e Juana Nuñes, muger de Juan de Teba, e la de Albar Gonçales e su hija, muger de Diego de Madrid, defunto, e su madre deste testigo, e la muger de Françisco Ruiz, e Maria Lopes, su hermana, defuntas, e Maria Rodrigues, prima de las susodichas, defunta, e la de Anton Ramires, vibda, que se dize Juana de los Olibos, que es viba; que todo lo que dixo contra las susodichas que gelo levanto, eçebto que lo que dixo de su madre deste testigo, que es verdad, que lo hizo este testigo con ella, e que lo levanto a las susodichas con henemistad que les tenia. Fue preguntada que si es verdad que lo levanto a las susodichas, e por que cavsa que gelo levanto lo que dicho tiene dellas; dixo que es verdad que gelo levanto, porque en aquel tienpo falleçio Fernando de Cordoba, tio deste testigo, e hizo alvaçera a Pedro de Villarreal, marido deste testigo, e el dicho Pedro de Villarreal no queria dar a la dicha Mayor de los Olibos, muger del dicho Fernando de Cordoba, tanto como ella le pedia hasta que obiese conplido el anima del defunto, sobre lo qual reñian este testigo e la dicha Mayor, e obieron palabras, entre las quales dixo

Trial of María González, Wife of Pedro de Villarreal

la dicha Maria Albares a este testigo e su madre que mal siglo diese Dios a Fernando de Cordoba, que mira le aver hecho obras de marido syno de henemigo, que por que avia de hazer herederas a sus hermanas deste testigo, Lucreçia e Ynes. E que este testigo e la dicha su madre dixo que por que le oraba mal syglo, aviendo sacado de carçeles a Lope de los Olibos, su hermano, e a Rodrigo de los Olibos, su hermano, que quando morio no tenia con que le enterrasen, que pues abia remediado a todos, que por que le
42v maldezia. E que las dichas sus | sobrinas, Teresa Dias e la muger de Juan de los Olibos e Françisca Nuñes e la de Gonzalo Ramires e la de Anton Ramires, respondieron por la dicha Mayor Alvares, su tia, diziendo que razon tenia de orarle mal syglo, pues que tan mal lo avia fecho con ello que en el tienpo de la muerte se abia pareçido que no la podia ver, e maldiziendo a Pedro de Villarreal, su marido deste testigo, diziendo que asy lo fizo si Dios con el e con sus fijos, como lo dezia con la dicha Mayor Alvares. E que sobre lo susodicho pasaron muchas palabras de henojo, e que por amor de la dicha Mayor Alvares condeno este testigo a todas las susodichas, asy las vibas como las defuntas.

[Reuoca lo que dixo de los siguientes: Pedro de Villarreal, su marido; Diego de Madrid; Alonso de Merlo; Lope de los Oliuos]

E que lo que obo dicho contra Pedro de Villarreal, su marido, e de Diego de Madrid e de Alonso de Merlo e de Lope de los Olibos e de Fernando de Cordoba e de Juan de los Olibos, que les abia bisto leer en vn libro en casa del dicho Fernando de Cordoba en vn dia o dos de sabados, que es verdad, que los bio alli todos juntos sentados a vna mesa e que tenian alli vn libro de vna enquadernaçion colorada, que hera de fisyca, que le hizo mal Alonso de Cuenca, e que no les vio leer en el dicho avnque dixo en su confiçion que los abia visto leer. E que avnque dixo en su confision que los avia bisto leer en sabados, que no se acuerda que dias heran, e que el dicho libro hera de su madre deste testigo e esta agora en su casa de la dicha su madre. Fue preguntada si estaban alli con los susodichos Juan de Teba e Juan de los Olibos e Gonzalo de los Olibos. Dixo que en quanto es su creer, que alli estavan todos. Fue preguntada que que hazian alli los susodichos en la dicha casa. Dixo que tenian todos sus paños con Fernando de Cordoba, que tenia tinte, e que la dicha Françisca Nuñes dixo a este testigo que hazian cosas del dicho tinte con el dicho Fernando de Cordoba. Fue preguntada que por que dixo que los abia bisto leer en dias de sabados,

[305]

pues que agora dize que no los bio leer ni se acuerda si era en dias de sabados. Dixo que lo dixo porque la tenian en la casa
43v del tormento para la atormentar, e que no sabia | que se dezir e por contestar a sus reverençias lo dixo e por temor que la matarian en el dicho tormento. Fue preguntada que por que despues del tormento se ratifico. E que se acuerda que tanbien otra causa de henemistad entre este testigo e la dicha Mayor de los Olibos, por donde este testigo se movio a dezir contra ella, que es que porque el dicho Fernando de Cordoba, su tio, le demandase vna loba prestada para su mançeba, e este testigo gela prestaba, la dicha Mayor de los Olibos maldezia a este testigo por ello e la trataba mal. E que este testigo no podia pedir verguença el dicho Fernando de Cordoba, su tio, e debale la dicha loba.

[Reuoca lo que dixo de las personas siguientes: La de Diego de Teba; Mari Gonsales; la de Lorenço Franco; la de Gonsalo Garrido; la de Alonso de Merlo; su hija; Ynes Gomes, muger de Gonsalo Vallesteros; su hija; Beatris Alonso, su madre; Maria Lopez, muger de Fernando de Villarreal; la de Rodrigo de Chillon]

E que lo que dixo del ayvntamiento que se hazia en casa de Rodrigo de Chillon, donde obo dicho que venian la muger de Diego de Teba, que se dize Maria Gonsales, e la de Lorenço Franco e la muger de Gonsalo Garrido, su hermana, e la de Alonso de Merlo, e su hija, e Ynes Gomes, muger de Gonsalo Vallesteros, defunto, e su fija, e este testigo, e su madre, Beatris Alonso, e la muger del dicho Rodrigo de Chillon e su madre, e Maria Lopes, muger de Fernando de Villarreal, vezino de La Menbrilla, en dias de sabados, e que abian vestido ropas linpias en los dichos sabados e que merendavan e que holgaban alli e trayan tocas linpias, que la verdad es que no heran dias de sabados los que se juntaban alli, que otros dias de entresemana heran los que se juntaban alli algunas vezes quando la dicha su tia venia de La Menbrilla, e la convidava la dicha muger de Rodrigo de Chillon. E que no se juntaban alli este testigo e las susodichas para hazer ninguna çerimonia judayca ni con intençion de ofender a Dios ni a nuestra Santa Fe, syno por holgarse con la dicha muger de Rodrigo de Chillon. E que otras veses se yvan este testigo e la dicha su madre e la de Diego de Teba a casa de la dicha muger de Rodrigo de Chillon a holgar, y non con mala intençion ninguna ni para hazer çerimonia judayca.

Fue preguntada que por que dixo que este testigo e las susodichas se juntaban en la casa de la dicha muger de Rodrigo de Chillon en dias de sa⟨bados⟩ | e se bestian camisas linpias e tocas linpias, e merendavan e holgaban, pues que dize que no es verdad; dixo que lo dixo por henemistad que tenia este testigo con la dicha muger de Rodrigo de Chillon, porque la tenia enbidia a este testigo de lo que traya e hazia, e porque levanto a este testigo que abia llevado vna saya de grana el Juebes de la Çena al ençerrar del Santisimo Sacramento.

[Reuoca ut supra]
Fue preguntada que pues no tenia henemistad syno con la dicha muger de Rodrigo de Chillon, que por que dixo contra todas las otras; dixo que tanbien queria mal a la muger de Lorenço Franco, porque tenia mucho interese con este testigo e non hazia cuenta della e hera fantastica, e que tanbien tenia henemistad con la dicha muger de Diego de Teba, su tia, porque vn dia entro en casa deste testigo, estando enferma en la cama, e quisole dar de puñadas sobre vna gallina, que dezia la dicha su tia que se abia pasado a casa deste testigo e no hera asy la verdad; e que con la dicha su tia de La Menbrilla tenia tanbien mucho henojo, porque cada vez que venia de La Menbrilla enbiaba por paja e cebada a casa deste testigo, e este testigo algunas vezes no gelo dava, por lo qual dezia mal deste testigo e del dicho su marido. E que a la muger de Gonçalo Garrido, que la queria mal por amor de la dicha su hermana, muger de Lorenço Franco. E que la dicha muger de Merlo e su hija trayan en lenguas a este testigo, diziendo que se creya mucho e hechaba a perder a su marido. E que queria mal asymismo a Ynes Gomes, cuñada de Fernando de Vallesteros, porque llamaban a este testigo ella e su hija 'la loca muger de mi primo'. E que dixo contra la madre de la de Rodrigo de Chillon porque reya a este testigo e por amor de su hija dixo contra ella. E que dixo de su madre porque avia dicho de todas las otras.

[Reuoca ut supra]
E que lo que dixo del ayvntamiento que se hazia en casa de Diego de Teba, donde avia dicho que venian la de Fernando de Cordoba e este testigo e su madre e la de Rodrigo de Chillon e su madre, e que holgaban alli los sabados e hazian vaños e se vañavan e que merendaban, que la verdad que yvan alli algunas vezes, pero que no hera en | dias de se sabados, e que no holgaron sabado ninguno, ni biernes en la noche, ni se vañaron, ni hizieron çerimonia ninguna

de la Ley de Muysen, saluo que quando alli venian yvan por holgarse e aver plazer, syn ofender a Nuestro Señor ni a Su Fe. E que tanbien venia alli algunas vezes Graçia de Teba, muger de Diego Alvares, con su rueca, e se estaba alli syn hazer cosa ninguna de las susodichas en que Dios e Su Fe se ofendiesen, syno estarse alli e hilar e aver plazer. Fue preguntada que por que levanto testimonio falso contra las susodichas, pues dize que non les vio hazer cosa ninguna de las que dixo contra ellas; dixo que dixo falso contra ellas por la⟨s⟩ cavsas que dicho tiene.

[Reuoca lo que arriba ha revocado e lo que dixo de la muger del bachiller de Santa Cruz]

E que lo que dixo de las personas que se avian juntado en casa de Fernando de Molina, donde yvan este testigo e la muger de Lorenço Franco e la de Juan Ramires e la de Fernando de Villarreal e la del bachiller de Santa Cruz, e que fueron alli dos sabados e los holgaron e comieron e estuvieron alli fasta la noche, que la verdad es que las susodichas fueron alli el dicho primero sabado que tiene dicho porque la dicha muger de Fernando de Molina vavtizava vn fijo suyo, e que fueron alli para honrarle e non por guardar el dicho sabado, ni lo guardaron; e que el otro sabado fueron alli para hablar en el desposorio de Ynes de Molina, hija del dicho Fernando de Molina, e que no guardaron el dicho sabado ni hizieron çerimonia ninguna en ofensa de la Fe, e que mondaron arroz e altribitaron la cabeça a la dicha Ynes de Molina, e hizieron otras cosas de por casa, e atabiaron la dicha donzella para el dicho desposorio.

[Ojo]
[Reuoca lo de la muger de Joan Ramires]

Fue preguntada que por que dixo lo que dixo contra las susodichas siendo falsedad lo que dixo; dixo que despues que esta este testigo en la carçel perpetua le dixo Gonzalo Gallego, tintorero, vezino de Çibdad, que las susodichas querrian hecharle lanas a este testigo, por lo susodicho dixo de las susodichas lo que dixo. E que dixo de la de Juan Ramirez porque lo que oyo desir a Ysabel, su esclaba, que dezia que hera la mayor judia del mundo, e que nunca lo vio hazer nada ni este testigo entraba en su casa, syno quando le llevaron a enterrar. E dixo contra la dicha muger del bachiller Santa Cruz porque riñeron vna bez sobre la labor de vna confica, e llamo rapaza a este testigo, e este testigo le dixo que fuese para judia.

Trial of María González, Wife of Pedro de Villarreal

[Reuoca lo que dixo de Graçia de Teva]
E que lo que dixo contra Graçia de Teba en sus primeras confesiones e despues que no es verdad, que nunca este testigo le bio hazer heregia ningunas, e que por lo que avia oydo dezir este testigo a vna criada suya, que se dize la Navarra, que dezia que la dicha Graçia de Teba hera vna grand judia, por eso dixo este testigo contra ella lo que dixo, pero que no le bio hazer ni dezir heregia ninguna.

[Ratificose contra Françisco Ruiz e Alfonso Ruiz, su hermano]
E que lo que dixo contra Françisco Ruiz e su hermano, que les oyo deçir que no avia otra cosa syno naçer e morir, que es verdad que gelo oya desir en su casa del dicho Françisco Ruiz.

[Reuoca lo que dixo de Juana Nuñez, muger de Juan de Teba]
E que lo que dixo contra Juana Nuñes, muger de Juan de Teba, que no es verdad, e que gelo levanto porque avia levantado a vna moça deste testigo que le avia hurtado su rollo de aljofar e vnos asadores, e que por este henojo dixo lo que dixo este testigo contra ella.

[Reuoca lo que dixo de la de Fernando Aluares; la de Alonso Aluares]
E que lo que dixo contra la muger de Fernand Aluares e la de Alonso Alvares, que es verdad que el sabado que dixo que hallo a la muger del Hernand Albares vestida vna saya blanca serrana e vna toca, haziendose las çejas, con vna toca linpia, que es verdad que asi lo vio este testigo. E lo que dixo contra la de Alonso Albares que saliendo de misa de Santo Domingo vn sabado, estando rezien parida, entro este testigo en su casa, que es verdad todo lo que dixo contra ella, que estaba vestida vn sayhuelo de terçiopelo negro e las bueltas de raso e vn fustan blanco vestido, e que hera vn sabado, e que estaba holgando, e que no hera dia de fiesta syno de labor; e que estaba rezien parida e que la bio este testigo de pasada. E que este testigo le dixo: ¿Que hazeys, señora, que pareçeys vna reyna? E que la susodicha respondio e dixo: ¿E pues, que pensabays? E que es verdad que saliendo este testigo de
45r bisperas de Santo Domingo se | entro por casa del dicho Alonso Alvares e hallo a la dicha muger del dicho Alonso Alvares e al dicho Alfonso Alvares sentados en vn palaçio, e con ella la madre de la dicha su muger, que se dize la muger de Diego Ramirez, e la muger de Hernando Albares, su hermana, e Ana, muger de Alonso Gonzales, e Teresa, prima de la dicha muger de Alfonso Alvares, e estavan todas merendando e tenia vn plato de vbas e otro plato,

que no sabe lo que tenian en el porque acabavan ya de merendar, e que dixeron a este testigo que se asentase, e que no le dixieron cosa otra ninguna, ni que guardavan el sabado ni otra ninguna çerimonia, ni conçebio este testigo de lo susodicho mal ni bien, e que avnque dixo en su dicho que estavan comiendo vna caçuela e que guardavan el sabado, que no es verdad, que lo que agora dize es verdad e todo lo otro falsedad.

[Reuoca lo que dixo de Flor de Teba, muger de Alonso de la Çarça]
Fue preguntada que es lo que bio hazer a Flor de Teba, muger de Alonso de la Çarça; dixo que no se acuerda averla bisto hazer nada ni aver dicho nada della.

[Eluira la Galana, muda, hija de Diego de Haro]
Fue preguntada que es lo que bido hazer a Elbira la Galana, muda, fija de Diego de Haro; dixo que es verdad lo que dixo por señas que abia bisto cortar las vñas a su madre.

[Marina de Herrera, muger de Sancho Ferrandes, quemada]
Fue preguntada que es lo que bio hazer a Marina de Herrera, quemada, muger de Sancho Ferrandes; dixo qu vn dia entro en casa de Christino de la Çarça este testigo por vn menbrillo para su marido, e estaba alli la dicha Marina de Herrera con la dicha muger de Christino de la Çarça, e tenia vn quadernillo de pergamino en la mano la dicha Marina de Herrera, que hera vn dia de sabado e que estaban holgando asentados, e que non les vio hazer cosa ninguna, e que este testigo se fue luego de alli.

[Alonso de Villaescusa; su muger]
Fue preguntada que bio hazer a Villaescusa e a su muger; dixo que no les vio hazer cosa ninguna, syno que vn esclabo suyo, que se llamava Alvarillo, dixo que sus amos heran judios, e que sy veniese alli la Inquisiçion, que los haria quemar.

[La de Rodrigo de la Sierra]
Fue preguntada que que dixo contra la muger de Rodrigo de la Syerra; dixo que no dixo nada, syno que el dicho Alvarillo le dixo a este testigo que se juntaban con la dicha | muger de Villaescusa, su ama, e que creya que ⟨era⟩ hereje como ella.

[Ratificose contra la de Fernando Bastardo]
E que lo que dixo contra la muger de Fernando Vastardo, que es

Trial of María González, Wife of Pedro de Villarreal

verdad segund que lo dixo. Sus reverençias le mandaron que diga lo que dixo contra ella; dixo que çiertos sabados se juntaron este testigo e ella en casa de la dicha muger del Bastardo en dias de sabados, e merendaban e holgaban e bestian camisas linpias e tocas linpias.

[Reuoca lo que dixo contra Maria de Teua, muger de Christoual de Teva; reuoca lo que dixo contra Teresa de los Oliuos, muger de Alonso de Teva]
Fue preguntada que que es lo que dixo contra Maria de Teba, muger de Christobal de Teba, defunto, e que es lo que le bio hazer; dixo que estando vn ⟨sic⟩ casa de Graçia de Teba, puede aver seys años, estando Graçia de Teba rezien parida, e que dieron colasion a este testigo e a las otras personas que alli estaban, e que la dicha muger de Christobal de Teba no quiso comer cosa ninguna, e dixo que se juntaban en casa de Juan de Teba a guardar los sabados, e que es falsedad e no es verdad. Fue preguntada que henemistad tenia con la dicha su hermana; dixo que porque levanto a vna moça deste testigo que le avia hurtado çierto aljofar e vna cruz e vnos quatro asadores que porque dixo este testigo lo que dixo contra la dicha Teresa.

[Ratificose contra Pedro de Villarreal, su marido]
Fue preguntada que es lo que dixo de su marido, Pedro de Villarreal; dixo que dixo contra el que le dio este testigo camisas linpias en los sabados, e guisados del biernes para el sabado, e comerlo e vestirse las dichas camisas linpias, e que es verdad lo que dixo contra el, e que en ello se afirma.
Fue preguntada sy guardo sabados con el dicho su marido o comunico con el la in|tençion; dixo que dize lo que dicho tiene en el dicho e confesion, e que en ello se afirma, e que aquello es la verdad.

[Ratificose contra Beatriz Alonso, muger de Fernando de Merida, su madre]
Fue preguntada quien la inpuso en las heregias que este testigo hizo; dixo que su madre la inpuso en ellas, e no otra ninguna persona.
Fue preguntada que por que dixo en el tormento contra las dichas personas, pues que dize que no es verdad lo que dixo contra ellas; dixo que porque le preguntaban en el tormento con quien avia fecho las çerimonias que confeso, dixo que dixo dellas por no dezir de su madre, con quien las abia fecho.
Fue preguntada que si despues que esta presa en la carçel perpetua,

sy dio algund aviso a su madre o a otra persona por otra o por terçera persona, o con su hermana, o por palabra o señales, que lo diga e confiese; dixo que no a abisado a ninguna persona ni a su madre ni a su hermano ni de palabras ni por escrito ni de otra manera, e que todo lo que a dicho e confesado oy, dicho dia, que es verdad, e que en ello se afirma e afirmo, e jurolo en forma de derecho.

Sus reverençias la dixieron que pensase mucho en todo lo que a dicho, e diga enteramente la verdad; dixo que no tiene mas que pensar, que ya a dicho la verdad. |

46v *Blank page*

The Prosecutor Calls for María's Condemnation

47r Fue presentado por el dicho promotor fiscal ante sus reverençias
20 Aug. los liçençiados Mariana e Herrera e Villanueva, inquisidores, en
1513 veinte de agosto de quinientos e treze años.
Muy Reverendos Señores:
Martin Ximenez, promotor fiscal en el Santo Ofiçio de la Inquisiçion en esta muy noble çibdad de Toledo e su arçobispado, paresco ante Vuestras Reverendas Paternidades, y en la mejor manera que puedo e deuo de derecho, digo que ya Vuestras Reverendas Paternidades bien saben como los dias pasados fue reçebida a reconçiliaçion e abjuro los delitos de heregia e apostasia por ella confesados Mari Gonzales, muger de Pedro de Villarreal, vezina de Çiudad Real, y por ello fue puesta en la carçel perpetua, donde hiziese penitençia; e despues de la dicha su reconçiliaçion de sus herrores, como es notorio e manifesto a Vuestras Reverendas Paternidades, ella aver seydo e ser falsa e fingida confitente en las dichas sus confesiones, asy porque callo e incubrio otras personas que sabia que avian hecho e perpetrado delictos de heregia e apostasia, como porque confeso e dixo de otras personas e de sy misma muchas cosas que avian hecho e cometido de heregia, las quales depues judiçialmente ante Vuestras Reverendas Paternidades ha revocado e negado, negando e contradiziendo lo que avia confesado de sy y de otras personas, en la qual reuocaçion perseuera, segund que esto es publico a Vuestras Reverendas Paternidades por las dichas sus confesiones judiçialmente hechas, las quales açepto en quanto por mi hazen y non mas, e hago reproducçion dellas e de todas las otras provanças sobre esto por Vuestras Reverendas Pater-

Trial of María González, Wife of Pedro de Villarreal

nidades resçebidas, e de los proçesos pendientes en esta audiençia contra las personas de que testifico e dellas e de todas las otras sus confesiones, e protesto en contra de las diligençias en los dichos proçesos fechas, ella se hizo al tiempo de la dicha su reconçiliaçion, 47v por lo qual todo claramente consta de su | fision e simulaçion e diminusion, e averse perjurado diversas vezes en la causa de la Fe. Por que pido a Vuestras Reverendas Paternidades que, aviendo por notorio lo susodicho, manden declarar e declaren a la dicha Mari Gonzalez por tal herege, ficta e simulada e diminuta confitente e relapsa, e prosediendo en esta causa sumariamente, conforme al derecho, la manden relaxar e relaxen a la justiçia c braço scglar, declarando sus bienes y hazienda aver seydo e ser confiscados e aver perteneçido e perteneçer a la camara e fisco real, e su desçendençia e posteridad por las lineas masculina e femenina, fasta el primero grado inclusiue, ser priuados de todos benefiçios c ofiçios publicos, eclesiasticos y seglares, e inables para poder aver ni tener otros de nuevo. E sobre todo pido serme fecho entero conplimento de justiçia, etç. |

Consulta-de-fe [71]

48r [Los votos]

Aug. E despues de lo susodicho, en veinte e dos dias de agosto del dicho 1513 año, estando en la abdiençia de la tarde los reverendos señores inquisidores el liçençiado Alfonso de Mariana e don Françisco de Herrera, inquisidores apostolicos e ordinario, dixieron que, bisto el pedimiento nuevamente fecho por el dicho promotor fiscal deste Santo Ofiçio contra la dicha Maria Gonzales, puesto que todo lo contenido en el dicho pedimiento consta, por lo proçesado e confisiones de la dicha Maria Gonzales, ser notorio e verdadero, e la dicha Maria Gonzales ser ficta confitente e inpenitente por aver dicho de sy (e de sy) e de otras personas muchas cosas que despues a tornado a dezir ser falsas e las a rebocado e perseverado en su rebocaçion; e asy, segund derecho, podian proçeder contra ella como en caso notorio resultante de lo proçesado e conformandose con el boto de los letrados que asy fueron vltimamente en la lista deste proçeso. E que non enbargante lo susodicho, todavia quisieran, para mas justificaçion de su proçeso, dar copia e traslado a la Maria Gonzalez del dicho pedimiento, para que respondiera a el con consejo e acuerdo de su letrado, pero que lo dexaron de hazer

---

[71] Only the judges participated in this *consulta-de-fe*.

[313]

porque conoçieron e conjeturaron que sy a la dicha Maria Gonzales se le diera la dicha copia e traslado, caheria en caso de desesperaçion e su anima podiera pereçer, lo qual conjeturaron de la dicha Maria Gonsales porque muchas e diversas vezes, despues que vltima vez fue presa, a dicho que temia que la avian de matar pues que se avia desdicho de lo que primeramente avia dicho, e a dicho muchas vezes en la dicha abdiençia que muy bien mereçe la muerte, diziendo e suplicando a sus reuerençias que la dexasen yr a criar a sus fijos, que bien veya que mereçia la muerte. E que asy, por temor de lo susodicho, como porque consta notoriamente que ninguna defension conpete a la dicha Maria Gonsales para hevitar e escluir la fiçion e symulaçion de sus confesiones e inpenitençia, e por se aver perjurado diversas vezes en caso de la Fe, non le mandavan dar el dicho treslado antes, conformandose con el boto e pareçer de los dichos letrados. E que para mayor justificaçion deste proçeso, mandaron salir a la dicha abdiençia a la dicha Maria Gonsales, a la qual, 48v estando presente, sus reuerençias dixieron que | ya sabia las confesiones que avia fecho estando presa en la carçel deste Santo Ofiçio antes e al tiempo que se reconçiliase e lo que abia testificado contra muchas e diversas personas, e como agora, esta segunda vez que fue trayda a la carçel, avia revocado lo que abia dicho contra las dichas personas, con las quales ella avia dicho e confesado aver cometido delitos de heregia, e se auia ratificado en la dicha su rebocaçion, que agora de nuevo la amonestaban e amonestaron, pues que avia tenido muchos dias para deliberar, que dixiese la verdad çerca de las cosas que avia confesado e depues rebocado, e que asentase en la verdad, e sy de nuevo avia ocurrido alguna cosa a su memoria, que lo declarase e manifestase e en todo dixiese pura e enteramente la verdad.

La dicha Maria Gonsales dixo que ella avia dicho la verdad en las rebocaçiones que abia fecho, e que ella avia levantado falsamente lo que abia dicho que abia visto a las dichas personas, e que aquello hera la verdad, e que bien veyan que ella mereçia la muerte por todas las dichas personas. Por que suplicaba a sus reverençias que la dexasen yr a criar sus fijos, que andavan descarriados, e pedia misericordia, suplicando a sus reverençias que la perdonasen la vida para yr a criar sus fijos. Sus reverençias la mandaron boluer a la dicha carçel, e dixieron que conformandose con el boto de los dichos letrados, que la dicha Maria Gonsales devia e deve ser relaxada a la justiçia e braço seglar por ficta, symulada confitente e inpenitente. |

Trial of María González, Wife of Pedro de Villarreal

Sentence

49r ⟨Maria⟩ Gonsales muger de Pedro de Villarreal veçina de Çibdad Real

Por nos, los inquisidores contra la heretica pravedad e apostasia en la muy noble çibdad de Toledo e su arçobispado e obispado de Syguença dados e deputados por avctoridad apostolica e hordinaria, visto vn proçeso criminal que ante nos a pendido e pende entre partes, de la vna, actor denunçiante, el venerable Martin Ximenez, promotor fiscal deste Santo Ofiçio, e de la otra, rea acusada, Maria Gonsales, muger de Pedro de Villarreal, vezina de Çibdad Real, reconçiliada. Visto vn pedimiento que ante nos el dicho promotor fiscal hizo, en que, en hefecto, dixo que aviendo seydo la dicha Maria Gonsales los dias pasados resçebida ⟨a⟩ reconçiliaçion e al gremio e vnion de la Santa Madre Yglesia, e aviendo abjurado los delictos de heregia e apostasia que avia confesado e de que avia sydo acusada e testificada, e aviendo sydo puesta en la carçel perpetua por razon de los dichos sus delitos, para que se conosçiese sy andava en luz o en tinieblas, que la dicha Maria Gonçales avia seydo y hera ficta e symulada confitente e inpenitente, por aver variado en sus dichos e confesiones e aver revocado algunas dellas, asy en lo que avia dicho de sy como de otras personas, e aver callado e incubierto, al tienpo que se reconçilio, lo que sabia de çiertas personas, e que en las dichas sus confesyones e dichos avia mucha contradiçion, por donde claramente paresçia e constava de la dicha su ficçion e symulaçion e inpenitençia; e para en prueva de lo susodicho presento ante nos el proçeso que contra la susodicha Maria Gonsales se avia hecho los dias pasados e las confesiones e dicho en el contenidos e las variaçiones e contradiçiones de las dichas sus confesiones que despues aca avia hecho. Por que nos pidio que, atento el tenor de las dichas sus primeras confesiones e depusyçiones e las variaçiones que despues avia hecho e la notoriedad de todo ello, que proçediesemos contra la dicha Maria Gonsales a la declarar por hereje, ficta e symulada confitente e inpenitente, e como a tal la mandasemos relaxar a la justiçia e braço seglar, segund que esto e otras cosas mas largamente en el dicho su pedimiento se contiene. E visto las confesiones primeras

49v que la dicha | Maria Gonsales hizo e las deposyçiones e dichos que entonçes dixo e las variaçiones que despues hizo de las dichas sus confesiones e deposyçiones, e la revocaçion e contradiçion que çerca de lo susodicho hizo, e como perseuero en ello; e todo lo otro que mas se requeria ver e examinar, por donde nos consto como muchas cosas de las que dixo la dicha Maria Gonsales non ser çiertas ni verdaderas, asy por sus confesiones como por las otras escripturas e provanças hechas por el dicho promotor fiscal e presentadas. E avido sobre todo nuestro acuerdo e deliberaçion con personas graves de çiençia e conçiençia, e de su voto e paresçer,

Christi Nomine invocato:
Fallamos el dicho promotor fiscal aver provado enteramente su intençion, e la dicha Maria Gonsales aver seydo y ser hereje, ficta e symulada confitente e inpenitente, e aver confesado e testificado algunas cosas que non son çiertas ni verdaderas, e aver perjurado diversas vezes en çiertas cavsas de la Fee, e pronunçiandolo asy, que devemos declarar e declaramos a la dicha Maria Gonçales por ficta e symulada confitente e inpenitente, y que la devemos relaxar e relaxamos a la justiçia e braço seglar, e la mandamos entregar e entregamos al magnifico e noble cavallero mosen Jayme Ferrer, corregidor en esta çibdad de Toledo por Su Alteza, e a su alcalde mayor, a los quales encargamos e afestuosamente rogamos de parte de Nuestro Señor Ihesu Christo que se ayan con la dicha Maria Gonsales venina e piadosamente e no proçedan contra ella a pena de muerte. Otrosy declaramos los hijos desçendientes de la dicha Maria Gonçales, por las lineas masculina e femenina fasta el primero grado inclusyve ser priuados de todos e qualesquier benefiçios e ofiçios publicos e honras mundanas, e ser inhabiles e incapaçes para

50r tener aquellos | e aver otros de nuevo, e que no pueden traher ni trayan sobre sy ni en sus vestiduras oro, ni seda, ni grana, ni chamelote, ni corales, ni perlas, ni aljofar, ni piedras preçiosas, ni traher armas, ni cavalguen a cavallo, ni sean fisycos ni çirujanos ni boticarios ni canbiadores ni arrendadores ni abogados ni procuradores, ni tengan ni husen de los otros ofiçios publicos e de honor prohibidos en derecho a los tales, so las penas en el contenidas. E asy lo pronunçiamos e sentençiamos por esta nuestra sentençia definitiua en estos escriptos e por ellos, pro tribunali sedendo.

(—) A. de Mariana, (—) el liçençiado (—) Pedro de Villa Nova,
licenciatus Herrera licenciatus

Sentence Carried Out

7 *Sept.* En Toledo, miercoles, syete dias del mes de setienbre, año del
1513 Nasçimiento de Nuestro Saluador Ihesu Christo de mil e quinientos e trese años, estando los sobredichos señores ynquisydores aposto-

Trial of María González, Wife of Pedro de Villarreal

licos e ordinario en la plaça de Çocodover ençima de vn cadahalso, pro tribunali sedendo, e estando la dicha Mari Gonçales en otro tablado de madera, fue leyda e publicada esta dicha sentençia a alta bos yntelegible. Testigos que fueron presentes: Rodrigo Thenorio e Pedro de Yepes e Luys Davalos, canonigos en la Santa Yglesia de la dicha çibdad de Toledo, e don Fernando de Sylua e don Françisco de Sylua, su hermano, e Diego Ferrandes de Oseguera e el liçençiado Alonso Nuñes Arnalte, con otra muy mucha gente, asy de la dicha çibdad como de otros muchos lugares e partes.

(—) Diego Lopes, notario

Genealogy of the Family of María González, Wife of Pedro de Villarreal

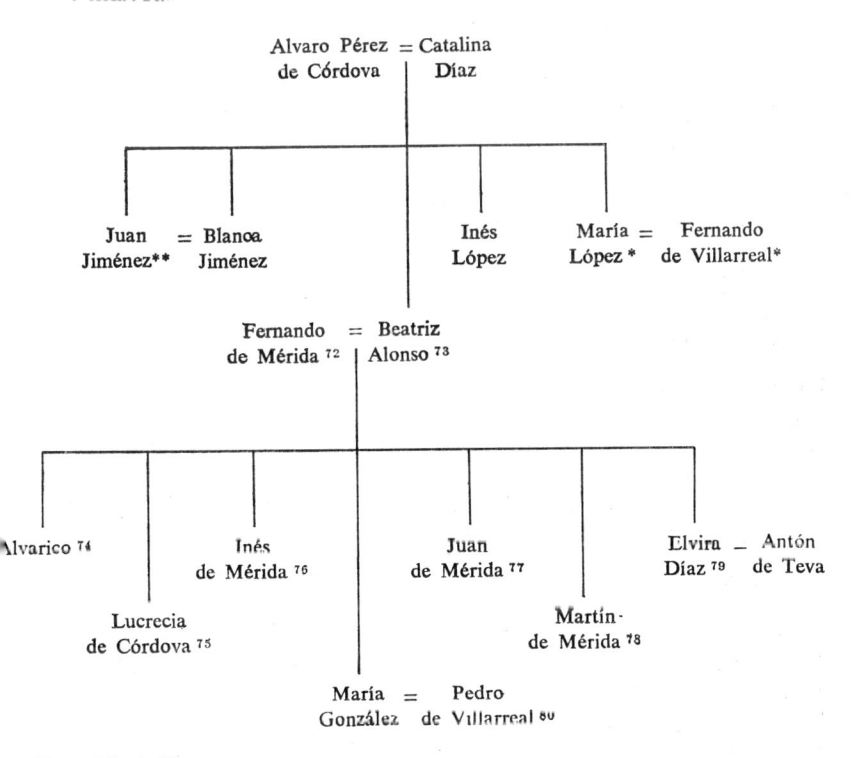

```
              Alvaro Pérez = Catalina
              de Córdova     Díaz
   ┌────────────┬─────────────┬─────────────┐
 Juan  = Blanca        Inés         María  =  Fernando
Jiménez** Jiménez      López        López*   de Villarreal*

         Fernando    = Beatriz
         de Mérida 72  Alonso 73
   ┌────────────┬─────────────┬─────────────┐
 Alvarico 74   Inés         Juan          Elvira _ Antón
              de Mérida 76  de Mérida 77   Díaz 79  de Teva
              Lucrecia                    Martín-
              de Córdova 75                de Mérida 78
                        María    =   Pedro
                        González  de Villarreal 80
```

* From Membrilla
* From Solano

72 Beatriz Alonso was his second wife; his first was Inés de Baños. He was reconciled; see the trial of Juan Martínez de los Olivos, No. 81, fol. 1v.

Records of the Inquisition in Ciudad Real and Toledo, 1494-1512

The Composition of the Court

Judges:	Alonso de Mariana
	Rodrigo de Argüelles
Prosecutor:	Martín Jiménez
Defence:	Alonso de Baena — *procurador*
	Licenciado Pedro de Herrera — *letrado*
	Bachiller del Bonillo — *letrado*
Gaoler:	Pedro Vázquez el Busto
Notaries:	Juan Obregón
	Cristóbal de Prado
	Diego López [81]

Witnesses for the Prosecution in Order of Testification [82]

1 Lucía Fernández (or de Cuenca), wife of Francisco del Lillo
2 Catalina González, daughter of Marcos Amarillo

First Consulta-de-fe

Licenciado Alfonso de Mariana
Licenciado Don Francisco de Herrera
Licenciado Pedro Ochoa de Villanueva
Fray Domingo de Vitoria
Fray Domingo Guerrero
Licenciado de Santa María
Licenciado Rodrigo Ronquillo
Bachiller Diego Martínez de Ortega
Bachiller Diego Fernández Pan y Agua

Second Consulta-de-fe

Licenciado de Mariana
Licenciado don Francisco de Herrera

Synopsis of Trial

1511

26 April	Lucía Fernández testifies against María González in Ciudad Real.
29 April	Catalina González testifies.
4 June	The trial opens in Ciudad Real, and the prosecutor asks that the accused be arrested.

---

[73] She was burnt; see her reconstructed trial, No. 104.
[74] He died while young.
[75] She was still a young girl in 1511.
[76] She was burnt on 7 September 1513; see her trial No. 115, fol. 3v.
[77] See above, n. 74.
[78] He was a spice merchant.
[79] She was married to Antón de Teva, the brother of Gracia de Teva; see the trial of Leonor Alvarez, No. 101, fol. 14v. She was no longer alive at the time of this trial.
[80] He was a merchant.
[81] He was present at the *auto-de-fe*.
[82] Both these witnesses were considered information witnesses as well.

Trial of María González, Wife of Pedro de Villarreal

11 June	María González is arrested.
28 July	The trial is transferred to Toledo, and the genealogy of the defendant is recorded. The defendant confesses after she is admonished.
30 July	She is admonished for the second time as the examination continues.
7 Aug.	A third admonition is given for her to make a full confession.
25 Aug.	The arraignment is presented after the defendant is admonished for the fourth time, and a term is set for her to reply to the accusation.
26 Aug.	The defendant makes a full confession.
28 Aug.	Confession and examination continue.
6 Sept.	Confession and examination continue.
11 Sept.	Confession and examination continue.
22 Nov.	The prosecutor asks to be received in order to submit his evidence, and the defence is given three days in which to contend. The defendant's declaration is read before the Court.
29 Nov.	The defendant confirms her 22 November declaration in the presence of her counsel. The prosecutor concludes his pleading and both sides are given nine days to contend.
4 Dec.	Both sides request publication of testimonies; the Court allows nine days for this to be done.
30 Dec.	Defence counsel requests publication of the names of prosecution witnesses.

1512

19 Feb.	The judges admonish María González to inform on other Judaizers. They also suggest that she present *tachas*; the defendant refuses.
1 March	Lucía Fernández confirms her testimony in Ciudad Real.
5 March	Catalina González confirms her testimony in Ciudad Real.
26 March	María González confirms her confession and her testimony against various Conversos.
30 March	After yet another admonition, the order for torture is given, but the defendant confesses anew before the torture begins.
31 March	The defendant confirms her confession.
19 June	She takes an oath that her testimony is the truth.
23 June	The *consulta-de-fe* meets.
16 Aug.	María González is sentenced to life imprisonment.

1513

15 July	The trial is reopened and the defendant is examined.
19 July	The defendant is examined under torture.
21 July	The examination continues.
20 Aug.	The prosecutor appears and asks that María be declared a heretic.
22 Aug.	The *consulta-de-fe* sentences her to be handed to the Secular Arm to be burnt at the stake.
7 Sept.	Sentence is carried out at the Plaza de Zocodover in Toledo.

[319]

101 Trial of Leonor Alvarez, Wife of Fernando Alvarez, Spice Merchant 1512–1514

Source: AHN IT, Legajo 133, No. 61, foll. 1r–32r; new number: Leg. 133, No. 21.

Leonor Alvarez (also called López) was one of the Conversos accused of being Judaizers by María González, wife of Pedro de Villarreal. Leonor was the daughter of Diego Rodríguez de Alisana of La Membrilla, the village in which she and her sister, Juana Rodríguez, were born. She married Fernando Alvarez in 1493 or 1494, and was most probably in her late thirties when her trial opened on 30 July 1512.[1]

Although no formal genealogy is found in her file, we know that Leonor and her sister Juana were married to the Alvarez brothers. Juana, whose confession is found in the protocol of this file[2] and who was therefore considered a prosecution witness against her sister, was burnt at the stake on 7 September 1513. Gracia de Teva, who may have been a relative, possibly through her marriage to Diego Alvarez, was also burnt on 7 September.[3]

Leonor was taught Jewish traditions by her aunt and other Converso women in La Membrilla. She honoured the Sabbath by wearing her best clothes and spending the day with other Conversos. In order to observe the sanction against working on the Sabbath, she would sit near enough to her loom to give the impression that she was weaving.

Leonor was reconciled and restored to the Church on 7 September 1513 and was sentenced to life imprisonment. This relatively light sentence, which was commuted to imprisonment in her own home and then further commuted to the observance of special fasts and penances, was due to the combined endeavours of her husband and of her counsel for the defence, who succeeded in proving that

---

[1] See her confession, fol. 4v.
[2] See her reconstructed trial, No. 102.
[3] See her reconstructed trial, No. 103.

Trial of Leonor Alvarez, Wife of Fernando Alvarez

María González *had given false testimony. It is therefore interesting to note that the accused had originally refused to accept appointment of a defence, averring that she was content to leave her fate in the hands of God and of the Court.*

Bibliography: Beinart, pp. 138 f., 150, 192, 195, 213, 218, 220.

1r

Çibdad Real

Reconçiliada

Leg. 30 No. 20

Proçeso contra Leonor muger de Fernand Alvares espeçiero vesina de Çibdad Real

Sacado del libro de confisiones

Concluso

Carçel

absentes   [   ] hecha la denunçia

visto

1v *Blank page*

2r [Pedimiento del fiscal]

30 July 1512   En la muy noble çibdad de Toledo, treinta dias del mes de julio de mil e quinientos e dose años, estando los reuerendos señores el liçençiado Alfonso de Mariana e el liçençiado don Françisco de Herrera e el liçençiado Pedro Ochoa de Villanueva, Inquisidores apostolicos e hordinarios, en la abdiençia del Santo Ofiçio de la Inquisiçion, pareçio presente el venerable Martin Ximenes, canonigo de Logroño, promotor fiscal del Santo Ofiçio, e dixo que denunçiaba e denunçio a Leonor Lopez, muger de Farnand Alvares, espeçiero, de la Çibdad Real, por hereje apostota de nuestra Santa Fe Catolica Christiana; por ende, que pedia e pedio a los dichos señores inquisidores que mandasen proçeder e proçediesen contra la dicha Catalina ⟨*sic*⟩ Lopez como contra tal hereje apostota,

[321]

Records of the Inquisition in Ciudad Real and Toledo, 1494–1512

mandando prender e prendiendo su persona e cuerpo, e ynventariando sus bienes, muebles e rayzes.

[Respuesta de sus reverençias]
Los dichos señores inquisidores dixieron que, dandoles informaçion suficiente de lo contenido en la dicha denunçiaçion, que estaban prestos de fazer lo que fuere justiçia.

[Informaçion del fiscal]
Luego, el dicho promotor fiscal dixo que, para en prueva de lo susodicho, fazia e fizo presentaçion de los dichos e depusiçiones de Maria Gonçalez, muger de Pedro de Villarreal, vezina de Çibdad Real, e a Françisco de Mesa e a Maria Alfonso e a todos los testigos contenidos en los libros e registros deste Santo Ofiçio; los quales dichos e depusiçiones dixo que pedia e pedio a sus reuerençias que los mandasen poner en este proçeso e sacar de los dichos libros e registros del dicho Santo Ofiçio. Los quales dichos e depusiçiones estan en este proçeso en la probança del fiscal.

Order of Arrest

[Mandamiento para proçeder]
E luego, los dichos señores inquisidores, vista la informaçion, dixeron que mandaban e mandaron dar su mandamiento para prender el cuerpo de la dicha Leonor e para inventariar todos sus bienes en forma, el qual fue dirigido al honrado Pedro Vazques el Busto, alguazil deste Santo Ofiçio.

[Como fue trayada presa]
12 Aug. Fue trayda presa (presa) a la carçel del dicho Santo Ofiçio la dicha
1512 Leonor, juebes, dose dias del dicho mes de agosto de I V DXII años.

Examination of Defendant

[Pronunçiaçion]
13 Aug. E despues de lo susodicho, en Toledo, treze dias del mes de agosto
1512 de mil e quinientos e doze años, este dia, estando los reverendos señores el liçençiado Alfonso de Mariana e el liçençiado don Françisco de Herrera e el liçençiado Pedro Ochoa de Villanueva, inquisidores apostolicos e hordinario, en la abdiençia del Santo
2v Ofiçio | por ante mi, Diego Lopez de Tamayo, notario publico e del secreto del dicho Santo Ofiçio, sus reuerençias mandaron a

Trial of Leonor Alvarez, Wife of Fernando Alvarez

Melchior de Sayavedra, alcayde de la carçel del dicho Santo Ofiçio que sacase ante sus reuerençias a Leonor, muger de Fernando Albares, espeçiero, presa en la dicha carçel, vezina de Çibdad Real; el qual la saco a la dicha abdiençia, e estando asy presente, fue preguntada por sus reuerençias sy sabia por que estaba presa; la qual dixo que no lo sabia. Sus reuerençias le dixieron que la abian mandado pren(e)der porque tenian informaçion que abia fecho e cometido crimen e delito de heregia, por ende, que la amonestaban e amonestaron e requerian de parte de Nuestro Señor Ihesu Christo e de Nuestra Señora la Virgen Santa Maria que sy algund tienpo abia fecho e dicho alguna fecho e dicho alguna cosa de heregia, o sabia de otra persona alguna ⟨que⟩ lo abia fecho o dicho, que lo diga e declare e confiese, e que diziendolo e confesandolo, sus reverençias vsaran con ella de misericordia, tanto quanto de derecho e buena conçiençia obiere lugar.

[Respuesta]
Luego, la dicha Leonor dixo que ella no a fecho ni dicho cosa ninguna contra nuestra Santa Fee Catolica ni sabe que ninguna persona lo aya fecho ni dicho ni cometido.

Arraignment
[Como el fiscal puso acusaçion e demanda]
E luego, el dicho promotor fiscal, que presente estaba, dixo que queria poner demanda e acusaçion contra la dicha Leonor, la qual puso e presenta ante sus reuerençias, presente la dicha Leonor. |

3r Leonor Aluares, muger de Hernan Alvares En Toledo, XIII dias
Aug. del mes de agosto de I V DXII años, lo presento el fiscal ante todos
1512 tres señores ynquisydores
Muy Reuerendos Señores:
Martin Ximenez, promotor fiscal en el Santo Ofiçio de la Inquisiçion en la muy noble çiudad de Toledo e su arçobispado, paresco ante Vuestras Reverendas Paternidades, y en la mejor manera que puedo e deuo de derecho, denunçio e acuso ante ello ⟨sic⟩ a Leonor Aluares, muger de Hernan Alvares, vezina de Çiudad Real, asy como a herege e apostota de nuestra Santa Fe Catholica. La qual, estando en posesion e so color de christiana e por tal se llamando, e gozando de los preuilegios que los catholicos deuen gozar, heretico e apostato contra nuestra religion christiana, pasandose a la crehençia de la mortifera Ley de los judios e a la obseruançia de sus

rictos e çerimonias; en espeçial, la dicha Leonor Aluares hizo e dixo e cometio las cosas siguientes:

I Primeramente, que la dicha Leonor Aluares, por la çiega afiçion que a la mortifera Ley de los judios tenia, guardo e ha guardado los dias de los sabados, no haziendo en ellos la hazienda que acostunbraua hazer en los otros dias de entre semana, ataviandose los dichos dias de buenas ropas de fiesta y vestiendose camisa linpia y otros atavios de fiesta, e dexandose de hazer hazienda el viernes en la noche de buena ora por honra del sabados, yendose a visitar los dias de los sabados a otras casa⟨s⟩ a otras personas, donde todas guardauan los sabados.

II Iten, que la dicha Leonor los viernes guisaua de comer para el sabado e los dias de los sabados ella con otras personas comia las dichas viandas guisadas del viernes fijas ⟨sic⟩, e se juntauan ella e otras personas en çiertas partes, donde guardauan los sabados a merendar, e merendauan e comian las dichas viandas e hazian gran fiesta, estando, como dicho es, ataviadas, e comian alli a las vezes caçuelas guisadas de otro dia antes e otra vezes otras viandas.

III Iten, que la dicha Leonor Aluares asymesmo, por guardar los rictos e costunbres de los judios e mandamientos de su Ley, quando
3v trayan carne | de la carniçeria a su casa, ella la purgaua a la manera e costunbre judayca, quitandole todo el seuo e gordura que la dicha carne traya, como lo hazian los judios, desangrandola e lauandola muchas vezes y echandola en sal.

IIII Iten, que la dicha Leonor Aluares, estando vna vez purgando la carne, como dicho es, a la manera judayca, la vio cierta persona, e conosçiendo como era mal hecho aquello, la dicha persona le dixo: 'Esto, fulana' — diziendolo a la dicha Leonor — 'heregia es'. Y ella le dixo e respondio: Mirad, fulano, de lo que no aveys de comer, dexaldo bien coser.[4]

V Iten, que la dicha Leonor Aluares se a juntado con otras personas en algunas partes a guardar e solenizar las cosas de la Ley de Moysen, e sabe que muchas personas las hizieron, asy con ella como sin ella, lo qual todo maliçiosamente calla y encubre porque los dichos delitos queden inpunidos y ellos todos puedan permanesçer en ellos y acabar sus dias.

[4] This indicates that Leonor Alvarez did not want any advice on how to *kasher* meat and prepare her food; see the testimony of María Alfonso, below, fol. 16r. For this proverb see also F. Rodríguez-Marín, *Mas de 21.000 refranes castellanos*, Madrid 1926, p. 271.

Trial of Leonor Alvarez, Wife of Fernando Alvarez

VI Iten, que la dicha Leonor Aluares ha fecho, dicho e cometido otras muchas cosas e delictos de heregia, demas de los susodichos, segund que en la prosecuçion desta causa entiendo prouar mas largamente, etç.

VII Iten, que la dicha Leonor Aluares ha hecho las otras cosas de los judios, asy sola como con otros, haziendo ayunos de judios y guardando sus pascuas e otras fiestas e solenidades dellos, como ellos lo hazia⟨n⟩.

Por que pido a Vuestra Reuerenda Paternidad que por su definitiua
4r sentençia manden declarar e declaren todo lo susodicho | ser verdad y la dicha Leonor aver seydo e ser herege e apostota de nuestra religion christiana e excomulgada, e como tal herege la manden relaxar e relaxen a la justiçia e braço seglar, declarando todos sus bienes y hazienda, del dia que cometio los delictos aca, aver seydo e ser confiscados, e aver perteneçido e perteneçer a la camara e fisco real, e sus desçendientes aca por las lineas masculina e femenina, fasta el primero grado inclusiue, ser priuados de todos ofiçios e benefiçios publicos, eclesiasticos e seglares, e inabiles para poder aver ni tener otros de nuevo perpetuamente, e sobre todo pido serme fecho entero conplimiento de justiçia. E pido que manden a la susodicha que con jurado, sin consejo de alguna persona, responda a las cosas contenidas en esta mi acusaçion, e sobre lo que negare, si fuere nesçesario, pido ser resçebido a la prueva.

Reply of the Defendant

Et asy presentado el dicho escripto de acusaçion e leydo de verbo ad verbum, luego la dicha Leonor Aluares dixo que negaua e nego, e que asy Dios la dexase yr a ver sus hijos, que no sabe que cosa es ninguna cosa de las contenidas en la dicha acusaçion, e que la negaua o nego segund que en la dicha acusaçion se contiene.

Luego el dicho promotor fiscal dixo que pues la dicha Leonor Aluares estaua negatiua, pidio ser resçebido a la prueua.

Los dichos señores ynquisydores los resçibieron a la prueva con termino de nueve dias, etç. |

Confession

4v [Confesion]
Aug. E despues de lo susodicho, en XXV dias del mes de agosto del
1512 dicho año, estando en la dicha abdiençia los reuerendos señores inquisidores el liçençiado Alfonso de Mariana e el liçençiado Pedro

[325]

Ochoa de Villanueva, paresçio presente Gonsalo de Arguello, carçelero de la carçel deste Santo Ofiçio, e dixo que la dicha Leonor queria salir ante sus reverençias e que asi lo pedia. Sus reuerençias la mandaron salir a la dicha abdiençia, e siendo presente ante sus reuerençias, dixo que ella queria confesar sus pecados, e que pedia misericordia; la qual luego dixo e confeso que despues que se caso esta confesante con el dicho Fernando Aluares, su marido, que abra diez y ocho o diez e nueve años, a guardado los sabados que buenamente podia sin ser sentida, dexando de hazer las haziendas en ellos que solia hazer los otros dias de entre semana; e que algunas vezes fazia algunas cosas libianas, por dar a entender que no guardava los dichos sabados, quando algunas personas entraban en su casa, e otras vezes tomava en la mano la rueca para dar a entender que hilaba, pero que en quitandose delante de tal persona, luego dexava la dicha rueca e no hilaba; e que se bestia camisa linpia en los dichos sabados; e que los biernes en las noches ençendia candiles linpios; e que purgaba la carne algunas vezes, de que podia, quitandole el sebo que tenya; e que guisaba del biernes para el sabado caçuelas de carne, e que lo comian el sabado esta confesante e Juana Rodrigues, su hermana, muger de Alonso Alvarez [Çiudad Real. Joana Rodrigues, muger de Alonso Alvares],[5] e que lo comian fianbre, algunas vezes en casa deste confesante e otras vezes en casa de la dicha Juana Rodrigues, su hermana.

[Intençion]
Fue preguntada que con que intençion fazia e fizo las cosas suso(s)-dicha⟨s⟩; dixo que las fizo con mala intençion, y las hizo e porque sabia que heran çerimonias de judios.

[De tienpo que hizo [   ] las çerimonias]
Fue preguntada que hasta que tienpo hizo las cosas susodichas; dixo que las hizo desde que se caso fasta agora que la prendieron.

Fue preguntada quien la inpuso e enseño en las cosas susodichas; dixo que vna tia suya, muger del Orejudo, vezina de La Menbrilla [La Menbrilla. La muger de Orejudo, defunta] que no se acuerda de su nonbre ni del dicho Orejudo, su marido, le mandaba que fiziese las cosas susodichas, e que las veya este confesante hazer a ella; e que vio guardar los dichos sabados e hazer las cosas susodichas a la

[5] She was burnt on 7 September 1513; see Fita, p. 474, No. 157.

Trial of Leonor Alvarez, Wife of Fernando Alvarez

5r dicha | su tia, e que de la misma manera lo fazia esta confesante [⟨se⟩ lo via a ella fazer]. Fue preguntada que tanto tiempo aquella dicha su tia inpuso a esta confesante en las cosas susodichas; dixo que le inpuso en ellas quatro o çinco años que se casase esta confesante, e que la dicha su tia fue reconçiliada, e que a que falleçio quinze años.

Fue preguntada si a fecho algunas otras çerimonias de la Ley de Muysen demas de la que tiene dicho e confesado; dixo que no se acuerda aver fecho otra cosa, e que quando ençendia los candiles los biernes en las noches, los linpiaba e ponia mechas nuevas, e que lo fazia por obserbançia del sabado.

Fue preguntada que con que personas fizo las cosas susodichas o otras algunas çerimonias; dixo que fizo las cosas susodichas con la dicha su hermana [Çiudad Real. Juana Rodrigues muger de Alonso Alvares; sacada su confesion] asy el guardar de los sabados como el vestir de camisas e comer las dichas caçuelas e todas las otras cosas que confesado tiene, e que no lo fizo con otra persona ninguna. E pedio serle trayda la dicha su acusaçion, lo qual pedia muchas vezes para se acordar si a fecho otra cosa alguna, para lo dezir e confesar.

The Defendant Contests the Arraignment

Luego, sus reuerençias le mandaron leer la dicha demanda, la qual le fue leyda por mi, el notario infraescrito, capitulo por capitulo, e lo que dixo e respondio es lo siguiente:

I Fuele leydo el primero capitulo. Dixo e respondio que es verdad que guardo los dichos sabados e bistio camisa linpia en ellos todo el tienpo que dicho tiene, pero que no se acuerda aver vestido ropas de fiesta, mas de camisa linpia. E que es verdad que folgo los biernes en las noches, dexandose de fazer labor de buena ora; e que algunos sabados se fue esta confesante a holgarlos con la dicha su hermana [Juana Rodrigues] e la dicha su hermana se vino a holgar a casa deste confesante algunos sabados, e comia las dichas caçuelas, e que no a holgado los dichos sabados con otras personas.

II Al segundo capitulo, syendole leydo, dixo que es verdad que ella e la dicha su hermana se juntaron algunos sabados a comer las dichas caçuelas e a holgarlos, pero que nunca lo hizo con otra persona ninguna. |

5v III Al terçero capitulo, siendole leydo, dixo que nunca fizo otra cosa mas de desebar la carne.

IIII° Al quarto capitulo dixo que no se acuerda de lo contenido en el dicho capitulo.

V Al quinto capitulo, siendole leydo, dixo que no sabe mas ni de otras personas de lo que dicho tiene.

VI Al sesto capitulo, siendole leydo, que no a fecho otra cosa ninguna.

VII Al setimo capitulo, siendole leydo, dixo que dize lo que dicho tiene, e que no a fecho otra cosa ninguna, e que si mas se le acordare, que lo verna diziendo e confesante. E juro ser verdad todo lo susodicho.

Admonitions and Confessions

[Segunda moniçion]

Sus reuerencias la boluieron a amonestar que diga e confiese enteramente la verdad de todo lo que a fecho e dicho contra nuestra Santa Fe Catolica, e lo que sabe de otras personas que lo ayan fecho e cometido, que lo diga e confiese, e que asi lo haziendo, vsaran con ella de misericordia quanto de buena conçiençia e derecho obiere lugar.

[Respuesta]

La dicha Leonor dixo que lo que tiene dicho e confesado es la verdad, e que no se le acuerda mas, e pide penitençia con misericordia, e que sy mas se le acordare, que lo verna diziendo e confesando. Sus reverençias la mandaron que recorra su memoria, e le dieron termino de terçero dia para se acordar.

[Terçera moniçion]

1 Sept. 1512 E despues de lo susodicho, en primero dia del mes de setienbre de mil e quinientos e doze años, estando los reuerendos señores el liçençiado Alfonso de Mariana e el liçençiado Pedro Ochoa de Villanueva, inquisydores, en abdiençia, mandaron sacar ante sy a la dicha Leonor; la qual estando presente, sus reuerençias le dixeron que ya sabia que le avian dado termino para que recorriese su memoria, para que dixese e confesare enteramente todas las cosas

6r que avia fecho y cometido contra nuestra Santa Fe Catolica | e sabia que otras personas los an fecho y cometido, que agora sus reuerençias la amonestaron e requerian e amonestavan que tocase a quien tocase, asy de ella como de otras personas, que en todo lo que se hallase culpante dixese y confesase enteramente la verdad,

Trial of Leonor Alvarez, Wife of Fernando Alvarez

porque sus reverençias tenian en su denunçia demas cosas de las que tenia dicho e confesado, y que sabia de otras personas.

La dicha Leonor dixo que no se acordava aver hecho y cometido otras cosas mas de las que tenia dicho e confesado, ni sabia de otras personas, exçepto que se acuerda que esta confesante inpuso ⌐a la dicha⌐ Juana Rodriguez, hermana deste confesante, en los delictos de heregia que tiene dicho y confesado.

[Del tienpo]
Fue preguntada que quanto tienpo a que inpuso a la dicha su hermana en los dichos delictos; dixo que luego que fue rezien casada y vino a morar a Çibdad Real y moraron juntas en vnas casas por espaçio de çinco o seys años, poco mas o menos. E que puede aver diez años, poco mas o menos, que vino la dicha su hermana casada de La Menbrilla a la dicha Çibdad Real, y se vino a morar en la casa desta confesante, y que entonçes le amostro las dichas cosas de suso contenidas de la Ley de Moysen.

[Çibdad Real. Graçia de Teua, muger de Diego Alvares; sacado de su proçeso]
Yten, dixo que a Graçia de Teva,[6] muger de Diego Alvares, espeçiero, vezino de Çibdad Real, presa en la carçel deste Santo Ofiçio, cuñada deste confesante, que le tiene por mala christiana, porque muchas vezes, en Çibdad Real, yendo este confesante a Misa en los sabados y en dias domingos, entrava en casa de la dicha Graçia de Teva a desirle que sy queria yr a Misa, y que la dicha Graçia de Teva sienpre amostrava mala voluntad para yr a Misa y syenpre ponia enbaraços por no yr a Misa, y que sienpre la a tenido por mala christiana, y que a los pobres los trataua mal y les dava con la puerta en el rostro, y que por estas cosas y otras la tiene por mala christiana. [Retificose en XXX del otubre contra la dicha Graçia de Teba]. | Fue preguntada sy la vido faser algunas çerimonias de la Ley de los judios; dixo que no la vido faser ninguna çerimonia de la Ley de los judios.

Lo qual todo juro en forma ser verdad.

Sept. 1512 años, estando en la dicha abdiençia, los dichos señores inquisidores E despues de lo susodicho, en XXIII dias de setienbre de I V DXII mandaron salir ante sy a la dicha Leonor, muger del dicho Fernando Aluares; la qual siendo presente fue amonestada por sus reverençias

---
[6] She was a cousin of Juan de Teva, No. 113. She was tried, and was burnt on 7 September 1513; see her trial, No. 103.

que recorra su memoria e queen todo descargue su conçiençia. La susodicha dixo que no sabe mas de lo que dicho e confesado tiene. Fue mandada boluer al dicho carçel.

Second Arraignment and Request for Torture

9 Oct. E despues de lo susodicho, en nueue dias de otubre de mil e quini-
1512 entos e doze años, estando en la dicha abdiençia los reuerendos señores inquisidores el liçençiado de Mariana e el liçençiado Pedro Ochoa de Villanueva, sus reuerençias mandaron salir ante sy a la dicha Leonor Alvares, la qual siendo presente, el honrado Diego Martines de Ortega, teniente del promotor fiscal, puso e presento la acusaçion siguiente: |

7r [Leonor Aluares]
Muy Reuerendos Señores:
Yo, el dicho promotor fiscal, paresco ante Vuestras Reuerendas Paternidades, y digo que, como Vuestras Reuerendas Paternidades bien saben, ove acusado a Leonor, muger de Hernan Aluares, vezino de Çibdad, de los delictos de heregia e apostasia que ella avia hecho e cometido contra nuestra Santa Fe Catolica, e de lo que sabia de otras muchas personas que los avian hecho e cometido, segund que en la dicha mi acusaçion se contiene, de los quales, mas por miedo de la pena que purgaua que tuviese ni tenga de se corregir e enmendar de sus culpas, ha confesado fingidamente ante Vuestras Reuerendas Paternidades algunos que ella ovo fecho, e dexo de confesar e calla maliçiosamente otros muchos delitos, de sy y tanbien de muchas personas que sabe e vio que los hizieron e cometieron, los quales dexa de confesare e reuelar por ella permanesçer en ellos e dar fama a las otras personas, por que sienpre perseuero en los dichos delitos e queda inpunidos dellos. Por lo qual, la dicha Leonor es notoriamente fingida e no verdadera confitente, como lo deuiera ser, por incubrir, como encubre, malisiosamente, lo que sabe de otras personas, e como a tal fingida confitente pido que la manden poner e pongan a question de duro tormento, para que diga lo que save e vio hazer a otras personas, e la manden relaxar e entregar a la justicia seglar como verdadera herege, falsa penitente. |

7v Otrosy, digo que, para en prueva de mi intençion contra diversas personas que ante Vuestras Reuerendas Paternidades tengo acusadas de los dichos delictos de heregia, presento por testigo a la dicha

Trial of Leonor Alvarez, Wife of Fernando Alvarez

Leonor Aluares, espeçialmente contra Juana Nuñes, muger de Joan de Teba, e Graçia de Teva, muger de Diego Aluares, e Mayor Aluares, muger de Fernando de Cordova, e otras personas contenidas en la informaçion e provança de testigos que en esta cavsa tengo presentada, de la qual, a mayor abundamiento, agora de nuevo hago presentaçion en quanto por mi haze y non mas; e pido que con juramento la manden conpeler e conpelan a que diga la verdad de lo que sabe e vio hazer a las dichas personas, e si endureçida sienpre en sus herrores, non los confesare e manifestare, pido que la manden poner a question de tormento pa que diga la verdad, e que la manden relaxar e relaxen a la justiçia e braço seglar como ficta e simulada confitente. E sobre todo pido serme fecho entero conplimiento de justiçia, etç. E açepto las confesiones fechas por la dicha Leonor Aluares en quanto por mi hazen y non mas ny allende, negando lo perjudiçial, etç.

[Como le fue puesta la segunda acusaçion]
E asy presentada, fue leyda a la dicha Leonor Aluares la dicha acusaçion; la qual dixo que no a fecho ni dicho cosa ninguna contra nuestra Santa Fe Catolica mas de lo que dicho e confesado tiene, ni lo a visto fazer ni dezir e otra ninguna persona.
Sus reuerençias dixieron que pues esta negativa, que le mandaban e mandaron dar traslado e que responda a nueve dias e concluya. La susodicha dixo muchas vezes que no quiere traslado ni letrado. |
8r Sus reuerençias dixieron que todabia le mandaban dar ⟨procurador⟩ letrado a que responda e concluia [   ].

Defence Counsel Appointed

5 Nov. 1512 E despues de lo susodicho, en çinco dias de novienbre del dicho año, estando los dichos reuerendos señores inquisidores en la dicha abdiençia, sus reuerençias mandaron salir ante sy a la dicha Leonor, muger del dicho Alonso Albares, a la qual, siendo presente, sus reuerençias la dixieron que diga e confiese la verdad, pues llevo termino para se acordar e responder a la dicha demanda; e la dicha Leonor dixo que ya tiene dicho la verdad, e que no sabe mas de sy ni de otras ninguna persona. Sus reuerençias dixieron que pues la susodicha esta negatiba, que la mandaban e mandaron que nonbre letrado e procurador para que la ayuden en esta cavsa; dixo que no quiere letrado ni procurador. Sus reuerençias le mandaron que nonbre letrado e procurador; torno a dezir vna e dos e tres e quatro vezes e mas que no queria letrado ni procurador.

[Letrado Bonillo; procurador Mudarra] Sus reuerençias dixieron que pues no queria nonbrar letrado e procurador, que sus reuerençias la señalaban por letrado el bachiller Vonillo, e por procurador a Diego Mudarra, vezinos de Toledo. La dicha Leonor boluio a dezir que no queria procurador, e que en las manos de Dios e de sus reuerençias se ponia. Fue mandada boluer a la dicha carçel.

8v *Blank page*

The Defence Pleads

9r En Toledo honze dias de novie⟨n⟩bre de mil e quinientos e doze
11 Nov. años, presento la dicha Leonor Aluares ante sus reuerençias
1512 Muy Reuerendos Señores:

Leonor Aluarez, muger de Hernand Aluarez, vezino de Çibdad Real, ante Vuestras Reuerendas Paternidades parezco, respondiendo a vna acusaçion, denunçiaçion e adiçion contra mi puesta e intentada por el venerable canonigo e promutor fiscal Martin Ximenez, en que en efecto dize yo aver seydo e ser hereje e apostota de nuestra Santa Fe Catolica, ficta e simulada confitente, e encubridora de herejes, e por tal pide yo ser condenada y entregada al braço seglar e mis bienes confiscados e mi posteridad inhabilitada, segund que mas largamente en su acusaçion e adiçion se contiene, el tenor de la qual aqui avido por espreso, digo aquella ser ninguna e de ningund efecto por lo syguiente: Lo vno, por no ser intentada por parte ni en tienpo ni con justas ni verdaderas causas, no proçede ni ha lugar por la via e forma que es intentada, no es açertada a lugares ni tienpos que de derecho se requeria, careçe de verdadera relaçion e juramento e de las otras cosas sustançiales del derecho, ni a lo demas de lo por mi dicho e confesado, lo niego como en ella se contiene, porque en realidad de verdad yo diga e confiese todo aquello que hize e dixe contra nuestra Santa Fe Catolica, y donde y como y conpañia, syn callar ni encobrir cosa alguna, y asy es de presumir y creer, porque manifestando mis culpas y pecados y lo que hize y dixe contra nuestra Santa Fe Catolica Christiana, no cabe en razon que callase otros delictos ni personas, concluyendome dello provecho, antes daño e perjuyzio, y seyendo muchas y muchas vezes çertificada que mi confesyon era de poco efecto no seyendo entera, y que callar y encubrir otras personas era encubrir y favoreçer herejes; y sy mas de lo contenido en mi confesion |
9v contra mi ay testificado, es con odio y enemistad y malquerençia, y por personas viles (et viles) e de baxa suerte, perjuros e infames

Trial of Leonor Alvarez, Wife of Fernando Alvarez

e mis enemigos capitales, que con odio y enemistad e malquerençia dirian, como dixeron, el contrario de la verdad, y asy, no se les deve de dar fe ni credito. Por quanto, a Vuestras Reuerendas Paternidades pido manden dar la dicha acusaçion e adiçion por ninguna, e a mi por libre e quita de lo en ella contenido, mandandome imponer penitençia saludable por lo contenido en mi confesyon, la qual estoy presta de cunplir. Para lo qual todo y en lo neçesario el santo y noble ofiçio de Vuestras Reuerendas Paternidades inploro, e pido conplimiento de justiçia, e concluyo.

(—) el liçençiado   (—) el liçençiado
de Herrera   del Bonillo

Asy presentado, sus reuerençias mandaron dar treslado al dicho promotor fiscal, el qual dixo que pedia a sus reuerençias que mandasen proçeder e proçediesen en la dicha cavsa.

Sus reuerençias mandaron proçeder en la dicha cabsa. |

Publication of Testimonies Requested by the Defence

10r *Pedimiento de publicaçion*

9 Nov. E despues de lo susodicho, en XIX dias del mes de nobienbre del
1512 dicho año, estando los reuerendos señores inquisidores los liçençiados Alfonso ⟨de⟩ Mariana e Pedro Ochoa de Villanueva, e estando presentes el honrado bachiller Diego Martinez de Ortega, teniente del fiscal, e la dicha Leonor, muger de Fernand Aluarez, el dicho fiscal dixo que, con espresa protestaçion que fazia de reproduzir los testigos en esta cabsa presentados e presentar otros de nuevo, fasta la conclusion de ella, que pedia e pedio presentaçion en esta cavsa. La dicha Leonor dixo, siendo presente el bachiller Bonillo, su letrado, que no queria letrado, sino que se ponia en manos de sus reuerençias, e que no queria publicaçion, e que no queria letrado ni comunicar con el, e que fagan sus reuerençias lo que quisieren e que la maten si quisieren, que en sus manos esta puesta e que no quiere pleito ni publicaçion ni letrado, lo qual dixo muchas vezes. Sus reuerençias la amonestaron que ponen letrado para que la ayude en esta cavsa. Dixo que no queria letrado.

{Fizose prueva}

Sus reuerencias mandaron hazer e fizieron la dicha prueva e mandaron dar traslado a las partes, callados los nonbre e acusaçiones de los testigos del fiscal, con termino de seys dias primeros seguien-

[333]

tes, en el qual dicho termino mande a las dichas partes que vengan respondiendo a la dicha publicaçion. |

10v *Blank page*

Witnesses for the Prosecution

11r Provança del promotor fiscal contra la dicha Leonor muger de Hernand Aluares

29 March 1512 En Toledo, en veynte y nueve dias de mes de março de IVDXII años, antel reuerendo señor el liçençiado Alfonso de Mariana, inquisidor.

Testigo

Francisco de Mesa,[7] sastre, vezino de Villa Ruuia, preso en la carçel deste Santo Ofiçio, testigo jurado en forma, etç.

[Ratificado ad perpetuam, etç.]
Yten, dixo que avra diez y siete años, poco mas o menos tienpo, que vn Diego Rodrigues de Aliçana,[8] vezino de La Menbrilla del Tocon, seyendo conpadre deste testigo de dos hijos que tiene este testigo, tenia mucha amistad e conversaçion el dicho Diego Rodrigues con este testigo, y a esta cavsa entrava y salia muchas vezes este testigo en la casa del dicho Diego Rodrigues, e que sabe e vido este testigo como el dicho Diego Rodrigues holgava los sabados, e su muger. Fue preguntado que que tantos sabados les vido guardallos a los susodichos Diego Rodrigues e su muger. Dixo que en espaçio de ocho años que comunico con ellos, y entrando y saliendo en su casa dellos, que los mas sabados les vido guardar. Preguntado que en que conosçia este testigo que guardavan los sabados; dixo que porque les via traer camisas linpias vestidas, e ataviados de vuenas ropas, y holgavan aquellos dias de sabados, no fasyendo haçienda ninguna ellos como hasyan en los otros dias de entre semana. Fue preguntado en que hasyendas acotunbravan a faser los susodichos, asy el dicho Diego Rodrigues como su muger, en los dichos dias de entre semana; dixo que en los otros dias entendian en vna tienda que tenian en la plaça, que vendian muchas cosas, asy hazeyte y pescado y naranjas, e otras cosas de frutas, como hera el tienpo; e que asymismo tenia otra tienda en su casa de que

[7] He was a Converso who lived in Villarrubia; see below, fol. 23r.
[8] He was the father of the accused; the witness described their way of life.

[334]

vendian las mismas cosas, e que en los dichos sabados veya este testigo como se escusavan de vender lo mas que podian, asy en la vna tienda como en la otra. E que vido este testigo algunas personas yr a conprar pescado en los dichos dias de sabados a casa del dicho Diego Rodrigues, e veya este testigo como el dicho Diego Rodrigues e su muger dezian que no tenian pescado. E que sabe e vido este testigo que antes que este testigo se fuese de la dicha casa del dicho Diego Rodrigues, seyendo todo en vna ora, veya 11v este testigo sacar al dicho | Diego Rodrigues o a su muger pescados remojados de vna tinaja, e las ponian en vna mesa e las tomavan [ ] para las guardar para guiçar viernes a de la tarde, y este testigo les preguntava que por que avian enbiado sin pescado aquella persona teniendo pescado remojado, y respondia el dicho Diego Rodrigues y su muger que por que no vendieran en el sabado lo hazian, que mas querian aventurar aquello se les perdiese que no venderla en los sabados, quanto mas que a bueltas de otro lo vendian, que no se les perdia. Fue preguntado que quantas vezes vio hazer aquello del pescado y no querello vender en los dichos sabados; dixo que mas de treynta vezes les vido salar el dicho pescado y no lo querian vender en los dichos sabados, e que vido este testigo a la dicha muger del dicho Diego Rodrigues, de cuyo nonbre no se acuerda mas de que sabe que es hermana de Alonso Lopez Barzano, vezino del dicho lugar de La Menbrilla. E que ençendian candiles los viernes en las noches linpios con mechas nuevas, a la manera judayca, muchas vezes, e guardar las dichas noches de viernes, asy el dicho Diego Rodrigues como la dicha su muger. E que la pregunto vna vez este testigo a los dichos Diego Rodrigues y a su muger e les dixo que por que aventuravan a perder aquel pescado, que por que no lo vendian, y respondieron los susodichos e dixeron que haziendolo de aquella manera les avia hecho Dios mucha merçed y les hazia, y avia⟨n⟩ ganado mucha hazienda y avian casado dos hijas y dado a cada vna çient mil maravedis, e que sy otra cosa hiziesen, que creherian que Dios non les haria merçed. E que allende lo susodicho, los dichos Diego Rodrigues e su muger dezian a este testigo e lo comunicavan con el como gualdavan ⟨sic⟩ los sabados e los viernes en las noches, y hazia⟨n⟩ todo lo que podian de la Ley de Moysen. E que vido este testigo a la dicha muger del dicho Diego Rodrigues quitar el sebo a la carne, e estando algunas vezes presente el dicho Diego Rodrigues e otras no estando presente el dicho Diego Rodrigues, e que esto se lo vido haser muchas vezes. E que muchas pascuas e fiestas del

año venian de Çibdad Real dos hijas que tiene el dicho Rodrigues con sus maridos a La Menbrilla a se holgar con ellos, los quales maridos de las dichas sus hijas son dos hermanos, que se llama el |
12r vno Alonso Alvares,[9] y el otro Hernando Aluares, veçinos de Çibdad Real, y este testigo, como tenia su dicha amistad con los dichos Diego Rodrigues y su muger y con los dichos sus yernos e hijas, se yva a holgar con ellos; y ellos enbiavan a llamar a este testigo muchas vezes, e que en presençia de este testigo hablavan y nar⟨r⟩avan al dicho Diego Rodrigues e su muger con los dichos sus yernos e hijas de las cosas que hazian en la Ley de Moysen, asy del holgar de los sabados [   ] y ençender los candiles y en quitar el sabo a la carne, que les dezian que sy lo hazian ellos ansy, que hera buena y que aquello hera lo verdadero. E que veya como los dichos yernos e hijas de los dichos Diego Rodrigues e su muger dezian que asy lo hazian, e que no se lo estorvavan a sus mugeres, e que ellos se lo encargavan que lo hiziesen tan conplidamente como lo hazian en casa de su padre y mejor. E que los dichos Diego Rodrigues y su muger e sus hijas e Alonso Aluares e Hernando Aluares, sus yernos, tenian mucha confiança de este testigo y comunicavan con el muy a la larga las dichas cosas de çerimonias judaycas que hazian, e dello se holgavan y pensavan mucho, y en esta manera sabe este testigo que todos los susodichos padres e hijas e yernos biuian y estavan en la Ley de Moysen e (que) en aquella crehençia. E que sabe este testigo que los dichos Diego Rodrigues e su muger fueron reconçiliados, y despues de reconçiliados hazian estas cosas susodichas. E que sabe que los susodichos, sus hijas e yernos son reconçiliados. Fue preguntado sy vido este testigo a los dichos Alonso Aluares e Hernando Aluares e a las dichas sus mugeres guardar algunos sabados e desevar la carne e haser otras çerimonias judaycas, asy en casa de los dichos sus padres como fuera; dixo que vio a los susodichos Alonso Aluares y Hernando Aluares y a sus mugeres holgar algunos sabados en casa de los dichos Diego Rodrigues e su muger, juntamente con ellos, e que los dichos Alonso Alvares y Hernando Aluares y sus mugeres se lo dezian a este testigo como guardavan los dichos
12v sabados, e que este testigo ⟨s⟩e los | veya guardar, e que tanbien los vio guardar e holgar los viernes en las noches, ni mas ni menos que los guardavan el dicho Diego Rodrigues e su muger. E que le

---

[9] He was the husband of Juana Rodríguez, who was tried and burnt on 7 September 1513; see her reconstructed trial, No. 102.

Trial of Leonor Alvarez, Wife of Fernando Alvarez

dixeron a este testigo los dichos yernos e hijas que quando estavan en sus casas, que guardavan los sabados y holgavan los viernes en las noches. E que asymismo vio a las dichas mugeres de los dichos Hernand Aluares y Alonso Alvares desevar algunas vezes la carne antes que la hechasen en la olla, e que lo hazian delante de la dicha su madre. E que alguna vez vio este testigo a la dicha muger del dicho Diego Rodrigues que quando amasavan hechava vnas pellicas de la masa en el fuego, e que dezia çiertas palabras entre dientes, que este testigo no las entendia. Preguntado de odio, dixo que no lo tiene con ninguno de los susodichos, e que lo dezia por descargo de su conçiençia.

[Ratificaçion]

Aug. En Toledo, en catorze dias del mes de agosto de mil e quinientos
1512 e doze años, estando sus reuerençias en su abdiençia del Santo Ofiçio, estando presente el dicho promotor fiscal (e) dixo que para en prueva de su intençion, que presentava e presento por testigo a Françisco de Mesa, que presente estava, en esta cavsa; del qual sus reuerençias resçibieron juramento en forma devida de derecho, so cargo del qual sus ⟨reuerençias⟩ le preguntaron sy se acordava aver dicho alguna cosa en este Santo Ofiçio contra alguna persona, que lo diga lo que avia dicho y contra quien. El dicho Françisco de Mesa dixo que avia dicho contra vn Diego Rodrigues e su muger e de sus hijas, los quales avia visto haser contra nuestra Santa Fe Catolica. Fuele leydo el dicho de suso contenido; dixo que era verdad segund e como en el se contiene, e que en ello se afirmava e afirmo e ratificava e ratifico, e sy neçesario, que el agora lo dezia e dixe ⟨*sic*⟩ de nuevo, estando presentes por testigos y personas onestas y religiosas los venerables Françisco Buenas, cura de Sant [ ], e Christobal Navarra, capellan en la capilla del Rey don Sancho desta dicha çibdad de Toledo. |

13r [II Testigo; sacado del proçeso de Maria Gonsales,[10] muger de Pedro de Villarreal, de su confision. Ratificado].

Aug. En Toledo, en XXVIII° dias de agosto de mil e quinientos e honze
1511 años, estando el reuerendo señor liçençiado Alfonso de Mariana, ynquisydor, en la abdiençia, su reuerençia mando paresçer ante sy a la dicha Maria Gonçalez, muger de Pedro de Villarreal. [Invocaçion]. La qual salio a la dicha abdiençia, y su reverençia le dixo que ya

---

[10] See her trial, No. 100, foll. 10r–12v.

sabia(n) que estotro dia no avia acabado de responder a todos los capitulos de la acusaçion por ser tarde y por otros inpedimentos que tuvo, que la mandavan agora que respondiese al seteno capitulo de la dicha acusaçion, el qual por mi, el dicho notario, le fue leydo. La qual dicha Maria Gonçalez, respondiendo al dicho capitulo, es lo syguiente: Que fablando algunas vezes, etç. [En XXI de julio de I V DXII años, ante sus reuerençias, la dicha Maria Gonçalez reuoco el dicho su dicho que dixo que la dicha Leonor, segund que mas largamente en aquel dicho proçeso se contiene].

Yten, dixo que avra vn año, poco mas o menos, que este confesante entro vn sabado en la talde ⟨sic⟩, acabadas Visperas, en casa de Alfonso Alvares, arrendador, vezino de Çibdad Real, e que hallo en la dicha casa a Catalina, muger del dicho Alonso Alvares, e a Leonor, muger de Fernand Aluares, e ⟨a⟩ Ana, muger de Alfonso Gonçalez, e a [   ], madre de las susodichas, las quales todas estavan merendando de vna caçuela fecha de pescado e çanorias e huevos e espeçias fianbres. E que paresçio a este confesante que hera guisada de otro dia antes, porque estaua fria e seca. E que estavan ataviadas como dia de fiesta, espeçialmente la dicha muger de Alonso Alvares, que estava atabiada mas que las otras. E que paresçio a este confesante que estavan holgando aquel dia, pues no hazian hazienda ninguna. E que estava el dicho Alonso Alvares presente quando comian las susodichas la dicha caçuela, e que cree que comio de la dicha caçuela el dicho Alonso Alvares, porque quando este confesante entro le hallo beuiendo con vna copa, y estava asentado junto con la dicha su muger.

Yten, dixo que avra tres meses, poco mas o menos, que este confesante entro en casa del dicho Fernando Aluares, arrendador,[11] vn dia de sabado despues de comer, y allo a la dicha Leonor, muger de Hernand Aluares, conpuesta e ataviada como dia de fiesta, que tenia vestida su camisa | linpia e toca linpia e vna saya de fiesta nueva, que suele traher los dias de fiesta, e que se estava haziendo las çejas, y que estavan con ella la dicha muger del dicho Alonso Alvares, e Beatriz, donzella, fija del dicho Fernand Alvares, e Theresa, moça, donzella, prima de la muger del dicho Alonso Alvares, la qual biue con el dicho Alonso Alvares. E que este confesante le dixo a la dicha Leonor que estava gentil muger e ataviada como de comingo, e que estava como vna reyna; y la dicha Leonor dixo a este confesante que las que parian hijos se

---

[11] This is an error as Fernando Alvarez was a spice merchant. Perhaps Alonso Alvarez was meant here.

avian de atauiar. E que las otras susodichas que no estavan ataviadas.

Sept. 1511 E despues de lo susodicho, en seys dias del dicho mes de setienbre de mil e quinientos e honze años, estando el dicho reuerendo señor inquisidor el liçençiado Alfonso de Mariana en la abdiençia del dicho Santo Ofiçio, su reuerençia mando sacar ante sy a la dicha Maria Gonçales. La qual seyendo presente, fuele leydo el seteno capitulo de la dicha acusaçion. Dixo que avra dos años, poco mas o menos, que este confesante entro en casa de Christino de la Çarça,[12] mercader, vezino de Çibdad Real, en vn dia de sabado, e hallo leyendo en vn librito a Marina de Herrera, muger de Sancho Fernandez, vezino de Villarruuia, quemada, e que estava leyendo a la muger del dicho Christino de la Çarça, la qual se llama Catalina de Teva y es sobrina de la dicha Marina de Herrera. E de como entro este confesante, luego escondio la dicha Marina de Herrera el dicho librico, por de que esta confesante no viese lo que rezava e leya, e que el dicho Christino de la Çarça no estava presente a el leer del dicho libro, porque estava dentro de la dicha casa, en vna camara arriba. E que quando vio este confesante que escondio la dicha Marina de Herrera el dicho libro, pregunto a la dicha muger del dicho Christino de la Çarça que por de que avia dexado de leer e escondia el dicho libro, e que le respondio que ya avia acabado de leer; e que lo susodicho hera a ora de Misa Mayor,

14r e que este confesante susopecho que heran cosas de heregia | las que la dicha Marina de Herrera leya. E que otro sabado syguiente, despues de comer, fue este confesante a casa del dicho Christino de la Çarça, e fallo a la dicha su muger e a la dicha Marina de Herrera, su tia, e a Graçia de Teva,[13] muger de Diego Alvares, espeçiero, y a la muger de Fernando Alvares, arrendador, las quales todas quatro estavan holgando e merendando de vna caçuela de verenjenas rellenas, las quales estavan frias, e vbas e fruta, e conbidaron a este confesante e este confesante comio de las dichas verenjenas, e vio que la dicha caçuela estava fecha de vn dia antes fianbre. Las quales dichas quatro mugeres estavan vestidas de buenas ropas linpias como de fiesta, e holgando, como dicho tiene, e que el dicho Christino de la Çarça ni su fijo estavan alli estonçes, e que las susodichas bien dieron a entender a este confesante que holgavan el

---

[12] See H. Beinart, *Sefarad*, XVII (1957), pp. 289 ff., and Biographical Notes on him.
[13] She was burnt on 7 September 1513; see her reconstructed trial, No. 103.

Records of the Inquisition in Ciudad Real and Toledo, 1494–1512

dicho sabado, e dixeron a este confesante: Asentados aqui con nosotras e merendareys. E que vna negra, criada del dicho Christino de la Çarça, que se llamava Catalina, dixo a este confesante muchas vezes, yendo y viniendo a su casa deste confesante, que los dichos Christino de la Çarça e su muger, sus amos, heran vnos judios, e que gualdavan todos los sabados, e que no querian que se hiziesen nada en su casa los sabados, e no la dexauan xabonar. E que la enbiavan algunos sabados a las viñas por que no viese las cosas que los dichos sus amos hazian en los dichos dias de sabados. Fue preguntada que donde esta agora la dicha negra; dixo que es ya muerta, que el dicho su amo la vendio en Trujillo y que alli murio.

[Ratificaçion]

22 Oct. En Toledo, en XXII dias de otubre de I V DXII años, estando en
1512 la abdiençia del dicho Santo Ofiçio los reuerendos señores inquisidores los liçençiados Mariana e Pedro Ochoa de Villanueva, siendo presente el honrado bachiller Diego Martinez de Ortega, teniente del fiscal, fizo presentaçion de la persona, dicho e depusyçion de la dicha Maria Gonçales, de la qual sus reuerençias resçebieron juramento en forma de derecho, so cargo del qual le preguntaron sy se acuerda aver dicho en este Santo Ofiçio, que diga contra quien dixo e lo que dixo. La dicha Maria Gonçales dixo que ella
14v obo dicho en este Santo Ofiçio | contra çiertas personas, entre las quales se acuerda aver dicho contra Leonor, muger de Fernand Aluares, espeçiero, vezino de Çibdad Real, e dixo en sustançia su dicho, e pedio que le fuese leydo, el qual por mandado de sus reuerençias le fue leydo de verbo ad verbum; e dixo que es verdad todo lo que ⟨en⟩ el dicho su dicho, e que se afirmava e afirmo, ratificaba e ratifico en el dicho su dicho, e que sy neçesario es, que lo dezia e dixo du nuevo. Fueron presentes por personas religiosas e onestas Pedro de Peña e Pedro de Viezma, clerigos de Toledo.

27 Sept. En Toledo en XXVII dias del mes de setienbre de I V DXII años
1512 ante los reuerendos señores los liçençiados Alfonso de Mariana e Pedro Ochoa de Villanueva ynquisydores

{III testigo; sacado de la confision de Beatriz Alonso, bibda, vezina de Çibdad Real, presa}.

Beatriz Alonso,[14] muger que fue de Fernando de Merida, vezino

---

[14] She was burnt on 7 September 1513; see her reconstructed trial, No. 104.

Trial of Leonor Alvarez, Wife of Fernando Alvarez

de Çibdad Real, presa en la carçel deste Santo Ofiçio, testigo jurado, etç., dixo, etç.

[Ratificado]

Yten, dixo que avra diez y seys años, poco mas o menos, que este confesante desposo vna hija suya, que se llamava Elvira Dias, con Anton de Teva, vezino de Çibdad Real, y que estovieron en casa de este confesante por espaçio de dos años, casados y desposados; y que en los dichos dos años este confesante y la dicha Elvira Diaz y el dicho Anton de Teva, su marido, gualdavan ⟨sic⟩ los sabados y se vestian en ellos camisas linpias, e comian algunas vezes guisado del viernes para el sabados, segund e como este confesante lo hazia. Y ellos y este confesante holgavan asymismo el viernes en la noche y ençendian candiles linpios con mechas nuevas por gualda del dicho sabado. Y que este confesante y la dicha su hija, Elvira Diaz, desevavan la carne por çerimonia de la dicha Ley de los judios. Y que en el dicho tienpo de los dicho dos años venia alli Graçia de Teva, muger de Diego Alvarez, espeçiero | presa que esta en esta carçel deste Santo Ofiçio, e que es hermana del dicho Anton de Teva, y holgavan algunos sabados con este confesante y con la dicha su hija como ellas lo fazian, y holgavan y merandavan y avian plaser en los dichos dias de sabados. E que algunos sabados se yva este confesante y la dicha su hija a holgar los dichos sabados a casa de la dicha Graçia de Teva, y los holgauan como dicho tiene. Y que venia alli a holgar con ellas en los dichos sabados la muger de Fernando Alvares, espeçiero, que se llama Leonor Lopez, presa en la dicha carçel, e la muger de Christobal de Teva, que no se acuerda de su nonbre, que asymismo guardava y holgava los dichos sabados como dicho tiene; e que no sabe sy trayan estas dos camisas linpias en los dichos sabados porque a mucho tienpo que paso, pero que sabe que yvan las susodichas a holgar, y holgavan los dichos sabados en la casa de la dicha Graçia de Teva. E que asymismo sabe e vio como las dichas Leonor Lopez y la muger de Christobal de Teva se yvan a holgar algunos sabados a casa deste confesante, y que estonçes Maria Gonçales, muger que es agora de Pedro de Villarreal, hera donzella, y gualdava los sabados con este confesante y con las susodichas. Y que sabe este confesante que todas las susodichas y el dicho Anton de Teva ⟨guardaban⟩ los dichos sabados por honra y guarda de la Ley de Moysen, y que lo sabe porque este confesante lo platicava con ellos y las susodichas con este confesante, como estavan y biuian en la Ley de los judios, teniendola por mejor que la de los christianos, pensando de saluarse en ella. E lo juro, etç.

21 Oct. [Ratificaçion]
1512 E despues de lo susodicho, en XXI dias de otubre de mil e quinientos e doze años, estando en la dicha abdiençia los reuerendos señores inquisidores los liçençiados Alonso ⟨de⟩ Mariana e Pedro Ochoa de Villanueva, paresçio presente el honrado bachiller de Diego Martines de Ortega, teniente del fiscal, e dixo que fazia e fizo presentaçion del dicho e deposyçion de la dicha Beatriz Alonso |
15v para en esta cavsa, de la qual sus reuerençias reçibieron juramento en forma de derecho, so cargo de lo qual la preguntaron sy se acordava aver dicho en este Santo Ofiçio algunas cosas contra alguna persona, que diga lo que dixo e contra quien. Dixo la dicha Beatriz Alonso que se acuerda que dixo contra muchas personas, entre las quales se acuerda aver dicho contra Leonor, muger de Fernand Aluares, espeçiero, vezina de Çibdad Real, e dixo su dicho en sustançia, e pedio que la fuese leydo; el qual le fue leydo de verbo ad verbum por mandado de sus reuerençias, e dixo ser verdad todo lo contenido en el dicho, su dicho, e que en ello se afirmaba e afirmo, ratificaba e ratifico, e que sy neçesario es que lo dezia e dixo de nuevo. Fueron presentes por personas onestas e religiosas Pedro de Hena (o) e Juan de Morgoviejo, clerigos benefiçiados en la santa yglesia de Toledo.

[III° testigo, *Libro terçero de Çibdad Real,* CIII]
9 March In Dei Nomine, Amen. Sepan quantos este publico ynstrumento
1512 vieren como en la muy nonbrada e grand çibdad de Granada, nueve dias del mes de março, año del Nasçimiento de Nuestro Saluador Ihesu Christo de mil e quinientos e dose años, el reuerendo señor el doctor don ⟦ ⟧ Cabeças, thesorero de la santa yglesia de Granada, por virtud de vna carta de comision de los señores ynquisidores, en presençia de mi, Esteuan de la Fuente, notario publico por las actoridades apostolicas e real y notario de la avdiençia arçobispal de Granada, el dicho señor thesorero hiso paresçer ante sy a Maria Alfonso, hija de Bartholome de Badajos,[15] vesyno de Çibdad Real, que al presente la susodicha estaua en casa del dicho señor thesorero; e asy paresçida, tomo vn libro misal e lo abrio,

---

[15] He was notorious for his testimonies against Conversos; see Biographical Notes on him.

Trial of Leonor Alvarez, Wife of Fernando Alvarez

e la dicha Maria Alfonso puso su mano derecha sobre los Santos Evangelios, e juro a Dios e a Santa Maria en forma de derecho de desyr la verdad de todo lo que supiese e por el dicho señor thesorero le fuese preguntado. El qual le pregunto que diga e declare la verdad de lo que supiere de Leonor, muger de Ferrand Aluares, espeçiero, vesyno de la dicha Çibdad Real, e sy la vido o oyo desir e hisiese algunas heregias o espeçie de ellas, o sy las vido haser a otras algunas personas. La qual dixo que lo que sabe deste caso es que podra aver syete años, poco mas o menos, estando este testigo |

16r vn dia en casa de Bartolome de Badajos, su padre, sobida sobra vna sementera, vido como la dicha Leonor, muger de Ferrand Aluares, espeçiero, vn dia, que no se acuerda que dia hera, la vido como estaua lavando vn pedaço de carne en vna caldera y la estaua lavando mucho y quitandole el sebo y linpiandola, hasta que la dexo lavada del sebo e gordura que tenia. Y que estandola asy lavando, Alfonso Aluares, cuñado de la dicha Leonor, vesyno de la dicha çibdad, estando en vn palaçio çerca de vn pose, donde la dicha Leonor, que lavava la carne asentado al suelo del dicho palaçio con vn pison en la mano, viendo lo que la dicha Leonor hasia le dixo: ¿Que es eso, hermana? Heregia es esa. Y que ella respondio: De lo que no aveys de comer, dexaldo bien coser. Preguntada, so cargo del dicho juramento, que diga e declare en que tienpo paso esto o sy entonçes era ynvierno o verano, dixo que no se acuerda, porque hace mucho tienpo.

Yten, dixo que demas de lo susodicho, que antes de lo susodicho oyo desir a vna criada de la dicha Leonor, muger de Ferrand Aluares, que se desia Theresa, que en todo el tienpo que la avia seruido, quanto tienpo fue o no que este testigo no lo sabe, e nunca lo vido echar toçino en la olla, syno aseyte. |

16v [V testigo; sacado de la confesyon de Juana Rodrigues, muger de Alonso Aluares, arrendador, de su proçeso]

4 Aug. En Toledo, en XIIII° dias de agosto de mil e quinientos e doze
1512 años, Juana Rodrigues, muger de Alonso Aluares, arrendador, vezino de Çibdad Real, pidio ser sacada a la abdiençia del Santo Ofiçio de la Ynquisyçion. La qual salio ante sus reuerençias, e por sus reuerençias le fue dicho que pues ayer, treze dias del dicho mes de agosto, avia dicho que queria recorrer su memoria e confesar la verdad, que la requerian e amonestavan que dixese y confesase la verdad de todo lo que a fecho e dicho contra nuestra Santa Fe Catolica, e que lo sabe ⟨sic⟩ de otras personas, e que asy lo fasiendo,

[343]

descargaria su conçiençia e vsarian con ella de misericordia e piedad que de derecho e buena conçiençia oviese lugar. La dicha Juana Rodrigues dixo las cosas syguientes:

Dixo que puede aver diez años, poco mas o menos, que esta confesante es casada con el dicho Alonso Alvares e vino a biuir de La Membrilla, donde este confesante es natural, siendo rezien casada, a la Çibdad Real, e que en los quatro años primeros que vino a la dicha çibdad, moro en vna casa con Leonor Lopez, su hermana, muger de Fernand Aluares, espeçiero, vezino de la dicha çibdad, en los quales dichos quatro años que moro en conpañia de la dicha su hermana, algunas vezes algunos sabados este confesante e la dicha su hermana holgaron algunos sabados, no faziendo en ellos fazienda alguna, e para que no fuesen sentidas que guardavan los dichos sabados, algunas vezes hazian algunas cosas libianas de por su casa, e que guardavan los dichos sabados al tienpo que los maridos deste confesante de (de) la dicha su hermana estavan en las ferias. E asymismo guardavan los viernes en las noches e sabados por oseruançia de la Ley de los judios. E que asymismo, algunas vezes la dicha su hermana e otras este confesante guisavan caçuelas del biernes (del viernes) para el sabado, de pescado e huevos e verenjenas, e las comian secreta e apartadamente, por que no lo supiesen

17r ni biesen los dichos sus | maridos ni otras personas ninguna. E que en los dichos sabados que este confesante holgavan, se vestia camisas linpias todas las vezes que buenamente podia sin ser sentida. E que en su intençion e por la voluntad sienpre guardava los sabados, e por obra todos los que buenamente podia. E que algunas vezes deseuo la carne por çerimonia de la Ley de los judios, e que por no ser sentida dezia que avia menester el sebo e lo quitava para alguna medeçina. E que este confesante bautizo a vn fijo suyo, que se llama Juanico, que a dos años, e le fizo bautizar en sabado, e que este confesante holgo el dicho dia de sabado, e que ovo plazer de le bavtizar en sabado por la afiçion que este confesante tenia a la guarda del sabado. E que algunas vezes se vaño este confesante e la dicho su hermana, en casa de la dicha su hermana, con mala intençion, biuiendo en vna casa en el dicho tienpo de los dichos quatro años. E que a seys años que salio de casa de la dicha su hermana e se vino a biuir por sy con su marido, e a guardado este confesante los sabados despues aca e fecho las dichas çerimonias todas las vezes que buenamente podia syn ser sentida del dicho su marido e de sus criados e de otras personas. E que a guardado los dichos sabados e fecho las dichas çerimonias

[344]

Trial of Leonor Alvarez, Wife of Fernando Alvarez

fasta que fue presa. E que asymismo guardava los viernes en las noches, e algunas vezes ençendia en ellos vn candil linpio e ponia la mecha nueva, e que por no ser sentida dezia que lo ençendia por vna criatura que tenia mala, porque este confesante guardava los dichos viernes en las noches e ençendia el dicho candil por obseruançia del sabado e con mal intençion. E que este confesante no comia toçino porque no lo podia comer, e avnque lo comia su marido deste confesante e los de su casa, que este confesante no lo podia comer, e que al presente no se acuerda de | otra cosa ninguna que aya fecho ni dicho contra nuestra Santa Fe Catolica. Fue preguntada quien la inpuso en las dichas çerimonias a este confesante; dixo que la dicha Leonor Lopez, su hermana, la inpuso en las cosas que dicho e confesado tiene, e que nunca comunico con otra persona ninguna.

17v

[Ratificaçion]

April 1513

E despues de lo susodicho, en XIIII° dias del mes de abril de mil e quinientos e treze años, estando en la abdiençia del dicho Santo Ofiçio los reuerendos señores los liçençiados don Françisco de Herrera e el liçençiado Pedro Ochoa de Villanueva, inquisidores, paresçio presente el venerable Martin Ximenes, promotor fiscal deste Santo Ofiçio, e dixo que fazia e fizo presentaçion de la persona, dicho e depusiçion de la dicha Juana Rodrigues, muger de Alonso Alvarez, que presente estaba, de la qual su reuerençia reçibio juramento en forma de derecho, so cargo del qual la preguntaron sy se acordava aver dicho alguna cosa contra alguna persona en este Santo Ofiçio. La qual dixo que se acordava aver dicho contra la dicha Leonor, su hermana, e dixo su dicho en sustançia e pedio que le fuese leydo. El qual le fue leydo de verbo ad verbum, e dixo que es verdad todo lo contenido en el dicho su dicho, e que en ello se afirmava e afirmo, ratificaba e ratifico, e sy neçesario es (lo) que lo dezia e dixo de nuevo. Fueron presentes por personas onestas e religiosas el bachiller de Hojeda, e Juan de Morgovejo, clerigos benefiçiados en la santa yglesia de Toledo. |

Publication of Testimonies

18r
Nov.
1512

En XXII de noviembre del dicho año de I V DXII años se leyo esta publicaçion, presente la dicha Leonor.

Testigos del promotor fiscal sacados en publicaçion contra Leonor, muger de Fernand Albarez, espeçiero, vezino de Çibdad Real.

[Testigo I]
Vn testigo jurado en forma de derecho en vn dia del mes de março de mil e quinientos e doze años, dixo que de diez e seys años a esta parte, en los ocho años primeros, sabe e vio este testigo en la casa de Fernand Albares, vezino de Çibdad Real, e çiertas personas venian a çierta casa, e estando ende, les vio e oyo platicar e fablar de las cosas que fazian de la Ley de Muysen, asy del holgar de los sabados como en el ençender de los candiles y en la quitar del sebo a la carne, e que aquello hera lo bueno e verdadero; e que ansy lo fazian la dicha muger de Fernand Albares e çiertas otras personas, e que se preçiaban e holgaban dello los susodichos mucho, e que sabe este testigo que la dicha Leonor, muger de Fernand Albares, e las otras çiertas personas, vibian e estaban en la creençia de la Ley de Muysen. E que bio holgar este testigo a la dicha muger de Fernand Albares e a las otras personas algunos sabados en la dicha casa, y en los biernes en las noches asymismo holgaban la dicha muger de Fernand Albares e las dichas personas, e que bio este testigo a la dicha muger de Fernand Aluares desebar la carne antes que la hechase en la olla.

II Otro testigo jurado en forma de derecho, etç., en vn dia del mes de agosto de quinientos e honze años, dixo que abra vn año, poco mas o menos, que sabe e vio a Leonor, muger de Fernand Aluares, vezino de Çibdad Real, e a otras çiertas personas, vn dia de sabado merendar de vna caçuela de pescado e çanahorias e huevos e espeçias fiambres, que paresçio a este testigo que hera guisada de vn dia antes porque estaba fria e seca la dicha caçuela, e estaban atabiadas como dia de fiestas, e que paresçio a este testigo que estaban holgando aquel dia, pues no fazian fazienda ninguna.

Yten, dixo que abra tres meses, poco mas o menos, que sabe e vio a la dicha Leonor vn dia de sabado, despues de comer, conpuesta e atabiada como dia de fiesta, e tenia vestida camisa linpia e toca linpia e vna saya de fiesta nueva, que solia traher | los dias de fiesta.

Iten, dixo que abra dos años, poco mas o menos, que sabe e vio este testigo a la dicha Leonor e a otras çiertas personas en çierta cosa holgar vn sabado e merendar de vna caçuela de verenjenas rellenas, las quales estaban frias, e que la dicha caçuela estaba fecha de vn dia antes fianbre, e que la dicha Leonor e las otras dichas çiertas personas estaban bestidas de buenas ropas linpias como de fiesta, e holgando, como dicho tiene.

III Otro testigo jurado, etç., vn dia del mes de setienbre de DXII años, dixo que abra diez e seys años, poco mas o menos, que en los

Trial of Leonor Alvarez, Wife of Fernando Alvarez

dos años primeros sabe e vio que la muger de Fernan Aluares, espeçiero, vezino de Çibdad Real, que se llama Leonor Lopes, e otras çiertas personas, se yvan a holgar e holgaban algunos sabados a casa de çiertas personas, e guardaban los dichos sabados, e que sabe que la dicha muger de Fernando Aluares e las otras personas guardavan los dichos sabados por honra e guarda de la Ley de Muysen, e que lo sabe porque las bio e oyo platicar que estaban e vibian en la Ley de los judios, teniendola por mejor que la Ley de los christianos, pensandose saluar en ella.

Leonor Alvarez Disclaims the Testimonies and is Admonished

[Testigo I]
Al primer testigo, siendole leydo, dixo que le niega e que se refiere a lo que dicho e confesado tiene.

II Al segundo testigo, siendole leydo, dixo que dize lo que dicho e confesado tiene, e que lo demas, que lo niega.

III Al terçero testigo, siendole leydo, dixo que lo niega. |

19r [Amonestaçion a la presa de sus reuerençias]

Dec.
1512
E despues de lo susodicho, en primer dia de dizienbre de mil e quinientos e doze años, estando los reuerendos señores los liçençiados Alfonso de Mariana y el liçençiado Pedro Ochoa de Villanueva, ynquisidores, en abdiençia del dicho Santo Ofiçio, mandaron sacar ante sy a la dicha Leonor, y estando asy presente la dicha Leonor y su letrado y procurador, sus reuerençias le dixeron que y sabia que avian mandado fazer publicaçion de los testigos en esta cavsa presentados contra ella, y que ella los avia comunicado con el dicho su letrado, e que ella no confesaua enteramente, que mirase sy se acordava de otra cosa alguna que dezir y confesar, o sy queria tachar algunos testigos o poner algunos ojebtos ⟨a⟩ algunas personas que piense que la quieran mal, que mire sy quisiere alegar alguna cosa por su defensyon, que lo diga.

[Respuesta de la presa]
La dicha Leonor dixo que ella no tenia mas que desir ni confesar, ni se acordava de otra ninguna mas de lo que tiene dicho y confesado ante sus reuerençias, e que de aquello, que pedia e pidio perdon a Dios y a sus reuerençias penitençia, como pedido tenia; e que ella no queria tachar a ninguna persona ni pensaba que nadie la queria mal, que no tenia mas que dezir ni pedir, syno que en manos de sus reuerençias lo ponia todo, que tirasen su justiçia con misericordia de lo por ella dicho e confesado ante sus reuerençias. |

19v [Como se dio traslado de la publicaçion]
15 Dec. En XV dias de dizienbre del dicho año, los letrados e procurador
1512 de la dicha Leonor llevaron traslado de la publicaçion. |

Fernand Alvarez [16] *Pleads for the Defence*

20r En honze de março de mil quinientos treze años presento Fernand
11 March Aluares ante el reuerendo señor inquisidor Villanueva. Su reue-
1513 rençia le reçibio saluo jure inpertinencium ⟨sic⟩ e non admitendorum

Muy Reuerendos Señores:
Fernand Alvares, vesino de Çibdad Real, beso las manos de Vuestras Reuerendas Paternidades, ante las quales paresco como marido e conjunta persona que soy de Leonor Aluarez, mi legitima muger, presa que esta en los carçeles de la Santa Ynquisiçion, y por mi propio ynteres y de mis hijos, o como vno del pueblo, o en aquella forma e manera que mejor de derecho ha lugar, e digo que algunas personas, con odio e malquerençia e enemistad que me han tenido e tienen a my e a la dicha mi muger e fijos, e por se vengar de mi e de la dicha mi muger e fijos e para nos destruyr e ynfamar, avian dicho e depuesto e testificado falsamente contra la dicha Leonor Aluares, mi muger; por lo qual, e porque son personas ynfames, enemigos de catolicos christianos e non tienen ni temor de Dios ni verguença a las gentes, avian depuesto falsamente, e yo lo tacho por la forma e en la manera syguiente: Maria Gonçales, muger de Pedro de Villa Real.

[Maria Gonçales, muger de Pedro de Villarreal]
I   Primeramente, tacho a Maria Gonçales,[17] muger de Pedro de
+ Villarreal, vesina desta Çibdad Real, presa en la carçel de la penitençia en la çibdad de Toledo, la qual, pues que fue ereja e no tuvo temor de ofender a la Santa Fee Catolica, no tenia themor de ser perjura contra qualquiera catolico christiano, porque los que son o han seydo erejes son enemigos de los christianos, y como se vehen en carçeles e son sanbenitos, querian e deseavan a todos asy y lo procuran; y demas desto, la dicha Mari Gonsales es muger sin

---

[16]   He was Leonor's husband, who brought *tachas* against fourteen people he thought might have testified against her.
[17]   During the course of her own trial (No. 100) she accused many Ciudad Real Conversos of Judaizing.

Trial of Leonor Alvarez, Wife of Fernando Alvarez

[   ] e desatinada e loca e se enborracha e se mea e meava en la cama, por lo qual, si ella testifico contra la dicha Leonor Alvares, mi muger, su dicho es ninguno e no deve ser auido ni tenido por dicho; e demas de ser dicho que a seydo y es enemiga de la dicha Leonor Aluares por cabsa que muchas vezes pasaron entre ellas questiones e riñeron, espeçialmente que la dicha Mari Gonçales a dicho muchas vezes en absençia de la dicha mi muger mucho mal de ella e muchas injurias, y esto porque riñeron muchas vezes le tenia e tiene la dicha Mari Gonçales mucha enemistad. |

20v Testigos que saben la enemistad e las vieron reñir e saben lo demas:
+ Alonso de la Çarça,[18] jurado, vezino de Çibdad Real; + Juana Rodriguez,[19] muger que fue de Garçia Cuchillero, vezino de Çibdad Real; + Helena Gonçales,[20] vezina de Çibdad Real; la muger de Juan Manojo; + La de Aluar Gonçales, çapatero; + Garçia Franco, sastre;[21] + La Gajarda; + Tristan, tondidor;[22] + Ximon de la Çarça; + la de Juan Vida;[23] + Christobal Vejete, perayle,[24] todos vezinos de Çibdad Real.

[Adeva Ximenez, vezina de Daimiel]
Tacho a Adeva Ximenes, vezina de Daimiel, que es persona raes y pobre e puta e borracha e ladrona, que queria mal e quiere a la dicha Leonor Aluares porque algunas vezes la castigava sus malos viçios, y tanbien porque que le deviemos çierta soldada de tres años, y por esto nos tenia e tiene mucha enemistad a mi e a la dicha mi muger, e asy lo ha publicado ella doquier que se falla, por lo qual, si ella testifico contra la dicha Leonor Alvares, su dicho es ninguno e no deve ser auido ni tenido por dicho.

[18] See Biographical Notes on him.
[19] She testified for the defence in the trial of Juana Núñez, No. 107, fol. 32r.
[20] She was the wife of Juan Manojo, the elder, and was a defence witness in the trials of Diego López (Vol. I, No. 86, fol. 8r-v), María González, wife of Rodrigo de Chillón (No. 105, fol. 28r), Juana Núñez (No. 107, foll. 32v-33r, 37v, 39r) and Juan Ramírez (No. 109, fol. 94v).
[21] His testimony was not accepted because he was a reconciled Converso; see fol. 24v. See also the trial of Juana Núñez, No. 107, fol. 38r.
[22] He was a neighbour of María González and testified in her defence; see her trial, No. 105, fol. 23r.
[23] Her name was Elvira Rodríguez; see Biographical Notes on her.
[24] He also testified for the defence in the trials of María González (No. 105, foll. 31v, 34r) and Juana Núñez (No. 107, foll. 32v, 37r).

Testigos que saben la henemistad e lo demas:
Pedro Fernandez, çapatero; su muger del dicho Pedro Fernandez; Bernaldino Navarro; Elvira Gonsales, todos vezinos de la villa de La Menbrilla. Françisco Gomes, çapatero, vezino de Mançanares; Alonso Gonsales, vezino de Almagro.

[III Catalina la Navarra]
Tacho a Catalina la Navarra,[25] muger de [   ], vesina de Çibdad Real, que es persona raez e pobre e mala muger e fue avergonçada en la villa de Mançanares e puesta vna mordaça en la lengua porque enpuso lengua en Nuestra Señora la Madre de Dios, y queria mal a mi e a la dicha Leonor Aluares porque la reprehendia sus viçios; por lo qual, si ella dixo o testifico contra la dicha Leonor Aluares, su dicho es ninguno e no deve ser tenido por dicho. |

21r Testigos que saben lo susodicho:
Diego de Hontiveros; Françisco Gomez, çapatero; Bartolome de Hontiveros, vezino de Mançanares; Alonso Gonzales, vezino de Almagro; Catalina, muger de Juan de Merida,[26] sastre, vezino de Çibdad Real.

[IIII Teresa Martines, muger de Mastyen Cabsa saca tynajas]
Tacho a Teresa Martinez, muger de Mastien, vezina desta Çibdad Real, que es persona pobre e raez e mala muger e ladrona e puta e quiere mal a la dicha Leonor Aluares, mi muger, porque furto a la dicha Leonor Aluares vna sortija de oro, e porque se la fallo en su poder sienpre nos ha tenido e tyene enemistad; por lo qual, si ella dixo o testifico contra la dicha Leonor Aluares, su dicho es ninguno e no deve ser auido ni tenido por dicho.

Testigos que saben la enemistad e lo demas:
Françisco Gomez, vezino de Mançanares; Lucas de Villarreal, carpintero, vezino de Çibdad Real; Ysabel de Villarreal, muger del dicho.

[V Ysabel, esclaua de Juan Ramires]
Tacho a Ysabel,[27] esclaua de Juan Ramirez, defunto, que esta en

[25] She was the servant of Gracia de Teva, No. 103; see the trial of María González, wife of Pedro de Villarreal, No. 100, foll. 13v–14r.
[26] He was a cousin of Maria González, No. 105; see the genealogy on p. 418.
[27] She was a slave in the household of Juan Ramírez, and she testified against him after he had freed her; see Trial No. 109, foll. 16v, 81r, 87r.

Trial of Leonor Alvarez, Wife of Fernando Alvarez

la çibdad de Toledo, que es y a sydo mala muger y borracha e ladrona y levantadera de falsos testimonio, y queria mal a la dicha Leonor Aluares, mi muger, porque algunas vezes le dezia(n) borracha e ladrona; e se ha echado con muchas personas e con negros, y por esto y por otras cosas la tacho; si ella dixo o testifico contra la dicha Leonor Aluares, su dicho es ninguno e no deve ser auido ni tenido por dicho.

Testigos que saben lo susodicho:
Juan Ximenes, escribano;[28] Beatriz de Santa Cruz;[29] Maria Gonsales, la castillera;[30] Françisco Moreno, tondidor;[31] Marcos de Villarreal, tondidor; Lorenzo de Almagro, çapatero;[32] Garçia Franco, sastre; Figueroa, aputandor;[33] Christiano, tondidor, todos vezino de Çibdad Real. |

[VI Ynes Lopez, la linera]

Tacho a Ynes Lopez, la linera,[34] que fue reconçiliada e truxo sanbenito e fue perjura y ereja, e despues ⟨sic⟩ quemada por ereja; si ella dixo e testifico contra la dicha Leonor Aluares su dicho es ninguno e no deve ser auido por dicho.

Para en prueva desto hago presentaçion del proçeso y sentençia que ante Vuestras Reuerendas Paternidades esta y paso de lo susodicho.

[VII Catalina, negra, esclava de Pedro de Villarreal]

Tacho a Catalina,[35] esclava de Pedro de Villarreal, vezina de Çibdad Real, que es esclava y de poca conçiençia y borracha y puta y ladrona, y queria y quiere mal a la dicha Leonor Aluarez, porque

---

[28] He was a notary at the trial of Juan Ramírez, No. 109; see foll. 9r, 136v, 138r.
[29] She was the daughter of Rodrigo de Santa Cruz and although a Conversa she was not brought to trial. She was a defence witness for Juan Ramírez (No. 109, fol. 98r) and Juana Núñez (No. 107, fol. 40r).
[30] She was a servant in the house of Alonso Alvarez in the year 1512. She also testified for the defence in the trial of Juana Núñez, No. 107, foll. 33v, 37r, 40r.
[31] His house was chosen as an alternative prison for Inés de Mérida, No. 115, fol. 10v.
[32] He was a defence witness for Juana Núñez, No. 107, foll. 34r, 38r, 39r.
[33] His full name was Juan de Figueroa. He was a cousin of Juana Núñez, No 107, foll. 35v, 40r.
[34] She was the wife of Hernando Bastardo, and was burnt in effigy on 9 September 1515; see her trial, No. 114.
[35] She testified against several Conversos; see Biographical Notes.

algunas vezes riñeron la dicha Leonor Aluares e su ama Mari Gonçales, y porque algunas vezes le dixo borracha negra, por lo qual, si ella dixo e testifico contra la dicha Leonor Aluares, su dicho es ninguno e no deve ser auido ni tenido por dicho.

Testigos que saben lo susodicho:
Alonso de la Çarça, jurado; Juana Rodrigues,[36] muger que fue de Garçia Cuchillero; Maria de Antequera,[37] muger de Rodrigo de Prado; Diego de Chillon;[38] Figueroa, apuntador; Lorenzo de Almagro, çapatero; Garçia Franco, sastre, todos vezinos de Çibdad Real.

[VIII Ysabel de los Olivos, muger de Diego de Madrid]
Tacho a Ysabel de los Olivos, muger de Diego Sanches de Madrid,[39] vesinos de Çibdad Real, presos en la carçel del Santo Ofiçio, que queria e quiere mal a la dicha Leonor Aluares porque le desia que hera vna gismosa, y es borracha e soldera e atonita. Y mas, nos queria mal a mi e a la dicha Leonor Aluares porque vna vez tuve cargo de le dar de comer, porque su marido me lo rogo y me dexo dineros pa ello, y porque no se lo daua como ella queria me queria mal, e muchas vezes reñimos desta cabsa, e porque ningund fasya la (la) della, porque hera vna suçia, e nunca fasya nada en su casa sino holgar, y dexaba perder su casa y hasyenda y andarse en gismes, oyendo aqui e diziendo alli, dio agua de soliman a su marido para lo matar, por lo qual, si ella testifico contra la dicha mi muger, su dicho es ninguno e no deve ser tenido por dicho. |

22r Testigos que saben lo susodicho:
Alonso de Villarreal, cauallero; Diego Sanches de Madrid, preso del Santo Ofiçio; Ana de Badajoz;[40] Alonso de la Çarça, jurado, todos vezinos de Çibdad Real.

[IX Catalina, esclaua de Diego Sanches de Madrid]
Tacho a Catalina, esclaua de Diego Sanches de Madrid, que es

---

[36] She also testified for the defence in the trial of Juana Núñez, No. 107, fol. 32r.
[37] She was also known as María González. She was a defence witness in the trials of María González, wife of Alonso de Merlo (No. 106, fol. 23v) and Juana Núñez (No. 107, fol. 40v).
[38] He was a scribe and was also a defence witness in the trials of Juana Núñez (No. 107, fol. 40v) and Juan Ramírez (No. 109, fol. 9r).
[39] His wife Isabel de los Olivos y López committed suicide during her trial, No. 108.
[40] See Biographical Notes on this family.

borracha e puta e ladrona, y fasya malasados a sus amos, y queria mal a la dicha Leonor Aluares porque la reprehençia ⟨sic⟩ de sus cosas, y muchas vezes estuvo para se echar en el pozo, como persona aborrida; por lo qual, sy ella dixo o testifico contra la dicha Leonor Aluares, su dicho es ninguno e no deve ser auido ni tenido por dicho.

Testigos que saben lo susodicho:
Catalina Ramirez, hija de Juan Ramirez, defunto;[41] Beatriz de Santa Cruz; Diego Ramirez;[42] Ana de Badajoz, todos vezinos de Çibdad Real.

[X Catalina, esclaua de Bartolome de Badajoz]
Tacho a Catalina,[43] esclaua de Bartolome de Badajoz,[44] que estativa y ladrona y borracha e puta, e queria mal a la dicha mi muger porque muchas vezes le dixo 'ladrona, borracha', por lo que ella le ha tenido e tiene mucha enemistad; si ella dixo o testifico contra la dicha Leonor Aluares, su dicho es ninguno e no deve ser auido ni tenido por dicho.

Testigos que saben lo susodicho:
Lorenço de Almagro, çapatero; Figueroa, apuntador; Marcos de Villarreal, tondidor, todos vezinos de Çibdad Real; Diego Ramirez, vezino de la dicha çibdad. |

[XI Maria de Paredes, muger de Aluaro de Villarreal]
Tacho a Maria de Paredes,[45] muger que fue de Aluaro de Villarreal,[46] vezino desta Çibdad Real, que seyendo moça de vn Alonso de Villarreal, vezino de Çibdad Real, se enamoro de vn Fernando Nuñez, que se dize Aluaro de Villarreal, con el qual caso, e porque yo e Maria Fernandez estorvavamos que no se casase con ella, porque como era moça de soldada, y poniendo en ella otras muchas

---

[41] The daughter of Juan Ramírez, No. 109.
[42] As the son of Juan Ramírez he inherited his father's position as majordomo to Cardinal Cisneros.
[43] This Catalina was well acquainted with the local animosities; see the trial of Juan Ramírez, No. 109, fol. 92v.
[44] He was the father of Ana and 'the Badajoz sisters'; see above, n. 15, and Biographical Notes.
[45] See also the trial of Juana Núñez, No. 107, fol. 40v.
[46] He was a Converso who testified for the defence in the trial of Juan Ramírez, No. 109, fol. 101r; see Biographical Notes on him.

escusas y defectos, ella nos queria e quiere mal; y ella ha sido ventera y mala muger, e enemiga mia, como dicho es, y queria mal a la dicha Leonor Aluarez porque muchas vezes riñeron, por lo qual, si ella testifico contra la dicha Leonor Aluares, su dicho es ninguno e no deve ser auido ni tenido por dicho.

Testigos que saben lo susodicho:
Alonso de la Çarça, jurado; Christobal de Morales, barbero; Mari Lopez, su muger; Juan de Figueroa, apuntador; Juana Rodrigues, muger que fue de Garçia Cuchillero; Catalina Gonçales, muger que fue de Juan de Villa, todos vezinos de Çibdad Real.

[XII Mari Lopez, muger de Pedro de Dueñas]
Tacho a Mari Lopez,[47] muger de Pedro de Dueñas, cardador, vezino desta Çibdad Real, que queria e quiere mal a la dicha Leonor Aluares, porque muchas vezes la castigava e desya que por que tenia tan mala lengua y hera tan mala muger que desya mal de su padre, Diego de Teva, y vna vez lo echo de vna escalera abaxo, de que llego el dicho su padre a la muerte; tanbien dezia mal de su tia, Graçia de Teva, e avn le dixo que si no le dava vna soga pintada que tenia, que ella le levantaria vn falso testimonio, e por estas cosas e otras muchas que le reprehendia la dicha Leonor Aluares le ha tenido e tiene mucha enemystad; y mas, que se caso por amores e se salio de casa de su padre desobidiente, diziendo mal del dicho su padre como persona loca, e asy lo es, atonita e levantadera de falsos testimonios, por lo qual, si ella testifico contra la dicha Leonor Aluares, su dicho es ninguno e no deve ser auido ni tenido por dicho.

Testigos que saben lo susodicho:
23r Alonso de la Çarça, jurado; Garçia Franco, sastre; | Mari Gonçales,[48] muger de Diego de Teva,[49] presa en el Santo Ofiçio; Lorenço de Almagro, çapatero; Ximon de la Çarça, mercader, todos vezinos de Çibdad Real.

[47] *Tachas* were brought against her also in the trial of María González, wife of Rodrigo de Chillón, No. 105, fol. 25r.
[48] She was absolved on 10 September 1513; see Fita, p. 480, No. 269.
[49] See Biographical Notes.
[50] Also called Lucía Fernández; she was a prosecution witness against María González (No. 105, foll. 28v, 33r) and Juana Núñez (No. 107, foll. 21v, 30r). *Tachas* were brought against her in both trials.

Trial of Leonor Alvarez, Wife of Fernando Alvarez

[XIII Françisco de Mesa]

Tacho a Françisco de Mesa, que fue tornadizo y reconçiliado e perjuro, e despues quemado por ereje, y fue vn engañador, por lo qual fue açotado en la villa de Daimiel y en otras partes; por lo qual, si el dixo o testifico contra la dicha Leonor Aluarez, su dicho es ninguno e no deve ser auido ni tenido por dicho.

Testigos que saben lo susodicho: El proçeso e reconçiliaçion y sentençia que paso ante Vuestras Reuerendas Paternidades, y mas, el escribano de Daymiel que hera a la sazon quando lo açotaron en la dicha villa, y otros testigos que entiendo de dar en tienpo.

[XIIII° Luçia de Cuenca]

Tacho a Luçia de Cuenca,[50] muger de Françisco Çervantes,[51] vezino desta Çibdad Real, que es pobre e raez y mala muger, levantadera de falsos testimonios y borracha y ladrona, y estuvo presa porque levanto vn testimonio a vna muger e la quisieron açotar; es enemiga mia e de la dicha Leonor Aluares porque llevo çiertas hilazas de mi casa a hilar e truxo menos de lo que levo, e porque la dicha Leonor Aluares le dixo que hera ladrona la dicha Luçia de Cuenca le amenazo e le dixo que ella gelo pagaria en algund tienpo; por lo qual, si ella testifico contra la dicha Leonor Aluares, su dicho es ninguno e no deve ser auido ni tenido por dicho.

Testigos que saben la enemistad e lo demas:

La muger de Anton Garçia, herrador;[52] Bartolome, conejero;[53] su muger del dicho; la de Juan Manojo, calero;[54] Elena Gonsales, suegra de Christobal Vejete;[55] Juan Nuñez, çahonero, el moço; Juan Rodrigues, calero, el viejo; Diego de Coca, hijo de Juan Ruiz, cauallero, todos vezinos de Çibdad Real. Doña Marya, muger que

---

[51] Also called Fernando de Lillo; he was summoned at the trial of Juana Núñez to testify against his wife in the *tachas* brought against her; see Trial No. 107, fol. 37v

[52] She was also a defence witness to prove *tachas* in the trials of María González (No. 105, fol. 33r) and Juana Núñez (No. 107, foll. 39r, 40v).

[53] He was a *tachas* witness in the trials of María González (No. 105, fol. 29v) and Juana Núñez (No. 107, fol. 35r).

[54] Her name was Helena González. She testified for the defence in the trial of Diego López, Vol. I, No. 86, fol. 8r–v. She was also a *tachas* witness for Juana Núñez (No. 107, foll. 32v–33r, 37v) and Juan Ramirez (No. 109, fol. 94v).

[55] He was cited in the *tachas* presented in the trials of María González (No. 105, foll. 31v, 34r) and Juana Núñez (No. 107, fol. 32v).

fue de Santyllana, oydor, vezino de Çibdad Real. Doña Juana, muger del liçençiado Loaysa, vezino desta çibdad. |

23v Por que pido e suplico a Vuestras Reuerendas Paternidades manden resçibir las dichas tachas e ojebtos por mi puestos contra las dichas personas, y manden resçebir y esaminar los testigos que para las prouar tengo nonbrados, e lo manden poner en el proçeso de la dicha Leonor Aluares, mi muger, e manden repeler los tales dichos e depusiçiones, pues que de derecho son ningunos e no fasen fee ni prouança ni indiçion alguno, e ansy, la dicha Leonor Aluares, mi muger, es inoçente e libre de todo lo contra ella acusado; para lo qual el santo e noble ofiçio de Vuestras Reuerendas Paternidades ynploro, e pido faser dello entero conplimiento de justiçia. Sobre lo qual encargo las conçiençias de Vuestras Merçedes, e pidolo por testimonio.

(—) Ferrand Alvares. |

24r Prouança de tachas de Leonor Alvarez, muger de Fernando Alvarez, espeçiero.

[Testigo]
Ximon de la Çarça, vezino de Çibdad Real, testigo jurado en forma de derecho, dixo que conoçe a Leonor, muger de Fernand Albares, de diez años a esta parte (de diez años a esta parte), e que no es parienta deste testigo ni el dicho su marido. Fue repreguntado por las preguntas generales, dixo que no le toca a este testigo.
A la primera pregunta dixo que oyo desir a la esclava de Mari Gonçales, muger de Pedro de Villarreal, que la dicha su ama se enborrachaba e que se meava en la cama, e que vna vez la vio este testigo que llamava al dicho su marido ladron, e que nunca vio reñer a las dichas Mari Gonsales e Leonor Albares.

[Testigo]
Alfonso de la Çarça, vezino de Çibdad Real, testigo jurado en forma de derecho, dixo que conoçe a la dicha Leonor Albares, e que no toca a este testigo las repreguntas del fiscal.
A la primera pregunta dixo que conoçe a Mari Gonçales, muger de Pedro de Villarreal, e que algunas vezes este testigo la vio borracha, entrando este testigo en su casa, e que es golosa, e que yva por vn anegado de aqui a Miguelturra; e que de lo al contenido en la dicha pregunta, que non lo sabe.

Trial of Leonor Alvarez, Wife of Fernando Alvarez

[Testigo]

Tristan, tondidor, christiano viejo, testigo jurado en forma de derecho, dixo que conoçe a Leonor Albares, muger de Fernand Albares, e que non conoçe a Maria Gonsales, muger de Pedro de Villarreal, e que no le tocan las repreguntas del fiscal.
A la primera pregunta dixo que non la sabe.

[Testigo]

Christobal Vejete, vezino de Çibdad Real, perayle, testigo jurado en forma de derecho, dixo que es christiano viejo e que conoçe las personas en la dicha pregunta contenidas, e que no le tocan las repreguntas.
A la primera pregunta dixo que sabe este testigo e vio a la dicha Maria Gonsales borracha algunas vezes, e que hera mas glotona e mas de mala conçiençia, porque este testigo conpraba harinas de su casa en las hanbres, e que gelo media la susodicha muy mal, e que en lugar de quatro çeleminas no la dava tres; e que de lo al contenido en la dicha pregunta, que non lo sabe.

[Testigo]

Elbira Rodrigues, muger de Juan Vida, testigo jurado en forma de derecho, dixo que es christiana vieja.
A la primera pregunta dixo que conosçe a la muger de Pedro de Villarreal, e que este testigo a sydo su vezina de doze años a esta parte, e que la a visto beoda muchas vezes e desconçertada, e que oyo desir que se meava en la cama, e que oyo desirlo a sus hermanas e vn hermano de la dicha Mari Gonsales, e que muchas vezes la ⟨ha⟩ visto reñer con la dicha Leonor Albarez sobre gallinas e sobre los muchachos.

[Reconçiliado; testigo]

Garçia Franco, testigo jurado en forma de derecho, dixo que es reconçiliado. Fue repelido.

Mençia Fajarda, testigo jurado, dixo que es fija de algo, e que conoçe a la dicha Leonor Alvarez por tiempo de diez años, poco mas o menos.
A la primera pregunta dixo que conoçe a la dicha Maria Gonsales e a sydo su vezina çinco años, e que sienpre le tovo por muger desatinada, e que oyo desir que se meava las faldas; e que lo demas contenido en la dicha pregunta, que non lo sabe.

[Testigo]

Catalina Ruyz, muger de Juan Nuñez, christiana vieja, testigo jurada en forma de derecho, dixo que conoçe a Leonor Albares de bista, e que conoçe a Maria Gonçales, muger de Pedro de Villarreal, de quatro años a esta Santa Fe Catolica ⟨sic⟩.

A la primera pregunta dixo que oyo desir a vna hermana deste testigo que la dicha (dicha), Maria Gonçales hera borracha e meałona, que se meava estando comiendo; e que de lo al contenido en la dicha pregunta, que no lo sabe. |

25r [Testigo]

Juana Rodrigues, muger de Garçia Cochillero, vezino de Çibdad Real, jurado en forma de derecho, dixo que conoçe a Leonor Albarez, muger de Fernando Aluares, e a la muger de Pedro de Villarreal, de catorze años a esta parte, e que este testigo es christiana vieja e non le tocan las repreguntas del fiscal.

A la primera pregunta dixo que dos vezes vio vorracha a la dicha Maria Gonçales, muger de Pedro de Villarreal, e que hera muger parlera e de mala lengua, que no avia buena muger en su lengua, e que hera golosa e tragona, que en casa de este testigo escondia la olla e lo que tenia para comer, por que la dicha Maria Gonçales no gelo comiese, que tenia por costunbre de acudirse por las casas del varrio a comer quanto sus vesinos tenian; e que lo demas contenido en la dicha pregunta que no lo sabe; e que acontençio a este testigo, quando en su casa guisava de comer, hechar lana en el fuego para que la dicha Maria Gonsales no oliese lo que se guisaba; e que este testigo le veya veber vino con vn cantarillo que cavia çerca de doze açunbres, e que por su anima deste testigo, que la ⟨madre⟩ de la dicha Maria Gonsales fazia oraçion porque la dicha su fija no vebiese tanto vino.

[Testigo]
Elena Gonsales, muger de Manojo el viejo, testigo jurada en forma de derecho, dixo que conoçe a la dicha Leonor Albares.
A la primera pregunta de las tachas del marido de la dicha Leonor dixo que non lo sabe.

[Testigo]
Lorenço de Almagro, çapatero, testigo jurado en forma de derecho, dixo que conoçe a la dicha Leonor Albarez e a la muger de Pedro de Villarreal.
A la primera pregunta dixo que algunas ⟨vezes⟩ vio este testigo estando fuera de tiento a la dicha Mari Gonçales, e pareçio a este

Trial of Leonor Alvarez, Wife of Fernando Alvarez

testigo que estaba tomada de vino; e que de lo al contenido en la dicha pregunta, dixo que no lo sabe. |

25v *Blank page*

26r En 21 março de mil quinientos treze años ha paresçido Fernando
March Alvares ante el reuerendo señor inquisidor Villanueva, en Çibdad
1513 Real

Muy Reverendos Señores:
Herrand Alvares, vesyno de Çibdad Real, beso las manos de Vuestra Reverenda Paternidad como marydo e conjunta persona que soy de Leonor Albares, mi muger, e dygo que añadiendo en las tachas que tengo presentadas ante Vuestra Reverenda Paternidad, e agora nuevamente tacho a las personas syg⟨u⟩yentes e pydo sean puestas en el proçeso de la dicha Leonor Alvares, mi muger:

[Alonso Sanches]
Tacho a Alonso Sanches, vesyno del Castyllo de Garçia Munos, preso en la carçel del Santo Ofiçio, que a seydo y es mi henemigo y de la dicha Leonor Alvares, mi muger, por çyertas quystyones ⟨*sic*⟩ que pasaron entre mi y el dicho Alonso Sanches; y la cabsa, porque vn hermano mio tenia alquylada vna casa suya y el dicho Alonso Sanches dixo en mi presençia muchas cosas feas del dicho mi hermano, y por esto allegamos a malas palabras. Demas desto dygo que a seydo loco y borracho y salia de tyento, y por estas cosas y otras, sy el dicho testefyco contra la dicha Leonor Alvares, mi muger, su dicho es ninguno e no deve ser avido ni tenido por dicho.

Testigos que saben lo susodicho y la henemistad son los syg⟨u⟩yentes:
Pero Flores, vezino del Aldea El Rey; Juan Flores, vezino de Valdepeñas; Martin Sanches de la Fuente, vezino de Valdepeñas; Françisco de Molina,[56] vezino de Çibdad Real; Alonso de la Çarça, jurado.

[Elvyra Gonçales, muger de Alonso Peres de San Gynes]
Tacho a Elvyra Gonçales,[57] muger que fue de Alonso Peres de San

---

[56] See also the trial of Juan Ramírez, No. 109, fol. 58v.
[57] See her confession, which was entered into the file of Beatriz González, No. 98, fol. 8v.

Gynes, vesyna de Alcaçar de Consuegra, que es perjura, y despues reconsyliada; sy ella dyxo o testefyco contra la dicha Leonor Albar⟨es⟩, mi muger, su dicho es ninguno e no deve ser avydo por dicho.

Presento, para en prueva desto, el proçeso e sentençia que paso ante Vuestra Reverenda Paternidad. |

26v [Catalina la Marquesa]

Tacho a Catalina la Marquesa,[58] fija de Marcos Amaryllo, que esta en la çibdad de Toledo, que es puta y ladrona y borracha y echava lo suyo de fuera, e es testymonera, levantadera de falsos testymonios; sy ella dixo o testifico contra la dicha Leonor Alvares, mi muger, su dicho es ninguno y no deve ser avydo ni tenido por dicho.

Testigos que saben lo susodicho:
Juan de Herrera, perayle, vezino desta Çibdad Real; Ana Martynes, muger de Alonso Martynes, çapatero, vezino de Çibdad Real; Juan de Merida,[59] sastre, vezino de Çibdad Real; Pero Nuñes, vezino de Almagro; Geronimo Vejete,[60] vezino de Çibdad Real; Anton, fyjo de Pedro Çarça, tondidor, vezino de Çibdad Real.

Yten, ante Vuestra Paternidad hago representaçion de qualesquier tachas que se hallaren provadas en qualesquier proçeso del Santo Ofiçio contra los testygos que por mi e por la dicha Leonor Alvares, mi muger, estan nonbrados e tachados, quyas tachas e provanças pydo y soplico a Vuestra Paternidad manden poner en el proçeso de la dicha Leonor Alvares, mi muger, Sobre lo qual encargo las conçienças de Vuestras Paternidades.

[Mary Gonçales, muger de Dyego de Teva]
Tacho a Mary Gonçales, muger de Dyego de Teva, vesyna de Çibdad Real, presa en la carçel del Santo Ofyçio, y dygo que hera y es henemiga de la dicha Leonor Alvares, mi muger, por cabsa que mucho tyenpo estuvieron reñidas Graçia de Teva, muger de Dyego Alvares, y la dicha Mary Gonçales, y por esto syenpre tenian

[58] She was mentioned as a Judaizer in the trial of Juana Núñez, No. 107, fol. 9v.
[59] He was cited in the *tachas* presented in the trial of María González, No. 105, foll. 29r, 32v.
[60] He was a *tachas* witness in the trial of María González (No. 105, fol. 28r–v) and Juana Núñez (No. 107, foll. 33r–v, 39r–40v).

Trial of Leonor Alvarez, Wife of Fernando Alvarez

la dicha mi muger y la dicha Mary Gonçales mucha henemistad, y tanbyen porque algunas veses le dyxo que paraque metya en su casa a vnos portog⟨u⟩eses que la dysfamavan, y por esto la ha tenido y tyene mucha henemistad; sy ella dyxo o testyfico contra la dicha Leonor Alvares, su dicho es ninguno y no deve ser avydo ni tenido por dicho.

Testigos que saben lo susodicho: |
27r Elvyra Gonçales, muger de Gonçalo de Chyllon, defunto, vezyna de Çibdad Real; Alonso de la Çarça, jurado, vezino de Çibdad Real; Xymon de la Çarça, vezino de Çibdad Real; Juana de Rueda, [ ]; su muger de Alonso de la Çarça, tondydor, todos vesynos de Çibdad Real.

Ansymismo, añado para en las tachas y henemistad que tengo presentados contra Mary Gonçales, muger de Pedro de Vyllarreal: La de Juan Vyda y dos fijas suyas donsellas.

(—) Ferrand
Aluares. |

27v *Blank page*

Pleading of the Prosecutor and Conclusion

28r [Conclusion del fiscal para don Françisco]

April 1513
E despues de lo susodicho, en 19 dias de abril de quinientos e treze años, estando en la dicha abdiençia los reuerendos señores inquisidores el liçençiado Alfonso de Mariana e el liçençiado don Françisco de Herrera e el liçençiado Pedro Ochoa de Villanueva, siendo presente la dicha Leonor e el bachiller del Bonillo, su ⟨letrado⟩, e Diego Mudarra, su procurador, paresçio presente el dicho promotor fiscal e dixo que, afirmandose en todo lo por el dicho e pedido, e açebtando todas e qualesquier confision e confisiones fechas por la dicha Leonor, e faziendo presentaçion e reproduçion deste presente proçeso, en quanto por el haze e no en mas ni allende, que pedia e pedio mandasen declarar e declarasen a la dicha Leonor por hereje, ficta, simulada confitente, pues claramente constava de su afiçion e symulaçion. E sobre todo pedio serle fecho entero conplimiento de justiçia, e que concluia e concluio, e pedia e pedio sentençia difinitiva en esta cavsa.

[Conclusion de la parte]
La dicha Leonor, con acuerdo e consejo de los dichos sus letrado

[361]

Records of the Inquisition in Ciudad Real and Toledo, 1494–1512

e procurador, dixo que, afirmandose en las dichas sus confision e confisiones, que concluia e concluio, e pedia e pedio penitençia con misericordia, la qual estava presta de conplir como por sus reverençias le fuere inpuesta, e que pedia sentençia definitiba en esta cavsa.

[Conclusion de sus reuerençias]
Sus reuerençias dixeron que pues las dichas partes concluian, que concluian con ellas, e que abian e obieron el dicho pleito e cavsa por concluso, e que señalavan termino de seys dias para dar en el sentençia definitiva, e dende en adelante para cada e quando que deliberado tovieren. |

Consulta-de-fe

28v [Votos]
3 June E despues de lo susodicho, en la dicha çibdad de Toledo, tres dias
1513 del mes de junio, año del Señor de mil e quinientos e trese años, estando los reuerendos señores ynquisidores apostolicos e ordinarios, e letrados, theologos e juristas que de yuso seran nonbrados, en la sala de avdiençia del Ofiçio de la Santa Ynquisiçion de la dicha çibdad, vieron e determinaron este proçeso de la dicha Leonor Lopes, muger del dicho Ferrand Aluares, espeçiero, vesina de la dicha Çibdad Real, el qual dicho proçeso votaron en la manera syguiente:

El presentado fray Domingo Guerrero, predicador de la Orden de Santo Domingo, que al presente mora en el monasterio de Sant Pedro Martir de la dicha çibdad;

el bachiller Diego Fernandes Pan y Agua, jurista, capellan en la Capilla de los Reyes Nuevos que es dentro en la santa yglesia de la dicha çibdad;

el liçençiado Alfonso Nuñes Arnalte, jurista, vesyno de Toledo;

fray Domingo de Bitoria, prior del dicho monasterio de Sant Pedro Martyr;

el liçençiado Rodrigo Ronquillo, alcalde mayor en la dicha çibdad por el señor mosen Jayme Ferrer, corregidor en la dicha çibdad;

el liçençiado Pedro Ochoa de Villanueva, ynquisydor apostolico;

el liçençiado Alfonso de Mariana, ynquisidor apostolico;

el liçençiado don Françisco de Herrera, ynquisidor apostolico e ordinario.

Todos los dichos señores ynquisydores apostolicos e ordinario, e letrados, theologos e juristas susodichos, en conformidad nemine discrepante, votaron que la dicha Leonor Lopes, muger del dicho

[362]

Trial of Leonor Alvarez, Wife of Fernando Alvarez

Ferran Aluares, espeçiero, que se reçiba a reconçiliaçion con confiscaçion de todos sus bienes, e que se atormente a leue tormento, e que de lo que della en el dicho tormento se alcançare, que asy vsaran con ella.

(—) Diego Lopes, notario |

Sentence

[Çibdad Real]

29r [Leonor, muger de Fernando Albares, espeçiero]

Por nos, los inquisidores contra la heretica pravedad e apostasya en la muy noble çibdad de Toledo e su arçobispado e obispado de Siguença dados e diputados por avtoridad apostolica y hordinaria, visto vn proçeso criminal que ante nos a pendido y pende entre partes, de la vna, actor denunçiante, el venerable Martin Ximenez, promotor fiscal deste Santo Ofiçio, e de la otra, rea acusada, Leonor, muger de Fernando Aluares, espeçiero, vezina de Çibdad Real, sobre rason del delicto e crimen de heregia e apostasia de que por el dicho promotor fiscal fue acusada. Visto la acusaçion que el dicho promotor fiscal puso e intento contra la dicha Leonor, en que dixo que, seyendo christiana e por tal se llamando, e gozando de los preuillejos que los catolicos deven gozar, avia hereticado e apostotado contra nuestra Religion Christiana, pasandose a la crehençia de la mortifera Ley de los judios e a la obediençia de sus rictos e çerimonias, en espeçial, que por la afiçion que la dicha Leonor Aluares tenia a la mortifera Ley de los judios, avia guardado los dias de los sabados, no haziendo en ellos la hazienda que acostumbrava hazer en los otros dias de entre semana, ataviandose en los dichos sabados de buenas ropas e vistiendose camisas linpias e otros atauios en ellos; e los viernes en la noche de buena ora se apartaua de faser hazienda, y en los tales viernes guisaua de comer para el sabado caçuelas e otras cosas, e lo comia en los dichos sabados por honra e guarda de los dichos sabados; e que asymismo, por guardar los rictos e costunbres de los judios e mandamientos de su ley, quando trayan carne de la carniçeria la purgaua a la manera e costunbre judayca; e que la dicha Leonor Alvares estando vna vez purgando la carne, como dicho es, la vio çierta persona, e conosçiendo que hera mal hecho le dixo: Eso, Leonor, heregia es. Y la dicha Leonor Alvares le respondio: Mira, fulano, de lo que no aveys de comer dexaldo bien cozer; e que la dicha Leonor

Alvares avia ayunado ayunos de judios e guardado e solenizado sus pascuas e fiestas segund e como ellos lo hazian; e que asymismo la dicha Leonor Alvares auia hecho e cometido otros muchos delictos de heregia e apostasya, lo qual todo maliçiosamente dexaua de confesar; por que dixo que nos pedia e pidio que declarasemos la dicha Leonor Alvares aver seydo hereje apostota de nuestra Santa Fee Catolica e Religion Christiana, e que como a tal hereje la 29v relaxasemos a la justiçia e braço seglar, e que | declarasemos todos sus bienes y hazienda, del dia que auia cometido los dichos delictos aca, aver seydo y ser confiscados e aver pertenesçido a la camara e fisco real, e su desçendençia e posteridad por las lineas masculina e femenina, hasta el primero grado inclusyve, ser privados de todos e qualesquier benefiçios e ofiçios publicos e eclesiasticos e seglares e honras mundanas, e ynabiles pa no poder tener ni aver otros de nuevo, segund que esto y otras cosas mas largamente en la dicha su acusaçion se contiene. Visto como despues de puesta la dicha acusaçion la dicha Leonor Alvares, respondiendo a ella judiçialmente ante nos, dixo e confeso que hera verdad que ella avia guardado los sabados que buenamente podia sin ⟨ser⟩ sentida, dexando de hazer la hazienda en ellos que solia hazer los otros dias de entre semana, e que algunas vezes hazia algunas cosas livianas, por dar a entender que no guardava los dichos sabados, quando algunas personas entravan en su casa, e vestido camisas linpias en ellos; e que los viernes en las noches, por honra de los dichos sabados, ençendia candiles e los holgava por solenizar los dichos sabados; e que avia purgado la carne algunas vezes; e que avia guisado del viernes para el sabado caçuelas de carne, e lo avia comido en los dichos sabados, e lo comia frio; e que lo avia fecho y cometido con mala intençion, e porque sabia que heran çerimonias de la Ley de los judios; de lo qual la dicha Leonor Aluares dixo que se allava muy culpada e se arrepentia e arrepentio dello, e se queria apartar de las dichos heregias e tornarse a nuestra Santa Fee Catolica, e que pedia e pidio a Nuestro Señor Ihesu Christo perdon e a nosotros penitençia con misericordia, e de aqui adelante protestava e protesto de beuir e morir como catolica christiana, e tener e creher todo aquello que tiene y cree la Santa Madre Yglesia, e de cunplir todas e qualesquier penitençias que por nos le fuesen inpuestas e mandadas hazer. E visto como sobre todo las dichas partes concluyeron, e nos concluymos con ellos, e ovimos el pleyto e cavsa por concluso, e asygnamos termino pa dar en el sentençia. E vistos todos los otros avtos e meritos del dicho proçeso, e todo lo que mas se requeria ver y examinar, e avido sobre todo ello nuestro acuerdo e deliberaçion con personas de çiençia y conçiençia, e de su voto y paresçer.

Christi Nomine invocato:

Fallamos que devemos declarar e declaramos el dicho promotor fiscal aver pro|vado bien y conplidamente su intençion, que es la dicha Leonor Aluares aver seydo hereje apostota de nuestra Santa Fee Catolica e Religion Christiana, e aver incurrido en sentençia de excomunion mayor y en las otras penas e çensuras contra los tales herejes apostotas en derecho estableçidas y en confiscaçion de todos sus bienes, los quales declaramos aver pertenesçido y pertenesçer a la camara e fisco real desde el dia que cometio los dichos delictos de heregia. E comoquier que la dicha Leonor Alvares estuvo e permanesçio mucho tiempo en los dichos sus herrores de heregia, e por aver venido a los confesar tan tarde, pudieramos de derecho e buena conçiençia proçeder contra ella mas regurosamente, pero porque la dicha Leonor Alvares dize e afirma que se quiere convertir a nuestra Santa Fee Catolica con puro coraçon y entera fee, e que quiere detestar, renunçiar e apartar de sy las dichas heregias e otras qualesquier espeçie della, e tener y creher nuestra Santa Fee Catolica, e pide ser reincorporada e vnida al gremio e vnion de los fieles christianos e de la Santa Madre Yglesia, queriendo nos con ella aver benigna e piadosamente, allegandonos mas a la misericordia que al rigor, y sy es que la dicha Leonor Alvares se convierte a nuestra Santa Fee Catolica con verdadero coraçon, no fingido ni symulado, e sy abjurare los dichos sus herrores de heregia e cunpliere las penitençias que por nos le fueren inpuestas, que la devemos de resçebir e resçebimos a reconçiliaçion e reincorporaçion de la Madre Santa Yglesia e a la vnion de los fieles christianos, e la mandamos que abjure canonicamente los dichos herrores de heregia e otra qualquier espeçie della.

Abjuraçion

E por quanto vos, la dicha Leonor Alvares, aveys fecho e fezistes la dicha abjuraçion, e aveys abjurado e detestado el dicho crimen e delicto de | heregia e apostasya por vos confesado, e otros qualesquier delictos della, por ende, conformandonos con la doctrina ebangelica, que no quiere la muerte del pecador, syno que se convierta e biua:

Fallamos que devemos asoluer e asoluemos a vos, la dicha Leonor

Alvares, de la sentençia de escomunion mayor en que yncurristes por aver fecho y cometido el dicha crimen e delicto de heregia e apostasya, e vos reincorporamos al gremio e vnion de la Santa Madre Yglesia e a la comunion de los fieles christianos e participaçion de los Santos Sacramentoes, e porque se conosca sy andays en luz o en tinieblas, vos condenaremos e penitençiaremos a que esteys en carçel en la casa e lugar e por el tienpo que por nos fuere asynado, en la qual traygays sobre todas vuestras vestiduras, todo el tienpo que en la dicha carçel estouieredes, vn Santbenito con dos cruzes, vna delante e otra detras; de la qual dicho carçel vos mandamos que no salgays syn nuestras liçençia y escripto mandado, so pena de inpenitente relapsa. Otrosy vos privamos e declaramos ser privada de todas honras mundanas, e que no traygays sobre vos ni sobre vuestras vestiduras oro ni seda ni grana ni chamelote ni aljofar ni perlas ni piedras preçiosas ni corales, lo qual todo que dicho es vos mandamos que fasades e cunplades so la dicha pena de inpenitente e relapsa. E asy lo pronunçiamos e mandamos por esta nuestra sentençia definitiva en estos escriptos e por ellos, pro tribunali sedendo.

(—) A. de Mariana,   (—) Juan de Herrera,   (—) Pe. de Villa Nova,
    licentiatus   licenciatus   licenciatus

Sentence Pronounced

7 Sept. 1513 En la muy noble çibdad de Toledo, en siete dias del mes de setienbre de mil e quinientos e treze años, fue dada e pronunçiada esta dicha sentençia por los dichos reuerendos señores inquisidores apostolicos e hordinario, estando en la plaça de Çocodover en vn cadahalso de madera, pro tribunali sedendo, estando presente la dicha Leonor, muger de Fernand Aluares, espeçiero, la qual abjuro el dicho crimen 31r e delicto de heregia e apostasya en forma | devida de derecho, e consentio la dicha sentençia. Fueron presentes los manificos señores mosen Jayme Ferrer, corregidor de la dicha çibdad de Toledo, e don Fernando de Sylua, comendador de Otos, e Pedro Lopes de Padilla, e los reuerendos señores Pedro de Yepes e Luys de Avalos, canonigos en la santa yglesia de Toledo, e otros muchos cavalleros e personas eclesiasticos e seglares, e yo, Juan Obregon, notario, que firme aqui mi nonbre.   Juan Obregon, notario (—).

Trial of Leonor Alvarez, Wife of Fernando Alvarez

Sentence Commuted

ept. E despues de lo susodicho, en quinze dias del dicho mes e año, 513 estando los dichos reuerendos señores inquisidores apostolicos e hordinario en la abdiençia del dicho Santo Ofiçio, mandaron traher e pareçer ante sy a la dicha Leonor, con la qual estando presente, le asynaron por carçel la casa de su morada, la qual le mandaron que guardase e conpliese, e truxiese el Sanvenito sobre todas sus vestiduras, segund e por la forma e so las penas contenidas en su sentençia. E dispensaron con ella que vaya a Misa todos los domingos e fiestas a su propia parrochia, e que vaya a oyr Sermon donde le obiere, yendo e bolbiendo directamente, sin se divertir a otra ninguna parte. E que quando estobiere en su casa faziendo su labor e fazienda, que no traya Sanvenito, e que sy alguna persona la fuere a visitar, o sy se parare a la puerta de la calle de su casa, que se ponga el dicho Sanvenito. La susodicha dixo que le plazia de asy lo fazer e conplir como por sus reuerençias le es mandado.

Juan de Obregon, notario (—). |

31v *Blank page*

Petition for Further Commutation of Sentence

32r Muy Reuerendos Señores:

Leonor Aluares, muger de Hernan Aluares, vezina de Çibdad Real, ante Vuestras Reuerendas Paternidades paresco, y digo que bien saben en como al tienpo de mi reconçiliaçion por Vuestras Reuerendas Paternidades me fue mandado traer Sanbenito e guardase çierta carçeleria, lo qual yo he hecho y conplido hasta oy, segund y como me fue mandado. Y agora es venido a mi notiçia en como el reuerendisimo señor el cardenal d⟨e⟩ España,[61] arçobispo de Toledo, ynquisidor mayor, cometio a Vuestras Reuerendas Paternidades que pudiesen conmutar la dicha carçeleria e Sanbenito en ayunos e romerias e otras penitençias, segund y como a Vuestras Reuerendas Paternidades bien visto fuese. Por que les pido y suplico manden hazer su declaraçion açerca de lo susodicho, que yo estoy presta e aparejada de hazer e cunplir penitençias que por Vuestras Reuerendas Paternidades me fueren ynjungidas e ynpuestas por la comutaçion del dicho Sanbenito e carçeleria, y asy lo prometo.

---

[61] Cardinal Cisneros.

Records of the Inquisition in Ciudad Real and Toledo, 1494–1512

Y demas de ser obra de misericordia e administrar justiçia, a mi faran bien e merçed.

Sentence Further Commuted

21 May 1514 En la çibdad de Toledo, en XXI dias de mayo de mil e quinientos treze ⟨*sic*⟩ años,[62] fue presentada ante los reuerendos señores ynquisidores apostolicos y hordinario por parte de la dicha Leonor Alvares. Y asy presentada y leyda, sus reuerençias dixeron que, por virtud de la comisyon del reuerendisimo señor cardenal a ellos dirigida pa que comutasen la dicha carçel y Sanbenito de la dicha en ayunos y romerias y en oraçiones, que husando de la dicha comisyon de su Reuerendisima, y atenta la actoridad de su persona y meritos de su proçeso, y por otras justas cabsas que a ello les movieron, que comutavan e comutan la dicha carçel y habito a la susodicha en las penitençias syguientes: En que ayune todos los viernes de [   ] San Miguel proximo venido a conducho Quaresma; y que en los dichos viernes vaya a Misa a la yglesia del logar donde estoviere y reze parada de rodillas delante del Santisymo Sacramento quinze vezes el Pater Noster con el Aue Maria; e que vaya en romeria diez sabados, a pie, a la hermita que ella heligere; y que haga y cunpla todas las otras penitençias que le fueron ynpuestas al tienpo de su reconçiliaçion, so las penas contenidas en la sentençia que contra ella se dio e pronunçio. Y que asymismo reze cada dia dos vezes el Credo, vna vez por la mañana y otra a la noche.

(—) Christobal de Prado, notario.

Genealogy of the Family of Leonor Alvarez

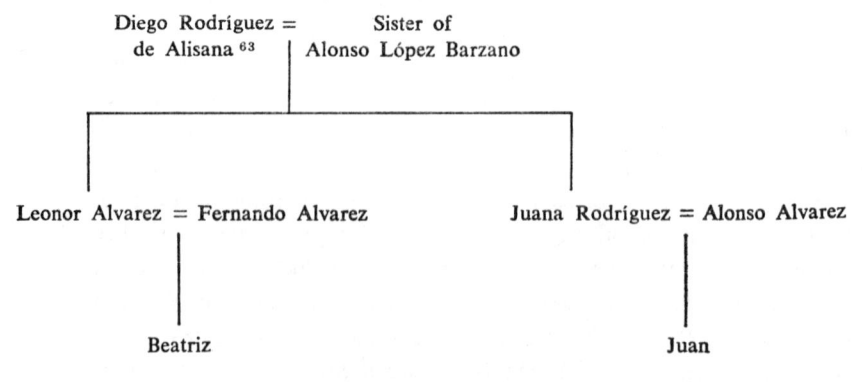

```
        Diego Rodríguez =      Sister of
         de Alisana [63]   |   Alonso López Barzano
                           |
        ┌──────────────────┴──────────────────┐
        |                                     |
Leonor Alvarez = Fernando Alvarez    Juana Rodríguez = Alonso Alvarez
        |                                     |
     Beatriz                                Juan
```

[62] This should read: *catorçe años*.
[63] He was from La Membrilla. Both he and his wife were reconciled Conversos.

Trial of Leonor Alvarez, Wife of Fernando Alvarez

The Composition of the Court

Judges:	Alfonso de Mariana
	Francisco de Herrera
	Pedro Ochoa de Villanueva
Prosecution:	Martín Jiménez — prosecutor
	Diego Martínez de Ortega, aide
Defence:	Diego Mudarra — *procurador*
	Pedro de Herrera — *letrado*
	Bartolomé del Bonillo — *letrado*
Alguacil:	Pedro Vásquez el Busto
Alcaide:	Melchor de Sayavedra
Gaoler:	Gonzalo de Argüello
Notaries:	Diego López de Tamayo
	Cristóbal de Prado
	Juan Obregón

Witnesses for the Prosecution [64]

1. Francisco de Mesa
2. María González, wife of Pedro de Villarreal
3. Beatriz Alonso, wife of Fernando de Mérida
4. María Alfonso, daughter of Bartolomé de Badajoz
5. Juana Rodríguez, wife of Alonso Alvarez
6. Juana Núñez, wife of Juan de Teva

Tachas Witnesses for the Defence

1. Ximón de la Zarza
2. Alfonso de la Zarza
3. Tristán
4. Cristóbal Vejete
5. Elvira Rodríguez, wife of Juan Vida
6. García Franco
7. Mencía Fajarda
8. Catalina Ruiz, wife of Juan Núñez
9. Juana Rodríguez, wife of García Cuchillero
10. Elena González, wife of Manojo, the elder
11. Lorenzo de Almagro, shoemaker

Consulta-de-fe

Fray Domingo Guerrero
Bachiller Diego Fernández Pan y Agua
Licenciado Alfonso Núñez Arnalte
Fray Domingo de Vitoria
Licenciado Rodrigo Ronquillo
Mosen Jaime Ferrer

---

[64] Witnesses 1, 2 and 4 also served as information witnesses. Witness 6 is mentioned in the file, however her testimony is not found therein.

Records of the Inquisition in Ciudad Real and Toledo, 1494–1512

Consulta-de-fe (continued)

Licenciado Pedro Ochoa de Villanueva
Licenciado Alfonso de Mariana
Licenciado Don Francisco de Herrera

Synopsis of Trial

1511

28 Aug.	Francisco de Mesa gives testimony against Leonor Alvarez in Ciudad Real.
6 Sept.	María González, wife of Pedro de Villarreal, informs against Leonor Alvarez.

1512

9 March	María Alonso testifies against Leonor Alvarez in Ciudad Real.
29 March	Francisco de Mesa testifies in the Toledo Court.
21 July	María González revokes her testimony.
30 July	The order is given to begin proceedings against Leonor Alvarez.
12 Aug.	Leonor Alvarez is brought to Toledo and imprisoned.
13 Aug.	The defendant is brought before the judges and the arraignment is presented.
14 Aug.	Juana Rodríguez' testimony is presented. Francisco de Mesa's testimony is confirmed.
25 Aug.	The defendant confesses and contests the arraignment. She is admonished to make a complete confession.
28 Aug.	Prosecution testimonies are presented.
1 Sept.	The defendant is again admonished to confess.
23 Sept.	The defendant is once more admonished to confess.
27 Sept.	Beatriz Alonso gives information against the defendant.
9 Oct.	A second arraignment is presented by the prosecution, along with a request that the water torture be administered.
21 Oct.	Beatriz Alonso's testimony is confirmed.
22 Oct.	María González's testimony is confirmed.
5 Nov.	The defendant adds to her confession and is again admonished to confess in full.
	Counsel for the defence is appointed.
11 Nov.	The defence pleads.
19 Nov.	The defence asks for publication of testimonies.
22 Nov.	Prosecution testimonies are published.
1 Dec.	The defendant is again admonished.
15 Dec.	Prosecution testimonies are given to the defence.

1513

11 March	Fernando Alvarez pleads on behalf of his wife; he presents *tachas* against fourteen possible prosecution witnesses.
21 March	Fernando Alvarez presents more *tachas*.
14 April	Juana Rodríguez's testimony is confirmed.
19 April	Both sides conclude their pleading.

Trial of Leonor Alvarez, Wife of Fernando Alvarez

3 June   The *consulta-de-fe* decides to restore Leonor Alvarez to the Church after torturing her to ascertain that she has told the truth.

7 Sept.   Sentence of life imprisonment is pronounced in the Plaza de Zocodovér.

13 Sept.   The sentence is commuted to imprisonment in her home, and to wearing the *Sanbenito*.

1514

21 May   The defence petitions for a further reduction of sentence. The sentence is now commuted to special fasts and prayers and pilgrimages to holy shrines.

102 The Case of Juana Rodríguez, Wife of Alonso Alvarez 1512–1513

Source: Legajo 262, No. 3, fol. 4v.

Juana Rodríguez (also known as Alvarez or López) was the sister of Leonor Alvarez. She was most likely younger than Leonor, as it was Leonor who taught Juana to follow Jewish practices, and Juana did not move from La Membrilla to Ciudad Real until Leonor was already settled there. In 1502 Juana married Leonor's brother-in-law Alonso Alvarez.

Juana was tried and burnt by the Inquisition; her file, however, is not extant. That the trials of both sisters ran concurrently may be inferred from the trials of Leonor and others.[1] Moreover, we know that Juana was in prison in Toledo on 14 August 1512, and that Leonor was arrested and imprisoned on 12 August 1512.[2] The parts of Juana's confession which are found in the protocol of Leonor's trial [3] were used as evidence against the latter.

The reasons why Juana was handed over to the Secular Arm (on 7 September 1513),[4] while her sister was reconciled, remain unclear. Perhaps Juana's defence was not as well organized as that of Leonor.

Bibliography: Fita, p. 474, No. 157.

---

[1] See the trial of Leonor Alvarez, No. 101, foll. 4v, 6v, 13v, 16v. See also the trials of Isabel de los Olivos y López (No. 108, fol. 23r) and Juana Núñez (No. 107, foll. 24r, 31v).
[2] See Trial No. 101, fol. 1r.
[3] Ibid., fol. 16v.
[4] Fita, p. 474, No. 157.

103 The Case of Gracia de Teva, Wife of Diego Alvarez 1512–1513

Source: Legajo 262, No. 3, fol. 4r.

The trial of Gracia de Teva should be considered together with those of Leonor Alvarez[1] and Juana Rodríguez,[2] as Gracia's husband Diego was most likely a relative, if not a brother, of Fernando and Alonso Alvarez, the respective husbands of Leonor and Juana.

Gracia was the sister of Antonio de Teva and a cousin of Juan de Teva,[3] in whose house she met with other Conversos to observe Jewish customs.[4] She was mentioned as a Judaizer in many trials,[5] and she was accused of not going to Mass as well as of allowing her home to be used as a Converso meeting place. Beatriz Alonso admitted in her confession that she went to Gracia's house to observe the Sabbath during the years 1494–1496.[6] This would indicate that Gracia was older than Leonor and Juana.

Gracia's trial must have taken place at the same time as those of Juana and Leonor; she was summoned to testify against the latter. Nothing is known of the proceedings against her, but Fita lists her as having been handed over to the Secular Arm on 7 September 1513.

Bilbliography: Fita, p. 473, No. 133.

[1] See her trial, No. 101.
[2] See her reconstructed trial, No. 102.
[3] He was tried *in absentia* and burnt in effigy; see his trial, No. 113.
[4] *Ibid.*, fol. 10v.
[5] See, for example, the trial of Leonor Alvarez, No. 101, foll. 6r, 7v, 14r.
[6] *Ibid.*, foll. 14v–15r.

104 The Case of Beatriz Alonso, Wife of Fernando de Mérida 1512–1513

Source: Legajo 262, No. 3, fol. 2r.

Beatriz Alonso was the second wife of Fernando de Mérida. She was the mother of María González, the wife of Pedro de Villarreal, and of Inés de Mérida, both of whom were also tried by the Inquisition.[1]

As far as we know, Beatriz made one confession, on 17 September 1512,[2] *in which she attempted to assume responsibility for the Jewish practices of her daughters who were already on trial. Ironically, this same confession was used as testimony against many other Conversos.*[3]

It may be presumed that Beatriz was arrested during the Inquisitorial inspection that took place in Ciudad Real during July 1512, and that she was brought to Toledo at the beginning of August. She was accused of burning or burying the parings from her nails, of burning a piece of dough before baking bread and of blessing her children on the eve of the Sabbath.

Nothing is known of her trial procedure except that she was burnt at the stake at the auto-de-fe *held in the Plaza de Zocodovér on 1 September 1513.*

Bibliography: Fita, p. 468, No. 54; Beinart, pp. 203, 213, 220, 221.

[1] See their trials, No. 100 and No. 115, respectively.
[2] See the trials of Leonor Alvárez (No. 101, fol. 14v) and María González, wife of Alonso de Merlo (No. 106, fol. 11r).
[3] See, for example, *ibid.*

105 Trial of María González, Wife of Rodrigo de Chillón 1512–1513

Source: AHN IT, Legajo 155, No. 386, foll. 1r–27r; new number: Leg. 155, No. 2.

María González, wife of Rodrigo de Chillón, was the daughter of Inés de Mérida and Juan de Huelva. Her first cousin,[1] the daughter of Fernando de Mérida, was María González, the wife of Pedro de Villarreal — who informed on many Ciudad Real Conversos. The latter cited the accused as one of a group who gathered at various Converso houses on Friday evenings and Saturday afternoons to observe Jewish precepts. She stated further that the home of the accused was one of these gathering places.

The defendant was arrested in November 1512, at which time the trial of her accuser was well under way. The trial against her opened on 10 November, and she was brought to Toledo from Ciudad Real on 27 November. The long list of tachas witnesses presented by the defence convinced the Court that the defendant's cousin and the other witnesses who had testified against her had done so out of enmity. It should be mentioned here that Maria's husband Rodrigo de Chillón was largely responsible for the organization of this defence.

The tachas and the insignificance of the Jewish practices of the defendant, led the Court to absolve her and to reconcile her to the Church. This was accomplished at a private auto-de-fe (autillo) *held on 10 September 1513.*

Bibliography: Fita, p. 480, No. 270; Beinart, index.

---

[1] See genealogy, below, p. 418.

1r Çibdad Real   Legajo 12 No. 6
                    Maria Gonçales muger
                    de Rodrigo de Chillon
                        absuelto 10 de setiembre 1513
                    Concluso
                    fecha la sentençia

1v *Blank page*

2r [Pedimiento del fiscal]
10 Nov. En la muy noble çibdad de Toledo, dies dias del mes de novienbre,
1512 año del Nasçimiento de Nuestro Saluador Ihesu Christo de mil
e quinientos e dose años, estando los reverendos señores el liçençiado
Alfonso de Mariana e don Françisco de Herrera e el liçençiado
Pedro Ochoa de Villanueva, inquisidores apostolicos y hordinarios,
en abdiençia del Santo Ofiçio de la Ynquisiçion, paresçio presente
el honrado bachiller Diego Martines de Hortega, teniente de fiscal,
por el venerable Martin Ximenez, fiscal deste Santo Ofiçio, e dixo
que denunçiava e denunçio por hereje apostotota de nuestra Santa
Fe Catolica Christiana a Maria Gonsales, muger de Rodrigo de
Chillon, veçino de Çibdad Real; por ende, que pedia e pidio a los
dichos señores inquisidores que mandasen proçeder e proçediesen
contra la dicha Maria Gonsales como contra tal hereje apostota,
mandando prender e prendiendo su persona e cuerpo e ynventariar
todos sus bienes.

[Respuesta de sus reverençias]
Los dichos señores ynquisidores dixeron que, dandoles informaçion
sufiçiente de lo contenido en la dicha denunçiaçion, que estavan
prestos de haser lo que fuese justiçia.

[Informaçion]
Luego el dicho teniente de fiscal dixo que, para en prueva de lo
por el pedido, que hasia e hiso presentaçion de los dichos e depusiçiones de [   ],² e a todos los dichos e depusyçiones contenidos
en los libros e registros deste Santo Ofiçio, los quales dichos e depu-

² There is a blank space of almost two lines in the file, indicating that their names were not given at the time.

[376]

Trial of María González, Wife of Rodrigo de Chillón

syçiones dixo que pedia e pidio a sus reverençias que los mandasen poner en este proçeso e sacar de los dichos libros, los quales dichos e depusyçiones estan en este proçeso en la provança del fiscal. |

Arrest

2v [Mandamiento para prender]
Luego sus reverençias, visto la informaçion, dixeron que mandavan e mandaron dar su mandamiento para prender el cuerpo de la dicha Maria Gonsales e para ynventariar todos sus bienes en forma, el que fue dirigido al honrado Pedro Vasquez de Busto, alguasil deste Santo Ofiçio.

[Como fue trayda]
Nov. Fue traydo presa a la carçel de este Santo Ofiçio la dicha Maria
1511 Gonsales sabado, XXVII dias del mes de novienbre de mil e quinientos e dose años. |

Genealogy

3r [Genealogia]
2 *Dec.* E despues de lo susodicho, en dos dias del mes de dizienbre de mil
1512 e quinientos e doze años, estando el reverendo señor liçençiado Pedro Ochoa de Villanueva, ynquisidor, en la dicha abdiençia, mando sacar ante sy a vna muger que esta presa en la carçel del dicho Santo Ofiçio, la qual estando presente, su reverençia le pregunto que como se llamava; dixo que Maria Gonsales, e que hera de hedad de treynta años, poco mas o menos, e que hera muger de Rodrigo de Chillon, obrigado a las carniçerias de Çibdad Real, e que son vezinos de Çibdad Real; e que tiene este confesante dos hijos e dos hijas, e que el mayor sera de hedad de hasta doze años; e que sus padres confesante se llamavan Juan de Huelva, e que no sabe sy fue reconçiliado, porque murio seyendo este confesante pequeña, e que su madre se llamava Ynes de Merida, y que es reconçiliada, veçina de Çibdad Real; e que el ahuelo ⟨sic⟩ de parte de su padre se llamava Hernando de Villarreal, e que su ahuela ⟨sic⟩ no sabe como se llamava, e que no sabe que fuesen reconçiliados ni condenados; e que sus ahuelos ⟨sic⟩ deste confesante de parte de la dicha su madre se llamavan Diego de Merida, mercader, e que no sabe sy fue reconçiliado no condenado, e que su muger se llamava Flor Gonsales, y que fue reconçiliada, que son defuntos y fueron vezinos de Çibdad Real; e que no tiene este confesante hermano ni hermana ninguna; e que el dicho su padre deste confe-

[377]

sante tuvo por hermano que se llamava Diego de Huelva, que biue en Almagro, e que sabe que es reconçiliado; e que tuvo el dicho su padre dos hermanas, que la vna se llamava Teresa Gonsales, bibda, que fue muger de Pedro, escrivano, vezino de Almagro, e agora biue en Alcaçar de Consuegra, y que cree que fue reconçiliada, y que la otra se llamava Ynes Diaz, muger de Rodrigo Diaz, mercader, vezino de Venta de los Infantes, e que no sabe sy fue este recon|

3v çiliada; e que de parte(s) de su madre desta confesante, que tiene quatro tios e dos tias, y que el vno se llama Hernando de Merida, tratante, que biue en Sevilla, que no sabe con quien esta casado, y el otro se llama Alonso de Merida, que no tiene ofiçio ninguno, e que no sabe adonde esta; yten, otro se llama Juan de Merida, regidor de Niebla, que biue en Niebla, y el otro se llama Padro de Merida, veçino de Almagro, que esta casado con vna de los Olivos que no sabe como se llama; e que la vna hermana de la dicha su madre se llama Beatriz de Merida, bibda, que fue casada con Ruy Lopez en Almagro y agora biue en Çibdad Real, y la otra se llama Maria y es muger de Diego de Teva, apuntador, vezino de Çibdad Real, e que ninguno de los dichos sus tios y tias no sabe esta confesante si fueron reconçiliados.

Admonitions to Confess

[Primera moniçion]

Su reverençia le pregunto sy sabia por que estava presa; dixo que no lo sabia. Su reverençia le dixo que le avian mandado prender porque tenian informaçion que avia fecho y cometido delitos de heregia e apostasya, syguiendo e guardando la Ley de Moysen e sus rictos e çerimonias, e sabia de otras personas que los avian fecho y cometido; por ende, que la requeria e amonestava con Nuestro Señor Ihesu Christo y con la Gloriosa Virgen Maria, Nuestra Señora, que en todo diga y confese enteramente la verdad de lo que se hallase culpante, e que haziendolo asy, que se husaria con ella de toda la misericordia que de derecho e buena conçiençia oviesen lugar,[3] e que por themor de la dicha carçel en que estava ni por otro respecto alguno no diga ni levante sobre sy ni sobre otra persona alguna falso testimonio, sy no que tanta pena le darian por ello como por callar y encubrir la verdad.

[3] This admonition, from this point until the end of the paragraph, indicates that the form of the admonition being given to defendants was being broadened to include additional instances under which they should not give false testimony.

Trial of María González, Wife of Rodrigo de Chillón

[Respuesta de la presa]

La dicha Maria Gonsales dixo que ella no avia fecho ni cometido cosa ninguna contra Su Señor Ihesu Christo, ni sabia que otras personas lo avian fecho. |

4r [Segunda moniçion]

3 Dec. E despues de lo susodicho, en tres dias del mes de diziembre de 1512 mil e quinientos e doze años, estando los reverendos señores los liçençiados Alfonso de Mariana e Pedro Ochoa de Villanueva, ynquisidores, en la dicha abdiençia, mandaron sacar ante sy a la dicha Maria Gonsales, la qual estando presente, sus reverençias le dixeron que ya sabia que avia seydo amonestada que dixiese y confesase las cosas de que se hallase culpante, que agora otra vez la amonestavan e requerian de parte de Nuestro Señor Ihesu Christo que descargase su conçiençia de lo que se hallase culpante, asy de sy como de otras personas; en otra manera, que oyrian al promotor fiscal y se proçederia en su cavsa segund e como se hallase por derecho.

La dicha Maria Gonsales dixo que ella no tenia que dezir ni confesar, ni sabia lo que pedian, e que se lo avian levantado.

[Terçera moniçion]

6 Dec. E despues de lo susodicho, en XVI dias del mes de diziembre del 1512 dicho año de mil e quinientos e doze años, estando los reverendos señores el liçençiado Alfonso de Mariana e el liçençiado don Françisco de Herrera e el liçençiado Pedro Ochoa de Villanueva, ynquisidores, en la dicha abdiençia, mandaron sacar ante sy a la dicha Maria Gonsales, la qual estando presente, sus reverençias le dixeron que ya sabia que avia seydo dos vezes requerida y amonestada que dixese y confesase la verdad de las cosas que oviese ⟨fecho⟩ o dicho contra nuestra Santa Fe Catolica, que agora otra vez la requerian y amonestavan con Nuestro Señor Ihesu Christo y con Su Gloriosa Madre que dixese y confesase la verdad de todo lo que se hallase culpante e supiese de otras personas, e que haziendolo asy, que sus reverençias husarian con ella de toda la misericordia 4v que de derecho e buena | conçiençia oviese lugar; en otra manera, que oyrian al promotor fiscal y proçederian en su cavsa segund e como hallsen por derecho.

La dicha Maria Gonsales dixo que ella no avia hecho cosa ninguna contra nuestra Santa Fe Catolica, ni visto hase a ninguna persona, ni sabe que cosas.

E despues de lo susodicho ⟨not continued⟩. |

[379]

Arraignment

5r Presentada en Toledo en XXIII de diziembre de I V XII años,
23 Dec. ante sus reverençias.
1512 Muy Reverendos Señores:
Martin Ximenez, canonigo de Logroño, promotor fiscal del Santo Ofiçio de la Ynquisiçion en la çibdad e arçobispado de Toledo, paresco ante Vuestra Reverenda Paternidad, ante las quales y en su juisyo denunçio e acuso a Maria Gonsales, muger de Rodrigo de Chillon, vesyna de Çibdad Real, que presente esta, la qual, aviendo resçibido el Santysimo Sacramento del Bautismo e biviendo so color e nonbre de christiana e asy se llamando, e gozando de los previlegio⟨s⟩ e libertades que los catolicos christianos suelen e deven gozar, eretico e apostato contra nuestra Santa Fee Catolica e Religion Christiana, pasandose a la creençia e mortifera Ley de los judios e a la oservançia de sus rictos e çerimonias. En espeçial, la dicha Maria Gonsales ha fecho e cometido las cosas syguientes:
Primeramente, la dicha Maria Gonsales ha holgado e holgo los viernes en las noches, e aquellas noches, por mas las honrar por çerimonia judayca, ençendia candiles linpios con mechas nuevas, y los ençendia dos oras antes que anochesese.[4] Y atavia⟨ba⟩ y alinpiava su casa y la tenia aderesçida aquellas noches de viernes por guarda de la Ley de Moysen; e los tales viernes en las tardes ella, con otras personas herejes, se vañavan por çerimonia judayca con agua que tenia aparejada para aquel vaño, y las tales personas herejes las mas moças se vañavan primero que las viejas.
Yten, la dicha Maria Gonsales holgava e holgo los sabados, y en ellos se vestia e ataviava de camisas linpias e ropas de fiesta, y se juntava en los tales sabados con otras personas herejes, y alli comia⟨n⟩ frutas y avian plaser, y comian caçuelas guisadas del viernes para el sabado, e lo comian fryo por la fe, oseruançia e creençia que tenia⟨n⟩ a la Ley de los judios, teniendolo por mejor Ley que la de los christianos.
Yten, la dicha Maria Gonsales desya e dixo que los christianos estavan engañados en guardar la Fe Catolica, e burlava dellos e de las cosas de la Santa Yglesia, e fasia burla de la Misa e desya que no la creya, e que avnque yva a la yglesia, que no yva e Misa syno por conplir e no por yr a Misa, y desia e dixo que la Ley de

---

[4] This way of lighting the Sabbath candles was not practised until after the Expulsion of the Jews from Spain.

Trial of María González, Wife of Rodrigo de Chillón

los judios hera la buena e verdadera, y todo lo otro de la Fee Catolica hera burla. [Mari Gonsales, muger de Rodrigo de Chillon]. |

5v Yten, la dicha Maria Gonsales ayunava e ayuno ayunos de judios dos dias de la semana, lunes e jueves, no comiendo en todo el dia fasta la noche salida el estrella, e çenando de carne como hasian las judias, e aquellas noches de ayunos se juntavan con otras personas herejes a se holgar e platicar en las cosas de la oservançia de la Ley de Moysen.

Yten, la dicha Mari Gonsales desya e aconsejava e enseñava a otras personas herejes que las çerimonias e rictos judaycos que hasian por la Ley de Moysen, que los fisiesen e guardasen secreto, por que no fuesen vistos ni entendidos por los christianos, por mejor permanesçer en sus herrores y heregias, creyendo que por aquello se avian de salvar.

Yten, la dicha Maria Gonsales habia e maliçiosamente calla e encubre lo que sabe de otros herejes e de sus herejias, y con quien ella las fasia e platicaua, por se poder estar e permanesçer en los dichos sus herrores de heregia y dar favor a los tales herejes para que permanesçiesen en sus heregias, lo qual mas largamente entiendo provar en la prosecuçion desta cavsa.

Por que pido e suplico a Vuestra Revenda Paternidad que por su difinitiva sentençia manden declarar e declaren todo lo susodicho ser verdad y la dicha Maria Gonsales aver sido e ser hereje apostota contra nuestra Santa Fee catolica, e por fautora e encubridora de herejes descomulgada, e como a tal hereje la mande⟨n⟩ relaxar e relaxen a la justiçia e braço seglar, declarando todos sus bienes e hazienda aver sido confiscados e aver pertenesçido e pertenesçer a la camara e fisco real desde el dia que cometio los dichos delitos aca, e su postelidad ⟨sic⟩ e desçendençia por las lineas masculina e femenina, fasta el primero grado ynclusive, ser privados de todos benefiçios e ofiçios publicos e honras mundanas, e ynabiles para aver ni tener otros de nuevo. E sobre todo, pido serme fecho entero complimiento de justiçia, e pido que manden a la dicha Maria Gonsales que con juramento responda a los capitulos en esta mi acusaçion contenidos, syn consejo de persona alguna, y sobre lo qual, negando sy nesçesario es, pido ser resçibido a la prueva. |

Reply of the Defendant

6r E asy presentada e leyda la dicha acusaçion, la dicha Maria Gonsales dixo que negava la dicha acusaçion segund que en ella se contiene.

Records of the Inquisition in Ciudad Real and Toledo, 1494-1512

Luego, sus reverençias reçibieron juramento en forma devida de derecho, so cargo del qual sus reverençias le mandaron que respondiese a los capitulos de la dicha acusaçion. E lo que dixo e respondio a cada capitulo, seyendole leydo, es lo syguiente:

Fuele leydo el primero capitulo; dixo que lo negava.
Al segundo capitulo dixo que lo negava.
Al terçero capitulo dixo que lo negava.
Al quarto capitulo dixo que nunca tal hizo.
Al quinto capitulo dixo que lo negava.
Al sexto capitulo dixo que lo negava.
Al setimo capitulo dixo que lo negava.

Sus reverençias dixeron que, pues estava negativa, que la mandavan dar copia e treslado de la dicha acusaçion, que responda dentro de nueve dias syguientes.

Appointment of Defence Counsel

[Letrado el bachiller del Bonillo; procurador Diego Mudarra]
La dicha Maria Gonsales dixo que nonbrava por su letrado al bachiller del Bonillo, e por su procurador a Diego de Madarra, que presentes estavan, al qual dixo que dava e dio todo su poder conplido e le releuo, etç. Testigos: Diego Lopez de Tamayo e Sayavedra.

[Como llevo copia e treslado el procurador]
Esta dicho dia, mes y año susodicho, llevo treslado de la dicha acusaçion el dicho su procurador. |

6v *Blank page*

Denial of the Defendant

7r En tres dias de henero de I V DXIII años, presento la dicha Maria Gonsales ante sus reverençias.

3 Jan. 1513

Muy Reverendos Señores:
Mari Gonsales, muger de Rodrigo de Chillon, veçino de Çibdad Real, ante Vuestra Reverenda Paternidad paresco, respondio a vna denunçiaçion e acusaçion contra mi puesta e yntentada por el venerable canonigo y promotor fiscal Martin Ximenes, en que dise yo ser hereje e apostota de nuestra Santa Fe Catolica; e que dise que holgava los viernes en las noches e ençendia candiles linpios

[382]

con mechas nuevas e adereçava la casa como de fiesta; e dize que yo e otras personas nos vañauamos las dichas noches de viernes, e antes las moças que las viejas, dis que por observançia de la Ley de Moysen; e (que holgaba) diz que holgava los sabados con otras personas, ataviandome de ropas e camisas linpias, e que comyamos frutas e guisados del viernes para el sabado por rito e çerimonia judayca; e que desia e dixe que los christianos, diz que estavan engañados en guardar la Fe Catolica, e que burlava dellos e de las cosas de la Fe e de la Misa, que diz que desia e dixe que no yva a Misa syno por cunplir, e que la Ley de los judios era la vuena e verdadera, e que todo lo otro era burla; e que dis que ayune ayunos de judios, e comia e comi pan çençeño por ser hecho con çerimonia judayca; e que aconsajeua e aconseje a çiertas personas que hisiesen secretamente los ritos e çerimonias judaycas, para que no fuesen vistos ni sentidos; e dis que he hecho e cometido otros muchos crimenes e delitos de heregia; e que diz que callo e encubro otras muchas personas que los han hecho e cometido. Por que pide yo ser declarada por tal hereje, dada y entregada al braço seglar, e mis bienes confiscados e mi posteridad inhabilitada, segund que mas largamente en la dicha su denunçia e acusaçion se contiene, el tenor de la qual aqui avido por espreso, digo aquella ser ninguna e de ningun efecto, e yo ynoçente e syn culpa de lo en ella

7v contenido por lo seguiente: Lo vno, por no ser intentada por parte ni en tiempo ni forma ni con justas ni verdadera cavsas, no proçede ni ha lugar por la via e forma que es intentada, no es coartada a lugares ni tiempos que de derecho se requeria; y protesto, que en tanto que no se espeçifica ni declara que no me consta termino alguno para alegar de mi justiçia, careçe de relaçion verdadera e de las otras cosas sustançiales del derecho, no es jurada, que era nesçesario para que proçediese de derecho. E en quanto es o puede ser alguna, la niego como en ella se contiene, porque yo no holgaria ni holgue viernes en las noches ni sabados, ni ençenderia ni ençendi candiles, ni me atauie de ropas linpias, ni me vañe por çerimonia, ni comi guisados del viernes para el sabado por rito ni çerimonia ni observançia de la Ley mosayca, ni tal con verdad se podia provar, ni yo burlaua ni burle de los christianos ni de la Santa Fe Catolica, ni Dios tal querra; ni ayunaria ni ayune ayunos de judios, ni comeria ni comi pan çençeño, ny aconseje guardar secreto a persona, ni he cometido delitos algunos de heregia que callo, ni encubro otras personas que les auian hecho ni cometido, antes, he beuido como buena e fiel catolica christiana y hasiendo obras

[383]

de christiana, conviene a saber, yendo a Misas y Sermones, guardando los domingos, pascuas e fiestas que la Yglesia manda guardar, dando limosnas en publico y en secreto, trabajando todos los dias de entre semana que no eran fiestas, syn haser diferençia del lunes al viernes, ny del martes al sabado, saluo todos ser ygual, syn diferençia alguna; y el derecho es en mi fauor, en quanto dize que qualquiera se presume ser bueno fasta que se prueva lo contrario.

8r La qual presentaçion avido por entera, prueva en mi favor, | e si otra cosa de mi ay depuesta o testificada en el Santo Ofiçio, sera con enemystad e malquerençia, e por personas çeruiles, perjuros, infames, falsarios e mis enemigos capitales, que por me haser mal e daño dirian, como dixeron, el contrario de la verdad, a cuyos dichos no se deve dar fe ni credito, e asy, çesa lo contenydo en la dicha acusaçion e denunçiaçion. Por que a Vuestra Reverenda Paternidad pido la manden dar por ninguna, y ⟨a⟩ my por libre e quita de lo en ella contenido, mandandome soltar deste carçel en que estoy e restituyendome en my honra e buena fama, e alçando qualquier enbargo o secresto que en mis bienes aya seydo hecho. Para lo qual y en todo lo neçesario el santo e noble ofiçio de Vuestra Reverenda Paternidad inploro e pido justiçia e concluyo.

(—) Bachiller
de Bonillo.

E asi presentado, siendo presentes el bachiller Vonillo, su procurador ⟨sic⟩ e Diego Mudarra, su procurador, dixo que concluya e concluyo e pidio ser resçebido a prueva.

Sus reverençias dixieron que mandaban e mandaron dar treslado al promotor fiscal, que responda e concluya a terçero dia primero seguiente.

[Sentençia de prueva]
El bachiller Diego Martines de Ortega, que presente estaba, dixo que, afirmandose en lo por el dicho e alegado, e denunçiado, que concluya e concluyo, e pidio ser resçebido a la prueva.

Sus reverençias dixieron que, pues las dichas partes concluyan, sus reverençias concluyan con ellos, e que fallaban que devian resçebir e resçebieron a las dichas partes a lo prueva con termino de nueve dias primeros seguientes, saluo jure inpertinentium et non admitendorum. |

8v *Blank page*

Trial of María González, Wife of Rodrigo de Chillón

9r Provança del promotor fiscal
[Libro terçero de Çibdad Real; XXIII]
April En Çibdad Real, veinte y seys dias del mes de abril de mil e quini-
1511 entos e honse años, ante el reverendo senor liçençiado Alonso de
Mariana, ynquisidor

[Ratificada]
Lusia Fernandes, muger de Françisco de Lillo,[5] pastor, veçino de
Çibdad Real en la collaçion de Sant Pedro, testigo jurado en forma,
etç., dixo que avra siete años que este testigo moro con Juan de
Teva, mercader, trapero, e con Juana Nuñez,[6] su muger, e moro
con ellos tres años, en el qual dicho tienpo vio que algunos viernes
en las noches la dicha Juana Nuñez, su ama, hazia calentar agua
con romero e cascaras de naranjas e se apartaua en vn xarayz de
su casa a lavarse en vna artesa que este testigo le ponia por su
mandado. E que alli se ençerrava la dicha su ama e hechava el
aldava tras sy; e que este testigo no sabe sy se hazia con el agua
alguna çerimonia, mas de quanto este testigo le ponia alli vna camisa
linpia por mandado de la dicha su ama, la qual se vistia aquella
noches e se la veya este testigo vestida otro dia sabado. E que
aquellas noches de viernes que la dicha su ama se vañava, dava
este testigo camisa linpia al dicho Juan de Teva, su amo, por
mandado de la dicha su ama, e gela veya traher vestida otro dia
sabado. E que aquellas dichas noches de viernes que se vañava la
dicha su ama no hazia hazienda ninguna, que luego, en saliendo del
9v xarayz de vañarse, se yva | ⟨a⟩ acostar con el dicho su marido. E
que amos y dos no hazian nada aquellos viernes en las noches, e
que las otras noches de entre semana, que desmotavan e devanavan,
asy la dicha Juana Nuñez, como el dicho su marido, e el hazia
pleyto, e que aquellos viernes en las noches no hazian cosa ninguna
de las susodichas. E que otro dia sabado se levantavan tarde, quando
querian tañer a Misa Mayor, e que los otros dias, que se levantavan en amanesçiendo; e que despues de levantados los dichos
sabados, los veya trabajar, a la dicha Juana Nuñez labrar e al dicho
Juan de Teva yrse a la tienda de trapero. E que vio que algunas
noches de viernes, avnque no se vañava, se hazia mala la dicha
su ama e dezia que le dolia la cabeça e se hechava sobre dos almo-

---

[5] See also the trials of María González (No. 100, foll. 2r, 17r-v) and
Juan de Teva (No. 113, fol. 10r ff.).
[6] See her trial, No. 107.

Records of the Inquisition in Ciudad Real and Toledo, 1494-1512

hadas; e que otros dias de sabados, que tanbien dezia que estava mala e se estava hechada sobre vn par de almohadas, e que luego a la tarde la veya buena e se yva de vezina a vezina, e la veya comer de todo que se comia en casa; e que otro dia domingo estava buena e yva a Misa. E que algunas vezes la dicha su ama mandava a este testigo que quitase el sebo a la carne que trayan de la carniçeria, e le dezia: Hija, quitad ese sebo, non lo heches en la olla. E que algunas vezes, quando trayan pierna de carnero de la carniçeria, veya este testigo como el dicho Juan de Teva, e otras vezes Alonso de Teva, su hermano, endian la dicha pierna a la larga, e no sabe sy sacavan la landrezilla o lo que se hazian, porque no consentian que este testigo estouiese presente e le embiavan a mandados por casa. E que se acuerda que algunos sabados, en acabando de comer,
10r despues de averse ydo el dicho su | amo a la tienda, veya este testigo como venian a la dicha casa la de Francisco de Toledo,[7] espeçiero, que se llama Mayor de Chinchilla, e Graçia de Teva, prima del dicho Juan de Teva, su amo, muger de Diego Alvares, espeçiero, e la de Rodrigo de Chillon, e la de Pedro de Villarreal, e la de Fernando de Cordova, defunto, tia de la dicha Juana Nuñes, su ama, a holgarse con la dicha su ama, vnas vezes las vnas, otras vezes las otras; e la muger de Juan Ramires, bibda,[8] e que les dava la dicha su ama a merendar lechugas e ravanos e queso e mastuerços e otras cosas que este testigo no se acuerda en diversas vezes, e se estavan holgando e aviendo plazer con la dicha su ama. E otras vezes trayan algunas dellas sus labores que labran, e labravan. E que se acuerda este testigo que vn lunes estava el dicho Juan de Teva, etç.[9]

[Ratificaçion] [10]

21 March En la Çibdad Real, XXI dias de março de mil quinientos e XIII
1513 años, ante el reverendo señor inquisidor Villanueva, paresçio presente el dicho promutor fiscal, e dixo que presentaba e presento por testigo para en esta cavsa a la dicha Luçia Fernandez, la qual, seyendo presente, juro en forma de derecho, so cargo del qual fue

[7] See Biographical Notes on him.
[8] Her name was Florencia de Villarreal.
[9] This testimony is continued in the trial of Juan de Teva, No. 113, fol. 10r.
[10] This confirmation is of special procedural importance; the same testimony was confirmed again in the trial of Juan de Teva, No. 113, fol. 11r.

Trial of María González, Wife of Rodrigo de Chillón

preguntada sy se acuerda aver dicho alguna cosa en este Santo Ofiçio contra alguna persona. La qual dixo que se acuerda aver dicho contra çiertas personas, entre las quales se acuerda aver dicho contra Maria Gonsales, muger de Rodrigo de Chillon, e dixo su dicho en sustançia, e pedio serle leydo su dicho, el qual le fue leydo por mi, Juan Obregon, notario, e dixo ser verdad todo lo contenido en el dicho su dicho, e que en ello se ratificaba e ratifico, e que sy nesçesario es, que lo dize de nuevo. Fueron presentes por personas onestas e religiosas fray Diego de Leon, predicador, e fray Jorje de Escobar, frayres de la Horden de Santo Domingo, moradores en el monasterio de Santo Domingo de Çibdad Real. |

10v [Sacado del proçeso de Maria Gonsales, muger de Pedro de Villarreal] [Ratificada].

March 1512 En la çibdad de Toledo, treynta dias del mas de março de mil e quinientos e doze años, estando los reverendos señores los liçençiados Alfonso de Mariana e don Françisco de Herrera, inquisidores apostolicos y hordinario en la casa del tormento con Maria Gonsales, muger de Pedro de Villarreal, veçino de Çibdad Real, los dichos señores ynquisidores mandaron que se desnudase. Luego la dicha Maria Gonsales dixo que ella queria desir e manifestar la verdad de todo lo que sabia, ansy de sy como de otras personas, que pedia e pidio a los dichos señores ynquisydores que no le diesen tormento, que ella queria desir e manifestar la verdad de todo lo que supiese e descargar su conçiençia. E lo que dixo e declaro y confeso la dicha Maria Gonsales es lo syguiente:

July 1513 [Reuocaçion. En veinte e vn dias del mes de julio de mil e quinientos e treze años, ante sus reverençias, la dicha Maria Gonsales revoco lo que dixo contra la dicha Maria Gonsales, contenido en este dicho, segun que mas largamente en su proçeso se contiene].

Dixo que la verdad es que al tienpo que hizo los delitos de heregia que tiene confesados, hizo y partiçipo con esta confesante en los dichos delitos de heregia Maria Lopez, tia deste confesante, muger de Hernando de Var[ ]as, pintor, veçino de Membrilla, e que es hermana del padre deste confesante, que se llama Hernando de Merida, e que los delitos que hizo con este confesante la dicha Maria Lopez fueron en casa deste confesante, e que de tres años a esta parte los a cometido con esta confesante la dicha Maria Lopez, viniendo a su casa deste confesante muchas vezes y en diversos tienpos desde La Menbrilla a Çibdad Real ⟨a⟩ hazer las dichas

[387]

cosas. Fue preguntada con quien posaua la dicha Maria Lopes, ⟨si⟩ en casa deste confesante. Dixo que no, syno en casa de Beatriz Alonso,[11] muger de Hernando de Merida, padre y madre deste 11r confesante. E que | desde la dicha casa donde posava la dicha Maria Lopez venia a casa deste confesante a hazer las dichas çerimonias judaycas, como este confesante las hazia e con la misma creençia e intençion que tenia a la Ley de los judios. E que asymismo se yvan este confesante y la dicha (y la dicha) Maria Lopez, su tia, a casa de Diego de Teva,[12] que es defunto, vezino de Çibdad Real, e se juntavan con Maria Gonsales, su muger, en la dicha su casa; y tanbien se juntavan con ellas Blanca Ximenez, muger de Juan Ximenez, mercader, defunto, veçino de la Solana, y que cree este confesante que esta presa en la Ynquisyçion de Jahen, hermana de su padre deste confesante, e que tanbien se juntavan con ellas Graçia de Teva, muger de Diego Alvares, espeçiero, vezino de Çibdad Real, e Juana Nuñez, muger de Juan de Teva, mercader, vezino de Çibdad Real, e Maria Gonsales, muger de Rodrigo de Chillon, arrendador, e tiene cargo de la carniçeria, vezino de Çibdad Real, primo deste confesante, e su madre de la dicha Maria Gonsales, que se llama Ines de Merida, muger de Diego de Huelva, defunto, veçino de Yepes, y agora biue la dicha Ynes de Merida en Çibdad Real. Y que este confesante y todas las susodichas se juntavan en casa de la susodicha su tia Maria Gonsales, muger del dicho Diego de Teva, apuntador, defunto, algunos viernes en las noches a se holgar e guardar las dichas noches de viernes, e comian frutas de sarten e otras cosas, segund hera el tienpo e de lo que 11v avian. E que aquellas noches | de viernes ençendia la dicha Maria Gonsales, muger del dicho Diego de Teva, dos candiles linpios con sus mechas nuevas, e los ençendia dos horas antes que anochease, e ataviava e alinpiava su casa e la tenia muy aderesçada aquellas noches de viernes por honra de la Ley de Moysen. E que aquellas noches de viernes todas las susodichas y este confesante se vañavan aquellas noches de viernes por çerimonia judayca en vn tinajon grande con agua cozida con yervas, mançanilla e otras yervas, la qual agua hazia e tenia aparejada la dicha Maria Gonsales, muger del dicho Diego de Teva, e enbiava asi llamar a este confesante e a

[11] She was tried and was burnt on 7 September 1513; see her reconstructed trial, No. 104. See also her testimony in the trials of her daughter, María González (whose testimony this is), No. 100, fol. 23v, and Juan de Teva, No. 113, fol. 12r.
[12] See Biographical Notes.

Trial of María González, Wife of Rodrigo de Chillón

todas las susodichas las dichas noches de viernes, quando tenia aparejada el agua, para ⟨que⟩ se viniesen a vañar, e quellas mas moças se vañavan primero que las viejas, e las viejas lavavan a las moças todo el cuerpo. E que la dicha muger ⟨de⟩ Diego de Teva enbiaua a llamar a este confesante e a todas las susodichas con dos hijas suyas que tenia en su casa, que la vna se llama Catalina, de hedad de honse años, e la otra Juanita, de hedad de ocho años, e que tenia en aquella sazon en su casa vna andada(da), que se llama Maria Lopez, que es agora casada con Pedro de Dueñas, cardador, vezino de Çibdad Real, porque la dicha moça estava presente e veya las cosas que alli se hazia⟨n⟩ en la dicha casa de la de Diego de Teva, e que tanbien se vañava la dicha moça con las

12r susodichas e con esta confesante. E que todas las susodichas y este confesante llevavan sus camisas lavadas e linpias al dicho vaño e se las vestian despues que se avian vañado, e que se apartavan a hazer e hazian el dicho vaño en vna cozina de la dicha casa. E que sabe este confesante que todas las susodichas se juntavan alli, en la dicha casa, a(l) se vañar, por çerimonia de la Ley de los judios, como este confesante lo hazia, porque ellas se lo dezian a este confesante e se comunicavan vnas con otras de las cosas que hazian e la intinçion que tenian a la Ley de los judios, teniendola por mejor Ley que ⟨la⟩ de los christianos. E que tanbien se juntauan todas las susodichas y este confesante en la dicha casa algunos sabados, despues de comer, mientras dormia la gente en verano, que en los ynviernos no se juntavan tantas vezes, e que algunas vezes comia de algunas caçuelas de huevos, e otras cosas frias guisadas del viernes para el sabado, e que otras vezes merendavan frutas e otras cosas. E que no hazian cosa ninguna, syno todas estabanse holgando e aviendo plazer, e que todas estavan bien vestidas, de ropas de fiesta e camisas linpias e tocas linpias. E que no se acuerda este confesante que alli se haziesen otras çerimonias mas de holgar y aver plazer vnas con otras y merendar e comer y lo que tiene dicho por honra del sabado. E que algunas vezes habla-

12v van en las cosas de la Yglesia e de la Fe, e | hazian burla de la Misa. E que sabe que las susodichas no creyan en la Misa ni querian oyrla, e que las vezes que yvan a la yglesia a Misa, no yvan syno por conplir, que no por yr a Misa, y asy lo hazia este confesante, porque las susodichas se lo dezian a este confesante y este confesante a ellas, y lo comunicavan con otras, teniendolo por burla las cosas de la Misa y de la Fe. E que sabe que todas las susodichas se hazian muchas vezes malas por no yr a Misa. Pregun-

[389]

tada que como lo sabe, dixo que porque ellas se lo dezian a esta confesante e lo veya, y este confesante hazia lo mismo. E que sabe este confesante que todas las susodichas ayunavan algunos ayunos de judios dos dias en la semana, que cree que heran el lunes y el viernes o el jueves, e que cada vna ayunava en su casa e çenava. E que despues que avian çenado, se venian a juntar a la dicha casa de la dicha muger de Diego de Teva, e alli, estando juntas, platicavan e se dezian vnas a otras como avian ayunado e lo que avian çenado; e que aquellos dias que ayunavan no comian en todo el dia fasta la noche, y en la noche çenando; e que lo sabe este confesante porque ella sy lo hazia, y ellas sello dezian a este confesante. E que vnas hazian mas ayunos que no otras, e que este confesante, porque estava sienpre preñada o parida, ayunava pocas vezes, e que quando alli se juntavan en la dicha casa de Diego de Teva en los dichos sabados, comia de vnas tortas blancas como la nieve, de |

13r sabridas, como olivadas, e que se las dava la dicha muger del dicho Diego de Teva, e que cree este confesante que las hazia e cozia en su casa la dicha muger del dicho Diego de Teva, porque tenia horno en su casa, E que este confesante no sabia que cosa hera pan çençeño, y que agora cree este confesante que lo deviera de ser, segund por lo que despues aca a oydo. E que algunas vezes, entrando este confesante en casa de la dicha muger de Diego de Teva, la hallava comiendo de las dichas tortas, e le dava a este confesante dellas, y este confesante comia dellas, e le dezia como hera pan muy desabrido, e que la dicha muger del dicho Diego de Teva le dezia: Comeldo, que es bueno. E que la cavsa porque se juntavan alli, en casa de la dicha muger de Diego de Teva, hera porque estava bibda y no tenia gente de quien se guardarse de haser las cosas susodichas. E que estas cosas que tiene dichas, que las hazia este confesante y las susodichas quando la dicha muger del dicho Diego de Teva morava pared junto deste confesante de su casa. E que quando la dicha muger de Diego de Teva morava en la moreria, algunas vezes se juntavan en su casa a hazer las dichas cosas. E que porque hera lexos, no yvan alla syno pocas vezes.

Yten, dixo que tanbien se juntavan en casa de la muger del dicho Juan de Teva este confesante e la de Diego de Teva e la de Rodrigo

13v de Chillon, e | que alli hazian las çerimonias judaycas, e que otras vezes se juntavan en casa de este confesante la dicha muger de Juan de Teva e su madre, Catalina Nuñez, muger de Anton de los Olivos, tia deste confesante, e la muger de Gonsalo de Moya, que se dize Ysabel Nuñez, asymismo tia deste confesante, e que holgavan

Trial of María González, Wife of Rodrigo de Chillón

alli los sabados, y que avnque llevauan ruecas las susodichas, no hilavan ni hazian cosa ninguna, syno holgar. Fue preguntada que de tanto tienpo aca an fecho las dichas cosas ella y todas las susodichas. Dixo que avria siete años, etç. Los dichos señores ynquisidores la tornaron ⟨a⟩ amonestar que dixese la verdad de todo lo que sabia, e la mandaron que desnudase. E luego, la dicha Maria Gonsales dixo que tanbien fue en estas cosas susodichas Beatriz Alonso, muger de Hernando de Merida, defunto, vezino de Çibdad Real, madre deste confesante; e que se juntava(n) en las dichas casas con este confesante y con las susodichas ⟨a⟩ haser las dichas çerimonias de la Ley de los judios, e que no se juntava(n) todas vezes porque es muger enferma. Yten, dixo que la dicha su madre deste confesante e la dicha muger de Juan de Teva e su madre de la dicha muger de Juan de Teva y este confesante y la muger de Rodrigo de Chillon y su madre
14r Ynes de Merida, | se juntavan todas en casa de la dicha muger de Rodrigo de Chillon, e la muger de Lorenço Franco,[13] que no se acordava de su nombre mas de quanto sabe que es hija de vno que hera aposentador del Rey y su hermana de la dicha muger de Lorenço Franco, que no sabe su nonbre, pero que sabe que es muger de Gonsalo Sarrido, cardador, vezinos de Çibdad Real, e Maria Gonsales, muger de Alonso de Merlo, arrendador, vezino de Çibdad Real, e Catalina de Merlo, su hija, muger de Pero Nuñez, carniçero, y su hermana Ynes Gomes, muger de Diego Vallesteros, defunto, vezino de Çibdad Real; y que todas las susodichas, y este confesante con ellas, se juntavan en casa de la dicha muger de Rodrigo de Chillon a holgar los sabados y guardarlos; y que yvan todas atauiadas de ropas de fiesta e vestidas camisas linpias e tocas linpias por honra de los dichos sabados, por çerimonia de la Ley de los judios, y este confesante asymismo yva ataviada y vestida camisa linpia e tocas linpias, e que alli merendavan y avian plazer y holgavan el dicho sabado; e que sabe este confesante que todas las susodichas holgavan los dichos sabados con la intinçion que este confesante lo hazia. Preguntada que como lo sabe, dixo que ellas se lo dezian a este confesante y lo platicavan con ella y ella con

---

[13] Her name was Teresa de Villarreal. Both she and her husband were tried, and Teresa was reamciled on 29 October 1513; see her reconstructed trial, No. 112. Both husband and wife testified against María González, No. 116, fol. 22r, and Teresa is mentioned in the trial of Juan Ramírez, No. 109, fol. 17v

ellas. E que pocas vezes fueron las que se juntaron en esta casa, a cavsa que el dicho Rodrigo de Chillon tenia las carniçerias e tenia trafago de gente e que algunas vezes, algunos viernes en las noches, se juntavan este confesante y las susodichas en esta dicha |
14v casa de Rodrigo de Chillon a holgar las dichas noches de viernes, e se vañavan las dichas noches e llevavan sus camisas linpias, e de que se avian vañado, se las vistian las susodichas, y este confesante con ellas, por çerimonia. E que este confesante no se vaño mas de vna vez en esta dicha casa de Rodrigo de Chillon, e que sy mas se vaño, que no se acuerda, pero que sabe que las otras susodichas se vañaron muchas vezes, e que alli platicavan vnas con otras como ayunavan los ayunos de judios cada vna en su casa, e de lo que hazian. E que sabe que en la dicha casa de Rodrigo de Chillon ençendian los viernes en las noches candiles linpios con mechas nuevas mas tenprano que las otras noches, e que sabe que lo hazian por çerimonia de la Ley de los judios, e que avnque los dichos candiles este confesante non los veya ençender, porque yva tarde, e sabia que los ençendian tenprano y veya como estavan muy linpios y con muchas nuevas ençendidos, etç.

[Ratificaçion]

8 Jan. E despues de lo susodicho, en VIII° dias de henero de mil quini-
1513 entos e treze años, estando en la dicha abdiençia del dicho Santo Ofiçio los reverendos señores inquisidores los liçençiados Alonso de Mariana e don Françisco de Herrera e Pedro Ochoa de Villanueva, paresçio presente el honrado bachiller Diego Martines de Ortega, teniente de fiscal, e dixo que para en prueva de su intençion, presentaba por testigo para en esta cavsa a la persona, dicho e depusiçion de la dicha Maria Gonsales, muger de Pedro de Villarreal, que
15r presente estaba, | de la qual sus reverençias reçebieron juramento en forma de derecho, so cargo del qual le preguntaron sy se acordaba aver dicho alguna cosa contra alguna persona en este Santo Ofiçio, que le mandaban e mandaron que lo dixiese, e las personas contra quien dixo. La susodicha dixo que se acuerda aver dicho en este Santo Ofiçio contra muchas personas, en espeçial se acordaba aver dicho contra Maria Gonsales, muger de Rodrigo de Chillon, veçino de Çibdad Real, e dixo de palabra su dicho en sustançia, e pedio que le fuese leydo originalmente el contenido. Le fue leydo de verbo (ad verbo) ad verbum. E dixo que es verdad todo lo contenido en el dicho su dicho, e que en el se afirmava e afirmo, ratificaba e ratifico, e que sy neçesario es que lo dezia e dixo de nuevo. Fueron presentes

Trial of María González, Wife of Rodrigo de Chillón

Pedro de Hena e Juan de Morgovejon, clerigos presbiteros, vezinos de Toledo. |

15v *Blank page*

Publication of Testimonies

16r [Pedimiento de pronunçiaçion]

Feb. E despues de lo susodicho, en tres dias de febrero de mil e quinientos
1513 e treze años, estando en la dicha abdiençia los reverendos señores inquisidores los liçençiados Alfonso de Mariana e Pedro Ochoa de Villanueva, paresçio presente el dicho promotor fiscal e dixo que, con espresa protestaçion que hazia de poder presentar qualesquier testigos o probanças en esta cavsa, fasta la conclusion della, que pedia e pedio a sus reverençias que mandasen hazer e fiziesen pronunçiaçion de testigos en esta cavsa, e dar traslado a las partes, callando los nonbres e çircunstançias de sus testigos, por que no puedan venir en conoçimiento dellos.

La dicha Maria Gonçales, de pareçer e consejo del bachiller Bonillo, su letrado, e de Diego Mudarra, su procurador, que presentes estaban, dixo que, con protestaçion que podia presentar tachas e objetos contra los testigos del fiscal, e indirectas, sy a su justiçia conveniere, fasta la conclusion de la dicha cavsa, e que pedia a sus reverençias que mandasen fazer e fiziesen la dicha pronunçiaçion.

[Como se fizo la pronunçiaçion]

E luego, los dichos reverendos señores inquisidores dixieron que mandaban hazer e fizieron la dicha pronunçiaçion e dar traslado a las partes, con termino de seys dias primeros seguientes, callando los nonbres e çircunstançias de los testigos del fiscal, etç. |

16v [Como le fue leyda la pronunçiaçion e respondio a ella]

Feb. E despues de lo susodicho, en XIIII° dias de febrero de mil e
1513 quinientos e treze años, estando en la dicha abdiençia los reverendos señores inquisidores, mandaron salir ante sy a la dicha Maria Gonsales, a la qual, siendo presente, fue leyda la dicha publicaçion e los testigos della. E lo que dixo e respondio es lo seguiente:

[Como llevo traslado de publicaçion al letrado e procurador]

Feb. En XVI de febrero del dicho año comunico la susodicha la dicha
1513 publicaçion con su letrado e procurador, los quales llevaron traslado de la dicha publicaçion. |

17r Testigos del promotor fiscal dados en publicaçion contra Maria Gonsales, muger de Rodrigo de Chillon, vesyna de Çibdad Real.

[I testigo]

April 1511 Vn testigo jurado, etç., en vn dia del mes abril de mil e quinientos e onçe años, dixo que avra siete años, poco mas o menos, que en los tres años primeros sabe e vio que la muger de Rodrigo de Chillon, vesyna de Çibdad Real, e otras, çiertas personas, que algunos sabados despues de comer yvan a holgar a çierta casa, e holgauan ende e merendavan e se estavan holgando e aviendo plaser.

[II testigo]

March 1512 Otro testigo jurado, etç., en vn dia del mes de março de mil e quinientos e dose años, dixo que sabe e vio que Mari Gonsales, muger de Rodrigo de Chillon, vesyna de Çibdad Real, e otras çiertas personas, se juntaban en çierta casa algunos viernes en las noches a se holgar e guardar las dichas noches de viernes por onra de la Ley de Moysen. E aquellas noches de viernes todas las susodichas se vañavan por çerimonia judayca con agua coçida con yervas, y todas lleuauan sus camisas lavadas e linpias al dicho vaño e se las vestian despues que se avian vañado por çerimonia de la Ley de los judios. E que tanbien las vio juntas a todas las susodichas en la dicha casa algunos sabados despues de comer, e que algunas veses comian algunas caçuelas de huevos e otras cosas frias, guisadas del viernes para el sabado, e que no hasian cosa ninguna syno todas estarse holgando e aviendo plaser, e que todas estavan bien vestidas de ropas de fiesta e camisas linpias tocas linpias por onra del sabado. E que algunas veses hablauan en las cosas de la Yglesia e de la Fe, e hasian burla de la Misa; e que sabe que las susodichas no creyan en la Misa ni querian oyrla, e que las veses que yvan a la yglesia a Misa, no yvan syno por conplir, que no por yr a Misa, teniendo por burla las cosas de la Misa e de la Fe; e que sabe que todas las susodichas se hasian muchas veses malas por no yr a Misa. E que ayunavan algunos ayunos de judios dos dias en la semana, e que despues que avian çenado se venian a juntar a la dicha casa e alli, estando juntas, platicauan e desian vnas a otras como avian ayunado e lo que avian çenado; e que aquellos dias que ayunavan, que como no comian en todo el dia fasta la tarde. E que quando se juntavan en la dicha casa los dichos sabados, comian de vnas tortas blancas como la nieue, desabridas, como aliuadas, que cree este testigo que era pan çençeño.

[394]

Trial of María González, Wife of Rodrigo de Chillón

Yten, dixo este testigo que tanbien vio a la dicha muger del dicho Rodrigo de Chillon e otras çiertas personas juntarse en otra casa a holgar los viernes e los sabados. | Iten, dixo que tanbien sabe e vio que la dicha muger del dicho Rodrigo de Chillon e otras çiertas personas se juntavan en otra çierta casa a holgar los sabados e guardarlos, e que yvan todas aca viernes con ropas de fiesta e vestidas camisas linpias e tocas linpias por onra de los dichos sabados, por çerimonia de la Ley de los judios, e que alli merendavan e avian plaser e holgauan el dicho sabado. E que algunas veses en los dichos viernes en las noches se juntavan en la dicha casa a holgarlos, e se vañavan e lleuauan sus camisas linpias, e de que se avian vañado, se las vestian por çerimonia, e que les oyo desyr que ayunavan los ayunos de los judios. E que sabe que en la dicha casa ençendian en los viernes en las noches dos candiles linpios con mechas nueuas mas tenprano que las otras noches por çerimonia de la Ley de los judios.

Al primero testigo siendole leydo dixo que no es verdad e que lo niega. Al segundo testigo siendole leydo dixo que lo niega. |

18r-v *Blank folio*

Defence

19r En XXVI de febrero de mil quinientos e treze años, presente la
6 Feb. dicha Maria Gonsales ante sus reverençias. Muy Reverendos
1513 Señores:

Diego Mudarra, en nonbre e como procurador que soy de Mari Gonçales, muger de Rodrigo de Chillon, vezina de Çibdad Real, paresco alegando de su derecho e justiçia contra la publicaçion hecha contra la dicha mi parte por dos testigos, el thenor de la qual aqui avido por repetido, digo que Vuestra⟨s⟩ Reverenda⟨s⟩ Paternidad⟨es⟩ hallaran el venerable promotor fiscal Martin Ximenez en efecto e sustançia no aver provado su yntençion ni cosa alguna que le aproveche ni aprovechar pueda ni dañe ni pare perjuyzio a la dicha Maria Gonçalez, mi parte, porque la provança hecha por parte del dicho fiscal es ninguna e de ningund efecto, asy por no ser hecha a pedimiento de parte ni en tienpo, e porque los dichos dos testigos no serian ni fueron tomados ni resçebidos segund e con la solepnidad que el derecho dispone, e porque no serian ni fueron tomados e resçebidos en plenario juizio, e asy, no son ratificados, e demas desto, no testifican ni deponen cosa alguna que concluya, antes, por su mesmo dezir e testificar, paresçe claramente su variedad e la damnada e falsa yntençion e enemistad con que se movieron

[395]

⟨a⟩ testificar, porque el primero testigo dize que la dicha muger del dicho Rodrigo de Chillon los sabados despues de comer se yva a holgar a çierta casa con çiertas personas, donde claramente es visto dezir que los viernes en las noches e sabados hasta aver comido trabajaua en todas las obras seruiles e de trabajo en que las mugeres de su manera suelen e acostumbran a entender e trabajar, e porque los sabados en las tardes las mugeres, mayormente seyendo moças, entienden, despues de hechar su hazienda e conçertada su casa para el dia santo del Domingo, en estar linpias para el domingo, no es çerimonia ni cosa reprovada, antes es cosa acostumbrada ha hazer por todas las mugeres catolicas, moças e casadas, hazer lo semejante, asy que el testigo no dize ni concluye en cosa alguna heregia ni çerimonia ni cosa prohibida contra la dicha Mari Gonçales, mi parte, e como las personas esten ca⟨n⟩sadas del trabajo de toda la semana, los sabados en las tardes, por la mayor parte, mas ayna dexan de entender en sus haziendas que no los otros dias de semana de trabajo. Otrosy, digo que el segundo, que es el vltimo testigo dado en publicaçion a la dicha mi parte, por la manera de su dezir e testificar se convençe e redarguye de falsedad e mendiçion, porque afirma cosas que son ynçiertas, falsas e no verdaderas, diziendo que

19v ayunava | ayunos de judios dos dias en la semana, lo quel jamas fue visto ni oydo que tal se hiziese por puros e endureçidos judios, quanto mas persona catolica como lo ha sydo y es la dicha Maria Gonçales, mi parte, que desde que nasçio hasta oy por hecho ni por pensamiento no se ha apartado de la Ley Evangelica. Y el dicho testigo varia e desacuerda e endebaldeçiendo en lo que dixo, e por su dezir se manifesta ser persona ereje, ynfiel e tener enemistad a la dicha Maria Gonçales, mi parte, por no ser de su damnada e porfiosa yntençion. Y el dicho testigo dize que se hazia e dezia lo que en su dicho, contra verdad e con malinidad y enemistad quiso testificar, ante otras personas e con otras, lo qual, sy asy fuera e pasara, las personas que dize que lo vieron e estuvieron a ello presentes e fueron en ello, dixeranlo e manifestaranlo, e la dicha Maria Gonçales, sy en qualquier manera dello fuera sabidora, lo dixera e manifestara e diria e manifestaria ante Vuestra Reverenda Paternidad. Y el dicho testigo es vno e syngular, demas de variar e testificar cosas no verisimiles conpatibles e con falsa demanda e enemiga yntençion, por lo qual, de hecho y de derecho, el dicho e depusyçion fue y es ninguno, e la dicha mi parte deve ser absuelta de la ynstançia del presente juyzio e restituyda en su buena fama e honra e dada por libre, en espeçial que la dicha Maria Gonçales

Trial of María González, Wife of Rodrigo de Chillón

tiene provado, o a lo menos provara por yndirectas, el contrario de lo que el dicho testigo falsamente quiso dezir e testificar que, segund dicho es, es ninguno, por provança de yndiretas. E asymesmo, por la provança de las tachas por su parte puestas y espresadas contra las personas que la han tenido e tienen enemistad, e non solamente a ella mas al dicho Rodrigo de Chillon, su marido, las quales provanças pido ser mandadas poner en el presente proçeso porque con ellas manifesta e notoriamente constaua a Vuestra Reverenda Paternidad de la ynoçençia e clara justiçia de la dicha Mari Gonçales, demas que la provança contra ella hecha es ninguna e non concluyente, e seyendo la dicha mi parte convenida, como lo es, avnque no provara abonos ni yndiretas ni tachas ni cosa alguna dello, devia ser dada por libre. E asy lo pido a Vuestra⟨s⟩ Reverenda⟨s⟩ Paternidad⟨es⟩, sobre lo qual encargo sus conçiençias, para que con brevedad den por libre a la dicha mi parte, mandandola soltar de los carçeles en que esta, poniendo perpetuo sylençio al dicho promotor fiscal. Para lo qual y en lo nesçesario el santo y noble ofiçio de Vuestra⟨s⟩ Reverenda⟨s⟩ Paternidad⟨es⟩ ynploro, e pido conplimiento de justiçia, e pidolo por testimonio.

( ) Bachiller (—) el liçençiado
de Bonillo de Herrera |

20r E asy presentada, presentes su letrado e procurador, dixo que concluya e concluyo, e pedio ser resçebido a prueva de tachas.

El dicho promotor fiscal dixo que, afirmandose en lo por el dicho e alegado e demandado, que concluya e concluyo, e pedio ser resçebido a la prueva de los abonos de sus testigos.

Order for the Defendant to Present Tachas

[Sentençia de prueva de tachas]

Sus reverençias dixieron que resçebian e resçebieron a las dichas partes, aviendo, como ovieron, la dicha cavsa e pleito por conclusa, conviene a saber, a la dicha Maria Gonçales de tachas e al dicho promotor fiscal de los abonos de sus testigos, con termino de seys dias primeros, saluo jure inpertinentium et non admitendorum, etç. |

20v *Blank page*

Questionnaire for the Defence

21r En XXV de febrero de I V DXIII presento la dicha Maria Gonçales
5 Feb. ante sus reverençias
1513 Las preguntas que han de ser hechas con los testigos que por parte

de Maria Gonsales, muger de Rodrigo de Chillon, vezino de Çibdad Real, son o seran presentados açerca de sus yndirectas e abonos, son las syguientes:

I Primeramente, sean preguntados sy conocen a la dicha Maria Gonsales e al dicho promotor fiscal.

II Yten, sean preguntados sy saben, creen, vieron o oyeron desir que la dicha Maria Gonsales oviese seydo y fuese buena e fiel e catolica christiana, e que como tal buena e fiel e catolica christiana hazia e hizo muchas e buenas obras de christiana.

III Yten, si saben que la dicha Maria Gonsales yva a Misas e Sermones e a otros Divinos Ofiçios a la yglesia e guardava e guardo los domingos, pasquas e fiestas mandadas guardar por la Santa Madre Yglesia, e dava e dio limosnas, ansi en publico como en secreto, e hazia e hizo otras muchas buenas obras de fiel e catolica christiana.

IIII° Yten, sy saben que la dicha Maria Gonsales continuamente hilava, cosia, çernia e amasava e lavava e xabonava e hazia otras cosas de lavor e hazienda en su casa, ansi los viernes (h)en las tardes como los sabados que no heran fiestas de guardar, sin hazer diferençia alguna dellos a los otros dias de entre semana que no heran fiestas mandadas guardar por la Santa Madre Yglesia.

(—) Bachiller   (—) Liçençiado
de Bonillo   de Herrera

Testigos:
la del bachiller de Santa Cruz; la de Diego de Coca;[14] la del cauallero Chinchilla; Tristan, su vezino; Bustamante; Funes,[15] cura de Sant Pedro; La de Escobar,[16] que anda por las las calles y es ospitalera de Sant Pedro; Ana Diaz, la comadre; Juana Ruiz, la ortolana, vezina de Miguelturra; Diego de Mexia;[17] las matriculas;

(—) Bachiller
del Bonillo.

21v *Blank page*

[14] A person named Beatríz de Treviño, wife of Diego de Coca, testified against Juan Martínez de los Olivos, Vol. I, No. 81, fol. 5v. However, since that testimony goes back to the year 1464, this may refer to a different Diego de Coca — unless the witness was an old woman in 1513.

[15] He testified against Juan de Teva, No. 113, fol. 2v.

[16] See her testimony below, fol. 23r.

[17] He was a defence witness in the trial of Mayor González, No. 116, fol. 44v.

Trial of María González, Wife of Rodrigo de Chillón

22r Provança de abonos de Maria Gonsales, muger de Rodrigo de Chillon.

[Testigo]
Gonsalo de Funes, cura de San Pedro de Çibdad Real, testigo jurado en forma de derecho, dixo que conosçe a Maria Gonsales, muger de Rodrigo de Chillon, de siete o ocho años a esta parte, e que este testigo es christiano viejo.

II A la segunda pregunta dixo que sabe que es conversa la susodicha, e que se confeso vna vez con este testigo; e que de lo al contenido en la dicha pregunta, que no lo sabe.

III A la terçera pregunta dixo que alguna vez la bio yr a la yglesia; e que de lo al contenido en la dicha pregunta, que no lo sabe.

IIII° A la quarta pregunta dixo que no lo sabe.

[Testigo]
Diego Mexia, clerigo, testigo jurado en forma de derecho, dixo que conosçe a la muger de Rodrigo de Chillon de quatro años a esta parte, poco mas o menos, e que este testigo es christiano viejo.

II A la segunda pregunta dixo que por christiana la tenia este testigo.

III A la terçera pregunta dixo que la bio yr a Misa e confesarse, e que este testigo le dio el Santo Sacramento vna o dos vezes, e le vio dar limosnas.

IIII° A la quarta pregunta dixo que no lo sabe.

[Testigo]
La muger de Diego de Coca, veçino de Çibdad Real, testigo jurado en forma de derecho, dixo que conosçe a Maria Gonçales, muger de Rodrigo de Chillon, de tres años a esta parte porque a bevido en vna vezindad con la susodicha, e que no es pariente deste testigo.

22v II A la segunda pregunta dixo que por buena christiana la tenia este testigo, e la veya yr a Misa e dar limosna a pobres algunas vezes; e que de lo al contenido en la dicha pregunta, que no lo sabe.

III A la terçera pregunta, que dize lo que dicho tiene en la segunda.

IIII° A la quarta pregunta dixo que algunas vezes entro en su casa este ⟨testigo⟩ e la bio hilar algunos sabados, e que de lo al contenido, que no lo sabe.

[399]

[Testigo]

Teresa, la muger del bachiller de Santa Cruz, veçino de Çibdad Real, testigo jurada en forma de derecho, dixo que conosçio a la muger de Rodrigo de Chillon de ocho años a esta parte, e que fue dos años, poco mas o menos, veçino deste testigo.

II A la segunda pregunta dixo que este testigo por muy buena christiana la tobo.

III A la terçera pregunta dixo que la veya yr a Misa e que muchas vezes yvan juntas este testigo e la susodicha a Sermones e a San Lazaro, e que la bio dar limosnas.

IIII° A la quarta pregunta dixo que muchas vezes estaba este testigo en casa de la susodicha e la beya trabajar e hazer cosas de por su casa, syn hazer diferençia del sabado a los otros dias de entre semana.

[Testigo]

Beatriz de Torres, muger de⟨l⟩ cauallero Chinchilla, testigo jurado, dixo que hija de algo, etç., que conosçe a la muger de Rodrigo de Chillon.

II A la segunda pregunta dixo que por buena christiana la tobo este testigo.

III A la terçera pregunta dixo que la sabe porque este testigo y la susodicha yvan juntas a Misa e Sermones, e tenia con ella mucha conversaçion.

IIII° A la quarta pregunta dixo que vna hazienda(s) le vido hazer en los sabados que no los otros dias, porque este testigo yva a cozer a su casa los | sabados, e que sobre aviso yva este testigo los sabados a su casa a cozer, e que nunca la vio hazer cosa que no deviese, e que cozia e cosya e lababa.

[Testigo]

Tristan, vezino de la de Rodrigo de Chillon, testigo jurado en forma de derecho, dixo que es christiano viejo, dixo que conosçe a la dicha muger de Rodrigo de Chillon de syete años a esta parte.

II A la segunda pregunta dixo que por buena christiana la a tenido e no la a visto hazer ni dezir cosa que no deva.

III A la terçera pregunta dixo que la vio yr a Misa e dar limosnas a pobres, espeçialmente los años de las hanbres.

IIII° A la quarta pregunta dixo que le vido hazer labor todos los dias de la semana, asy sabado como los otros dias, porque este testigo hera su vezino e tenia mucha conpañia e amistad con el dicho Rodrigo de Chillon e con la dicha su muger.

Trial of María González, Wife of Rodrigo de Chillón

[Testigo]

La muger de Diego de Escobar, espitalera, veçina de Çibdad Real, testigo jurada en forma de derecho, dixo que conosçia a la muger de Rodrigo de Chillon, e que este testigo es christiana vieja.

II A la segunda pregunta dixo que este testigo la tiene por buena christiana, e que la bio yr a Misa e dar limosnas, e que a este testigo le dio limosna algunas vezes.

III A la terçera pregunta dixo que la bio yr a Sermones, e que dize lo que dicho tiene.

IIII° A la quarta pregunta dixo que algunos sabados entro este testigo en casa de la susodicha, e que la bio hilar e coser e amasar e hazer las otras cosas de entre semana.

[Testigo]

La Melona, vezina de Miguelturra, testigo jurada en forma de derecho, dixo que no conosçe a la dicha muger de Rodrigo de Chillon.

II A la segunda pregunta dixo que no la sabe.

III A la terçera pregunta dixo que no la sabe.

IIII° A la quarta pregunta dixo que no la sabe.

[Testigo]

Bustamante, vezino de Çibdad Real, testigo jurado en forma de derecho, dixo que fijo de algo, e que conosçe a la muger de Rodrigo de Chillon.

II A la segunda pregunta dixo que por buena christiana la tenia este testigo.

III A la terçera pregunta dixo que la bio yr a Misa e Sermones e dar limosnas a pobres.

IIII° A la quarta pregunta dixo que non la sabe.

[Testigo]

Ana Diaz, la comadre, testigo jurado en forma de derecho, dixo que conosçe a la dicha muger de Rodrigo de Chillon de doze años a esta parte.

II A la segunda pregunta dixo que la tenia este testigo por buena christiana, e que nunca la vido hazer cosa que no debiese.

III A la terçera pregunta dixo que la bio yr a Misa e dar limosnas e hazer obras de buena christiana.

IIII° A la quarta pregunta dixo que la bio trabajar en su casa, e que no se acuerda sy eran dias de sabados.

V A la quinta pregunta dixo que dize lo que dicho tiene.[18]

24r-v *Blank folio*

25r
25 Feb.
1513
En XXV de febrero de I V DXIII presento la dicha Maria Gonsales, muger de Rodrigo de Chillon, ante su reverençia
Muy Reverendos Señores:
Maria Gonsales, muger de Rodrigo de Chillon, vezino de Çibdad Real, ante Vuestras Reverendas Paternidades parezco, espeçificando e declarando las tachas por mi opuestas contra los testigos presentados por el promutor fiscal, las quales pongo por ynterrogatorio, por el qual pido ser esaminados los testigos que por mi seran nonbrados para provar las dichas tachas, en la forma syguiente:

I Primeramente, sean preguntados sy conoçen a la dicha Maria Gonsales e ⟨al⟩ promotor fiscal Martin Ximenez.

II Yten, sean preguntados sy conoçen a Maria de Vallesteros, criada que fue de la dicha Maria Gonsales, e a Maria Lopez, hija de Diego de Teba, muger de Pedro de Dueñas, vezina de Çibdad Real, e a Teresa Rodrigues o Gonsales, ama del comendador Juan Vazquez, e a Marina Rodrigues, que anda como corredera, e a Pero Vizcayno, cardador, e a Luçia Ruyz, moça de la de Diego de Coca, e a Maria Gonsales, muger de Pedro de Villarreal, e a Alonso Sanches del Castillo,[19] e a las fijas de Fernando de Çibdad e a la muger de Figueroa.[20]

III Yten, sy saben, creen, vieron, oyeron desir que antes e al tienpo que la dicha Maria de Vallesteros dixese su dicho (h)en esta cabsa e agora, hera y es enemiga de la dicha Mari Gonsales e le tiene odio y enemistad, a cabsa que la resçebio en su casa en los años de la hanbre syn que fuese obligada a le dar otra cosa, salvo su mantenimiento, e porque era floxa e de malas costunbres, a cabo de tres meses la hecho de su casa, e porque no le pagaron soldada les tiene odio y enemistad a la dicha Maria Gonsales como a su marido.

IIII° Yten, sy saben que la dicha Maria Lopez, muger de Pedro de Dueñas, fue y es enemiga de la dicha Mari Gonçales e le tiene odio y enemistad a cabsa que andada de vna tia de la dicha Maria

[18] This is an error; there were only four questions in the questionnaire.
[19] He served as an information witness for the prosecution in the trial of Juan Ramírez, No. 109, fol. 2r.
[20] Juan de Figueroa; see also the trials of Leonor Alvarez (No. 101, foll. 21v–22v) and Juana Núñez (No. 107, fol. 35v).

Trial of María González, Wife of Rodrigo de Chillón

Gonçales e la traxo a pleyto sobre çierta hazienda que le saco, por lo qual tuvieron muchas renzillas y enojo e diferençias, y porque Rodrigo de Chillon arrendava a la parte de la de Diego de Teba, con quien era el pleyto.

V Yten, sy saben que la dicha Teresa Rodrigues o Gonsales hera y es mala muger e desconçertada e mançeba de vn onbre bermejo que andava en el tinte de Badajoz. E ansimismo tiene enemistad con la dicha Maria Gonsales a cabsa que yva a su casa por algunas cosas enprestadas, e porque la dicha Maria Gonsales no se las dava, salia riñendo e diziendo mal de la dicha Maria Gonsales. |

25v VI Yten, sy saben, etç., que la dicha Marina Rodrigues, que anda como cordera, hera y es enemiga de la dicha Mari Gonsales e le tiene odio y enemistad, a cabsa que aviendo caydo vn viernes en la tarde e desconçertandose vna pierna, la dicha Marina Rodrigues la fue ⟨a⟩ adobar, e porque no le pagaron como hella quisiera, mostro odio y enemistad a la dicha Mari Gonsales.

VII Yten, sy saben que Pedro Vizcayno, criado que fue de la dicha Maria Gonsales, hera y es henemigo e le tiene odio y enemistad a cabsa que hizo hurtar çiertas libras de lana de casa del dicho Rodrigo de Chillon, e por ello le hecharon de casa e ryñeron el y el dicho Rodrigo de Chillon, y el dicho Rodrigo de Chillon me ⟨sic⟩ llamo de ladron y ovieron malas palabras en la plaça.

VIII° Yten, sy saben, etç., que la dicha Luçia Ruyz, moça que fue de la de Diego de Coca, hera y es enemiga de la dicha Maria
+ Gonsales e le tiene odio y enemistad a cabsa que yendo la dicha Luçia Ruyz vn dia a cozer a casa de la dicha Maria Gonsales e no se lo consintio, rebolbio a las dichas muger de Diego de Coca e Mari Gonçales, de manera que el dicho Diego de Coca e su muger hecharon de su casa a la dicha Luçia Ruyz, e dezia e dixo que a cabsa de la dicha Mari Gonsales la avia⟨n⟩ despedido.

IX Yten, sy saben, etç., que Maria Gonsales, muger de Pedro de Villarreal,[21] tenia e tiene odio y enemistad con la dicha Mari
+ Gonsales, muger de Rodrigo de Chillon, a cabsa que reñian muchas vezes ella e vna tia de la muger del dicho Rodrigo de Chillon, e porque dezia mucho bien de la muger del dicho Rodrigo de Chillon.

X Yten, sy saben que la dicha muger de Pedro de Villarreal hera y es vna testimoniera e de mala lengua, e al tiempo que la prendieron
+ tenia enemistad con la muger del dicho Rodrigo de Chillon e su tia, e al tiempo que la prendieron no los hablava.

[21] She was the only one of those against whom *tachas* were presented who actually testified against the defendant.

XI Yten, sy saben, etç., que la dicha muger de Pedro de Villareal ovo prestado vn capillo a la de Juan de Merida, e porque vido otro tal a la dicha Maria Gonsales, muger de Rodrigo de Chillon,
+ enbio a reñir con la muger del dicho Juan de Merida, diziendo que por que se lo avia vendido. |

26r XII Yten, si saben que, mostrando la enemistad que la dicha muger de Pedro de Villarreal tenia con la dicha Mari Gonsales, muger de Rodrigo de Chillon, llamo vn dia a Alonso Franco,
+ hermano de Pero Franco, e le dixo: Mirad estos aljofares que me conpra Pedro de Villarreal, mi marido, que no le pesa a nadie en la çibdad syno a la de Rodrigo de Chillon, e por le haser mal lo tengo de traer.

XIII Yten, si saben, etç., que la dicha muger de Pedro de Villarreal
+ es borracha e maliçiosa e levantadora de falsos testimonios, e hurto vna vez vna toca a la muger del dicho Rodrigo de Chillon, estando preñada.

XIIII° Yten, si saben, etç., que la dicha muger de Pedro de Villa-
+ rreal levanto vn falso testimonio a si misma, diziendo que estava preñada, e a cabo de syete meses dixo que avia ydo al corral e perido e tomado la criatura de los cabellos y echadola en la nesçesaria.

XV Yten, si saben, etç., que el dicho Alonso Sanches del Castillo [22] hera y es onbre loco, desvariado e de poco seso, y tenia e tiene enemistad con la dicha Maria Gonsales, muger de Rodrigo de Chillon, a cabsa que el dicho Alonso Sanches dio a dispinçar vn paño a la dicha ⟨muger⟩ de Diego de Teba e despues se lo quito, e la dicha muger de Rodrigo de Chillon riño malamente con el sobre ello.

XVI Yten, si saben, etç., que las dichas hijas de Hernando de Çibdad heran e son enemigas de la dicha Mari Gonsales a cabsa que por estar ynfamadas de malas mugeres, la dicha Mari Gonsales, muger de Rodrigo de Chillon, no las queria hablar ni hablava.

El liçençiado
de Herrera [23]

XVII Yten, sy saben, etç., que la dicha muger de Figueroa era y es enemiga de la dicha Maria Gonsales e le tiene odio y enemistad

[22] Alonso Sánchez de Madrid. He was a prosecution witness in the trial of Juan Ramírez, No. 109, fol. 2r.

[23] The questionnaire for *tachas* witnesses was in Herrera's handwriting, but Bonillo added the following question (XVII) in his handwriting.

Trial of María González, Wife of Rodrigo de Chillón

porque riñeron a causa que la dicha muger de Figueroa dixo que vnos cardadores que la dicha Maria Gonsales tenia en su casa avian hurtado vna gata morisca a la dicha muger de Figueroa, lo qual fue despues de la pestilençia.

            (—) Bachiller
            de Bonillo |

26v *Blank page*

27r En XXV febrero de I V DXIII años, presente la dicha Maria
5 *Feb.* Gonsales.
1513 Nominaçion de testigos de Maria Gonsales muger de Rodrigo de
  Chillon, vezino de Çibdad Real   I II
  Todos los testigos
  La muger del bachiller de Santa Cruz III
  Ynes, su criada, vezinos de Çibdad Real III
  Alonso de la Çarça [24] IIII°
  Figueroa, apuntador [25] IIII°
  Christobal de Soto, procurador,[26] vesinos
   de Çibdad Real IIII°
  Tristan, tondidor V
  Cuello, criado del com⟨endador⟩ V
  Vazquez en Çibdad Real VI
  La hija de Hernan Falcon,[27] muger de Serna VI
  Su madre,[28] en Çibdad Real VI
  Hernando de la Serna [29] VII
  Gonsalo Hernandes, palomero, vesino de
   Çibdad Real VII
  Pedro Franco VIII°
  La de Diego de Coca, en Çibdad Real VIII°
  Juan de Merida [30] IX X XI XII XIII XIIII°

[24] See Biographical Notes.
[25] See above, n. 20.
[26] See also the trials of Leonor Alvarez (No. 101, foll. 20v, 24r) and Juana Núñez (No. 107, fol. 40r).
[27] This may refer to Fernán Falcón, who informed on the Ciudad Real Converso community during the 1483–1485 trials; see Biographical Notes on him.
[28] Briolangel González, Juan Falcón's wife, is probably meant here; see Biographical Notes on her.
[29] See also the trial of María González, wife of Alonso de Merlo, No. 106, fol. 20v.
[30] An uncle of the defendant; see the genealogy on p. 418.

[405]

Su muger IX X XI XII XIII XIIII°
Alonso Franco IX X XI XII XIII XIIII°
⟦ ⟧, hermana de la Diego de Coca,
en Çibdad Real IX X XI XII XIII XIIII°
la de Herrand Gomez IX X XI XII XIII XIIII°
Catalina la Marquesa,[31] criada que fue de
la de Pedro de Villarreal IX X XI XII XIII XIIII°
La de Aluar Dias, cuñada de la de Alonso
de Yepes, vezina de Alcaçar | XIIII°
27v La de Bartolome de Badajoz [32] XV
Juana de Madrid, ⟨en⟩ Çibdad Real XV
Françisca Dias, muger de Alonso Galan XVI
Su hermana, Leonor Dias XVI
La de Mexes, biuda, en Çibdad Real XVI
Rodrigo Dias, carduçidor XVII
Manuel [Gonsales],[33] cardador, en Çibdad XVII
Real.

(—) Bachiller
de Bonillo |

Tachas

28r [La muger de Rodrigo de Chillon]
Provança de tachas de la muger de Rodrigo de Chillon e de su procurador.

[Testigo]
Juana Dias, muger de Albaro Dias, vezino que solia ser de Çibdad Real e agora es de Alcaçar de Consuegra, testigo jurado en forma de derecho, dixo que es confesa, e que Rodrigo de Chillon e su marido deste testigo son hermanos, e que no conosçe a la muger de Pedro de Villarreal.
XIIII° A la catorsena preguntas dixo que no la sabe.

[Testigo]
La muger de Manojo, calero, el moço,[34] testigo jurada en forma de derecho (dixo) seyendo preguntada por el interrogatorio de la

[31] She testified against Leonor Alvarez, No. 101, fol. 21v.
[32] See Biographical Notes.
[33] The manuscript is unclear here, and this transcription is not certain.
[34] Her parents-in-law were Juan Manojo, the elder, and Helena González. On Helena, see the trials of Leonor Alvarez (No. 101, fol. 23r) and Juana Núñez (No. 107, fol. 37v). Juan Manojo testified for the defence in the trial of Diego López, Vol. I, No. 86, fol. 8r. See also the trial of María González, wife of Alonso de Merlo, No. 106, foll. 19v-20r.

Trial of María González, Wife of Rodrigo de Chillón

muger de Rodrigo de [Chillon] dixo que conoçe a la muger de Rodrigo de Chillon, e que este testigo es christiana vieja e no le tocan las repreguntas.

II A la segunda pregunta dixo que oyo desir a vna criada de la dicha Maria Gonsales que la dicha su ama se enborrachaba e se meava las faldas; e que de lo al contenido en la dicha pregunta, que no lo sabe.

VII A la setima pregunta dixo que sabe que es borracha e ladrona, e que este testigo la a visto borracha, e que es levantadora de testimonios, que todas personas con quien a vibido a levantado testimonios; e que ⟨a⟩ este testigo levanto vn testimonio; e que es pobre e se vebe todo lo que tiene; e que de lo al contenido en la dicha pregunta, que no lo sabe.

[Testigo]
Jeronimo Vejete,[35] testigo jurado en forma de derecho, dixo que es christiano viejo, e que no le tocan las repreguntas, e que conoçe a la muger de Rodrigo de Chillon abra siete o ocho años, poco mas o menos, e a la muger de Pedro de Villarreal, presa en la carçel perpetua.

A la segunda pregunta del interrogatorio del marido [36] dixo que la bio vna ves borracha e rebesar, e que esta en posesion de glotona e vorracha. |

28v [Testigo]
Elena Gonsales, muger de Manojo, el viejo,[37] testigo jurada en forma de derecho, dixo que conoçia a la muger de Rodrigo de Chillon e a Maria Gonsales, muger de Pedro de Villarreal, de ⟨not continued⟩.

II A la segunda pregunta del interrogatorio del marido, dixo que a mas de quinse años conoçe a la de Pedro de Villarreal, e que sabe que es mentirosa e maldiziente; e que do lo demas contenido, que no lo sabe.

[Testigo]
Françisca Ruys, muger de Bartolome, conejero, testigo jurada en

---

[35] He was the son of Inés González and Alonso Vejete. See also the trials of Leonor Alvarez (No. 101, fol. 26v) and Juana Núñez (No. 107, fol. 33r–v).

[36] The scribe used this wording to distinguish between the first and second questionnaire for the defence.

[37] See above, n. 34.

forma de derecho, dixo ser christiana vieja, e que no conoçia a la muger de Rodrigo de Chillon, e que conoçia a Luçia de Cuenca,[38] porque fue criada de vna hermana deste testigo.

VII A la setima pregunta dixo que oyo desir que la dicha Luçia es vorracha e loca e ladrona e levantadora de testimonios, que vna hermana deste testigo le dixo que le avia levantado vn testimonio que se hechase con çierta persona; e que de lo al contenido en la dicha pregunta, que no lo sabe.

[Testigo]
Maria Ruys,[39] muger de Anton Gonsales, herrador, vesino de Çibdad Real, testigo jurado, dixo que conoçia a la muger de Rodrigo de Chillon e a Luçia de Cuenca, vezina desta çibdad, e que la conoçe de quatro o çinco años a esta parte.

II A la segunda pregunta dixo que no lo sabe, comoquier que a oydo lo contenido en la dicha pregunta.

[Testigo]
La muger de Quejada (testigo jurada en forma de derecho), vezina de Çibdad Real, testigo jurada en forma de derecho, dixo que conoçe a la muger de Rodrigo de Chillon de quatro años a esta parte de bista e no de trato ni conversaçion, salvo de vezes que este testigo fue a su casa.

II A la segunda pregunta de las tachas de su marido, dixo que no la sabe, mas de quanto oyo desir que la dicha muger de Pedro de Villarreal | tenia fama de vorracha e parlera.

[Testigo]
Maria Quexada,[40] muger de Fernando de los Olibos, testigo jurada en forma de derecho, dixo que es christiana vieja, e que conosçe a la muger de Rodrigo de Chillon de ocho años a esta parte, e que conosçe a la muger de Pedro de Villarreal.

II A la segunda pregunta dixo que siendo este testigo vezino de la dicha Maria Gonsales, muger de Pedro de Villarreal, que bio vn dia que estaba desconçertada de vino, e la vio rebesar, e que claro se conoçio della que la susodicha hera de mucho vever e que hera muger despachada e parlera.

[38] She was the wife of Francisco Cervantes; see also the trials of Leonor Alvarez (No. 101, fol. 23r) and Juana Núñez (No. 107, foll. 21v, 30v, 37v).
[39] See also the trial of Juana Núñez, No. 107, fol. 34v.
[40] See also the trial of Juan Ramírez, No. 109, fol. 94v.

Trial of María González, Wife of Rodrigo de Chillón

[Testigo]
Juan de Merida, testigo jurado en forma de derecho, dixo que conosçe a la dicha muger de Rodrigo de Chillon, e que este testigo es su primo. Fue repelido.

[Testigo]
La muger de Juan de Merida, sastre, testigo jurada en forma de derecho, e que conosçe a la muger de Rodrigo de Chillon de dos años a esta parte, e que no es parienta deste testigo, e a Maria Gonsales, muger de Pedro de Villarreal, que la conosçe, e que es hermana de su marido deste testigo de padre.

IX A la novena pregunta dixo que muchas vezes vio reñir este testigo a la muger de Pedro de Villarreal con la muger de Diego de Teba,[41] que es tia de la muger de Rodrigo de Chillon.

X A la deçima pregunta dixo que sabe que quando prendieron a la dicha muger de Pedro de Villarreal no se hablaba con la dicha muger de Rodrigo de Chillon por amor de la dicha su tia, muger de Diego de Teba.

XI A la honzena pregunta dixo que es verdad lo contenido en la dicha pregunta, porque a este testigo dio la muger de Pedro de Villarreal el dicho capillejo, e que la dicha muger de Rodrigo de Chillon tenia otro tal, e pensando la dicha muger de Pedro de Villarreal que hera el suyo, reñio con la dicha muger de Rodrigo de Chillon.

XII A las dose preguntas, que no lo sabe, pero que lo oyo desir a vna esclaba de Pedro de Villarreal.

XIII A las treze preguntas dixo que lo oyo desir lo que en ello contenido, pero que este testigo no lo vio.

XIIII° A las catorze dixo que no las sabe.

A la segunda pregunta de las tachas su marido, dixo que dize lo que dicho tiene en las tachas de la muger.

[Testigo]
Bartolome, conejero,[42] vezino de Çibdad Real, testigo jurado en forma de derecho, dixo que conosçe a la dicha muger de Rodrigo de Chillon e a Luçia de Cuenca, e que este testigo es christiano viejo.

---

[41] She was an aunt of the defendant; see the genealogy on p. 418.
[42] See Biographical Notes.

VII A la setima pregunta del interrogatorio del marido dixo que a oydo dezir que es vorracha la dicha Luçia, e que de casa deste testigo tomo vna caldera e la enpeño en la taverna, e que oyo desir que hera testimoniera, e que este testigo la tiene en ruyn posesyon, e que lo al contenido en la dicha pregunta, que no lo sabe.

Teresa Gomes, muger de Fernandes, testigo jurado en forma de derecho, dixo que conosçe a la muger de Rodrigo de Chillon de quinse años a esta parte, e que Rodrigo de Chillon es primo deste testigo. Fue repelida por prueva. |

30r-v *Blank folio*

Tachas Presented by Rodrigo de Chillon

31r En XIIII° de março de I V DXIII presento Rodrigo de Chillon
14 March ante los reverendos señores inquisidores vn escripto. Su reverençia
1513 lo reçibio salvo jure inpertinentium et non admitendorum.

Muy Reverendos Señores:

Rodrigo de Chillon, vesino desta Çibdad Real, beso las manos de Vuestras Reverendas Paternidades, ante las quales paresco como marido e conjunta persona de Mari Gonçales, mi muger, presa en la carçel del Santo Ofiçio, por el ynterese que pretendo o en aquella forma que de derecho lugar aya. Digo que algunas personas, con odio e malquerençia que han tenido e tienen a mi e a la dicha mi muger, e por se vengar della e de mi e nos destruyr e ynfamar, avran dicho e depuesto e testificado falsamente contra la dicha mi muger. Por lo qual, y porque son personas ynfames e enemigos de catolicos christianos y no tienen temor de Dios ni verguença de las gentes, avran dicho e depuesto falsamente, yo los tacho por la forma e en la manera siguiente:

[Juana Rodrigues]

Primeramente, tacho a Juana Rodrigues, muger de Miguel Rodrigues, vesino de Las Casas termino desta çibdad, que me tiene enemistad a mi e a la dicha mi muger e nos quiere mal, porque teniendola por casera en Las Casas en vnas casas a mias, me hurto çiertas gallinas e otras cosas, e mi muger le dixo que hera ladrona, que por eso lo hauia hurtado. Y es pobre e raes, de mala conçiençia, levantadora de testimonios, por lo qual, si ella dixo o testifico contra la dicha mi muger, su dicho es ninguno e non vale ni deve ser avido ni tenido por dicho.

Trial of María González, Wife of Rodrigo de Chillón

Testigos que saben lo susodicho:
La de Briones; la de Anton Serrano;[43] otra muger que bive en su casa; Pedro Garçia de Las Ventas; la de Gil de Carmona, todas vesinas de Las Casas. La de Alonso Ramires, vesina desta çibdad.

[Maria Gonsales]

+ Tacho a Maria Gonsales, muger de Pedro de Villarreal, presa en la carçel de la penitençia en la çibdad de Toledo, la qual ha tenido
31v e tiene mucha enemistad a la dicha mi muger | y tanto que vn dia se dieron de puñadas y no se hablavan, antes, doquier que se hallava, la dicha Mari Gonsales diria mucho mal de la dicha Maria Gonsales, e la retraya mucho e avia enbidia de sus cosas. Asymismo, pues que fue ereje e non tuvo temor de ofender a la Santa Fee Catolica, no tenia temor de se perjurar contra qualquier catolico christiano, e porque se viesen como ella desonrados; ⟨e⟩ es borracha, glotona, loca, de mala lengua, mentirosa, que de que estava borracha lo gomitava e se meava en las faldas, que la metian en braços a su casa syn que lo syntiese, e otros muchos dias en paresçer. Por las quales, sy algo ella depuso de la dicha mi muger, su dicho es ninguno e non deve ser tenido por dicho.

Testigos que saben lo susodicho:
La muger de Quexada; su hija, muger de Fernando de los Olivos; Elena Gonsales; Geronimo Vejete; la de Juan Manojo; Alonso de la Çarça, jurado; Juan de la Plata;[44] Alonso de Alcaçar; Juan de Merida, sastre, y su muger; Anton de Badajoz; Christoval Vejete, vesinos desta Çibdad Real.

[Catalina, esclava]

Tacho a Catalina, esclava de Pedro de Villarreal,[45] preso en la carçel del Santo Ofiçio, que es y a sido enemiga de la dicha mi muger, y estava mal reñida con ella de cabsa de la enemistad que su ama tenia a la dicha mi muger y por conplazer a su ama, pensando que la avia de ahorrar; y es vna ladrona, borracha, puta, de mala lengua e sin conçiençia. Por lo qual, sy dixo de la dicha mi muger, su dicho es ninguna e no deve ser auido por dicho. |

43 Her name was Marina López; she testified against Mayor González, No. 116, fol. 2r.
44 His wife, Maria González, was a reconciled Conversa; see the trial of Juan Ramírez, No. 109, fol. 99v.
45 *Tachas* were also presented against her in the trial of Leonor Alvarez, No. 101, fol. 21v.

[411]

Records of the Inquisition in Ciudad Real and Toledo, 1494-1512

32r Testigos que saben lo susodicho:
Alonso de la Çarça jurado; Juan de Merida, sastre, e su muger; Anton de Badajoz; la muger de Diego de Haro.[46]

[Maria de Vallesteros]
Tacho a Maria de Vallesteros, muger de Juan, hijo de Alvaro Gonsales, que bive en el palomar de Pero Franco, que fue y es enemiga de la dicha mi muger e avia, porque la tovimos en nuestra casa çierto tiempo los años malos por servir de dias, e porque le dimos soldada la que ella quiso, dixo muchas vezes que se le aviemos de pagar e encargar su conçiençia ⟨sic⟩. Ella es ladrona, borracha, de mala lengua, no la tiene nadie en su casa, ni sabiendo [   ]as. Por lo qual, si ella dixo e depuso contra la dicha mi muger, su dicho es ninguno e no deve ser avido ni tenido por dicho.

Testigos que saben lo susodicho:
Anton de la Plata, vesino desta çibdad; Anton de Alcaçar, veçino de Miguelturra; Gonsalo Diaz; la del bachiller de Pisa; Juan Rodrigues de Pisa e su muger, vesinos de Almagro.

[Mari Lopez]
Tacho a Mari Lopez,[47] muger de Pedro de Dueñas, vesino desta Çibdad Real, que ha sido y es enemigo de la dicha mi muger e le ha tenido mucha enemistad, porque riñendo vn dia la muger de Diego de Teva, que hera madrastra de la dicha Mari Lopez, con la dicha Mari Lopez, riño mi muger por la dicha de Diego de Teva, y de tal manera riñeron, que la dicha mi muger desonro a la dicha Mari Lopes y le dixo de puta delante muchas personas e le quiso dar de chapinasos. Y tanbien le tiene enmistad a ella e a mi, porque yo e mi muger le defendimos vna casa que pidio donde Diego de Teva, que dizie que hera de su padre. Y es mala muger de su cuerpo
32v e levantadera de testimonios. Y tinie | poco acatamiento a su padre, que vn dia lo echo de vna escalera abaxo, de que allego a la muerte; e se caso por amores, que se salia de casa de su padre e se desposo a escondidas. Y es de malos tratos y lengua. Por lo qual, si ella dixo de la dicha mi muger, su dicho es ninguno.

---

[46] She was the sister of María de Lobón; see the trials of María González (No. 100, fol. 4v) and Juan Ramírez (No. 109, fol. 77v).
[47] See also the trial of Juana Núñez, No. 107, fol. 38r.

Trial of María González, Wife of Rodrigo de Chillón

Testigos que saben lo susodicho:
Garçia de Barrionuevo;[48] Juan de la Plata; Fernando Diaz, tondidor; Garçia Fralero, sastre e su muger; Juan Laso, herrador; Rodrigo de Valdes e su muger;[49] la de Alonso de la Çarça, tondidor, que estuvo a la riña; Christino de la Çarça e su muger, Lorenço Franco e Lorenço, hijo de Pero Nuñez Franco.[50]

[Catalina, criada que fue de Pedro de Villarreal]
Tacho a Catalina, criada de Pedro de Villarreal, que es mala muger de su cuerpo, de mala lengua, levantadera de falsos testimonios, y lo tiene por costunbre, e muy grande mentirosa que nunca dize verdad, en quanto dize es de mala conçiençia. Por lo qual, si ella dixo de la dicha mi muger, su dicho es ninguno.

Testigos que saben lo susodicho:
Juan de Marida, sastre, veçino desta çibdad; Juan de Herrera, perayle,[51] e su muger, veçino desta çibdad; Anton Martines e Pedro Martines; Alvaro de Molina; Diego Sanches; Gonsales Martines e su muger, todos vezinos de Almagro.

[Luçia de Cuenca]
+ Tacho a Luçia de Cuenca, veçina desta çibdad, que es vna puta e borracha, ladrona, de mala conçiençia, levantadera de falsos testimonios, ⟨e⟩ tuvo e tiene enemistad a la dicha mi muger, porque dixo vn dia a Pedrarias Franco que para que la tiene en su casa, que hera vna ladrona e borracha, e la echo de su casa el dicho Pedrarias por su cabsa; e asymismo por tal la echo de su casa Diego de Coca. Es ladrona que hurtava de lo que le dauan a filar e la enpeña por vino. |

Testigos que saben lo susodicho:
+ Pedrarias Franco; Juan Alvares, mercader; + Bartolome, consejero, e su muger; + la muger de Anton Garçia,[52] herrador; + la de Juan Manojo, calero; Diego de Coca, todos vezinos desta çibdad.

Yten, ante Vuestra Reverenda Paternidad hago representaçion de

---

[48] See Biographical Notes.
[49] See the trial of Juan Ramírez, No. 109, foll. 87r, 90v, 97r, 109r, 110r, 112r.
[50] See Biographical Notes.
[51] See also the trial of Leonor Alvarez, No. 101, fol. 26v.
[52] See also the trials of Leonor Alvarez (No. 101, fol. 23r) and Juana Núñez (No. 107, foll. 37v, 39r).

Records of the Inquisition in Ciudad Real and Toledo, 1494–1512

qualesquier tachas que se hallaren provadas en qualesquier proçesos del Santo Ofiçio contra los testigos que por mi e por mi muger estan nonbrados e tachados e sentençias e prouançias, pido a Vuestra Paternidad lo manden poner en el proçeso de la dicha mi muger, sobre lo qual las conçiençias de Vuestras Paternidades encargo.

Por que pido e suplico a Vuestras Reverendas Paternidades manden resçebir las dichas tachas e ojebtos por mi puestos contra las dichas personas, e manden resçebir y esaminar los testigos que por las provar tengo nonbrados, e los manden poner en el proçeso de la dicha mi muger, e manden repeler los dichos e depusiçiones dichos contra ella, pues que de derecho son ningunos e no fasen fee, prouença ni yndiçion alguna. E asi, la dicha mi muger es ynoçente e libre de todo lo contra ella acusado. Para lo qual el santo e noble ofiçio de Vuestras Reverendas Paternidades ynploro, e pido çerca dello complimiento de justiçia; sobre lo qual encargo las conçiençias de Vuestras Reverendas Paternidades, e lo pido por testimonio. |

33v *Blank page*

Testimony of Tachas Witnesses

[Tachas de Rodrigo de Chillon]

34r Alfonso de la Çarça, jurado, testigo jurado en forma de derecho, dixo que conosçe a la muger de Rodrigo de Chillon, e que este testigo no es su pariente.

II A la segunda pregunta del interrogatorio del dicho Rodrigo de Chillon dixo que a quinze años que la conosçe, e que sabe que es vorracha e golosa, que por vn mengado se fuera de aqui a Miguelturra, e que lo sabe este testigo porque el dicho Pedro de Villarreal es su pariente deste testigo e lo veya.

[Testigo]

Juan Albarez, mercader, vezino de Çibdad Real, testigo jurado en forma de derecho, dixo que es fijo del Rubio, vezino de Herrera, condenado por hereje. Fue repelido.

[Testigo]

Juan de la Plata, vezino de Çibdad Real, testigo jurado en forma de derecho, dixo que conosçe a la muger de Rodrigo de Chillon de doze años a esta ⟨parte⟩, e a la muger de Pedro de Villarreal.

II A la segunda pregunta dixo que oyo desir mal a la muger de Chillon de la muger de Pedro de Villarreal. E que de lo al contenido en la dicha pregunta, que no lo sabe.

[414]

Trial of María González, Wife of Rodrigo de Chillón

⟨Testigo⟩
Alfonso de Alcaçar, vezino de Çibdad Real, testigo jurado en forma de derecho, dixo que conoçe a la muger de Rodrigo de Chillon, e que este testigo e el dicho Rodrigo de Chillon son primos. Fue repelido.

[Testigo]
Christobal Vejete, testigo jurado en forma de derecho, etç.
II A la segunda pregunta dixo que vio vorracha a la dicha muger de Pedro de Villarreal vna o doz vezes, e que la vio rebesar vna vez, e que hera muger hablastera; e que no sabe mas de la dicha pregunta.

[Testigo]
Pedro Arias Franco, vezino de Çibdad Real, testigo jurado en forma | dixo que conosçe a la dicha muger de Rodrigo de Chillon, e que no es pariente, ni le tocan las repreguntas del fiscal.[53]
VII A la setima pregunta dixo que conosçe a la dicha Luçia de Cuenca porque vibio con este testigo vn mes, poco mas o menos. Dixo que no la sabe, mas de quanto le dixo Rodrigo de Chillon que la hechase de su casa, que hera mala muger, e que de tres años que paso lo susodicho; e que lo demas contenido en las dichas preguntas, que non lo sabe. |

En Toledo, XXV dias del mes de mayo de I V DXIII años, lo presento la dicha Maria Gonsales, muger de Rodrigo de Chillon, estando presente su procurador e letrado, ante el reverendo señor liçençiado Pedro Ochoa de Villanueva. Su reverençia lo reçibio saluo jure ynpertinentium et non admitendorum.

La de Rodrigo de Chillon tacho de Merlo ⟨sic⟩
A Garçia de Teva proque es hermano de Diego de Teba, a quien falto poco de paño, y dixo que su muger lo solia dar a su madre, y por esto riñeron no hay testigos.
La de Alonso de Merlo, porque esta ⌈de Rodrigo Chillon⌉ [   ] en lugar de su hermano, y vn labrador desta es su sobrino, ⌈de la de Merlo⌉ y la re[   ] muchas vezes, y quando a la feria esta no fue a

---

[53] This declaration was noted if the witness was a relative of the defendant or if his parents had been tried by the Inquisition — in which case he would be rejected as a defence witness.

ver a la de Alonso de Merlo, porque el moço le levanto que en vn dicho que eran todos de mala casta, y riño con la de Chillon.
Testigos: Pedro Nuñez; su yerno.

(—) Liçençiado del Bonillo [54] |

35v *Blank page*

Consulta-de-fe

[Votos]

36r E despues de lo susodicho, en dos dias de agosto del dicho año,
2 Aug. estando en la dicha abdiençia los reverendos señores inquisidores
1513 apostolicos e hordinarios, e con ellos los señores letrados, theologos e juristas que yuso seran nombrados, vieron e botaron en este proçeso en la forma seguiente:

El señor bachiller Pan y Agua, benefiçiado en la santa yglesia de Toledo, jurista;

el presentado fray Domingo Guerrero, frayre del monasterio de San Pedro Martyr de Toledo, theologo;

el señor fray Domingo de Vitoria, prior del dicho monasterio, theologo;

el señor liçençiado Rodrigo Ronquillo, alcalde mayor de Toledo, jurista.

Todos juntamente, de vn boto e pareçer, dixieron que su boto e pareçer es que la dicha Maria Gonsales, muger de Rodrigo de Chillon, sea absuelta e alçado el secresto de sus bienes. Los señores inquisidores apostolicos e hordinario se conformaron con el boto e pareçer de los dichos señores letrados. |

36v *Blank page*

+

Sentence

37r Por nos, los inquisidores contra la heretica pravedad e apostasia en la muy noble, çibdad de Toledo e su arçobispado e obispado de Siguença, dados e diputados por auctoridad apostolica e hordinaria, visto vn proçeso criminal que ante nos a pendido e pende entre partes, de la vna, actor acusante el venerable Martin Ximenez, promotor fiscal deste Santo Ofiçio, e de la otra, rea acusada Maria

---

[54] This *tacha* was written by the *letrado* himself, and not by the scribe.

Trial of María González, Wife of Rodrigo de Chillón

Gonsales, muger de Rodrigo de Chillon, vezino de Çibdad Real, sobre razon del delicto y crimen de heregia e apostasya, de que por el promutor fiscal fue acusada. Visto la dicha acusaçion del dicho promotor fiscal e la respuesta que a ella dio la dicha Maria Gonsales, diziendo no auer cometido delito de heregia alguno sobre lo qual amas las dichas partes convenyeron e fueron por nos resçebidas a la prueva, e como despues fue fecha publicaçion de las provanças fechas por cada vna de las dichas partes. E visto todo lo que amas las dichas partes dixeron e alegaron fasta que concluyeron e nos concluymos con ellos e ovimos la dicha cavsa e pleyto por concluso, e asygnamos termino para dar en el sentençia definitiua para çierto dia, e dende en adelante para cada dia que deliberado touiesemos. E avido sobre todo ello nuestro acuerdo e deliberaçion con personas de çiençia e conçiençia,

Christi Nomine Invocato:
Fallamos el dicho promotor fiscal no aver provado su intençion, e procurandolo asy, que devemos absoluer e absoluemos a la dicha Maria Gonsales de la ynstançia del presente juyzio e de la dicha acusaçion, mandandola soltar del carçel donde esta presa, e que devemos alçar e alçamos qualquier secresto que en sus bienes por nuestro mandado esta puesto, e que le sea acudido con dos sellos, resçibiendo primeramente en quenta todos los maravedis e cosas que por nuestro mandado paresçiere aver secrestado por los | 37v secrestadores en los alimentos de la dicha Maria Gonsales y en la prosecuçion e defensa de su cavsa, y en otras cosas nesçesarias. E asy lo pronunçiamos e mandamos por esta nuestra sentençia en estos escriptos e por ellos, pro tribunali sedendo.

(—) de Herrera, licenciatus	(—) A. de Mariana, licenciatus	(—) Pedro de Villa Nova, licenciatus

Sept. Fue dada e pronunçiada esta dicha sentençia por los dichos reve-
1513 rendos señores inquisidores en diez dias de setienbre de mil quinientos e treze años, estando presentes la dicha Maria Gonsales, la qual la consentio e lo pedio por testimonio. Testigos: Christobal de Prado, notario, e Gonsalo de Arguello, carçelero.[55] |

38r *Blank page*

[55] The sentence was carried out at an *autillo* (*auto-de-fe* held in private).

[417]

Records of the Inquisition in Ciudad Real and Toledo, 1494–1512

Genealogy of the Family of María González, Wife of Rodrigo de Chillón

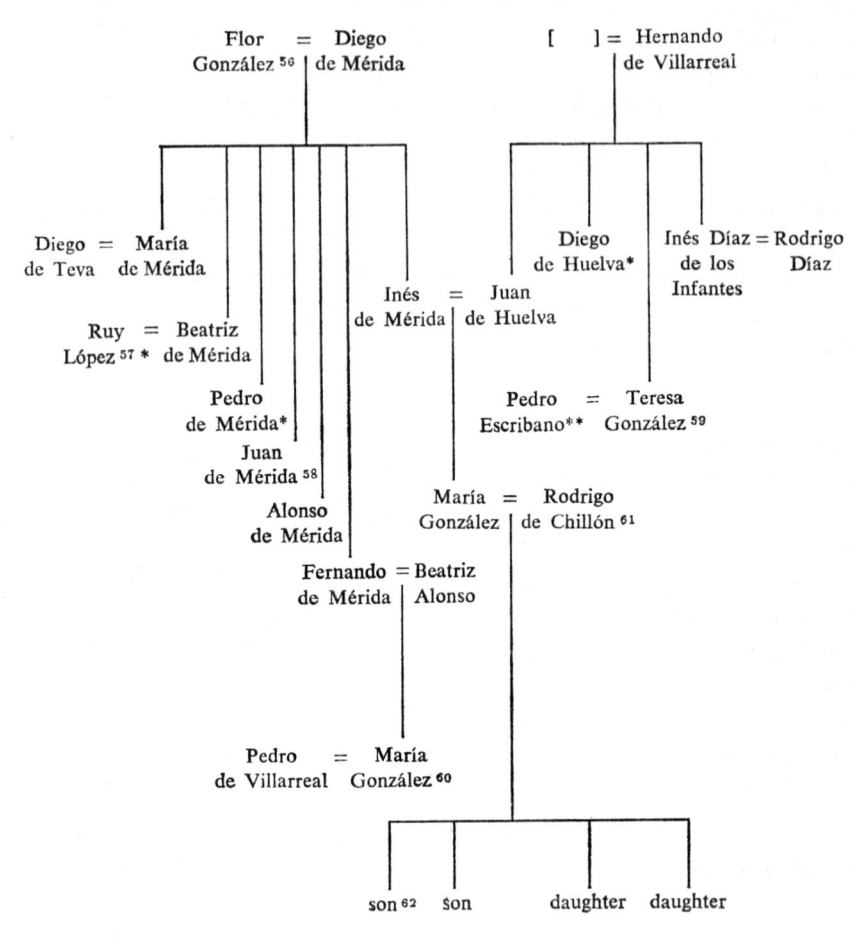

```
            Flor    =  Diego              [    ] =  Hernando
            González⁵⁶ | de Mérida              | de Villarreal
```

```
Diego  =  María                              Diego      Inés Díaz = Rodrigo
de Teva  de Mérida                        de Huelva*    de los      Díaz
                             Inés  =  Juan              Infantes
         Ruy   =  Beatriz    de Mérida | de Huelva
         López⁵⁷ * de Mérida
                        Pedro                  Pedro    =  Teresa
                        de Mérida*           Escribano** González⁵⁹
                        Juan
                        de Mérida⁵⁸
                        Alonso               María    =  Rodrigo
                        de Mérida          González | de Chillón⁶¹

                        Fernando = Beatriz
                        de Mérida | Alonso


                        Pedro       =  María
                        de Villarreal  González⁶⁰
```

```
                    son⁶²   son    daughter  daughter
```

* From Almagro
** From Alcázar de Consuegra

⁵⁶ She was a reconciled Conversa.
⁵⁷ He was deceased at the time of the trial.
⁵⁸ He was a member of the Town Council in Niebla.
⁵⁹ Reconciled.
⁶⁰ She was an only child; see her trial, No. 100.
⁶¹ Alvar Díaz of Alcázar de Consuegra was his brother; see the testimony of Alvar's wife, Juana Díaz, below, fol. 28r.
⁶² One of the sons was twelve years old at the time of the trial.

Trial of María González, Wife of Rodrigo de Chillón

The Composition of the Court

Judges:	Alfonso de Mariana
	Francisco de Herrera
	Pedro Ochoa de Villanueva
Prosecution:	Juan Martínez — prosecutor
	Diego Martínez de Ortega — aide
Defence:	Diego de Mudarra — *procurador*
	Pedro de Herrera — *letrado*
	Bartolomé del Bonillo — *letrado*
Alguacil:	Pedro Vázquez el Busto
Gaoler:	García de Argüello
Notaries:	Diego López de Tamayo
	Juan Obregón
	Cristóbal de Prado

Witnesses for the Prosecution in Order of Testification

1. Lucía Fernández (de Cuenca), wife of Francisco de Lillo
2. María González, wife of Pedro de Villarreal

Witnesses for the Defence in Order of Testification

1. Gonzalo de Funes
2. Diego Mexía
3. Wife of Diego de Coca
4. Teresa, wife of Bachiller Santa Cruz
5. Beatriz de Torres
6. Tristán
7. Wife of Diego de Escobar
8. La Melona, of Miguelturra
9. Bustamante
10. Ana Díaz

Tachas *Witnesses for the Defence*

1. Juana Díaz
2. Wife of Juan Manojo, the younger
3. Jerónimo Vejete
4. Elena González, wife of Juan Manojo
5. Francisco Ruiz
6. María Ruiz
7. Wife of Quejada
8. María Quejada, wife of Fernando de los Olivos
9. Juan de Mérida
10. Wife of Juan de Mérida
11. Bartolomé, *conejero*
12. Teresa Gómez
13. Alfonso de la Zarza
14. Juan Alvarez
15. Juan de la Plata
16. Alfonso de Alcázar
17. Cristóbal Vejete
18. Pedro Arias Franco

Records of the Inquisition in Ciudad Real and Toledo, 1494–1512

Consulta-de-fe

Alfonso de Mariana
Francisco de Herrera
Pedro Ochoa de Villanueva
Bachiller Diego Fernández Pan y Agua
Fray Domingo de Vitoria
Licenciado Ronquillo

Synopsis of Trial

1511

26 April	Lucía Fernández testifies in Ciudad Real
30 March	The testimony of María González, wife of Pedro de Villarreal, is entered in the file.

1512

10 Nov.	The trial opens with the prosecutors' request that María González, wife of Rodrigo de Chillón, be arrested.
27 Nov.	The defendant is brought to Toledo and imprisoned.
2 Dec.	She is examined and is admonished for the first time. A genealogy of her family is taken down.
3 Dec.	The defendant is admonished for the second time, and she replies.
16 Dec.	A third admonition is administered.
23 Dec.	The arraignment is presented, and the defendant denies its charges. Defence counsel is appointed.

1513

3 Jan.	The defendant replies to the charges and the defence is given nine days to present its case. Witnesses for the prosecution are presented.
8 Jan.	María González, wife of Pedro de Villarreal, confirms her testimony.
3 Feb.	Both sides request publication of testimonies. The testimonies are read to the accused, and the defence is given six days to prepare its reply.
14 Feb.	The testimonies are published.
16 Feb.	A copy of the published testimonies is given to the defence.
25 Feb.	The defence presents its questionnaire along with a list of witnesses for *tachas*.
26 Feb.	The defence pleads.
14 March	Rodrigo de Chillón presents a second list of *tachas*.
21 March	The testimony of Lucía Fernández is confirmed in Ciudad Real.
25 May	Another *tacha* is presented.
21 July	María González, wife of Pedro de Villarreal, retracts her testimony.
2 Aug.	*Consulta-de-fe*.
10 Sept.	The defendant is reconciled at a private *auto-de-fe* (*autillo*).

[420]

06 Trial of María González, Wife of Alonso de Merlo 1512–1513

Source: AHN IT, Legajo 155, No. 385, foll. 1r–27r; new number: Leg. 155, No. 1.

María González — one of the group of Conversos brought before the Inquisition as a result of denunciations by María González, the wife of Pedro de Villarreal, and her servant Catalina — was the daughter of Juan de Fez and Catalina Gómez, both of whom were burnt at the stake during the 1483–1485 trials in Ciudad Real. María's file outlines graphically the fate of one Converso family caught in the grip of the Inquisition. The extensive list of the defendant's relatives found in the file gives minute details on those who were and were not reconciled to the Church.[1]

The trial opened on 28 August 1512 with María being accused of and confessing to the usual heresies, which she learned at her parents' home. She also admitted to having kept the Sabbath sacred by thinking about it when she could not observe its precepts in any other way.

The defence counsel concentrated on attempting to refute the testimonies against the defendant, claiming that the two information witnesses, who did not appear in Court, were perjurers. The defence invalidated the accusation that María abstained from making the sign of the Cross on her children upon their return from school by pointing out that the child in question was blind and did not attend school. It also succeeded in proving that these witnesses could not have testified with any accuracy since the defendant and her family were living in Daimiel during the period under discussion, while the witnesses were in Ciudad Real.

Alonso de Merlo, the husband of the defendant, played an important role in her defence by seeking out the tachas *witnesses and helping to prepare the questionnaires. The relatively minor nature of María's misdeeds and the well-managed case brought forward by the defence led the* consulta-de-fe *to sentence María to*

---

[1] See the genealogy below, on p. 462; see also Vol. I, Trial No. 9.
[2] See below, fol. 26r–v.

Records of the Inquisition in Ciudad Real and Toledo, 1494–1512

perpetual imprisonment in her own home.² Fita lists her as one of those who were burnt at the stake on 7 September 1513, but his source (*Leg. 262 No. 3, fol. 5v*) was erroneous.

Bibliography: Fita, p. 476, No. 195.

1r   li[   ]

Çibdad Real   Reconçiliada Leg. 35 No. 21

        Proçeso contra Mari Gonçales

          muger de Alfonso de Merlo

          sacado al libro de confisiones

Catalina Ruyz madre de Maria Ruyz

Aldonza muger de Asueros alcalde cavallero [3]

24 folios   concluso

                    esta hecha la sentençia carçel

                (esta hecha la sentençia)

1v *Blank page*

2r [*Pedimiento del fiscal*]

28 Aug. E despues de lo susodicho,[4] en XXVIII dias de agosto de mil e *1512* quinientos e doze años, estando los reuerendos señores inquisidores el liçençiado Alfonso de Mariana e el liçençiado don Françisco de Herrera e el liçençiado Pedro Ochoa de Villanueva en la abdiençia del Santo Ofiçio de la Inquisiçion, pareçio presente el venerable Martin Ximenes, promotor fiscal del dicho Santo Ofiçio, e dixo que denunçiaba e denunçio por hereje, apostota de nuestra Santa Fe Catolica, a Maria Gonsales, muger de Alfonso de Merlo, veçina de

---

[3] It is not clear why these names appear on the cover page of this trial.

[4] These opening words would indicate that a procedure had already taken place; however, the notary may also have copied the words automatically from one of the folios in front of him.

[422]

Trial of María González, Wife of Alonso de Merlo

Çibdad Real, e que pedia e pedio a los dichos señores inquisidores que mandasen proçeder e proçediesen contra ella como contra tal, mandando prender su persona e cuerpo, e inventariando sus bienes muebles e rayzes.

[Respuesta de sus reuerençias]
E luego, los dichos reuerendos señores inquisidores dixieron que oyan lo que el dicho promotor fiscal dezia, e que dandoles informaçion de lo pedido e denunçiado por el dicho promotor fiscal, que estan prestos de hazer lo que de justiçia devan.

[Informaçion del fiscal]
E luego, el dicho promotor fiscal dixo que, para en prueva de lo susodicho, que fazia e fizo presentaçion de los dichos e deposiçiones de los testimonios contenidos en los libros e registros deste Santo Ofiçio, en espeçial de los dichos e deposiçiones de Maria Gonçales, muger de Pedro de Villarreal, e de Catalina, negra, su esclava.
Los quales dichos e deposyçiones pedio a sus reuerençias que mandasen poner en este proçeso en forma. Los quales dichos e deposyçiones estan en forma adelante, en la provança del fiscal.

Order of Arrest

[Mandamiento para prender]
Luego, los dichos reuerendos señores inquisidores dixieron que, bisto la dicha informaçion, mandaron dar e dieron su mandamiento para prender el cuerpo de la dicha Maria Gonsales, muger ⟨sic⟩, e secrestar sus bienes, e muebles e rayzes; el qual se dio al honrado Pedro Bazques de Busto, alguazil deste Santo Ofiçio.

[Como fue trayda a la carçel]
8 Sept. La qual fue trayda a la carçel, miercoles, a ocho dias de setienbre
1512 del dicho año. |

Genealogy

2v [Genealogia]
9 Sept. E despues de lo susodicho, en nueve dias del mes de setienbre de
1512 mill e quinientos e doze años, estando los reuerendos señores el liçençiado Alfonso de Mariana e el liçençiado Pedro Ochoa de Villanueva, inquisidores, en la abdiençia del Santo Ofiçio de la Inquisiçion, sus reuerençias mandaron a Garçia de Arguello, carçelero de la carçel del dicho Santo Ofiçio, que sacase a la dicha

[423]

abdiençia vna muger que estaba presa en la dicha carçel, la qual el dicho Arguello saco a la dicha abdiençia, e siendo presente, fue preguntada como se llamava. Dixo que se llama Maria Gonsales, muger de Alfonso de Merlo, obligado de las carneçerias de Çibdad Real; e que su padre se llamava Juan de Fez e su madre Catalina Gomes,[5] vesinos de Çibdad Real, quemados por herejes quando fue la Inquisiçion a Çibdad Real la primera vez; e que esta confesante tiene vna hermana, que es muger de Men Rodrigues, que se llama Beatriz Gonsales, vesina de Daymiel, que no es reconçiliada; e que tiene otro hermano, que se llama Fernando de Fez, apuntador, vesino de Daymiel, que no es reconçiliado; e que tubo otra hermana, que se llamava Costança Rodrigues, muger de Rodrigo de Chillon,[6] arrendador, vesino de Çibdad ⟨Real⟩, que es la primera muger que tovo e que a catorze o quinze años que fallesçio; e que tiene otra hermana en Çibdad Real, que se llama Ynes Gomes,[7] bibda, que fue casada con Diego Vallesteros, defunto, mercader, hermano de Hernando Vallesteros, vesino de Toledo, de la Casa de la Moneda, que es reconçiliada; e que tiene otro hermano, que se llama Christobal de Villarreal, que se caso en Çibdad Real con fija de Gutierre Gomez, que diz que vibe en vn lugar çerca de Toledo e diz que tiene vna taberna; e que no conoçio a sus abuelos de parte de su padre ni sabe como se llamaron, comoquier que cree que se llamava Ynes, e que no sabe si fueron condenados; e que su abuelo de parte de su madre se llamava Fernand Gomes, e su ahuela se llamava Maria Gonsales,[8] e que no conoçio al dicho su ahuelo ⟨sic⟩, e que conoçio a la dicha su abuela, e que a treinta e çinco años que la conoçio; e que no tovo hermano ni hermana su padre deste confesante ni este confesante le conoçio; e que su madre tubo vn hermano que se llama Alvar Gomez, tendero, vesino de Çibdad Real e de Piedrabuena e de Chillon, que fue reconçiliado, e tubo

3r quatro hermanas, que la | mayor se llamava Elbira Gonsales, muger de Ferrand, mercader, vezino de Çibdad Real, e que fue reconçiliada; e Beatriz, muger del alcalde que se dezia Rodrigo el

---

[5] See their trial, Vol. I, No. 9.
[6] She was the first wife of Rodrigo de Chillón. His second wife, María González, was tried and reconciled; see her trial, No. 105.
[7] See on her the trial of María González, No. 105, fol. 14r; see also Biographical Notes.
[8] The defendant was named after this grandmother, a common Converso practice.

Trial of María González, Wife of Alonso de Merlo

alcayde,[9] quemado por hereje, veçino de Çibdad Real, e que no fue reconçiliada; e la otra se llamava Marina, muger de Diego de la Merça, vesino de Çibdad Real, reconçiliado, e que no fue reconçiliada; e que la otra se llamava Ynes, muger de Garçia de Carmona, vesino de Çibdad Real, e que no fue reconçiliada; e que todas las susodichas son defuntas (defuntas); e que esta confesante ⟨tiene⟩ tres fijos, que el mayor se llama Albaro de Merlo, que es çiego e por casar, de hedad de veinte nueve o treinta años; e otro se dize Alonso de Merlo, que sera de hedad de veinte e quatro años; e otro se llama Gonzalo, de hedad de doze años; e vna fija que se llama Catalina de Merlo,[10] muger de Pedro Nuñes, arrendador de las carniçerias de Almagro, vesino de Almagro, que sera de veinte e dos años; e otra que se llama Maria, que es desposada con Gonzalo de Carmona, arrendador, vesino de Çibdad Real, de hedad de diez y siete o diez e ocho años; e otra que se dize Marina, que es de hedad de catorze años; e otra que se dize Costança, de hedad de treze años; e que la dicha Ynes Gomes, su hermana, tiene vn fijo e vna fija, e que el fijo se llama Fernando Vallesteros, que esta desposado con fija de Fernando Aluares, espeçiero,[11] veçino de Çibdad ⟨Real⟩, e la fija se llama Catalina Gomes, muger de Juan de Cordova, espeçiero, veçino de Çibdad Real; e que el dicho Fernando de Fez,[12] su hermano, tiene tres hijos machos de la primera muger, que el mayor se llama Alfonso, que sera de veinte tres años, e que el otro se llama Juan, que sera de diez e ocho años, poco mas o menos, e que el otro se llama Hernando, e es menor que los dichos sus hermanos, no sabe que tanto; e que ninguno dellos es casado ni desposado; e que tiene vna fija que se llama Catalina Gomes, que esta casada con Gonsalo Rodrigues de Almagro, vesino de Almagro; e que la dicha Costança Rodrigues, su hermana, dexo vn fijo que obo con el dicho Rodrigo de Chillon, que sera agora de quinze años; | e que la dicha Ines,[13] hermana de su madre deste confesante, dexo tres fijos, que la mayor se llamava Mençia, que es falleçida, que fue muger de Rodrigo de Villarreal, veçino de Çibdad Real, defunta; e la otra se llamava Maria ⟨que fue

---

[9] See her trial, Vol. I, No. 77.
[10] See also the trials of María González, wife of Pedro de Villarreal (No. 100, fol. 25v) and Juana Núñez (No. 107, fol. 14r).
[11] Leonor, the wife of Fernándo Alvarez, was handed over to the Secular Arm on 7 October 1513; see her trial, No. 101.
[12] He lived in Daimiel.
[13] She was the wife of García de Carmona.

casada⟩ con vno de Carrion que no sabe su nonbre, que es fallesçida; e vn fijo que se llama Alvaro de Carmona, que es casado con vna fija de Juan Caluillo,[14] veçino de Çibdad Real.

Admonitions and Examination

[Primera moniçion]

Sus reuerençias le preguntaron sy sabe por que esta presa, e la dicha Maria Gonsales dixo que non lo sabe. Sus reuerençias la dixieron que la avian mandado prender porque tienen informaçion contra ella que a fecho e dicho cosas contra nuestra Santa Fe Catolica e cometido ritos e çerimonias de la Ley de Moisen, e sabe de otras personas que los an hecho e dicho e cometido. Por ende, que la requerian e amonestaban por Dios Nuestro Señor e por Su Vendita Madre le Virgen Santa Maria que diga e confiese todo lo que a fecho e dicho contra nuestra Santa Fe Catolica, syguiendo e guardando la Ley de Moisen e sus rictos e çerimonias, e lo que sabe de otras personas que lo an hecho e cometido, e que asy lo faziendo, descargara su conçiençia e se vsara con ella de la misericordia e piedad que de derecho e buena conçiençia obiere lugar, e que ni por temor de la carçel en que esta ni por otra ninguna cavsa, non diga syno verdad e no levante testimonio contra ninguna persona, porque tanta pena le sera dado por ello como sy maliçiosamente callase la verdad.

La dicha Maria Gonsales dixo que pide termino para aver su acuerdo e confesar la verdad. Su merçed le dio termino fasta la abdiençia de la tarde. |

4r [Confision]

10 Sept. 1512
E despues de lo susodicho, en la dicha çibdad de Toledo, dies dias del mes de setienbre del dicho año de mil e quinientos e dose años, este dia, estando los reuerendos señores liçençiados Alonso de Mariana e Pedro Ochoa de Villanueva, inquisidores, en la abdiençia del dicho Santo Ofiçio, sus reuerençias mandaron salir ante sy a la dicha Maria Gonsales, la qual siendo presente, dixo que ayer, juebes, que se contaron nueve dias deste presente mes, avia llevado termino para se acordar las cosas que abia dicho e fecho contra nuestra

---

[14] Juan Calvillo was a member of a well-known Converso family in Ciudad Real. He was tried and burnt in effigy in 1484; see his trial, Vol. I, No. 13.

Trial of María González, Wife of Alonso de Merlo

casada⟩ con vno de Carrion que no sabe su nonbre, que es fallesse le acordare; la qual dixo e confeso que, seyendo esta confesante de hedad de doze o treze años, estando en casa de los dichos Juan de Fez e Catalina Gomes,[15] sus padres, e devaxo de su poderio paternal [Çiudad Real; Joan de Fez; Catalina Gomez, su muger], que bio a la dicha su madre como guardava los sabados, no haziendo en ellos cosa ninguna, e bistiendo en ellos camisas linpias (en ellos), e guisar del viernes para el sabado lo que comer e comiendo⟨lo⟩; ⟨e⟩ que holgaba los viernes en las noches e linpiava los candiles e ençendialos con mechas nuevas; e que como esta confesante veia a la dicha su madre holgar los dichos sabados e biernes en las noches e vestir camisas linpias e ponerles mechas nuevas en las dichas candiles, esta confesante lo hazia asy; e que asymismo bio a la dicha su madre desebar la carne e quitarle la gordura, e abrir la pierna del carnero e sacar la landrezilla, e salar e desalar la carne e labarla al tiempo que avian de hechar a cozer, e que como esta confesante lo via a hazer a la dicha su madre, lo hazia este confesante. E que asymismo vio guardar al dicho su padre los biernes en las noches e sabados e bestir camisas linpias en ellos; e que el dicho su padre e madre e esta confesante comian de los manjares que se guisaban del biernes para el sabado. E que vna hermana desta confesante, que se dize Ynes Gomez, que hera muger de Diego Vallesteros, non se acuerda sy guardaba entonçes los dichos biernes en las noches e sabados e hazia las cosas susodichas, porque entonçes hera casada e estaba en su casa. E que los dichos sus padres no comian toçino. [De tenpore]: E que abra lo susodicho treinta e dos o treinta e tres años.

Yten, dixo que seyendo rezien casada, que abra treinta años, poco mas o menos, quando el marido de esta confesante yva a las ferias e a otras partes, esta confesante se yva a casa de la dicha su madre e holgaba los sabados e | se vistia camisas linpias e hazia con la dicha su madre, e hazla todas las cosas que tiene dichas. Lo qual dixo que hizo por espaçio de dos años, lo qual hera antes que veniese la Inquisyçion a Çibdad Real. E que despues de lo susodicho, puede aver doze o treze años, esta confesante se vaño en su casa e ⌈otra bez⌉ en Çibdad Real vna vez, e ⌈otra bez⌉ en el vaño de la çibdad vn sabado en la noche por çerimonia judayca. E que

---

[15] María was called to testify against her parents in their trial; see Vol. I, No. 9, fol. 10r.

[427]

quando sus fijos desta confesante le besaban la mano, que gela ponia ençima de la cabeça, syn los santiguar, e que lo hazia por çerimonia judayca. E que a quinze años que dexo de dar a sus fijos la dicha vendiçion. E que al presente non se acuerda de otra cosa, que le pongan su demanda e que confesara lo que se le acordare e obiere fecho. E juro en forma de derecho ser verdad todo lo que dicho e confesado tiene. Fue mandada boluer al carçel.

[Segunda moniçion]

15 Sept. 1512 E despues de lo susodicho, en quinze dias del dicho mes e año, estando los dichos reuerendos señores inquisidores en la dicha abdiençia, sus reuerençias mandaron salir a la dicha abdiençia a la dicha Maria Gonsales, la qual siendo presente, fue requerida e amonestada que diga e confiese enteramente la verdad de todo lo que a fecho e dicho contra nuestra Santa Fe Catolica, e lo que sabe de otras personas, e que asy lo haziendo, que descargara su conçiençia e se vsara con ella de la misericordia que de derecho obiere lugar, en otra manera, que sus reuerençias oyran al promutor fiscal e haran lo que de justiçia devan.

[Confision]

La dicha Maria Gonsales dixo que desde el dicho tienpo que tiene confesado hasta que fue presa, sienpre en su intençion e pensamiento a guardado los sabados, avnque por la obra non los guardava, porque no osava por no ser sentida de su marido e de sus fijas.[16] E que le pongan la acusaçion, e sy mas se le acordare, que lo dira e confesara.

Arraignment

[Como se le puso la demanda]

21 Oct. 1512 E despues de lo susodicho, en XXI dias de otubre del dicho año, estando los reuerendos señores inquisidores en la dicha abdiençia, mandaron pareçer ante sy a la dicha Maria Gonsales, e seyendo presente, el promutor fiscal presento la dicha demanda siguiente: |

5r Muy Reuerendos Señores:

Martin Ximenes, canonigo de Logroño, promotor fiscal en el Ofiçio de la Santa Ynquisiçion en esta muy noble çibdad de Toledo e en

---

[16] This device of keeping the Sabbath by revering it mentally when she was unable to do so in practice is unique.

Trial of María González, Wife of Alonso de Merlo

todo su arçobispado, paresco ante Vuestras Reuerendas Paternidades y en la mejor manera que puedo e deuo de derecho, denunçio e acuso a Maria Gonçales, muger de Alfonso de Merlo, arrendador, vesina de Çibdad Real, asy como a hereje e apostota de nuestra Santa Fe Catolica Christiana, ficta e symulada confitente, la qual, estando en posesyon e so color e nonbre de christiana e gosando de las prerrogatyvas que los christianos deven gosar, heretyco e apostato de nuestra Santa Fe Catolica Christiana, pasandose a la mortifera Ley de los judios e a la obseruançia de sus rictos e çerimonias, de los quales ella, despues de presa, fingidamente ha confesado algunos; en espeçial, que guardaua e guardo los sabados e en ellos se vistio de ropas linpias e hiso otras cosas e çerimonias de la Ley de los judios por obseruançia della, segund mas largo en la dicha su fingida confesyon se contiene, e dexo de confesar maliçiosamente otras muchas cosas de heregia de sy e de otras personas; en espeçial, la dicha Mari Gonsales dexo de confesar lo que ella hasia con otras personas de los dichos delitos e çerimonias de los judios, demas de lo que ella tiene confesado, e calla e encubre lo que sabe e vido a otras personas que hisieron e cometieron los delitos e crimines de heregia que ella confeso, con ella e syn ella. E asymismo calla e encubre como despues (de despues) del tienpo que ella confeso e se aparto de los haser, ha fecho e cometydo los dichos crimenes e delitos de heregia, segund que en este proçeso entiendo prouar mas largamente. Por que, açebtando como açebto las confesyones fechas por la dicha Mari Gonsales, en quanto por mi hasen e no mas, pido a Vuestras Reuerendas Paternidas que, por su definitiua sentençia, manden declarar e declaren todo lo susodicho ser verdad e la dicha Mari Gonsales aver sydo e ser herege e apostota contra nuestra Santa Fe Catolica, ficta e symulada confitente e fatora e encubridora de hereges, e como tal la manden relaxar e relaxen a la justiçia e braço seglar, declarando todos sus bienes e fasyenda, del dia que cometio los delitos aca, aver sydo e ser confiscados e aver pertenesçido e pertenesçer a la camara e fisco real, e su posteridad e deçendençia por las lineas masculina e femenina, fasta el primero grado ynclusyue, ser priuados de todos benefiçios e ofiçios publicos e onras mundanas, e ynabiles para aver ni tener otros de nueuo; e sobre todo pido serme hecho conplimiento de justiçia. E pido que manden a la susodicha que con juramento, syn consejo de persona alguna, responda a las cosas contenidas en esta dicha mi acusaçion, e sobre lo que auisare pido ser reçebido a prouança.

Records of the Inquisition in Ciudad Real and Toledo, 1494-1512

Reply of the Defendant

E asy presentada e leyda la dicha acusaçion por el dicho promotor fiscal, la dicha Maria Gonçales dixo e respondio que le den termino para aver su a|cuerdo e manifestar la verdad. Sus reuerençias le dieron termino de terçero dia para que recorra su memoria e venga diziendo e confesando la verdad; e fue mandada boluer a la carçel.

5v

23 Oct. 1512

E despues de lo susodicho, en XXIII dias del dicho mes y año, estando el reuerendo señor liçençiado Pedro Ochoa de Villanueva en la dicha abdiençia, su reuerençia mando sacar ante sy a la dicha Maria Gonçales, a la qual, siendo presente, su reuerençia le dixo que, pues avya llevado termino de terçero dia para recorrer su memoria e confesar la verdad, que diga e declare la verdad, respondiendo a la dicha acusaçion. La dicha Maria Gonçales dixo que pedio que le lean sus confisiones; las quales le fueron leydas, e dixo e respondio ser verdad todo lo contenido en las dichas sus confisiones. E pedio que le fuese leyda la dicha su acusaçion; le qual le fue leyda, e dixo e respondio a la dicha acusaçion lo seguiente:

Confession

[Confision]

Dixo que abra veinte e tres años, poco mas o menos, que esta confesante e el dicho su marido se fueron a bibir a la villa de Daymiel, donde vibieron por espaçio de año y medio; y en el dicho tienpo, esta confesante guardaba los sabados por obserbançia de la Ley de Muysen. Y que muchos dias de sabados se yva esta confesante a casa de Ximon Franco, vesino de Daymiel, a holgar con vna hija del dicho Ximon Franco, que se llama Leonor, que hera entonçes donzella, de hedad de mas de viente años, la quel se caso despues en Almodobar del Canpo [Almodobar; Leonor, fija de Ximon Franco, vesino que fue de Daymiel], e no se acuerda este testigo con quien; la qual dicho Leonor e esta confesante holgaban los dichos sabados syn hazer hazienda en ellos, por çerimonia de la Ley de Muysen, e se bestian camisas linpias. E la susodicha Leonor dezia a esta confesante que se bestia camisa linpia por obserbançia de los sabados. E que holgaban alli los dichos sabados e merendaban vbas e arrope e otras cosas, e abian plazer. E este testigo la bia vestida camisa linpia a la dicha Leonor los dichos sabados, e que pudieron veinte sabados lo que guardaron e holgaron esta confesante e la susodicha. E que despues este confesante dexo de yr a la casa de

Trial of María González, Wife of Alonso de Merlo

6r la susodicha | porque hera muger enamorada e el marido desta confesante le mando que non fuese mas a su casa. E que no se acuerda aver guardado los sabados con otra persona en el dicho logar Daymiel. E que despues se vino a morar a la Çibdad Real, e que nunca alli guardo los sabados con ninguna persona ni hizo otras çerimonias, syno en su boluntad e solo como dicho tiene. E que nunca fue a casa de nadie a guardar los dichos sabados en la dicha Çibdad Real. E que sus reuerençias la pongan en las no ⟨sic⟩, que sy otra cosa se le acordare, que ella dira la verdad. Fue mandada boluer a la carçel e que aya su acuerdo e venga confesando la verdad. E juro ser verdad todo lo por ella dicho e confesado.

5 Oct. E despues de lo susodicho, en XXV dias del mes de otubre del dicho
1512 año, estando el dicho reuerendo señor el liçençiado Pedro Ochoa de Villanueva en la dicha abdiençia, sus reuerençias mandaron sacar a la dicha abdiençia a la dicha Maria Gonçales, la qual siendo presente, su reuerençia le dixo que, pues abia llevado termino para acordarse de lo que a fecho de dicho contra nuestra Santa Fe Catolica e lo que sabe de otras personas que lo ayan fecho e cometido, que lo diga e confiese e enteramente descargue su conçiençia. La qual dicho Maria Gonçales dixo que no se le acuerda aver dicho ni fecho cosa ninguna contra nuestra Santa Fe Catolica ni otras personas que lo ayan fecho ni dicho, mas de lo que dicho e confesado tiene.

Su reuerençia le dixo e pregunto sy conoçe e Beatris Alfonso,[17] bibda, muger de Fernando de Merida, veçino de Çibdad Real; dixo que la conoçe. E sy conoçe a la muger de Rodrigo de Chillon,[18] veçina de Çibdad Real; dixo que bien la conoçe. Fue preguntada sy con algunas de las susodichas e con otra mas guardo esta confesante los sabados o hizo otras çerimonias de la Ley de Muisen, que lo
6v diga e confiese, o sy lo hizo con otras personas algunas. | La dicha Maria Gonçales dicho que suplica a su merced que le de termino fasta la abdiençia de la tarde para que recorra su memoria e benga confesando la verdad. Su reuerençia le dio termino hasta la dicha abdiençia, e que recorra su memoria e venga diziendo la verdad e descargando su conçiençia.

---

[17] She was burnt on 7 September 1513; see her reconstructed trial, No. 104.
[18] María González; see her trial, No. 105.

[Confision]

26 Oct. 1512 E despues de lo susodicho, en XXVI dias del mes de otubre del dicho año, estando el dicho reuerendo señor el liçençiado Pedro Ochoa de Villanueva, inquisidor, en la abdiençia del dicho Santo Ofiçio, su reuerençia mando salir ante sy a la dicha Maria Gonçales, a la qual, siendo presente, su reuerençia le dixo que, pues avia llevado termino para aver su acuerdo, que diga e confiese enteramente la verdad.

La dicha Maria Gonçales dixo que puede aver çinco o seys años que de casa de Rodrigo de Chillon, vesino de Çibdad Real, enbiaron a llamar a este testigo Maria Gonçales, muger del dicho Rodrigo de Chillon, vn biernes en la tarde porque estaba de parto, e este confesante fue alla, e que pario aquella tarde la dicha muger de Rodrigo de Chillon; e que el sabado seguiente, despues de comer, este confesante se fue alla, mas con intençion de guardar el sabado que con gana de visitar a la susodicha. E que guardo esta confesante el dicho sabado; e que fallo alli a la muger de Pedro Diaz de Villarruvia,[19] quemada, ⟨e⟩ no sabe sy guardaba el dicho sabado. E que no se acuerda aver ydo otro sabado ninguno a casa del dicho Rodrigo de Chillon. E que nunca bio guardar sabado ninguno a la dicha muger de Rodrigo de Chillon ni a otra persona ninguna.

Appointment of Defence

[Letrado Vonillo; Procurador Mudarra]

Su reuerençia dixo que pues esta negatiba, que la mandaba e mando dar letrado e procurador que la ayvden en esta cavsa. La susodicha dixo que no queria letrado. Su reuerençia la mando todabia que nonbre letrado e procurador. La susodicha nonbro por su letrado al bachiller Vonillo e por procurador a Diego Mudarra, al qual dio su poder conplido para en esta cavsa, e relevole, etç. Testigos: Diego Lopez de Tamayo, notario, e Juan de Ortega, portero, vesinos de Toledo. |

7r [Como comunico la rea con su letrado]

3 Nov. 1512 E despues de lo susodicho, en tres dias de novienbre del dicho año, estando los dichos reuerendos señores inquisidores los liçençiados Alfonso de Mariana e Pedro Ochoa de Villanueva en la abdiençia del dicho Santo Ofiçio, mandaron salir ante sy a la dicha Maria Gonçales, la qual siendo presente, comunico su acusaçion con el

---

[19] She was condemned and burnt shortly before the defendant's arrest; see her trial, No. 99.

Trial of María González, Wife of Alonso de Merlo

bachiller Bonillo, su letrado, que presente estaba. E sus reuerençias le mandaron dar treslado de la dicha acusaçion. |

7v *Blank page*

8r En IX dias de nobienbre del dicho año de I V DXII años presento la dicha Maria Gonsales ante sus reuerençias

Oct. 1512

+

Muy Reuerendos Señores:
Maria Gonsales, muger de Alfonso de Merlo, arrendador, veçino de Çibdad Real, ante Vuestras Reuerendas Paternidades parezco, respondiendo a vna acusaçion e denunçiaçion o adiçion contra mi puesta e intentada por el venerable canonigo e promutor fiscal Martin Ximenez, en que dize yo ser hereje e apostota, ficta e symulada confitente e encubridora de herejes, e por tal pide yo ser declarada, e entregada al braço seglar, e mis bienes confiscados, e mi posteridad ynhabilitada, segund que mas largamente en la dicha su acusaçion, denunçiaçion o adiçion se contiene, el tenor de la qual aqui avido por espreso e lo demas por mi dicho e confesado, digo ser ninguna e de ningund efecto por lo syguiente: Lo vno, por no ser intentada en tienpo ni forma ni segund y como de derecho se requeria, es inecta e malformada, no açertada a lugares ni tienpos que de derecho se requeria, careçe de verdadera relaçion e de las otras cosas sustançiales del derecho, no es jurada, que de manera se requeria, y eçebto en lo por mi confesado, en que me afirmo, la niego como en ella se contiene, porque yo no seria ni soy ficta ni symulada ni diminuta confitente, ni encubridora de herejes, ni tal se puede afirmar ni es verisimile ni de creer, porque yo tengo dicho y confesado todo aquello que se me acordo aver hecho y cometido contra nuestra Santa Fe Catolica, syn callar ni encubrir cosa alguna de mi ni de otras persona⟨s⟩, y no se puede ni deve creer otra cosa, que manifestando mis culpas y pecados, avia de encubrir

8v los ajenos, no | viniendome dello provecho, antes daño, y seyendo çertificada que, ⟨no⟩ seyendo mi confision entera, antes me traya daño que provecho. Y sy mas de lo contenido en la dicha mi confesyon ay testificado, es por personas e testigos perjuros, falsarios e mis enemigos capitales, que con enemistad quisyeron dezir el contrario de la verdad. Por que a Vuestras Reuerendas Paternidades pido manden dar la dicha acusaçion o adiçion por ninguna, e a mi por quita de lo en ella contenido, mandandome inponer penitençia saludable conforme a mi confesyon, la qual estoy presta de conplir.

[433]

Records of the Inquisition in Ciudad Real and Toledo, 1494–1512

Para lo qual y en lo neçesario el santo y noble ofiçio de Vuestras Reuerendas Paternidades inploro, e pido conplimiento de justiçia, y concluyo.

     (—) bachiller   (—) el liçençiado
      del Bonillo   Pedro de Herrera.

[Petiçion de la rea]
E asy presentada dixo que concluya e concluyo e pedio ser reçibida a la prueva, estando presente su letrado el bachiller Bonillo e con su acuerdo e consejo.

[Respuesta de sus reuerençias]
Sus reuerençias dixieron que mandaban dar traslado al dicho promotor fiscal, e termino de terçero dia para responder e concluir.

[Contestaçion del fiscal]
El bachiller Diego Martines de Ortega, teniente del fiscal, que presente estaba, dixo que, afirmandose en lo por el dicho e acusado, inovaçion çesante, negando lo perjudiçial, que concluya e concluyo, e pedio ser reçibido a la prueva.

[Sentençia de prueva]
Luego, incontinenti, sus reuerençias dixieron que pues las dichas partes concluian, ellos concluian con las dichas partes, e abian e obieron la dicha cavsa por conclusa, e que fallaban que devian reçebir e reçebieron a las dichas partes a la prueva, con termino de nueve dias, saluo jure inpertinentium et non admitendorum, etç. |

9r *Witnesses for the Prosecution*

Provança del promotor fiscal contra Maria Gonçales muger de Alfonso de Merlo veçina de Çibdad Real presa

[Testigo. La confision que Maria Gonçales, muger de Pedro de Villarreal, fizo en la camara del tormento y en su proçeso]
[Ratificada]

30 March En la çibdad de Toledo, a treinta dias del mes de março de mil e
1512 quinientos e doze años, estando los reuerendos señores el liçençiado Alfonso de Mariana e el liçençiado don Françisco de Herrera, inquisidores, en la carçel del Santo Ofiçio de la Inquisiçion, en la camara del tormento, e siendo presente Maria Gonsales, muger de Pedro de Villarreal, veçina de Çibdad Real, presa en la dicha carçel, sus

[434]

Trial of María González, Wife of Alonso de Merlo

reuerençias mandaron a la dicha Maria Gonsales que se desnudase.

E luego la dicha Maria Gonsales dixo que ella queria dezir e manifestar la verdad de todo lo que sabia, ansy de sy como de otras personas, que pedia e pedio a los dichos señores inquisidores que no le diesen tormento, que ella queria dezir e manifestar la verdad de todo lo que supiese e descargar su conçiençia, dixo, etç.

Yten, dixo que la dicha su madre desta confesante e la dicha muger de Diego de Teba [20] e la dicha muger de Juan de Teba [21] e su madre de la dicha muger de Juan de Teba e esta confesante e la muger de Rodrigo de Chillon y su madre Ynes de Merida,[22] se juntaban todas en casa de la dicha muger de Rodrigo de Chillon, e la muger del liçençiado Franco, que no sabe su nonbre, mas de quanto sabe que es fija de vno que hera aposentador del rey, e su hermana de la dicha muger de Lorenço Franco,[23] que no sabe su nonbre, pero que sabe que es muger de Gonzalo Garrido, cardador, vesinos de Çibdad Real, e Maria Gonçales, muger de Alfonso de Merlo, arrendador, veçino de Çibdad Real, e Catalina de Merlo, su fija, muger de Pero Nuñez, carniçero,[24] e su hermana Ynes Gomes, muger de Diego Vallesteros, defunto, veçina de Çibdad Real. E que todas las susodichas, e esta confesante con ellas, se juntaban en casa de la dicha muger de Rodrigo de Chillon a holgar los sabados e guardarlos; e que yvan todas atabiadas de ropas de fiesta e bestidas camisas linpias con tocas linpias por honra de los dichos sabados, por çerimonia de la Ley de los judios; y esta confesante ansymesmo yva atabiada e bestida camisa linpia e tocas linpias; e que alli merendavan e abian plazer e holgaban el dicho sabado; e que sabe este confesante que todas las susodichas holgaban los dichos sabados con la intençion que esta confesante lo hazia. Preguntada que como lo sabe, dixo que ellas gelo dezian a este confesante e lo platicaban

9v con ella, y ella | con ellas. E que pocas vezes fueron las que se juntaron en esta casa, a cavsa que el dicho Rodrigo de Chillon tenia las carniçerias e que tenia trafago de gente. E que algunas vezes, algunos biernes en las noches, se juntaban esta confesante e las susodichas en esta dicha casa de Rodrigo de Chillon a holgar las dichas noches de viernes, e que se vañavan las dichas noches e llevaban sus camisas linpias, e desde que se avian vañado, se las

[20] María de Mérida.
[21] Juana Núñez; see her trial, No. 107.
[22] See Biographical Notes.
[23] Teresa de Villarreal; see Biographical Notes.
[24] Inhabitant of Almagro.

vestian las susodichas, y este confesante con ellas, por çerimonia. E que esta confesante non se vaño mas de vna bez en esta dicha casa de Rodrigo de Chillon, e que si mas se vaño, que no se acuerda, pero que sabe que las otras susodichas se vañaron muchas vezes; e que alli se platicaban vnas con otras como yva e bañar ay vnos de los judios cada vna en su casa e de lo que hazian. E que sabe que en la dicha casa de Rodrigo de Chillon ençendian los biernes en las noches dos candiles linpios con mechas nuevas mas tenprano que las otras noches, e que sabe que lo hazian por çerimonia de la Ley de los judios, e que avnque los dichos candiles esta confesante non los veya ençender, porque yva tarde, sabia que los ençendian tenprano, e veya como estaban muy linpios e con mechas nuevas ençendidos. E que en las casas que esta confesante veya mas contino ençender los dichos candiles linpios con mechas nuevas los biernes en las noches mas tenprano que las otras hera en casa de Juan de Teba e Diego de Teba, que heran vesinos desta confesante, etç.

31 March 1512 E despues de lo susodicho, en treinta e vn dias del mes de março del dicho año de mil e quinientos e doze años, estando el reuerendo señor liçençiado Alfonso de Mariana, inquisidor, en abdiençia del dicho Santo Ofiçio, mando a Melchor de Saabedra, alcaide de la dicha carçel, que sacase a la dicha abdiençia a la dicha Maria Gonçales, la qual siendo presente, el dicho señor inquisidor le dixo que si se acordaba bien de las cosas que ayer abia dicho e confesado, asy de sy como de otras personas, ante los reuerendos señores el dicho liçençiado Mariana e don Françisco de Herrera, inquisidores. La dicha Maria Gonçales dixo que bien se acordaba de todas las cosas que avia dicho e confesado, ansy de sy como de otras personas, e pedio al dicho señor inquisidor que le mandase leer las dichas sus confisiones. El dicho señor inquisidor gelas mando leer. Las quales yo, el dicho notario, le ley de verbo ad verbum, e ansy leydas, la dicha Maria Gonçales dixo que es verdad todo lo conte-
10r nido en las dichas sus confisiones, ansy della como de todos | los susodichos, e que asy paso, e que hizo e cometio e vio hazer e cometer los dichos delitos de heregia en ellas contenidos a todas las susodichas personas, segund e de la manera e forma que lo tiene dicho e confesado, e que en ello se afirmava e afirmo, ratificaba e ratifico, e que si neçesario hera que agora lo desia de nuevo. E juro en forma ser verdad todo lo por ella dicho e confesado, etç.

Fue preguntada quanto tiempo a que se dexaron esta confesante e las susodichas de se juntar a guardar los sabados e hazer las otras cosas susodichas en las dichas casas de la dicha muger de Diego

Trial of María González, Wife of Alonso de Merlo

de Teba e de Fernando de Cordoba [25] e de la de Rodrigo de Chillon.[26] Dixo que el ayvntamiento que hazian en la dicha casa de la muger del dicho Fernando de Cordoba, que abra vn año e quatro meses que se dexaron de juntar en la dicha casa, que fue despues que falleçio el dicho Hernando de Cordoba, su marido. E que de los ayvntamientos que hazian en las dichas casas de la dicha muger del dicho Diego de Teba e Rodrigo de Chillon, que se dexaron dello e no se juntaron mas despues que supieron que el dicho señor inquisidor Alfonso de Mariana estaba en Alcaçar e visitando aquella tierra, e que de que lo supieron, vnas a otras se hablaban e avisaban que se guardasen que no fuesen sentidas, porque la Inquisiçion andaba por la tierra visitando e se desia que abia de venir a Çibdad Real. E que esta es la verdad, so cargo del juramento que tiene fecho, e que non lo dize por odio ni enemistad, syno porque es asy la verdad, etç.

[Ratificaçion]

22 Oct. 1513 En Toledo, XXII dias de otubre de I V DXIII, estando en la abdiençia del dicho Santo Ofiçio los reuerendos señores inquisidores los liçençiados Mariana e Villanueva, estando presente el honrado bachiller Diego Martines de Ortega, teniente del fiscal, el qual dixo que fazia e fizo presentaçion del dicho e deposiçion de la dicha Maria Gonçales, que presente estaba, de la qual sus reuerençias reçibieron juramento en forma de derecho, so cargo del qual le preguntaron sy se acordaba aver dicho contra algunas personas en este Santo Ofiçio. Dixo que se acuerda aver dicho de algunas personas, entre las quales dixo contra Mari Gonçales, muger de Alonso de Merlo, veçino de Çibdad Real, e pedio serle leydo su dicho. El qual le fue leydo. E dixo ser verdad todo lo contenido en el dicho su dicho, segund que en el se contiene, e que se ratificaba e ratifico en el dicho su dicho, e que si neçesario es, que lo dezia e dixo de nuevo. Fueron presentes por personas onestas e religiosas Pedro de Viezma [27] e Pedro de Hena, religiosos benefiçiados en la Santa Yglesia de Toledo.

---

[25] Her name was Mayor Alvarez. She was handed over to the Secular Arm on 7 September 1513; see Fita, p. 476, No. 190, and Biographical Notes.
[26] María González, the defendant.
[27] His name is given as Biedma in the trial of Juan Ramírez, No. 109, fol. 28v.

Records of the Inquisition in Ciudad Real and Toledo, 1494–1512

[Ratificaçion]

14 Jan. En XIIII° dias de henero de IVDXIII años ratificose otra bez
1513 ante los reuerendos señores inquisidores los liçençiados Alfonso de Mariana e don Françisco de Herrera e Pedro Ochoa de Villanueva, siendo presentes por personas religiosas Pedro de Hena e Juan de Morgovejo, clerigos beneficiados en la Santa Yglesia de Toledo. |

10v [Libro XVIII° de Toledo CLXII]

21 Aug. En Toledo veinte e vn dias del mes de agosto de mil e quinientos e
1512 doze años ante los reuerendos señores el liçençiado Alfonso de Mariana e el liçençiado Pedro Ochoa de Villanueva inquisidores.

Pareçio ante sus reuerençias Catalina, negra, esclaba criada de Pedro de Villarreal, mercader, veçino de la Çibdad Real, e juro en forma de derecho, so cargo del qual dicho juramento dixo, etç.

Yten, dixo que puede aver quatro meses, poco mas o menos, que este testigo fue a casa de Alfonso de Merlo, vesino de Çibdad Real, que su muger es prima de Maria Gonçales, ama deste testigo, e que bio este testigo como venian de la escuela dos fijos del dicho Alfonso de Merlo, el vno de hedad de diez años, que se llama Gonçalito, e el otro de hedad de siete años, que no sabe su nonbre, e que besaron la mano a la dicha su madre, muger del dicho Alfonso de Merlo, que cree que se llama Maria Gonçales, e que la susodicha, despues que los dichos la besaron la mano, gela puso sobre las cabeças e gela traxo por el rostro abaxo syn los santiguar. E que a este testigo le pareçio que lo susodicho hera cosa de heregia, porque lo abia oydo leer en las casas de la Inquisiçion, que se leyeron quando el señor inquisidor Mariana estaba en Çibdad Real.[28] E que al presente no se le acuerda otra cosa ninguna, e que sy mas se le acordare, que lo verna diziendo. Juro en forma de derecho ser verdad todo lo que dicho tiene.

21 April En Toledo, a XXI dias de abril de IVDXIII años, estando los
1513 reuerendos señores inquisidores el liçençiado Alfonso de Mariana e el liçençiado don Françisco de Herrera, pareçio presente el dicho promotor fiscal e dixo que fazia e fizo presentaçion de la persona e dicho e depusiçion de la dicha Catalina, negra, que presente estaba, de la qual sus reuerençias reçibieron juramento en forma de derecho, so cargo del qual la preguntaron sy se acuerda aver

---

[28] This indicates that instructions were given, most likely during a sermon, as to what constituted heresies against the Church.

[438]

Trial of María González, Wife of Alonso de Merlo

dicho alguna cosa contra alguna persona en este Santo Ofiçio, e que diga lo que dixo e contra quien lo dixo. Dixo que se acuerda aver dicho contra çiertas personas, entre las quales dixo contra Maria Gonçales, muger de Alfonso de Merlo, e dixo su dicho en sustençia. E fuele leydo. Dixo ser verdad como en el su contenido, e que en el se afirmava e afirmo, ratificaba e ratifico, e sy neçessario es que lo dezia de nuevo. Fue preguntada quienes heran a quien daba la susodicha la vendiçion. Dixo que ⟨a⟩ vn fijo suyo que se dize Gonçalito, de hedad de doze o treze años, e a otro ⟨mo⟩ chacho de ocho o nueve años, que no hera su fijo syno nieto o sobrino [   ], que hera fijo de Fernando de Fez. Fueron presentes por personas onestas ⟨e re⟩ligiosas el bachiller Hojeda [29] e Juan de Morgovejo, clerigos benefiçiados en ⟨la yglesia de Toledo⟩. |

11r
7 Sept.
1512

En Toledo, en XVII dias de setienbre de I V DXII años, ante los reuerendos señores los liçençiados Alfonso de Mariana e Pedro Ochoa de Villanueva, ynquisydores.

[Sacado de la confesyon de Beatriz Alonso, muger que fue de Alonso ⟨sic⟩ de Merida]

[Ratificada]

Beatriz Alfonso, muger que fue de Hernando de Merida, veçino de Çibdad Real, presa en la carçel deste Santo Ofiçio, dixo que dende a tres o quatro años que este confesante se reconçilio, morando en la cal de Calatrava en la dicha Çibdad Real, tenia por vezina a Maria Gonçales, muger de Alonso de Merlo, presa que esta agora en la dicha carçel deste Santo Ofiçio, y que fueron vezinas vn año. Y que en el dicho año este confesante y la dicha Maria Gonçales guardaron algunos sabados; a las vezes los guardavan en casa desta confesante, e otras vezes en casa de la dicha Mari Gonçales. Y que en los dichos sabados no hazia cosa ninguno syno holgar y aver plaser y merendar, y que no se vistian camisas linpias ni se ponia tocas linpias ni se vestia ropas de fiesta por miedo de los dichos sus maridos, asy este confesante como la dicha Maria Gonçales. E que comian en los dichos sabados esta confesante y la dicha Maria Gonçales algunas cosas guisadas del viernes para el sabado. Y que todas las vezes que buenamente pudieron guardar los sabados en el dicho tienpo, lo hizieron. E lo juro en forma, etç.

---

[29] Bartolomé de Hojeda; he was a witness to many Court procedures in the trials held in Toledo during 1512–1514.

[439]

[Ratificaçion]

13 Nov. 1512 E despues de lo susodicho, en treze dias del mes de nobienbre del dicho año, estando en la dicha abdiençia, los dichos reuerendos señores inquisidores mandaron salir ante sy a la dicha Beatris Alfonso; la qual siendo presente e el honrado bachiller Diego Martines de Ortega, teniente del fiscal, el qual fizo presentaçion del dicho e depusyçion e persona de la dicha Beatriz Alfonso para esta cavsa, por la qual sus reuerençias reçibieron juramento en forma de derecho, so cargo de lo qual, sus reuerençias les preguntaron sy se acuerda aver dicho alguna cosa contra alguna persona en este Santo Ofiçio; la qual dixo que se acuerda aver dicho contra Maria Gonçales, muger de Alfonso de Merlo, veçina de Çibdad Real. E dixo su dicho en sustançia. Pedio serle leydo su dicho, el qual le
11v fue leydo de verbo ad ver|bum. E dixo que es verdad todo lo contenido en el dicho su dicho e depusyçion, e que en ello se afirmaba e afirmo, ratificaba e ratifico, e sy neçesario es, que lo dezia e dixo de nuevo. Fueron presentes por personas onestas e religiosas Juan de Morgovejo e Rodrigo de Medina, clerigos capellanes en la santa yglesia de Toledo. |

Publication of Testimonies

12r [Pedimiento del promutor]

1 Dec. 1512 E despues de lo susodicho, en primero dia de dizienbre de mil e quinientos e doze años, estando los reuerendos señores el liçençiado Alfonso de Mariana e el liçençiado Pedro Ochoa de Villanueva, ynquisidores, en abdiençia del dicho Santo Ofiçio, peresçio presente el honrado Diego Martines ⟨de⟩ Ortega, teniente del fiscal, e dixo que, açeptando todas e qualesquier confesiones hechas por la dicha Maria Gonçales, en quanto por el hazian e no mas ni allende, y con espresa protestaçion que hazia e hizo que pueda presentar todas las provanças y testimonios que le convengan, hasta la conclusyon desta cavsa, que pedia e pidio a sus reuerençias que mandasen hazer publicaçion en esta cavsa, estando presentes la dicha Maria Gonçales e su letrado y procurador. La qual dixo que consejo ⟨*sic*⟩ de su letrado, que con la mayor protestaçion, que consentia a la dicha publicaçion.

[Publicaçion]

Los dichos señores ynquisidores dixeron que pues las dichas partes pedian publicaçion, que sus reuerençias dixeron que la mandavan e mandaron hazer, con termino de nueve dias primeros syguientes,

Trial of María González, Wife of Alonso de Merlo

y dar copia e treslado a cada vna de las dichas partes, e de las provanças del dicho fiscal, callados los nonbres y çircunstançias dellos. |

12v *Blank page*

13r Provança del promotor fiscal dada en publicaçion contra Mari Gonçales muger de Alfonso de Merlo, vesyna de Çibdad Real

[I testigo]

Vn testigo jurado,[30] etç., en vn dia del mes de março de mil e quinientos e dose años, dixo que sabe e vio que mari Gonçales, muger de Alfonso de Merlo, vesyna de Çibdad Real, e otras çiertas personas, algunas veses, de syete o ocho años a esta parte, se juntauan en casa de çierta persona a holgar los sabados e guardarlos, e que yvan todas atavyadas de ropas de fiesta e vestidas camisas linpias con tocas linpias por honra de los dichos sabados por çerimonia de la Ley de los judios, e que alli merendavan e avian plaser e holgavan el dicho sabado.

[II testigo]

Otro testigo jurado,[31] etç., en vn dia del mes de agosto de mil e quinientos e dose años, dixo que de quatro meses, poco mas o menos, a esta parte, sabe e vio que a Mari Gonçales, muger de Alfonso de Merlo, vesyna de Çibdad Real, besauan la manos dos hijos suyos quando venian de escuela, e que la susodicha, despues que los dichos sus hijos gela besauan, poniales la mano sobre las cabeças e gela traya por el rostro abaxo syn los santiguar.

[III testigo]

Otro testigo jurado, etç., en vn dia del mes de agosto de mil e quinientos e dose años,[32] dixo que puede aver veynte e quatro años, poco mas o menos, que sabe e vio que Mari Gonçales, muger de Alfonso de Merlo, vesyna de Çibdad Real, e otra, çierta persona, guardaua algunos sabados, e a las veses los guardaua en casa de la dicha Mari Gonçales e a las veses en casa de la dicha çierta persona. E que en los dichos sabados no hasian cosa ninguna syno holgar e aver plazer, e que comian algunas cosas guisadas del viernes para el sabado, e que vio lo susodicho por espaçio de vn año.

[30] The witness was María González, wife of Pedro de Villarreal.
[31] The witness was Catalina, the slave of Pedro de Villarreal.
[32] The third prosecution witness was Beatríz Alonso, however she testified on 17 September 1512.

[441]

Reply of the Defendant

3 Dec. 1512 E despues de lo susodicho, en tres dias de dizienbre de mil e quinientos e doze años, estando los reuerendos señores los liçençiados Alfonso de Mariana e don Françisco de Herrera e Pedro Ochoa de Villanueva, inquisidores, en la dicha abdiençia, mandaron sacar ante sy a la dicha Maria Gonçales, la qual seyendo presente sus reuerençias la mandaron que respondiese a la publicaçion de los *13v* testigos contra ella presentados | por parte del dicho fiscal. E lo que dixo e respondio a cada testigo, seyendole leydo, y so cargo del juramento que primero hizo, es lo syguiente:

[Lo que respondio a la publicaçion]

I Fuele leydo el primer testigo, al qual dixo e respondio e pidio a sus reuerençias que le dexasen pensar en ello e responder al dicho testigo.

II Al segundo testigo, seyendole leydo, dixo que ella tenia confesado lo contenido en el dicho testimonio, pero que no se acuerda averlo hecho en el tienpo que dize el testigo, pero que pudo ser que lo hiziese en el dicho tienpo, que pide a Dios perdon e a sus reuerençias penitençia con misericordia, como pedido tenia.

III Fuele leydo el terçer testigo, al qual dixo e respondio que al presente no venia, no es en su memoria mas de lo que tiene dicho y confesado, y que ella recorrera su memoria y dira y confesara todo lo que a su notiçia viniere que oviere hecho y cometido contra nuestra Santa Fe Catolica, e de otras personas. E sus reuerençias le dieron termino hasta otro dia para que recorra su memoria.

7 Dec. 1512 E despues de lo susodicho, en siete dias del mes de dizienbre de mil e quinientos e doze años, estando los dichos reuerendos señores ynquisidores en la dicha abdiençia, mandaron sacar ante sy a la dicha Maria Gonçales, la qual estando presente, sus reuerençias le dixeron que ya sabia que avia pedido termino pa recorrer su memoria pa responder a la publicaçion de los testigos, que dixese lo que se avia acordado, que lo declarase y manifestase.

Testimony Copied from Another Trial

[Sacado a su proçeso de Mari Gonçales, muger de Diego de Teva] [33]

La dicha Maria Gonçales dixo que se le acordava que avra ocho | *14r* años, poco mas o menos, que estando esta confesante en su casa

---

[33] Her file is not extant, however we know that she was absolved on 10 September 1513; see Fita, p. 480, No. 269, and Biographical Notes.

Trial of María González, Wife of Alonso de Merlo

de Hernando al torno, que vino vna esclava de Maria Gonçales, muger de Rodrigo de Chillon, vesino de la dicha çibdad, la qual esclava se llama Maria, e que le dixo a esta confesante que la dicha su ama le rogaua a esta confesante que se fuese a su casa porque estava de parto la dicha muger de Rodrigo de Chillon. Y que esta confesante fue alla, y que hera despues de comer; y que estuvo esta confesante toda aquella tarde en casa de la dicha muger de Rodrigo de Chillon holgando hasta dos horas despues de ser noche, que pario la dicha muger del dicho Rodrigo de Chillon. Y que esta confesante no hizo cosa ninguna en la dicha tarde, y que tuvo intençion de guardar la dicha tarde por obseruançia del sabado, y que lo guardo en suyo pensamiento. E que estouieron alli (la dicha) con la dicha muger de Rodrigo de Chillon y esta confesante, la muger de Diego de Teva, apuntador, e la de Pedro Diaz de Villarruvia,[34] condenada. [Çiudad Real. La de Diego de Teva, apuntador, sacado a su proçeso; la de Pedro de Villarruvia, condenada]. Y que las susodichas no hizieron cosa ninguna en la dicha tarde mas de holgar y ayudar a la dicha muger de Rodrigo de Chillon. Y que no sabe esta confesante sy las susodichas guardavan el dicho sabado con la intencion que esta confesante guardava. E que al presente no se acordava de otra cosa ninguna mas de lo que tenia dicho y confesado, e que pedia a Dios perdon y a sus reuerençias penitençia.

Defence

Sus reuerençias le dixeron que pues no confesaua enteramente de las cosas que estava acusada y testificada, que mirase sy queria
14v tachar algunas | personas que pensase que la querian mal o alegar otras eçesyones e defensyones, que lo dixese, que sus reuerençias estavan prestos de la oyr e guardar su justiçia.
La dicha Maria Gonçales dixo que ella no queria tachar a ninguna persona, ni sabia que ninguna persona la quiziese mal, ni tenia mas que dezir ni al presente se acordava de otra cosa ninguna, e que sy algo viniere a su memoria, ella lo dira e confesara ante sus reuerençias cada y quando que a su notiçia viniese; que de lo que avia dicho y confesado pedia a Dios perdon e a sus reuerençias penitençia con misericordia, y que en sus manos ponia esta cavsa, y le suplicava que vsase con ella de mucha misericordia e piedad, que no queria mas alegar ni tenia mas que dezir.

[34] María González; see above, n. 19.

[443]

[Como llevo treslado de la provança de los letrados]

15 Dec. 1512 E despues de lo susodicho, en XV dias de dizienbre del dicho año, llevaron treslado de la provança de los testigos los letrados de la dicha Maria Gonçales. |

Questionnaire

15r Indiretas

Devotos y Muy Reuerendos Señores: Pido e requiero a Vuestras Reuerendas Paternidades que a los testigos que por mi se yuso seran nonbrados les manden hazer las preguntas syguientes:

I Yten, sy saben que el dicho Alonso de Merlo aya tenido e tenga tres hijos, el mayor de edad de treynta años y el mediano de hedad de veynte e çinco y el menor de hedad de catorze años, poco mas o menos.

II Yten, si saben, etç., que los dos hijos mayores del dicho Alonso de Merlo, que mas de diez años e de doze que nunca fueron al escuela, porque el vno es ciego y el otro es de hedad de veynte e çinco años, e no tenia ni tien(y)e neçesydad de yr al escuela, e que si fuera, los testigos lo vieran e lo supieran.

III Yten, sy saben, etç., que puede aver dieziseys o diezisiete años, poco mas o menos, que el dicho Alonso de Merlo y su muger an byvido y biven en Çibdad Real, y el otro tienpo antes bivian e bivieron en la villa de Daymiel.

IIII° Yten, sy saben, etç., que todo lo susodicho sea publica boz e fama.

(—) el liçençiado   (—) Bachiller
Pedro de Herrera   del Bonillo

Testigos para lo del escuela: Testigos para la convidia:
+ Rodrigo de Mora   I II   + Matheo del Saz [37]
+ Diego Muñoz, hijo de   I II   Medina, cura de Daymiel
+ Gonçalo Muñoz de Loaysa [35]   Las hijas de Juan de Herrera,
Diego de Estrada.[36]   regidor, la vna casada y la otra
                                    donzella
                                    Alonso de Oviedo, veçino de
            Daymyel   Daymiel
                                    Pedro de Oviedo, su hijo. |

---

[35] He was an ardent collaborator with and familiar of the Inquisition during the 1483–1485 trials in Ciudad Real; see Biographical Notes on him.

[36] He was a *regidor* in Ciudad Real. See the trial of Beatriz González,

Trial of María González, Wife of Alonso de Merlo

15v *Blank page*

16r Provança de indiretas de Maria Gonçales muger de Alonso de Merlo.

[Testigo]

Feb. En Toledo, XIX dias de febrero de mil e quinientos e treze años,
1513 Pedro de Vbiedo, vezino de Daymiel, testigo jurado en forma de derecho, dixo que es fijo de algo, e que no es pariente del dicho Alfonso de Merlo ni de su muger, ni es sobornado, dado ni dadivado, e que conoçe al promotor fiscal deste Santo Ofiçio e al dicho Alfonso de Merlo e a la dicha su muger de bista e habla e alguna conversaçion.

I A la primera pregunta dixo que conoçe tres hijos del dicho Alfonso de Merlo, e que no sabe la hedad que tiene ninguno dellos.

II A la segunda pregunta dixo que nunca vido a ninguno de los dichos fijos de Alfonso de Merlo ye a la escuela, e que sabe que el vno dellos es çiego.

III A la terçera pregunta dixo que se acuerda este testigo, siendo de doze o treze años, que el dicho Alfonso de Merlo e la dicha su muger vibian en Daymiel e tenian conpania Alonso de Obiedo, padre deste testigo, e el dicho Alonso de Merlo en las carniçerias de Daymiel, pero que no se acuerda que tanto tienpo puede aver, e que despues conoçio a los susodichos bibir en Çibdad Real; e que no sabe mas de la dicha pregunta.

IIII° A la quarta pregunta dixo que dize lo que dicho tiene.

[Testigo]

Diego de Estrada, vesino de Çibdad Real, testigo jurado, etç., dixo que es fijo de algo, e que conoçe a la muger de Alfonso de Merlo e ⟨a⟩ Alfonso de Merlo de Treinta años a esta parte, e que sabe que tiene tres fijos, que el mayor se llama Alvaro e es çiego, e sera de treinta años, y el segundo se llama Alonso, que sera de veinte e çinco años, e otro que no sabe su nonbre, que sera de hedad de
16v catorze años, poco mas o menos, e que | este testigo no conoçe tener los susodichos otro fijo varon.

II A la segunda pregunta dixo que nunca vio a ninguno de los hijos del dicho Alfonso de Merlo yr a la escuela.

    wife of Juan de la Sierra, No. 98, fol. 10v; see also Biographical Notes on him, where he is listed under the name Strada.

[37] A certain Mateo de Saz, the owner of vineyards in Miguelterra, had his confiscated property returned by a royal edict dated 23 January 1503; see Beinart, *Sefarad*, XVII (1957), pp. 289 ff.

III A la terçera pregunta dixo que puede aver veinte e quatro años, poco mas o menos, que los dichos Alfonso de Merlo e su muger fueron, huyendo de vna grand pestilençia que obo en esta çibdad, a vebir a Daymiel. E que cree que estovieron alli mas de tres años, e que despues se boluieron a esta çibdad a bibir, no se acuerda este testigo quanto tienpo a.

IIII° A la quarta pregunta dixo que dize lo que dicho tiene.

[Testigo]

Rodrigo de Mora,[38] testigo jurado en forma de derecho, dixo que conoçe a Alfonso de Merlo de quinze años a esta parte, e que este testigo no ⟨es⟩ su pariente, e que es christiano viejo.

I A la primera pregunta dixo que sabe que el susodicho tiene tres hijos; el mayor es çiego, de hedad de treinta años; el segundo de veinte e çinco, e que el terçero, que sera de treze o catorze años. E que nunca vio yr a la escuela saluo al fijo mediano, que le vio yr a la escuela e que no se acuerda que tanto tienpo. E que al terçero, que le a visto yr a la escuela de dos años a esta parte.

III A la terçera pregunta dixo que abra quinse o diez e seys años que se vino e vibir a esta çibdad, e que oyo desir que de antes avian vebido en Daymiel.

IIII° A la quarta pregunta dixo que dize lo que dicho tiene.

[Testigo]

Diego Moñoz, hijo de Gonzalo Moñoz de Loaysa, testigo jurado en forma de derecho, dixo que es christiano viejo, e que a que conoçe a Alonso de Merlo e a su muger de doze o treze años, e que sabe que tienen tres fijos, que el mayor se dize Albaro de Merlo, que sera de treinta años y es çiego, e otro que se dize Alfonso de Merlo, de hedad de veinte e çinco años, e otro pequeño, de hedad de doze años, que no sabe como se llama. E que a mas de diez años que los dichos dos hermanos mayores no andan a la escuela, porque sy andubieran este testigo lo supiera, que es vesino de los susodichos.

[Testigo]

III El prior de Daymiel, Medina, testigo jurado en forma de

---

[38] A document dated 3 April 1476, found at Simancas, mentions that someone named Rodrigo de Mora received the confiscated property of Diego Díaz; see Vol. IV, No. 33.

Trial of María González, Wife of Alonso de Merlo

derecho, dixo que es christiano viejo (e christiano viejo), e que conoçe a la muger de Alonso de Merlo de treinta años a esta parte, poco mas o menos, e que fueron vesinos deste testigo la susodicha e sus padre e madre mucho tienpo, siendo donzella la susodicha muger de Alonso de Merlo, e que abra veinte e çinco años que se fue a vibir alli el dicho Alonso de Merlo, casado con la dicha su muger. E que cree que moro alli mas de quatro años, e despues se vino a vibir a Çibdad Real, donde agora vibe, e non a buelto mas a la dicha villa de Daymiel.

[Testigo]
III Alfonso de Obiedo, vesino de Daymiel, testigo jurado en forma de derecho, dixo que conoçia a Alfonso de Merlo e a su muger de veinte e çinco años a esta parte, que los susodichos se fueron a vebir a Daymiel e que moraron alli mas de alrededor de seys años. E que despues se venieron a vebir a Çibdad Real, donde viben agora los dichos Alonso de Merlo e su muger e fijos, e que mientra moro en Daymiel este testigo tovo conpania con el en las carneçerias.

[Testigo]
III Constança de Guzman, testigo jurado en forma de derecho, fija del regidor Juan de Herrera, christiana vieja (testigo jurado en forma de derecho), dixo que conoçia a Alonso de Merlo e a su muger de veinte e quatro o veinte e çinco años a esta parte, desde que este testigo hera niña. E que al tienpo de la pestilençia, que abra XXIIII° o XXV años, su padre deste testigo se fue a Las Cruzes, que es vna hermita, e que alli estaban los dichos Alonso de Merlo e su muger huydos, e desde alli se fueron a vibir a Daymiel; e que de lo al contenido en la dicha pregunta, que no lo sabe. |

17v [Testigo]
[Maria Gonsales, muger de Rodrigo de][39]

[Testigo]
Mateo de Saz, vesino de Çibdad Real, testigo jurado en forma de derecho, dixo, etç.
II A la segunda pregunta dixo que lo sabe, porque este testigo

---

[39] Rodrigo de Chillón.

[447]

conoçe a los dichos tres fijos del dicho Alfonso de Merlo, e a pareçer deste testigo son de la hedad contenida en la dicha pregunta.

III A la terçera pregunta dixo que nunca vio a ninguno de los dichos fijos de Alonso de Merlo yr a la escuela.

IIII° A la quarta pregunta dixo que sabe que el dicho Alonso de Merlo e su muger viben en esta çibdad de quinze años a esta parte, e que no sabe mas de la dicha pregunta. |

18r-v *Blank folio*

Tachas Presented by Alonso de Merlo

19r En XXV dias de henero de I V DXIII años presento Alonso de Merlo por su interese en la cabsa de su muger

25 Jan. 1513

Muy Reuerendos señores:

Alonso de Merlo, veçino de Çibdad Real, beso las manos de Vuestra Reuerenda Paternidad, ante las quales paresco como marido e conjunta persona que soy de Mari Gonsales, mi legityma muger, presa que esta en los carçeles de la Santa Ynquisyçion, e por mi propio ynterese e de mis fijos e como vno del pueblo,[40] e en aquella forma e manera que mejor de derecho aya lugar. E digo que algunas personas, con odio y malquerençia e henemistad que me han tenido e tyenen e a la dicha mi muger, e por se vengar de mi e della y por nos destruyr e ynfamar, avrian dicho y depuesto y testificado falsamente contra la dicha Maria Gonsales. Por lo qual, y porque son personas ynfames e henemigos de catolicos christianos y no tyenen themor de Dios ni verquença a las gentes, avian depuesto falsamente; yo los tacho por la forma y en la manera syguiente:

[Catalina la Vejeta, vesina de Çibdad Real]

I Primeramente, tacho a Catalina la Vejeta, vesina de Çibdad Real, porque la susodicha, antes e al tyenpo que dixese su dicho contra la dicha Maria Gonçales, muger de mi, el dicho Alonso de Merlo, hera y es puta y ladrona y tyene grande henemistad con la dicha Maria Gonçales, porque vn hijo de mi e de la dicha Mari Gonçales se echo con ella, e porque despues non se quiso desposar con la dicha Catalina e la casar que fuese buena muger, le tenia grande henemistad a la dicha Mari Gonçales, mi muger, porque se lo reñian e castisen.

---

[40] It should be pointed out here that this is an unusual manner of presenting *tachas*.

[448]

Trial of María González, Wife of Alonso de Merlo

Testigos que saben lo susodicho:
Diego de Migolla; Elvira Gonçales, muger de Juan Rodero;[41] Catalina Gonçales, muger de Anton Agudo; Juan Manojo,[42] vesinos de Çibdad Real.

[Antonia Vejeta, vesina de Çibdad Real]
Yten, tacho e objeto a la dicha Antonia Vejeta por quanto la susodicha es muger herrada e que cada dia se enborracha. Y asymismo, es ladrona y tyene grande henemistad e malquerençia a mi e a la dicha mi muger e a mi fijo, porque el dicho mi fijo se hecho con su hermana, e porque no se quiso desposar con ella se arriba disen. Por lo qual su dicho que dixese es en sy ninguno e non aprovecha ni daña a la dicha mi muger.

19v Testigos que saben lo susodicho:
El bachiller Gonçalo Rodrigues de Molina; Eluira Gonçales, muger de Juan Rodero; Juan Manojo, vesinos de Çibdad Real; Catalina Gonçales, muger de Anton Agudo, veçino de la dicha çibdad.

[Juana Rodrigues, muger de Miguel Rodrigues, vesino de Las Casas]
III Yten, tacho y objeto a la dicha Juana Rodrigues[43] por quanto la susodicha es muger de muy mala lengua y que ha levantado falsos testimonios a muchas personas, e porque yndinava a otras personas que fuesen a perjurarse por dadivas que les daria, y es ladrona y hurto vnas gallinas de vna casa en el dicho logar de Las Casas e otras cosas, y quiere muy mal a la dicha Mari Gonçales, mi muger.

Testigos que saben esto:
Rodrigo de Chillon, veçino de Almagro; Juana Gonçales,[44] ama de Pero Franco el viejo, vesina de Çibdad Real; la de Alonso Ruiz,[45] vesina de Çibdad Real.

[41] A certain Juan Rodero brought an image of the virgin to the house of Pedro de Villarreal; see the trial of María Gonzalez, No. 100, fol. 10r.
[42] He served as a defence witness in the trial of Diego López, Vol. I, No. 36, fol. 8r–v. His wife, Helena González, was a defence witness in the trials of Leonor Alvarez (No. 101, fol. 23r) and Juana Núñez (No. 107, fol. 32v).
[43] Rodrigo de Chillón presented *tachas* against her in the trial of his wife María González, No. 105, fol. 31r.
[44] She was the main prosecution witness against Mayor González (No. 116) and Pero Núñez Franco (No. 117). See also Biographical Notes on her.
[45] Alonso Ruiz was mentioned in the confession of María González, wife of Pedro de Villarreal, No. 100, fol. 4v. He was also a *tachas* witness in the trial of Mayor González, No. 116, fol. 52r-v.

[449]

[Diego Nieto, cardador, veçino de Çibdad Real]

IIII° Yten, tacho a Diego Nieto, cardador, veçino de Çibdad Real, por quanto el susodicho es honbre ynfame y raez, que fue sacado a la verguença publicamente por la çibdad y es blasfemador, por lo qual, su dicho es ninguno.

Testigos que saben lo susodicho:
Nuflo de Molina, escribano;[46] Anton de Chaves, alguazil mayor de Çibdad Real; Diego de Medina, teniente del corregidor.

[Catalina Diaz, muger de Juan Martines de la Huerta, veçina de Çibdad Real]

V Yten, tacho e objeto a la dicha Catalina Diaz por quanto hera y es henemiga capital de la dicha Maria Gonçales y la quiere muy mal y la enbio a ⟨a⟩menazar sobre vn poyal que le avia vendido la dicha Catalina Diaz a la dicha Maria Gonçales, e dixo que ella haria a la dicha Maria Gonçales que se acordase de ella sy no se lo tornava. A la qual cabsa le tenia e tiene grande enemistad. Por lo qual vale nada su dicho contra la dicha Maria Gonsales. |

20r Testigos que saben lo susodicho:
La de Martin Lopes, tyntorero;[47] La de Araque, texedor; Françisca Rodera.

[Mari Gonsales, muger de Pedro de Villarreal, vesino de Çibdad Real]

VI Yten, tacho e objeto a la dicha Maria Gonsales,[48] muger del dicho Pedro de Villarreal, presa que esta en la carçel de la penitençia desta çibdad de Toledo. La qual, pues que fue ereje e no tovo themor de ofender la Santa Fe Catolica, non ternia themor de se perjurar contra qualquier catolica christiana, porque los que son o han seydo hereges son henemigos de los christianos, y como se veen encarçelados y con Sanbenitos, querian y desean ver a todos ansy e lo procuran.[49] Y demas desto, la dicha Maria Gonçales,

---

[46] See Biographical Notes.
[47] Her name was Beatriz López. She was a servant in the house of Juana Núñez; see the trial of Juan de Teva, No. 113, fol. 13r.
[48] See her trial, No. 100.
[49] Alonso de Merlo accused María González, wife of Pedro de Villarreal, of wanting all Conversos to be condemned as she had been. This statement is most unusual in a trial.

Trial of María González, Wife of Alonso de Merlo

muger del dicho Pedro de Villarreal, es muger syn tiento, desatinada e loca, y se toma de vino, y ⟨es⟩ muger muy viçiosa, y se meava en la cama, y es muy henemiga de la dicha Maria Gonçales, mi muger, porque le retrataua sus malos viçios que tenia por ser, como hera, muger de su primo, y porque asymismo la dicha muger de Pedro de Villarreal enbio a amenazar a la dicha Maria Gonçales, mi muger, desde la carçel donde esta presa, diziendo e dixo que lo suyo della seria nuebo e lo de la dicha Maria Gonçales, mi muger, seria viejo, e que sy se le perdieron los anillos, que alli le quedavan los dedillos.[50] Por lo qual pareçe claramente ser henemiga de la dicha mi muger e la quiere muy mal, e sy ella testifico contra la dicha Maria Gonçales, mi muger, su dicho es ninguno e no deve ser auido ni thenido por dicho, ni hase fee ni prueva.

Testigos que saben lo susodicho:
Alonso de la Çarça, jurado;[51] Ximon Garçia, su hermano;[52] la de Garçia, cuchillero; la muger de Juan Manojo, calero; Catalina, criada que fue de la dicha muger de Pedro de Villarreal, vesinos de Çibdad Real. |

20v {La de Pedro de Villarruuia, vesina de Çibdad Real}
VII Yten, tacho e objeto a la dicha muger de Pedro de Villarruuia,[53] vesyna de Çibdad Real, por quanto hera hereje y perjura. E que despues del juramento que fiso quando su reconçiliaçion, hiso heregias, por donde la quemaron, e fue quemada e condepnada por la Santa Ynquisyçion de Toledo. Porque asymismo fue mala muger de su cuerpo, que se echo con Alonso de Santa Crus.[54] Por lo qual, sy ella testyfico contra la dicha Maria Gonçales, mi muger, testifico falsamente, porque quandoqueria ⟨sic⟩ que algund hereje esta preso por la Santa Ynquisyçion, desea que trayan a los christi-

---

[50] Cf. the proverb: *Si se perdieron los anillos que quedaron los dedillos;* F. Rodríguez Marín, *Mas de 21.000 refranes castellanos*, Madrid 1926, p. 469. This may mean here that although she was deprived of her freedom and in jail, María González, against whom this *tacha* was presented, had not lost the ability to point her finger in accusation against others.
[51] See Biographical Notes.
[52] See Biographical Notes.
[53] María González; see her trial, No. 99.
[54] He was a *tachas* witness against the same woman in the trial of Juana Núñez, No. 107, fol. 37r.

[451]

anos catolicos presos por que non le sea asentado el delito, e por esta cabsa no hase fee su dicho e es ninguno e de ningund efecto.

Testigos que lo saben:
Juan de la Serna y Hernando de la Serna;[55] Alonso de Santa Crus, vesinos de Çibdad Real.

{Ynes Lopes, la linera, vesina de Çibdad Real}

VIII° Yten, tacho y objeto a la dicha Ynes Lopes, la linera,[56] por quanto la susodicha es perjura y ereje, y despues de aver seydo reconçiliada e traydo Santbenito, torno a haser delitos, por donde la quemaron e fue condepnada e quemada por hereje. Y asymismo fue alcahueta de vna sobrina suya y la hizo ser mala muger. Y asymismo thenia grande henemistad a la dicha Maria Gonsales, mi muger, sobre que le dio la dicha mi muger a haser çiertas mitas e se las nego, y la tyene grande henemistad porque riño con ella sobre ello. Asymismo le tyene henemistad porque estando en vn parto de la de Hernand Sanches, y estando ende presente la dicha Maria Gonçales y la dicha Ynes Lopes, la dicha Maria Gonçales llamava a Nuestra Señora Santa Maria que valiese e alunbrase a la dicha parida, e que estonçes la dicha Ynes Lopes dixo: Ya es parida, non es menester llamar a Nuestra Señora. E estonçes la dicha Maria Gonçales dixo: No aveys themor de Dios de desyr tal cosa. E por esto la queria mal. Por lo qual, sy dixo, es fyeto | contra la dicha Maria Gonçales, su dicho es en sy ninguno e non fase fee ni prueva.

Testigos que saben lo susodicho:
La partera Ana Diaz; Hernando de Toledo, sastre,[57] vesinos de Çibdad Real.

{Maria de Lobon,[58] veçina de Alcaçar}

IX Yten, tacho e objeto a la dicha Maria de Lobon, por quanto la susodicha fue hereje e perjura e reconçiliada e hechisera e condepnada e quemada, y por esto, sy testifico contra la dicha Maria Gonçales, su dicho no hase fee ni prueva.

Testigos desto:
El proçeso y sentençia que sobre esto paso.

[55] See also the trial of María González, No. 105, fol. 27r.
[56] She was a reconciled Conversa. *Tachas* were brought against her in the trial of Juana Núñez, No. 107, fol. 40v.
[57] See also the trial of Mayor González, No. 116, fol. 44v. See also Biographical Notes.
[58] She was a cousin of Inés López, whose file is not extant.

Trial of María González, Wife of Alonso de Merlo

[Guiomar Gonsales, la de Villarruuia, muger de Sancho de Moya]

X Yten, tacho y objeto a la dicha Guiomar Gonsales, porque es henemiga de la dicha Maria Gonçales, mi muger, y la quiere mal, por cabsa que la dicha Maria Gonçales dixo que su hijo de la dicha Guiomar Gonsales hera ladron, y a esta cabsa la quiere mal y no vale el dicho que dixese contra la dicha mi muger, sy alguno testifico; e porque es testimunera y de mala lengua.

Testigos que saben lo susodicho:
Guiomar Rodrigues; Pedro de Merlo; Aluaro de Moya, hijo de Hernando de Moya; Constança Nuñes, vesina de Villarruuia.

[La beata Juana de Torres]

XI Yten, tacho e objeto a la dicha beata Juana de Torres,[59] que es henemiga de la dicha Maria Gonsales, mi muger, e la quiere mal. E dixo que avnque supiese dar dos bueltas en el ynfierno, que auia de haser prender a la dicha Maria Gonçales, mi muger, por lo qual, sy dixo, su dicho contra la dicha mi muger es ninguno e no hase fee ni prueva alguna.

Testigos para esto:
la cuñada de Monteagudo la bivda; la de Alonso de Alcaçar;[60] la beata de Ruedas, vesinas de Çibdad Real. |

[Catalina, negra de Pedro de Villarreal]

XII Yten, tacho e objeto a la dicha Catalina por quanto es negra, borracha, y ladrona y puta y por ayudar a su señora dyria, sy dixo su dicho, falsamente contra la dicha mi muger, por lo qual su dicho non vale ni fase fee ni prueba.

Testigos para lo susodicho:
Christoval de Villarreal; la de Rodrigo de Prado;[61] Alonso de la Çarça, jurado, veçinos de Çibdad Real.

(—) Bachiller
del Bonillo.

---

[59] See also the trial of Inés López, the wife of Alonso de Aguilera, No. 93, fol. 33r.
[60] See on him the trial of María González, No. 105, fol. 31v, and Biographical Notes.
[61] María de Antequera, also known as María González. See the trials of Leonor Alvarez (No. 101, fol. 12v) and Juana Núñez (No. 107, fol. 40r–v). See also Biographical Notes.

E asy presentado, sus reuerençias le reçibieron saluo jure inpertinentium et non admitendorum, e poner en el proçeso de su muger. Sus reuerençias le mandaron que dentro de nueve dias primeros seguientes presente todo lo que quisiere en la dicha cavsa, con aperçebimiento que abran por repuesto todo lo que despues del dicho termino presentare. |

22r [ ] março de I V DXIII años presento [ ] lo en la Çibdad
March Real [ ] de Santa Inquisiçion Villanueva, mando poner en el
1513 proçeso

Petition of Alonso de Merlo

Muy Reuerendos e Devotos Señores Padres:
Alonso de Merlo, vesino de Çibdad Real, beso las manos de Vuestras Reverençias y digo que ⟨en⟩ el proçeso que se trata ante Vuestras Reverençias a pedimiento del señor promotor fiscal desta Santa Inquisiçion, segund paresçe por la publicaçion hecha en el dicho proçeso vn testigo, segundo en orden de la dicha publicaçion, dize y depone contra Mari Gonçales, mi muger, que quando venian sus hijos de la esquela les ponia la mano sobre la cabeça y le bexavan la mano syn los santiguar. Reverendos Señores: Segund al tienpo de que depone el dicho testigo y el dicho caso sobre que depone, paresçe por el hecho verdadero y çierto. En contrario, manifesto que el dicho del dicho testigo se convençe de perjuro, y que es tal su dicho que no enpeçe en cosa alguna a la dicha Mari Gonçales, mi muger, porque yo no tengo hijos asy en numero como dize el dicho testigo que fuesen y viniesen a la esquella, como yndividamente depone el dicho testigo; y para que se declare la verdad de lo susodicho, pido a Vuestras Reverençias, pues estan en esta çibdad, manden que mis hijos parescan ante ellos, por su aspecto vean sy son de hedad que ay el tienpo que depone el dicho testigo yrien o vernien al esquela, como dize, porque mas de doze años antes del tienpo que depone el dicho testigo dos de los dichos mis hijos, de tres que tengo, no yvan al esquela ni fueron. Sobre lo qual la conçiençia de Vuestras Reuerençias encargo, para que suplico lo vean e conoscan por la evidençia del hecho, segund dicho tengo. Nuestro Señor acreçiente sus vidas y estados a Santo Serviçio.
E asy presentado, el dicho Alonso de Merlo presento ante sus reuerençias tres fijos; el vno se llama Aluaro de Merlo (de Merlo), de hedad de treinta años, e el otro se llama Alonso de Merlo, de hedad de XXV años, e Gonzalo de Merlo, de hedad de treze años. |

Trial of María González, Wife of Alonso de Merlo

22v *Blank page*

Witnesses for the Defence (continued)

23r Tachas por el interrogatorio de Alonso de Merlo:
Alfonso de la Çarça, jurado, vesino de Çibdad Real, testigo jurado en forma de derecho, dixo, etç.

VI A la sesta pregunta dixo que conoçe a la dicha muger de Alonso de Merlo e a la muger de Pedro de Villarreal, e que sabe que es borracha e golosa, que por comer vn mengado se yra fasta Miguelturra. E que de lo al contenido en la dicha pregunta, que non lo sabe.

XII A las doze preguntas dixo que conoçe a la dicha Catalina, negra, e que sabe que pario vn niño. E lo demas contenido en la dicha pregunta, que non lo sabe.

⟨Testigo⟩
La muger de Gonçalo, çerrajero, testigo jurado en forma de derecho, dixo que conoçe a la muger de Alonso de Merlo e a la muger de Pedro de Villarreal.

VI A la sesta pregunta dixo que sabe que la muger del dicho Pedro de Villarreal es de mala lengua, que no ay ninguna buena muger de su lengua, e que es golosa e glotona, que se andava por su varrio a comer lo que tenian sus vesinas guisado. E que quando este testigo guisaba algo de comer, que hechaba lana en el fuego porque no oliese lo que se guisaba, porque la susodicha no lo oliese. E que escondia este testigo la olla porque no gela comiese. E que la bio vever vino con vn cantarillo que cavian çerca de dos años [   ]andores; e que de lo al contenido en la dicha pregunta, que no lo sabe.

[Testigo]
La muger de Manojo, calero, testigo jurado en forma de derecho, dixo que conoçe a la muger de Alonso de Merlo e a la muger de Pedro de Villarreal.

VI A la sesta pregunta dixo que oyo desir que se hazia del vino la muger de Pedro de Villarreal; e que de lo al contenido en la dicha pregunta, que no lo sabe. |

23v [Testigo]
Ximon de la Çarça, jurado en forma de derecho, etç.

VI A la sesta pregunta dixo que oyo desir a la esclava de Pedro de Villarreal que su ama, Maria Gonçales, muger del dicho Pedro

[455]

de Villarreal, se enborrachaba e meava en la cama, e que llamava ladron a su marido. E que este testigo gelo oyo desir: Ladron, ladron.

[Testigo]

Maria Gonçales,[62] muger de Rodrigo de Prado, testigo jurado en forma de derecho, dixo que conoçe a la muger de Alonso de Merlo, etç.

XII A las doze preguntas dixo que conoçe a Catalina, negra, criada de Pedro de Villarreal, e que sabe que traxo vna fanega de harina de çenteno hurtada de casa de su amo, puede aver çinco o seys años, e que este testigo la boluio al dicho su amo; e que lo demas contenido en la dicha ⟨pregunta⟩, que no lo sabe.

Conclusion of Pleading

[Conclusion del fiscal]

23 April 1513
E despues de lo susodicho, en XXIII dias de abril del dicho año, estando en la dicha abdiençia los dichos reverendos señores inquisidores, pareçio presente el dicho promotor fiscal, e dixo que, açebtando como açebtaba todas e qualesquier confisiones hechas por la dicha Maria Gonçales, e haziendo presentaçion e reproducçion dellas e de todo el presente proçeso, en quanto por el hazian e no en mas ni allende, e que negando lo perjudiçial, que concluya e concluyo, e pedia e pedio que mandasen declarar a la susodicha por hereje, ficta e symulada confitente, e pedia e pedio sentençia definitiua segund e como pedido tenia.

Luego, la dicha Maria Gonçales, que presente estaba con acuerdo e consejo del bachiller Bonillo, su letrado, e de Diego Mudarra, su procurador, dixo que pedia e pedio a sus reuerençias termino para venir respondiendo e concluiendo.

Sus reuerençias dixieron que le daban e dieron termino de terçero dia para venir concluyendo en esta cavsa. |

24r
26 April 1513
⟨En⟩ Toledo, en XXVI de abril de I V ⟨XIII⟩ años, ante sus reuerençias, por la dicha ⟨Maria⟩ Gonçales, estando presentes sus letrados y el promotor fiscal

---

[62] See above, n. 61.

[456]

Trial of María González, Wife of Alonso de Merlo

Muy Reuerendos Señores:
Mari Gonçales, muger de Alonso de Merlo, vesino de Çibdad Real, ante Vuestras Reuerendas Paternidades parezco, e digo que en lo demas de lo por mi dicho e confesado, en que me afirmo e pido misericordia y estoy presta de conplir qualquier penitençia que me fuere por Vuestras Reuerendas Paternidades ynpuesta, hallaran que el promotor fiscal no fizo provança alguna, e que la que hizo se escluyo y esta esclusa por las provanças de yndirectas e tachas hechas por mi e mi marido, de manera que sus testigos no hazen fe ni prueva ni yndiçion ni provança de lo demas de mi confesion, como dicho tengo. Y ansi, devo de ser dada por quita, ynoçente e sin culpa, e la [ ]. Para lo qual y en lo neçesario el santo y noble ofiçio de Vuestras Reuerendas Paternidades ynploro, e negando lo perjudiçial, concluyo e pido conplimiento de justiçia.

(—) Bachiller
del Bonillo

Luego, el promotor fiscal, que presente estava, dixo que concluya e concluyo como por el auido tenia.

[⟨Concl⟩usion para ⟨dar⟩ sentençia]
Sus reuerençias dixeron que pues amas las dichas partes concluyan, que sus reuerençias concluyan con ellos, e que avian e ovieron esta cavsa e pleyto por concluso, e que asygnavan e asignaron termino de seys dias primeros siguientes para dar en el sentençia, e dende en adelante para cada y quando que deliberado touieren. |

Consulta-de-fe

24v [Votos]
1 June E despues de lo susodicho, en la dicha çibdad de Toledo, primero
1513 dia del mes de junio, año del Señor de mil e quinientos e trese años, estando los reuerendos señores ynquisidores apostolicos e ordinario, e letrados, theologos e juristas que de yuso seran nonbrados en la sala del avdiençia del Santo Ofiçio de la Ynquisyçion de la dicha çibdad, vieron e determinaron este proçeso de la dicha Maria Gonçales, muger del dicho Alfonso de Merlo, vesina de Çibdad Real, el qual dicho proçeso votaron en la manera syguiente:
El presentado fray Domingo Guerrero, predicador de la Orden de Santo Domingo, que el presente mora en el monesterio de Sant Pedro Martir de la dicha çibdad;
el bachiller Diego Fernandes Pan e Agua, jurista, capellan en la

[457]

Capilla de los Reyes Nuevos, que es dentro en la santa yglesia de la dicha çibdad;
el liçençiado Alfonso Nuñes Arnalte, jurista, vesino de Toledo;
fray Domingo de Bitoria, prior del dicho monasterio de Sant Pedro Martyr;
el liçençiado Pedro Ochoa de Villanueva, ynquisidor apostolico;
el liçençiado Alfonso de Mariana, ynquisydor apostolico e ordinario.
Todos los dichos señores ynquisydores apostolicos e ordinario e letrados, theologos e juristas susodichos, en conformidad, nemine discrepante, votaron que la dicha Mari Gonçales, muger del dicho Alfonso de Merlo, que sea reçibida a reconçiliaçion, con confiscaçion de todos sus bienes. E que les paresçe que se deue continuar con el tormento para que diga de los conpliçes, al aluedrio de los señores ynquisydores.

(—) Diego Lopes, notario. |

Sentence

25r [Çibdad Real; Maria Gonçales, muger de Alonso de Merlo]
Por nos, los inquisidores de la heretica pravedad e apostasia en la muy noble çibdad de Toledo e su arçobispado y obispado de Siguença, dados e diputados por avtoridad apostolica e hordinaria, visto vn proçeso criminal que ante nos a pendido y pende entre partes, de la vna, actor denunçiante el venerable Martin Ximenez, promotor fiscal deste Santo Ofiçio, e de la otra rea acusada Maria Gonçalez, muger de Alonso de Merlo, vesina de Çibdad Real, sobre razon del delicto e crimen de heregia e apostasya de que por el dicho promotor fiscal fue acusada e denunçiada. Visto como la dicha Maria Gonçalez, despues de presa judiçialmente, ante nos dixo e confeso que hera verdad que ella avia guardado los dias de los sabados, no haziendo en ellos hazienda ninguna e vestiendose en ellos camisas linpias, e que los sabados que no podia guardar por obra los guardaua con la intinçion, por honra y guarda de la Ley de Moysen; e por observançia y honra de los dichos sabados holgava los viernes en las noches y ençendia candiles linpios con mechas nuevas; e que avia guisado del viernes para el sabado e comido dello en los dichos sabados; e que avia desevado la carne; e que antes que la hechasen en la olla la salaua e desalaua e la lauava con muchas aguas, e sy hera pierna le sacaua la landrezilla por çerimonia judayca; e que avia dado muchas vezes la benediçion a muchos niños a la manera que la davan los judios, poniendoles

Trial of María González, Wife of Alonso de Merlo

la mano sobre las cabeças e trayendosela por la cara abaxo syn los santiguar, por çerimonia de la Ley de los judios; lo qual todo dixo que auia hecho y cometido por honra e guarda de la Ley de Moysen, de lo qual la dicha Maria Gonçales dixo que ⟨se⟩ hallaua muy culpada e se arrepentia dello, e que se queria apartar de las dichas heregias y herreros ⟨sic⟩ e tornarse a nuestra Santa Fe Catolica, e que pedia e pidio a Nuestro Señor Ihesu Christo perdon e a nosotros penitençia con misericordia, e que de aqui adelante protestaua e protesto de biuir e morir como catholica christiana, e tener e creher todo aquello que tiene y cree la Santa Madre Yglesia, e de conplir todas e qualesquier penitençias que por nos le fuesen inpuestas y mandadas hazer. E visto como sobre todo las dichas partes concluyeron, e nos concluymos con ellos |
25v e ovimos el pleito e cabsa por concluso, e asygnamos termino para dar en el sentençia. E visto todos los otros avctos y meritos del dicho proçeso e todo lo que mas se requeria ver y examinar, e auido sobre todo ello nuestro acuerdo e deliberaçion con personas de çiençia e conçiençia, e de su voto y paresçer,

Christi Nomine Invocato:
Fallamos que devemos declarar e declaramos el dicho promotor fiscal aver prouado bien e conplidamente su intinçion, que es la dicha Maria Gonçales aver seydo hereje apostota de nuestra Sancta Fee Catolica e Religion Christiana, e aver incurrido en sentençia de excomunion mayor y en las otras penas y çensuras contra los tales herejes apostotas en derecho establesçidas, y en confiscaçion de todos sus bienes, los quales declaramos aver pertenesçido e pertenesçer a la camara e fisco real desde el dia que cometio los dichos delitos de heregia. E comoquier que la dicha Maria Gonçales estuvo y permanesçio mucho tienpo en los dichos sus herreros de heregia, e por aver venido a los confesar tan tarde, pudieramos de derecho e buena conçiençia proçeder contra ella mas rigurosamente, pero porque la dicha Maria Gonçales dize y afirma que se quiere convertir a nuestra Santa Fee Catolica con puro coraçon y entera fee, e que quiere detestar, renunçiar e apartar de sy las dichas heregias e otras qualesquier espeçie della e tener y creher nuestra Santa Fee Catolica, e pider ser reyncorporada e vnida al gremio e vnion de los fieles christianos e de la Santa Madre Yglesia, queriendo nos con ella aver benina e piadosamente, allegandonos mas a la misericordia que al rigor, sy asy es que la dicha Maria Gonçales se convierte a nuestra Santa Fee Catolica con verdadero coraçon non fingido ni

[459]

symulado, e sy abjurare los dichos sus herreros de heregia e conpliere las penitençias que por nos le fueren inpuestas, que la devemos de resçevir e resçibimos a reconçiliaçion e reincorporaçion de la Santa Madre Yglesia e a la vnion de los fieles christianos, e la mandamos que abjure canonicamente los dichos herreros de heregia e otras qualesquier espeçie ellas.

Declaration of María González

Yo, Maria Gonçales, muger de Alonso de Merlo, vezina de Çibdad Real, de mi libre e espontanea voluntad abjuro e detesto, renunçio e | aparto de mi toda heregia e qualquier espeçie della, espeçialmente este de que he seydo acusada e yo he confesado, de que soy infamada e testificada, e confieso por mi boca, con puro e verdadero coraçon, la Santa Fee Catolica que tiene, predica e sygue y enseña la Santa Yglesia de Roma, e ella tengo e quiero tenar e seguir y en ella permanesçer y morir y de nunca me apartar della. E juro a Dios Nuestro Señor e a los Santos Quatro Evangelios e a la señal de la Cruz de sienpre estar e ser subjeta a la obidiençia del Bienaventurado Señor Sant Pedro, Prinçipe de los Apostoles, vicario de Nuestro Señor Ihesu Christo, e de nuestro muy santo Leo deçimo, en que oy dia rige e gouierna la Yglesia, e despues del a sus subçesores, e de nunca me apartar desta obidiençia por ninguna persuasyon e heregia, en espeçial con yntençion de judayzar que he confesado, e de sienpre permanesçer en la vnidad e ayuntamiento de la Santa Madre Yglesia, e de ser en defensyon della e de la Fee Catolica, e de perseguir a todos los que contra ella fueron e vinieren, e de los manifestar e publicar e no me ayuntar a ellos ni con ellos. E sy contra esta en algund tienpo fuere o viniere, que caya e incurra en pena de relapsa e sea maldicta e escomulgada. E pido al presente notario me de testimonio sygnado desta mi abjuraçion e confisyon, e a los presentes dello sean testigos.

Sentence

Por quanto vos, la dicha Maria Gonçales, aveys fecho e fezistes la dicha abjuraçion e aveys abjurado e detestado el dicho crimen e delito de heregia e apostasya por vos confesado e otros qualesquier delictos della, por ende, conformandonos con la dotrina ebangelica, que no quiere la muerte del pecador syno que se convierta e biua, fallamos que devemos asoluer e asoluemos a vos, la dicha Maria Gonçales, de la sentençia de excomunion mayor en que yncurristes por aver fecho e cometido el dicho crimen e delicto

Trial of María González, Wife of Alonso de Merlo

de heregia e apostasya, e vos reyncorporamos al gremio e vnion de la Santa Madre Yglesia e a la comunion de los fieles christianos e partiçipaçion de los Santos Sacramentos. E porque se conosca sy andays en luz o en tinieblas, vos condenamos e penitençiamos a que esteys en carçel en la casa e lugar e por el tienpo que por nos vos fuere sygnado, en la qual trayays sobre todas vuestras vestiduras
26v todo el tienpo (el tienpo) que | en la dicha carçel estovieredes vn Santbenito con dos cruzes, vno delante e otro detras, de la qual dicha carçel vos mandamos que no salgays syn nuestra liçençia e espreso mandado, so pena de inpenitente relapsa. Otrosy, vos pronunçiamos e declaramos ser privada de todas honras mundanas, e que no traygays sobre vos ni sobre vuestras vestiduras oro ni seda ni grana ni chamelote ni aljofar ni perlas ni piedras preçiosas ni corales. Lo qual todo que dicho es vos mandamos que fagades e cunplides so la dicha pena de inpenitente e relabsa. E asy lo pronunçiamos, signamos e mandamos por esta nuestra sentençia definitiua en estos escriptos e por ellos.

(—) A. de Mariana,   (—) F. de Herrera,   (—) Pe. de Villanova,
licenciatus   licenciatus   licenciatus

Sept. En la muy noble çibdad de Toledo, en siete dias del mes de setienbre
1513 de I V DXIII años, fue dada e pronunçiada esta dicha sentençia por los dichos reuerendos señores inquisidores apostolicos e hordinario, estando presente la dicha Maria Gonçales. La qual abjuro el dicho crimen e delito de heregia e apostasia en forma devida de derecho, e consintio la dicha sentençia. Fueron presentes los magnificos señores mosen Jayme Ferrer, corregidor de la dicha çibdad de Toledo, e don Fernando de Silua, comendador de Otos, e Pedro Lopes de Padilla, e los reuerendos señores Pedro de Yepes e Luys de Avalos, canonigos en la santa yglesia de Toledo, e otros muchos cavalleros e personas eclesiasticas e seglares, e yo, Juan Obregon, notario, que aqui firme mi nonbre   (—) Juan Obregon, notario.

Sept. E despues de lo susodicho, en quinze dias del dicho mes e año,
1513 estando los dichos reuerendos señores inquisidores apostolicos e hordinario en la abdiençia del dicho Santo Ofiçio, mandaron traher e paresçer ante sy a la dicha Maria Gonçales. La qual estando presente le asynaron por carçel la casa de su morada; la qual le mandaron que guardase e cunpliese e truxiese el Sanvenito sobre todas sus vestiduras, segund e por la forma e so las penas contenidas en su sentençia. E dispensaron con ella que vaya a Misa a su perro-

Records of the Inquisition in Ciudad Real and Toledo, 1494–1512

chia todos los domingos e fiestas, e que vaya a oyr Sermon donde le obiere, yendo e boluiendo derechamente, sin se divertir otra ninguna parte. E que quando estoviere en su casa e haziendo su labor e hazienda, que no traya Sanvenito, e que si alguna persona la viniere a visitar o si se parare a la puerta de la calle de su casa, que se ponga el dicho Sanvenito. La susodicha dixo que le plazia de asi lo hazer e conplir como por sus reuerençias le es mandado.

(—) Juan Obregon, notario. |

27r *Blank page*

[63] Both were tried and were burnt in 1484; see also the genealogy in Vol. I, p. 209.
[64] She was not tried by the Inquisition.
[65] He was not tried by the Inquisition.
[66] She was reconciled sometime before 1512.
[67] She was Rodrigo de Chillón's first wife and was condemned in 1497.
[68] His second wife was María González, No. 105.
[69] He was born in 1497.
[70] He was betrothed to a daughter of Fernando Alvarez, spice merchant.
[71] He was born in 1482 or 1483.
[72] He was born in 1488.
[73] She was born in 1490.
[74] She was born in 1495.
[75] She was born in 1498.
[76] He was born in 1500.

Trial of María González, Wife of Alonso de Merlo

Genealogy of María González, Wife of Alonso de Merlo†

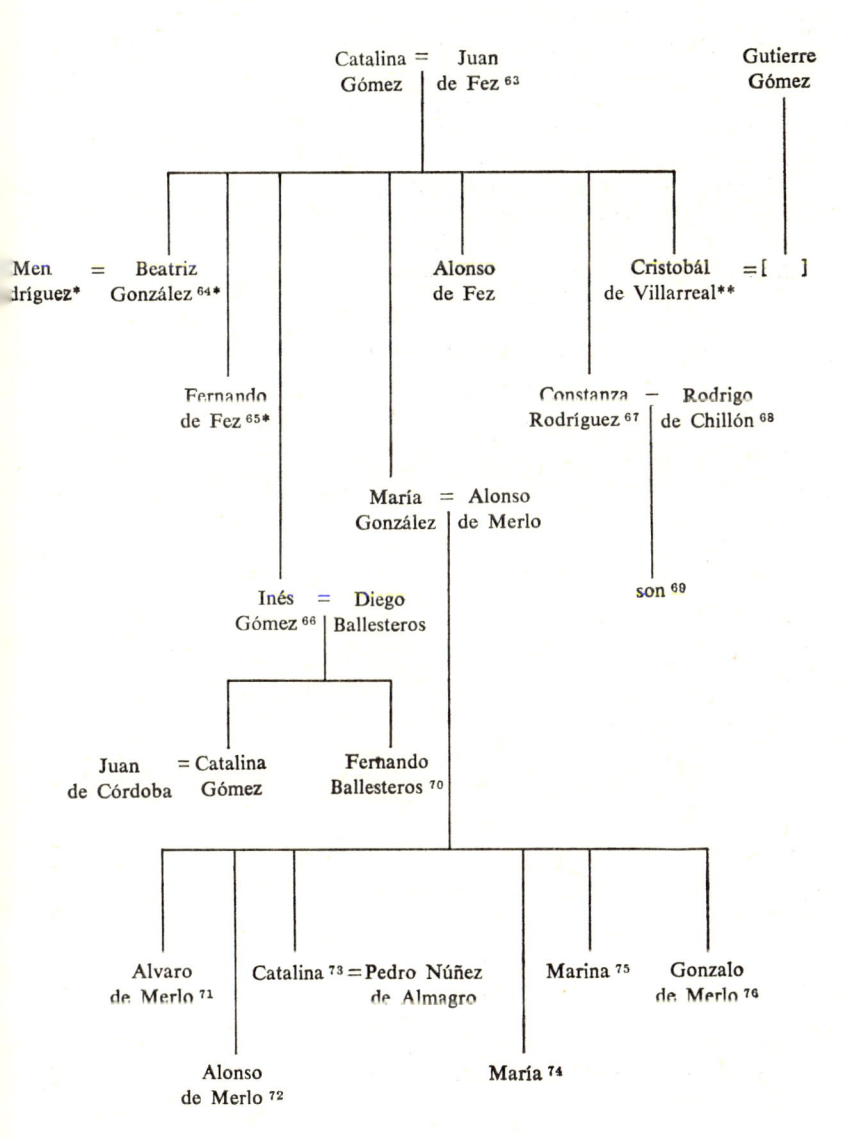

```
                    Catalina  =  Juan              Gutierre
                    Gómez     |  de Fez [63]       Gómez
        ┌──────────────┬──────────┴────┬──────────────────┐
Men.  = Beatriz              Alonso        Cristobál  = [    ]
dríguez* González [64]*      de Fez        de Villarreal**
        │                     │             │
     Fernando                            Constanza — Rodrigo
     de Fez [65]*                        Rodríguez [67] │ de Chillón [68]
        │                     │                         │
                        María     =  Alonso
                        González  |  de Merlo
                                               son [69]
            Inés    =  Diego
            Gómez [66] │ Ballesteros
        ┌──────────────┴──────┐
   Juan     = Catalina    Fernando
   de Córdoba  Gómez      Ballesteros [70]
   ┌────────────┬──────────────┬──────────────┐
Alvaro      Catalina [73] = Pedro Núñez   Marina [75]   Gonzalo
de Merlo [71]              de Almagro                   de Merlo [76]
                 │
              Alonso                      María [74]
              de Merlo [72]
```

From Daimiel
From Toledo

† See p. 462 for notes to this genealogy.

[463]

Records of the Inquisition in Ciudad Real and Toledo, 1494–1512

The Composition of the Court

Judges:	Alfonso de Mariana
	Francisco de Herrera
	Pedro Ochoa de Villanueva
Prosecution:	Martín Jiménez — prosecutor
	Diego Martínez de Ortega — aide
Defence:	Diego Mudarra — *procurador*
	Bartolomé del Bonillo — *letrado*
Portero:	Juan de Ortega
Alguacil:	Pedro Vázquez el Busto
Gaolers:	García de Argüello
	Melchor de Saavedra
Notaries:	Diego López de Tamayo
	Juan Obregón

Information Witnesses for the Prosecution

1. María González, wife of Pedro de Villarreal
2. Catalina, negro slave girl
3. Beatriz Alonso

Witnesses for the Defence in Order of Testification

1. Pedro de Ubiedo
2. Diego de Estrada
3. Diego Muñoz
4. Medina, prior of Daimiel
5. Alfonso de Obiedo
6. Constanza de Guzmán
7. Mateo de Saz
8. Alfonso de la Zarza
9. Wife of Gonzalo Cerrajero
10. Wife of Manojo (Helena González)
11. Ximón de la Zarza
12. María González (Antaquerra), wife of Rodrigo de Prado

Consulta-de-fe

Licenciado de Mariana
Licenciado Francisco de Herrera
Licenciado Ochoa de Villanueva
Fray Domingo Guerrero
Bachiller Diego Fernández Pan y Agua
Licenciado Alfonso Núñez Arnalte
Fray Domingo de Vitoria

Synopsis of Trial

1512

30 March   During her confession, María González, wife of Pedro de Villarreal, gives evidence against María González, wife of Alonso de Merlo.

Trial of María González, Wife of Alonso de Merlo

31 March	She confirms her testimony.
21 Aug.	Catalina, the negro slave girl, informs against the defendant.
28 Aug.	The trial opens with the presentation of information witnesses for the prosecution, after which the order is given to arrest María González, wife of Alonso de Merlo.
8 Sept.	The defendant is brought to Toledo and imprisoned.
9 Sept.	She is examined for the first time, and her family genealogy is recorded.
10 Sept.	The examination continues, and the defendant confesses.
15 Sept.	María González is admonished to make a full confession.
17 Sept.	Beatriz Alonso testifies against the accused.
21 Oct.	The prosecutor presents the arraignment.
22 Oct.	The testimony of María González, wife of Pedro de Villarreal, is confirmed.
23 Oct.	Pedro Ochoa de Villanueva examines the defendant.
25 Oct.	The examination by Pedro Ochoa continues.
26 Oct.	Pedro Ochoa examines the defendant for the third time. Counsel for the defence is appointed.
3 Nov.	María González meets her *letrado,* del Bonillo.
9 Nov.	The defence pleads for the first time.
13 Nov.	Beatriz Alonso confirms her testimony.
1 Dec.	The prosecutor requests publication of testimonies; the defendant agrees.
3 Dec.	The defendant responds to the testimonies.
7 Dec.	She is invited to contend. She had testified against María González, wife of Diego de Teva, and that testimony is copied from the file of María González into this file.
15 Dec.	A copy of the testimonies is handed over to the defence.

1513

14 Jan.	María González, wife of Pedro de Villarreal, confirms her testimony for the second time.
25 Jan.	Alonso de Merlo hands in a list of *tachas.*
19 Feb.	Witnesses for the defence testify.
? March	Alonso de Merlo requests that his sons be called to refute the testimony that their mother would refrain from making the sign of the Cross over them when they returned from school.
21 April	The testimony of Catalina, the slave, is confirmed.
23 April	The prosecutor terminates his pleading.
26 April	The defendant pleads that the Court accept her confession and release her on the grounds that she is innocent of the accusations against her.
1 June	The *consulta de fe* decides to allow the accused to be reconciled and restored to the Church. She abjures and is sentenced to life imprisonment, penances and wearing the *Sanbenito.*
7 Sept.	Sentence is pronounced at the *auto-de-fe* held in Plaza de Zocodovér.
15 Sept.	The inquisitors confirm that María González will be imprisoned in her own house and outline the behaviour expected of her.

107 Trial of Juana Núñez, Wife of Juan de Teva 1512–1514

Source: AHN IT, Legajo 172, No. 621, foll. 1r–46r; new number: Leg. 155, No. 1.

The trials of Juana Núñez and her husband Juan de Teva [1] *should be viewed as one unit not only because they were husband and wife, but because it was as husband and wife that they followed Jewish precepts together and lived a Jewish family life. We don't know when Juan de Teva fled to Portugal, however it must have been before Juana was brought to trial and why the couple was tried separately. Juana's trial opened on 12 January 1512, while Juan was tried* in absentia *at the beginning of 1513.*

Juana's trial was based on the testimonies against her by María González, wife of Pedro de Villarreal, and her mother Beatriz Alonso, [2] *and by Lucía de Cuenca.* [3] *She also made a confession in which it was revealed that she and not Juan de Teva had initiated the keeping of* mitzvot *in their home.*

Counsel for the defence provided a questionnaire that pointed up the untrustworthiness of Juana's accusers. Her brother Lope de los Olivos brought tachas *against these witnesses to prove that their testimonies were motivated by malicious feelings. The efforts to refute the testimonies against Juana provide us with a graphic picture of the neighbourhood relationships in all their pettiness.*

Diego Mudarra, Bartolomé del Bonillo and Pedro de Herrera contended in their final pleading that the prosecution was badly devised (mal formado) *and not based on truth. They also cited the principle:* Que toda persona se presume buena fasta ⟨sic⟩ que se prueba lo contrario,[4] *which was diametrically opposed to the prevailing laws and custom of the Inquisition.*

[1] Trial No. 113.
[2] See their trials, No. 100 and 104, respectively.
[3] See Biographical Notes. She testified for the prosecution in many trials of the period.
[4] That each person should be presumed to be good until proven otherwise. See fol. 8r, below, and Beinart, p. 142; cf. the trial of María González, wife of Rodrigo de Chillón, No. 105, fol. 7v.

Trial of Juana Núñez

The immense efforts expended on Juana's defence proved successful in that the sentence handed down by the consulta-de-fe *on 7 September 1513 was a relatively light one: imprisonment in her home, confiscation of her property, penances and wearing of the Sanbenito. Juana petitioned the Court for commutation, and on 26 May 1514, she was freed from all punishment. Her confiscated property was not returned.*

Bibliography: Fita, p. 474, No. 146.

                                                                     Libro

1r   + Reconçiliada   Legajo 23 No. 43

Çiudad Real

              Juana Nuñez muger de Juan

                     de Teva

                  Çibdad Real

            esta fecha la sentençia

                    carçel

                                        visto

1v *Blank page*

2r [Pedimiento del fiscal]

2 Jan. En la muy noble çibdad de Toledo, doze dias del mes de henero, *1512* año del Nasçimiento de Nuestro Saluador Ihesu Christo de mil e quinientos e doze anos, estando los reuerendos señores el liçençiado Alfonso de Mariana e el liçençiado don Françisco de Herrera e el liçençiado Pedro Ochoa de Villanueva, inquisidores apostolicos y hordinario, en la abdiençia del Santo Ofiçio de la Ynquisiçion, e en presençia de mi, Christoual de Prado, notario del secreto del dicho Santo Ofiçio, en la dicha çibdad e su arçobispado, paresçio presente el venerable Martin Ximenes, canonigo de Logroño e promotor fiscal del dicho Santo Ofiçio, e dixo que por quanto por los libros e registros del dicho Santo Ofiçio paresçe que Juana Nuñez, muger de Juan de Teva, mercader, vesina de Çibdad Real, esta infamada

[467]

e testificada del crimen e delicto de heregia e apostasya e averse pasado a la obseruançia de los rictos e çerimonias de la Ley de los judios, que pedia e pidio a los dichos señores inquisidores que mandasen proçeder contra la dicha Juana Nuñez como contra tal hereje e apostota de nuestra Santa Fe Catolica, mandando prender su persona y secrestar todos sus bienes.

Sus reuerençias dixeron que oyan lo que el dicho promotor fiscal dezia, e que dandoles testigos de ynformaçion sufiçientes, que estauan prestos de hazer justiçia.

Information Witnesses for the Prosecution

Luego, el dicho promotor fiscal dixo que, para ynformaçion de lo por el dicho e demandado, que hazia e hizo presentaçion de los dichos e depusyçiones de Luzia Fernandes, muger de Françisco de Lillo, vesina de Çibdad Real, e de los dichos e dipusyçiones de Maria Gonsales, muger de Pedro de Villarreal, mercader, vezino de Çibdad Real.

Arrest and Examinations of the Defendant

[Mandamiento]

Luego, los dichos señores inquisidores dixeron que, visto la dicha ynformaçion, que mandauan e mandaron dar su mandamiento en forma pa prender el cuerpo de la dicha Juana Nuñes e pa secrestar todos sus bienes en forma, etç.; el qual fue dirigido al honrado Nuflo de Molina, escriuano de Çibdad Real. |

2v Fue presa la dicha Juana Nuñes a tres dias del mes de março de mil e quinientos e doze años. |

3r [Genealogia]

3 March En la Çibdad Real,[5] a tres dias del mes de março, año del Nasçi-
1512 miento de Nuestro Saluador e Redentor Ihesu Christo de mil e quinientos e doze años, estando el reuerendo señor el liçençiado Pedro Ochoa de Villanueva, ynquisidor, en la abdiençia del Santo Ofiçio de la Ynquisiçion, su reuerençia mando a Juan Ortega, portero e carçelero del dicho Santo Ofiçio, que sacase a la abdiençia

[5] The action against Juana began in Ciudad Real, when she was arrested by Pedro Ochoa de Villanueva acting for the Court in Toledo. Juana was probably transferred to Toledo on the 10th or 11th of March; see below, foll. 4r-5r and Synopsis of Trial, p. 537. See also genealogy of Juan de Teva, No. 113.

Trial of Juana Núñez

a vna muger que estaba presa en la carçel en poder del dicho Juan Ortega; el qual truxo a la dicha abdiençia a la dicha muger; e asy paresçida, su reuerençia le pregunto que como se llamava. E dixo que Juana Nuñes se llamava, e que es muger de Juan de Teba, vezino de Çibdad Real, e que es natural de Almagro, fija de Anton de los Olibos, labrador, que traba⟨jaua⟩ en ganados e en las carneçerias, e de Ysabel Nuñes, su mujer, e que no sabe ni a oydo dezir si los dichos sus padres fueron reconçiliados; e que tiene dos hermanos menores que este confesante, e que el mayor se llama Lope de los Olibos, que es mançebo por casar, e que el otro segundo se llama Gonçalo de los Olibos, e que es moço por casar; e que tiene otra mas hermana, fija de su padre desta confesante, que la obo con otra muger, no sabe este confesante sy fue mançeba o casada con ella, la qual es casada con Alonso de Teba, hermano de su marido desta confesante; e que su abuelo desta confesante e su abuela de parte de su padre, que no sabe como se llamaron, porque esta confesante no los conoçio; e que los abuelos de parte de su madre, que tampoco los conoçio ni sabe como se llamaron; e que vn hermano del padre deste confesante se llama Fernando de Los Olibos, que bibe en Volanos çerca de Almagro, e que no sabe esta confesante si es reconçiliado o no; e que esta confesante tiene vna tia, hermana de su madre, que se llama Maria Nuñes, muger de Gonsalo de Moya, defunto, vesino de Çibdad Real, e que no sabe si es reconçiliado; e que su madre desta confesante vibe en esta Çibdad Real, e es bibda.

[Primera moniçion]

Fue preguntada si sabe por que esta presa en el carçel deste Santo Ofiçio, que lo diga. Dixo que no sabe por que esta presa. Su reuerençia le dixo que le hazia saber que la auia mandado prender por quanto en este Santo Ofiçio sy informaçion que a fecho e dicho crimenes e delitos de heregia, e sabe de otros que los hizieron con ella e syn ella, e no lo a querido dezir ni manifestar. Por ende, que su reuerençia la amonestaba de parte de Nuestro Señor Ihesu Christo e de Su Vendita e Gloriosa Madre la Virgen Santa Maria que diga e manifieste todo lo que a dicho e fecho contra nuestra Santa Fe Catolica e sabe de otras personas, e asy lo haziendo, que se vsara con ella de toda la misericordia e piedad que de justiçia e buena conçiençia obiere lugar, en otra manera, que oyra al promotor fiscal e fara lo que con derecho deva; e que ni por temor del carçel en que esta non levante sobre sy ni sobre otra persona testimonio falso, porque tanta pena le sera dado por ello como sy maliçiosamente callare e encubriere la verdad.

[Respuesta]
Dixo que asy la alunbre Dios e vaya a criar sus fijos con vien, que nunca fizo ni dixo ni entendio que cosa es, ni a fecho delito de heregia.

Su reuerençia dixo que le daba e dio termino para se acordar, de aqui a mañana, jueves, primero dia seguiente, e mandola boluer al carçel donde estaba.

[Segunda moniçion]

6 March 1512 E despues de lo susodicho, en seys dias de março del dicho año, estando el dicho reuerendo señor el liçençiado Villanueva, inquisidor, en la abdiençia del dicho Santo Ofiçio, mando sacar ante sy a la dicha Juana Nuñez, la qual estando presente, su reuerençia le dixo que ya sabia como avia sydo otra vez amonestada por su reuerençia pa que dixiese e confesase todo lo que a fecho e cometido contra nuestra Santa Fe Catolica, e lo que sabe de otras personas, e que asy lo haziendo, se husaria con ella de la veninidad e clemençia | que de derecho e buena conçiençia obiese lugar, e que llevo termino para se acordar e descargar su conçiençia, que agora la buelbe ⟨a⟩ amonestar de parte de Nuestro Señor, que diga e confiese todo lo que ha fecho e dicho contra nuestra Santa Fe Catolica, e lo que sabe de otras personas que lo an fecho y cometido, e que asy lo aziendo, que se vsara con ella de misericordia como de derecho es, de otra manera, que su reuerençia oyra al promotor fiscal e se proçedera en la cavsa conforme a justiçia. Dixo que nunca fizo ni dixo cosa ninguna contra nuestra Santa Fe Catolica, ni sabe quien lo a fecho ni dicho, e que si algo supiera o obiera fecho o dicho, que lo obiera confesado. Su reuerençia la mando boluer al dicho carçel.

[Terçera amonestaçion]

12 March 1512 E despues de lo susodicho, en la çibdad de Toledo, dose dias del mes de março del año del Señor de mil e quinientos e dose años, estando los reuerendos señores el liçençiado Alonso de Mariana e el liçençiado don Françisco de Herrera, ynquisidores, mandaron traer e paresçer ante sy vna muger que estaua presa a Melchor de Saavedra, alcayde de la dicha carçel. E el qual luego la truxo ante sus reuerençias. E estando asy presente, luego sus reuerençias le preguntaron como se llama. Dixo que Juana Nuñes, e que es muger

Trial of Juana Núñez

de Juan de Teva. E estando asy presente, luego los dichos señores ynquisydores la amonestaron e requerieron de parte de Nuestro Señor Ihesu Christo e de Nuestra Señora la Virgen Maria que sy en algund tienpo hiso o dixo alguna cosa de heregia o sabe de otra persona alguna que la auia fecho o dicho, que lo diga e declare e confiese, e que disiendolo e confesandolo, que sus reuerençias vsaran con ella de la piedad e misericordia que oviere lugar de derecho. En otra manera, que se proçedera contra ella por el rigor de derecho, etç., pero que sy no ha fecho ni dicho cosa de heregia ni sabe de otra persona alguna que la aya fecho ni dicho, que por themor del carçel en que esta no lo diga ni confiese, que su justiçia le sera guardada.

[Respuesta]

Luego, la dicha Juana Dias ⟨sic⟩ dixo que ella no ha fecho ni dicho cosa ninguna de heregia, ni sabe de otras personas algunas que la ayan fecho ni dicho.

Arraignment

4v Luego, los dicho señores ynquisydores, visto como la dicha | Juana Nuñes estaua negatyva, mandaron al bachiller Diego Martines Ortega, promotor fiscal, en avsençia del dicho Martin Ximenes, promotor fiscal, que le pusyere la acusaçion.

[Presentaçion de Acusaçion]

Luego, el dicho bachiller Diego Martines Ortega dio e presento ante los dichos señores ynquisydores vn escripto de acusaçion contra la dicha Juana Nuñes, su thenor del qual es este que se sygue: |

5r [En la Çibdad Real a nueve dias de março de I V DXII años, antel reue-
March rendo señor ynquisidor Villanueua, lo presento el fiscal Martin Ximenez]
1512

March [En Toledo, XII dias de março de I V DXII años, ante los reuerendos
1512 señores el liçençiado Alonso de Mariana el liçençiado Françisco de Herrera, ynquisidores, lo presento el bachiller Diego Martinez Ortega, en ausençia del promotor fiscal Martin Ximenes] [6]

[6] Two arraignments were presented in this case. The first was prepared in Ciudad Real by Martín Jiménez and was presented there to Pedro Ochoa, the presiding inquisitor. After Juana Núñez was transferred to Toledo Jiménez' assistant Diego Martínez Ortega was hastily dispatched to present a copy of the arraignment before the Court in that city. Ochoa and Jiménez remained in Ciudad Real.

[471]

+

Muy Reverendos Señores:

Martin Ximenes, canonigo de Logroño, promotor fiscal en el Santo Offiçio de la Ynquisyçion en la muy noble çibdad de Toledo e su arçobispado, paresco ante Vuestra Reuerenda Paternidad y en la mejor manera que puedo e devo de derecho, denunçio a acuso a Juana Nuñes, muger de Juan de Teva, mercader, vezina de Çibdad Real, que presente esta, presa e detenida en el carçel deste Santo Ofiçio, asy como a hereje e apostota de nuestra Santa Fee Catholica Christiana; la qual, aviendo resçibido el Santo Sacramento del Bautismo, e gozando de los preuillejos e ynmunidades que los catholicos deven gozar, heretico y apostoto contra nuestra Santa Fe Catholica Christiana, pasandose a la creençia de la mortifera Ley de los judios e a la observançia de sus rictos e çerimonias, en espeçial, la dicha Juana Nuñes hizo e cometio las cosas syguientes:

I   Primeramente, que la dicha Juana Nuñes, por la afiçion que a la mortifera Ley de los judios tenia y creyendo en ella, guardava e guardo los dias de los sabados desta manera: que los viernes en las noches de buena ora se dexava de hazer hazienda y adereçava su casa como para dia de fiesta y los sabados holgava, no haziendo en ellos hazienda ninguna, como lo acostunbrava de hazer otros dias de entre semana, y vistiendose y ataviandose de buenas ropas e camisas linpias por onra del sabado.

II   Yten, que la dicha Juana Nuñes, por honra de los dichos dias de sabados e por çelebrar aquellos, guisava de comer el viernes para el sabado asi caçuelas como otras viandas, y aquellas comia el sabado, ella y otras personas, frias, como lo hasian los judios en aquel tienpo.

III   Asimismo, por mas manifestar su crehençia que a la dicha Ley de Moysen tenya, los dias de los sabados se juntavan con otras personas a holgar los sabados, y los holgava ella con ellas, e otras veses las otras personas se juntavan con ella los dias de los sabados a los holgar, y los holgavan y solenisavan como dias de fiesta prinçipal, y alli comian manjares como hazian los judios los tales dias de sabado.

IIII°   Yten, la dicha Juana Nuñes, quando sus hijos le besauan la mano, les dava la bendiçion a modo judayco, poniendosela sobre la cabeça e abaxandosela por la cara, como hazian los judios, y no les santiguava.

V   Otrosy, la dicha Juana Nuñes, creyendo que en la observançia

Trial of Juana Núñez

5v de la dicha Ley | de Moysen se avia de saluar, ayunava e ayuno ayunos de judios, no comiendo en todo el dia hasta la noche, salida la estrella, asi seyendo donzella en casa de su padre y madre con otras personas, e despues de casada, que se juntava con otras personas a los ayunar, creyendo que por los tales ayunos que hazia e hizo se avia de saluar en la dicha Ley de Moysen.

VI Yten, la dicha Juana Nuñes, por çerimonia judayca, muchas vezes se acostunbrava de vañar e linpiar a la manera judayca, en çiertos tienpos, e se metia algunas veses en vn xarays, ella y otras personas, e alli se lavaua secretamente como lo hazian las judias, por lo que dicho es.

VII Otrosy, la dicha Juana Nuñes, por guardar el mandamiento e çerimonia de la Ley de Moysen, desevava la carne que avia de comer, e lo hazia purgar a otras personas, como lo hazian los judios.

VIII° Yten, que la dicha Juana Nuñes a guardado otras muchas çirimonias e rictos de la Ley de Moysen e fecho otras cosas de heregia contra nuestra Santa Fee Catholica, asi ella sola como con otras personas, lo qual todo maliçiosamente dexa de confesar por se estar e permanesçer en su heregia, segun que todo mas largamente entiendo provar en la prosecuçion desta cavsa, etç.

Por que pido a Vuestra Reuerenda Paternidad que por su difinitiva sentençia manden declarar e declaren todo lo susodicho ser verdad y la dicha Juana Nuñes aver sydo y ser hereje e apostota de nuestra Santa Fee Catholica Christiana y excomulgada, e como a tal hereje la manden relaxar e relaxen a la justiçia e braço seglar, declarando todos sus bienes e hazienda, del dia que cometio los delitos aca, aver sido y ser confiscados y aver pertenesçido e pertenesçer a la camara e fisco real, e sus hijos e desçendientes, por lineas masculina e femenina, fasta el primero grado ynclusyve, ser privados de todos ofiçios e benefiçios e honras mundanas, e ynabiles para aver otros de nuevo; e sobre todo pido serme hecho entero conplimiento de justiçia. Para lo qual ynploro el noble ofiçio de Vuestra Reuerenda Paternidad, e pido que manden a la susodicha que responda con juramento a esta dicha mi acusaçion, syn consejo de alguna persona, y sobre lo que negare pido ser resçybido a la prueva.

Defence

E asy presentado e leydo el dicho escripto de acusaçion capitulo
6r por capitulo, luego la dicha | Juana Nuñes dixo que no es en cargo de cosa ninguna de quanto la demandan ni sabe que cosa es heregia.

Records of the Inquisition in Ciudad Real and Toledo, 1494–1512

[Nonbramiento de letrado e procurador]
Luego, los dichos señores ynquisidores dixeron que, pues la dicha Juana Nuñes estaua negativa, que nonbre abogado e procurador que la ayude en esta cavsa. La qual dixo que los que su marido nonbrara. Sus reuerençias le nonbraron al bachiller Bartolome de Bonillo e al liçençiado Pedro de Herrera, e por procurador Diego Mudarra, vesino de la dicha çibdad, procurador de causas.

Luego, la dicha Juana Nuñes dixo que nonbraua e nonbro por sus abogados al dicho bachiller Bartolome de Bonillo e al liçençiado Pedro de Herrera e procurador a Diego Mudarra, procurador de causas, vesino de la dicha çibdad.

[Poder a Diego Mudarra, procurador de causas]
Luego, la dicha Juana Nuñes dixo que daua e dio todo su poder conplido al dicho Diego Mudarra, procurador de causas, vesino de la dicha çibdad, espeçialmente para la presençia de su causa, releuolo, etç. Testigos: Melchor de Saavedra, alcayde de la carçel del Santo Ofiçio, e Christoual de Prado, notario del secreto del dicho Santo Ofiçio.

[Termino]
Sus reuerençias le mandaron dar treslado de la dicha acusaçion e termino de nueue dias primeros syguientes para que venga respondiendo. |

6v *Blank page*

7r [En Toledo, quinse dias del mes de março, I V DXII años, presento la dicha
15 March Juana Nuñes, estando presente el bachiller Bonillo, su abogado, ante el
1512 reuerendo señor liçençiado Alonso de Mariana, ynquisidor, concluyendo el termino de XV dias primeros siguientes. Sentençia, etç.]

+

Muy Reuerendos Señores:
Juana Nuñes, muger de Juan de Teba, mercador, vezina de Çibdad Real, ante Vuestra Paternidad paresco, respondiendo a vna acusaçion contra mi puesta e yntentada por el venerable canonigo e promotor fiscal Martin Ximenez, que en efecto tiene que dis que yo, con afiçion que tenia a la Ley de los judios, guardava los viernes en las noches e los sabados, adereçando mi casa como para fiesta, atauiandome de mejores ropas e vistiendo camisas linpias, e dis que guisava de comer el viernes pa el sabado, e que yo e otras personas dis que nos juntauamos a holgar e holgauamos los sabados, como

[474]

diso que lo fasian los judios; e que quando me besavan la mano mis fijos, les dava la bendiçion a modo judayco; e dis que ayvnava e ayvne ayunos de judios, ansi en casa de mi padre e madre, seyendo donzella, como despues de casada; e dis que me acostunbrava lavar e linpiar los viernes en las noches a manera judayca; e dis que desebava la carne e la hasia purgar a otros personas; e dis que hise e guarde otros muchos (mucho) rictos e çerimonias judaycas, e he callado e encubri a otras personas que los an fecho. Por que, dise yo ser ereje e apostota de nuestra Santa Fe Catholica, y por tal pide ser declarada y entregada al braço seglar, e mis bienes cofiscados e mi generaçion e posteridad ynabilitada, segund que mas largamente en la dicha acusaçion se contiene; el thenor de la qual aqui avido por espreso, digo aquella ser ninguna e de ningund efecto por lo syguiente: |

7v El primero, por no ser yntentada por parte sufiçiente ni en tienpo ni forma devidos, ni con justas ni verdaderas cabsas, no proçede ni ha logar por la via e forma que es yntentada, es ynebta e malformada, careçe de verdadera relaçion e de las otras cosas sustançiales del derecho, no es intentada a lugares e tienpo e segund que de derecho se requeria, y en tanto que no se espeçifica ni declare, protesto que no me pueda parar ni pare perjuisyo a mi defensa: o sy e en quanto es alguna, la niego como en ella se contiene, porque yo no guardaria ni guarde viernes en las noches ni sabados ni haria ni hise cosa alguna de lo contenido en el primero y segundo y terçero capitulos de la acusaçion, y niegolos espresamente; antes, se hallara por verdad, no obligandome a prueva superflua, que yo hilava y cosia y trabajava ansy los viernes en las noches como los sabados que no heran fiestas mandadas guardar por la Santa Madre Yglesia, sin haser diferençia alguna de aquellos a los otros dias de entre semana que no heran fiestas. Lo otro, porque tanbien niego lo que en el quarto capitulo, porque yo no daria ni doy la tal bendiçion, antes, tenia por costunbre de santiguar mis hijos, sy alguna bez me besavan la mano, como catolica christiana, que lo soy. Ni menos faria ni hise lo contenido en el quinto e sesto capitulos de la acusaçion, ni tal se hallara por verdad que yo lo oviese fecho ni fisiese en vn tienpo ni en otro, ni desebaria ni desebava, ni aquello hera

8r cosa | en que yo entendia, ni lo mandaria ni lo mande hazer a otra persona alguna, al menos por manera judayca ni por çerymonia, ni ⟨he⟩ hecho ni cometido otra cosa alguna contra nuestra Santa Fe Catolica, ni he callado ni encubierto otras personas algunas que ayan fecho ni cometido ritos ni çerymonias judaycas, ni tal se puede ni deve de creer, antes, he biuido como buena e fiel e catolica christiana, hasiendo tales obras, yendo a Misa e Bisperas e otros Diuinos Ofiçios e a oyr Sermones, guardando los domingos e pascuas e fiestas que la Santa Madre Yglesia manda guardar, dando limosnas e hasiendo buenas obras de fiel e catolica christiana. Y la presençion del derecho, que es avida por provança, hase en mi favor, que toda persona se presume buena fasta que se prueve lo contrario.[7] Y sy algunas cosas algunas personas han testificado contra mi en el Santo Ofiçio de las contenidas en la acusaçion, e⟨s⟩ con odio e enemistad e malquerençia que me han tenido e tienen, y los tales testigos serian e son personas viles, perjuros, falsarios e ynfames e mis enemigos, de donde se concluye que Vuestras Reuerendas Paternidades me deven absolver y dar por quita de lo contenido en la acusaçion, mandandome soltar de este carçel en que estoy e alçar qualquier enbargo e secresto que en mis bienes aya sido fecho, restituyendome en mi honra e buena fama. Para lo qual y en lo neçesario el santo y noble ofiçio de Vuestras Reuerendas Paternidades ynploro, e negando lo perjudiçial, ynovaçion çesante, concluyo, y pido conplimiento de justiçia.

(—) el liçençiado   (—) Bachiller
de Herrera.   de Bonillo |

8v E asy presentado el dicho escripto, luego el dicho señor ynquisidor mando dar copia e traslado a Melchior de Saavedra, teniente del fiscal, que presente estaua, con termino de terçero dia primero syguiente para que venga respondiendo e concluyendo.

E luego, el dicho Melchior de Saavedra, en el dicho nonbre del dicho promotor fiscal, dixo que, confirmandose en lo por el dicho promotor Martin Ximenes dicho e pedido e alegado, e negando lo perjudiçial, dixo que concluya e concluyo.

Luego, la dicha Juana Nuñes, estando presente el dicho bachiller del Bonillo, su abogado, dixo que, syn enbargo de lo en contrario pedido e alegado, que concluya e concluyo.

[Sentençia de prueva]
Luego, el dicho liçençiado Alfonso de Mariana, ynquisidor, dixo que pues amas las dicha partes avian concluydo, que su reuerençia

---

[7] This form of pleading was also used in the trial of María González, wife of Rodrigo de Chillón, No. 105, fol. 7v. See also Beinart, p. 142.

Trial of Juana Núñez

concluya e concluyo con ella, e asygno termino para dar sentençia para luego, en que dixo que vistos los actos e meritos del dicho proçeso, que hallaua e hallo que devia de resçibir e resçibio a amas las dichas partes conjuntamente a la prueva de lo que prouado les podra aprouechar, saluo jure inpertinentium et non admitendorum, etç. Para la qual prueua haser les dio e asygno termino de quinse dias primeros syguientes. |

Witnesses for the Prosecution

9r Prouança del promotor fiscal contra Juana Nuñes, presa

[Testigo Maria Gonsales]

July [Revocaçion. En XXI de julio de I V XIII años ante sus reuerençias, las
1513 dicha Maria Gonçales reuoco el dicho su dicho que dixo contra la dicha Juana Nuñes, segund que mas largamente esta en su proçeso]

Aug. En Toledo, veynte e çinco dias del mes de agosto de mil e quinientos
1511 e honze años,[8] estando el reuerendo señor liçençiado Alfonso de Mariana, ynquisidor, en abdiençia, mando traer ante sy a Maria Gonsales, muger de Pedro de Villarreal, vesina de Çibdad Real, presa en la carçel del Ofiçio de la Santa Ynquisiçion, e lo que respondio a los capitulos de la acusaçion que el promotor fiscal le puso oy, dicho dia, es lo syguiente, ante el dicho señor liçençiado ynquisidor:

Al primero capitulo de la dicha acusacion dixo e respondio la dicha Maria Gonsales que es verdad que de çinco e syes años a esta parte, poco mas o menos, ella ha guardado algunos sabados, todos los que buenamente podia guardar, syn que fuese sentida de Pedro de Villarreal, su marido, e de otras personas de su casa; e que dexaua aquellos sabados de hilar e de hazer otras haziendas de su casa; e que por no mostrar que guardaua los dichos sabados, hazia algunas cosas livianas, coger paños o otras cosas de poca lauor; e que sy no fuera por no ser sentida del dicho su marido e de las otras personas de su casa, que guardara enteramente los dichos sabados; e que se vestia en los dichos sabados, quando buenamente lo podia haser, vna saya leonada con tiras de terçiopelo, la qual se acostunbraua vestir los domingos e dias de fiestas; e que tanbien se vestia en los dichos sabados camisa linpia e tocas linpias; y que quando el dicho su marido yva a las ferias, que no estaua en casa, se ataviaua de

[8] This is an exact copy of the testimony originally given by María González, as found in her trial; No. 100, fol. 5v.

[477]

mejores ropas e solenizaua los dichos sabados, porque tenia mas lugar; e que los viernes en las noches se dexaua temprano de hilar e de las otras haziendas de casa y holgaua las dichas noches y se yva ⟨a⟩ acostar luego con sus hijas; e que no hazia ninguna hazienda equellas dichas noches de viernes, avnque algunas vezes, en los dichos viernes en las noches, que esta confesante mandaua a Catalina, negra esclava suya, que barriese e regase la dicha casa, por honrar mas los dichos sabados, e que la dicha Catalina lo hazia por su mandado, e otras vezes lo hazia esta confesante. E que los dichos viernes en las noches tenprano despues de puesto el sol,
9v ençendia esta confesante dos candiles linpios | con mechas nuevas de algodon, e otras vezes los ençendia la dicha Catalina, esclaua, por su mandado desta confesante; e que otras vezes los ençendieron las dichas noches de viernes Ysabelica, hija de Juan de Marcos,[9] vezino de Piedrabuena, e Catalina, hija de Marcos Amarillo, espartero,[10] vezino de Çibdad Real, las quales biuieron con esta confesante y con el dicho su marido, la dicha Ysabelica dos años e la dicha Catalina vn año; y ellas los alinpiavan e ponian mechas nuevas por mandado desta confesante; e que las mas vezes los alinpiaua esta confesante e los ençendia, poniendoles sus mechas nuevas, porque las dichas moças y este[   ] no lo syntiesen. E que algunos dias de los dichos sabados que se podia soltar, se yva este confesante a holgar con Juana Nuñes, muger de Juan de Teva, vezinos de la dicha Çibdad Real, a su casa. E que otras vezes se yvan a holgar en los dichos dias de sabados con vna tia suya desta confesante que se llama Ynes Lopez,[11] muger que fue de Fernando Bastardo, defunto, que beuia en Çibdad Real; e que la dicha Ynes Lopez, al tienpo que se sono que su reuerençia yva a Çibdad Real, antes de la Quaresma que agora paso, se fue al reyno de Portugal. E que sabe esta confesante que las dichas Juana Nuñes e Ynes Lopez guardauan los sabados e se vestian ropas de fiesta e camisas linpias e tocas linpias, porque este confesante gelos veya guardar quando yvan a sus casas, e les veya traer las dichas ropas de fiesta e camisas e tocas linpias vestidas aquellos dichos dias de sabados, e que non les veya haser hazienda ninguna aquellos dichos dias de sabados, e que se estauan holgando ellas y esta confesante y merendavan como dias de fiesta; e que las dichas Juana Nuñes e Ynes Lopez le dezian

[9] See on this *ibid.*, fol. 10r.
[10] *Ibid.*, fol. 8r.
[11] She was condemned and burnt on 9 September 1515; see her trial, No. 114.

Trial of Juana Núñez

a este confesante como guardauan aquellos dias de sabados; e que otros muchos sabados holgauan las dichas Juana Nuñes e Ynes Lopez (holgauan los dichos sabados) syn esta confesante, porque ellas se lo dezian a esta confesante y esta confesante a ellas, e se descubrian vnas a otras de las cosas que hazian contra nuestra Santa Fe Catolica. E que asymismo algunos sabados fue este con-
10r fesante a holgarlos a casa de Graçia de Teva,[12] muger de | Diego Aluares, espeçiero, veçino de Çibdad Real. E que se juntavan alli a holgar los dichos sabados Maria de Teva, muger de Christoual de Teva,[13] mercader, la qual es defunta y el avsente, y la dicha Graçia de Teva, e la dicha Juana Nuñes, muger del dicho Juan de Teva; e todas las susodichas y esta confesante se juntavan en la dicha casa del dicho Diego Aluares a guardar los dichos sabados con la dicha Graçia de Teva en su casa; e que merendavan aquellos dias de sabados vnas caçuelas guisadas de viernes antes, hechas de huevos e queso e perexil e culantro e espeçias; e que algunas vezes las hazian de verenjenas e otras vezes de çanahorias, como hera el tiempo; e que comian frias las dichas caçuelas; e que holgauan e avian plaser todos aquellos dichos dias de sabados, hasta la noche, que se yvan a sus casas. E que la dicha Graçia de Teva tenia guisadas las dichas caçuelas pa aquellos dias de sabados que se yvan a holgar esta confesante con ellas y todas las susodichas. E que se acuerda esta confesante que los viernes en las noches, que ençendia los dichos candiles con mechas nuevas por mas solenizar los sabados, que los dexava estar ençendidos toda la noche, hasta que ellos se apagavan. E que las otras noches, que apagava los dichos candiles quando se acostava. E que algunos viernes en las noches, sy alguna de sus criadas queria amatar el candil, que las mandava que non le apagasen, diziendoles: No mates este candil, que no quiero estar a ⟨o⟩scuras.

Al terçero capitulo dixo que es verdad que ella holgo y guardo muchos sabados, vestiendose ropas de fiesta e camisa linpia e tocas linpias. E que algunas vezes se yvan a holgar los dichos sabados a casa de las dichas Ynes Lopez, su tia, e de Juana Nuñes, muger de Juan de Teva, e de Graçia de Teva, muger de Diego Aluares, vnas vezes se yvan a vna destas casas e otras vezes a las otras, segund e de la forma que en el dicho capitulo se contiene. E que

---
[12] She was handed over to the Secular Arm on 7 September 1513; see her trial (No. 103), and the trial of Juan de Teva (No. 113, fol. 10v).
[13] See Beatriz Alonso's confession in the trial of Leonor Alvarez, No. 101, fol. 15r.

[479]

hazian las dichas cosas por oseruançia e guarda de la Ley de Moysen, creyendo de se saluar en ella, porque ansy se lo davan a entender la dicha Ynes Lopez, su tia, diziendole que aquella hera la buena ley, y que en aquella se avia de saluar, e que las cosas de nuestra Fe heran burleria. |

10v Al sesto capitulo dixo, etç. Yten, dixo que se acuerda que ovieron ayunado este confesante e la dicha Ynes Lopez vnos seys o syete ayunos de judios en casa de la dicha Ynes Lopez, e que cree que aquellos ayunos que hizieron, que heran en lunes o en jueves. E que asymismo ayuno este confesante dos ayunos con Juana Nuñes, muger de Juan de Teva, no comiendo en todo el dia hasta la noche, e que a la noche, que comian huevos e otras cosas de su casa, etç.

28 Aug. E despues de lo susodicho, en veynte e ocho dias de agosto del
1512 dicho año, estando el reuerendo señor liçençiado Alfonso de Mariana, ynquisidor, en la dicha abdiençia, su reuerençia mando paresçer ante sy a la dicha Maria Gonçales, muger de Pedro de Villarreal. La qual salio a la dicha abdiençia, e su reuerençia le dixo que ya sabia que estotro dia no avia acabado de responder a todos los capitulos de la acusaçion por ser tarde e por otros ynpedimentos, que agora le mandaua que respondiese al seteno capitulo de la dicha acusaçion, el qual por mi, el dicho notario, le fue leydo. E lo que la dicha Maria Gonsales respondio al dicho capitulo es lo syguiente:

Que algunas vezes, hablando con la dicha Juana Nuñes, muger de Juan de Teva, le dezia la dicha Nuñes a esta confesante que, seyendo donzella, estando en casa de su padre, Anton de los Oliuos, veçino de Almagro, que guisauan del viernes para el sabado caçuelas e otros manjares ella y vna hermana suya, que se llamaua Theresa de los Oliuos, que estonçes fue donzella e es agora casada con Alonso de Teva, mercader, los quales biuen agora en Albuquerque; e que se juntauan a comer los dichos guisados algunos dias de sabados en su casa çiertas primas suyas, hijas de Juan de los Olibos, defunto, veçino de Almagro; e que la vna se llamava Constança Nuñes, donzella, que es ya defunta; e que no se acuerda del nonbre de la otra, pero que sabe que es ya defunta. E que aquellos dias se atauiauan las susodichas de buenas ropas, e que estauan holgando aquellos dias e tomando plaser. E que asymismo le dixo la dicha Juana Nuñes a esta confesante que, seyendo donzellas, ella y la dicha Theresa de los Oliuos, su hermana, ayunavan algunos ayunos de judios, no comiendo hasta la noche. E que de tres años a esta

Trial of Juana Núñez

parte, poco mas o menos, este confesante se a ydo a holgar algunos sabados a casa de la dicha muger de Juan de Teva, e que amas a dos holgavan los dichos sabados, e merendavan e tomauan plaser, e no hazian hasyenda ninguna. E que estando algunas vezes asentadas hablando, que acae|çia venir sus hijos de la dicha Juana Nuñes de la escuela, e veya esta confesante como besauan la mano a la dicha Juana Nuñes, su madre, y ella les ponia la mano sobre la cabeça, trayendosela por la cara abaxo syn los santiguar. E que como este confesante e la susodicha heran vezinas que beuian pared y medio, entrando y saliendo este confesante en casa de la dicha Juana Nuñes, le vio deseuar la carne dos vezes. E que los hijos a quien la dicha Juana Nuñes daua la bendiçion a modo judayco se llama el vno Hernandico, que es de hedad de doze años, y el otro se llama Antonito, que sera de treze años. E que vio muchas vezes a la susodicha Juana Nuñes dar la bendiçion a los dichos sus hijos. E que se acuerda que çiertas vezes se juntaron este confesante y la dicha Juana Nuñes en vn xarayz de la casa de la dicha Juana Nuñes a vañarse, e que hera viernes en la tarde aquellos dias que se vañaron; e que no se vañaron otras personas entonçes con ellas; e que se ençerravan en aqual xarayz porque no les viesen las moças de su casa.

Yten, dixo que algunas vezes la dicha Graçia de Teva, muger de Diego Aluares, espeçiero, e la muger del dicho Christoual de Teva, e Flor de Teva, muger de Alonso de la Çarça,[14] arrendador, vezino de Çibdad Real, dezian a este confesante, porque acostunbraua muchas vezes yr a Misa a Santo Domingo, que para que yva a Misa, que que aprouecha, que se queria haser santa, yr a roer santos, e que hera burleria; e burlauan deste confesante porque yva a Mis, que mejor hera estarse en su casa haziendo su hazienda, que para que yva esta confesante a Misa, pues que ellas no yvan, diziendole que se queria esta confesante hazer mas santa que las otras.

Sept. 1511 E despues de lo susodicho, en seys dias del mes de setienbre de mil e quinientos y honze años, estando el dicho reuerendo señor inquisidor, el liçençiado Alonso de Mariana, en la abdiençia del dicho Santo Ofiçio, su reuerençia mando sacar ante sy a la dicha Maria Gonsales, la qual seyendo presente fuele leydo el setimo | capitulo

[14] She was a *tachas* witness against María López in the trial of María González, wife of Rodrigo de Chillón, No. 105, fol. 32v. He was a *tachas* witness in this trial against the same María López; see below, fol. 38r. His property was released from sequestration on 23 January 1503; see H. Beinart, *Sefarad*, XVII (1957), pp. 289 ff.

de la dicha acusaçion, e dixo que avra dos años, poco mas o menos, que este confesante entro en casa de Ximon de la Çarça, mercader, vezino de la dicha Çibdad Real, en vn dia de sabado, e hallo leyendo en vn libro a Marina de Herrera, muger de Sancho Fernandes, vezina de Villarruuia, quemada,[15] e que estaua leyendo a la muger del dicho Ximon de la Çarça, la qual se llama Catalina de Teva,[16] e es sobrina de la dicha Marina de Herrera. E de como entro esta confesante, luego escondio la dicha Marina de Herrera el dicho librito, por que este confesante no viese lo que rezauan e leyan. E que el dicho Ximon de la Çarça no estaua presente al leer del dicho libro, pero que estaua dentro de la dicha casa en vna camara arriba. E que quando vio esta confesante que escondio la dicha Marina de Herrera el dicho libro, pregunto a la dicha muger del dicho Ximon de la Çarça que por que avia dexado de leer e escondia el dicho libro; e que le avia respondido que ya avian acabado de leer; e que lo susodicho hera a ora de Misa Mayor, e que este confesante sospecho que heran cosas de heregia las que la dicha Marina de Herrera leya. E que otro sabado syguiente despues de comer fue esta confesante a casa del dicho Ximon de la Çarça y hallo a la dicha su muger y a la dicha Marina de Herrera, su tia, e Graçia de Teva, muger de Diego Aluares, espeçiero, e a la muger de Hernando Aluares, arrendador, las quales todas quatro estauan holgando y merendando de vna caçuela de verenjenas rellenas, las quales estauan frias, e huvas e fruta; e conbidaron a este confesante, e este confesante comio de las dichas verengenas, e vio que la dicha caçuela estaua hecha de vn dia antes, fianbre. Las quales dichas quatro mugeres estavan vestidas de buenas ropas linpias, como de fiesta, e holgando, como dicho tiene. E que el dicho Ximon de la Çarça ni su hijo no estavan alli estonçes. E que las susodichas bien dieron a entender a este | confesante que holgauan el dicho sabado, e dixeron a este confesante: Asentaos aqui con nosotros e merendareys. E que vna negra, criada del dicho Ximon de la Çarça, que se llamava Catalina, dixo a este confesante muchas veses, yendo e viniendo a su casa deste confesante, que los dichos Ximon de la Çarça e su muger, sus amos, heran vnos judios, e que guardauan todos los sabados, e que no quieren que se hiziese

---

[15] We do not know the date on which she was burnt, however it must have been sometime after 1509, as this testimony describes events which took place in that year. See also the trial of María González, wife of Pedro de Villarreal, No. 100, fol. 14r.

[16] See also *ibid.*, fol. 13v.

Trial of Juana Núñez

nada en su casa los sabados, e no la dexauan xabonar; e que la enbiauan algunos sabados a las viñas por que no viese las cosas que los dichos sus amos hazian en los dichos dias de sabados. Fue preguntada que adonde esta agora la dicha negra. Dixo que es ya muerta, que el dicho su amo la vendio en Trugillo e que alli murio.

March 1512 E despues de lo susodicho, en treynta dias del mes de março de mil e quinientos e doze años, estando los reuerendos señores ynquisidores, el liçençiado Alfonso de Mariana e don Françisco de Herrera, ynquisidores apostolicos y hordinario, en avdiençia del Santo Ofiçio de la Ynquisiçion, e en presençia de mi, Christoual de Prado, notario del secreto del dicho Santo Ofiçio, mando a Melchior de Sayavedra, alcaide de la carçel, que sacase a la dicha abdiençia a la dicha Maria Gonsales. E ansy, estando presentes la dicha Maria Gonçales en la dicha abdiençia, los dichos señores ynquisidores le dixeron que ya sabia que avia seydo muchas vezes amonestada que dixese e declarase la verdad de las cosas que sabia, ansy della como de otras personas, e que declarase los conpliçes que juntamente con ella hizieron y cometieron los dichos delictos de que ella es acusada y ella tiene confesado, y que pues no queria dezir la verdad, que hera forçoso de vsar con ella por todo el rigor de derecho; e que mandaron a mi, el dicho notario, que leyese la sentençia syguiente, estando presente la dicha Maria Gonsales.

E lo que la dicha Maria Gonçales dixo despues de aver lleuada ⟨sic⟩ a la casa del tormento, dixo que la verdad es que al tienpo ⟨que⟩ hizo los delitos de heregia que tiene confesados, hizo e partiçipo con este confesante en los dichos delitos de heregia Maria Lopez,[17] tia deste confesante, muger de Fernando de Villarreal

12v pintor, vezino de La Menbrilla, e que es hermano del padre desta confesante, que se llamava Fernando de Merida.[18] E que los delitos que hizo con este confesante la dicha Maria Lopez (la dicha Maria Lopez) fueron en casa deste confesante. E que de tres años a hesta

---

[17] She was a sister of Fernando de Mérida (the father of María González); see the trial of María González, wife of Rodrigo de Chillón, No. 105, fol. 11v.

[18] His first wife was Inés de Baños. Beatriz Alonso, his second wife, was María González' mother. She was tried and burnt; see a reconstruction of her trial, No. 104, and Fita, p. 468, No. 54. Another daughter, Inés de Mérida, was tried twice by the Inquisition and was reconciled both times; see her trial, No. 115, and Fita, p. 478, No. 235. A son Alonso was one of the heirs summoned to defend his father's memory in the trial of Juan González Escogido, Vol. I, No. 80, fol. 2r.

parte los a cometido con este confesante la dicha Maria Lopez, viniendo a su casa desta confesante muchas vezes y en diversos tienpos desde La Menbrilla a Çibdad Real a haser las dichas cosas. Fue preguntada que sy posaua la dicha Maria Lopez en casa deste confesante; dixo que no, syno en casa de Beatriz Alfonso, muger de Fernando de Merida, padre y madre desta confesante, e que desde la dicha casa donde posaua, la dicha Maria Gonsales ⟨sic⟩ venia a casa deste confesante a haser las dichas çerimonias judaycas, como este confesante las hazia y con la misma creençia e yntinçion que tenia a la Ley de los judios. E que asymismo se yvan este confesante y la dicha Maria Lopez, su tia, a casa de Diego de Teva, que es defunto, vezino de Çibdad Real, e se juntauan con Maria Gonçales, su muger, en la dicha su casa; y tanbien se juntauan con ellas Blanca Ximenez,[19] muger de Juan Ximenez, mercader, defunto, vezino de La Solana, y que cree este confesante que esta presa en la Ynquisyçion de Jahen, hermana de su padre deste confesante; e que tanbien se juntauan con ellas Graçia de Teva, muger de Diego Aluares, espeçiero, vezina de Çibdad Real, e Juana Nuñes [Johana Nuñez], muger de Juan de Teva, mercader, vezino de Çibdad Real, e Maria Gonçales, muger de Rodrigo de Chillon, arrendador e tiene cargo de la carniçeria, vezino de Çibdad Real, prima deste confesante, e su madre de la dicha Maria Gonçales, que se llama Ynes de Merida,[20] muger de Diego de Huelua, defunto, vezino de Yepes, e agora biue la dicha Ynes de Merida en Çibdad Real. E que este confesante e todas las susodichas se juntavan en casa de la susodicha su tia Maria Gonçales, muger del dicho Diego de Teva, apuntador, defunto, algunos viernes en las noches a se holgar e guardar las dichas noches de viernes, e comian frutas de sarten e otras cosas, segund hera el tienpo e de lo que avia. E que aquellas noches de viernes ençendia la dicha Maria Gonçales,[21] muger del dicho Diego de Teva, dos candiles linpios con sus mechas

13r nuevas, e los | ençendian dos oras antes que anochesçe, e ataviauan e alinpiauan su casa e la tenia muy adereçada aquellas noches de viernes por honra de la Ley de Moysen; e aquellas noches de viernes

---

[19] See on her the trials of María González, wife of Rodrigo de Chillón (No. 105, fol. 11v) and María González, wife of Pedro de Villarreal (No. 100, fol. 23v).

[20] See above, n. 18. She was the mother of María González, wife of Rodrigo de Chillón.

[21] She was reconciled on 10 September 1513; see Fita, p. 480, No. 269. See also the trial of María González, No. 105, fol. 11r-v.

Trial of Juana Núñez

todas las susodichas y esta confesante se vañavan aquellas noches por çerimonia judayca en vn tinajon grande con agua cozida con yervas e con mançanillas e otras yervas, la qual agua hazia e tenia aparejada la dicha Maria Gonçales, muger del dicho Diego de Teva, e enbiava a llamar a este confesante e a todas las susodichas las dichas noches de viernes quando tenia aparejado el agua pa que se viniesen a vañar; e que las mas moças se vañavan primero que las viejas, e las viejas lavavan a las moças todo el cuerpo; e que la dicha muger de Diego de Teva enbiaua a llamar a este confesante e a todas las susodichas con dos hijas suyas que tenia en su casa, que la vna se llama Catalina, de hedad de honze años, e la otra Juanica, de hedad de ocho años. E que tenian en aquella sason en su casa vna alinada que se llama Maria Lopez,[22] que es agora casada con Pedro de Dueñas, cardador, vezino de Çibdad Real, la qual dicha moça estaba presente e veya las cosas que alli se hazian en la dicha casa de la de Diego de Teva; e que tanbien se vañava la dicha moça con las susodichas y este confesante. E que todas las susodichas y este confesante lleuavan sus camisas lauadas linpias al dicho vaño, y que se las vestian (e se las vestian) despues que se avian vañado. E se apartavan a haser y hazian el dicho vaño en vna cozina de la dicha casa. E que sabe este confesante que todas las susodichas se juntavan alli, en la dicha casa, a se vañar por çerimonia de la Ley de los judios, como este confesante lo hazia, porque ellas se lo dezian a este confesante y se comunicauan vnas con otras de las cosas que hazian y la yntençion que tenian a la Ley de los judios, teniandola por mejor ley que la de los christianos. E que tanbien se juntauan todas las susodichas y este confesante en la dicha casa algunos sabados despues de comer, mientras dormia la gente, en verano | que en los ynviernos no se juntauan tantas vezes. E que algunas vezes comian de algunas caçuelas de huevos e otras cosas frias, guisadas de viernes pa el sabado, e que otras vezes merendavan frutas e otras cosas. E que no hazian cosa ninguna syno todas estarse holgando e aviendo plaser, e que todas estauan bien vestidas de ropas de fiesta e camisas linpias e tocas linpias, e que no se acuerda esta confesante que alli se hiziesen otras çerimonias mas de holgar e aver plaser todas vnas con otras y merendar y comer y lo que tiene dicho, por honra del dicho sabado.

13v

[22] The daughter of Diego de Teva, Maria Gonzáloz, wife of Rodrigo de Chillón, brought *tachas* against her, however María López never testified against the former; see Trial No. 105, foll. 25r, 32r. See also the trial of Leonor Alvarez, No. 101, fol. 22v.

[485]

E que algunas vezes hablauan en las cosas de la yglesia y de la Fe, e hazian burla de la Misa. E que sabe que las susodichas no creyan en la Misa ni querian oyrla, e que las vezes que yvan a la yglesia a Misa, no yvan syno por conplir, que no por yr a Misa, e que ansy lo hazian esta confesante, porque las susodichas gelo dezian a esta confesante, y esta confesante a ellas, e lo comunicauan vnas con otras, teniendolo por burla las cosas de la Misa y de la Fe. E que sabe que todas las susodichas se hazian muchas vezes malas por no yr a Misa. Preguntada que como lo sabe, dixo que porque ellas se lo dezian a esta confesante e lo veya, y esta confesante hazia lo mismo. E que sabe esta confesante que todas las susodichas ayunavan algunos de judios los dias en la semana, que cree que hera el lunes y el viernes o el jueves, que no se acuerda bien sy hera el viernes o el jueves. E que cada vna ayunava en su casa e çenava, e que despues que avian çenado se venian a juntar a la dicha casa de la dicha muger de Diego de Teva, e alli, estando juntas, platicauan e se dezian vnas a otras como avian ayunado e lo que avian çenado. E que aquellos dias que ayunavan no comian en todo el dia hasta la noche, en anocheçiendo, e que lo sabe esta confesante porque ella ansy lo hazia y ellas gelo dezian a esta con-
14r fesante. | E que unas hazian mas ayunos que no otras, e que esta confesante, porque estaua syenpre preñada o parida, ayunava pocas vezes. E que quando alli se juntavan en la dicha casa de Diego de Teva en los dichos sabados, comia de vnas tortas blancas como la nieve, desabridas, como aliuadas, e que se las dava la muger del dicho Diego de Teva, e que cree esta confesante que las hazia e cozia en su casa la dicha muger del dicho Diego de Teva, porque tenia horno en su casa; e que esta confesante no sabia que cosa hera pan çençeño, y que agora cree esto confesante que lo deviera de ser, segund que por lo despues aca ha oydo. E que algunas vezes, entrando esta confesante en casa de la dicha muger de Diego de Teva la allaua comiendo de las dichas tortas e le dava a esta confesante de ellas, y este confesante comia dellas, e le dezia como hera pan muy desabrido, e que la dicha muger del dicho Diego de Teva le dezia: Comeldo, que es bueno. E que la cabsa porque se juntavan alli en casa de la dicha muger de Diego de Teva hera porque estaua bibda e no tenia gente de quien se guardar de haser las cosas susodichas. E que estas cosas que tiene dichas, que las hazian esta confesante y las susodichas quando la dicha muger del dicho Diego de Teva morava pared y medio de esta confesante de su casa, e que quando la dicha muger del dicho Diego de Teva

Trial of Juana Núñez

morava en la moreria, algunas vezes se juntavan en su casa a haser las dichas cosas. E que porque hera lexos no yvan alla syno pocas vezes.

[la dicha muger de Juan de Teva] Yten, dixo que la dicha su madre deste confesante e la dicha muger de Diego de Teva e la dicha muger de Juan de Teva e su madre de la dicha muger de Juan de Teva e este confesante e la muger de Rodrigo de Chillon e su madre Ynes de Merida se juntavan todas en casa de la dicha muger de Rodrigo de Chillon e la muger de Lorenço Franco,[23] que no se acuerda de su nonbre mas de quanto sabe que es hija de vno que hera aposentador del Rey e su hermana de la dicha muger de Lorenço Franco, que no sabe su nonbre, pero que sabe que es muger de Gonçalo Garrido, cardador, veçinos de Çibdad Real, e Maria Gonçales, muger de Alonso de Merlo,[24] arrendador, vesinos |
14v e Catalina de Merlo, su hija, muger de Pedro Nuñes, carniçero, e su hermana Ynes Gomes, muger de Diego Ballesteros, defunto, vesinos de Çibdad Real. E que todas las susodichas, y esta confesante con ellas, se juntavan en casa de la dicha muger del dicho Rodrigo de Chillon a holgar los sabados y guardarlos. E que yvan todas atauiadas de ropas de fiesta e vestidas camisas linpias e con tocas linpias por honra de los dichos sabados, por çerimonia de la Ley de los judios, y este confesante ansymismo yva atauiada y vestida camisa linpia y tocas linpias; e que alli merendavan y avian plaser y holgauan el dicho sabado; e que esta confesante y todas las susodichas holgauan los dichos sabados con la yntençion que esta confesante lo hazia. Preguntada que como lo sabe, dixo que ellas gelo dezian a esta confesante e lo platicauan con ella y ella con ellas. E que pocas vezes fueron las que se juntaron en esta casa, a cabsa que el dicho Rodrigo de Chillon tenia las carniçerias e tenia trafago de gente. E que algunas vezes, algunos viernes en las noches, se juntavan esta confesante y las susodichas en esta dicha casa de Rodrigo de Chillon a holgar las dichas noches de viernes, e que se vañavan las dichas noches e llevavan sus camisas linpias,

---

[23] Teresa de Villarreal. Both husband and wife were tried, but they were reconciled and restored to the Church; see their reconstructed trial, No. 112. See also the trial of Juan Ramírez, No. 109, fol. 17v.

[24] She testified against her parents Catalina Gómez and Juan de Fez when they were tried in 1484; see their trial, Vol. I, No. 9, fol. 10r. She was tried herself (No. 106) and was sentenced to life imprisonment on 7 September 1513.

e de que se avian vañado, se les vestian las susodichas, y esta confesante con ellas, por çerimonia; e que esta confesante no se vaño mas de vna vez en esta dicha casa de Rodrigo de Chillon, e que sy mas se vaño, que no se acuerda, pero que sabe que las otras susodichas se vañaron.

[Ratificaçion]

3 May 1512 E despues de lo susodicho, en la dicha çibdad de Toledo, en tres dias del mes de mayo de V DXII años, ante los reuerendos señores el liçençiado Mariana e el liçençiado Villanueva, inquisidores, en la abdiençia del Santo Ofiçio de la Ynquisiçion, paresçio presente el venerable Martin Ximenez e presento por testigo a la dicha Maria Gonçales, de la qual su reuerençia reçibio juramento en forma de derecho, so cargo del qual sus reuerençias le mandaron que diga sy se acuerda aver dicho alguna cosa en este Santo Ofiçio contra alguna persona. Dixo que dixo contra çiertas personas, entre las quales dixo contra Juana Nuñez, muger de Juan de Teva, vesina de Çibdad Real, e dixo su dicho en sustançia, e pedio serle leydo su dicho. El qual le fue leydo, e dixo que se ratificaba e ratifico en el dicho su dicho. Fueron presentes por personas religiosas el bachiller Hojeda e Pedro de Liezma,[25] clerigos, vezinos de Toledo. |

15r { Estan estos actos escriptas en las espaldas del escripto atras:[26] E asy presentado el dicho escripto luego el dicho señor ynquisydor mando dar copia e traslado della a Melchor de Saavedra, teniente del fiscal, que presente estaua, e termino de çinco dias syguientes para que venga respondiendo e concluyendo.

E luego el dicho Melchor de Saavedra dixo que afirmandose en lo por el dicho promutor fiscal Martin Ximenes; dixo e allegado que negando lo prejudiçial; dixo que concluya e concluyo.

Luego la dicha Juana Nuñes estando presente el dicho bachiller del Bonillo su abogado; dixo que syn enbargo de lo en contario pedido e allegado; dixo que concluya e conluyo.

Luego el dicho señor liçençiado Alonso de Mariana, ynquisydor, dixo que pues amas las dichas partes ayan concluydo que su reue-

[25] Hojeda (whose forename was Bartolomé) and de Liezma served as witnesses to Court procedures in Toledo.
[26] The following section, which was crossed out by the scribe, deals with procedural matters regarding the summing up of both sides. It was probably crossed out when the prosecution brought forth additional witnesses.

Trial of Juana Núñez

rençia concluya e concluyo con ellos para dar sentençia pa luego en que dixo que ⟨es⟩ la syguiente [   ].

Vysto los actos e meritos del dicho proçeso que hallaua e hallo que devyan de resçibir e resçibieron a amas dichas partes conjutamente la prueva de lo que provado los podrian provechar salvo jure ynpertynençium ⟨sic⟩ et non admitendorum etç., para la qual prueva faser les dio e asygno termino de quinse dias primeros e syguientes etc. | }

15v *Blank page*

Witnesses for the Prosecution (continued)

16r [Libro 3 de Çiudad Real XXII]

April 1511 En Çibdad Real, veynte y seys dias del mes de abril de I V DXI años ante el reuerendo señor el liçençiado Alfonso de Mariana ynquisidor.[27]

[Testigo II; ratificado lego totum]

Luzia Fernandes,[28] muger de Françisco del Lillo, pastor, vezino de Çibdad Real en la collaçion de Sant Pedro, jurado en forma, etç., dixo que avia seys años que este testigo moro con Juan de Teva, mercader trapero, e con Juana Nuñes, su muger, e moro con ellos tres años, en el qual dicho tienpo vio que algunos viernes en las noches la dicha Juana Nuñes, su ama, hazia calentar agua con romero e cascaras de naranjas e se apartavan en vn xarayz de su casa a lavarse en vna artesa que este testigo le ponia por su mandado, e que alli se ençerrava la dicha su ama e hechaua el aldaba tras sy. Y que este testigo no sabe sy hazia con el agua alguna çerimonia, mas de quanto este testigo le ponia alli vna camisa linpia por mandado de la dicha su ama, la qual se vestia aquella noche, e que la veya este testigo vestida otro dia sabado. E que aquellas noches de viernes que la dicha su ama se vañava, dava este testigo camisa linpia al dicho de Teva, su amo, por mandado de la dicha su ama, e que la veya traer vestida otro dia sabado. E que aquellas dichas noches de viernes que se vañava, la dicha su ama no hasya hasienda ninguna, que luego, en saliendo del xarayz de vañarse, se

---

[27] Continued on 19 March 1512 before Pedro Ochoa de Villanueva.
[28] She also testified against María González wife of Rodrigo de Chillón (No. 105, foll. 9r–10r) and Juan de Teva (No. 113, fol. 10r). See also the trial of María González, wife of Pedro de Villarreal, No. 100, fol. 17r–v.

yva acostar con el dicho su marido, e que amos a dos no hasyan nada aquellos viernes en las noches. E que las otras noches de entre semana (e que las otras noches de entre semana), que desmontatavan ⟨sic⟩ e devanavan, ansy la dicha Juana Nuñes como el dicho su marido, e el hazia pleyta. E que aquellos viernes en las noches no hazian cosa ninguna de las susodichas. E que otro dia sabado se levantavan tarde, quando querian tañer a Misa Mayor, e que los otros dias se levantavan en esclaresçiendo. E que despues de levan-
16v tados los dichos sabados | los veya trabajar, a la dicha Juana Nuñes labrar, y al dicho Juan de Teva yrse a la tienda de trapo. E que vio algunas noches de viernes, avnque no se vañava, se hazia mala la dicha su ama e dezia que le dolia la cabeça e se hechaua sobre dos almohadas; e que otros dias de sabados, que tanbien dezia que estaua mala e se estaua hechada sobre vn par de almohadas, e que luego a la tarde la veya buena e se yva de vezina en vezina e la veya comer de todo lo que se comia en casa, e que otro dia domingo estaua buena e yva a Misa. E que algunas vezes la dicha su ama mandava a este testigo que quitase el sebo de la carne que traya de la carniçeria, e le dezia: Hija, quitad ese sebo, no lo heches en la olla. E que algunas vezes, quando trayan pierna de carnero de la carniçeria, veya este testigo como al dicho Juan de Teva, e otras vezes Alonso de Teva, su hermano,[29] endian la dicha pierna a lo largo, e no sabe sy sacauan la landrezilla o lo que se hazian, porque no consentian que este testigo estoviese presente, e la enbiaron a mandado por casa. E que se acuerda que algunos sabados, en acabando de comer, despues de averse ydo el dicho su amo a la tienda, veya este testigo como venian a la dicha casa la de Françisco de Toledo,[30] espeçiero, que se llama Mayor de Chinchilla, e Graçia de Teva, prima del dicho Juan de Teva, su amo, muger de Diego Aluares, espeçiero, e la de Rodrigo de Chillon e la de Pedro de Villarreal e la de Fernando de Cordoua,[31] defunto, tia de la dicha Juana Nuñes, su ama, a holgarse con la dicha su ama, vnas vezes las vnas, otras vezes la otras, e la muger de Juan

[29] Alonso was also mentioned as a Judaizer in the trial of Juan de Ciudad, Vol. I, No. 12, fol. 3v. He and Juan de Teva were the sons of Fernando de Teva, who was burnt on 23 February 1484; see Fita, p. 472, No. 108, and Vol. I, p. 349. In 1512 Alonso lived in Albuquerque.
[30] He testified against his first wife, Marina González, who was tried and condemned in 1494; see her trial, No. 91, foll. 8v–9r.
[31] Her name was Mayor de los Olivos (or Mayor Alvarez). She was mentioned in the confession of Inés de Mérida, No. 115, fol. 4r. She was burnt at the stake on 5 September 1512; see Fita, p. 479, No. 190.

[490]

Trial of Juana Núñez

Ramires,[32] bibda. E que les dava la dicha su ama a merendar lechugas, rabanos e queso e mastuerço e otras cosas, que este testigo no se acuerda, en diversas vezes e se estauan holgando e aviendo plazer con la dicha su ama; e otras vezes trayan algunas dellas sus labores de lavrar e labravan. E que | se acuerda este testigo que vn lunes, estando el dicho Juan de Teva, su amo, e su hermano Alonso de Teva en el portal de la casa del dicho su amo hablando el vno con el otro, e oyo este testigo como dixo el dicho su amo Juan de Teva: El dia que no engaño al christiano no me desayuno e no estoy en mi seso. E que no vieron a este testigo e que no oyo lo que respondio el dicho Alonso de Teva. Preguntada que moças estauan en aquel dicho tienpo en casa de los dichos sus amos, dixo que Juana, natural de Almagro, hija de vn hortelano, la qual es casada e no sabe con quien, que seria entonçes de hedad de quinze años, la qual moro con los dichos sus amos asta que la casaron desde muchacha. E que esta sabe las cosas susodichas, e avn puede saber algo mas, porque biuio mas tienpo con los dichos sus amos que no este testigo. Preguntada de odio, dixo que non le tiene e que lo dize por descargo de su conçiençia e por la excomunion.

Yten, dixo que se acuerda que, demas de lo contenido en el dicho su dicho, que los dichos sabados que holgauan sus dichos amos, heran dias de lauor; e que no comia⟨n⟩ toçino syno poco y que fuese magro, e lo dexaban fianbre para la noche; e que pocas vezes hechauan toçino en la olla; e que al tienpo que avia verengenas, la dicha su ama le hazia coser a este testigo las verenjenas e freyrlas en azeyte y las hechaua en la olla con la carne, syn toçino.

[Ratificaçion]

March 1512 En la Çibdad Real, diez y ocho dias del mes de março de mil e quinientos e doze años, estando el reuerendo señor el liçençiado Pedro de Villanueva, ynquisidor, en abdiençia en el monasterio de Santo Domingo de la dicha çibdad por ante mi, Juan Obregon, notario del secreto del Santo Ofiçio de la Ynquisiçion, su reuerençia mando llamar e paresçer ante sy a Luzia Fernandes, muger de Françisco del Lillo, pastor, vezino de la dicha çibdad, la qual paresçio ante su reuerençia, de la qual resçibio juramento en forma deuida e de derecho, so cargo | ⟨del qual⟩ su reuerençia le pregunto sy se acordava aver dicho alguna cosa en este Santo Ofiçio contra alguna

---

[32] Florencia de Villarreal, also mentioned in the trial of Juan Ramírez, No. 109, *passim*. See Biographical Notes on her.

persona, que diga e declare lo que dixo e contra quien dixo. La qual dixo que se acorda aver dicho contra Juan de Teva e Juana Nuñes, su muger, vezinos de la dicha çibdad, e contra otras personas contenidas en el dicho su dicho, el qual dixo en sustançia, e pidio ser leydo. E syendole leydo de verbo ad verbum, dixo ser verdad todo lo en el contenido, e que se ratificaua e ratifico en el dicho su dicho, e que sy nesçesario hera, que lo dezia e dixo de nuevo. Fueron presentes por personas onestas e personas religiosas, fray Antonio de Santa Maria e fray Juan de Olarte,[33] frayres del dicho monesterio de Santo Domingo.

Witnesses for the Prosecution (continued)

28 Sept. 1512 En Toledo en XXVIII dias de setienbre de I V DXII años ante los ⟨sic⟩ reuerendo señor liçençiado Pedro Ochoa de Villanueva, ynquisydor.

[Sacado de la confesion de Beatriz Alonso, muger que fue de Fernando de Merida]

[Testigo III; Ratificado]

Beatriz Alonso, muger que fue de Fernando de Merida, vesina de Çibdad Real, presa en la carçel deste Santo Ofiçio, testigo jurado, etç., dixo que avia treze años, poco mas o menos, que esta confesante caso a su hija Maria Gonsales con Pedro de Villarreal, preso en la dicho carçel. E que despues que caso, muchas vezes la dicha Maria Gonçales venia a casa desta confesante a holgar los sabados, y asymismo esta confesante se yva a casa de la dicha, su hija, a holgar los dichos sabados, a que algunas vezes Mayor de los Olivos, muger de Fernando de Cordoua, se venia a holgar los dichos sabados a casa deste confesante, y asymismo yva algunos sabados a los holgar a casa de la dicha Mayor de los Olivos y la dicha Maria Gonçales, su hija. E que la dicha Mayor de los Oliuos tenia en su casa vna sobrina que se llamava Françisca,[34] que a la sazon hera donzella |

18r y agora casada con Diego Hernandes, escriuano, sobrino desta confesante. E que asymismo la dicha Françisca holgava algunos sabados con las susodichas y con esta confesante en la dicha casa de la dicha Mayor Alvares. E que asymismo quando esta confesante yva a holgar los dichos sabados a casa de la dicha Maria

---

[33] See Biographical Notes on them.
[34] Francisca Núñez, daughter of Juan de los Olivos; see below, n. 40. María González testified that Francisca kept the Sabbath at the house of Mayor Alvarez; see Trial No. 100, fol. 27r.

Trial of Juana Núñez

Gonçales, su hija, vio que yva ansymismo alli a guardar los dichos sabados Juana Nuñez, muger de Diego de Teva ⟨*sic*⟩, presa en la dicha carçel, y holgava los dichos sabados con esta confesante y con la dicha su hija. E que asymismo venia la dicha Mayor de los Oliuos a casa de la dicha su hija Maria Gonçales a holgar los dichos sabados, y los holgavan y guardavan y non asyan cosa ninguna en los dichos sabados (e los holgaban e guardavan, e no hazian cosa ninguna en los dichos sabados). E que asymismo se acuerda e vio que yvan a holgar los dichos sabados a casa de la dicha Mayor Albares de los Olibos, Catalina Ramires, bibda, muger que fue de Gonçalo Ramirez,[35] vezinos de Çibdad Real; e asymesmo yvan a la dicha casa a holgar los dichos sabados Teresa Diaz,[36] muger de Juan Alfonso, mercader, e Leonor Albares,[37] muger de Françisco Ruyz, espeçiero, defunta, e otra donzella que se llamava Maria Lopes,[38] fija de Rodrigo de los Olibos, defunta; e que asymismo yva a la dicha casa Maria Rodrigues,[39] donzella, defunta, fija de Ysabel de los Olibos e de Alarcon, e la muger de Juan de los Olibos, espeçiero,[40] de cuyo nonbre no se acuerda, que es natural de Alcazar, e la muger de Rodrigo de los Olibos, defunta; e que sabe esta confesante que todas las susodichas se yvan a holgar los dichos dias de sabados a casa de la muger del dicho Fernando de Cordoba, e los holgaban con todas las susodichas, e esta confesante con ellas; e que en los dichos dias de sabados no hazian cosa ninguna, saluo holgar e aver plazer e merendar frutas e lo que les dava. Fue preguntada sy las susodichas yban atabiadas en los dichos dias de sabados, e sy trayan vestidas camisas linpias; dixo que ellas andavan, todas las susodichas, bien bestidas, y no miraba este testigo en ello. Fue preguntada que los dichos dias de sabados que dize que se

[35] She was the daughter of Juana de los Olivos (No. 97). She was also mentioned in the confession of María González, No. 100, fol. 26v. She must have been tried by the Inquisition as she was reconciled and restored to the Church on 10 September 1513; see Fita, p. 479, No. 248.
[36] She was in prison in May 1513; see the trial of María González, No. 100, fol. 26v. See also the trial of Isabel de los Olivos y López, No. 108, fol. 22v.
[37] The daughter of Rodrigo de los Olivos; see Trial No. 100, fol. 27r.
[38] Another daughter of Rodrigo de los Olivos. She was tried and sentenced by the Inquisition, but her sentence is not known; see Fita, p. 481, No. 272.
[39] She was a relative of Juana Núñez. María González accused her of Judaizing but later retracted her accusation; see trial No. 100, fol. 42r.
[40] He is mentioned in the trials of Juan Ramírez (No. 109, fol. 23v) and Juan de Teva (No. 113, fol. 12r).

juntaban en la dicha casa de la dicha Mayor de los Olibos, que es lo que hazian; dixo que no hazian cosa ninguna mas de holgar e aver plazer e hazer colaçion e platicar cada vna lo que en su casa hazia. Fue preguntada sy en el dicho ayvntamiento platicaban

18v alguna | cosa contra nuestra Santa Fe Catolica o rezavan algunas oraçiones de la Ley de Muysen; dixo que no. Fue preguntada con que intençion guardaba los dichos sabados esta confesante e las susodichas; dixo que esta confesante los guardava por guardar la Ley de Muysen e por sentido de saluar su anima en ella, e que asymismo cree que todas las susodichas tenian la misma intençion, por lo que les veya hazer e por lo que dicho tiene {menteria}. E que los dichos sabados sabe que no heran dias de fiesta mandador guardar por la Yglesia. E que asymismo guardavan todos los otros dias de sabados que no heran dias de fiesta, como dicho tiene. E que quando se juntaban en la dicha casa esta confesante e todas las susodichas, en casa de la dicha muger del dicho Fernando de Cordoba, guardauan lo mas secreto que podian por no ser sentidas, y lo platicaban e lo dezian vnas a otras que se guardasen mucho e lo hiziesen secreto, porque nadie non las syntiese, por themor de la Inquisiçion. Fue preguntada que tanto tienpo esta confesante e todas las susodichas començaron a hazer el dicho ayuntamiento, y hasta quanto tienpo lo hizieron e guardaron los dichos sabados en casa de la muger del dicho Fernando de Cordoba; dixo que puede aver diez años, poco mas o menos, que lo encomençaron a hazer de se juntar a guardar los dichos sabados, e que lo hizieron las que heran bibas fasta que prendieron la dicha Maria Gonçales, hija desta confesante, que puede aver año y medio, poco mas o menos. E las susodichas defuntas lo hizieron fasta que morieron, que fallesçieron por la pestilençia, lo que abra çinco años, poco mas o menos. Fue preguntada que que tantos sabados se juntaron a guardar en la dicha casa esta confesante e las susodichas, e sy lo hazian a la contina; dixo que fueron muchos, que no se acuerda quantos fueron, e que no lo hazian a la contina, syno las vezes que podian. Lo qual todo juro en forma ser verdad, y pedio a Dios perdon.

1 Oct. E despues de lo susodicho, en primero dia del mes de otubre del
1512 dicho año, fue preguntada la dicha Beatriz Alonso que sy quando se juntaban esta confesante e las otras personas que tiene dicho |
19r (dicho) en casa de la dicha muger de Ferrando de Cordoba o en casa desta confesante a guardar los sabados, sy platicaban algunas cosas que fuesen contra la fee, diziendo que la Ley de Muysen

Trial of Juana Núñez

hera la buena, escarneçiendo e burlando de la Fee; dixo que algunas vezes esta confesante e las susodichas platicaban vnas con otras que la Ley de Muysen hera la buena e en que se abian de saluar, porque hera la primera. E que no sabian en que se andaban estas otras gentes, deziendolo por los christianos biejos, burlando de la Fee dellos.

[Ratificaçion]

1 Oct. E despues de lo susodicho, en veinte e vn dias del mes de otubre *1512* de mil e quinientos e doze años, estando en la dicha abdiençia los reuerendos señores inquisidores los liçençiados Mariana e Pedro Ochoa de Villanueva, paresçio presente el honrado bachiller Diego Martines de Ortega, teniente del fiscal, e dixo que presentaba para en esta cabsa la persona, dicho e depusiçion de la dicha Beatriz Alfonso, de la qual, siendo presente, sus reuerençias resçibieron juramento en forma de derecho, so cargo del qual sus reuerençias la preguntaron sy se acuerda aver dicho alguna cosa contra alguna persona en este Santo Ofiçio. Dixo que ella a dicho contra algunas personas, entre quales se acuerda aver dicho contra Juana Nuñes, muger de Juan de Teba, veçina de Çibdad Real, e dixo su dicho en sustançia e de palabra. E dixo que le fuese leydo el dicho su dicho. El qual le fue leydo de verbo ad verbum; e dixo ser verdad todo lo contenido en el dicho su dicho, e que se ratificaba e ratifico, e sy nesçesario es que lo dezia y dixo de nuevo. Fueron presentes por personas onestas e religiosas Juan de Mergovejo e Pedro de Hena, clerigos benefiçiados en la santa yglesia de Toledo.

24 Jan. E despues de lo susodicho, en XXIIII° dias del mes de henero de *1513* I V DXIII años, ante los dichos reuerendos señores inquisidores apostolicos e hordinario, dixo la dicha Beatriz Alfonso que en lo que dixo contra Juana Nuñes, muger de Juan de Teba, que es verdad que quando esta confesante e la dicha Maria Gonçales, su hija, holgaban los sabados, que algunas vezes entraba alli la dicha Juana Nuñes e se asentaba e estaba alli holgando vn rato, e despues de yva a su casa. Fue preguntada sy conoçio della que venian alli con intençion de guardar el sabado, e sy sabe que la dicha Juana Nuñes venia a guardar el sabado con esta confesante e la dicha |
19v su fija, o sy conoçio de la dicha Juana Nuñes por señales o por otra alguna manera que venia alli a guardar el sabado, dixo que no lo sabe, porque otros dias que no heran sabados entraba alli e no la veya hazer hazienda alguna. |

[495]

Confession of Juana Núñez

20r [Confesion]

17 June 1512
E despues de lo susodicho, en Toledo, XVII dias del mes de junio de mil e quinientos e doze años, estando los reuerendos señores el liçençiado Alonso de Mariana e el liçençiado Pedro Ochoa de Villanueva, ynquisydores, en abdiençia del Santo Ofiçio de la Ynquisiçion, paresçio presente Melchior de Sayavedra, alcaide de la carçel deste dicho Santo Ofiçio, e dixo a sus reuerençias como la dicha Juana Nuñes queria salir ante sus reuerençias a la abdiençia. Sus reuerençias le mandaron que la sacase. La qual luego la truxo el dicho alcaide, y estando en la dicha abdiençia la dicha Juana Nuñes, sus reuerençias le preguntaron que dixese lo que queria. Y la dicha Juana Nuñes dixo que ella avia dicho al alcaide tres o quatro vezes que dixese a sus reuerençias que la mandasen sacar a la dicha abdiençia, para que ella queria descargar su conçiençia de todo lo que se acordase aver hecho contra nuestra Santa Fe Catolica, e pidio a sus reuerençias que la mandasen leer la demanda que le puso el promotor fiscal para que ella queria confesar y manifestar la verdad de todo lo que se hallare culpada. [Confesion] Los dichos señores ynquisidores le dixeron que dixese e confesase todo lo que ella al presente se acordava, y que en su tienpo y lugar se le daria la dicha demanda e acusaçion.[41] E luego la dicha Juana Nuñes dixo que ella se sentia culpada en aver guardado algunos sabados e vestido camisas linpias en ellos. E que ansymismo a guardado algunos viernes en las noches por oseruançia de los dichos sabados, no haziendo hazienda ninguna en ellos, y que se yva acostar mas tenprano las dichas noches de viernes que holgava que las otras noches de entre semana. E que las dichas noches de viernes en las noches mandava esta confesante asçender vn candil linpio con mechas nuevas, e que le mandava ençender mas tenprano que las otras noches de entre semana, lo qual dixo que hasya por oseruançia del sabado. E que por su mandado desta confesante lo ponian las moças de casa en vn palaçio donde esta confesante durmia, el qual candil se estaua ençendido

20v toda la noche | que no le apagauan fasta que el se amatava de suyo. E que las otras noches de entre semana, que no mandava esta confesante alinpiar el candil ni poner mechas nuevas ni tanpoco le dexava ençendido toda la noche, excepto algunas noches, quando se

---

[41] It seems that Juana Núñez would have consented to confess to all the accusations of the prosecutor had the Court agreed.

Trial of Juana Núñez

sentia mal dispuesta. E que se acuerda averse vañado dos viernes en las noches Maria Gonçales, muger de Pedro de Villarreal, que hera vezina desta confesante [Çibdad Real; Maria Gonçales, muger de Pedro de Villarreal, presa, quemada], y que la inpuso en que se vañase la dicha Maria Gonçales, diziendole que hera muy bueno vañarse aquellas noches de viernes en las noches por oseruançia del sabado, e que dezia la dicha Maria Gonçales que ansy se lo auia mostrado vna su tia, de cuyo nonbre no se acuerda esta confesante. E que se vañaron ella y la dicha Maria Gonçales en vn xarayz que esta en la casa desta confesante, no estando en su casa Juan de Teva, marido desta confesante. E que no se acuerda aver guardado juntamente esta confesante y la dicha Maria Gonçales sabado alguno, saluo que la vna a la otra se dezian quando guardavan los dichos sabados porque nunca paso la vna a casa de la otra a guardar y estar todo el dia de sabado. E que algunas vezes dio esta confesante la bendiçion a hijos suyos a modo judayco, poniendole las manos sobre la cabeça y trayendosela por la cara abaxo syn lo santiguar. E que algunas vezes quito el sebo a la carne quando buenamente lo podia haser, e que no se acuerda aver sacado la landrezilla de la pierna de carnero.

[Mari Lopez, la Cordouesa]. Fue preguntada que con que yntençion hizo (las) todas las cosas susodichas por ella confesadas; dixo que lo hazia por saluar su anima y porque Dios le diese salud, que ansi se lo avia dado a entender Maria Lopez, la cordouesa, que hera natural de vn lugar de adelante de Cordoua, del nonbre del qual no se acuerda, e que la dicha cordouesa biuia estonçes en Çibdad Real en la cal de Toledo; e que le dio a entender a esta confesante que haser aquellas cosas heran para sanar e alinpiar el cuerpo. E que la dixo e declaro que las dichas cosas heran cosas y çeri- | monias de los judios, y que sanaria con ello holgando los sabados y hasyendo las otras cosas. E que le dezia que aquella hera la buena Ley. E que con la misma intençion que la dicha Maria Lopez, cordouesa, inpuso a esta confesante, hizo esta confesante las cosas susodichas, teniendo por buena la dicha Ley de los judios.

[Mari Gonçales, muger de Pedro de Villarreal]. Fue preguntada que que personas le inpusieron a esta confesante en las cosas por ella dichas y confesadas, dixo que no le inpuso otra persona mas de la dicha Maria Lopez, cordouesa, que tiene, y que aquella le ynpuso en todos los dichos delictos de heregia que tiene confesados, e que la dicha Maria Gonçales la inpuso en lo del vañar.

[497]

[De tenpore]. Fue preguntada quanto tienpo a que escomenço a hazer cometer los dichos delictos de heregia que tiene confesado. Dixo que desde rezien casada escomenço haser los dicho delictos de heregia, y que avra doze o treze años, poco o menos, que esta confesante se caso, e que desde el dicho tienpo aca hasta que fue presa, todos los sabados que buenamente pudiera guardar syn ser sentida del dicho su marido, y quando estava avsente los guardava, y que quando non los podia guardar, estando el dicho su marido en casa, que non los guardava con obra ni con voluntad.

[La dicha Maria Lopez; vna hija suya, Maria] Fue preguntada que que moças heran las que tenia en casa al tienpo que hazia las cosas susodichas, y a quien dize que mandava ençender los dichos candiles; dixo que quando el dicho Juan de Teva, su marido, estaba fuera de Çibdad Real se venian a su casa desta confesante la dicha Maria Lopez, y ella y vna hija suya de la dicha Maria Lopez, que se llamava Maria, de hedad de doze años, la qual biuia con esta confesante, ençendian algunas vezes los dichos candiles los dichos viernes en las noches, e los aparejavan, e que amas, madre e hija, guardavan los dichos sabados con esta confesante, e desevavan la carne, y ataviavan e barrian e regauan la casa los dichos viernes

21v en las | noches y los dichos sabados por oseruançia del dicho sabado. E que las vezes lo hasyan por mandado desta confesante, e otras vezes lo hazian ellas de suyo. E que la dicha Maria, su hija, estuvo y biuio vn año con esta confesante, y que la dicha su ama yva y venia continuamente a casa desta confesante, espeçialmente quando el dicho su marido no estava en casa; e que esto, que paso luego que fue rezien casada. Y que tras aquella tuvo otra moça [moças], que se llamava Luçia de Cuenca,[42] que no tenia padre y tenia vna madre vieja, y que no sabe como se llamava el padre ni la madre, y que su madre biuia en la cal de la Mata de Çibdad Real. La qual dicha Luçia de Cuenca biuio con esta confesante hasta ocho meses, e que en el dicho tienpo, algunas vezes la dicha Luzia, los viernes en las noches, asçendio los dichos candiles con mechas nuevas por mandado desta confesante. E que la vido la dicha Luzia guardar algunos sabados a esta confesante y vestir camisas linpias en ellos y vañarse algunas vezes sola en su casa. E que atauio algunas vezes la casa los viernes en las noches por oseruançia del sabado por mandado desta confesante. E que despues tuvo otra moça, que se

---

[42] See n. 3, above, and the trial of María González, wife of Rodrigo de Chillón, No. 105, foll. 28v, 32v–33r.

Trial of Juana Núñez

llamava Quiteria del Pozuelo, la qual es fallesçida, e que bien pudo ser que esta la sintiese haser algunas cosas de las susodichas. E que despues huvo vna esclava, que se llama Catalina la negra, que tiene agora, y que avra ocho o nueve años que la conpro. E que despues huvo vna muchachuela de Miguelturra, de hedad de diez años. E que agora a la postre tenia vna moça que se llama Catalina, hija de Alonso, çapatero o remendon, vezino de Çibdad Real, y que estuvo en su casa vn año. E que las dichas Catalina, negra, su esclava, e Maria de Miguelturra e Catalina, hija del dicho Alonso de Leon,

22r bien podia ser que sintiesen o viesen | como esta confesante guardava los sabados y desevava la carne y hasya las otras çerimonias, pero que esta confesante no se lo dava a entender. E que algunas vezes les mandava aderesar la casa y ençender y alinpiar los candiles los viernes en las noches, quando el dicho su marido no estava en su casa. Y que cree que las dichas moças le davan algunos sabados camisas linpias, quando el dicho su marido no estava en su casa.

Fue preguntada que sy confesaua los dichos delictos de heregia que tiene dicho y confesado a su confesor; dixo que no los confesaua, porque bien veya esta confesante que no hera a el padre de confesion para aquellas cosas, por ser de la Ley de los judios.[43] Fue preguntada sy resçibio el Santisimo Sacramento de la Heucaristia ⟨sic⟩; dixo que sy.

Fue preguntada sy guardo los dichos sabados e hizo las otras cosas o otras con algunas otras personas; dixo que no lo hizo con otras personas mas de las que tiene dichas.

Fuele mandado que dixese e declarase con que otras cometio los dichos delictos, porque ay informaçion dello contra ella. Dixo que no se acuerda aver hecho los dichos delictos con mas personas de lo que tiene confesados, y que sy de mas se le acordare, que ella lo dira y confesara cada y quando que a su notiçia viniere. E que pedia a sus reuerençias que le mandasen leer la dicha acusaçion, y que ella recorrira su memoria, y dira y manifestara la verdad. E yo, el dicho notario, por mandado de los dichos señores inquisidores, le ley la dicha acusaçion de verbo ad verbum.

Al primero capitulo, seyendole leydo, dixo que es verdad que guardo muchos sabados y se vestia camisas linpias e se atavio de buenas ropas en ellos, y mandava aderesçar su casa por oseruançia del

22v sabado, segund que | (que) lo tiene confesado, con la yntinçion que tiene dicho y confesado.

---

[43] The accused was aware of which matters were and were not of interest to the Inquisition.

[499]

II [Mari Lopez] Al 2° capitulo, seyendole leydo, dixo que es verdad que algunas vezes guiso esta confesante, y otras vezes la dicha Maria Lopez, del viernes para el sabado caçuelas de pescado y verenjenas y de otras cosas, como hera el tienpo, e despues aca esta confesante lo a guisado algunas vezes del viernes para el sabado no estando el dicho su marido en su casa.

III Al terçero capitulo dixo que le den algund termino para recorrer su memoria, y que ella dira de todo lo que se acordare.

IIII° Al quarto capitulo dixo que hera verdad, y que ya lo tiene dicho y confesado.

V [Chillon; Diego Ramires, condenado] Al quinto capitulo dixo que, seyendo esta confesante donzella, estando en casa de su padre en la villa de Almagro, vino alli vn hombre que se llamava Diego Ramires, que hera delante de Chillon, que no se acuerda de que lugar hera, y que despues oyo dezir que lo avian quemado, dixo a esta confesante que ayunese con el vno ayuno, y lo ayuno, y estuvo syn comer esta confesante hasta la noche, y que en la noche comio carne, y que hera en tienpo de verano. E que lo ayuno porque la dixo que hera muy bueno azer aquel ayuno, que ansy lo hazian en su tierra, y que cree que le dixo que los judios lo hazian ansy.[44] Fue preguntada que quien ayuno con ellos otras personas; dixo que no ayunaron mas dellos solos, el dicho Diego Ramires y esta confesante. E que despues de casada esta confesante se acuerda que ayuno dos ayunos en su casa en la manera susodicha que en el dicho capitulo se contiene con la dicha Maria Lopez, cordovesa. Y que al presente no se acuerda que hiziese los dichos ayunos con otras personas, que sy acordara que lo dira.

VI Al VI capitulo dixo que hera verdad, que asy lo tiene dicho y confesado. |

23r VII° Al setimo capitulo dixo que hera verdad, y que ya lo tiene dicho y confesado.

VIII° Al otavo capitulo dixo que al presente no se acuerda aver fecho ni dicho otras cosas contra nuestra Santa Fe Catolica, que ella recorrera su memoria, ansy de lo que mas ovieren fecho o aya visto hazer a otras qualesquier personas, e dira e confesara ante sus reuerençias. E que ⟨de⟩ todo lo susodicho e por ella confesado que pedia e pidio a Nuestro Señor Ihesu Christo perdon, y a sus reuerençias penitençia con misericordia, la qual estaua presta de

---

[44] This may refer to *Tish'a be-Av*, the ninth day of the month Av, a day of mourning for the destruction of the Temple in Jerusalem.

Trial of Juana Núñez

haer y conplir, segund que por sus reuerençias le fuere inpuesto. Lo qual todo juro en forma ser verdad, y se ynco de rodillas delante de sus reuerençias, y pidiendo misericordia de sus pecados, puestas juntas las manos y diziendo que huviesen misericordia della. |

Second Arraignment

23v E despues de lo susodicho, en nueve dias de octobre de mil e quini-
9 Oct. entos e doze años, estando en la abdiençia del dicho Santo Ofiçio,
1512 el reuerendo señor ynquisidor el liçençiado Pedro Ochoa de Villa-nueva, su reuerençia mando salir a la dicha abdiençia a la dicha Juana Nuñes. E seyendo presente, el honrado bachiller Diego Martines de Ortega, teniente del fiscal, que presente estaba, puso e presento la demanda siguiente: |

24r [Juana Nuñez]
[2° acusaçion del fiscal]   +
Muy reuerendos Señores:
Yo, el dicho Martin Ximenez, promotor fiscal en este Santo Ofiçio de la Inquisiçion, paresco ante Vuestra Reuerenda Paternidad, y alegando de mi derecho en la causa que trato contra Juana Nuñez, presa, muger de Juan de Teva, sobre el crimen de heregia e apostasia por ella cometido, digo que yo ove acusado a la susodicha de los dichos delitos que avia cometido, e que sabia de otras muchas personas que los avian hecho e perpetrado. Y la dicha Juana Nuñez ha confesado ante Vuestra Reuerenda Paternidad algunos delictos de heregia que avia hecho, y la dicho su confesion no fue ni es entera, como deviera serlo, antes, es ficta e simulada, porque maliçiosamente calla e encubre otros delictos de heregia que ella hizo, y espeçialmente encubre a las personas que con ella lo hizieron, e a otras que sabe e vio que cometieron los dichos delictos, e no los ha querido ni quiere descubrir ni manifestar, por donde paresçe claramente ella ser fingida e simulada confitente, e como a tal pido a Vuestra Reuerenda Paternidad la manden relaxar e relaxen a la justiçia e braço seglar, segund e como pedido tengo. E ante todas cosas pido que si la dicha Juana Nuñez sienpre estuviere negatiua e non quisiere manifestar sus culpas enteramente, decla-rando los conpliçes, que para que de su boca se oya la verdad, la manden poner e pongan a question de duro tormento, e si negara, la manden relaxar por ficta e simulada confitente a la justiçia e braço seglar.
Otrosy, para la prueva de mi intençion, ven las causas que trato

[501]

contra Graçia de Teva,[45] e Joana Rodrigues,[46] muger de Alonso Aluares, e de Leonor Aluares,[47] muger de Fernan Aluares, presas, e contra todas las otras personas contenidas en la informaçion que tengo en esta causa presentadas, presento por | testigo a la dicha Juana Nuñez, a la qual pido que manden conpeler e conpelan con juramento para que diga la verdad de lo que sabe e vio de las dichas personas. E si endureçida perseuerara en su negatiuo, que como testigo la manden poner a question de tormento, para que declare e confiese la verdad. E sobre todo pido serme fecho entero conplimento de justiçia, açeptando como açepto las confesiones fechas por la dicha Juana Nuñez, en quanto por mi haze e non mas, e negando lo perjudiçial, etç.

Reply of the Defendant

E asy presentada e leyda la dicha acusaçion, la dicha Juana Nuñez dixo que no se acuerda aber dicho ni fecho mas de lo que confesado tiene, ni a las personas contenidas en esta acusaçion ni a otra persona ninguna.

Sus reuerençias dixieron que pues la dicha Juana Nuñes estaua negatiba, que la mandaban e mandaron dar traslado de la dicha acusaçion que responda con termino de nueue dias primeros seguientes.

Defence

[Como comunico la rea con su letrado e procurador]

12 Oct. 1512 E despues de lo susodicho, en XII dias de otubre del dicho año, estando los dichos reuerendos señores inquisidores en la dicha abdiençia, sus reuerençias mandaron salir ante sy a la dicha Juana Nuñez, la qual, siendo presente, comunico la dicha acusaçion con los dichos sus letrados e procurador. E dixo que no a dicho ni fecho cosa ninguna contra nuestra Santa Fe Catolica mas de lo que dicho e confesado tiene, e que no sabe de otra persona ninguna que lo aya fecho ni cometido. |

14 Oct. 1512 [Presentada ante sus reuerençias en XIIII° de otubre de I V DXII años]

Muy Reuerendos Señores:[48]

Juana Nuñez, muger de Juan de Teba, vezina de Çibdad Real, ante

---

[45] For a reconstruction of her trial see No. 103; see also Biographical Notes.
[46] She was burnt on 7 September 1513; see the reconstructed trial of her sister Leonor Alvarez, No. 101, fol. 4v.
[47] She was reconciled on 7 September 1513; see No. 101.
[48] This was written by the hand of Bartolomé del Bonillo.

Trial of Juana Núñez

Vuestra Reuerenda Paternidad paresco, respondiendo a vna acusaçion o adiçion de acusaçion contra mi puesta e yntentada por el venerable canonigo e promutor fiscal Martin Ximenez, en que dize yo ser ficta e symulada e diminuta confitente, porque dize que dexe de confesar e manifestar otros muchos delictos de heregia, demas de los por mi dichos e confesados, e que diz que callo e encubro otras muchas personas, que diz que los han hecho e cometido, por que pide toda haser proçedido contra mi como contra hereje e apostota de nuestra Santa Fe Catolica, ficta e simulada e diminuta confitente, e encubridora de herejes, segund que mas largamente a la dicha acusaçion e adiçion se contiene, a cuyo tenor me refiero, e dize aquella ser ninguna e de ningund efecto por lo syguiente:

Lo vno, por no ser intentada en tienpo ni forma ni segund y como de derecho se requeria, ni con las particularidades espeçificatiuas e juramento que el derecho en tal caso requiere. E a mayor abondamiento, la niego como en ella se contiene, porque en realidad de verdad ni paso cosa alguna de lo en ella contenido, ca yo confese y tengo confesados mis culpas y pecados y conpliçes que a mi notiçia e memoria han venido anteriormente, syn callar ni encobrir cosa alguna de mi ni de otras personas, y asy se deve de creer. Y razon no consyente otra cosa propia, confesando lo que tengo confesado, y sabiendo que asy me resçibira la Santa Madre Yglesia a su gremio, e mayor, confesando muchos pecados como pocos, no es verisymile que avia de manifestar e dezir otras e descubrir mis culpas y encubrir las ajenas, demas de lo que por mi esta dicho e confesado, de que pido misericordia. Y sy otra cosa ay mas contra mi testificado, con falsedad y enemistad y malquerençia y por personas viles, perjuros y falsarios e mis enemigos capitales, a quienes no se deve de dar fe ny credito. Por que a Vuestra Reuerenda Paternidad pido me manden asoluer e den por quita de lo contenido a la dicha acusaçion, para lo qual y en lo neçesario el santo y noble ofiçio de Vuestra Reuerenda Paternidad inploro, e negando lo perjudiçial, concluyo e pido conplimiento de justiçia,

y protesto de manifestar y declarar qualquier cosa [ ] que a mi notiçia viniera; pidolo por testimonio.

(—) Bachiller del Bonillo

(—) el liçençiado de Herrera.

(—) de Bonillo

[503]

E asy presentado, sus reuerençias mandaron dar copia e treslado al fiscal, que presente estava, y que responda dentro de terçero dia.

Reply of the Prosecutor

Luego, el dicho fiscal dixo que, afirmandose en lo por el pedido e denunçiado, e negando lo perjudiçial, que concluya e concluyo, e pedia ser resçebido a la prueva, y a sus reuerençias que proçediesen en la dicha causa segund e como pedido tenia, estando presente la dicha Juana Nuñez y sus letrados y procurador.

15 Oct. 1512 E despues de lo susodicho, en XV dias del dicho mes de otubre del dicho año de mil e quinientos e doze años, estando (estando) el reuerendo señor liçençiado Alfonso de Mariana, ynquisidor, en la dicha abdiençia, paresçio presente el dicho teniente del fiscal, e dixo que ya sabia su reuerençia que, para en prueva de su intençion para en las cavsas de çiertas presas, avia presentado por testigos contra Juana Nuñez, que pidia a su reuerençia que resçibiese prueva que la dicha Juana Nuñes, que presente estava, para que diga e

26r declare lo que sabe de las dichas presas. E luego | el dicho señor inquisidor reçibio juramento en forma devida e de derecho, etç., de la dicha Juana Nuñes, so cargo del qual su reuerençia mando que dixese y declarase las cosas e causas que avia visto haser y dezir a Graçia de Teva e Juan Rodriguez e Leonor Alvares e de Mayor Alvarez, muger de Fernando de Cordoua e de Beatriz Alonso, muger que fue de Fernando de Merida, vezinos de Çibdad Real, presas en la dicha carçel, e contra las otras personas contenidas en la provença del promotor fiscal, que otras ella tenia presentado.

Reply of the Defendant

Luego, la dicha Juana Nuñez dixo que, so cargo del dicho juramento, que ella no avia visto hazer ni dezir cosa ninguna contra nuestra Santa Fe Catolica a ninguna de las susodichas personas de suso nonbradas, ni a otras personas ningunas, ni se acordava de mas de lo que tenia dicho y confesado, asy de sy como de otras personas.

Publication of Testimonies

[Pedimiento de publicaçion]

5 Nov. 1512 E despues de lo susodicho, en çinco dias de nobienbre del dicho año, estando en la dicha abdiençia los dichos reuerendos señores

[504]

Trial of Juana Núñez

inquisidores, sus reuerençias mandaron salir ante sy a la dicha Juana Nuñes, la qual siendo presente, el honrado bachiller Diego Martines Ortega, teniente del fiscal, que presente estaua, dixo que, con espresa protestaçion de poder ratificar sus testigos e presentar otros de nuevo en qualquier tienpo mediante esta dicha cavsa, fasta la determinaçion della, que pedia e pedio publicaçion de los testigos por el presentados en esta cavsa. La dicha Juana Nuñes, con consejo e acuerdo de sus letrados, el liçençiado de Herrera e el bachiller Bonillo, que presentes estaban, e de Diego Mudarra, su procurador, pedio que se fiziese la dicha publicaçion, con protestaçion que haze de confesar todo lo que mas se le acordara, e con protestaçion de presentar sus eçebçiones e defensas en su tienpo e lugar.

[Fizose la dicha publicaçion]
Sus reuerençias dixieron que, pues las dichas partes piden la dicha publicaçion, que sus reuerençias la mandaban e mandaron hazer e dar treslado a las partes, con termino de nueve dias, callados los nonbres e çircunstançias de los testigos del fiscal, etç. |

26v [Como fue leyda la publicaçion a la rea e que respondio ella.]
2 Nov. E despues de lo susodicho, en XII dias de nobienbre de mil e quini-
1512 entos e doze años, estando en la dicha abdiençia los dichos reuerendos señores inquisidores, siendo presente la dicha Juana Nuñes, fuele leyda la publicaçion, segund e so cargo del juramento declaro a cada vn testigo de los contenidos en la dicha publicaçion, segund se contiene adelante. |

27r Prouança del promotor fiscal dada en publicaçion a Juana Nuñez, muger de Juan de Teva, vesyna de Çibdad Real.

[Testigo I]
Vn testigo jurado, etç.,[49] en vn dia del mes de junio de mil e quinientos e honze años, dixo que sabe e vio que Juana Nuñes, muger de Juan de Teva, veçina de Çibdad Real, e otras çiertas personas, se ayuntauan en çiertas casas e guardauan los sabados e se vestian ropas de fiesta y camisas linpias, e que no les veya haser hasienda ninguna aquellos dias de sabados; e que se estauan holgando e merendauan como dias de fiesta. E que algunas veses las vio meren-

---

[49] This is the testimony of María González, wife of Pedro de Villarreal.

[505]

dar vnas caçuelas guisadas del viernes antes, e que estauan frias; e que holgauan los dichos sabados hasta la noches. E que hasian las dichas cosas por obseruançia e guarda de la Ley de Moysen, diçiendo que las cosas de nuestra Fe eran burleria. E que vio ayunar a la dicha Juana Nuñes dos ayunos, no comiendo en todo el dia fasta la noche, e que a la noche la vio comer huevos e otras cosas. E que asymismo le oyo desir a la dicha Juana Nuñes que, seyendo donzella, guisaua ella e otra çierta persona de vyernes pa el sabado caçuelas e otros manjares, e que se ayuntavan a comer las dichas caçuelas otras çiertas personas los sabados. E que aquellos dias se ataviauan las susodichas de buenas ropas, e que estauan holgando aquellos dias e tomando plaser. E que asymismo oyo desir a la dicha Juana Nuñes que, seyendo donzella, ella e otra çierta persona ayunavan algunos ayunos de judios, no comiendo hasta la noche. E que asymismo, de tres años a esta parte, sabe e vio que la dicha Juana Nuñes e otra çierta persona holgauan los dichos sabados e tomavan plaser e no hasian hasyenda ninguna. E que algunas veses vyo venir sus hijos de la dicha Juana Nuñes del escuela, e veya este testigo como besauan la mano a la dicha Juana Nuñes, su madre, e ella les ponia la mano sobre la cabeça, trayendosela por la cara abaxo syn los santiguar. E que algunas veses la vyo desebar la carne. E que algunas veses la vyo vañarse en los viernes en las tardes a la dicha Juana Nuñes con otra çierta persona.

Yten, dixo que sabe e vio que la dicha Juana Nuñes e otras çiertas presonas ⟨sic⟩ se juntauan en casa de çierta persona ⟨sic⟩ algunos viernes en las noches a se holgar e guardar las dichas noches de viernes. E que çierta persona ençendia en la dicha casa, aquellas noches de viernes, dos candiles linpios con mechas nuevas, e los ençendia dos oras antes que anochese, e ataviaua e alinpiaua su casa e la tenia muy adereçada | aquellas noches de viernes, por onra de la Ley de Moysen. E aquellas noches de viernes la dicha Juana Nuñes e todas las susodichas se vañavan por çerimonia judayca en vn tinajon grande con agua cosida; e que lleuavan sus camisas labradas e linpias el dicho vaño, e se las vestian despues que se avian vañado. E que sabe este testigo que todas las susodichas se juntauan en la dicha casa a se vañar por çerimonia de la Ley de los judios, teniendola por mejor ley que la de los christianos. E que tanbien se juntauan todas las susodichas e la dicha Juana Nuñes en la dicha casa algunos sabados despues de comer, e que algunas veses comian de algunas caçuelas de huevos e otras cosas frias guisadas del viernes para el sabado, e que otras veses meren-

Trial of Juana Núñez

dauan frutas e otras cosas, e que no hasian cosa ninguna syno todas estarse holgando e aviendo plaser; e que todas estauan bien vestidas de ropas de fiesta e camisas linpias e tocas linpias por onra del dicho sabado. E que algunas veses hablauan en cosas de la Yglesia e de la Fe e hasyan burla de la Misa; e que las veses que yvan a la yglesia a Misa no yvan syno por conplir, que no por yr a Misa. E que las vyo comunicar las vnas con las otras, teniendolo por burla, las cosas de la Misa e de la Fe. E que sabe que todas las susodichas se hasian malas por no yr a Misa. E que sabe que todas las susodichas ayunavan algunos ayunos de judios, e que despues que avian çenado se venian a juntar a la dicha casa, e alli, estando juntas platicavan e desian vnas a otras como avian ayunado e lo que avian çenado. E que aquellos dias que ayunavan no comian en todo el dia fasta la noche en anocheçiendo, e que asy gelo oyo desir. E que quando se juntauan en la dicha casa los dichos sabados comian de vnas tortas blancas como la nieve, desabridas, como oliuadas, e que creya este testigo que devian ser pan çençeño.

Yten, dixo que sabe e vyo que la dicha Juana Nuñes e otras çiertas personas se ayuntavan en otra çierta casa a holgar los sabados e guardarlos, y que yvan todas ataviadas con ropas de fiesta e vestidas camisas linpias e con tocas linpias por onra de los dichos sabados, por çerimonia de la Ley de los judios, y que alli merendavan e avian plaser e holgauan el dicho sabado.

[Testigo II]
Otro testigo jurado, etç.,[50] en vn dia del mes de abril de mil e quinientos e honse años, dixo que puede aver nueve años, poco mas o menos, que sabe e | vio que Juana Nuñes, muger de Juan de Teva, vesyna de Çibdad Real, algunas veses, algunos viernes en las noches, hasia calentar agua con romero e cascaras de naranjas e se lauaua en vna artesa ençerrada en çierto lugar, e se vestia camisa linpia aquella noche, e que la vio vestida este testigo otro dia sabado. E que aquellas noches de viernes la dicha Juana Nuñes mandaua a çierta persona que diese camisa linpia a otra çierta persona, e a la otra çierta personas este testigo gelo veya traer vestida otro dia sabado. E que aquellas dichas noches de viernes que se vañaua la dicha Juana Nuñes, no hasia hasienda ninguna, que luego, en saliendo de vañarse, se yva acostar. E que la dicha Juana

---

[50] The testimony of Lucía de Cuenca.

Nuñes e la dicha çierta persona no hasia⟨n⟩ nada aquellos viernes en las noches. E que las otras noches de entre semana, que desmontauan e devanauan, ansy la dicha Juana Nuñes como la dicha çierta persona, e que aquellos viernes en las noches no hasian cosa ninguna de las susodichas. E que otro dia sabado se leuantauan tarde, quando querian tañer la Misa; e que los otros dias se leuantauan en esclareçiendo. E que vio que algunas noches de viernes, avnque no se vañava, la dicha Juana Nuñes se hasia mala e desia que le dolia le cabeça e se echaua sobre dos almohadas. E que otros dias de sabados tanbien desia que estaua mala, e se estaua echada sobre vn par de almohadas, e que luego a la tarde la veya buena e se yva de vesyna a vesina, e la veya comer de todo lo que se comia en casa. E algunas veses mandaua la dicha Juana Nuñes a dicha persona que quitase el sebo a la carne. E que se acuerda que algunos sabados, en acabando de comer, venian a casa de la dicha Juana Nuñes çiertas personas a holgarse con la dicha Juana Nuñes, e alli merendavan e se estauan holgando a avyendo plaser con la dicha Juana Nuñes. E que los dichos sabados eran dias de lavor. E que al tienpo que avyan verengenas, la dicha Juana Nuñes hasia freyr las verengenas en aseyte e las echaua en la olla con la carne syn toçino.

III Otro testigo jurado, etç.,[51] en vn dia del mes de setienbre de mil e quinientos e dose años, dixo que de trese años a esta parte sabe e vyo que algunos sabados Juana Nuñes, muger de Juan de Teva, vesyna de Çibdad Real, se yva algunos sabados a guardar los dichos sabados a çierta casa con otras çiertas personas, e que cree que se juntauan a guardar los dichos sabados por guardar la Ley de Moysen, por lo que les veya haser; e que los dichos sabados no eran dias de fiesta mandadas guardar por la Yglesia.

Reply of the Defendant

Al primero testigo, siendole leydo, dixo que ya tiene dicho e confesado todo lo que hizo e bio hazer çerca de lo contenido en el dicho testimonio, e que no se acuerda de mas, que pensara en ello, e que si se le acordare, gelo dira e manifestara. |

28v II Al segundo testigo, siendole leydo, dixo que no se acuerda aver fecho tal cosa, mas de lo que dicho e confesado tiene. E que sy se le acordare, que lo verna diziendo e manifestando.

[51] Testimony of Beatriz Alonso.

Trial of Juana Núñez

III Al terçero testigo dixo que no fecho ni dicho mas de lo que confesado tiene, e que pensara en ello e lo dira sy se le acordare. Sus reuerençias le mandaron dar treslado de la dicha publicaçion.

[Como comunico la rea la publicaçion con su letrado e llevo treslado]

5 Nov. E despues de lo susodicho, en XVI dias de nouienbre de mil e
1512 quinientos e doze, estando los dichos reuerendos señores inquisidores en la dicha abdiençia, siendo presente el bachiller Bonillo, su letrado, e su procurador Diego Mudarra, comunico con ellos la dicha su publicaçion. E sus reuerençias la mandaron dar traslado della. El qual se dio al dicha bachiller Bonillo, e le llevo en su poder, con termino de terçero dia para responder.

[Confesion]

9 Nov. E despues de lo susodicho, en XIX dias de nobienbre del dicho
1512 año,[52] estando en la dicha abdiençia los dichos reuerendos señores inquisidores los liçençiados Mariana e Pedro Ochoa de Villanueua, sus reuerençias mandaron salir ante sy a la dicha Juana Nuñes porque asy lo pedio. La qual siendo presente, dixo que ella quiere dezir la verdad de todo lo que se le acuerda e descargar su conçiençia. E que se le acuerda que el dicho Iuan de Teba, marido desta confesante, hazia con esta confesante las cosas que ella hazia, e gelo bia hazer. [Çibdad Real; Juan de Teba, marido desta confesante]. E que guardaba el sabado con esta confesante, bestiendo camisa linpia en los dichos sabados, e que ⟨e⟩ste confesante gela daba las mas vezes, e otras vezes sus criadas por mandado desta confesante, vnas vezes gela daba Luçia, su criada, que esta agora en Çibdad Real, e otras vezes gela daba Beatriz Lo [en XII de noviembre del
29r dicho año] | pez, su criada, vesina de Çibdad Real, muger de Martin Lopes, tintorero, e que pocas vezes le dava la dicha camisa la dicha Beatriz. E que el dicho Juan de Teba, su marido, guardaba los viernes en las noches con este confesante, e bia como esta confesante ençendia e mandaba ençender los candiles con mechas nuevas las dichas noches, e que lo hazian por oseruançia de la Ley de Moysen, e asy lo comunicaban esta confesante e el dicho Juan de Teba, su marido. E que el dicho su marido via a esta confesante desebar la carne e el comia dello; e comia el dicho Juan de Teba de los

52 This same testimony also appears in the file of Juan de Teva, No. 113, fol. 13r.

[509]

manjares que esta confesante guisaba del biernes para el sabado, e sabia que los guisaba esta confesante e lo consintia. Fue preguntada si platicaron esta confesante y el dicho su marido para que aprobechaba el guardar de los dichos sabados e hazer las otras çerimonias que tiene confesado. Dixo que el dicho su marido dezia a esta confesante que hera bueno guardar los sabados e hazer las otras çerimonias, e que non la dezia para que hera bueno, ni para que non, e que tanto dezia esta confesante el dicho su marido. Fue preguntada que por que a callado fasta agora e no a dicho del dicho su marido. Dixo que lo a callado por miedo del dicho su marido, e porque no lo supiese, e que esta semana a determinado de dezir la verdad e que antedeayer, quando esta confesante salio a esta abdiençia, quiso confesar lo susodicho e no lo hizo porque estaba en la dicha abdiençia su letrado, e que non quiso que lo oyese ni supiese porque temia que el dicho su marido lo sabria. E que pide perdon a Nuestro Señor e a sus reuerençias penitençia. E que el dicho Juan de Teba, su marido, ponia la mano sobre la cabeça de sus fijos sin los santiguar quando venian de la escuela, e les daba la vendiçion a modo judayco, como lo hazia esta confesante.

Ratificose en el dicho su dicho la dicha Juana Nuñez contra el dicho Juan de Teva, su marido, ante los reuerendos señores inquisidores Mariana e don Françisco de Herrera, en XX de mayo de mil e quinientos e treze años, estando presentes el bachiller Bartolome de Ojeda e Juan de Morgovejon, clerigos, vezinos de Toledo.[53] |

20 May 1513

29v E despues de lo susodicho, en primero de dizienbre de mil e quinientos e doze años, estando los reuerendos señores los liçençiados Alfonso de Mariana e el liçençiado Pedro Ochoa de Villanueva.[54] |

1 Dec. 1512

Defence Questionnaire

30r Presentado en XI de dicienbre de I V DXII ante sus reuerençias Por estas preguntas sean preguntados los testigos que por parte de Juana Nuñes, muger de Juan de Teba, son o seran nonbrados para provar las tachas opuestas contra los testigos presentados por el promotor fiscal, las quales pongo por interrogatorio en la forma syguiente:

I Primeramente, sean preguntados sy conoçen a los dichos Juana

11 Dec. 1512

---

[53] *Ibid.*, fol. 13v.
[54] Not continued in the file.

Trial of Juana Núñez

Nuñez e promutor fiscal.

II Yten, sy conoçen a Ximena, criada que fue de la dicha Juana Nuñez, e a Luçia de Cuenca, criada que fue de la susodicha e de su madre, e a Maria, que asymismo fue su criada, hija del viscayno çe Miguelturra, e a Luçia, muger de Juan Bolaños, que biue al esparteria, sobrina de Juan Diaz, sastre, e a Catalina de la Torres, mançeba que fue de Poblete, cuchillero, e a Catalina, mançeba que fue de Mingolla, e a Mari Gonçales, muger de Pedro de Villarreal.

III [Ximena], Yten, sy saben que la dicha Ximena, antes e al tienpo que dixese su dicho en esta causa era y es vna ladrona, que hurto a la dicha Juana Nuñez vna manilla de oro, y porque sobre ella la queria hazer prender, le tenia e tiene odio y enemistad.

IIII° [Luçia de Cuenca], Yten, sy saben que la dicha Luçia de Cuenca tenia e tiene odio y enemistad con la dicha Juana Nuñez,
+ a causa que tovo que hazer carnalmente con vn hermano de la dicha Juana Nuñcz, muchacho, y le deshonro, que estovo muy malo, por lo qual la deshonraron, asy la dicha Juana Nuñez como su padre e madre, e la echaron de casa.

V Yten, sy saben que la dicha Luçia es muger liuiana e de mala fama e testimoniera, que levanto a Mari Escudera, que biue en
+ Almagro, que tenia que hazer carnalmente con [   ] Figueroa, su primo de la dicha Mari Escudera. |

30v VI [Maria de Miguelturra, criada de la dicha Juana Nuñez], Yten, sy saben que la dicha Marica o Maria de Miguelturra, hija del vizcayno, era y es enemiga de la dicha Juana Nuñez, a causa que sobre la soldada ovieron con ella enojo e riñeron e la deshonraron.

VII [Luçia, sobrina de Juan Diaz, sastre], Yten, sy saben que la dicha
+ Luçia era y es enemiga de la dicha Juana Nuñez, porque lo es el dicho Juan Diaz, sastre, y la induçiria a testificar falsamente contra la dicha Juana Nuñez.

VIII° [Catalina de la Torre], Yten, sy saben que la dicha Catalina de la Torre, mançeba que fue de Poblete, cuchillero, era y es mala muger de su cuerpo e levantadora de falsos testimonios.

IX [Catalina], Yten, sy saben que la dicha Catalina, mançeba que fue de Mingolla e agora es muger de [   ], espartero, era y es mala muger y tyene odio y enemistad, diziendo que la dicha Juana Nuñez hizo apartar della al dicho Mingolla, e a su causa la dexo e se caso.

X [Maria Gonçales, muger de Pedro de Villarreal], Yten, sy saben que
+ la dicha Mari Gonçales e [   ], su esclava, eran y son enemigos de la dicha Juana Nuñes, a causa que ellas hurtaron vna sinta de

[511]

aljofar y vna cruz de oro a la dicha Juana Nuñez e queria quexar dellas a la justiçia.

+ XI Yten, sy saben que la dicha Maria Gonçales es muger burda desatinada e desconçertada.

(—) Bachiller
del Bonillo |

31r Nominaçion de testigos de Juana Nuñes, muger de Juan de Teba
Todos los testigos I II
+ Juana, hija de Martin Diaz, biue en Almagro III
+ Juana, criada de la dicha Juana Nuñez IIII°
Mari Gonçalez,[55] muger de Alonso de Merlo IIII°
Alonso Aluares,[56] arrendador V
[No ay testigos] VI VII
Mari Gonçales, la castillera,[57] ama que fue de Juana Nuñez y agora es de Alonso Aluares. [Es publico] VIII°
[Es publico] IX
la de Alonso Aluarez, presa[58] X
la de Diego Aluarez, presa X
Las hijas de Bartholome de Badajoz[59] X XI

(—) Bachiller
del Bonillo. |

31v *Blank page*

32r Tachas de Juana Nuñes, muger de Juan de Teba presa, vesina de Çibdad Real

[Testigo]
Juana Diaz, hija de Martin Diaz, vesina de Almagro, testigo jurada en forma de derecho, dixo que fue criada de Juana Nuñes, muger de Juan de Teba, antes que se casase e despues, e que no conoçe al fiscal de la Inquisiçion, e que es christiana vieja.

[55] See her trial, No. 105.
[56] See Biographical Notes.
[57] Fernán Alvarez testified that she knew of the animosity that Isabel, the slave, had for his wife; see the trial of Leonor Alvarez, No. 101, fol. 21r.
[58] Juana Rodríguez; see her reconstructed trial, No. 102. She testified for the defence in the trial of Leonor Alvarez, No. 101, fol. 22v.
[59] Beatríz, Ana, Isabel and María; see Biographical Notes on them.

Trial of Juana Núñez

IIII° A la quarta pregunta dixo que no lo sabe, como quier que lo oyo desir a la dicha Juana Nuñes. E que la dicha Juana Nuñes e su marido reñieron con la dicha Luzia por lo susodicho, e la hecharon de su casa, pero que no se acuerda este testigo que palabras pasaron sobre lo susodicho, ni si el dicho moço tovo que hazer con la dicha Luzia.

V A la quinta pregunta dixo que vibiendo este testigo e la dicha Luzia con la dicha Juana Nuñes, vio a la dicha Luzia, vevda, muchas vezes, e la hechaban borracha muchas noches. E que oyo desir a algunas personas, de cuyos nonbres no se acuerda, que la dicha Luzia abia dicho que Maria, escudera, se hechaba con Figueroa, su pariente.

[Testigo]
Juana Rodrigues, muger de Garçia, cochillero, vesina de Çibdad Real, testigo jurado en forma de derecho, etç.

VIII° A la otaba pregunta dixo que algunas vezes vio a la dicha muger de Pedro de Villarreal, vorracha, e que bio sus colchones meados. No sabe este testigo sy la susodicha los meava o no. E que algunas vezes reñian Pedro de Villarreal a Juan de Teba sobre vn albañar. E que oyo desir a Graçia de Teba que la dicha muger de Pedro de Villarreal le hurto vnas gallinas, e que no sabe mas de la dicha pregunta.

[Testigo]
Ximon de la Çarça,[60] testigo jurado en forma de derecho, dixo que es converso e que conosçe a la dicha Juana Nuñes, muger de Juan de Teba, e a la dicha | Maria Gonçales, muger de Pedro de Villarreal, desde diez años a esta parte.

VIII° A la otaba pregunta dixo que oyo desir a su esclaba de Pedro de Villarreal que la dicha su ama se enborrachaba e se meava en la cama, e que hera muger desconçertada e muy habladora. E que algunas vezes vio este testigo que la susodicha llamava a su marido ladron. E que este testigo vio vna vez reñir a Pedro de Villarreal e a su muger con Juan de Teba e su muger sobre vn alvañar. E este testigo los puso en paz, e que despues fueron amigos; e que de lo al contenido en la dicha pregunta, que no lo sabe.

[Testigo]
Alonso de la Çarça, testigo jurado, vesino de Çibdad Real, dixo

[60] See Biographical Notes.

que conoçia a la dicha Juana Nuñes de çinco años a esta parte, e que non le tocan las repreguntas del fiscal.

VIII° A la otaba pregunta dixo que conoçia a la muger de Pedro de Villarreal, y que este testigo la a visto borracha algunas vezes, E que sabe que es vorracha e golosa, e que por vn menguado se yra hasta Miguelturra. E que vna ⟨vez⟩ reñieron Pedro de Villarreal e Juan de Teba sobre vnas tapias, pero que este testigo los hizo amigos, e que despues fueron amigos; e que no sabe mas de la dicha pregunta.

[Testigo]
Christobal Vegete, perayle,[61] testigo jurado en forma de derecho, dixo que conoçe a la dicha Juana Nuñes, e que este testigo es christiano viejo, e que no le tocan las repreguntas.

VIII° A la otaba dixo que conoçe e sabe que la dicha Maria Gonçales se enborrachaba e hera glotona e de mala conçiençia. E que vio vna vez que reñieron la dicha Juana Nuñes e Maria Gonçales sobre çierto aljofar, abra çinco años, poco mas o menos, e que despues fueron amigas. E que tanbien las vio reñer sobre vnas tapias e vn albañar, e que despues fueron amigas.

[Testigo]
La muger de Manojo Calero, el viejo,[62] testigo jurada en forma de derecho, dixo que conoçe a la dicha Juana Nuñes, e que este testigo es christiana vieja, e no le tocan las repreguntas del fiscal, |
33r e que conoçe a Luçia de Cuenca.

III A la terçera pregunta dixo que sabe que la dicha Luçia de Cuenca es vorracha, porque este testigo le a bisto vorracha, e que a oydo desir que es ladrona e levantadera de testimonios, e que a sus abra vn año muchas vezes. E que este testigo oyo desir a la dicha Luçia que abia de hazer quemar a los dichos Juan de Teba e Juana Nuñes e llevarlos a Toledo, porque no la querian pagar su soldada, avnque supiese dar tres bueltas en el infierno; e que es pobre, e que no dura en casa que sera ⟨sic⟩; e que no sabe mas de la dicha pregunta.

VIII° A la otaba pregunta dixo que no la sabe.

---

[61] He was a defence witness in the trials of Leonor Alvarez (No. 101, fol. 20v) and María González (No. 105, foll. 31v, 34r).

[62] Helena González; she was a defence witness for Diego López (Vol. I, No. 86, fol. 8v) and for many other accused conversos.

Trial of Juana Núñez

[Testigo]

La de Manojo, el moço, testigo jurada en forma de derecho, dixo que conoçe a la dicha Juana Nuñes, muger de Juan de Teba, de doze años, e a Luçia de Cuenca.

III A la terçera pregunta dixo que sabe que es borracha e ladrona, e que es de mala lengua, e que la a visto vorracha en su casa e fuera della, e que es testimoniera. E que a este testigo levanto falso testimonio e a todas las amas con que a vebido, e que es pobre e raez, e que se vebe todo lo que tiene. E que este testigo la oyo desir a la dicha Luçia que avia de hazer llevar a Toledo a Juan de Teba e a su muger, e hazerlos quemar, avnque supiese dar tres bueltas en el infierno; e que es prima deste testigo la dicha Luçia.

VIII° A la otaba pregunta dixo que oyo desir a vna criada de la dicha Maria Gonçales e a otras personas que la dicha Maria Gonçales, muger de Pedro de Villarreal, se enbeodaba e se meava en las faldas, pero que este testigo no lo vido.

[Testigo]

Ynes Gonçales, muger de Alonso Vejete, madre de Jeronimo Vejete,[63] testigo jurada en forma de derecho, dixo que es christiana vieja e no le tocan las repreguntas.

VIII° A la otaba pregunta dixo que vna vez la vio como fuera de tiento, e creyo este testigo que devia de estar borracha, e que es como locaza e fanfarronaza. E que de lo al contenido en la dicha pregunta, que no lo sabe. |

33v [Testigo]

Jeronimo Vejete, vezino de Çibdad Real, testigo jurado en forma de derecho, dixo que es christiano viejo e no le tocan las repreguntas, dixo que a mas de doze años que conoçe a la muger de Juan de Teba e a Maria Gonçales, muger de Pedro de Villarreal.

VIII° A la otaba pregunta dixo que vn dia la bio vorracha e que abia rebesado sobre vn real de grana, abra quatro años, poco mas o menos, e que es vozinglera e esta en fama de vorracha, e que lo demas contenido en la dicha pregunta, que non lo sabe.

[Testigo]

Maria Gonçales, la castillera, testigo jurado en forma de derecho,

---

[63] See below, fol. 33v, for his testimony. He also testified for the defence in the trials of Leonor Alvarez (No. 101, fol. 26v) and María González (No. 105, fol. 28r).

dixo que conoçe a la dicha Juana Nuñes e a la muger de Pedro de Villarreal de vista e habla e trato e conversaçion de quinze años a esta parte; e que este testigo es christiana vieja.

VIII° A la otaba pregunta dixo que oyo desir que la dicha muger de Pedro de Villarreal hera vorracha e parlera e que se meava en la cama. E que este testigo vio reñir a las fechas ⟨a⟩ Maria Gonçales e Juana Nuñes sobre çierto aljofar e vna cruz de oro abra çinco o seys años, e que despues nunca este testigo las bio hablarse.

[Testigo]
Juan Martines, carpintero, veçino de Çibdad Real, testigo jurado en forma de derecho, dixo que no conoçe a la dicha muger de Juan de Teva, e que es christiano viejo.

III A la terçera pregunta dixo que conoçe a la dicha Luçia porque bibio con este testigo vn año e con su padre deste testigo dos años. E que sabe que es puta, que este testigo la tomo con vn criado suyo e la hecho de su casa, e que es vorracha que no tiene ⟨re⟩medio. E que algunas cosas hurto en casa deste testigo; e que es muger de mala lengua e poco tiento e pobre e por tal la tiene este testigo, por lo que lo se la a visto. E que quando el señor inquisidor Mariana vino a esta Çibdad Real, este testigo dixo a la dicha Luçia: Mira, Luçia, sy sabes algo de alguna persona, dilo a los inquisidores que estan aqui. E que la dicha Luçia dixo: Aqui estan los inquisidores apostados, ¡Qe agora me paguen muchos dineros Juan de Teba e su muger! E que de lo al contenido en la dicha pregunta, que no lo sabe. |

34r [Testigo]
Lorenço de Almagro,[64] veçino de Çibdad Real, çapatero, testigo jurado en forma de derecho, dixo que conoçe a la dicha Maria Gonçales, muger de Pedro de Villarreal, e a la dicha Juana Nuñes.

VIII° A la otaba pregunta dixo que vio algunas vezes desatinada a la dicha Maria Gonçales, e creyo este testigo que devia de ser de mucho vever; e que de lo al contenido en la dicha pregunta, que no lo sabe.

[Testigo]
Juan Ferrandes, calero, vesino de Çibdad Real, testigo jurado en forma de derecho, dixo que es christiano viejo, e que conoçia a la dicha Juana Nuñes e a la dicha Luçia de Cuenca.

[64] He was a defence witness for Leonor Alvarez, No. 101, fol. 25r.

Trial of Juana Núñez

III   A la terçera pregunta dixo que sabe que es vorracha e de mala lengua e conversaçion, e por ser de mala conversaçion; e que es pobre e sin tiento. E que este testigo lo sabe porque la susodicha moro con vn fijo deste testigo tres o quatro meses, e por sus desconçiertos la hecharon de su casa; e que de lo al contenido en la dicha pregunta, que no lo sabe.

[Testigo]
Garçia de Barrionuevo,[65] mercader, veçino de Çibdad Real, testigo jurado en forma de derecho, dixo que conoçe a Juana Nuñes, muger de Juan de Teba, e que no es pariente de ningunas partes, e que conoçe a Maria Gonçales, muger de Pedro de Villarreal.

VIII°   A la otaba pregunta dixo que oyo desir a su propio marido, Pedro de Villarreal, pero que este testigo no lo vio, que la dicha su muger se enborrachaba.

[Testigo]
Doña Maria de Loaysa, muger que fue del oydor San Millan, testigo jurada en forma de derecho, dixo que es fija de algo, e que conoçio a Juana Nuñes, muger de Juan de Teva, e a la dicha Luçia, de vista e habla, porque la dicha Luçia fue criada deste testigo.

III   A la terçera pregunta dixo que hera persona pobre, e que a las noches estaba braba, e pensaba este testigo que se tomava del vino, pero que de lo al contenido en la dicha pregunta, que no lo sabe. |

34v [Testigo]
Doña Juana de San Millan, muger del liçençiado Loaysa, testigo jurado en forma de derecho, dixo que es fija de algo, e que conoçe a la dicha Juana Nuñes e a la dicha Luçia de bista e habla, e que la dicha Luçia vibio con este testigo vn mes.

III   A la terçera pregunta dixo que sabe que la dicha Luçia hera brava, espeçialmente a las noches, e pensaba este testigo que lo hazia el mucho vever, pero que este testigo no la vio vorracha ni sabe mas de la dicha pregunta.

[Testigo]
Christobal Martines, mesonero, vezino de Çibdad Real, testigo

---

[65]   He was the brother-in-law of Lope de Moya, and it was he who negotiated with Lorenzo Franco for Lope's release from captivity in Tunis; see the trial of Mayor González, No. 116, fol. 92r. See also Biographical Notes.

[517]

jurado en forma de derecho, dixo que es christiano viejo e que no conoçe a la dicha Juana Nuñes, e que a la dicha Luçia, porque moro con este testigo por espaçio de quatro meses.

III A la terçera pregunta dixo que este testigo la bio muchas vezes vorrocha morando con este testigo, e que es loca. E avn que a este testigo le dezian en su casa que le hurtaba çebada e otras cosas de su casa, e que es pobre, e que este testigo le pago lo que le devia e la hecho de su casa.

[Testigo]

Françisca Ruyz,[66] muger de Bartolome, conejero, vezino de Çibdad Real, testigo jurada en forma de derecho, dixo que es christiana vieja, e que conoçe a Juana Nuñes, muger de Juan de Teba, e a la dicha Luçia de Cuenca, porque vibio con vna hermana de este testigo.

III A la terçera pregunta dixo que no la sabe mas de quanto oyo desir que la dicha Luçia hera vorracha e ladrona, e que levantava testimonios a algunas personas. E que vna hermana de este testigo le dixo que le avia levantado que hera mançeba de çierta persona, e que este testigo la a tenido e tiene por muger de mala lengua.

[Testigo]

Maria Ruyz,[67] muger de Anton Gonçales, herrador, vesino de Çibdad Real, testigo jurado en forma de derecho, dixo que conoçe a Juana Nuñes e a la dicha Luçia de Cuenca, e que este testigo no es pariente de ninguna de las susodichas.

III A la terçera dixo que oyo desir a la Navarra, que mora en la calle de⟨ste⟩ testigo, que dezia la dicha Luçia de Cuenca que avnque supiese dar tres bueltas en el infierno, que avia de hazer llevar a Toledo a Juan de Teba e a su muger por ocho reales que le debian. E que a oydo desir que es borracha e desatinada, e no sabe mas de la dicha pregunta; e que es testimoniera.

VIII° A la otaba pregunta dixo que conoçe a la muger de Pedro de Villarreal de seys años a esta parte de vezindad que este testigo tovo con la susodicha, e que no sabe ninguna cosa de la dicha pregunta.

⟨Testigo⟩

La muger de Juan Martinez, çapatero, vezino de Çibdad Real,

[66] She testified for the defence in the trial of María González, No. 105, fol. 28v.
[67] *Ibid.*

Trial of Juana Núñez

testigo jurado en forma de derecho, dixo que es christiana vieja, e que no conoçe a la dicha muger de Juan de Teba, e que conoçe a Luçia de Cuenca, que fue criada deste testigo por espaçio de tres meses, al tienpo que el señor inquisidor Mariana vino a esta çibdad. [III] E que sabe que vebia muy bien, e que hera pobre e parlera; e que de lo al contenido en la dicha pregunta, que no lo sabe. E que porque dixeron a este testigo que la dicha Luçia hera parlera e testimoniera, la hecho de su casa.

[Testigo]
Juan Agudo, labrador, christiano viejo, testigo jurado en forma de derecho, dixo que conoçe a la dicha Juana Nuñes, muger de Juan de Teba, de quinze años a esta parte, e a Luçia de Cuenca de quinze años a esta parte.
III A la terçera pregunta dixo que sabe que es pobre e a oydo desir que es borracha e ladrona; e que de lo al contenido en la dicha pregunta, que no lo sabe.

[Testigo]
Bartolome, conejero,[68] vesino de Çibdad Real, testigo jurado en forma de derecho, dixo que conoçe a la dicha Juana Nuñes e Luçia de Cuenca, e que este testigo es christiano viejo.
III A la terçera pregunta dixo que oyo desir que la dicha Luçia |
35v es ladrona e testimoniera e vorracha e levantadera de testimonios, e que en casa de este testigo tomo vna caldera e la enpeño en la taverna, e que este testigo no la tiene en buena posesyon.

[Testigo]
Figueroa, apuntador,[69] testigo jurado, etç.
X A la deçima pregunta dixo que es primo de la dicha Juana Nuñes, e fue repelido.[70]

[Testigo]
La nuera de Juan Fernandes, calero, testigo jurado en forma de

---

[68] He gave the same testimony in the trials of Leonor Álvarez (No. 101, fol. 21r) and María González (No. 105, fol. 29v).
[69] Juan de Figueroa; see also the trial of Leonor Alvarez, No. 101, fol. 21r.
[70] It is not clear whether he was asked any other questions before he was rejected as a witness when he revealed that Juana Núñez was his cousin.

derecho, etç., dixo que no conoçia a la dicha muger de Juan de Teba, e que conoçia a Luçia de Cuenca.

III A la terçera pregunta dixo que la dicha Luçia de Cuenca moro con este testigo el verano pasado por espaçio de tres meses, e que la vio este testigo en el dicho ⟨tienpo⟩ borracho muchas vezes, e que quando estaba borracha llamava a este testigo puta vorracha ladrona judia, e que por loca e vorracha la hecho este testigo de su casa; e que de lo al contenido en la dicha pregunta, que no lo sabe.

[Testigo]
El fijo de Juan Fernandes, calero, testigo jurado en forma de derecho, dixo, etç.

III A la terçera pregunta dixo que bio borracha a la dicha Luçia Cuenca muchas vezes, vibiendo con este testigo, e que por tal esta su marido quitado della e no haze vida con ella; e que de lo al contenido en la dicha pregunta, que non lo sabe.

[Testigo]
Ana de Badajoz,[71] testigo jurado en forma de derecho, dixo, etç.
X A las diez preguntas, que non las sabe.
XI A las honze preguntas, que non las sabe. |

36r [Testigo]
Beatriz de Badajoz,[72] testigo jurada en forma de derecho.
X A la deçima dixo que no lo sabe.

[Testigo]
Ysabel de Badajoz,[73] testigo jurada en forma de derecho, etç.
X A la deçima pregunta dixo que no la sabe.
XII A las honze preguntas dixo que vna vez entro este testigo en casa de Maria Gonçales, muger de Pedro de Villarreal, e le paresçio a este testigo que estaba borracha; e que de lo al contenido en la dicha pregunta, que no lo sabe.

[Testigo]
Catalina Lopes, la Navarra, muger de Gonçalo Lopez, labrador, testigo reçibido de ofiçio de su reuerençia, dixo que abra tres años que oyo desir este testigo a Luçia de Cuenca que abia de hazer

[71] See above, n. 59.
[72] Ibid.
[73] Ibid.

Trial of Juana Núñez

quemar a Juan de Teva, porque le devia ocho reales y mas de alquiley ⟨sic⟩ de vna casa. E que lo dixo en casa de Juan Martines, pescador, e que no lo oyo nadie syno este testigo. E que abia dicho a los inquisidores que se pasava Juan de Teba por su casa e que dezia que no holga el dia que no engañava vn christianillo; e quando aya piernas de carnero, que las hendia, e que no sabia que se sacava de medio; e que su muger, que se vañava cada sabado. |

36v *Blank page*

Presentation of Tachas by Juana Núñez's Brother

37r En Çibdad Real, honse de mayo de I DXIII años ante el señor
11 May inquisidor Villanueva, su reuerençia reçibio saluo jure inpertinen-
1513 tium etç.

+

Muy Reuerendos Señores:
Lope de los Olivos, vezino de Çibdad Real, beso las manos de Vuestras Reuerendas Paternidades, ante las quales paresco como hermano e conjunta persona que soy de Juana Nuñez, mi legitima hermana, presa que esta en los carçeles de la Santa Ynquisyçion, e por mi fama e honra e propio ynterese, o como vno del pueblo, e en aquella forma e manera que mejor de derecho aya lugar. E digo que algunas personas, con odio e malquerençia e enemistad que han tenido e tienen a la dicha mi hermana e a mi, e por se bengar de mi e della, e por nos destruyr e ynfamar, avian dicho e depuesto e testificado falsamente contra la dicha mi hermana. Por lo qual, e porque son personas ynfames, henemigos de catolicos christianos, e no tienen temor de Dios ni verguença a las gentes, avran depuesto falsamente, e yo los tacho por la forma y en la manera syguiente:

[Mari Gonçales, vezina de Çibdad Real.]
Primeramente, tacho a Mari Gonçales,[74] muger de Pedro de Villarruvia, vezina de Çibdad Real, por mala muger, y fue ereja ⟨sic⟩. Los testigos que saben esto son los syguientes:
Su reconçiliaçion y el proçeso que se hizo contra ella e la sentençia que se hizo contra ella, que esta ante Vuestra Reuerençia; Alonso de Santa Cruz, labrador, vezino de Çibdad Real; Mari Gonçales, la castillera, vesina de Çibdad Real; Alonso Gonçales Nieto, vezino de Almagro.

[74] She was handed over to the Secular Arm on 16 August 1512 and was already dead when the *tachas* were brought against her.

Records of the Inquisition in Ciudad Real and Toledo, 1494–1512

[Beatriz, su muger de Martin Lopez, vezino de Çibdad Real]

Yten, tacho a Beatriz,[75] muger de Martin Lopez, tintorero, vezina de Çibdad Real, por puta y borracha y levantadera, y es muger loca e pobre e ladrona, e porque biuiendo con Juana Nuñes, muger de Juan de Teba, le hurtava de su casa cosas, y porque riñeron su ama con ella, la tiene enemistad. Pruevolo con las personas syguientes: Luys Garçia,[76] tundidor, vezino de Çibdad Real; Françisco Moreno,[77] tundidor, vezino de Çibdad Real; Juana de Merlo, vezina de Çibdad Real; Alonso de la Çarça, tundidor, vezino de Çibdad Real; La Betera, vezina de Çibdad Real; Juan Sas de Antequera,[78] clerigo, vezino de Çibdad Real; Mari Sanches, la castillera, vezina de Çibdad Real. |

37v [Luçia de Cuenca, vezina de Çibdad Real]

III Yten, tacho a Luçia de Cuenca, vezina de Çibdad Real, por puta y borracha y ladrona y levantadora de testimonios, y porque biuiendo con Juan de Teba y con Juana Nuñes, su muger, dize que se le quedaron con ocho reales de su soldada, amenazolos al dicho Juan de Teva e a la dicha Juana Nuñes, su muger, diziendo que porque no le pagavan los ocho reales, amenazolos, diziendo que los avia de hazer llevar a Toledo, aunque supiese dar tres bueltas en el ynfierno. Y es muger syn tiento y pobre y raez. Pruevolo con las personas syguientes:

+ Bartolome, conejero e su muger, vezinos de Çibdad Real;
+ La muger de Anton Garçia, herrador,[79] vezino de Çibdad Real;
+ Juan Martines, carpintero, e su muger, vezinos de Çibdad Real;
+ con la de Juan Manojo, calero, vezina de Çibdad Real; + Elena Gonçales, suegra de Christoval Vejete, perayle, vezina de Çibdad Real; + con Juan Hernandes, calero, y su hijo y su nuera, vesinos de Çibdad Real; + Doña Maria, muger que fue del oydor San Millan, y con su cuñada, doña Juana, vezinas de Çibdad Real; Françisco Çervantes, marido de la dicha Luçia de Cuenca, vezino de Çibdad Real; Catalina Brava, muger de Pero Diaz de Pozuelo, vezina de Torralva [Torralua]; Mari Escudera, vezina de Almagro

---

[75] See above, fol. 29r. She did not testify in this trial.
[76] See below, fol. 40r.
[77] *Ibid.;* see also the trials of Leonor Alvarez (No. 101, fol. 21r) and Inés de Mérida (No. 115, fol. 10v).
[78] See also the trial of Juan de Teva, No. 113, fol. 3r.
[79] See also the trials of Leonor Alvarez (No. 101, fol. 23r) and María González (No. 105, fol. 32v).

[522]

Trial of Juana Núñez

[Almagro]; + Christoval Martines, mesonero, vezino de Çibdad Real; con Juan Agudo, labrador, vezino desta Çibdad Real.

[Catalina de la Torre, vezina de Çibdad Real]

IIII° Yten, tacho a Catalina de la Torre,[80] vezina de Çibdad Real, por puta publica y borracha y ladrona y muger andadora de casa en casa y chismosa, y porque le dieron vn niño a criar de Juana Nuñes, muger de Juan de Teba, y quitaronselo porque hera mala muger, y por esto teniale enemistad a la dicha Juana Nuñes, y es levantadera de testimonios; y porque siendo ama de doña Françisca, hurtola çiertas cosas de su casa y las hallaron en su poder de Catalina de la Torre.

Pruevolo por las personas syguientes: |

38r Mari Ruyz, muger de Marcos Brasa, vezina de Çibdad Real; Anton de la Puebla, texedor de lineços, y su muger; Mari Diaz, vezinos de Çibdad Real; El hijo de Goy, mesonero, vezino de Carrion; Çamora, tundidor, vezino de Çibdad Real; Christoval de Soto, procurrador, y su hijo el notario, vezinos de Çibdad Real; Mari Sanches, la castillera, vezina de Çibdad Real.

[Mari Lopez, vezina de Çibdad Real]

V° Yten, tacho a Mari Lopez,[81] vezina de Çibdad Real, muger de Pedro de Dueñas, porque queria y quiere mal a Juana Nuñes, muger de Juan de Teva, porque muchas vezes la castigava y dezia que por que tenia tan mala lengua, y era tan mala muger que dezia mal a su padre, Diego de Teva, e vna vez echo de vna escalera abaxo al dicho su padre, de que llego el dicho Diego de Teva a la muerte. Y tanbien dezia mal de Graçia de Teva, su tia, y avn dixo que sy no le dava vna sarga pintada, que le levantaria vn falso testimonio. Y por estas cosas y otras muchas que le reprehendia la dicha Juana Nuñes, porque hera parienta de Juan de Teva, su marido, le ha tenido y tiene mucha enemistad. Y mas, se caso por amores y salio de su casa de su madre desobediente e diziendo mal de su padre, como persona loca, y asy lo es, atonita y levantadera de falsos testimonios. Por lo qual, sy ella testifico contra la dicha Juana Nuñes, su dicho es ninguno e no deve ser avido e tenido por dicho.

---

[80] See above, fol. 30v; she did not testify.
[81] The same testimony on her is also found in the trials of Leonor Alvarez (No. 101, fol. 22v) and María González (No. 105, fol. 11v).

Records of the Inquisition in Ciudad Real and Toledo, 1494–1512

Pruevolo por las personas syguientes:
Alonso de la Çarça, jurado, vezino de Çibdad Real; Garçia Franco, sastre, vezino de Çibdad Real; Mari Gonçales, muger de Diego de Teva, que esta presa en la carçel del Santo Ofiçio; Lorenço de Almagro, çapatero, vezino de Çibdad Real; Ximon de la Çarça, mercader, vezino de Çibdad Real. |

38v [Ysabel de los Oliuos, muger de Diego Sanches]
VI Yten, tacho a Ysabel de los Olivos,[82] muger de Diego Sanches de Madrid,[83] vezinos de Çibdad Real, presos en la carçel del Santo Ofiçio, que queria e quiere mal a Juana Nuñes, muger de Juan de Teva, porque le dezia muchas vezes que hera chismosa; e (y) es borracha y sorda y atonita; y mas, dio agua de soliman e su marido para lo matar; y mas, que tiene vnas paredes baxas en el corral, que pasan a su casa de Diego Sanches de Madrid, diziele la de Juan de Teva que la hurtavan gallinas sus moças; y por esto le tiene enemistad la dicha Ysabel de los Oliuos a la dicha Juana Nuñes, y sy ella testifico, su dicho es en sy ninguno e no deve ser avido ni tenido por dicho.
Pruevolo con las personas syguyentes:
Alvaro de Villarreal,[84] cavallero, vezino de Çibdad Real; Diego Sanches de Madrid, preso en el Santo Ofiçio; Ana de Badajoz, vezina de Çibdad Real; Alonso de la Çarça, jurado, vezino de Çibdad Real; Ximon de la Çarça, mercader, vezino de Çibdad Real.

[Maria, hija del vizcayno, vezina de Miguelturra]
VII Yten, tacho a Maria, hija del vizcayno, vezina de Miguelturra, por ladrona y por levantadera y loca y mochacha, y porque biuiendo con Juana Nuñes, muger de Juan de Teva, le hurto çiertas cosas de su casa; por esto, le tiene grande enemistad, y sy ella testifico contra la dicha Juana Nuñes, su dicho es en sy ninguno e no deve ser avido ni tenido por dicho.
Pruevolo con los testigos syguientes:
Mari Ruyz, ortelana, vezina de Miguelturra; la de Juan de Rodrigo, vezina de Miguelturra; con la de Christoval Pero, vezina de Miguel-

---

[82] She committed suicide during her trial, No. 108.
[83] See his reconstructed trial, No. 111.
[84] A certain Converso of the same name testified for the defence in the trial of Juan Ramírez, No. 109, fol. 101r.

turra; con Talavera de Dillos, vezino de Miguelturra; Gonçalo (lo) Lopez, vezino de Miguelturra. |

39r [Mari Gonçales, muger de Pedro de Villarreal, vezina de Çibdad Real]
VIII° Yten, tacho a Mari Gonçales, muger de Pedro de Villarreal, presa que esta en la carçel de la penitençia en la çibdad de Toledo. Es muger syn tiento y loca y desatinada y borracha y se mea en la cama. Y demas desto, digo que ha tenido enemistad con Juana Nuñes, muger de Juan de Teva, porque sospechava que la dicha Mari Gonçales avia hurtado vn aljofar e vna cruz de oro a la de Juan de Teva, y se lo vieron traer al cuello a la dicha Mari Gonçales con vnas estrellas prietas. Y mas, porque Juan de Teva y Pedro de Villarreal riñeron sobre vnas tapias que hizo Juan de Teva, que pasavan a casa de Pedro de Villarreal, y sobre vn albañar que pasa de casa de Juan de Teva a casa de Pedro de Villarreal, riñeron muchas vezes sobre ello, y por esto tenia grande enemistad la dicha Mari Gonçales a la dicha Nuñes, y porque dezia la dicha Mari Gonçales que no le hazia vezindad la dicha Juana Nuñes, y diziendo que hera muger oscura y no le tenia buen amor. Y si ella testifico contra la dicha Juana Nuñes, su dicho es en sy ninguno e no deve ser avido ni tenido por dicho. Y es ladrona y mala muger de su cuerpo.
Pruevolo con las personas syguientes:
+ Ximon de la Çarça, mercader, vezino de Çibdad Real; + Alonso de la Çarça, jurado, vezino de Çibdad Real; + la del cuchillero, vezina de Çibdad Real; + Christoval Bejete, perayle, vezino de Çibdad Real; + la de Juan Manojo, calero, vezina de Çibdad Real; + Elena Gonçales, suegra de Christoval Bejete, perayle, vezina de Çibdad Real; + Mari Sanches, la castillera, vezina de Çibdad Real; + la muger de Anton Garçia, herrador, vezina de Çibdad Real; + Geronimo Bejete y su madre, vezinos de Çibdad Real; + Lorenço de Almagro, çapatero, vezino de Çibdad Real; + Barrionuevo, mercader, vezino de Çibdad Real.

[Juana, muger del hijo de Pedro de Merlo, vezina de Çibdad Real]
IX Yten, tacho a Juana, muger del hijo de Pedro de Merlo, por puta publica y loca, y porque la echamos de casa por ladrona, porque hurtava y dava a otras personas y no cunplio vn año de su
39v seruiçio y salio de des|obidiente. Por esto y porque nos la tornaron a traer y no quesymos que syrviese el año, porque nos hurtava quanto podia. Y sy ella testifico contra la dicha Juana Nuñes, su

dicho es en sy ninguno e no deve ser avido ni tenido por dicho. La Viana y sus dos hijas Catalina de Viana y Lucreçia de Viana, vezinas de Çibdad Real.

[La muger de Alonso Perez de San Gines, presa]

X Yten, tacho a Elvira Gonçales,[85] muger de Alonso Peres de San Gines, vezina de Alcaçar, presa en la Carçel de la Penitençia de la çibdad de Toledo, la qual, pues que fue ereja ⟨sic⟩ e no tuvo temor de ofender la Santa Fee Catolica, no tenia temor de se perjurar con otra qualquiera catolico christiano, porque los que son y an sydo hereges, son enemigos de los christianos, e como ven en carçeles y Sanbenitos, querrian y desean ver a todos ansy, e lo procuran.[86] E demas desto la dicha muger de Alonso Peres fue enemiga de la dicha Juana Nuñes e pasaron palabras entre ellas e tuvieron diferençias.

El proçeso y su reconçiliaçion y la sentençia que paso ante Vuestras Reverençias.

[Chaves, sillero, e su muger e su suegra, vezinas de Çibdad Real]

XI Yten, tacho, a Chaves, syllero, y a su muger y a su suegra, vezinos de Çibdad Real, tornadizo de moro, porque los susodichos tienen enemistad a Juan de Teva y a su muger Juana Nuñes, porque le conpro Juan de Teva vnas tinajas a su suegra del dicho Chaves quando la pertilençia, y ellos le pidieron las tinajas a Juan de Teva que se las boluiese, y llevaronle muchas vezes ante Vuestras Reverençias estando en Çibdad Real. Y por esto le tiene grande enemistad a Juan de Teva e a la dicha su muger Juana Nuñes. Y porque biuiendo el dicho Chaves en Almagro llevo a su casa vn su primo y lo aporreo por roballe, y le tuvieron para ahorcar, y esta la sentençia dello ante Herrera, escriuano, vezino de Almagro. Y la muger del dicho Chaves es (es) puta publica y levantadera. Y la dicha su madre es persona ynfame e pobre e raez. E sy los dichos testificaron contra la dicha Juana Nuñes sus dichos no deven ser avidos por dichos. |

40r Pruevolo con las personas syguientes:
Gonçalo de Herrea, vezino de Almagro; Alonso Gonçales Nieto, vezino de Almagro; Lucas, carpintero, vezino de Çibdad Real; Luys

---

[85] Her file is not extant.
[86] This is an unusual appreciation of what made condemned Conversos testify against each other.

Trial of Juana Núñez

Garçia, tundidor, vezino de Çibdad Real; Françisco Moreno, tundidor, vezino de Çibdad Real; Figueroa, apuntador, vezino de Çibdad Real; Martin Sanches e su muger, Marina Sanches, vezinos de Çibdad Real.

[Juan de Hermosilla, vezino de Çibdad Real]
XII Yten, tacho a Juan de Hermosylla, sobrino de Anton de Villaverde, perayle, vezino de Çibdad Real, por borracho y es mochacho desconçertado y loco. Y porque biuiendo con Juan de Teva e Juana Nuñes, su muger, le enbiaron a las viñas a sarmentar con los podadores y hallole Juan de Teva durmiendo en las viñas y diole de espaldajazos y amenazole el dicho Juan de Hermosylla a Juan de Teva e a su muger, diziendo que avia de dezir dellos a los ynquisidores, porque le avia dado de espaldazos. Y sy el testifico contra la dicha Juana Nuñes, su dicho es en sy ninguno e no deve ser avido ni tenido por dicho.
Pruevolo con las personas syguientes:
Martin Garçia, perayle, vezino de Çibdad Real; Talavera de Dillos,[87] vezina de Miguelturra; Gonçalo Lopes,[88] vezino de Miguelturra; con Alta Cruz, perayle, vezino de Çibdad Real.

[Ysabel, negra de Juan Ramires, defunto, vezino de Çibdad Real.]
XIII Yten, tacho a Ysabel, negra de Juan Ramires,[89] defunto, vesino de Çibdad Real, porque fue y es mala muger con muchas personas, negras y blancas, y es ladrona y borracha y levantadera de testimonios, y tiene enemistad con Juana Nuñes, muger de Juan de Teva, porque le dezia borracha. Y sy ella testifico contra la dicha Juana Nuñes su dicho no deve ser avido ni tenido por dicho.
Pruevolo con las personas syguientes:
Juan X[ ]res, escrivano, vezino de Çibdad Real; Maria Gonçales, (la) castillera, vezina de Çibdad Real; Françisco Moreno, tundidor, vezino de Çibdad Real; Juan de Figueroa, apuntador, vezino de Çibdad Real; Beatriz de Santa Cruz,[90] vezina de Çibdad Real; Tristan, tundidor,[91] e su muger, vezinos de Çibdad Real. |

---

[87] See above, fol. 38v.
[88] *Ibid.*
[89] See the trial of Juan Ramírez, No. 109, fol. 16v.
[90] She was probably a Conversa; see the trials of Leonor Alvarez (No. 101, fol. 21r) and Juan Ramírez (No. 109, fol. 97r).
[91] He was a defence witness in the trial of Leonor Alvarez, No. 101, fol. 24r.

Records of the Inquisition in Ciudad Real and Toledo, 1494–1512

40v [Ynes Lopez la linera, vezina de Çibdad Real]

XIIII° Yten, tacho a Ynes Lopes, la linera,[92] vezina de Çibdad Real, por mala muger de su cuerpo y hechizera y alcahueta y ereja. El proçeso y sentençia que esta y paso ante Vuestras Reuerençias. Pruevolo con las personas syguientes:

Maria de Paredes,[93] muger que fue de Aluaro de Villarreal, vezina de Çibdad Real; Maria Gonçales, la castillera, vezina de Çibdad Real; Alonso Gonçales Nieto, vezino de Almagro.

[Catalina, negra de Pedro de Villarreal]

XV Yten, tacho a Catalina, negra de Pedro de Villarreal, presa que esta en el Santo Ofiçio, que fue y es de poca conçiençia y mala christiana y borracha y puta y ladrona y levantadera de testimonios. Y demas desto es enemiga de Juana Nuñes, muger de Juan de Teva, por cavsa que muchas vezes la echo de su casa, porque no le hurtase e porque no juntase con sus moças. Y mas, porque quando prendieron a la dicha Juana Nuñes dixo la dicha negra: Plazeme; en ella yra donde me pagara, porque me hazia ladrona. Y sy ella testifico contra la dicha Juana Nuñes, su dicho es ninguno e no deve ser avido ni tenido por dicho.

Pruevolo con las personas syguientes:

Alonso de la Çarça, jurado, vezino de Çibdad Real; Maria de Antequera,[94] muger de Rodrigo de Prado, vezina de Çibdad Real; Diego de Chillon,[95] escriviente, vezino de Çibdad Real; Geronimo Vejete y su madre, vezinos de Çibdad Real; la de Garçia, cuchillero, vezina de Çibdad Real; Lucreçia e Ynes, hijas de Fernando de Merida, vezinos de Çibdad Real; Mari Sanches, la castillera, vezina de Çibdad Real; La de Anton Garçia,[96] herrador, vezina de Çibdad Real.

Por que pido y suplico a Vuestras Reuerendas Paternidades manden examinar y resçebir los testigos que yo nonbro e señalo para provar las dichas tachas e objetos e este escripto de tachas con la provança

41r que | çerca dellos fuere, hecha, lo manden poner e asentar en el proçeso de la dicha Juana Nuñes, mi hermana. Para lo qual el santo y noble ofiçio de Vuestras Reuerendas Paternidades ynploro,

---

[92] See her trial, No. 93; see also Biographical Notes.
[93] See the trial of Leonor Alvarez, No. 101, fol. 22v.
[94] *Ibid.*, fol. 21v.
[95] *Ibid.*
[96] See above, n. 79.

Trial of Juana Núñez

sobre ello encargo sus justas conçiençias, e al presente notario pido que me lo de por testimonio.

(—) Lope de los Olivos |

Petition for Sentence

41v [Conclusion del fiscal]

April 1513 E despues de lo susodicho, en XXIII dias de abril del dicho año, paresçio en la dicha abdiençia, ante los dichos reuerendos señores inquisidores el dicho promotor fiscal, e dixo que, açebtando como açebtaba todas e qualesquier confesiones fechas por la dicha Juana Nuñes, e haziendo presentaçion e reproducçion dellas e del presente proçeso, en quanto por el hazia e no en mas ni allende, que concluya e conclulio, ⟨sic⟩ e pedia e pedio a sus reuerençias mandasen declarar e declarasen a la susodicha por hereje, ficta, symulada confitente, como pedido tenia, e que pedia e pedio sentençia definitiua en esta cavsa.

[Conclusion de la rea]

La dicha Juana Nuñes, que presente estaba, con acuerdo e consejo del bachiller Bonillo, su letrado, e de Diego de Mudarra, su procurador, que presentes estaban, dixo que, afirmandose en las dichas sus confesiones, que pedia e pedio penitençia con misericordia, e concluia e concluio, e pedio sentençia definitiua en esta cavsa.

[Conclusion de sus reuerençias]

Los dichos reuerendos señores inquisidores dixieron que, pues las dichas partes concluyan, sus reuerençias concluian e concluieron con ellos, e abian e obieron la dicha cavsa e pleito por conclusa, e señalaron termino de seys dias para dar sentençia en esta cavsa, e dende en adelante para cada e quando que determinado tovieren. |

Consulta-de-fe

42r [Votos]

3 June 1513 E despues de lo susodicho, en la dicha çibdad de Toledo, tres dias del mes de junio, año del Señor de mil e quinientos e trese años, estando los reuerendos señores ynquisidores apostolicos e ordinario, e letrados, theologos e juristas que de yuso seran contenidos e nonbrados, en la sala de la avdiençia del Santo Ofiçio de la Ynquisyçion de la dicha çibdad, vieron e determinaron este proçeso de la Juana Nuñes, muger de Juan de Teva, vezina de Çibdad Real. El qual dicho proçeso votaron en la manera syguiente:

[529]

El presentado fray Domingo Guerrero,[97] predicador de la Orden de Santo Domingo, que al presente mora en el monasterio de Sant Pedro Martyr de la dicha çibdad;

el bachiller Diego Fernandes Pan e Agua, jurista, capellan en la capilla de los Reyes Nueuos, que es dentro en la santa yglesia de la dicha çibdad de Toledo;

el liçençiado Alfonso Nuñes Arnalte, vezyno de Toledo, jurista;

fray Domingo de Bitoria, prior del dicho monasterio de Sant Pedro Martyr, de la dicha çibdad;

el liçençiado Rodrigo Ronquillo, alcalde mayor en la dicha çibdad, por el señor mosen Jayme Ferrer, corregidor en la dicha çibdad;

el liçençiado Pedro Ochoa de Villanueva, ynquisydor apostolico;

el liçençiado Alfonso de Mariana, ynquisydor apostolico;

el liçençiado don Françisco de Herrera, ynquisydor apostolico e ordinario.

Todas los dichos señores ynquisydores apostolicos e ordinarios e letrados, theologos e jursitas susodichos, en conformidad, nemine discrepante, votaron que la dicha Juana Nuñes, muger del dicho Juan de Teva, sea reçebyda a reconçiliaçion con confiscaçion de todos sus bienes.

(—) Diego Lopes
notario |

42v *Blank page*

Sentence

43r [Juana Nuñes, muger de Juan de Teba, vezino de Çibdad Real]

Por nos, los inquisidores contra la heretica pravedad e apostasya en la muy noble çibdad e arçobispado de Toledo e obispado de Syguença por avtoridad apostolica e hordinaria, visto vn proçeso criminal que ante nos a pendido e pende entre partes, de la vna, actor denunçiante el venerable Martin Ximenes, promotor fiscal deste Santo Ofiçio, e de la otra rea acusada Juana Nuñes, muger de Juan de Teba, vezino de Çibdad Real, sobre razon del delito e crimen de heregia e apostasia de que por el dicho promotor fiscal fue acusada e denunçiada. Visto como por el dicho promotor fiscal fue puesta acusaçion contra la dicha Juana Nuñes, en que dixo que, estando en posesion e nonbre de christiana e tal se llamando, e gozando de los previllejos e inmunidades que los christianos gozan

---

[97] See Biographical Notes.

Trial of Juana Núñez

e deven gozar, eretico e apostato de nuestra Santa Fe Catolica, pasandose a la mortifera ley de los judios e a la oserbançia de sus rictos e çerimonias, en espeçial, que la dicha Juana Nuñes guardo los dias de los sabados, no haziendo en ellos cosa ninguna, como lo acostunbravan hazer los otros dias de entre semana; e los biernes en las tardes, tenprano, çesaba de hazer labor e trabajaba e aedereçaba su casa como para dia de fiesta por oserbançia de los dichos sabados, en los quales se bestia camisas labadas e mejores ropas que los otros dias de entre semana; e los dichos biernes guisaba caçuelas e otras biandas para el sabado, e lo comia ella e otras çiertas personas los sabados, fianbre, como lo hazian los judios los tales dias de sabados; e los dichos dias de sabados, la dicha Juana Nuñes los holgaba con otras personas en sus casas, e las otras personas se venian a casa de la dicha Juana Nuñez a los holgar e solenizar como lo hazian los judios, e comian manjares como los comian los judios en los tales dias de sabados; e quando los fijos de la dicha Juana Nuñes le vesaban la mano, les dava la vendiçion a modo judayco, poniendo la mano sobre las cabeças e avaxandosela por la cara avaxo, syn los santiguar, como lo hazian los judios; e creyendo que se avia de saluar en la dicha mortifera Ley de los judios, ayvnava e ayvnos de judios, no comiendo en todo el dia fasta salida el estrella, asy siendo donzella como despues de casada; e se juntaba con otras personas a los ayvnar, creyendo por los dichos ayvnos aver saluaçion para su anima; e por çerimonia judayca, la dicha Juana Nuñes se acostunbrada vañar e linpiar en çiertos tienpos a la manera judayca, e se metia muchas vezes en vn

43v xarayz a se vañar, ella e çiertas personas, por | no ser sentidas; e desebaba e purgaba la dicha Juana Nuñes la carne que avia de comer, como lo hazian los judios; e fizo e cometio otros muchos delictos e çerimonias de la Ley de Muysen, asy sola como con otras personas; por que nos pedio que por nuestra definitiua sentençia declarasemos todo lo susodicho ser verdad e la dicha Juana Nuñes aver seydo e ser hereje apostota de nuestra Santa Fe Catolica e religion Christiana, e como tal la mandasemos relaxar e relaxasemos a la justiçia e braço seglar, declarando todos sus bienes e hazienda aver perteneçido e perteneçer a la camara e fisco real desde el dia que cometio los dichos delictos aca, e su posteridad e deçendençia por las lineas masculina e femenina, fasta el primero grado inclusiue, ser pribados de todos ofiçios e bienes eclesiasticos e seglares e honras mundanas e inaviles para aver ni tener otros de nuevo, segund que esto e otras cosas mas largamente en la dicha acusaçion se contiene. E bisto como respondiendo la dicha Juana Nuñes a la dicha acusaçion le nego en todo e por todo segund que en ella se tiene; e como le fue dado copia e treslado della e procurador e letrado para que la ayudasen en esta cavsa; e como las dichas partes concluyeron e por nos fueron reçibidas a la prueva. E bisto como despues la dicha Juana Nuñes ante nos judiçialmente confeso e dixo que abia guardado e guardo algunos sabados, vestiendose en ellos camisas linpias e ropas de fiesta, no haziendo en ellos cosa ninguna; e los biernes en las noches, de buena ora, çesaba de hazer labor e los holgaba, e se yva acostar mas tenprano que las otras noches de entre semana por oserbaçion de los dichos sabados; e los dichos biernes en las noches ençendia e mandaba ençender vn candil con mechas nuevas mas tenprano que las otras noches, por oserbançia del sabado e los mandaba poner en vn palaçio donde la dicha Juana Nuñes dormia, el qual dicho candil se quedaba ardiendo toda la noche fasta que el de suyo se amataba; e que se vañava los biernes en las noches con otras personas por çerimonia judayca; e que desebo la carne e la purgo; e dio la vendiçion a sus fijos a modo judayco, lo qual todo dixo que hizo por oserbançia de la dicha Ley de Muysen; lo quel dixo que abia fecho e cometido desde que obo doze años fasta que fue presa por nuestro mandado,

44r e que lo hazia todas las vezes que | podia e creya no ser sentida; por que dixo que pedia e pedio perdon a Dios Nuestro Señor e a nosotros penitençia con misericordia, la qual dixo que estaba presta de conplir, e que queria vebir e morir en nuestra Santa Fe Catolica e tener e creer todo aquello que tiene e cree e enseña e predica la Santa Madre Yglesia. E bisto como sobre todo las dichas partes concluyeron, e nos concluimos con ellas e obimos la dicha cavsa e pleito por conclusa, e señalamos termino para dar en el sentençia difinitiua a çierto dia, e dende en adelante para cada dia que deliberado tubiesemos. E bisto todos los avtos e meritos del dicho proçeso, avido sobre todo nuestro acuerdo e pareçer con personas de letras e conçiençia,

Christi Nomine Invocato:

Fallamos que devemos declarar e declaramos el dicho promotor fiscal aver probado bien e conplidamente su intençion, es a saber la dicha Juana Nuñes aver seydo hereje, apostota de nuestra Santa Fe Catolica e aver incurrido en sentençia de escomunion mayor y en las penas e çensuras contra los tales herejes apostotas en derecho estableçidas y en confiscaçion de todos sus bienes, los quales declaramos aver perteneçido e perteneçer a la camara e fisco real desde el dia que cometio los dichos delitos aca. E comoquier que la dicha Juana Nuñes estobo e permaneçio mucho tienpo en los dichos sus herrores, e por aver venido a los confesar tan tarde, podieramos de derecho e buena conçiençia proçeder contra ella mas rigurosamente, pero porque dize e afirma que se quiere convertir a nuestra Santa Fe Catolica con puro coraçon e entera fee, e quiere renunçiar, detestar e apartar de sy las dichas heregias e otra qualquier espeçie della, e creer e tener nuestra Santa Fe Catolica, e poder ser vnida e reincorporada al gremio e vnion de los fieles christianos e de la Santa Madre Yglesia, queriendo nos aver con ella venina e piadosamente, sy asi es que la dicha Juana Nuñes se conbierte con verdadero coraçon, non fingido ni symulado, a nuestra Santa Fe Catolica, e sy abjurare los dichos sus herrores de heregia e conpliere las penitençias que por nos le seran inpuestas, que la devemos reçibir e reçibimos a reconçiliaçion e reincorporaçion de la Madre Santa Yglesia, e a la vnion de los fieles christianos, e la mandamos que abjure canonicamente los dichos herrores otros qualesquier espeçie della [abjuraçion]. | E por quanto vos, la dicha Juana Nuñes, aveys fecho e fezistes la dicha abjuraçion e aveys abjurado e detestado el dicho crimen e delito de heregia e apostasya por vos confesado, e otros qualesquier delitos della, por ende, conformandonos con la Dotrina Hebangelica, que no quiere la muerte del pecador, mas que se convierta e viba, fallamos que devemos asoluer e asoluemos a vos, la dicha Juana Nuñes, de la sentençia de excomunion en que incorristes por aver fecho e cometido el dicho crimen e delito de heregia e apostasya, e vos reincorporamos al gremio e vnion de la Santa Madre Yglesia e a la comunion de los fieles christianos e partiçipaçion de los Santos Sacramentos. E porque se conosca sy andays en luz o en tinieblas, vos condenamos a penitençia a que esteys en carçel en la casa e por el tienpo que por nos vos fuere asygnado.

En la qual trayays sobre todas vuestras bestiduras, todo el tienpo que en la dicha carçel estobieredes, vn San Venito con dos cruzes, vna atras y otra delante, de la qual carçel vos mandamos que no salgays syn nuestra liçençia e espreso mandado, so pena de inpenitente relabsa; e asy vos pribamos e declaramos ser pribada de todas honras mundanas, e que no trayays sobre vos ni sobre vuestras bistiduras oro ni seda ni grana ni chamelote ni aljofar ni perlas ni piedras preçiosas ni corales, ni las otras cosas proyvidas a los reconçiliados. Lo qual todo que dicho es vos mandamos que fagades e conplades so la pena de inpenitente relasa. E asy lo pronunçiamos, sentençiamos e mandamos por esta nuestra sentençia en estos escriptos e por ellos, pro tribunali sedendo.

(—) A. de Mariana, licenciatus   (—) de Herrera, licenciatus   (—) Pe. de Villa Nova, licenciatus

Sentence Pronounced

7 Sept. 1513 En la muy noble çibdad de Toledo, en siete dias del mes de setienbre de mil e quinientos e treze años, estando los dichos reuerendos señores ynquisidores apostolicos y hordinario en la Plaza de Çocodouer, ençima de vn cadahalso, y estando presente la dicha Juana Nuñez en otro, dieron y pronunçiaron esta dicha sentençia, pro tribunali sedendo. La qual dixo que la consentia, e que hera verdad lo contenido en esta dicha sentençia. Estando presentes los magnificos señores mosen Jayme Ferrer, corregidor de Toledo, e don Fernando de Silua, e Pedro Lopez de Padilla, e los reuerendos señores Pedro de Yepes e Luys Daualos, canonigos de la santa yglesia de Toledo, e otras muchas personas, asy de la dicha çibdad como de otras partes.

(—) Pedro Valdeprado, notario |

45r
15 Sept. 1513 E despues de lo susodicho, en XV dias de setienbre de mil e quinientos e treze años, estando en la abdiençia del Santo Ofiçio los dichos reuerendos señores inquisidores, mandaron paresçer ante sy a la dicha Juana Nuñez, a la qual, estando presente, sus reuerençias la asynaron por carçel la casa de su morada, la qual le mandaron que guarde a cunpla segund e por la forma e so las penas contenidas en la dicha su sentençia; e le mandaron que todos los domingos e fiestas vaya a Misa Mayor a su propia perrocha e a oyr Sermon donde le obiere, e que lleve el San Venito sobre todas sus bestiduras, e que vaya e buelba directamente, syn se divertir a parte ninguna; e que confiese las tres pascuas del año; e que reçiba el Santisimo Sacramento, saluo sy su cura la mandare que se abstenga de lo reçibir alguna bez. E sus reuerençias dispensaron con la dicha Juana Nuñes que quando estoviere en su casa e entendiere en su labor e hasienda, que no traya el San Venito, e que sy se posiere a la puerta de la calle de su casa o la viene alguna persona a visitar, que se ponga e traya el dicho San Venito.

(—) Juan Obregon, notario |

45v Blank page

[534]

Trial of Juana Núñez

Petition of Juana Núñez to Free her from Wearing the Sanbenito

46r Muy Reuerendos Señores:

Juana Nuñes, muger de Juan de Teba, vezina de Çibdad Real, ante Vuestras Reuerendas Paternidades paresco, e digo que bien saben al tienpo de mi reconçiliaçion por Vuestras Reuerendas Paternidades me fue mandado traer San Benito e guardar çierta carçeleria, lo qual yo he hecho e cunplido segund e como me fue mandado. Y agora es venido a mi notiçi⟨a⟩ como el reuerendisimo señor el cardenal d⟨e⟩ España, arçobispo de Toledo, ynquisidor mayor, cometio a Vuestras Reuerendas Paternidades que pudiesen comutar la dicha carçeleria e San Benito en ayunos ⟨e ro⟩merias e otras penitençias, segund y como a Vuestras Reuerendas Paternidades bien visto fuese; por que lo ⟨pi⟩do y suplico manden hazer su declaraçion açerca de lo susodicho, que yo estoy presta e aparejada de hazer e cunplir las penitençias que por Vuestras Reuerendas Paternidades me fuer⟨en⟩ ynduzidas e inpuestas por la comutaçion del dicho San Benito e carçeleria, y ansi lo prometo y de mas de ser obra de misericordia e administrar justiçia, a mi haran bien e merçed.

Sentence Commuted

26 May 1514 En la çibdad de Toledo, en XXVI dias del mes de mayo de I V DXIIII años fue presentada ante los reuerendos señores ynquisidores apostolicos y hordinario por parte de la dicha Juana Nuñez. Y asy presentada y leyda, sus reuerençias dixeron que, por virtud de la comisyon del reuerendisimo señor cardenal a ellos dirigida para que comutasen la dicha carçel y habito de la susodicha en ayunos y en romerias y en oraçiones, que hasiendo de la dicha comisyon de su reuerençia e atenta la calidad de su persona y meritos de su proçeso, e por otras justas cabsas que a ello les movieron, que comutauan e comutaron la dicha carçel y habito a la susodicha en las penitençias syguientes: En que reze cada dia de [   ] San Miguel, Pedro e Juan venideros çinco vezes el Pater Noster con el Ave Maria. E que en los viernes, que vaya a Misa y reze yncandose rodillas delante del Santisymo Sacramento quinze vezes el Pater Noster con el Ave Maria; e visyte y vaya en romeria diez sabados a la heremita que ella heligere ⟨sic⟩; y que haga y cunpla las otras penitençias que por nos le fueron ynpuestas al tiempo de su reconçiliaçion, so las penas publicadas en la sentençia que contra ella se pronunçio.   (—) Christoval de Prado, notario |

Records of the Inquisition in Ciudad Real and Toledo, 1494–1512

The Composition of the Court

Judges:	Alfonso de Mariana
	Francisco de Herrera
	Pedro Ochoa de Villanueva
Prosecution:	Martín Jiménez — prosecutor
	Diego Martínez de Ortega — aide
	Melchor de Saavedra[98]
Defence:	Diego Mudarra — *procurador*
	Bartolome del Bonillo — *letrado*
	Pedro de Herrera — *letrado*
Gaoler:	Juan Ortega
Notaries:	Cristóbal de Prado
	Diego López
	Pedro Valdeprado
	Juan Obregón

Witnesses for the Prosecution

1 María González, wife of Pedro de Villarreal
2 Lucía de Cuenca (also called Fernández), wife of Francisco del Lillo (also called Cervantes)
3 Beatriz Alonso

Witnesses for the Defence in Order of Testification

1 Juana Díaz, daughter of Martín Diaz, from Almagro
2 Juana Rodríguez, wife of García Cuchillero
3 Cristino de la Zarza
4 Alonso de la Zarza
5 Cristobal Vejete
6 Wife of Manojo, the elder
7 Wife of Manojo, the younger
8 Inés González, wife of Alonso Vejete
9 Jerónimo Vejete
10 María González, *la castillera*
11 Juan Martínez, carpenter
12 Lorenzo de Almagro
13 Juan Fernández
14 García de Barrionuevo, merchant
15 Doña Maria de Loaysa
16 Doña Juana de San Millan
17 Cristóbal Martínez
18 Francisca Ruiz, wife of Bartolomé, *conejero*
19 Maria Ruiz, Wife of Antón González
20 Juan Martínez, shoemaker
21 Juan Agudo
22 Bartolomé, *conejero*

[98] He was the gaoler, but he also served as a prosecutor when Jiménez or de Ortega were absent.

[536]

Trial of Juana Núñez

23 Figueroa
24 Daughter-in-law of Juan Fernández
25 Son of Juan Fernández
26 Ana de Badajoz
27 Beatriz de Badajoz
28 Isabel de Badajoz
29 Catalina López, *la navarra*, wife of Gonzalo López

Consulta-de-fe

Licenciado Alfonso de Mariana
Licenciado Don Francisco de Herrera
Licenciado Pedro Ochoa de Villanueva
Fray Domingo Guerrero
Bachiller Diego Fernández Pan y Agua
Licenciado Alfonso Núñez Arnalte
Fray Domingo de Vitoria
Licenciado Rodrigo Ronquillo

Synopsis of Trial

1511

26 April	Lucía de Cuenca (Fernández) testifies before Alonso de Mariana in Ciudad Real.
25 Aug.	María González, wife of Pedro de Villarreal, denounces Juana Núñez during her own trial in Toledo.
28 Aug.	María González continues her confession.
6 Sept.	María González's examination continues.

1512

12 Jan.	The trial of Juana Núñez opens in Toledo with the prosecutor's request that an order for her arrest be issued. The order is given.
3 March	The defendant is arrested and brought before the Court in Ciudad Real,[99] where she is examined and admonished to confess by Pedro Ochoa de Villanueva.[100]
6 March	Juana is again admonished by Ochoa.
9 March	Martín Jiménez, the prosecutor, presents the arraignment to Ochoa.
12 March	Juana Núñez is admonished to confess by Mariana and Herrera in Toledo. The defendant denies the accusation, and Diego Martínez charges her.
	Defence counsel is appointed and is given nine days in which to prepare the defence.
15 March	The accused replies to the charges in the presence of her *letrados* Herrera and Bonillo. A copy is given to Melchor de Saavedra as the representative of the prosecution.

[99] The defendant must have been transferred from Ciudad Real to Toledo on 10 or 11 March.
[100] Ochoa was then acting as the Court's representative in Ciudad Real.

[537]

Records of the Inquisition in Ciudad Real and Toledo, 1494–1512

18 March	Time is given to both sides to present their proofs. Lucía de Cuenca's testimony is confirmed in Ciudad Real before Pedro Ochoa de Villanueva.
30 March	María González, wife of Pedro de Villarreal, is examined in Toledo.
3 May	María González confirms her testimony.
17 June	Juana Núñez confesses before Ochoa and Mariana.
28 Sept.	Beatriz Alonso's confession is presented to the Court as evidence for the prosecution.
1 Oct.	Beatriz Alonso is examined.
9 Oct.	A second arraignment is presented before Pedro Ochoa. Juana denies the charges. Nine days are given for the defence to plead.
12 Oct.	The defendant again states that she has committed no heresies against the Church.
14 Oct.	Counsel for the defence pleads.
15 Oct.	The prosecutor replies to the defence and requests permission to present his evidence.
21 Oct.	Beatriz Alonso's testimony is confirmed.
5 Nov.	Diego Martínez Ortega requests the publication of testimonies. The Court agrees.
12 Nov.	The testimonies are read before the defendant, who denies their validity.
16 Nov.	The defendant and her defence counsel meet. They are given three days to reply to the testimonies presented against her.
19 Nov.	Juana Núñez confesses before Pedro Ochoa.
1 Dec.	(The trial procedure that took place on this date is not specified in the file.)
11 Dec.	Questionnaire for the defence is presented and witnesses for the defence are questioned.

1513

24 Jan.	Beatriz Alonso makes an additional confession.
23 April	The prosecutor requests that sentence be passed.
11 May	Juana's brother Lope de los Olivos presents a list of *tachas* to the Court in Ciudad Real.
20 May	Juana Núñez confirms that part of her confession which concerns her husband Juan de Teva.
3 June	The *consulta-de-fe* decides to confiscate Juana's property and to reconcile her to the Church.
21 July	María González, wife of Pedro de Villarreal, revokes her testimony.
7 Sept.	Sentence is pronounced at an *auto-de-fe* held in the Plaza de Zocodovér.
15 Sept.	Juana Núñez is sentenced to imprisonment in her home, is ordered to perform penances and to wear the *Sanbenito*. She petitions the Court to free her from wearing the *Sanbenito*.

1514

26 May	The sentence is commuted so that Juana is freed from imprisonment, from wearing the *Sanbenito* and from performing special penances.

108 Trial of Isabel de los Olivos y López, Wife of Diego Sánchez de Madrid 1512–1513

Source: AHN IT, Legajo 173, No. 635, foll. 1r–38r; new number: Leg. 173, No. 5.

The trial of Isabel de los Olivos y López was the first of a series of trials,[1] which included those of her husband Diego Sánchez de Madrid, his brother Alonso Sánchez de Madrid, their sister Florencia de Villarreal, and the latter's husband Juan Ramírez. The most important of these trials — and perhaps one of the most celebrated trials of the period — was that of Juan Ramírez, the majordomo of Cardinal Francisco Jiménez de Cisneros, who was Inquisitor General, Archbishop of Toledo and Regent of Spain.
Isabel de los Olivos was born in Ayamonte, a village near Seville. Her father Juan de los Olivos and her mother Elvira López,[2] both of Converso stock, taught her to observe the miẓvot when she was a young girl. Her Jewish way of life continued in Ciudad Real, in the circle of Juan Ramírez, who brought her there in 1502 as a bride for his brother-in-law Diego Sánchez de Madrid. The family group gathered to read the Bible and pray until 1511 when they were denounced by Isabel, a slave in the household of Juan Ramírez.
The defendant was arrested in Ciudad Real and was brought to the prison of the Inquisition in Toledo on 21 July 1512, where she confessed to keeping the Sabbath and preparing kasher meat. *During her confession she implicated other members of the family by relating, among other things, that Alonso Sánchez read to them from a Hebrew book (which she could not understand due to her deafness). When she realized what she had confessed and how she had endangered others, Isabel said that she had lied in her confession because she was afraid of being tortured otherwise. She then began to refuse food in prison, and her imprisoned husband's*

1 See Vol. III, Nos. 109–111.
2 See the genealogy of the family on p. 591, below.

efforts to console her by shouting to her from his cell were of no avail.

Due to her growing derangement, the judges ordered that Isabel be removed from the prison to the household of Melchor de Saavedra, and that she be treated by the prison physician Duarte. All this was to be accomplished in secret so that Isabel's whereabouts would not be known. Two days later she committed suicide by throwing herself into a well in the courtyard of Saavedra's house.

Isabel's suicide did not put a halt to her trial, and she was condemned by a consulta-de-fe on 13 July 1513. On 7 September her exhumed bones were burnt at an auto-de-fe in Toledo.

Bibliography: H. Beinart, G. Alon Memorial Volume, Tel Aviv 1970, pp. 236 ff.

1r + Condenada, Leg. 23 No. 74

Çibdad Real

Proçeso contra Ysabel de los Olibos, muger de Diego Sanches de Madrid, presa, veçina de Çibdad Real   Presa

Concluso

Esta fecha la sentençia
Condenada
Visto

1v *Blank page*

Opening of Trial

2r [Pedimiento del fiscal]

21 July 1512 En la muy noble çibdad de Toledo, veinte e vn dias del mes de julio, año del Nasçimiento de Nuestro Saluador e Redentor Ihesu Christo de mil e quinientos e doze años, estando los reverendos

[540]

Trial of Isabel de los Olivos y López

señores el liçençiado Pedro Ochoa de Villanueva e el liçençiado Alfonso de Mariana e el liçençiado don Françisco de Herrera, inquisidores apostolicos e hordinarios, paresçio presente el venerable Martin Ximenez, canonigo de Logroño e promotor fiscal del Santo Ofiçio de la Inquisiçion, e denunçio por hereje apostata de nuestra Santa Fe Catolica a Ysabel de los Olibos, muger de Diego Sanches de Madrid, mercader, veçino de Çibdad Real, por ende, que pedia e pedio a sus reuerençias que mandasen proçeder e proçediesen contra ella como contra tal hereje apostota, mandando prender e prendiendo su persona e cuerpo e inventariar sus bienes muebles e rayzes, etç.

[Respuesta de sus reuerençias]
Los dichos señores inquisidores dixieron que, dandoles informaçion sufiçiente de lo contenido (de lo contenido) en la dicha su denunçiaçion, que estaban prestos de hazer lo que fuere justiçia.

Information Witnesses

[Informaçion del fiscal]
Luego, el dicho promotor fiscal dixo que, para en prueva de lo por el pedido e denunçiado, hazia e fizo presentaçion de los dichos e deposiçiones de los testimonios contenidos en los libros e registros deste Santo Ofiçio, en espeçial de los dichos e depusiçiones de Alfonso Sanches de Madrid, veçino del Castillo de Gonsalo Moñoz, preso en la carçel deste Santo Ofiçio, et de Ysabel, negra, criada de Juan Ramirez, veçino que fue de la Çibdad Real. Los quales dichos e depusiçiones dixo que pedia e pedio a sus reuerençias que los mandasen poner en este proçeso e sacar de los dichos libros e registros. Los quales dichos e depusiçiones estan en este proçeso en la provança del fiscal.

Arrest and Examination of the Defendant

Luego, los dichos señores inquisidores, vista la dicha informaçion, dixieron que mandaban dar su mandamiento para prender el cuerpo de la dicha Isabel de los Olibos e para inventariar todos sus bienes en forma. El qual dicho mandamiento se dirigio al honrado Pedro Bazquez de Busto, alguazil de este Santo Ofiçio.

[Como fue trayda presa.]
12 Aug. Fue trayda a la carçel la dicha Isabel de los Oliuos, juebes, doze
1512 dias del mes de agosto, años susodicho. |

[541]

2v [Genealogia]

26 Aug. E despues de lo susodicho, en XXVI dias de agosto del dicho año,
1512 estando los reverendos señores el liçençiado Alfonso de Mariana e el liçençiado Pedro Ochoa de Villanueva, inquisidores, en la abdiençia del Santa Ofiçio de la Inquisiçion, mandaron salir ante si a la dicha Ysabel de los Olibos, la qual siendo presente fue preguntada que como se llama; dixo que se llama Ysabel de los Olibos, que es muger de Diego Sanches de Madrid, veçino de Çibdad Real, preso en la carçel deste Santo Ofiçio; e que su padre se llama Juan de los Olibos, que bibe en Ayamonte, e que no es reconçiliado, e que su madre se llama Elvira Lopes, que es reconçiliada, e que se reconçilio en la Inquisiçion de Seuilla; e que esta confesante tiene dos hermanos, el vno se llama Luys e el otro Diego de los Olibos, e que los dexo esta confesante mochachos quando vino de alla; e que su abuelo de parte de su padre se llamava Luis Diaz, e no sabe si fue reconçiliado; e que no se acuerda del nonbre de su abuela, ni sy fue reconçiliada; e que non sabe como se llamaban sus abuelos de parte de su madre, ni sy fueron reconçiliados ni condenados; e que esta confesante e los dichos sus padres son naturales de Çibdad Real; e que el dicho su padre tiene vn hermano que se llama Hernando de los Olibos e fue reconçiliado en Seuilla e vibe en vn logar çerca de Sevilla, non sabe como se llama.

[Primera moniçion]

Fue preguntada sy sabe por que esta presa; dixo que no lo sabe. Sus reuerençias le dixieron que la avian mandado prender porque tienen informaçion que a fecho e dicho cosas contra nuestra Santa Fe Catolica y creido e guardado la Ley de Muysen, por ende, que la amonestaban e requerian por Dios Nuestro Señor e por Su Vendita Madre la Virgen Santa Maria que diga e confiese todo lo que a dicho e fecho contra nuestra Santa Fe Catolica, syguiendo e guardando la Ley de Muysen e sus rictos e çerimonias judaycas e lo que sabe de otras personas, e que asy lo haziendo, sus reverençias vsaran con ella de toda la misericordia que de derecho e buena conçiençia obiere lugar; e que ni por miedo de la carçel donde esta non diga syno la verdad, ni levante falso testimonio sobre sy ni
3r sobre otra ninguna persona,[3] porque tanta pena | le sera dado por ella como su maliçiosamente callase e encubrese la verdad.

[3] This was an unusual admonition; the defendant was generally ordered to give evidence against others as well as against himself.

Trial of Isabel de los Olivos y López

Reply of the Defendant and Confession
[Respuesta e Confesion]
La dicha Isabel de los Olibos dixo que no se acuerda aver fecho cosa ninguna contra nuestra Santa Fe Catolica. Fue tornada e amonestada que diga e confese la verdad. [Confesion]: Dixo que luego que vino esta confesante de Ayamonte a Çibdad Real, que puede aver diez o honze años, poco mas o menos, Alfonso Sanches, hermano del marido deste confesante, que esta preso en la carçel deste Santo Ofiçio, que vibia a la sazon en el Castillo de Gonçalo Moños, yva y venia muchas vezes a Çibdad Real. E que quando venia a la dicha çibdad, el dicho Alonso Sanches posaba en casa deste confesante, e que acaesçio muchas vezes estar dos e tres meses en casa deste confesante, y en el dicho tienpo el dicho Alonso Sanches inpuso a este confesante, diziendole que guardase e holgase el sabado, que hera bueno para la saluaçion de la alma, porque hera de la Ley de los judios; e que bistiese en los sabados camisa linpia; e que los biernes en las noches los holgase e ençendiese candiles con mechas nuevas; e que purgase la carne, quitandole el sebo e labandola, e que la linpiase e labase mucho e lo hechase a cozer. E que por induzimiento del dicho Alonso Sanches esta confesante guardo el sabado, e se bestia camisas linpias en ellos, e purgaba la carne, e guardaba los biernes en las noches, e ençendia candiles con mechas nuevas, e fazia e fizo todas las cosas susodichas por espaçio de dos meses o tres. E que como este confesante conoçio que hera malo hazer las cosas susodichas, se dexo de hazerlo e lo dio todo al diablo. E que bia este confesante muchas vezes leer al dicho Alonso Sanches en vnos libros, e que leya muchas vezes, asy en biernes como en sabados como en otros dias, e que no sabe lo que se leya porque esta confesante hera e es sorda, e que no tenia este confesante buen conçebto de lo que el dicho Alonso Sanches leya. E que al presente non se le acuerda otra cosa, que sy mas se

3v le acordase, que lo dira e confesara. | E pide penitençia con misericordia. Sus reuerençias le dieron termino de terçero dia para se acordar.

[Segunda moniçion]
30 Aug. E despues de lo susodicho, en treinta dias de agosto de mil e
1512 quinientos e doze años, estando en la dicha abdiençia los dichos reverendos señores inquisidores, mandaron salir ante si a la dicha Isabel de los Olibos, la qual siendo presente, fue amonestada que

diga e confese la verdad de todo lo que a fecho e dicho contra nuestra Santa Fe Catolica, seguiendo e guardando la Ley de Muysen e sus ritos e çerimonias, e lo que sabe de otras personas que lo an fecho e cometido, e que asy lo faziendo, descargara su conçiençia e se vsara con ella de toda la misericordia e piedad que de derecho e buena conçiençia obiere lugar. En otra manera, que oyran al promotor fiscal e haran justiçia.

[Respuesta]
Dixo e respondio que no a fecho ni dicho cosa ninguna mas de lo que dicho e confesado tiene, de lo qual pide penitençia con misericordia, ni sabe de otra persona ninguna que lo aya fecho ni cometido. Boluio a pedir penitençia con misericordia llorando lagrimas de sus ojos.

[Terçera moniçion]
31 May 1512 E despues de lo susodicho, en treinta e vn dias del dicho mes e año, los dichos reverendos señores inquisidores mandaron salir ante sy a la dicha Ysabel de los Olibos, la qual siendo presente fue amonestada que diga e confese la verdad enteramente, e que descargara su conçiençia e se vsara con ella de misericordia, quanto de derecho e buena conçiençia oviere lugar, en otra manera, que oyran al promotor fiscal e haran lo que con justiçia devan.

[Respuesta de la rea]
La dicha Isabel de los Olibos dixo que no a fecho ni dicho cosa ninguna mas de lo que dicho e confesado tiene.

11 Oct. 1512

4r (Villanueva)

E despues de lo susodicho, en honze dias del mes de otubre del dicho año, estando en la abdiençia del dicho Santo Ofiçio los reverendos señores inquisidores el liçençiado Mariana e el liçençiado de Villanueva en la abdiençia del dicho Santo Ofiçio, paresçio presente Gonçalo de Arguello, carçelero de la carçel del dicho Santo Ofiçio, e dixo que la dicha Isabel de los Olibos pedia que la sacasen a la abdiençia por quanto queria confesar sus culpas e pecados e linpiar en todo su conçiençia, e que lo dixiese a sus reuerençias. A la qual sus reverençias mandaron sacar ante sy, e siendo presente, dixo que queria dezir e manifestar todo lo que sabia, de sy e de otras personas, e linpiar enteramente sus pecados. E dixo e confeso lo seguiente:

Trial of Isabel de los Olivos y López

Confession

[Confesion]

[Diego Sanches de Madrid, sacado a su proçeso; Lorenço Franco, sacado a su proçeso; Teresa de Villarreal, su muger, sacado a su proçeso; Juan Ramires, mayordomo, sacado a su proçeso; Florençia de Villarreal, sacado a su proçeso; Alfonso Sanches de Madrid][4]

Dixo que luego como esta confesante vino a vibir a Çibdad Real, que podia aber catorze años, poco mas o menos, casada con su marido, Diego Sanches de Madrid, dende a pocos dias esta confesante y el dicho Diego Sanches, su marido, e Lorenço Franco e Teresa de Villarreal, su muger, e Juan Ramires, mayordomo del reuerendo cardenal, e Florençia de Villarreal, su muger, e Alfonso Sanches de Madrid, hermano del dicho Diego Sanches de Madrid, marido deste confesante, todos los susodichos y esta confesante se juntaron tres or quatro vezes en los biernes en las tardes e sabados en casa del dicho Juan Ramires en vn palaçio de la dicha casa, que esta a la mano derecha, e otras vezes en otro palaçio de a mano yzquierda, e que alli leyan en vn libro. E que a las vezes leya el dicho Alonso Sanches e otras vezes el dicho Diego Sanches, su marido, e otras vezes el dicho Juan Ramires en el dicho libro. E que como este testigo es sorda, no oya lo que leyan, pero que sabe que lo que alli leyan heran cosas judaycas, porque los susodichos que alli estaban gelo dezian. E que sabe se juntaban en la dicha casa los susodichos por leer e oyr leer en el dicho libro, por ser cosas judaycas e por guardar los dichos sabados. E que este confesante llevaba los dichos sa|bados vestida camisa linpia, e que non se acuerda sy los susodichos llevaban vestidas camisas linpias, porque a mucho tienpo que paso. E que se acuerda que quando los susodichos leyan alçaban e avaxaban las cabeças; e que esta confesante e todos los susodichos, asy los que leyan como los que oyan, todos alçaban e avaxaban las cabeças; e que la dicha muger del dicho Juan Ramires dixo a esta confesante que fiziese como fazian los que leyan, que alçase e avaxase la cabeça, e que asy lo fazia esta confesante como lo beya fazer a los susodichos. Fue preguntada que de que tamaño hera el libro en que leyan los susodichos e de que color heran las cubiertas del; dixo que el libro en que leyan seria de tamaño de pliego entero, e que non se acuerda

4v

---

[4] This marginal note indicates that files had been prepared for all of these; however, only that of Juan Ramírez is extant.

de que color heran las cubiertas; e que sabe que el dicho libro hera del dicho Juan Ramires porque lo veya este confesante en casa del dicho Juan Ramires. Fue preguntada si quando los susodichos se juntaban a leer e guardar los dichos sabados, sy yban atabiados de mejores ropas que los otros dias de entre semana; dixo que sy, de mejores ropas yvan vestidos los dichos sabados, que non los otros (otros) dias de entre semana. Fue preguntada que quien llamava a esta confesante e a los susodichos quando se juntaban en la dicha casa del dicho Juan Ramires los dichos sabados para leer e holgar; dixo que vnas vezes llamava a este confesante la dicha Florençia, e otras vezes le enbiaba llamar con su negra, Ysabel, esclaba de la dicha Florençia. E que a los otros, que non sabe quien los llamava o sy se venian de suyo, mas de quanto los veya estar alli. Fue preguntada que a que ora se juntaban los susodichos a leer; dixo que en los bierne en las noches e los sabados en las tardes, despues de comer, se juntaban. Fue preguntada que por

5r que tanto espaçio estaban alli leyendo; dixo que | por espaçio de grand rato estaban leyendo, e que algunas vezes esta confesante se yva a su casa e los dexaba alli leyendo e holgando. Fue preguntada que como sabe esta confesante que holgaban los susodichos los sabados que se juntaban en casa del dicho Juan Ramires; dixo que lo sabe porque lo beya e porque gelo dezian los susodichos e porque venian vestidos de mejores ropas que los otros dias de entre semana, e que esta confesante oya dezir a los susodichos que holgaban los sabados, e (e) leer lo que alli leyan, que hera bueno, e que hera bueno guardar los sabados. Fue preguntada sy venian alli otras algunas personas a leer e oyr leer e a guardar los dichos sabados; dixo que non lo sabe. Fue preguntada sy conoçe a la de (de) Albaro Garçia, secretario, e a sus fijos; dixo que los conoçe, e que el vno se llama Juan de Villarreal e el otro Fernando de Villarreal, e que cree que estan en Granada. Fue preguntada sy bio a los dichos madre e fijos en el dicho ayuntamiento; dixo que no se acuerda averlos bisto. Fue preguntada si conoçe al liçençiado de Pisa e a Albaro Franco el viejo;[5] dixo que los conoçe, e que non los bio en el dicho ayuntamiento. Fue preguntada si bio en el dicho ayvntamiento a Pedro Fernandes, hermano de los dichos Diego Sanches e Alonso Sanches, que mora en el Castillo de Gonsalo Moños; dixo que algunas vezes venia a la dicha Çibdad Real, pero que no le

[5] This question was a consequence of Alonso Sánchez de Madrid's confession, which is found in the file of Juan Ramírez, No. 109, fol. 25r.

Trial of Isabel de los Olivos y López

bio en el dicho ayvntamiento. Fue preguntada sy conoçe a Garçia Moreno e a su muger;[6] dixo que los conoçia, pero que non los bio en el dicho ayvntamiento. Fue preguntada si bio en el dicho ayvntamiento a Pedro Fernandes, hermano de los dichos Diego Sanchez e Alonso Sanchez, que mora en el Castillo de Gonsalo Moños; dixo que algunas vezes venia a la dicha Çibdad Real, pero que no le bio en el dicho ayvntamiento.

Iten, dixo que esta confesante e el dicho Diego Sanches, su marido [Diego Sanches, su marido, preso], guardavan los sabados e se bistian camisas linpias e mejores ropas que los otros dias. E que esta confesante daba las camisas linpias al dicho su marido los sabados que estaba en su casa, porque muchas vezes se yva a las ferias, e que tanbien holgaba el dicho Alfonso Sanches [Alfonso Sanches, preso] quando alli estaba los sabados, e se bestia camisas linpias, e que esta confesante gelos daba. Lo qual fisieron esta confesante e el dicho su marido despues que esta confesante | vino a bibir en Çibdad Real, e que no se acuerda por quanto tiempo fizieron las cosas susodichas esta confesante e el dicho su marido, ni que tanto tiempo a que dexaron de haserlo, porque esta tiene mala memoria, pero que muchos dias que se dexaron de hazerlo, porque esta confesante conoçio que hera malo hazer las cosas susodichas e que quemavan a los que lo hazian. Fue preguntada si esta confesante e el dicho su marido guardaron algunos sabados o hizieron otras çerimonias de la Ley de Moysen estando en Ayamonte o en La Parra o en Badajoz; dixo que todo su yerro fue en Çibdad Real, e que no hizo nada en los otros lugares, e que esto es la verdad de lo que sabe. E juro ser verdad todo lo por esta confesante dicho e confesado, e que pide penitençia a sus reuerençias con misericordia, e que sy mas se le acordare, que lo verna diziendo e confesando.

Fue preguntada que por que no a confesado las cosas susodichas hasta agora; dixo que porque penso saluar al dicho su marido no abia dicho e confesado, e que agora acordo descargar su conçiençia e dezir de sy e del dicho su marido e de las otras personas.

12 Oct. 1512 E despues de lo susodicho, en doze dias del mes de otubre del dicho año de mil e quinientos e doze años, estando los reverendos señores el liçençiado Alfonso de Mariana e el liçençiado Pedro Ochoa de Villanueva, inquisydores, en la dicha avdiençia, paresçio presente

---

[6] Son of Antón Moreno; see Biographical Notes.

Garçia de Arguello, carçelero de la carçel deste Santo Ofiçio, e dixo que la dicha Ysabel de los Olibos pidia a sus reverençias que la mandasen sacar a la abdiençia porque queria desir çiertas cosas que avian recorrido a su memoria. Luego sus reverençias mandaron al dicho Arguello que sacase a la dicha abdiençia a la dicha Ysabel de los Oliuos, la qual, estando presente en la dicha abdiençia, dixo lo syguiente:

Que porque ella queria desir y confesar todo lo que se le acordare 6r aver fecho y come|tido, dixo que se acordava que, seyendo donzella esta confesante y estando en casa de los dichos sus padres, Juan de los Oliuos e (y) Elvira Lopez vezinos d⟨e⟩ Ayamonte, {Ayamonte; Eluira Lopes, muger de Juan de los Oliuos}, vio a la dicha Elvira Lopez, su madre, guardar los sabados y vestir en ellos camisas linpias e de mejores ropas, y que los viernes en las noches los holgava la dicha su madre, y ençendia candiles linpios con mechas nuevas mas tenprano que en las otras noches de entre semana, e que le vio desevar la carne; e que la dicha su madre desta confesante, Elvira Lopez {de tenpore} inpuso a esta confesante en las dichas cosas que los hiziesen, y los hazian con la dicha su madre, segund e como se las veya faser. Y esto que se lo vido haser a la dicha su madre mas de veinte años; e que despues desto se reconçilio la dicha su madre de las dichas cosas, e que despues aca de reconçiliada nunca este confesante la a visto haser cosas ninguna, porque despues que la dicha su madre se reconçilio nunca esta confesante la a visto. Y que este confesante, asy quando hera donzella, en casa de los dichos sus padres, como despues de desposada y casada con el dicho Diego Sanches de Madrid {Diego Sanches de Madrid, preso}, hizo y cometio las dichas cosas, asy en casa de los dichos sus padres como en el lugar de La Parra, donde biuio tres años este confesante y el dicho su marido, y en Vadajoz, çierto tienpo que estovieron alli, fasta que la truxo el dicho su marido a Çibdad Real; como dicho tiene, guardo los sabados y vistio camisas linpias en ellos, y desevava la carne, y ençendia candiles los viernes en las noches, e hazia las otras cosas susodichas por oservança de la Ley de los judios, segund e como la dicha su madre la inpuso en las dichas cosas. E que asymismo el dicho Diego Sanches, su marido, desde que con el se caso en todos los dichos lugares, juntamente con esta confesante, guardavan los dichos sabados y se vestia en ellos camisas linpias, y hablava con este confesante y le dezia que aquella hera lo bueno y para saluar el anima. {Domatista fue este Diego Sanches}.

Fue preguntada que que tanto tienpo a que se dexaron de haser

Trial of Isabel de los Olivos y López

las dichas cosas ella y el dicho su marido; dixo que no se acuerda el tienpo çierto que ha, pero que cree que avra syete o ocho años, poco mas o menos, que se anparo de haser las cosas susodichas, viendo y conoçiendo que no heran buenas, y que esto es lo que se avia acordado, e pidio perdon y a sus reverençias penitençia, e lo juro en forma, etç. |

Confirmation of Confession [7]

6v [Ratificaçion]

21 Oct. E despues de lo susodicho, en XXI dias de otubre del dicho año
1512 estando los dichos reverendos señores inquisidores en la abdiençia del dicho Santo Ofiçio, paresçio presente el honrado bachiller Diego Martines de Ortega, teniente del promotor fiscal, e dixo que para en prueva de su intençion presentaba por testigos en esta cabsa a la dicha Ysabel de los Olibos, e en la cabsa de los dichos Diego Sanches de Madrid e Alonso Sanches, su hermano, e Lorenço Franco e Teresa de Villarreal, su muger, e Juan Ramires e su muger, e contra todas las otras personas contenidas en su dicha, del qual sus reverençias reçibieron juramento en forma de derecho, so cargo del qual la preguntaron sy se acuerda aver dicho alguna cosa en este Santo Ofiçio contra alguna persona, que diga lo que dixo e contra que personas. La qual dixo que se acuerda aver dicho contra sy y contra el dicho su marido, Diego Sanches de Madrid, e contra Alonso Sanches, su hermano, e contra los dichos Lorenço Franco e su muger, e contra Juan Ramires e su muger, e contra las otras personas contenidas en su dicho. E dixo todo su dicho en sustançia, e pedio que le fuese leydo; el qual le fue leydo de verbo ad verbum, e dixo ser verdad todo lo contenido en el dicho su dicho segund que en el se contiene, e que se acuerda este testigo que quando los susodichos leyan e oyan leer en el dicho libro, esta confesante e los susodichos dezian: Apiadate, apiadate, Señor. E que se ratificaba e ratifico en el dicho su dicho, e que sy nesçesario es, que lo dezia e dixo de nuevo. Fueron presentes por personas onestas e religiosas Pedro de Herrera e Juan de Morgovejo, testigos, benefiçiados en la santa yglesia de Toledo. |

7r-v *Blank folio*

---

[7] Although the defendant herein confirmed her testimony against her accomplices, the prosecution accepted it as confirmation of her own sins as well.

Witnesses for the Prosecution

8r [Libro 3 de Çibdad Real CXXXV]

31 May 1511 Provança del promotor fiscal contra la dicha Ysabel de los Oliuos. En Çibdad Real, XXXI dias del mes de mayo de mil quinientos XI años, ante el reverendo señor liçençiado Alonso de Mariana, ynquisidor.

Este dia, el dicho señor inquisidor mando traer e paresçer ante sy a Ysabel, negra,[8] libre, criada que al presente es de Juan Ramires, mayordomo del reverendisimo señor cardenal d⟨e⟩ España, arçobispo de Toledo, vezino de Çibdad Real, de la qual su reverençia resçibio juramento en forma devida de derecho, etç., so cargo del qual le mando que diga e declare las cosas que sabe e a visto haser o desir a qualesquier personas que sean contra nuestra Santa Fee Catolica. Dixo que a que biue con el dicho Juan Ramires e con su muger, Florençia, defunta, veynte y nueve o treynta años, poco mas o menos, e que quando vino a su poder, que hera de syete años; e que de veynte y dos años a esta parte, poco mas o menos, que seria desde que murio el prinçipe de Portugal, a lo que este testigo se acuerda, biuiendo los dichos Juan Ramires e su muger en esta çibdad, que avian venido aqui biuir desde Murçia, vio este testigo desde el dicho tienpo aca como muchas vezes los dichos Juan Ramires y su muger, morando en la cal de Cauallos, en vna casa que hera pared y medio de la casa del liçençiado Jufre de Loaysa, se ençerravan en vn palaçio, e venian alli Alfonso Sanches, que biue agora en el Castillo de Gonçalo Muñoz, e Diego Sanches de Madrid, veçino de Çibdad Real, mercaderes, hermanos de la dicha Florençia, e Juana Garçia, muger de Alvar Garçia,[9] secretario que fue, que hera tia de la dicha Florençia, e dos fijos suyos, que se llama, el vno Juan de Villarreal, escribano, que biue en Granada, e Fernando de Villarreal, escribano, que no sabe donde biue, que pocos dias a que vino a esta çibdad e se torno a yr. E que estando todos los susodichos asy ençerrados en el dicho palaçio, le leya el dicho Juan Ramires en vn libro de papel de letra redonda con vnas cubiertas de pergamino, e que no sabe que libro hera ni como se llama el dicho libro, pero que oya algunas vezes este testigo como

---

[8] The testimony is also found in the file of Juan Ramírez, No. 109, fol. 16v. It is copied here in a calligraphic hand. On Isabel, the slave girl, see Biographical Notes.

[9] His property was released from sequestration on 23 January 1503. See Trial No. 109, fol. 23r; cf. H. Beinart, *Sefarad*, XVII (1957), pp. 289 ff.

dezia quando leya: Criador, Criador, apiada sobre nos; e que otras muchas palabras le oya desir este testigo, que al presente no se acuerda, pero que se le acuerda que nunca les oyo nonbrar el Nonbre de Ihesu Christo ni de Santa Maria ni Nonbre de Ihesu ni de santo ni de santa, ni dezian Gloria Patri ni otras palabras que 8v los christianos dizen quando rezan. E que algunas | vezes vio que quando el dicho Juan Ramires leya en el dicho libro, que alçava y abaxava la cabeça y el cuerpo. E que en el dicho palaçio donde leya no avia ymagen ninguna de Nuestro Señor ni de Nuestra Señora ni de otro santo ni santa. E que quando se entravan en el dicho palaçio a leer, como dicho tiene, los susodichos, que los dichos sus amos deste testigo, a las vezes el vno, a las vezes el otro, al tienpo que se ençerravan en el dicho palaçio a leer con los susodichos, mandavan a este testigo que andouiese por casa e mirase sy alguno viniese, que los llamase e dixese: Fulano viene. E que desta manera los vido ençerrados a los susodichos a leer en el dicho palaçio muchas vezes en todo el tienpo que biuieron en la dicha casa, que seria por tienpo de tres años, que fue hasta que vino la chançilleria a esta çibdad, que les tomaron la casa y se pasaron a beuir en el cal de Toledo, a las casas adonde agora biue Bustamante,[10] mesonero, que fueron de Juan Ruis,[11] trapero. E que los dias que se juntavan a leer como dicho tiene no se le acuerda que dias heran, pero que se le acuerda bien que dos dias en la semana se juntavan en el dicho palaçio a leer en el dicho libro. E leya el dicho Juan Ramires, e otras veses, quando se cansava de leer, tomava el dicho libro el dicho Alonso Sanches e otras vezes el dicho Diego Sanches de Madrid, su hermano, que estos comunmente leyan en el dicho libro a los otros susodichos. E que se acuerda que quando este testigo entrava a desir que venia alguno e via que este testigo yva a dezir alguna cosa, que veya como el que estava leyendo en el dicho libro callava e çesava de leer e çerrava el dicho libro, e dezianle a este testigo sus amos o su ama: Anda, vete, mira por casa e haz lo que as de hacer. E luego que este testigo se yva, tornavan a leer en el dicho libro como de primero. E que se juntavan a leer en el dicho libro algunas vezes antes de comer

---

[10] Cristóbal de Bustamante is mentioned in the trial of Juan Ramírez, No. 109, foll. 70r, 90v, 92r, 100v, 112v. A document in Simancas, RS, Vol. X, fol. 196, dated 21 January 1493, refers to the expulsion from Ciudad Real for half a year of a certain Cristóbal de Bustamente who escaped from prison.

[11] See the trial of Juan Ramírez, No. 109, foll. 17r, 77r, 79v.

e otras vezes antes de çenar; e que cada vez que se juntavan a leer e oyr leer, que estavan por espaçio de mas de dos horas. E que en las dichas casas del dicho Juan Ramires no moraron mas de medio año, e que alli non les vio leer en el dicho libro. E que de aquella casa se pasaron a beuir en otra casa de la misma calle de Toledo,

9r que hera de la Sant Roman, | e que estouieron alli pocos dias porque el dicho Juan Ramires luego conpro otras casas en esta dicha çibdad a Barrionuevo, en las quales oy biue, que se paso a ellas a beuir que avra agora quinze años, poco mas o menos. E que en la dicha casa, del dicho de quinze años aca, ha visto este testigo muchas vezes juntarse los dichos Juan Ramires e la dicha Florençia, su muger, e los dichos Alonso Sanches e Diego Sanches de Madrid, su hermano, hermanos de la dicha Florençia, e Juana Garçia, muger del dicho secretario, e los dichos sus hijos Juan de Villarreal e Ferrando de Villarreal, escrivanos, e Marina de Villarreal, muger de Alonso Pinedo, mercader, e Teresa de Villarreal, muger de Lorenço Franco. E algunas vezes venia alli a oyr leer el dicho Lorenço Franco e Diego de Molina, mercader, que solia ser tintorero, e Ysabel de Ayamonte, muger del dicho Diego Sanches de Madrid, despues que el dicho su marido la truxo a esta tierra, que avra diez o honze años que la truxo. E que todos los susodichos se ençerravan en vn palaçio de la dicha casa e çerravan las puertas del e abrian vna ventana que estava en la dicha puerta, en lo alto della, por do les entrava la luz. E que alli vio este testigo como leyan en el dicho libro a todos los susodichos, que a las vezes leya el Juan Ramires e a las vezes el dicho Alonso Sanches e el dicho Diego Sanches, su hermano. E que hera el mismo libro en que leyan en la casa del val ⟨sic⟩ de Cavallos, e que les oya dezir estando leyendo: Criador, Criador, apiada sobre nos. E que nunca los oyo nonbrar Ihesu Christo ni Santa Maria ni Nonbre de Ihesus ni nonbre de ningund santo ni santa, ni tenian ymagen de Nuestro Señor ni de Nuestra Señora ni de otro santo ni santa en el dicho palaçio, ni los oyo dezir palabra de las que los christianos dizen quando rezan o leen cosas de nuestra Santa Fe. E que el dicho palaçio, que le tenian çerrado con aldaba entretanto que leyan, e que leyan por espaçio de mas de dos oras, como dicho tiene, e dos dias en la semana, a las vezes por la mañana, a las vezes por la tarde, segund e de la manera que lo hazian en la otra casa primera. E que se acuerda que tenian quando leyan çerrada la puerta

9v del dicho palaçio por la parte de dentro, e que manda|van a este testigo los dichos sus amos e a otra moça pequeña, que es hija

Trial of Isabel de los Olivos y López

de [ ] de la Cueua, procurador, vezino desta çibdad, e a otro coço, que se llamava Anton, que es defunto, e otro moço, que se llamava Alonso, que es asymismo fallesçido, e les mandauan que anduviesen por casa e mirasen quando alguno llamase, que gelo fuesen a desir. E que en viniendo alguno, luego este testigo o qualquiera de los dichos maços susodichos se lo entravan a dezir; e que quando este testigo entrava a dezir que venia alguno, que se levantava el dicho su amo o ama e abrian la puerta, e via este testigo como dexavan de leer en el dicho libro e le çerravan e lo escondian porque no lo viesen. E que sienpre desde el dicho tienpo vio leer en el dicho libro de la manera que dicho tiene a los susodichos, hasta que murio la dicha su señora, que avra agora çinco años, poco mas o menos, e la dexo libre a este testigo. E que despues aca a estado fuera de casa del dicho Juan Ramires hasta media la Quaresma primera que paso, que el dicho Juan Ramires rogo a este testigo que se tornase a su casa e la llevo de su propia voluntad, syn que nadie le rogase; e que otras vezes le avia rogado al dicho Juan Ramirez que la resçibiese en su casa e que nunca lo avia podido acabar con el, hasta que el señor inquisydor estava en Almagro, que el mismo, como dicha ha, gelo ovo de rogar, e que presumio este testigo que porque callase lo que del y de su casa sabia la lleuo a su casa de la manera que la llevo, e porque tanbien vee que le hecho mucha mas honra que solia, segund que en otros tienpos pasados la trataua mal. Fue preguntada que pues dize que los dichos sus amos çerravan el palaçio por la parte de dentro quando ellos e los susodichos se ençerravan en el dicho palaçio a leer en el dicho libro, que como este testigo sabe quien heran los que leyan e como podia oyr las palavras que tiene dicho que oya. Dixo que avnque estava çerrada la puerta del dicho palaçio, que

10r desde fuera conosçia | este testigo la boz del dicho Juan Ramirez e Alonso Sanches e Diego Sanches, e conosçia quando leya cada vno dellos, a los quales e conversando mucho tienpo e que por eso los conosçia bien en la boz. E que desde alli cabe la puerta del dicho palaçio oya bien lo que leyan e muchas cosas dello, en espeçial las dichas palabras que dichas tiene e otras que no se acuerda; e que como estava tan çerrada vna de las dichas puertas del dicho palaçio del medio arriba con forma de ventana, oya bien lo que leyan. E que tanbien quando este testigo entrava en el dicho palaçio veya el dicho libro en las manos del que leya, e veya que quando çerrava el libro porque este testigo entrava, el que lo tenia en las manos leyendo que ponia el dedo entre las ojas donde estava leyendo por no perder el punto donde leya. E que despues el dicho Juan Ramires quito las dichas puertas del dicho palaçio porque estavan viejas, e puso otras nuevas enteras. E que se acuerda que biuiendo los dichos sus amos en la casa del val ⟨sic⟩ de Cavallos, que avra el tienpo que tiene dicho, sabe que enbiaron los inquisydores de Cordova a llamar al dicho Juan Ramirez, e que cree este testigo que se fue entonçes a reconçiliar a Cordoua, por lo que despues oyo quando de Cordoua vino. E que luego, como se partio el dicho su amo a Cordoba, la dicha Florençia, su ama, enbio a este testigo ⟨a⟩ Almagro a casa de Fernando de Villarreal, e que estovo alla çiertos dias, no se acuerda quantos,[12] e que escondia muchas cosas de su casa e les puso a casas de çiertos vezinos suyas, diziendo que lo hazian aquello por çiertas debdas que tenia el dicho Juan Ramirez, su marido. Y quanto del pasar de los bienes e esconderlos, no lo vio este testigo, mas de quanto lo supo despues que vino de Almagro, que ayudo este testigo a pasar las cosas que avian puesto en casas de las dichas vezinas. Yten, dixo que vna vez que vinieron a este çibdad los inquisidores de Toledo, que posaron en casa de Bartolome de Badajoz, vezino de la dicha çibdad, e es vezino del dicho Juan Ramirez, vio este testigo como los dichos sus amos tomaron el dicho libro en que leyan las vezes que tiene dicho e lo llevaron a esconder a vn pajar de la dicha |

10v casa e lo metieron debaxo de la paja, e que despues no se aseguraron en tenerlo alli el dicho livro, e lo sacaron de alli e lo llevaron a vna bodega de la dicha casa e lo enboluieron en vn paño de stopa e hizieron vn oyo e lo metieron alli, e cubrieron el dicho oyo con tierra, e pusyeron ençima vna cuba, para que no paresçiese que avian puesto alli cosa ninguna. E que dixeron a este testigo que hazian aquello por çiertas debdas que debia, para que fuese no allado. E que tanbien pasaron çiertos bienes de alhonbras e colchas a casa de Fernando Aluares, espeçiero.[13] E este testigo las puso por mandado de los dichos sus amos. E que tanbien puso este testigo e vna moça vn arca con ropa blanca a casa de Diego Sanches, hermano de la dicha su ama, e que le desian a este testigo que por debdas que devian pasarian a esconder los dichos bienes. E que despues de ydos los dichos inquisydores, que tornaron a traer a su casa los bienes que avian posado en casa del dicho Fernando Aluares, e de la casa del dicho Diego Sanches, e sacaron el dicho

[12] It may have been the practice of the Conversos to send their slaves away when the Inquisitorial inspectors were in town.
[13] See Biographical Notes.

Trial of Isabel de los Olivos y López

libro, e dixeron que ya avian pagado las dichas debdas. E que sabe e vio que algunos sabados los dichos sus amos se vestian camisas linpias, e sus hijos, que se llaman Fernan Peres, que es estudiante en Alcala de Henares, e Diego Ramirez e Geronimo e Catalina Ramires, sus hijos, e que este testigo les daua las dichas camisas, asy ⟨a⟩ los dichos padres como a los dichos sus hijos por mandado de los dichos sus amos. E que sabe que non heran fiestas los dichos dias de sabados que se vestian las dichas camisas. E que algunas vezes, en los dichos dias de sabados, mandava la dicha su ama a este testigo que vistiesen camisas linpias a los dichos sus hijos, porque heran pequeños, e este testigo dezia a la dicha su ama que para que se avia de vestir aquel dia camisas linpias, pues que hera tan çerca del domingo, e que la dicha su ama le dezia que gele
11r pe|nava a este testigo, que non hazia, mas vestiolas en sabado que en domingo. E que tanbien veya que la dicha su ama holgava algunos sabados, que no hilava ni cosya como lo hazia en los otros dias de entre semana, e que en acabando de comer se yvan a holgar, algunas vezes a casa de Molina e de la de Alvar Gonsales e a casa de Lorenço Franco, e que non boluian hasta la noche, que este testigo yva para venir con ella. E que asymismo en casa del dicho su amo se guisaua caçuelas de pescado y verenjenas, e otras vezes de çanahorias, e otras vezes con avas e pescado e huevos, del viernes para el sabado, e que este testigo las guisaua por mandado de la dicha su ama, e veya como los dichos sus amos comian de las dichas caçuelas otro dia sabado, e vnas vezes de lo que guardavan del viernes, e otras vezes hazia dos caçuelas e comia la vna del viernes, e la otra comian el sabado ellos e sus hijos, e que lo comian frio, porque dezian que hera asy mejor, e que este testigo lo repetia. Fue preguntada sy la dicha su ama mandava a este testigo ençender los candiles con mechas nuevas los viernes en las noches mas tenprano que las otras noches de entre semana; dixo que no se acordava mas de vna noche de viernes que la mando dexar ençendido el candil toda la noche, diziendo que se ensangustiava, e que lo ençendio tenprano e lo dexo toda la noche ençendido. Preguntada sy vio que algunos de sus hijos besasen la mano al dicho su amo e que se la diesen a besar syn que los santiguase, dixo que no se acordava porque no mirava en ello. Preguntada que criados e criadas ayan tenido los dichos sus amos de veynte años a esta parte e donde estan, dixo que vna, Catalina, que hera natural de esta çibdad y caso con vn pastor, e otra, que se llama Maria, que esta casada en esta çibdad con vn tapiador o alvañir que biue en

la cal de Çiruela, e otra, su hermana, que se llama Françisca, que biue en Almagro con la madre de la del bachiller de Santa Crus, 11v e otra, que se llama Catalina, que biuio con los dichos | sus amos e no sabe donde esta, e otra moça, que se llama Juana, que es desta çibdad, biue agora con el dicho su amo, e vn moço que se llama Ximeno, que biue agora con el dicho su amo. Preguntada que cosas son las que le a dicho su amo despues que su reuerençia vino ⟨a⟩ Almagro e a esta çibdad, que aya de desir seyendo llamada por los ynquisydores; dixo que le dixo el dicho su amo vn dia de los pasados que Christoual de Torres avia dicho en casa de Rodrigo de la Syerra,[14] como este testigo avia dicho de vn libro en que el dicho su amo leya, e que avia dicho este testigo que lo andava escondiendo por vn pajar, e que ella sabia la verdad e que ella lo devia aver dicho, porque Christobal de Torres lo andava diçiendo, e aquel lo a dicho a los ynquisydores: E tu has ser llamada, tu sabes lo que as visto en mi casa. Preguntada de odio, dixo que no le tiene con ninguno de los susodichos, e que lo dise porque es asy la verdad y por descargo de su conçiençia y por temor de la excomunion.

[Ratificaçion]

22 Oct. En Toledo, a XXII dias del mes de otubre de mil e quinientos e 1512 doze años, estando en la abdiençia del dicho Ofiçio, los reverendos señores inquisidores los liçençiados Alfonso de Mariana e Pedro Ochoa de Villanueva, estando presente el honrado bachiller Diego Martines de Ortega, teniente del fiscal, fizo presentaçion del dicho e depusiçion de la dicha Ysabel para esta cavsa. De la qual, siendo presente, sus reverençias reçibieron juramento en forma de derecho, so cargo del qual le preguntaron sy se acuerda aver dicho alguna cosa en este Santo Ofiçio contra alguna persona, que lo diga, e contra quien dixo. La dicha Ysabel dixo que se acuerda aver dicho contra çiertas personas en este Santo Ofiçio, entre las quales dixo contra Ysabel de los Olibos, muger de Diego Sanches de Madrid, veçino de Çibdad Real, e dixo en sustançia su dicho, e pedio que le fuese leydo. El qual le fue leydo por mandado de sus reverençias. E dixo ser verdad todo lo en el contenido, e que se ratificaba e ratifico en el dicho su dicho, e sy nesçesario es que lo desia e dixo de nuevo. Fueron presentes por personas onestas e religiosas Pedro de Herrera e Pedro de Liezma, clerigos benefiçiados en la santa yglesia de Toledo. |

[14] See his reconstructed trial, No. 124; cf. H. Beinart, *Tarbiz*, XXX (1961), pp. 56 ff.

Trial of Isabel de los Olivos y López

Excerpts from the Trial of Alonso Sánchez [15]

12r [Sacado de las confesiones de Alonso Sanches]

Confession Made under Torture

March 1512
En Toledo, en XI dias del mes de março de mil e quinientos e doze años, estando los reuerendos señores el liçençiado Alfonso de Mariana e el liçençiado don Françisco de Herrera, inquisidores apostolicos e hordinario en la camara del tormento con Alonso Sanches, vezino del Castillo de Garçia Muñoz, preso en la carçel deste Santo Ofiçio, sus reverençias le amonestaron que dixese e declarase la verdad de los conpliçes que hizieron e cometieron juntamente con el los delictos de que es acusado por el promotor fiscal, que de todo dixese y manifestase la verdad.

El dicho Alonso Sanches dixo que no tenia mas que dezir de lo dicho tenia.

Los dichos señores ynquisydores le mandaron desnudar e poner en vna escalera; despues de aver seydo otra vez amonestado, sus reverençias le mandaron atar con los cordeles, y amonestandole sienpre que dixese y declarase los dichos conpliçes. Dixo que le diesen claridad de lo que querian. Sus reverençias le dixeron que el sabia lo que el avia hecho y visto haser contra nuestra Santa Fe Catolica, que lo dixese y confesase. E el dicho Alonso Sanches, diziendo sienpre que le diesen claridad.

Los dichos señores inquisidores le mandaron hechar agua con jarro de hasta media açunbre sobre la cara, teniendo delante vna toca delgada, y encomençandole a hechar agua, el dicho Alonso Sanches dixo a grandes bozes que le dexasen, que el diria la verdad de lo que supiese. E luego le dexaron de hechar agua, e dixo lo syguiente: Dixo que en el palaçio que ya tiene dicho y confesado, que se ençerravan a rezar el y su hermana, Florençia de Villarreal, muger de Juan Ramires; que tanbien estauan alli en el dicho palaçio el dicho Juan Ramires, e dixo de otros.

Sus reverençias le mandaron continuar el dicho jarro de agua, y amonestandole sienpre; dixo que tanbien venia alli Lorenço Franco.

---

[15] From here through fol. 19r excerpts are included from the trial of Alonso Sánchez de Madrid, the brother-in-law of Isabel de los Olivos, whose file is not extant. Alonso gave evidence against a number of Conversos, including Isabel, while he was being tortured in prison. See his reconstructed trial, No. 110; see also the trial of Juan Ramírez, No. 109, foll. 22r ff.

Fue dexado de hechar agua; dixo que tanbien venia alli su madre del dicho Lorenço Franco. Fue preguntado que en que casa se juntavan a resar las dichas oraçiones judaycas. Dixo que en las
12v casas donde | agora mora el dicho Juan Ramirez, que es Barrionuevo, frontero de la casa de Bartholome de Vadajoz; e que avra doze o treze años que se juntavan alli a rezar las dichas oraçiones. Sus reverençias, sienpre amonestandole vt supra, y le mandaron continuar el dicho jarro de agua. Dixo que le dexasen de hechar agua, que queria desir la verdad. Fue luego dexado de echar agua, e dixo que tanbien se juntavan alli, etç.

Sus reverençias amonestandole sienpre, y le mandaron continuar otro jarro de agua. Pidio que le dexasen, que el diria la verdad; y asy dexado, dixo, sin le preguntar cosa ninguna, que no estuvo alli con ellos, en el dicho palaçio, Diego Sanches de Madrid, etç.

Sus reverençias, amonestandole sienpre, y mandaron le continuar el dicho jarro de agua. Fue luego dexado. Dixo, etç. Fue preguntado que que tal hera el libro que rezavan y como escomençava. Dixo que Adonay, y que estava escrito en romançe e que seria del tamaño de menos de medio quarto de pliego, y que le avia quemado. Fue preguntado que quando no leyan en el dicho libro, que adonde le tenia. Dixo que en oyo debaxo de tierra.

Sus reverençias le tornaron amonestar que en todo dixese la verdad, y apretaronle vn cordel que tenia atado a vna pierna. Dixo que tanbien se juntavan alli la muger del dicho Villaescusa e la muger de Garçia Moreno e la muger de Lorenço Franco, que no sabe sus nonbres, e la muger de Diego Sanches de Madrid, su hermano deste confesante, que se llama Ysabel, hija de Juan de los Oliuos, e Juana Gonsales,[16] muger del secretario que fue del Rey don Enrique y sus hijos, etç. E que sabe este confesante que todos los susodichos y nonbrados, segund dicho tiene, holgavan los sabados y vestian camisas linpias en los dichos sabados por çerimonia judayca. Fue preguntado como lo sabe; dixo que porque lo veya e lo comunicava con ellos, y los susodichos se lo desian. Fue preguntado que hasta que tanto tienpo hizieron lo susodicho; dixo que lo hizieron catorze o diez y seys años, e que avra doze que no lo hasen.

13r Fue preguntado que si avia otro libro alguno | en que resavan las dichas oraçiones judaycas; dixo que otro libro tenia el dicho Juan Ramirez, grande, vna vez dixo de cubiertas de pergamino e otro de cubiertas coloradas, en que tanbien leyan las dichas oraçiones

---

[16] See Biographical Notes.

[558]

Trial of Isabel de los Olivos y López

judaycas, e que hera el dicho libro de pliego entero. Fue preguntado que quanto tienpo estavan cada vez que se juntavan a rezar las dichas oraçiones; dixo que vna ora o dos, como se hallavan, e que no leyan las dichas oraçiones saluo en casa deste confesante o en casa del dicho Juan Ramires. Fue preguntado que quando rezavan en casa deste confesante, que a quien mandavan guardar la puerta; dixo que la guardava vna esclava suya que se llamava Maria, y que es defunta, e que lo mas sienpre rezavan en casa del dicho Juan Ramires e muy pocas vezes en casa deste confesante. Fue preguntado que quando rezavan en casa del dicho Juan Ramirez quien guardava la puerta; dixo que vna esclava negra del dicho Juan Ramirez, que se llama Ysavel, y otra muchacha que no sabe ni se acordava de su nonbre. Fue preguntado que en qual de los dichos libros rezavan mas vezes e que oraçiones se contenian en ellos; dixo que las vezes rezavan en el dicho libro grande, que hera de la Bribia, e otras vezes en el pequeño, que hera de oraçiones judaycas. Fue preguntado que que dias se juntavan a rezar las dichas oraçiones; dixo que los viernes en las noches a vna ora o dos de la noche, e que tenian puesto en el palaçio donde rezavan dos candiles muy linpios y ataviados con mechas nuevas e linpias, por çerimonia judayca; e que de que avian rezado, se yvan cada vno a su casa, e que algunas vezes hazian colaçion; e que los sabados que se juntavan a rezar en casa del dicho Juan Ramirez hera antes de comer; e que sabe e vido que todos los susodichos holgavan los sabados e vestian camisas linpias. Fue preguntado que como lo sabe; dixo que este confesante lo veya, y los susodichos lo platicavan e lo dezian a este confesante. Fue preguntado que declarase la verdad que tanto tienpo hizieron lo susodicho de se juntar a rezar las dichas oraçiones, en que casas y hasta que tanto tienpo; dixo que sienpre le hazian en casa del dicho Juan Ramirez todas las vezes que lo podia haser este | confesante y los susodichos, los que se hallavan en Çibdad Real y heran viuos lo hazian, como dicho tiene, hasta de çinco años a esta parte, que aquello dexaron de haser. Fue preguntado que en el Castillo de Garçia Muñoz, adonde agora este confesante biuia, que adonde se juntavan a rezar las dichas oraçiones judaycas, pues tiene dicho y confesado que hasta que le prendieron estubo en la dicha creençia de la Ley de los judios; dixo que no lo hazia en el dicho Castillo, pero que el y el dicho su hermano Pero Herrandes se venian juntos desde el dicho Castillo a Çibdad Real, e se juntavan con los susodichos con los que mas podian juntarse, y alli se hallavan y rezavan, como dicho tiene,

Fue preguntado que despues que avia rezado las dichas oraçiones judaycas, sy tenian platicas vnos con otros en cosas que son contra la Fe e contra los christianos, que de todo dixese la verdad; dixo que sy hablavan y platicavan y hazian burla de la Ley de los christianos y dellos, como estavan estrañados y çiegos, y que la Ley de Moysen hera la buena y verdadera, e que por ella se avian de saluar, e que todo lo otro hera burla, e otras cosas muchas de que al presente no se acordava. Y pidio que lo mandasen quitar, e que quitado se recorreria su memoria de todo lo que mas supiere y fuere preguntado. Fue luego quitado.

15 March 1512 E despues de lo susodicho, en la dicha çibdad de Toledo, quinze dias del mes de março de mil e quinientos e doze años, estando los dichos señores ynquisydores el liçençiado Alfonso de Mariana e el liçençiado don Françisco de Herrera en abdiençia, en presençia de mi, Diego Lopez de Tamayo, notario publico e del secreto del dicho Santo Ofiçio de la Ynquisyçion, los dichos señores ynquisydores mandaron a Melchior de Sayavedra, el alcayde la carçel del dicho Santo Ofiçio, que sacase ante sus reverençias al dicho Alonso Sanches en la dicha abdiençia. El qual dicho Sayavedra lo truxo a la dicha abdiençia, y estando asy presente, luego los dichos señores ynquisydores le preguntaron sy se acordava de las cosas que dixo en el tormento, e que personas son de las que dixo. Luego el dicho Alonso Sanches dixo que el ovo dicho de Rodrigo de la Syerra, mercader, e de su muger Catalina de Pisa, e de Villaescusa,[17]
14r mer|cader, e de Juan de Villarreal, e de su hermano Fernando de Villarreal,[18] escribanos de la abdiençia de la Chançilleria de Granada, e de Juan Ramires, cuñado deste confesante, e de Florençia, su muger, que es defunta, e de vna tia suya deste confesante, que se llamava Juana Gonsales, muger de Alvar Garçia,[19] secretario, que es defunta, madre de los dichos Juan de Villarreal e Fernando de Villarreal. E que tanbien dixo de Lorenço Franco,[20] mercader, e de Alvaro Franco,[21] el viejo, mercader, que murio aqui,

---

[17] Gonzalo de Villaescusa, one of the members of Juan Ramírez' household; see No. 109, fol. 22v.
[18] See on him H. Beinart, *Sefarad*, XVII (1957), p. 290.
[19] See *ibid.* and Biographical Notes on him.
[20] See his reconstructed trial, No. 112, and H. Beinart, *Sefarad, loc. cit.*
[21] His wife Constanza Rodríguez was tried by the Inquisition and was restored to the Church on 7 November 1520; see the trial of Juan Ramírez, No. 109, foll. 22r.

Trial of Isabel de los Olivos y López

en la dicha carçel, e de Diego Sanches de Madrid, hermano deste confesante, vezinos de Çibdad Real, e de Pedro Hernandes, otro su hermano deste confesante, que biue en el Castillo de Garçia Muños, e de Garçia Moreno,[22] e de Beatriz Morena, muger deste confesante, y de Ysabel de los Oliuos, muger del dicho Diego Sanches de Madrid, cuñada deste confesante. E que no se acordava que oviese dicho de mas personas en el dicho tormento. Fue preguntado por los dichos señores ynquisydores que que son las cosas que dixo de los susodichos en el dicho tormento, e que es lo que les vido haser a los susodichos e a cada vno dellos, e sy es verdad todo lo que dixo dellos en el dicho tormento, e que el dixo so cargo del juramento que en forma hizo, e del resçibiendo que non les vido haser cosa ninguna a ninguno de todos los susodichos de las cosas que dellos dixo en el tormento, e que sy le an de dar tormento, que todo es verdad.

Order to Repeat the Torture of Alonso Sánchez

March 1512 E despues de lo susodicho, en treyta dias del mes de março de DXII años, estando los dichos señores ynquisydores en la dicha abdiençia, y estando asymismo presente el dicho Alonso Sanches, sus reverençias dixeron e pronunçiaron otra sentençia, por la qual mandavan y mandaron repetir el dicho tormento en la persona del dicho Alonso Sanches. Y antes que se diese y pronunçiase la dicha sentençia, al tiempo que sus reverençias le amonestaron, el dicho Alonso Sanches se puso de rodillas y pidio a sus reverençias que le mandasen dar papel y escreuenias, que el queria dezir la verdad de todo lo que sea en cargo. Y en acabando de leer y pronunçiar la dicha sentençia, el dicho Alonso Sanches de torno a hincar de rodillas y pidio y suplico a los dichos señores ynquisidores, con muchas ynstançias, que le mandasen dar papel e escriuanias, porque al presente estaba turbado, que el queria dezir y manifestar la verdad de todo lo que supiere y fuese en cargo, asy de sy como de otras personas, e que

14v sy no lo dixese, que sus | reverençias le mandasen matar a tormento. Lo qual pidio a sus reverençias muchas vezes. Sus reverençias se lo mandaron dar, y termino hasta la audiençia de la tarde, para que truxese escripto toda la verdad, lo que le fue luego dado.

---

[22] See H. Beinart, *Sefarad*, loc. cit., and Trial No. 109, fol. 23r.

[561]

Alonso Sánchez Refuses to Confirm His Written Testimony [23]

1 April 1512 E despues de lo susodicho, en primero dia del mes de abril de mil e quinientos e doze años, el dicho Alonso Sanches presento ante los dichos señores ynquisydores dos pliegos de papel, en los quales estavan escriptos çiertos nonbres de los contenidos de sus escriptos, e otros, diziendo las cosas que les avia visto haser contra nuestra Santa Fee Catolica. Ansy presentado, sus reverençias le preguntaron que sy hera verdad lo contenido en los dichos pliegos. El dicho Alonso Sanches respondio que non hera verdad lo contenido en los dichos pliegos, e que hera mentira, e que non vido a ninguno de los dichos contenidos en los dichos dos pliegos cosa ninguna, e que lo avia dicho por miedo del tormento.

Alonso Sánchez Expresses Readiness to Confirm the Testimony

E despues, en la abdiençia de la tarde, sus reverençias mandaron sacar ante sy al dicho Alonso Sanches en la abdiençia de la carçel, y estando presente, tornaronle amonestar que dixese y confesase la verdad de lo que sabia de qualesquier personas. Pidio que le fuese leydo lo que avia escripto en los dichos dos pliegos de suso contenidos, y que el diria la verdad, y leyendoselo capitulo por capitulo, yva diziendo que hera verdad, que lo avia visto haser lo contenido en los dichos pliegos, que era en lo que dezia contra Alvaro Franco.[24] E asy leydo todo, sus reverençias le tomaron juramento en forma devida y de derecho, so cargo del qual sus reverençias le mandaron que dixese que sy lo que tenia dicho hera verdad. El dicho Alonso Sanches respondio que le diesen termino hasta otro dia, y que el venra diziendo la verdad. Sus reverençias le mandaron dar el dicho termino.

Examination of Alonso Sánchez Continued under Torture

3 April 1512 E despues de lo susodicho, en tres dias de abril del dicho año de quinientos e doze años, estando los dichos señores inquisidores apostolicos y hordinarios en la camara del tormento con el dicho Alonso Sanches, dixeron que pues este dicho Alonso Sanches andovo variando y no queria desir y manifestar la verdad, que mandavan e mandaron executar la dicha se sentençia dada y pronunçiada contra el dicho Alonso Sanches, por la qual le fuese continuado el

---

[23] For a more detailed description of the incident, see the trial of Juan Ramírez, No. 109, fol. 25r.
[24] See Biographical Notes.

Trial of Isabel de los Olivos y López

dicho tormento para que dixese y confesase enteramente la verdad y perseverase en ella de los conpliçes.

Luego el dicho Alonso Sanches se puso de rodillas y suplico a los dichos señores ynquisidores que no le diesen tormento, que el queria desir y manifestar la verdad de todo lo que supiese. Sus reverençias le mandaron que se desnudase el dicho Alonso Sanches, que en la escalera diria la verdad, que sus reverençias no querian syno la verdad, e que ni por miedo ni por otro respecto alguno que no levantase sobre sy ni sobre otra persona ninguna falso testimonio, sy no que tanta pena le darian por ello como por callar y encubrir la verdad.

El dicho Alonso Sanches torno a suplicar a los dichos señores inquisidores con mucha instançia muchas vezes que non le mandasen desnudar, que el queria desir y manifestar la verdad de todo lo que supiese. Sus reverençias le mandaron que la dixese, e que mirase bien que la dixese.

El dicho Alfonso Sanches dixo que ya tenia dicho y confesado como avia rezado el y su hermana Florençia de Villarreal, muger de Juan Ramires, algunas oraçiones judaycas en çiertos tienpos y en çiertos lugares, como mas largamente en su confesyon se contiene, que hizo ante sus reverençias los dias pasados, al tienpo que le fue puesta la acusaçion y demanda. E que tanbien rezo las dichas oraçiones judaycas el dicho Juan Ramires, juntamente con este confesante y con la dicha su hermana. Sus reverençias le preguntaron que sy hera verdad que el dicho Juan Ramires avia rezado las dichas oraçiones con ellos; dixo que hera verdad, e en ello se afirmava e ratificava. E que esto, que lo hizieron muchas vezes en casa del dicho Juan Ramires. Fue preguntado que en que dias

15v rezavan las dichas oraçiones | judaycas; dixo que en los viernes en las noches y en los sabados, y que tanbien se juntavan con ellos Lorenço Franco y su muger, Teresa de Villarreal, prima deste confesante, e Villaescusa y su muger, e Ysabel de los Oliuos, muger (muger) de Diego Sanches de Madrid, cuñada deste confesante, e Garçia Moreno tanbien se juntava algunas vezes con ellos a rezar las dichas oraçiones judaycas, e Catalina de Pisa, muger de Rodrigo de la Syerra, se juntavan con ellos muchas vezes, y el dicho Rodrigo de la Syerra vino alli a rezar quatro o çinco vezes, e la muger de Juan de Villarreal, tanbien vezina deste confesante, que es ya defunta, todos vezinos y vezinas de Çibdad Real, e Marina de Villarreal, muger de Diego Pinedo,[25] asy⟨mismo⟩ vesino de Çibdad

[25] See Biographical Notes.

[563]

Real. Y que todos los susodichos y este confesante se juntavan muchas vezes en la dicha casa del dicho Juan Ramires los sabados a los holgar, y los holgavan todos los susodichos, y este confesante con ellos, a rezar las dichas oraçiones judaycas, vnas vezes antes de comer e otras vezes los sabados en las tardes, e asymismo los viernes en las noches; e que leyan en vn libro de pliego entero, el qual dicho libro dixo que hera deste confesante, y que hera de oraçiones judaycas. Fue preguntado que que oraçiones heran las que se contenian en el dicho libro, e que quien hera el que leya en el; dixo que este començava Adonay, y que este confesante leya en el dicho libro, e otras vezes el dicho Juan Ramires, e otras vezes el dicho Garçia Moreno. E que se acuerda que el dicho libro quemo la dicha Florençia de Villarreal, su hermana deste confesante, e que despues aca a rezado este confesante en vn libro pequeño de oraçiones judaycas. Este confesante y algunas de las personas susodichas se juntavan quando podian a rezar las dichas oraçiones en casa del dicho Juan Ramires. Fue preguntado que dixese sy hera verdad todo lo susodicho; dixo que hera verdad, y que en ello se afirmava

16r agora y para sienpre, y que todos los susodichos y | este confesante con ellos, se juntavan en la dicha casa del dicho Juan Ramires a holgar los sabados, y los guardavan yn ⟨sic⟩ rezar las dichas oraçiones judaycas, e se vestian de ropas de fiesta e camisas linpias por honra de los sabados, e que algunas vezes, despues que avian rezado, hazian colaçion con letuarios y conseruas e otras cosas. Sus reverençias le tornaron amonestar que dixese sy hera verdad esto que a (que a) dicho; dixo muchas vezes que es verdad y que en ello se ratificaua vna e dos e tres vezes, y tantas quantas con derecho devia, e diziendo sienpre que hera verdad todo lo susodicho, e que en ello se afirmava e afirmo agora y para sienpre, y que porque hera verdad lo dezia y confesava ante sus reverençias.

Sus reverençias le tornaron a mandar desnudar para que dixese y declarase sy hera verdad todo lo susodicho. Y estando el dicho Alonso Sanches desnudandose, torno a desir muchas vezes que hera verdad y que en ello se afirmava. Sus reverençias dixeron que en el escalera querian que dixese la verdad, y que mirase bien, que no dixese syno verdad, y que ni por themor ni por otro respecto alguno, que mirase bien que no dixese syno verdad, porque sus reverençias no queria⟨n⟩ syno que en todo dixese verdad, y que sy le requerian y amonestavan con Dios Nuestro Señor y con la Gloriosa Virgen Maria Su Madre, que en todo no dixese syno verdad pura. E estandole attando el dicho Alonso Sanches en la

Trial of Isabel de los Olivos y López

escalera dixo muchas vezes que hera verdad lo que tenia dicho y confesado oy, dicho dia, y esto dixo muchas vezes, no diziendo otra cosa syno: Es verdad, es verdad. Sus reverençias le dixeron que mirase bien, que dixese verdad y que no levantase a nadie falso testimonio. Dixo que en todo lo que agora avia dicho que es verdad, y que porque hera verdad y avia pecado asy lo dezia, y que es verdad; e apretandole los cordeles dixo que tanbien fasya las cosas susodichas Alvaro Franco, el viejo, en su casa, e que Diego Sanches de Madrid, hermano deste confesante, tanbien se juntava en la dicha casa del dicho Juan Ramires a rezar las dichas ora|çiones judaycas, y leyan en el dicho libro; y asymismo se juntavan con ellos Pero Hernandes, hermano deste confesante, y que esto es la verdad, y esto, diziendolo muchas vezes. Sus reverençias le tornaron amonestar que mirase bien lo que dezia. El dicho Alonso Sanches dixo que hera verdad como Dios es verdad, y que todo lo que agora avia dicho es verdad como Dios era verdad. E que al dicho Alvaro Franco, que le vido en su casa por çinco o seys sabados estar vestido de ropas de fiesta e camisas linpias e holgando los sabados.

Sus reverençias le mandaron hechar agua para que dixese sy hera verdad lo que avia dicho y confesado. El dicho Alonso Sanches dixo muchas vezes que hera verdad, y porque hera verdad lo dezia. Sus reverençias mandaron que le dexasen luego de hechar agua, y fue preguntado que dixese sy hera verdad lo susodicho. Dixo que hera verdad todo lo susodicho, asy de Alvaro Franco como los de todos los susodicho de la forma e manera que lo tiene dicho y confesado, y que esto es la verdad. Yten dixo, etç.

Los dichos señores ynquisydores le tornaron amonestar muchas vezes que dixese y perseverase en la verdad, e que no dixese falsedad ninguna, saluo la verdad pura. Dixo que es verdad todo lo que agora a dicho, e que lo dezia vna e dos e tres vezes. Fue preguntado que por que avia variado tantas vezes y se a desdicho y reuocado lo que otras vezes tiene confesado. Dixo que porque avia dicho de sus hermanos y parientes, y pensava que moririan todos, y por el amor que les tenia non quisiera que ninguno dellos muriera, y que por esta cavsa revocaua y avia reuocado las dichas sus confesyones, deseando de los saluar, pero que non enbargante que a reuocado las dichas sus confesyones por la cavsa que tiene dicho, que agora todo lo que a dicho es todo verdad, e que lo dezia vna e dos e tres vezes y sesenta vezes, y que esta es la verdad, y que porque hera verdad lo dezia. Sus reverençias le tornaron | amonestar que

[565]

dixese la verdad en todo, que no querian que dixese syno verdad. Dixo que todo hera verdad los susodicho de la forma e manera que lo tiene dicho, como Dios es verdad Nuestro Señor, y vino Nuestro Señor en la Virgen Maria, diziendo y afirmando muchas veses que hera verdad.

Fue preguntado que por que dixo en la abdiençia, cuando reuoco su confesyon que hizo en el primero tormento, que hera todo falso lo que auia dicho en el dicho tormento, pero que sy lo tornavan a poner en el dicho tormento, que todo hera verdad quanto quisiesen, y que diria que hera verdad, y que despues diria que no hera verdad. Dixo que lo dixo por escusar a los dichos sus hermanos y parientes, pero que no enbargante lo que entonçes dixo e nego, que esto que agora a dicho y confesado, que todo es verdad, que lo dezia vna e dos e tres vezes e çinquenta vezes. Fue preguntado sy se acorda averse allado en otros ayuntamientos o visto haser o avia fecho en otras partes otras çerimonias judaycas. Dixo que al presente no se acordaua de mas, e que lo susodicho hera verdad.

Sus reuerençias mandaronle continuar el dicho jarro de agua para que dixese sy hera verdad lo que avia dicho. El dicho Alonso Sanches dixo sienpre que hera verdad lo que agora avia dicho y confesado, y que en ello se afirmava e afirmo muchas vezes.

Sus reuerençias le tornaron a mandar continuar el dicho jarro de agua para que dixese y confesase sy hera verdad lo que avia dicho y confesado, y amonestandole sienpre. El dicho Alonso Sanches dixo muchas vezes que todo lo susodicho que agora a dicho y declarado es la verdad de la forma y manera que lo tiene dicho y confesado, e que lo otro es mentira, y que esto es la verdad, y que protestava que si otra cosa mas viniere a su notiçia, que el lo queria dezir (dezir) y manifestar por alinpiar su anima. Sus reuerençias mandaron que no le hechasen mas agua, y le tornaron a exortar y amonestar

17v y a requerir que dixese | verdad y la declarase toda la verdad pura, y que no dixese ni le pasase por pensamiento de desir falsedad ninguna ni levantase falso testimonio, asy sobre sy como sobre otra persona ninguna, sy no que tanta pena le darian por ello como por callar y encubrir la verdad. El dicho Alonso Sanches dixo que todo lo susodicho que agora a dicho es verdad, e que lo dezia vna e dos e tres vezes, y tanta quantas con derecho deuia, e que todo lo que mas se le acordare, que lo diria y manifestaria syn tormento, porque el tenia ganas de alinpiar su anima y conçiençia y dezir la verdad de todo lo que se acordare y fuese en cargo, y pedia e pidio perdon a Nuestro Señor Ihesu Christo y a sus reverençias

Trial of Isabel de los Olivos y López

penitençia, e que sy hasta agora no avia dicho la verdad, que fue y lo hizo porque sy pudiese saluar a los dichos sus hermanos y parientes.

Fue preguntado que quien hablo con este confesante el otro dia, despues que le avian dado tormento, para que no dixese ni confesase la verdad; dixo que Juan Gonsales Nusbel, preso, veçino de Almagro, e que no le dixo syno: ¿Quien es? ¿Quien es? Sus reverençias le mandaron continuar otro jarro de agua, para que dixese la verdad de quien le avia hablado. Dixo que Nusbel, vezino de Almagro. Fue luego dexado de le hechar agua. Dixo que Juan Gonsales Nusbel le dixo a este confesante por ante las puertas de la carçel donde este confesante estava preso: ¿Quien soys? ¿Quien soys? Y este confesante le respondio: Sanches soy. Y que el dicho Nusbel le dixo: ¿Como estays? Y este confesante le torno a responder: Estoy atormentado. Y el dicho Nusbel le dixo: ¿Aveys confesado? Y este confesante le respondio que sy avia. El dicho Juan Gonsales le dixo que negase la verdad, diziendole: Negad, negad la verdad.

5 April 1512
18r
E despues de lo susodicho, en çinco dias del mes de abril de mil e quinientos e doze años, estando los dichos reuerendos señores inquisydores apostolicos y hordinario en la dicha abdiençia del Santo Ofiçio de la | Ynquisiçion, mandaron sacar ante sy al dicho Alonso Sanches, el qual estando presente, sus reuerençias le dixeron que sy se acordava bien de lo que avia dicho e confesado en el tormento.

El dicho Alonso Sanches dixo que bien se acordava de lo que avia dicho, que pedia a sus reuerençias que le mandasen leer la confesyon que hizo en el dicho tormento para ver sy dixo alguna cosa que no fuese verdad, porque el queria dezir verdad. Fuele leyda de verbo ad verbum. Y asy leyda, el dicho Alonso Sanches dixo que pedia a sus reuerençias que le mandasen dar termino, y en todo el dia que le diesen papel y escreuania, que escriuiria la verdad de todo, porque algunas personas de las que estavan en la dicha confesyon non tenian lugar, e que non queria syno dezir verdad en todo. Sus reuerençias le dixeron que ya sabia el dicho Alonso Sanches que no querian que dixese syno la verdad pura, e que lo que no fuese verdad que tanbien lo dixese, e que luego la dixese la verdad de todo, e que no curase de mas termino, syno que luego lo dixese lo que fuese verdad y lo que non fuese, que tanbien lo dixese e declarase.

El dicho Alonso Sanches dixo: ¿Quieren Vuestras Reuerençias que diga la verdad? Los dichos señores ynquisidores le respondieron que ya lo sabia el que non querian syno que en todo dixese verdad,

[567]

y que en ella se afirmase. El dicho Alonso Sanches dixo que en todo lo que a dicho e confesado en el dicho tormento, que todo hera verdad y que en ello se afirmava e afirmo, e ratificaua e ratifico, e que sy nesçesario hera, que agora lo diria e dixo de nuevo, e ynco las rodillas en el suelo, puestas las manos juntas, y pidio a Nuestro Señor Ihesu Christo perdon y a sus reverençias penitençia con misericordia, etç.

Fue preguntado que tanto tienpo a que este confesante y los susodichos se juntavan a resar las dichas oraçiones judaycas, e que tanto tienpo a que se dexavan de haser el dicho ayuntamiento; dixo que avra que se escomençaron a juntar este confesante y los susodichos en la dicha casa del dicho Juan Ramires dies y seys o diez y syete años, e que lo hizieron y continuaron hasta que murio su hermana deste confesante, la dicha Florençia de Villarreal, que avra çinco o seys años que fallesçio, e que despues aca nunca mas se juntaron en la dicha casa del dicho Juan Ramires | ni sabe que mas se juntase en la dicha casa, e que avnque este confesante a biuido de doze años a esta parte en el Castillo de Garçia Muñoz, que venia muchas vezes este confesante desde el dicho Castillo a Çibdad Real, y entonçes se juntavan con los susodichos a rezar las dichas oraçiones judaycas.

Fue preguntado que los dias de sabados que se juntavan el y los susodichos en casa del dicho Juan Ramirez, que es lo que fasyan; dixo que guardavan los susodichos y este confesante los sabados que alli se juntavan, e que todos se vestian camisas linpias e ropas de fiesta por honra del sabado, y leyan las oraçiones judaycas. Fue preguntado que sy los viernes en las noches que se juntavan a rezar las dichas oraçiones sy vido ençender candiles linpios con mechas nuevas mas tenprano que las otras noches de entre semana; dixo que sy, que muchas vezes lo vido, e que en el palaçio donde leyan las dichas oraçiones ponian dos candiles por çerimonia judayca. Lo qual todo dixo que hera verdad como muchas vezes lo avia dicho, e lo juro en forma, etç. Fue preguntado que por que avia andado variando y no avia querido desir la verdad; dixo que porque heran sus hermanos y parientes, y por los saluar si pudiera, pero que para el juramento que agora hizo, que es verdad todo lo susodicho de la forma e manera que en esta su confesyon se contiene.

Alonso Sánchez Adds to and Confirms His Confession

28 May 1512 E despues de lo susodicho, en Toledo, en veinte y ocho dias del mes de mayo de mil e quinientos e doze años, el dicho Alonso

Trial of Isabel de los Olivos y López

Sanches torno a ratificarse en las dichas sus confesyones ante los señores ynquisydores, y lo torno a jurar, y añadio a su confesyon de las cosas que se la avia acordado. |

19r [Ratificaçion]

30 Oct. 1512. Y despues de lo susodicho, en treinta dias del mes de otubre de mil e quinientos e doze años, estando en la dicha abdiençia los dichos reverendos señores inquisidores los liçençiados Alfonso de Mariana e Pedro Ochoa de Villanueva, paresçio presente el honrado bachiller Diego Martines de Ortega, teniente del promotor fiscal, e dixo que fazia e fizo presentaçion, para en esta cavsa, de la persona, dicho e depusiçiones del dicho Alonso Sanches de Madrid, que presente estaba, del qual sus reverençias resçebieron juramento en forma de derecho, so cargo del qual le preguntaron sy se acordaba aver dicho alguna cosa en este Santo Ofiçio contra alguna persona, que lo diga, e diga contra quien dixo. El dicho Alfonso Sanches dixo que el obo dicho en este Santo Ofiçio contra muchas personas, entre las quales se acuerda aver dicho contra Ysabel de los Olibos, muger de Diego Sanches de Madrid, hermano deste testigo, veçino de Çibdad Real, e dixo el dicho su dicho de palabra e en sustançia. E pedio que le fuese leydo el dicho su dicho. El qual por mandado de sus reverençias le fue leydo por mi, Juan Obregon, notario del secreto del dicho Santo Ofiçio. E asy leydo de verbo ad verbum, el dicho Alfonso Sanches dixo que es verdad todo lo contenido en el dicho su dicho, e que en ello se afirmava e afirmo, ratificaba e ratifico, e sy neçesario es que lo dezia e dixo de nuevo. Fueron presentes por personas onestas e religiosas Pedro de Herrera e Juan de Morgovejo, clerigos, benefiçiados en la santa yglesia de Toledo. |

Conclusion of Trial of Isabel de los Olivos y López

19v [Conclusion para definitiva]

Luego los dichos reverendos señores inquisidores dixeron que, pues amas las dichas partes concluyan, que sus reverençias concluyan con ellos e avian esta cavsa e pleyto por concluso, e que asygnavan e asygnaron termino de seys dias para dar en el sentençia, e dende en adelante para cada e quando que deliberado touieren. |

Testimonies on the Madness of the Defendant

20r Çiudad Real

Informaçiones sobre la demençia e muerte de Ysabel de los Oliuos, muger de Diego de Madrid. |

[569]

20v *Blank page*

21r Informaçion que sus reverençias reçibieron e tocan de las palabras que a dicho Ysabel de los Olibos, çerca de aver dicho que a dicho falsamente e jurado falso, e de otros desatinos que a hablado.

2 May 1513 En Toledo, a dos dias de mayo de I V DXIII años estando en la abdiençia los reverendos señores inquisidores Mariana e Villanueva.

[Testigo]
Este dicho dia sus reverençias mandaron salir ante sy a Leonor Gonçales, le çiega, presa en la carçel deste Santo Ofiçio, la qual siendo presente, reçebieron juramento en forma de derecho, so cargo del qual la mandaron que diga e declare sy a oydo que alguna persona, preso o presa en la carçel, fablava con Ysabel de los Olibos, muger de Diego Sanches de Madrid, presa en la dicha carçel, que esta en conpañia deste testigo, a bozes, o de noche o de dia, o en otra qualquier manera. Dixo que la dicha Ysabel de los Olibos esta en conpañia deste testigo de çinco meses a esta parte, poco mas o menos, e que no sabe que persona ninguna aya fablado, saluo que abra quinze dias, poco mas o menos, que Mayor Albarez, muger de Fernando de Cordoba,[26] que esta en conpañia deste testigo e de la dicha Ysabel de los Olibos, dixo a la dicha Ysabel de los Olibos que que abia dicho de la muger de Lorenço Franco, que estaba llorando e maldiziendo a este testigo. E que la dicha Ysabel de los Olibos dixo que ella no abia dicho nada della; e que la dicha Mayor de los Olibos torno a dezir: Pues como desis que no abeys dicho nada della, que esta llorando e maldiziendos. E que la dicha Ysabel dixo: No se me da nada, que no he dicho nada della. E que no se acuerda que entonçes pasasen otras palabras entre las susodichas, e que no a oydo ni sentido que preso de la dicha carçel, ni otra persona ninguna, aya fablado con la dicha Ysabel de los Olibos de noche ni de dia, salbo que algunas vezes a oydo llorar e cantar en la dicha carçel, pero que este testigo no sabe quienes heran las que cantaban e lloraban.

[26] She was burnt on 7 September 1513; see Fita, p. 476, No. 190. She was known to have frequented the house of Juan de Teva, a relative; see his trial, No. 113, fol. 10v. See also the trial of Leonor Alvarez, No. 101, fol. 7v. The couple is also mentioned in the confession of Inés de Mérida, No. 115, fol. 4r.

[570]

Trial of Isabel de los Olivos y López

Fue preguntada si a oydo desir este testigo a la dicha Ysabel de los Olibos, despues que esta en su conpañia, que aya dicho falsamente contra algunas personas; dixo que no gelo a oydo desir, saluo que le a oydo desir, despues que esta en su conpañia, que la an de matar, e que la an de matar, e que la an de matar. E que este testigo la preguntaba que por que la abian de matar, e que non le dava cavsa por que la abian de matar, saluo que desia que ella sabia por que la abian de matar, e que çierto que la abian de matar. E que sabe que el sabado proximo pasado, que fue postrimero dia de abril, estando este testigo a ora de las nueve oras de la noche, estandose desnudando para se acostar, e asymismo Mayor Aluares, muger de Fernando de Cordoba, e la de Juan de los Olibos e la de Garçia de Ocaña,[27] e que la dicha Ysabel de los Olibos estaba a la sazon acostada; e que estando asy acostada, se levanto furiosamente en camisa, dando gritos por la camara adelante, diziendo: ¡Que marga de mi, desaventurada, mi anima perdida, que mi conpadre me engaño! E que abia fecho quatro juramentos falsos porque su conpadre le abia dicho que no curase de pleitos, sino que dixiese la verdad, e que tenia su anima perdida en los infiernos, e que la abian de haser quatro quartos; e que lo dixo muchas vezes, dando gritos. E que este testigo le dixo que callase, e que dixo dos e tres vezes las dichas palabras, diziendole que si avia jurado falso, que dixiese la verdad, que sus reverençias vsaran de misericordia con ella; e que la susodicha dixo: Ha, si digo que jure falso, matarme an e hazerme an quartos. E que la susodicha dezia que tenia vna negra en el cuerpo, e dezia: ¡Vete de ay, negra, vete de ay! Dando con la mano: ¡Vete, vete de ay! E que diziendo las dichas palabras, se torno a reposar e acostarse en su cama. E que a la vna o a las dos de la noche desperto este testigo, e oyo desir a la dicha Ysabel de los Olibos que la avian de matar. E que otro dia domingo, este testigo la oyo desir que la an de ahorcar e que la an de matar, e dizer las dichas palabras; e que oy dicho dia la a oydo desir que esta en el infierno e que la an de matar e hazer quartos, e: ¡Vete de ay, negra vellaca! E que dize que le dize la negra que se ahorque de la chimenea; e que ayer ni antedeayer no a querido comer, e que a mas de ocho dias que a oydo desir este testigo a sus conpañeras que no come, e que oy la hizo comer Arguello el carçelero. Fue preguntada si antes del

---

[27] This whole group was then in prison.

[571]

sabado que dicho tiene, si a oydo desir a la dicha Ysabel de los Olibos alguna vez o vezes que obiese confesado de sy o de otras personas, o dicho | alguna cosa queno fuese verdad. Dixo que nunca le oyo desir tal cosa ninguna vez, saluo que la abian de matar, e que nunca la oyo desir que estaba confesada. Fue mandada bolver a la carçel.

⟨Testigo⟩
Este dicho dia Mayor de los Olibos, muger de Fernando de Cordoba, testigo jurada en forma de derecho, so cargo del qual la mandaron que diga e declare si avia visto o oydo que alguna presa, presa en la dicha carçel o de fuera, aya hablado con Ysabel de los Olibos, de noche o de dia, a vozes o de otra qualquier manera, o si este testigo a hablado con ella alguna cosa de parte de alguna persona, e que es lo que les dixo o oyo desir a qualquier persona hablando con la susodicha. Dixo que abra çinco meses, poco mas o menos, que la dicha Isabel de los Olibos esta en conpañia deste testigo, e que abra mes y medio, poco mas o menos, que oyo este testigo a Teresa de Villarreal, muger de Lorenço Franco, que esta presa en otra sala de la dicha carçel, como estaba maldiziendo a la dicha muger de Diego Sanches de Madrid, diziendo que nunca fuese a criar sus fijos, como ella avia dicho verdad en lo que abia dicho contra ella. E que este testigo dixo a la dicha Ysabel de los Olibos: Mirad que os esta desonestando la de Lorenço Franco, diziendo que aveys dicho della lo que no es verdad, e que levantastes sobrella lo que no hera verdad. E que la dicha Ysabel de los Olibos dixo que no abia dicho nada della. E que luego este testigo dixo a la dicha Teresa de Villarreal: Que a vezes dize que no os es en cargo. E que la dicha Teresa de Villarreal dixo: Pues digalo ella. E que este testigo dixo a la dicha Ysabel de los Olibos: Dize la de Lorenço Franco que lo digays vos, que lo oya como no le soys en cargo. E que la dicha Ysabel de los Olibos dixo: Que le tengo de dezir, que no le vi nada. E que este testigo la dixo: Pues dezidgelo vos asy, que lo oya. E que la dicha Ysabel de los Olibos dixo: Pues tengolo de dezir a vozes para que lo oyan. E que otra vez oyo este testigo dezir a la dicha Teresa de Villarreal como maldezia a su linaje | a quien la avia traydo aqui en speçial a la sorda, e que algunas vezes la a oydo cantar e llorar a la dicha Teresa de Villarreal. E que nunca a bisto ni oydo hablar a persona ninguna, de noche ni de dia, a la dicha Ysabel de los Olibos, eçebto que este testigo oyo fablar a Teresa,[28] muger de Juan Alonso,

sobrina deste testigo, que esta en conpañia de la dicha Teresa de Villarreal, e la pregunto este testigo que que tal estaba, e que la susodicha le respondio que estaba buena. E que este testigo pregunto a la dicha Teresa, muger de Juan Alonso, si avia tachado testigos. E que la susodicha le dixo que abia tachado al ollero e a Juan de Arias, e que no paso mas.

E que la postrimera vez que salio al abdiençia la dicha Ysabel de los Olibos, que podra aber siete o ocho dias, quando boluio a su carçel dixo a este testigo e a sus compañeras que abia entrado en la abdiençia, e que abia visto vna negra entrar e salir de la abdiençia, e que salio a ella su conpadre e que la hizo bolver. E que otro dia vino a la dicha abdiençia, e quando boluio al dicho su carçel yba muy pensatiba, e dixo que le avia dicho su conpadre o sus reuerençias que ha⟨v⟩ian puesto avto. E que desde entonçes aca a comido poco e dormido muy poco, e que el sabado proximo pasado, fue postrimero de abril, en la noche estaba acostada la dicha Ysabel de los Olibos e este testigo e las otras sus conpañeras se querian acostar, e la dicha Ysabel de los Olibos se lebanto en camisa, llamando a gritos a este testigo, diziendo: [revoca] Tia, tia, quiero dezir la verdad, que tenia mi anima en el infierno, que he jurado quatro juramentos falsos, que dixe de Lorenço Franco e de su muger, e de Diego Sanches, su marido, e de Sanches. E que no hera verdad, que su conpadre, diziendolo por el fiscal o el alcayde, la avian engañado, diziendole que no curase de pleitos, e que de miedo avia dicho lo que abia dicho, que no hera verdad, e que queria pedir perdon a su marido, e a Lorenço Franco e a su muger, e a Sanches. E que este testigo e las otras sus conpañeras la aplacaron. E que toda la noche estobo la susodicha desvelada, que no pudo dormir. E que otro dia domingo de mañana seguiente

23r fue a la dicha carçel Arguello, carçelero, | e la susodicha le dixo que le llamase al alcayde e a su conpadre el fiscal, que queria confesar sus pecados. E que el dicho alcayde vino a la susodicha le dixo: Señor alcayde, vos y mi conpadre me teneys cargo. E que el dicho alcayde le dixo: Nunca quiera Dios que yo os tenga cargo, que yo no os dixe syno que dixiesedes verdad. E que la susodicha dixo: Señor, yo no vi nada, que me engañaron. E que el dicho

---

28 Her name was Teresa Díaz; see the trial of María González, wife of Pedro de Villarreal, No. 100, fol. 26v.

alcayde dixo: ¿Quien vos engaño? E la susodicha dixo: La tuerta —diziendolo por la muger de Garçia de Toledo e la de Alonso Albares,[29] presas en la dicha carçel. E que desde ayer dicho dia sienpre la susodicha dize que tiene el anima perdida, e que se a querido ahogar con sus propias manos e con vn paño toçido. E que este testigo le quito las manos, E dize que la en de hazer quatro quartos, e que le hablan en el cuerpo vna negra, e que por quatro juramentos falsos que a hecho la an de matar e hazer quatro quartos, e que tiene las manos e la cara rascado.

Fue preguntada si antes del dicho sabado a oydo desir a la dicha Ysabel de los Olibos que aya dicho y confesado contra sy o contra otras personas alguna cosa que no sea verdad. Dixo que a muchos dias que la oyo desir, hablando entre sy mesma: ¡Que dicho; dixe lo que no hize o dixe lo que non vi! Non sabe que mas de las dichas dos cosas le oyo desir, e que este testigo non sabe por que lo dixo, ni este testigo gelo pregunto.

[III Testigo]

Ynes Gonsales,[30] muger de Juan de los Olibos, testigo jurado en forma de derecho, fue preguntada por sus reverençias sy a bisto o oydo hablar alguna persona de la carçel deste Santo Ofiçio o de fuera con Ysabel de los Olibos, presa que esta en conpañia deste testigo, hablando con ella, de noche o de dia, a bozes o secretamente o en otra qualquier manera. Dixo que abra muchos dias, que este testigo non se acuerda quando, de que oyo este testigo como la muger de Lorenço Franco estava llorando e maldiziendo a quien 23v le avia levantado lo que no | abia fecho, e que las manos le viese comer; e que la muger de Fernando de Cordoba, que estaba en conpañia deste testigo e de la dicha Ysabel de los Olibos, dixo a la dicha Ysabel de los Olibos: ¿Que dixistes vos de la de Lorenço Franco que os maldize? E que la dicha Ysabel de los Olibos dixo que nunca Dios quisiese que ella obiese levantado ni dicho cosa ninguna de la susodicha, porque non le avia bisto nada. Fue preguntada si la dicha muger de Fernando de Cordoba tornase a dezir a la de Lorenço Franco que dezia la dicha Ysabel de los Olibos

---

[29] Juana Rodríguez; see her reconstructed trial, No. 102. She was the sister of Leonor Alvarez, No. 101, fol. 4v.

[30] She was absolved on 10 September 1513; see Fita, p. 481, No. 276. See also the trial of María González, No. 100, fol. 26v.

Trial of Isabel de los Olivos y López

que non avia dicho della; dixo que no le oyo dezir tal cosa, e que nunca a bisto hablar a persona ninguna con la susodicha ni ella con otra ninguna persona.

Fue preguntada sy a bisto hablar a Teresa, muger de Juan Alonso, presa, con alguna persona; dixo que bien la conoçia en la habla, pero que no la a bisto ni oydo de hablar con ninguna persona de la carçel deste testigo ni otra ninguna de la dicha carçel. E que desde ocho dias a esta parte, poco mas o menos, la dicha Ysabel de los Olibos esta como tonta. E que de noche dava palmas con las manos, diziendo: ¡Ay, higitos mios, que me an de matar! E que el sabado proximo pasado la dicha Ysabel de los Olibos se acosto mas tenprano que este testigo e las otras sus conpañeras, e que a la ora que este testigo se queria acostar, la dicha Ysabel de los Olibos se levanto de su cama en camisa e se asento en su cama e començo a dar gritos [revoca], diziendo que estaba su anima perdida por quanto levantamiento que abia levantado por malos consejos que le abian aconsejado, que tenia quexa de su conpadre, que le avia dicho: No trayays pleito, ni cureys de nada. E que abia levantado quatro testimonios contra su marido, e contra Lorenço Franco e su muger, e contra su cuñado Sanches, e que abia bisto vna negra en la abdiençia, e que la an de matar, e que esta perdida su anima e que esta en el infierno. E que el domingo seguiente e lunes, que dixo las dichas palabras muchas veses. E que oy, dicho

24r dia, la dicha | Ysabel de los Olibos tomo vn trapo e le puso a la garganta e se quiso ahorcar con e e con sus manos, e que se rascaba la cara e los pechos e se da de puñadas.

Fue preguntada sy antes de agora, despues que esta en conpañia de la susodicha, sy la a oydo dezir que aya dicho contra sy o contra alguna persona (alguna persona) lo que no fuese verdad. Dixo que nunca gelo oyo desir ni sabia sy estava confesada.

The Gaoler Informs the Court of Isabel's Condition

3 May E despues de lo susodicho, en tres dias del dicho mes y año, estando
1513 los reuerendos señores inquisidores el liçençiado Alonso de Mariana e el liçençiado Françisco de Herrera en la dicha abdiençia, paresçio presente Gonçalo de Arguello, carçelero de la dicha carçel, e dixo a sus reuerençias como Ysabel de los Olibos, presa en la dicha carçel, que estaba fuera de juyzio e que daba grandes vozes, diziendo muchos desatinos, e que la oyan los presos de la carçel e que no queria comer, que sus reuerençias proveyesen en ello.

Isabel is Brought before the Judges

E luego los dichos señores inquisidores mandaron al dicho Gonçalo de Arguello que sacase a la abdiençia a la dicha Ysabel de los Olibos, la cual yo, Juan Obregon, notario, fuy a traher juntamente con el dicho Garçia de Arguello, por mandado de sus reuerençias, e la halle en su carçel bestida e asentada en el suelo e hechada en el regaço de la muger de Gonçalo de Ocaña, presa, destocada en cabeça, e tenia la cara rascuñada e estaba medio adormeçida; e sus
24v conpañeras dixieron que | la susodicha Ysabel de los Olibos avia fecho tantos desvarios e locuras que se abia alli caido tan cansada. E yo la llame e dixe que se levantase e se tocase e tornase su manto para salir a la abdiençia, porque sus reverençias lo mandaban asy, e la dicha Ysabel de los Olibos començo a dezir: La mala muger de Garçia de Ocaña me a hechado a perder e es vna mala muger. Lo qual dixo dos o tres vezes e non se quiso tocar; lo qual pareçio que dezia como persona fuera de su juyzio, e tenia los ojos alterados, e nunca la pude poner de acuerdo para se tocar. E la dicha muger de Garçia de Ocaña e la muger de Ferrando de Cordoba la tocaron e cubrieron, e la susodicha començo a hablar alto e dar bozes, diziendo desconçiertos. E yo, el dicho notario, e el dicho Gonçalo de Arguello tomamos de los braços a la susodicha, medio por fuerça, e la traximos ante sus reuerençias a la dicha abdiençia. E seyendo asy presente, sus reuerençias la mandaron asentar ante sy e la començaron a hablar, consolandola e aplacandola con palabras (con palabras) de consuelo, diziendole que comiese e reposase e dormiese, que luego estaria buena, e que por que no comia, que que desbario hera no comer, e que para que tenia fantasya en dezir que la abian de matar, que sus reverençias no tenian tal pensamiento syno de vsar con ella de mucha misericordia, e que comiese e procurase de dormir, e que luego estaria buena. E la dicha Ysabel de los Olibos dixo: Pense que avia de quedar con lo primero, e que no abia de jurar. E dixo otras palabras syn conçertar vnas con otras, teniendo los ojos abiertos desencasados, como persona fuera de juyzio e espiritado. E luego sus reverençias mandaron al dicho Gonsalo de Arguello que truxiese alguna cosa de comer para la susodicha. El qual traxo en vn plato vn poco de carnero cozido, e pan e vnas avellanas, e con ruego e halagos, forçando su voluntad {La de Garçia de Ocaña e de Ferrando de Cordoba e la de Juan de los Olibos estavan en conpañia de Ysabel
25r de los Olibos en la carçel.} | sus reverençias la hizieron comer la

[576]

Trial of Isabel de los Olivos y López

dicha carne e pan e de las dichas avellanas, e vever vn poco de vino aguado. E asy reposo vn poquito. E luego sus reverençias mandaron llamar al bachiller Duarte, medico, para que la biese. El qual la bio en presençia de sus reverençias, e oyda la relaçion que le hizieron de la enfermedad de la susodicha, mando que la diesen algunas cosas para dormir e reposar, las quales llevo el alcayde Sayabedra por vn memorial. E porque al presente la susodicha estaba fuera de juyzio e no estaba para esaminarla, sus reverençias mandaron al dicho Saabedra que la llevase a la dicha carçel e mirase mucho por ella e le diese las cosas que el dicho medico abia mandado.

5 May 1513   E despues de lo susodicho, miercoles, çinco dias del dicho mes e año, por la mañana, estando en la dicha abdiençia los reverendos señores inquisidores liçençiado Mariana e el liçençiado Pedro Ochoa de Villanueva, pareçio presente el dicho Garçia de Arguello e dixo a sus reverençias que la dicha Ysabel de los Olibos daba tan grandes vozes que la oyan todos los de la carçel, e que echaba a perder toda la carçel, e que la noche antes abia hecho tantas locuras la dicha Ysabel de los Olibos que la abian hechado vnas esposas a las manos el e el dicho alcayde, para hazerla estar queda, e que estaba tan braba que no vieron harto que hazer anbos a dos en hecharselas. E estando hablando lo susodicho en la dicha abdiençia se oyeron claramente las vozes que la susodicha daba en la carçel donde estaba. [Con pareçer del dicho medico.] E luego sus reverençias mandaron llamar al dicho Melchior de Saabedra e le mandaron que llevase a su casa a la dicha Ysabel de los Olibos e la tubiese en conpañia de sy e de su muger, e que la regalase e tentase muy bien, fasta que tornase a su juyzio, e que procurase de la hazer comer e dormir, e le diese a comer las cosas que el dicho medico mandaba, e que la toviese en lugar donde nadie non la biese ni hablase ni syntiese. Asymesmo mandaron sus reverençias al dicho

25v   alcayde que la | tobiese a buen recavdo e non la llamasen por su nonbre, e que la llamasen por otro nonbre, por que no conosçiese nadie de su casa ni de fuera della quien hera ni de donde hera.

E despues de lo susodicho ⟨not continued⟩ |

Testimonies on Isabel's Suicide

26r 7 May 1513   En Toledo, en VII de mayo de I V DXIII años, ante los reverendos señores los liçençiados Alonso de Mariana e Villanueva, ynquisidores.

Catalina, criada del dicho alcaide Melchor de Sayavedra, testigo,

[577]

jurado en forma de derecho, dixo que el miercoles proximo pasado, que se contaron quatro dias deste presente mes de mayo de mil e quinientos e treze años, despues de comer, çerca de las dos oras despues de mediodia, vio este testigo como el dicho Melchior de Sayavedra e Garçia de Arguello, carçelero de la carçel deste dicho Santo Ofiçio, llevaron vna muger, cuyo nonbre no sabe, ni quien se hera, ni de donde hera, mas de quanto le dixo el dicho alcaide que hera vna de las presas de la dicha carçel, y que le paresçio a este testigo que hera sorda, porque no oya sy no le ahablavan a bozes; y que al paresçer deste testigo la dicha muger yva fuera de seso porque toda aquella tarde nunca hizo syno dar bozes y mesarse, y que se destocava y que non hazia syno hablar muchas cosas, y que no entendia este testigo lo que dezia, y que se sacaua la lengua y se le mordia, y que algunas vezes ponia la vna mano delante de los ojos y con la otra se sacava la lengua para mordersela. Y que Juana de Freysneda, ama deste testigo, consolava la dicha muger diziendole que non fiziese aquellas cosas, y que no aprovecha cosa ninguna. Y que este testigo y la dicha su ama estavan asonbradas de le ver haser las cosas que hazia la dicha muger. E que el dicho alcaide, despues de anocheçeando, al tienpo que querian çenar, subio a la dicha muger a vna sala y alli la amanso y alago y le hizo çenar de vnos huevos y vn poco de saualo. Y que al tienpo que çeno y despues estuvo sosegada, y que despues, al tienpo de acostar, el dicho alcaide la abaxo a vn palaçio que esta baxo, en la posiçion donde el dicho alcayde posa, donde durmiese, y mando a este testigo que se acostase con ella junto, y que se acostaron amas a dos en vn retrete del dicho palaçio, y que toda aquella noche, hasta la ora de las dos, non le syntio este testigo haser cosas ninguna, y que a las dos se levanto este testigo a ençender vn candil y la vio estar dormiendo; y que despues se torno este testigo a hechar y durmio hasta que hera de dia, que podria ser las çinco, que se levanto este testigo, y la dicha muger se levanto luego asymismo y escomenço a vestirse; y dixo a este testigo que queria a hablar al dicho alcaide, 26v y este | testigo le dixo que durmia(n) el alcaide, que que hera lo que queria, y le respondio la dicha muger que no le queria nada. Y luego se salio este testigo al dicho palaçio para dezir al dicho alcaide como la dicha muger queria hablar, y que presto como salio este testigo, luego se salio tras ella la dicha muger, y se salio corriendo por la puerta fuera a hazia el pozo que esta en medio del corral, la qual llevava vestida solo la camisa. Y que como este testigo la vio ya corriendo hazia el pozo, corrio este testigo tras

Trial of Isabel de los Olivos y López

ella para la boluer. Y que la dicha muger se arrojo para se hechar en el dicho pozo, y que este testigo la asyo de la camisa, y la dicha muger tenia todo el cuerpo en el dicho pozo, y que como pesava mucho, este testigo non la podia tener ni sacar, y dio bozes a la dicha su señora, y que a las dichas bozes vino la dicha su señora y ayudo a este testigo ⟨a⟩ asyr, y asyo de las dichas faldas de la dicha camisa; y que asymismo asyo de las dichas faldas Alonsyco, criado del dicho alcayde; y que todos juntamente tiravan de las dichas faldas de la dicha camisa para la sacar del dicho pozo, y que asy, tirando y con el peso de la dicha muger, se descosyo e ronpio la dicha camisa, y se quedaron con las faldas en las manos, y la dicha muger cayo en el dicho pozo. Y luego fue Anica, criada del dicho alcaide, a la posada del reverendisimo señor inquisidor Mariana a llamar algunos para que la podiese valer antes que se ahogase. Y vinieron luego Christoval de Navarro y Juan de Mariana e Françisco su azemillero, el qual entro luego en el dicho pozo. Y que todos los susodichos sacaron a la dicha muger del dicho pozo, y la sacaron ahogada. Y que aquella talde oyo dezir este testigo que la llevaron a enterrar, no sabe donde. |

27r Juana de Frexneda, muger de Melchior de Saavedra, alcayde de la dicha carçel, testigo jurada en forma de derecho, dixo que el miercoles proximo pasado, que se contaron quatro dias del presente mes de mayo, llevo el dicho Melchior de Saabedra, marido deste testigo, a su casa vna muger, cuyo nonbre non sabe, mas de ser vna presa de las de la dicha carçel, e que mandavan sus reverençias que la toviese consygo e la regalase e diese mucho plazer. E que este testigo se deçendio a vn palaçio baxo de su casa, e se estovo con la susodicha fasta que fue ora de çenar, e la llevo consygo a çenar, e çeno con este testigo e con el dicho su marido. E que aquella tarde, desde que la llevaron hasta que se subieron a çenar, vio este testigo como la dicha muger se ponia la vna mano derecha cobriendose los ojos e el rostro con la mano e con la manga de la camisa, e con la otra mano, metiendola por debaxo, se asya la lengua e la apretaba con los dientes, que pareçia que la queria traçar, e que le quedaba muy negra. E que este testigo le dezia: Mala muger, ¿por que hazeys eso? E que la dicha muger se quitaba la mano e dezia: No hago nada, veys aqui las manos. E que se lo vio hazer muchas vezes, e que cada vez que este testigo gelo veya hazer gelo reprehendia e le dezia las palabras susodichas. E que asymismo le bio como se metia los dedos pulgares por la garganta e hechaba las manos otras, para se aver de ahogar con sus manos.

[579]

E que quando gelo veya hazer este testigo, gelo reñia. E la susodicha dizia: Veys aqui las manos, que no hago nada. E que toda
la tarde hazia lo susodicho, lo vno o lo otro, e no hazia otra cosa.
E que este testigo la consolaba diziendole que se encomendase a
Nuestra Señora, la Madre de Dios, que no toviese pena, que otras
personas se veyan presas, e que sus fijos se harian bien, e que se
encomendase a la Madre de Dios. E la susodicha respondia: ¡Ay,
guay, guay! ¡Sy yo me hechau⟨a⟩ a los pies de sus reverençias, no
27v toviera nada desto, que aquellas mugeres me lo conse|jaron! E
dezia: ¡Guay de mis hijos! E que despues que la susodicha obo
çenado, este testigo la hizo desnudar e acostar en vna cama e le
dio de vna almendrada, echa con lechugas e con otras cosas, e que
la susodicha la comio e se acosto en su retrete del dicho palaçio.
E mando acostar este testigo juntamente con la susodicha a Catalina,
criada deste testigo. E que el dicho alcayde se acosto en el dicho
palaçio, e que este testigo se subio a acostar a vna sala de arriba.
E que el juebes siguiente, dia de la Açension, de mañana, estando
este testigo acostado en su cama, oyo dar bozes a la dicha Catalina,
su criada, diziendo: ¡Señora! ¡Señora! ¡Acudase de mi, que esta
muger se me a caydo en el pozo! E que este testigo se levanto a
las vozes, corriendo en camisa, e fue al dicho poço e vio que la dicha
Catalina tenia asyda de la camisa a la dicha muger, que estaba ya
dentro del pozo. E que este testigo asyo de las faldas de la camisa e
tiro de la dicha camisa juntamente con la dicha Catalina e con
Alfonsyco, su criado, e que non la podieron sacar, e que se ronpio
la dicha camisa por la çintura, e se quedaron con las faldas de la
camisa en las manos este testigo e los dichos sus criada e criado,
e la dicha muger cayo en el pozo. E que este testigo luego corriendo
vino a llamar a Gonsalo de Arguello, carçelero, el qual luego vino
al dicho pozo. E luego este testigo llamo a Christobal Navarro e
Juan de Mariana, criados del señor inquisidor Mariana, los quales
venian con otros de su casa e sacaron la dicha muger del dicho
pozo, ahogada. E que a la tarde la llevaron non sabe adonde.
Fue preguntada que si le pareçe a este testigo si la dicha muger,
mientras estobo en casa deste testigo, estaba en su seso. Dixo que
antes le pareçio que tenia el diablo en su cuerpo. |

28r Presentada en IX de mayo de I V DXIII [31]
9 *May* Melchior de Saavedra, alcaide la carçel de la Santa Ynquisyçion
1513 de Toledo, testigo jurado en forma devida e ⟨d⟩e derecho, etç.,

---

[31] This was written by another scribe.

Trial of Isabel de los Olivos y López

dixo que el sabado en la noche avia dado muchas bozes, ⟨e⟩ el domingo, primero de mayo, que aora paso, Ysabel de los Olibos, muger de Diego Sanches de Madrid, vezina de Çibdad Real, presa en esta carçel, e no quiso comer, y enpeço a dezir a este testigo y a las presas que con ella estavan: ¡Ay, ay! ¡Llevame, que quiero demandar perdon a Lorenço Franco y a su muger, que le he levantado falso testimonio y jure juramentos falsos, que no les vi nada a ellos, ni a mi marido, ni a Sanches, ni vi libro ninguno, que mi conpadre el fyscal me lo hizo dezir, que me dixo: Dezi todo lo que os preguntasem no cureys de pleytos y de malaventura, dexados dellos! Y tanbien me hizieron confesar la de Gonsalo de Toledo, porque me dixo: Confesa todo lo que os preguntasen sus reverençias, y con tiempo, que sy no lo hazeys, an os de dar tormento como a mi y hazeros lo an dezir; y mostrome las piernas, tenia en ellos vnas señales grandes; y tanbien me dixo: Tanbien dieron tormento a Sanches, vuestro cuñado, y dixo de vos, y sy no confesays, quemaros an. Y esto dezia muches vezes y a bozes. Y este testigo y Garçia de Arguello, carçelero, la hizieron callar, amenazandola, y hizieron que comiese.

Lunes ⟨s⟩yguiente, en la noche, enpeço a dar grandes grytos diziendo que habia jurado en falso, y que la avian de matar por lo que avia dicho contra Lorenço Franco y su muger, y su marido, y Sanches, y que avia de yr al ynfierno. Y dezia otros muchas cosas (cosas) de locuras, diziendo que le avian muerto sus hijos, y que ella, que la avian de quartear, y dezia otros muchos desconçiertos y dava grandes bozes, mesandose y arañandose la cara, y quebrandose los dedos, y otras muchas locuras, y no queriendo comer avnque la amenazava este testigo.

Martes syguiente, el dicho alcaide dixo a los reverendos señores ynquisydores todo lo susodicho, y que no lo avia dicho antes a su reverençia porque entonçes no avian hecho avdiençia porque era Santa Crus. Y ellos mandaron sacar ante sy a la dicha Ysabel de los Olivos, y no queria salir diziendo que la llevavan a matar, y diziendo otras muchas locuras, y meseandose y dando grandes gritos. Y sus reverençias mandaron entrar a Juan Obregon, juntamente con Garçia de Arguello, por la dicha Ysabel de los Olivos, y truxeronla a la avdiençia por fuerça, que no queria salir. Y sus reverençias mandaron traer de comer a la susodicha en su presençia, la qual con halagos la hizieron comer vn poco; y mandaron venir el medico que la viese, y mando hazer çiertas almendradas y otras cosas de medeçina a la susodicha. Y mandaronla bolver a la dicha

[581]

28v carçel. | Y en la noche no quiso comer, syno dava muy grandes gritos, diziendo a bozes: ¡Lorenço Franco y su muger! ¡Perdonadme, por amor de Dios, que os levante falso testimonio, que me lo hizieron desir! Y arañavase y mesavase; y este testigo le tenia las manos porque no se rascuñase ni se mesase; y le provo a hazerla ver vna escudilla de almendradas por fuerça, y no lo quiso comer, y porque se hazia pedaços, este testigo le ato las manos, y atados le vio vn poco del almendrada. Y Dixo la susodicha: Soltame y callare. Y este testigo la solto, y sosegose algo y fueronse a dormir.

Miercoles de mañana entro este testigo en la dicha carçel, y diz que le dixo Garçia de Arguello, carçelero: Toda la nocha no me a dexado dormir esta muger, dando muy grandes gritos y haziendo muchas locuras y diziendo: ¡Lorenço Franco y su muger! ¡Perdonadme, por amor de Dios! Y este testigo la subio a ver y la hallo toda mesada y arañada y haçiendo muchas locuras, y tornoselo a dezir a sus reverençias. Y el señor liçençiado Alonso de Mariana, ynquisydor, entro en la dicha carçel, presente este testigo y Garçia de Arguello, y trabajo con ella que comiese, y comio vn uebo coçido, y dava muy grandes gritos y bozes que la oyan en toda la carçel y avdiençia. Y sus reverençias acordaron que sy la sacasen de la dicha carçel, que por ventura asesaria y comeria. Y mandaron al dicho alcaide que la llevase a su aposento, que que se anduviese con su muger por asi y le diese conpañia y holgase por toda la casa. Y este testigo y Garçia d⟨e⟩ Arguello la sacaron este dicho dia, despues de comer, y no queria yr con ellos, y yva dando gritos. Y este testigo le ataxava la boca con vn paño, porque no le oyesen las bozes. Y asy en peso la llevo este testigo y el dicho Garçia de Arguello se aposento donde la dicha Ysabel de los Olivos; estuvolo guardando hasta los quatro. Y este testigo la hizo asentar a su mesa con su muger y con el a çenar, y asosegarse mucho, y çeno muy bien. Y le vio y no dezia ni hazia ninguna locura. Y de que ovieron acabado de çenar, la susodicha, ella misma, syn se lo dezir ni ver hazer, puso las manos y enpeço a rezar y dar graçias a Dios. Y levantaron la mesa, y la dicha Ysabel de los Olibos aparto a este testigo y le dixo: Mira, señor alcayde, quanto mal e hecho, que dixe que avia visto rezar en vn libro judayco a Lorenço Franco y a su muger y a mi marido y a Sanches, y que los auia visto guardar sabados, y en mi conçiençia, tal libro yo no vi, ni vi guardar tal cosa, syno que aquella de Garçia de Toledo, como me mostro
29r las piernas llagadas | del tormento y me dixo que avian dado tormento a Alonso Sanches y que avian dicho de mi, y que sy no

Trial of Isabel de los Olivos y López

lo confesava asy, que me quemaryan, y con este miedo y por yr a cryar a mis hijos dixe todo lo que me pusyeron en la acusaçion, y pense que no me avian de tomar juramento, y es todo mentyra y falsedad, que tal cosa nunca vi haser, a mi hagan sus reverençias lo que mandaren de mi y matenme sy quisieron, no hagan mal por mi dicho a nadie, pues no lo hizyeron ni yo lo vi; sy ellos algo hizieron quando moços, yo no lo se; sienpre los vi buenos christianos y no los vi hazer cosa ninguna. Y a toda la platica que la susodicha paso con este testigo estuvo la susodicha muy cuerda y muy sosegada, y diziendole a este testigo: Cata que lo digays a sus reverençias luego de mañana como no tyene culpa Lorenço Franco ni su muger ni mi marido ni Sanches, y llevadme luego al avdiençia de mañana, para que quiero echarme a los pies de sus reverençias y no maten a quien no tiene culpa. Y este testigo le dixo: Mañana no es dia de avdiençia, que es dia de la Asunçion de Nuestro Señor, y os lo dire el sabado y os llevare en avdiençia. Y luego la susodicha dixo a este testigo: Señor alcaide, ya sabeys que nunca le e preguntado, vn año ya que estoy aqui, por Diego de Madrid, mi marido, estar bueno, es bivo. Y este testigo, por consolarla, le dixo: Muy bueno esta, no tengais pena. Y asymismo pregunto a este testigo sy estavan buenos sus hijos. Y este testigo le dixo que sy, que muy buenos estaban. Y en toda aquella noche estuvo muy cuerda y buena. Y este testigo le dixo: Andad ay os acostar. Y la susodicha se levanto y se fue con este testigo. Y llamo a vna muger que tenia en casa y mandole este testigo que se acostase con ella en vna camara de vna sala, y ellas se acostaron y durmieron. Y la susodicha durmio muy bien, porque este testigo se acosto en vna cama en la dicha sala donde estavan durmiendo las susodichas. Y en toda la noche no grito ni hizo cosa ninguna. Y en la mañana [miercoles siguiente], este testigo se levanto y se vistio y llamo vn moço, y se fue con el por do comer a la carniçeria. Y quedo la dicha muger con la dicha Ysabel de los Olivos juntas. Y quando vino de la carneçeria, hallo este testigo que avian sacado a la dicha Ysabel de los Olibos de vn poso, ahogada, que diz que se avia echado ella en el. Y esta es la verdad, so cargo del juramento que hizo. |

29v Garçia de Arguello, carçelero de la dicha carçel, testigo jurado en forma devida y de derecho, dixo que el domingo, prymero de mayo, de mañana, fue a abrir la puerta de la carçel donde estava presa Ysabel de los Olivos, muger de Diego Sanches de Madrid, vezino de Çibdad Real, y vio como la dicha Ysabel estava diziendo muchas locuras y dando bozes, y dezia que avian levantado falso testimonio a Lorenço Franco y a su muger y a Diego de Madrid, su marido, y que avia jurado falso, y que la avian de matar y quartear, y que la auian muerto sus hijos, y dezia y hazia muchas locuras, mesandose y rascandose la cara, y diziendo muchas vezes que se avia perjurado y que avia de yr al ynfierno. Y este testigo fue y se lo dixo a Saavedra, alcayde de la dicha carçel. Y el dicho alcayde fue a ver a la susodicha y la hallo asi loca, y a la ora del comer que no quiso comer. Y que el dicho alcayde y este testigo fueron a hazer comer a la susodicha, y no queria comer, syno haziendo locuras y diziendo que la avian hecho confesar la de Garçia de Toledo y su conpadre el fiscal, que le avia dicho: Comadre, dexados de pleyto y de malaventura; no cureys de confesar. Y que la dicha muger de Garçia de Toledo le avia mostrado las piernas y le avia visto en ellas señales, y que le dyxo: Mira, vos confesa, que sy no confesays darosan tormento como a mi y por fuerça aveys de confesar, porque ⟨a⟩ vuestro cuñado Alonso se le dieron tormento y confeso de vos y de vuestro marido, y no os podeys salvar sy no os confesays. Y que esto le oyo desir muchas vezes y hazer muchas locuras, como dicho tiene.

Lunes syguiente, que este testigo le vio hazer muchas locuras y dar muchas bozes, que atronavan los carçeles, y no queria comer ni lever ⟨sic⟩, avnque este testigo trabajava de hazerla comer por fuerça.

Martes syguiente, que este testigo vio a la susodicha dar muchas vozes y alarydos y hazer y dezir muchas locuras, y les oyo dezir 30r muchas vezes todo lo susodicho, y no queria comer. | Y sus reverençias la mandaron sacar a este testigo a la avdiençia, y no queria salir; y que este testigo y Juan Obregon, notaryo del secreto del Santo Ofiçio, la sacaron por fuerça, y alli sus reverençias la hizieron comer por hilagos ⟨sic⟩ y dandole muchas buenas esperanças, y la susodicha comio, y sus reverençias la mandaron tornar a la dicha carçel.

Y en aquella tarde torno a hazer y dezir muchas locuras y a dar muy grandes grytos. Y este testigo y el alcayde fueron alli y porfiaron a hazelle tomar çiertas almendradas que el medico mando, y çiertos polvores ⟨sic⟩, y no le pudieron hazer comer ni bever cosa ninguna. Y que la susodicha se mesava y rascava la cara, diziendo como avia jurado falso y otras muchas cosas. Y este testigo y el dicho alcaide le ataron las manos porque estuviese quieta y comiese. Y de que vieron que no aprovechava nada, la soltaron y se fueron; y que las conpañeras le dixeron que con ella estava que toda aquella

Trial of Isabel de los Olivos y López

noche no avia hecho syno dar bozes, diziendo: ¡Lorenço Franco y su muger! ¡Demandos perdon! Y que le oyo dezir: Mi conpadre, mi conpadre — muchas vezes — ¡Guay de mi alma, que jure falso! Y luego, el dicho miercoles, [miercoles de mañana] enpeço a dar tan grandes bozes que hundia la carçel, tanto que sus reverençias la oyan en la avdiençia; y el señor ynquisydor el de Mariana fue a la carçel donde estava la susodicha y la amenazo que callase, y no queria callar, syno dar bozes, ni queria comer guevo que su reverençia le hizo comer vn establerio de (de) amargoviton ⟨sic⟩, y todavia la susodicha no çesava de dar bozes, tanto que sus reverençias acordaron que porque hazia mucho daño en la carçel y porque se seguiese pensando que la soltavan, la mandaron sacar de la dicha carçel y poner en el aposento del alcalde con su muger y criados. Y que este testigo y el dicho alcaide la sacaron en peso, y venia dando bozes, y el dicho alcalde le atapava la boca con vn paño, y asy la pasaron al dicho aposento, donde estuvo asy loca hasta las quatro despues del mismo dia, y a ora de las çinco, que fueron a çenar, el dicho | alcaide la llamo a çenar y fue muy sosegada y çeno muy bien y con mucho seso y reposo, y en alçando la mesa puso sus manos y enpeço a resar syn que nadie lo dixese. Y que despues de çenar, estuvo este testigo a la ventana y la vio estar muy buena. Y este testigo se fue a acostar a la dicha carçel, y en la mañana, jueves, la muger del alcaide la fue a llamar a quien paresçe a este testigo. Y que este testigo se levanto y salio en camisa a ver que era, y hallo a la muger del dicho alcaide, tanbien en camisa, que no se avia podido vestir, y que le dixeron como se avia echado en el pozo. Y este testigo tomo presto vn moço, criado del señor ynquisydor Mariana, y le metio en el pozo, y ato a la susodicha. Y este testigo y Christoval Navar⟨r⟩o y Juan de Mariana, sobrino del señor ynquisidor, sacaron a la dicha Ysabel de los Olibos del dicho pozo, ya ahogada, pero que salia caliente y pareçia estava biva, la qual sacaron desnuda, en cueros, salvo las mangas de la camisa con el cuerpo. Y que este testigo vio las haldas de la dicha camisa alli en el suelo; y que le dixeron la muger del alcaide y vna criada suya que se avyan quedado con las dichas haldas en las manos. Y que enbiaron a llamar al medico, y que la mirase sy era ahogada. El quel la vio y dixo que sy. Esta es la verdad, so cargo del juramento que hizo. |

[Testigo]

Alonsillo, moço de hedad de treze años, poco mas o menos, criado del alcaide Saabedra, testigo jurado en forma de derecho, dixo que el juebes proximo pasado por la mañana este testigo estaba hechado en la cama a la puerta de vn palaçio, en casa del dicho su amo, e vio salir vna muger en camisa por la puerta del dicho palaçio, corriendo, e Catalina, criada del dicho alcaide, en pos della, dando vozes, diziendo: ¡Que se va! Y este testigo se levanto e fue tras las susodichas, e vio que la dicha muger se hecho en el pozo del corral. E la dicha Catalina la tenia asyda de las faldas de la camisa. E que este testigo asyo de las dichas faldas, e a las vozes vino alli su ama deste testigo, muger del dicho alcaide, e asyo de las dichas faldas, e començaron a tirar para sacarla, e con la fuerça, quedaronse con las faldas en las manos, e la dicha muger cayo en el pozo. E vinieron alli vnos criados del señor inquisidor Mariana e entraron dentro e sacaronla ahogada e llevaronla, e non sabe este testigo adonde. |

31v *Blank page*

Consulta-de-fe[32]

32r [Votos]

13 July 1513 E despues de lo susodicho, en la dicha çibdad de Toledo, trese dias del mes de julio, año del Señor de mil e quinientos e trese años, este dia se juntaron los reverendos señores liçençiados Alfonso de Mariana, ynquisydor apostolico, e don Françisco de Herrera, ynquisydor apostolico e ordinario, e Pedro Ochoa de Villanueva, ynquisydor apostolico, en la sala de su audiençia, juntamente con los señores letrados, theologos e juristas que de yuso seran nonbrados, para ver e determinar este proçeso de la dicha Ysabel de los Oliuos, el qual votaron en la manera syguiente:

El bachiller Diego Fernandez Pan y Agua, jurista, capellan en la capilla de los Reyes Nuevos que es dentro en la Santa Yglesia de la dicha çibdad de Toledo;

el liçençiado Alfonso Nuñes Arnalte, vezino de Toledo, jurista;

el presentado fray Domingo Guerrero,[33] predicador de la Orden de los Predicadores, que al presente mora en el monasterio de Sant Pedro Martyr de la dicha çibdad;

fray Domingo de Vitoria, prior del dicho monasterio de Sant Pedro Martyr;

---

[32] Another scribe began to write at this point.
[33] See Biographical Notes.

Trial of Isabel de los Olivos y López

el liçençiado Martin Ximenes, predicador, cura de Villaseca;
el liçençiado Rodrigo Ronquillo, jurista, alcalde mayor en la dicha çibdad de Toledo, por el señor mosen Ferrer, corregidor de la dicha çibdad.
el liçençiado Alfonso de Mariana, ynquisydor apostolico;
el liçençiado don Françisco de Herrera, ynquisidor apostolico e ordinario;
el liçençiado Pedro Ochoa de Villanueva, ynquisidor apostolico.
Este dicho dia, los dichos señores letrados, theologos e juristas e los dichos señores ynquisydores, en concordia, votaron que la dicha Ysabel de los Oliuos sea declarada por hereje, ficta e symulada confitente, e su memoria damnada, e sus huesos exu(sa)mados e sacados de la yglesia o monasterio o lugar sagrado o no sagrado donde que sea que estoviese enterrada, e aquellos sean publicamente quemados, e que su estatua, en lugar de su persona, sea entregada a la justiçia e braço seglar, e que el lugar donde estuviere enterrada caresca perpetuamente donde e le sea ficta sepoltura, e sus byenes confiscados en forma, etç. |

Sentence

32v [Çibdad Real. Ysabel de los Oliuos, muger de Diego Sanches de Madrid.]
Por nos, los ynquisidores contra la heretica pravedad e apostasia en la muy noble çibdad de Toledo e su arçobispado e çibdad e obispado de Çiguença por abtoridad apostolica y hordinaria, visto vn proçeso criminal que ante nos ha pendido e pende entre partes, de la vna acusador denunçiante el venerable Martin Ximenez, promutor; de la otra, rea acusada Ysabel de los Oliuos, muger de Diego Sanches de Madrid, vezina de Çibdad Real, sobre razon del delicto e crimen de heregia e apostasia que por el dicho promutor fiscal fue denunçiada. Visto como estando presa fue por nos caritativamente amonestada y espontaneamente confeso e dixo, estando en juysio, que puede aver diez o honze años, poco mas o menos, çierta persona la ynpuso en que guardase e olgase el sabado, que era bueno pa la saluaçion del alma, porque hera de la Ley de los judios, e que bestiese en los sabados camisa linpia e en los viernes en las noches, que los holgase e ençendiese candiles con mechas nuevas; e que purgase la carne, quitandole el sebo e labandola, e que la linpiase e labase mucho e la echase a cozer; e que por ynduzimiento de la dicha persona, la dicha Ysabel de los Oliuos guardo el sabado, e se bestia camisas linpias en ellos, e purgava la carne, e guardaua los viernes en las noches, e ençendia candiles con mechas nuevas,

e que hazia e hizo todas las cosas susodichas por espaçio de dos años o tres; e que como la dicha Ysabel de los Oliuos conosçio que era malo hazer las cosas susodichas e se dexo de hazerlo e lo dio todo al diablo. E visto como dende a çiertos dias la dicha Ysabel de los Olibos torno a confesar e dixo que puede aver catorze años, poco mas o menos, que ella y otras çiertas personas se juntaron tres o quatro vezes en los viernes en las tardes e sabados en çierta casa a oyr leer en vn libro, e que lo que alli leyan eran cosas judaycas, e que se juntavan por guardar los dichos sabados; y que la dicha Ysabel de los Oliuos llevava los dichos sabados bestida camisa linpia; e que quando las susodichas personas leyan e oyan leer alçavan e abaxavan las cabeças, y que yvan bestidos con mejores ropas que en los otros dias de entre semana; e que estaban leyendo en el dicho libro por espaçio de grand rato; e que la dicha Ysabel de los Oliuos guardaba los sabados e se bestia camisas linpias e mejores ropas que en los otros dias, y que avia muchos dias que se avia dexado de hazerlo, porque conosçio que hera malo hazer las cosas susodichas e que quemavan a los que hazian. E que visto como | despues, dende a çiertos dias, torno la dicha Ysabel de los Oliuos e dixo e confeso que se acordava que seyendo donzella y estando en casa de sus padres, çiertas persona la ynpuso que guardase los sabados e bestiese en ellos camisas linpias, e holgase los viernes a las tardes y en la manera que la dicha persona le ynpuso las hazian la dicha Ysabel de los Oliuos con la dicha persona, y que avia mas de veynte años que hazia las cosas suso- dichas, y que la dicha Ysabel de los Oliuos, asy quando era donzella como despues de desposada e casada con el dicho Diego Sanches de Madrid hizo e cometio las dichas cosas, asy en casa de los dichos sus padres como en otros lugares, guardaron los sabados y bestiendo camisas linpias en ellos y desebando la carne y ençendiendo candiles los viernes a las noches, y hazian las otras cosas susodichas por oseruançia de la Ley de los judios, segund e como la dicha persona leyese, e que creya que abria syete o ocho años, poco mas o menos, que se aparto de haser las cosas susodichas, viendo e conosçiendo que no heran buenas, e que se acordava que quando las susodichas personas leyan e oyan leer en el dicho libro, la dicha Ysabel de los Oliuos e las susodichas personas dezian: Apiadate, apiadate Señor; e pidio perdon e a nosotros penitençia, e como sobre todo las dichas partes concluyeron, e nos concluymos con ellas e ovimos la dicha causa e pleito por concluso, e señalamos termino para çierto dia para dar sentençia, e dende en adelante para cada y quando que

Trial of Isabel de los Olivos y López

deliberado tuviesemos. Y visto las bariaçiones que hizo la dicha Ysabel de los Oliuos de las confesiones que avia fecho, y como de desesperada se fecho en vn pozo y se ahogo en el dicho pozo. E visto todos los abtos e meritos del dicho proçeso, avido nuestro acuerdo e deliberaçion con personas graves de çiençia e conçiençia, y de su boto y paresçer,

Christi Nomine Inbocato:

Fallamos al dicho promotor fiscal aver provado bien e conplidamente su yntençion, asy por las confesyones por la dicha Ysabel de los Oliuos fechas como por las prouanças contra ella presentadas, que la dicha Ysabel de los Oliuos aver seydo herege apostota contra nuestra Santa Fee Catolica e como tal aver fenesçido sus dias; e pronunçiandolo asy, que devemos declarar e declaramos la dicha Ysabel de los Oliuos aver seydo herege apostota contra nuestra
33v Santa Fee Catolica y religion christiana, | ficta e symulada confitente, e aver yncurrido en sentençia dexcomunion mayor e en las otras penas e çensuras contra los tales hereges apostotas en derecho estableçidas, e en confiscaçion e perdimiento de todos sus bienes, los quales declaramos aver pertenesçido e pertenesçer a la camara e fisco real desde el dia que cometio los dichos delictos de heregia e apostasia, e declarandola como declaramos por tal hereje e apostota e ficta e simulada confitente, que deuemos damnar e damnamos su memoria e fama como de tal herege. E en lugar de su persona relaxamos su estatua a la justiçia e braço seglar, la qual mandamos entregar e entregamos al magnifico e noble cauallero mosen Jayme Ferrer, corregidor desta çibdad de Toledo por Su Alteza e a su alcalde mayor, para que haga della lo que sea justiçia. Y en detestaçion de tan grave crimen, mandamos que su cuerpo y huesos sean desenterrados de qualquier lugar donde estoviesen enterrados, y que aquellos sean entregados a la dicha justiçia seglar, para que haga dellos lo que sea justiçia; e que el lugar donde fue sepultada la dicha Ysabel de los Oliuos caresca de eclesiastica sepultura perpetuamente. E declaramos todos los bienes de la dicha Ysabel de los Oliuos aver seydo e ser confiscados e aver pertenesçido e pertenesçer a la camara e fisco real desde el dia que cometio los dichos delictos. Otrosy declaramos los hijos e desçendientes de la dicha Ysabel de los Oliuos, por las lineas masculina e femenina, fasta el primero grado ynclusiue, ser privados de todos benefiçios e ofiçios, eclesyasticos e seglares e honras mundanas, e ynabiles e yncapazes para poder aver e tener otros de nuevo perpetuamente;

[589]

e que no puedan traer ni traigan sobre sy ni en sus bestiduras oro ni seda ni grana ni chamelote ni corales ni aljofar ni perlas ni piedras preçiosas, ni traygan armas ni caualguen a cauallo, ni sean fisycos ni boticarios ni canbiadores ni arrendadores ni abogados ni procuradores, ni tengan ni vsen de los otros ofiçios publicos de honor prohevidos en derecho, so las penas en el contenidas. E asy lo pronunçiamos, sentençiamos e mandamos por esta nuestra sentençia difinitiva en estos escriptos e por ellos, pro tribunali sedendo.

(—) F. de Herrera (—) A. de Mariana (—) Pedro de Villa
   licenciatus   licenciatus   Nova, licenciatus, |

34r
7 Sept.
1513

Dada e pronunçiada fue esta dicha sentençia miercoles, siete dias del mes de setienbre de mil e quinientos e treze años, por los dichos reverendos señores inquisidores apostolicos y hordinario, estando ençima de vn tablado de madera en la plaça de Çocodouer, pro tribunali sedendo, y estando en otro tablado su estatua de la dicha Ysabel de los Oliuos, en su nonbre. Testigos que fueron presentes: Los magnificos mosen Jayme Ferrer, corregidor de Toledo, e don Fernando de Sylua, comendador de Octos, e Pedro de Yepes e Luys Daualos, canonigos de la santa yglesia de Toledo, e otras muchas personas, asy de la dicha çibdad de Toledo como de otras partes, e yo, Christoval de Prado, notario, que afirme mi nonbre.

(—) Christoual de Prado, notario |

34v *Blank page.*

Trial of Isabel de los Olivos y López

Genealogy of the Family of Isabel de los Olivos y López

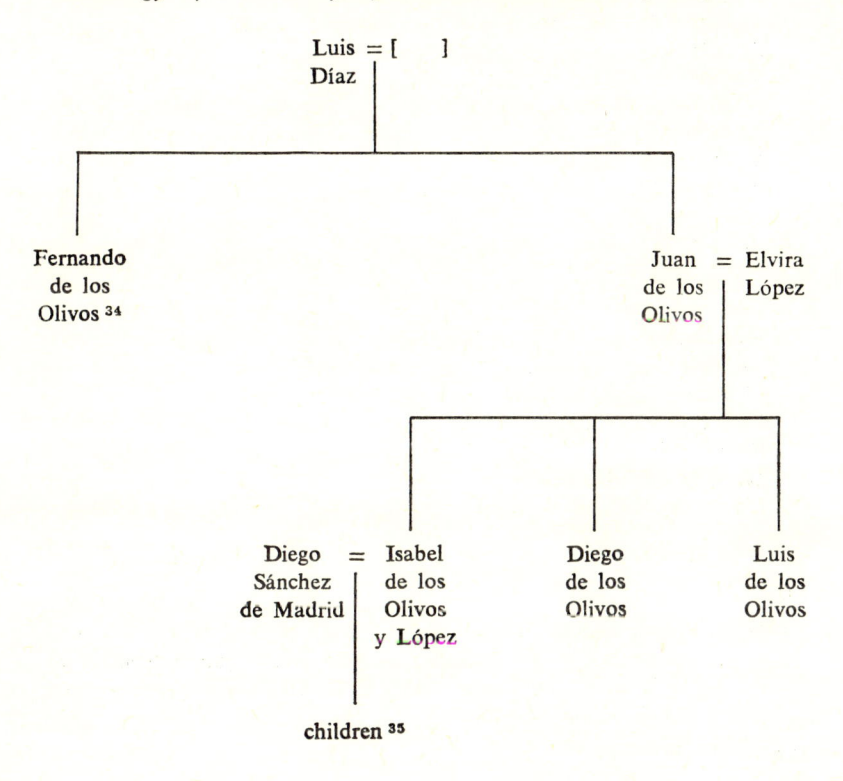

```
                    Luis = [    ]
                    Díaz
                      |
          ┌───────────┴───────────┐
          |                       |
     Fernando                   Juan    = Elvira
     de los                     de los    López
     Olivos [34]                Olivos
                                  |
                    ┌─────────────┼─────────────┐
                    |             |             |
        Diego   = Isabel        Diego         Luis
        Sánchez   de los        de los        de los
        de Madrid Olivos        Olivos        Olivos
                  y López
                    |
                 children [35]
```

The Composition of the Court

Judges:	Alfonso de Mariana
	Don Francisco de Herrera
	Pedro Ochoa de Villanueva
Prosecution:	Martín Jiménez — prosecutor
	Diego Martínez de Ortega — aide
Arrestor and Assessor:	Pedro Vázquez el Busto
Alcaide:	Melchor de Saavedra
Gaoler:	García (or Gonzalo) de Argüello
Notaries:	Diego López de Tamayo
	Juan Obregón
	Cristobál de Prado

Witnesses for the Prosecution in Order of Testification

1. Isabel, the negro slave
2. Alonso Sánchez de Madrid

---

[34] He lived in Seville.
[35] The file does not contain their names.

Records of the Inquisition in Ciudad Real and Toledo, 1494–1512

Witnesses for the Prosecution (continued)

3 Leonor Gónzalez, *la ciega* (the blind one)
4 Mayor de los Olivos, wife of Fernando de Córdoba
5 Inés González, wife of Juan de los Olibos
6 Catalina, servant of Melchor de Saavedra
7 Juana de Frexnada, wife of Melchor de Saavedra
8 Melchor de Saavedra
9 García de Argüello
10 Alonsillo, servant of Melchor de Saavedra

Consulta-de-fe

Licenciado Alfonso de Mariana
Licenciado Don Francisco de Herrera
Licenciado Pedro Ochoa de Villanueva
Bachiller Diego Fernandez Pan y Agua
Licenciado Alfonso Núñez Arnalte
Fray Domingo Guerrero
Fray Domingo de Vitoria
Licenciado Martín Jiménez
Licenciado Rodrigo Ronquillo

Synopsis of Trial

1511

31 May — Isabel, the slave of Juan Ramírez, testifies in Ciudad Real against a group of Conversos who would gather together at the home of her master. Isabel de los Olivos y López is accused of being a member of this group.

1512

11 March — Alonso Sánchez de Madrid, who is being examined under torture by the Inquisition in Toledo, gives testimony against Isabel.
15 March — The examination of Alonso Sánchez continues.
30 March — The examination of Alonso Sánchez continues.
1 April — Alonso Sánchez presents a written testimony to the Court which he later denies.
3 April — Alonso Sánchez is again examined under torture.
5 April — The examination of Alonso Sánchez continues in the torture chamber.
28 May — Alonso Sánchez confirms his confession and makes additions to it (which are not found in the file).
21 July — The trial of Isabel de los Olivos y López opens. The prosecutor presents his evidence, and an order of arrest is issued.
12 Aug. — Isabel is brought to the prison of the Inquisition in Toledo.
26 Aug. — At her first examination in Court, Isabel's genealogy is taken down.
She is admonished for the first time and confesses.
30 Aug. — When Isabel is admonished for the second time she declares that she has already confessed to all she knows.

Trial of Isabel de los Olivos y López

31 Aug.	Isabel repeats her declaration at a third admonition.
11 Oct.	Upon yet another admonition and order to confess, Isabel confesses to her Jewish way of life.
12 Oct.	Isabel continues her confession.
21 Oct.	The confession is confirmed, and the prosecution declares its readiness to receive Isabel's confession as testimony against various Conversos.
22 Oct.	Isabel, the slave, confirms her testimony.
30 Oct.	The confession of Alonso Sánchez de Madrid (which is used as testimony for the prosecution at this trial) is confirmed. Six days are given before sentence is to be passed.

1513

2 May	Leonor González, *la çiega*, Mayor de los Olivos and Ines González testify against Isabel.
3 May	Isabel is again questioned. She now states that she has lied in her confessions and begs forgiveness from the Conversos she has implicated.
	García de Argüello informs the Court that Isabel has lost her reason, and the notary Juan Obregon visits her in prison.
5 May	Argüello appears before the Court to describe Isabel's condition.
	Melchor de Saavedra is ordered to transfer Isabel to his house, to feed her and to see that she receives medical care. He is told to make certain that her whereabouts remain a secret.
7 May	Catalina, the servant of Melchor de Saavedra, testifies on Isabel's demented behaviour.
	Isabel commits suicide.
9 May	Melchor de Saavedra is questioned on the suicide of Isabel. He gives a detailed description of her behaviour for every day that she resided in his house. The same is done by García de Argüello and Alonsillo, the servant of de Saavedra.
13 July	The *consulta-de-fe* declares that Isabel was a heretic who committed grave sins against the Church. Their verdict demands that her bones be exhumed and turned over to the Secular Arm to be burnt, that her property be confiscated and that her heirs be deprived of all ecclesiastical and secular prerogatives.
7 Sept.	Isabel's bones are exhumed and burnt at an *auto-de-fe*.

Addenda and Corrigenda to Volume I

p. 12, line 11: *for* comtempto *read* contenido
p. 14, lines 4–5: *read* line 5 *before* line 4
p. 23, line 27: *for* binesas *read* huesas
p. 24, line 33: *for* çerca *read* terçia
p. 36, line 8: *for* çepto *read* çepti de
p. 37, "Witnesses for the Prosecution", no. 4: *for* Pero Fernández del Moral *read* Pero Martínez del Moral
p. 38, "Consulta-de-fe": Prior of the Dominican Monastery in Ciudad Real *should be on line 3 by itself, not on line 2. Delete present line 3.*
p. 58, line 37: *for* echarnio, *read* escarnio
p. 68, "Consulta-de-fe": Prior of the Dominican Monastery in Ciudad Real *should be on line 3 by itself, not on line 2.*
p. 73, line 25: *for* fraviblosa *read* fravdulosa
p. 77, line 9: *for* conducho *read* con derecho
p. 86, line 27: *for* sasion *read* ninguna
p. 101, line 30: *for* afallas de las tajones *read* astillas de los tajones
p. 105, line 18: *for* Alonso Garçía, carniçero *read* Juan de Soto, clerigo
p. 108, line 21: *for* Alonso Garçía, carniçero *read* Diego de Mazariegos
p. 131, "Witnesses for the Defence", no. 4: *for* labrador *read* butcher
p. 138, line 17: *add* no *after* Daça
line 31: *for* fagavs e mandeve *read* fagays e mandes
p. 146, line 25: *for* ber *read* leer
p. 157, line 11: *for* parte *read* quanto
p. 167, line 35: *add* Dios *after* asi
line 38: *for* despoça *read* destroçado
line 40: *for* resando en vn *read* resando en vn libro
p. 168, line 29: *delete line and read instead* e pido a los testigos que por mi vos seran presentados en mi nonbre
p. 173, lines 31–32: *read* line 32 *before* line 31, *and before reading line 33 add* el dicho Juan Sastre e Juan Soga, que presentaua e presento a
p. 177, line 15: *delete line*
p. 197, line 23: *delete line*
p. 208, line 26: *for* 16r Blank page *read* 16r–17r Blank pages

p. 208, *add line* 27, etc.: 17v En veynte e ocho dias de enero de de ochenta e quatro, dentro de la posa⟨da⟩ del señor provisor, estando convocados los letrados desta Çibdad Real para ver e examinar este proçeso, lo leyeron ante ellos de palabra a palabra; e visto lo que los testigos deponen, votaron los señores el liçençiado del Campo, el alcalde de la justiçia Gonçalo Hernan Gallego, e el lyçençiado Jufre, e el bachiller Gonçalo Muños, e el venerable Padre de Santo Domingo, e el bachiller de Camargo, estando presentes los reverendos señores inquisidores, vna nin mas, votaron que deben ser declarados ⟨*not continued*⟩

p. 274, note 1, line 1: *for* Juana Ruys *read* Juan Ruys

p. 281, line 22: *delete line*

p. 284, line 16: *for* Juan Gonçales Tablada *read* Juan Sanches Tablada

p. 291, line 35: *delete line*

p. 297, "The Composition of the Court": for Juan González Tablada *read* Juan Sánchez Tablada

p. 319, line 13: *for* Juan Gonsales Tablada *read* Juan Sanches Tablada

p. 333, "The Composition of the Court": *for* Juan González Tablada *read* Juan Sánchez Tablada

p. 342, last line: *delete* Blank page *and read instead* en XV de março de LXXXV se dio esta sentençia en su presençia, en el cadahalso e plaça. Testigos: Aluaro Gaytan, e Gonçalo de Saçedo, e Françisco de Oçes, e Fernando de Poblete, regidor, e el arçipreste, e el liçençiado Jufre, e Gonçalo Moños, su hermano, e el liçençiado Juan de Campo.

p. 358, line 12: *for* Rodrigo *read* Pedro

p. 394, line 36: *for* Coca *read* Cota

p. 400, line 22: *for* Coca *read* Cota

p. 422, line 22: *for* ante testigos *read* martes

p. 489, note 3, line 2: *for* 19 *read* 98

p. 518, line 20: *read* la calle de *before* la Mata

p. 522, line 11: *for* Garçia, sedero *read* Diego Diaz, fisico

p. 540, line 27: *for* Juan Gonçales *read* Juan Gomes

p. 550, "Synopsis of Trial", line 4: *for* Juan González *read* Juan Gómez

p. 572, lines 3-5: *read* lines 4-5 *before* line 3
line 15: *add* no *before* me fiste

p. 602, note 14: *for* Leonor Martínez *read* Leonor Alvarez

p. 616, *after* line 13: *add* 7 Oct. Beatriz de la Callaja testifies; entered in Libro Primero de Çibdad Real, fol. CII
 notes: *add* 10a. See trial of Leonor de la Higuera, No. 119, fol. 12r.
p. 624, line 1: *for* son of Juan Díaz *read* son of Ruy Díaz
p. 631, line 17: *for* Gómez *read* López
 line 23: *for* testifies *read* pleads
p. 633, note 328, line 1: *delete* Juan de

p. 208, *add line* 27, etc.: 17v En veynte e ocho dias de enero de de ochenta e quatro, dentro de la posa⟨da⟩ del señor provisor, estando convocados los letrados desta Çibdad Real para ver e examinar este proçeso, lo leyeron ante ellos de palabra a palabra; e visto lo que los testigos deponen, votaron los señores el liçençiado del Campo, el alcalde de la justiçia Gonçalo Hernan Gallego, e el lyçençiado Jufre, e el bachiller Gonçalo Muñoz, e el venerable Padre de Santo Domingo, e el bachiller de Camargo, estando presentes los reverendos señores inquisidores, vna nin mas, votaron que deben ser declarados ⟨*not continued*⟩

p. 274, note 1, line 1: *for* Juana Ruys *read* Juan Ruys
p. 281, line 22: *delete line*
p. 284, line 16: *for* Juan Gonçales Tablada *read* Juan Sanches Tablada
p. 291, line 35: *delete line*
p. 297, "The Composition of the Court": *for* Juan González Tablada *read* Juan Sánchez Tablada
p. 319, line 13: *for* Juan Gonsales Tablada *read* Juan Sanches Tablada
p. 333, "The Composition of the Court": *for* Juan González Tablada *read* Juan Sánchez Tablada
p. 342, last line: *delete* Blank page *and read instead* en XV de março de LXXXV se dio esta sentençia en su presençia, en el cadahalso e plaça. Testigos: Aluaro Gaytan, e Gonçalo de Saçedo, e Françisco de Oçes, e Fernando de Poblete, regidor, e el arçipreste, e el liçençiado Jufre, e Gonçalo Moños, su hermano, e el liçençiado Juan de Campo.
p. 358, line 12: *for* Rodrigo *read* Pedro
p. 394, line 36: *for* Coca *read* Cota
p. 400, line 22: *for* Coca *read* Cota
p. 422, line 22: *for* ante testigos *read* martes
p. 489, note 3, line 2: *for* 19 *read* 98
p. 518, line 20: *read* la calle de *before* la Mata
p. 522, line 11: *for* Garçia, sedero *read* Diego Diaz, fisico
p. 540, line 27: *for* Juan Gonçales *read* Juan Gomes
p. 550, "Synopsis of Trial", line 4: *for* Juan González *read* Juan Gómez
p. 572, lines 3–5: *read* lines 4–5 *before* line 3
line 15: *add* no *before* me fiste
p. 602, note 14: *for* Leonor Martínez *read* Leonor Alvarez

p. 616, *after* line 13: *add* 7 Oct. Beatriz de la Callaja testifies; entered in Libro Primero de Çibdad Real, fol. CII
   notes: *add* 10a. See trial of Leonor de la Higuera, No. 119, fol. 12r.
p. 624, line 1: *for* son of Juan Díaz *read* son of Ruy Díaz
p. 631, line 17: *for* Gómez *read* López
   line 23: *for* testifies *read* pleads
p. 633, note 328, line 1: *delete* Juan de

כתבי האקדמיה הלאומית הישראלית למדעים
החטיבה למדעי-הרוח

מקורות לתולדות עם ישראל

מסמכי האינקוויזיציה הספרדית בסיאודאד ריאל

ההדיר והוסיף מבואות וביאורים

חיים ביינארט

כרך שני
המשפטים בטולידו